HISTÓRIA DO ESPIRITISMO

Sir ARTHUR CONAN DOYLE
M. D., LL. D.

*Presidente de Honra da Federação Espírita Internacional,
Presidente da Aliança Espírita de Londres e Presidente do
Colégio Britânico de Ciência Psíquica*

HISTÓRIA DO ESPIRITISMO

– Origens – Os Estudos Pioneiros de Emanuel Swedenborg – O Episódio de Hydesville – A Carreira das irmãs Fox – Os Irmãos Davenport – As Pesquisas de *sir* William Crookes – A Sociedade de Pesquisas Psíquicas da Inglaterra – Ectoplasma – Fotografia Espírita – Espiritismo Francês, Alemão e Italiano – A Vida Após a Morte sob Perspectiva Espírita e Muito Mais

Prefácio de
J. Herculano Pires

Tradução
Euclides Luiz Calloni

Editora
Pensamento
SÃO PAULO

Título do original: *The History of Spiritualism*.

Copyright © 1926 Cassell & Co., Ltd., Londres, Nova York, Toronto e Melbourne.

Copyright da edição brasileira © 1960, 2023 Editora Pensamento-Cultrix Ltda.

2ª edição 2023.

Todos os direitos reservados. Nenhuma parte deste livro pode ser reproduzida ou usada de qualquer forma ou por qualquer meio, eletrônico ou mecânico, inclusive fotocópias, gravações ou sistema de armazenamento em banco de dados, sem permissão por escrito, exceto nos casos de trechos curtos citados em resenhas críticas ou artigos de revista.

A Editora Pensamento não se responsabiliza por eventuais mudanças ocorridas nos endereços convencionais ou eletrônicos citados neste livro.

Editor: Adilson Silva Ramachandra
Gerente editorial: Roseli de S. Ferraz
Preparação de originais: Ana Lúcia Gonçalves
Gerente de produção editorial: Indiara Faria Kayo
Editoração eletrônica: Join Bureau
Capa: Cauê Veroneze Rosa
Revisão: Luciane Gomide

Dados Internacionais de Catalogação na Publicação (CIP)
(Câmara Brasileira do Livro, SP, Brasil)

Doyle, Arthur Conan, 1859-1930

História do espiritismo / Arthur Conan Doyle; tradução Euclides Luiz Calloni; prefácio J. Herculano Pires. – 2. ed. – São Paulo, SP: Editora Pensamento, 2023.

Título original: The history of spiritualism.

Conteúdo: Origens – Os estudos pioneiros de Emanuel Swedenborg – O episódio de Hydesville – A carreira das irmãs Fox – Os irmãos Davenport – As pesquisas de sir William Crookes – A sociedade de pesquisas psíquicas da Inglaterra – Ectoplasma – Fotografia espírita – Espiritismo francês, alemão e italiano – A vida após a morte sob perspectiva espírita e muito mais.

ISBN 978-85-315-2308-3

1. Espiritismo 2. Espiritismo – História I. Calloni, Euclides Luiz. II. Pires, J. Herculano. III. Título.

23-160347 CDD-133.909

Índices para catálogo sistemático:
1. Espiritismo: História 133.909
Tábata Alves da Silva – Bibliotecária – CRB-8/9253

Direitos de tradução reservados à EDITORA PENSAMENTO-CULTRIX LTDA.
Rua Dr. Mário Vicente, 368 – 04270-000 – São Paulo – SP – Fone: (11) 2066-9000
http://www.editorapensamento.com.br
E-mail: atendimento@editorapensamento.com.br
Foi feito o depósito legal.

SUMÁRIO

Prefácio à Primeira Edição Brasileira de 1960:
  Conan Doyle e A História do Espiritismo, por J. Herculano Pires 9

Nota do Tradutor da Primeira Edição de 1960 17

Sir Arthur Conan Doyle – Nota Biográfica do Tradutor da
  Primeira Edição de 1960 23

Nota da Nova Edição Inglesa de 2021 31

Prefácio do Autor 33

VOLUME I

1. A História de Swedenborg 37
2. Edward Irving: Os Shakers 47
3. O Profeta da Nova Revelação 59
4. O Episódio de Hydesville 71
5. A Carreira das Irmãs Fox 91

6. Primeiras Manifestações nos Estados Unidos 115

7. A Aurora na Inglaterra 135

8. Progressos Contínuos na Inglaterra 151

9. A Carreira de D. D. Home 163

10. Os irmãos Davenport 181

11. As Pesquisas de *sir* William Crookes (1870-1874) 195

12. Os Irmãos Eddy e os Holmes 213

13. Henry Slade e o dr. Monck 233

14. Investigações Coletivas sobre o Espiritismo 253

VOLUME II

15. A Carreira de Eusápia Palladino 271

16. Grandes Médiuns de 1870 a 1900: Charles H. Foster – madame d'Espérance, William Eglinton – Stainton Moses 285

17. A Sociedade de Pesquisas Psíquicas (SPP) 309

18. Ectoplasma 331

19. Fotografia Espírita 357

20. Vozes Mediúnicas e Moldagens 377

21. Espiritismo Francês, Alemão e Italiano 391

22. Alguns Grandes Médiuns Modernos 411

23. O Espiritismo e a Guerra 431

24. O Aspecto Religioso do Espiritismo 447

25. A Vida Após a Morte – Perspectiva Espírita 469

APÊNDICE

    I – Notas ao Capítulo 4.. 479

    II – Notas ao Capítulo 6... 485

    III – Notas ao Capítulo 7.. 487

    IV – Notas ao Capítulo 10.. 491

    V – Notas ao Capítulo 16... 492

    VI – Notas ao Capítulo 25.. 495

Índice Remissivo.. 497

PREFÁCIO À PRIMEIRA EDIÇÃO BRASILEIRA DE 1960:
CONAN DOYLE E A HISTÓRIA DO ESPIRITISMO

CONAN DOYLE, um nome que repercute por todo o mundo, é um dos escritores mais lidos da literatura inglesa moderna. O poder extraordinário de sua imaginação, a comunicabilidade natural do seu estilo e a espontaneidade de suas criações fizeram dele um escritor universal, admirado e amado por todos os povos. No Brasil, há muito tempo, sua figura é conhecida e respeitada entre nossos ídolos literários. Tanto assim que suas obras estão sendo lançadas em edições sucessivas em nosso país pela Editora Melhoramentos, divididas em três linhas de lançamentos: a *Série Sherlock Holmes*, a *Série Ficção Histórica* e a *Série Contos e Novelas Fantásticas*.

Não seria necessário mais nada para demonstrar o interesse do público brasileiro pelas obras de Conan Doyle; nem para se demonstrar a grandeza literária desse verdadeiro gigante das letras inglesas. Não obstante, as três séries acima não abrangem toda a obra de Conan Doyle. O famoso precursor dos métodos científicos de pesquisa policial foi também um historiador, tendo escrito obras como *The Great Boer War* (1900) e *The British Campaign in France and Flanders* (1916). Foi ainda um dos maiores e mais lúcidos escritores espíritas dos últimos tempos, revelando admirável compreensão dos fenômenos espíritas em seu aspecto global, como ciência, filosofia e religião. Vemos, assim, que há mais duas séries de obras – a de história e a de Espiritismo – que podem ser consideradas como os afluentes diretos deste verdadeiro delta literário da vida de Conan Doyle que é a obra *História do Espiritismo*.

Uma Chave de Abóbada

Neste livro, realmente, todas as qualidades do escritor e do homem estão presentes. Nele confluem os resultados de todos os seus estudos, de todas as suas experiências. Trata-se, pois, de um livro de interesse fundamental para o estudo da vida e da obra do grande escritor. E só não o chamaremos básico porque ele não está no alicerce, mas na cúpula. É aquilo a que os engenheiros chamam "chave de abóbada". Para que o leitor não pense que estamos exagerando, vamos tentar uma rápida explicação desse fenômeno de convergência.

Conan Doyle aplica neste livro as suas qualidades de escritor: estilo direto, vivo e objetivo; extraordinária capacidade de síntese; precisão descritiva e narrativa; agilidade quase nervosa no encadeamento do enredo; bem como brilho e colorido nas expressões. Aplica ainda a capacidade de análise e a perspicácia sherlockianas, o rigor do método histórico, a capacidade de visão panorâmica dos acontecimentos. Ao lado disso tudo, temos a grande compreensão humana dos numerosos episódios e problemas enfrentados, essa compreensão que o leva a explicar as quedas mediúnicas de alguns personagens e a perdoar generosamente os que não souberam explicá-las. O escritor e o homem, depois de uma vida e uma obra, se fundem neste livro, que é feito ao mesmo tempo de papel e tinta, músculos e sangue, cérebro e nervos.

O historiador está presente neste livro, que é sobretudo uma obra de História. O romancista e o novelista aqui estão, na múltipla tessitura das narrativas que se sucedem, capítulo por capítulo. O autor policial, na perspicácia de apreensão dos fatos, na maneira segura com que vai conduzindo o leitor através dos enigmas do enredo. O criador de ficção histórica, no aproveitamento dos fatos reais para a construção da grande trama do livro. O autor de histórias fantásticas, na capacidade de penetrar o mistério, de invadir o reino do invisível, de enxergar o que apenas se entremostra nos lampejos das manifestações mediúnicas. O espírito se manifesta no interesse pelos fatos e pela sua interpretação, na compreensão da grandeza e da importância do movimento espiritista e espírita mundial. O médico Arthur Conan Doyle, o homem voltado para os problemas científicos, o pensador, debruçado sobre as questões filosóficas, e o religioso, que percebe o verdadeiro sentido da palavra religião – todos eles estão presentes nesta obra gigantesca, suficiente para imortalizar um escritor que já não se houvesse imortalizado.

Esta, pois, é uma obra de confluência. Um delta literário no qual o fenômeno Conan Doyle se consuma e pelo qual, afinal, transcende a si mesmo para se expandir na universalidade do movimento espírita como revelação divina.

Critério Histórico

Em 1926, ao sair a primeira edição desta obra, a revista inglesa *Light* comentou o equilíbrio e a imparcialidade com que o autor se portou no trato do assunto. Uma extensa nota, assinada por D. N. G., acentuou que os críticos haviam sido "agradavelmente surpreendidos", pois Conan Doyle, conhecido então como ardoroso propagandista espírita, não a colorira "com os mais carregados preconceitos a favor do assunto e dos seus corifeus". E acrescentava o articulista: "Uma obra de história, escrita com preconceitos favoráveis ou contrários seria, pelo menos, antiartística, pecado jamais cometido pelo autor de *The White Company*, em nenhum dos seus trabalhos".

Essa opinião confirma plenamente o que dissemos acima quanto ao critério histórico seguido por Conan Doyle na elaboração deste livro. Aliás, ele mesmo assinala esse critério, ao falar do seu desejo de contribuir para que o Espiritismo tivesse a sua história, apontando, inclusive, as deficiências de tentativas anteriores, como vemos no prefácio. Seu intuito, ao elaborar este livro, não era o de fazer propaganda de suas convicções, mas o de historiar o movimento espírita. Para esse propósito, coloca-se numa posição serena e imparcial, como observador dos fatos que se desenrolam aos seus olhos através do tempo e do espaço.

Reconhece a amplitude do trabalho a realizar e pede auxílio a outros. Encontra na sra. Leslie Curnow uma colaboradora eficiente e dedicada, e com a sua ajuda prossegue nas investigações necessárias, até completar a obra. É o primeiro a reconhecer que não fez um trabalho completo, pois não dispunha de tempo e recursos para tanto. Mas tem a satisfação de verificar que fez o que lhe era possível, e mais do que isso, o que era possível no momento, diante da extensão e complexidade do assunto e das condições do próprio movimento espírita de então.

A Nova Revelação

Conan Doyle, que nasceu a 22 de maio de 1859, em Edimburgo, faleceu a 7 de julho de 1930, em Crowborough (Sussex). Em junho de 1887, escreveu uma carta ao editor da revista *Light*, explicando os motivos de sua conversão ao

Espiritismo. Essa carta foi publicada no mesmo ano, na edição de 2 de julho daquela revista, que a reproduziu mais tarde, na edição de 27 de agosto de 1927. A 15 de julho de 1929, a "Revista Internacional de Espiritismo", de Matão (SP), dirigida por Cairbar Schutel, publicou no Brasil a primeira tradução integral dessa carta, que é um documento valioso, mostrando, como acentua a revista, que o jovem médico de 1887 já revelava a mais ampla compreensão do Espiritismo e seu significado para o mundo.

Além desse documento, Conan Doyle escreveu um pequeno livro, traduzido para a nossa língua por Guillon Ribeiro, intitulado *A Nova Revelação*, em que descreve minuciosamente o processo da sua conversão. Posteriormente, escreveu outras obras doutrinárias de grande valor, como *A Religião Psíquica*, na qual revela perfeita compreensão do problema religioso do Espiritismo, afirmando a condição essencialmente psíquica da religião espírita.

O leitor brasileiro estranhará que Conan Doyle comece a sua história pela vida e obra de Swedenborg e que, depois de passar pelo episódio de Hydesville, só se refira a Allan Kardec ao tratar, no capítulo 21, do Espiritismo Francês, Alemão e Italiano. Kardec aparece, assim, como uma espécie de figura secundária, de influência reduzida ao âmbito nacional do movimento espírita francês. É que no movimento espírita, como em todos os movimentos, as coisas vão se definindo aos poucos, através do tempo, não se mostrando logo com a precisão necessária. Somente hoje, em 1960, quase trinta anos depois da morte de Conan Doyle, é que Kardec, há muito reconhecido nos países latinos como o codificador do Espiritismo, vai se impondo também, nas suas verdadeiras dimensões, ao mundo anglo-saxão.

Conan Doyle fez o que pôde, como dissemos acima, procurando traçar a história do Espiritismo de acordo com as perspectivas que a sua posição lhe proporcionava. Hoje, como se pode ver pela excelente edição da revista argentina *Constancia*, comemorativa do primeiro centenário do Espiritismo, a compreensão exata da posição de Kardec se generaliza. Escritores da Inglaterra, da Alemanha, dos Estados Unidos e do Canadá proclamam, nas colaborações para aquele número, o significado fundamental da obra do codificador.

O Problema da Reencarnação

É bastante conhecida a divergência entre o que se convencionou chamar o Espiritismo latino e o anglo-saxão. Essa divergência se verificou em torno de um ponto essencial: a doutrina da reencarnação. Os anglo-saxões, particularmente os ingleses e americanos, aceitaram a revelação espírita com uma restrição, não admitindo o princípio reencarnacionista. Por muito tempo, esse fato serviu de motivo a ataques e críticas ao Espiritismo, o que não impediu que o movimento seguisse naturalmente o seu curso.

A codificação kardecista, cujos princípios giram praticamente em torno da lei da reencarnação, foi repelida pelos antirreencarnacionistas. Veja-se como Conan Doyle se refere ao Espiritismo francês, logo no início do capítulo 21 deste livro: "O Espiritismo na França se concentra na figura de Allan Kardec, cuja teoria característica consiste na crença da reencarnação". Não obstante, o próprio Conan Doyle e outros grandes espíritas ingleses e americanos admitiam a reencarnação. E a resistência do meio tem sido bastante minada, na Inglaterra e nos Estados Unidos, principalmente depois da última guerra.

Em *A Nova Revelação*, Conan Doyle se coloca numa posição curiosa que dará ao leitor brasileiro uma ideia exata da sua atitude neste livro. Logo no prefácio, declara que muitos estudiosos têm sido atraídos pelo aspecto religioso do Espiritismo, e outros pelo científico, acrescentando: "Até agora, porém, que eu saiba, ainda ninguém tentou demonstrar a exata relação que existe entre os dois aspectos do problema. Entendo que, se me fosse dado lançar alguma luz sobre esse ponto, muito teria eu contribuído para a solução da questão que mais importa à humanidade".

Isso era escrito entre 1927 e 28, cerca de sessenta anos após o passamento de Kardec. E todos sabemos que Kardec deixou perfeitamente solucionado o problema ao apresentar o Espiritismo como uma doutrina tríplice: filosófica, científica e religiosa. Vemos, assim, que Conan Doyle, nesse ponto como em tantos outros, pensava paralelamente a Kardec, esperando, por assim dizer, o momento em que a codificação kardeciana aparecesse no mundo, sem suspeitar que ela já existia e estava ali mesmo, ao seu lado, para lá do Canal da Mancha.

Em nada, porém, esses fatos prejudicam o valor e o significado desta obra. Servem mesmo para documentar uma fase do imenso processo de desenvolvimento do Espiritismo. Os estudiosos da doutrina e da sua história terão neste livro uma visão panorâmica desse fato histórico extraordinário, que ainda não foi totalmente compreendido pelo mundo, que é o aparecimento e a propagação de uma nova revelação espiritual nos tempos modernos. E nada melhor para exprimi-lo do que a admirável imagem usada por Conan Doyle já no capítulo 1 ao comparar as modernas manifestações espíritas a "uma invasão devidamente organizada", invasão do mundo por um exército espiritual incumbido de dominá-lo pela força do bem e orientá-lo para os rumos finais da perfeição humana.

A INVASÃO ORGANIZADA

Conan Doyle se defronta, nesse capítulo, com a dificuldade de fixar uma data para o aparecimento do Espiritismo. Lembra que os fatos espíritas existiram desde todos os tempos e que os espíritas ingleses e americanos costumam indicar como data inicial do movimento moderno o dia 31 de março de 1848, que assinala o episódio mediúnico de Hydesville. Prefere, entretanto, começar a sua história por Swedenborg, considerando que "uma invasão pode ser precedida pelos exploradores de vanguarda". Reconhece, assim, a existência de uma época a que podemos chamar a pré-história do Espiritismo, com os fatos da Antiguidade e da Idade Média, e uma época de preparação do advento do Espiritismo, já nos tempos modernos.

Nesse período, aparecem os patrulheiros, os elementos que exercem a função de pontas de lança, os que efetuam uma espécie de reconhecimento do terreno e de preparação da "invasão organizada", que virá logo mais. Essa concepção de Conan Doyle está de pleno acordo com as explicações que os Espíritos deram a Kardec a respeito do assunto. Só faltou a Conan Doyle, portanto, para bem colocar o problema, o conhecimento completo da codificação. Com esse conhecimento, o grande escritor não teria dúvidas em admitir que o Espiritismo como doutrina só apareceu no mundo a 18 de abril de 1857 – numa data exata – aquela em que surgiram nas livrarias de Paris os primeiros volumes de *O Livro dos Espíritos*.

Fazendo justiça a Emanuel Swedenborg; a Edward Irving; a Andrew Jackson Davis, "o profeta da nova revelação"; às irmãs Fox, cuja dolorosa história é contada nestas páginas de maneira compreensiva e ampla, Conan Doyle historia, a seguir, a propagação do movimento espírita nos Estados Unidos, na Inglaterra, na França, na Alemanha, na Itália e nos demais países, dedicando várias páginas a médiuns notáveis como Home; os irmãos Davenport, Eddy e Holmes; Slade; Eusápia Palladino e outros.

Ele acompanha o desenvolvimento do interesse pelos fatos espíritas nos meios científicos, a realização das grandes experiências de repercussão mundial, como as de *sir* William Crookes, e trata, por fim, do papel do Espiritismo em face da guerra, do seu aspecto religioso e das descrições do Além pelos Espíritos. Temos, assim, uma obra monumental sobre o Espiritismo e o movimento espírita, escrita por um dos mais notáveis autores do nosso tempo. A publicação deste livro em português contribuirá grandemente para uma maior compreensão do Espiritismo em nosso país, inclusive nos meios espíritas.

O "Preconceito Cultural"

Ao lançarem, pois, esta edição, os Editores estão prestando um grande serviço ao público brasileiro em geral e aos espíritas em particular. As campanhas de difamação que se têm feito no Brasil contra o Espiritismo, a atitude sistemática de oposição assumida pelos religiosos e pelos cientistas e as próprias deficiências culturais do nosso meio fazem com que ainda prevaleçam entre nós os preconceitos antiespíritas que muitas vezes se manifestam de maneira aguda. Obras como esta, escritas por homens da envergadura intelectual de Conan Doyle, contribuirão forçosamente para modificar essa situação, quebrando, com o seu poderoso impacto, sedimentações e cristalizações mentais pouco recomendáveis entre povos civilizados.

Em vista do variado panorama que Conan Doyle nos apresenta neste livro, a começar pelas ideias ainda delirantes de Swedenborg que, não obstante, era um dos homens dotados de maior cabedal de conhecimentos que o mundo já viu, até as experiências rigorosamente científicas de sábios do peso como Crookes, o leitor contagiado pelas ideias feitas, pelos preconceitos religiosos ou científicos, terá de reconhecer a importância do movimento espírita.

Existe um tipo especial de preconceito que dificulta a compreensão do Espiritismo em nosso país. É o que podemos chamar "preconceito cultural". Numa nação nova como a nossa, sem tradição cultural suficientemente divulgada nos meios de comunicação em massa, com ainda imensa população composta por analfabetos, pontilhada aqui e ali de pequenas ilhas culturais, é grande o receio dos intelectuais de caírem no ridículo perante os seus colegas. Por outro lado, a difusão das doutrinas materialistas, como o marxismo, em meios de insuficiente formação filosófica, e a difusão, nem sempre em condições adequadas, de princípios científicos objetivos – erroneamente considerados materialistas – afastam muitas pessoas do conhecimento espírita. Um livro como este servirá, e muito, para mostrar que os homens cultos, no mundo inteiro, não são menos por se interessarem pelo Espiritismo.

— J. HERCULANO PIRES

NOTA DO TRADUTOR DA PRIMEIRA EDIÇÃO DE 1960

Há mais de um século, os fenômenos espíritas, antes esporádicos, mal interpretados e causadores de perseguições religiosas, entraram numa segunda fase – a das manifestações acintosas e sistemáticas, públicas e teimosas, abalando céticos, acordando consciências e amedrontando criminosos impunes e marginais do Código Penal. Foi em 1848, nos Estados Unidos.

O contato entre dois mundos, antes separados pela divisória da Morte, deixava de ter o aspecto macabro que lhe emprestaram folhetinistas e criadores de fantasias para revestir de suave conversa entre criaturas queridas de um e do outro lado da Vida. Começou, entretanto, pelas chamadas mesas girantes e falantes que, infelizmente, se prestaram à zombaria dos que tudo procuram denegrir ou cobrir de ridículo – inclusive o sentimento que nutrimos pelos que nos deixaram. Transportadas para a Europa, as mesas girantes e falantes constituíram, durante algum tempo, um divertimento de salão, nas longas e frias noites de inverno.

Um homem sisudo, entretanto, não via nelas mero divertimento, mas uma coisa muito séria. E pagou arras ao espírito francês, tirando da "dança das mesas" uma filosofia, do mesmo modo que da "dança das rãs" Galvani havia tirado princípios fundamentais da eletricidade e do magnetismo. Esse homem, típico representante da cultura francesa – médico e astrônomo, filósofo e poliglota, teólogo e matemático, filólogo e biólogo – passeou o seu Espírito equilibrado sobre todos os departamentos do saber humano de seu tempo, tudo referindo aos eixos coordenados de um sistema, de modo que os seus variados conhecimentos não apresentavam fissuras nem hiatos, paradoxos nem incongruências. Vale dizer que, à luz dos conhecimentos modernos, ele sistematizou uma ciência nova, captou os princípios basilares de uma nova filosofia – uma filosofia espiritualista que, ao contrário de suas congêneres, tudo estabelecia *a posteriori*, isto é, à base de fatos verificados e verificáveis, assim oferecendo às criaturas honestas – queremos dizer cientificamente honestas – os elementos para a superação do materialismo clássico e do agnosticismo comteano, que estavam avassalando mentes nobres, mas limitadas e presas aos preconceitos religiosos ou a estes fanaticamente antagônicas.

E como a base da fenomenologia era o fato das manifestações das almas dos mortos – e, por vezes, dos vivos também –, aconteceu uma coisa singularíssima. De um lado a Igreja, cujos dirigentes ensinavam uma vida além da morte, mas que nunca souberam, puderam ou quiseram provar, passou a atacar ferozmente os fatos e os únicos indivíduos através dos quais essa prova é cientificamente possível, e que o faziam e o fazem sem qualquer intuito de combate ou de desdouro às organizações religiosas. Perdia a Igreja a grande oportunidade de demonstrar a existência da alma e o seu cortejo de consequências e, ao mesmo tempo, de levar os seus seguidores a uma nova etapa, além de atrair os descrentes – levando-os de uma fé imposta, do credo *quia absurdum*, ou do desinteresse e da negação sistemática para uma fé sistemática, para uma fé raciocinada, na qual os próprios dogmas e os ritos viriam a ser respeitados como valores históricos e como símbolos que tinham tido a sua função no espaço e no tempo e dos quais os espíritos se iam emancipando, à medida de sua mesma evolução. Do outro lado, atraídas pelos fatos, tomando contato com os seus mortos queridos, as massas menos cultas, ou mesmo incultas, foram, por um compreensível sincretismo religioso, que a ortodoxia não tolerava, mas que aquelas queriam que subsistisse, transformando o Espiritismo numa religião ritualística.

Se, por um lado, o despreparo geral as empurrava nessa direção, por outro foram provocadas e incitadas pelos anátemas, pelas excomunhões e pela pressão política exercida pela Igreja contra as massas espíritas e principalmente contra os médiuns. E o Espiritismo, que de início atraíra a atenção das camadas mais cultas, pouco a pouco foi sendo por estas abandonado, ou praticado às ocultas, para que se não comprometessem interesses materiais – sobretudo os políticos – dado o prestígio que a Igreja desfrutava junto ao poder civil, mesmo nos países em que havia separação legal entre Ela e o Estado.

Então a doutrina caiu nas mãos do povo e a sua prática se abastardou.

Mas houve uma diferenciação entre neolatinos e anglo-saxões.

Nos países de origem latina, onde predomina a Igreja Católica – de todas a mais intolerante –, os espíritas foram excluídos de seu seio. E, teimosamente, Ela apresentou aquele do qual poderia ter feito o seu melhor aliado como um adversário temível, como uma nova religião, embora lhe faltassem os requisitos essenciais de uma religião, a saber: um conjunto de dogmas, um ritual e uma hierarquia sacerdotal. De maneira que, se existe luta entre Ela e o Espiritismo, não foi este quem a provocou.

Mas nos países saxônicos a coisa é diferente.

Com a predominância do Protestantismo, os adeptos da religião estão mais íntima e solidamente ligados à sua Igreja: são eles e não os pastores que a administram e desenvolvem as obras assistenciais; com um ritual mais pobre, enriquecem o espírito pelo estudo. Assim, a irrupção dos fenômenos espíritas não foi ignorada nem amaldiçoada, mas recebida como uma prova da sobrevivência da alma e uma confirmação dos ensinamentos bíblicos.

Por isso, pouco proliferam os centros espíritas. Em compensação, há na língua inglesa mais de cinco mil títulos de obras sobre o Espiritismo.

Os estudiosos desses problemas não têm projetado a atenção sobre essa diferenciação do desenvolvimento do Espiritismo entre neolatinos e anglo-saxões, para lhe penetrar as causas e oferecer elementos para a compreensão do interessante fenômeno.

O assunto merece atenção.

Na França, o dr. Gustave Geley, a quem tanto deve a Medicina, fez notáveis estudos sobre o ectoplasma – esse novo elemento cuja importância cresce dia a dia e que vem correndo parelha com o protoplasma na explicação dos fenômenos da vida; fez também demonstrações insofismáveis das materializações parciais por meio das moldagens em cera fervente, impossível de obter-se por qualquer outro processo que não o da materialização de mãos; convidou cem cientistas para assistirem às suas experiências – muitas das quais em plena luz e todas sob o mais rigoroso controle científico; foi presidente do Instituto de Metapsíquica de Paris, em que se afirmou um legítimo pioneiro; bem como fez avançar enormemente os conhecimentos da Psicologia com o seu *Do Inconsciente ao Consciente*. O dr. Geley, íamos dizendo, assiste ao terrível drama íntimo do dr. Paul Gibier, essa outra figura de cientista a quem tanto devem a Microbiologia e os trabalhos iniciados pelo ilustre Pasteur, dada a intolerância da chamada ciência oficial. Gibier teve de abandonar os laboratórios e a própria pátria, onde o seu trabalho se havia tornado impossível, e foi abrigar-se nos grandes centros norte-americanos, deixando uma triste advertência a outra figura ainda mais notável – Charles Richet.

Com efeito, esse grande mestre, talvez o maior de seu tempo, o qual investigou tanto os fenômenos espíritas que, além da sua obra clássica a respeito da Metapsíquica, legou-nos *Trinta Anos de Pesquisas Psíquicas*; bem como assistiu aos testes de Geley com Kluski e com Eusápia Palladino; teve as mais notáveis provas por meio da correspondência cruzada; e ainda cunhou o vocábulo ectoplasma, por força de tanto estudar essa substância, que é um verdadeiro proteu e um novo estado da matéria a responder pelos fenômenos físicos, ou melhor, hiperfísicos, que se passam através dos médiuns. Esse homem, que desfrutava do respeito de seus pares como um legítimo mestre e uma das glórias da cultura francesa, convenceu-se da legitimidade dos pontos de vista espíritas, mas temeu aquelas forças negativas que haviam sacrificado o dr. Gibier. Não teve a coragem de o confessar. Fê-lo apenas em carta reservada ao seu amigo e opositor Ernesto Bozzano, depois de ter tido a franqueza de erigir dezenas de hipóteses que jamais se prestariam a uma generalização amplíssima, como a hipótese espírita.

Do outro lado, vemos na Inglaterra homens de ciência do melhor quilate organizando uma Sociedade de Pesquisas Psíquicas (SPP) que, desde 1882, vem fazendo estudos rigorosos, com muita circunspecção e que toma, por vezes, uma atitude hostil aos princípios espíritas, mas acaba dando o testemunho dos fatos supranormais, embora fuja sistematicamente das generalizações filosóficas.

Quem são esses homens?

Dos mais categorizados: físicos, químicos, fisiologistas, matemáticos, membros da Royal Society, honraria raríssima concedida na Inglaterra a um homem de ciência.

Daí a atitude de lorde Dowding. Marechal do Ar da Inglaterra, primo do último rei, lorde Dowding comandou a RAF (Royal Air Forces) durante a última guerra. Protestante, os fatos o convenceram das verdades espíritas. Tanto bastou para que tomasse atitude pública. Como bom inglês, não compreendia que na comunidade britânica alguém sofresse restrições na sua liberdade, da qual uma faceta importante é a liberdade de crença.

Em consequência, e liderados por ele, os espíritas ingleses conseguiram que o Parlamento Inglês, o mais respeitável do mundo, votasse uma lei, reconhecendo o direito ao exercício da mediunidade, com o que os sensitivos ficavam subtraídos às perseguições religiosas, exercitadas nos termos de duas leis obsoletas, mas não prescritas: o Vagrancy Act e o Witchcraft Act, por meio das quais mais de cinquenta mil médiuns já haviam sido multados ou condenados à pena de prisão. Continuando a sua campanha, isto é, procurando levar adiante as consequências da nova lei, os espíritas conseguiram que o Estado Maior das Forças Armadas da Inglaterra determinasse que em todos os corpos de tropa onde houvesse instalações para o serviço religioso, também as houvesse para oficiais e soldados espíritas.

A obra que tivemos a honra de traduzir é de autoria de um membro da Sociedade de Pesquisas Psíquicas da Inglaterra, geralmente conhecido do nosso público por seus romances policiais. Como até hoje não se escreveu, no gênero e em qualquer língua, um trabalho semelhante, julgamo-nos no dever de escrever uma ligeira biografia de *sir* Arthur Conan Doyle, para que o leitor brasileiro possa aquilatar do valor e das cogitações de um dos mais nobres caracteres da geração de escritores dos séculos XIX-XX e de homens de ciência.

A obra não poderia ser minuciosa e completa. Passa, porém, em revista os maiores médiuns da Europa e dos Estados Unidos, desde o século XIX até o começo do século XX. É, assim, um roteiro magnífico.

A fenomenologia espírita aí aparece bem dividida, por capítulos; os maiores médiuns são apresentados divididos em grupos, conforme as suas peculiaridades. É feita uma crítica muito equilibrada a médiuns e pesquisadores. O leitor atento verá que o autor não sai de uma linha de centro, de um perfil de equilíbrio, de modo que não será nunca confundido com um crente fanático, de vez que é, em todas as circunstâncias, o observador perspicaz, o filósofo sereno e o cientista que está convencido da lei do progresso, do sentido mais amplo da evolução geral da Vida. Ele não teme aquelas coisas que se apresentam na zona de penumbra do pesquisador, porque usa aquilo que sabe a fim de avaliar aquilo que lhe falta saber.

Sir Arthur Conan Doyle não nos apresenta uma história puramente descritiva do Espiritismo, mas, na verdade, uma história filosófica do Espiritismo.

A sua obra – única no gênero – preenche uma lacuna na estante dos espíritas estudiosos; mostra-lhes um mundo de coisas importantes – direi mesmo, indispensáveis – que ignoravam. E, nessa fase do nosso desenvolvimento intelectual, é de subido valor para os estudantes das nossas Faculdades de Filosofia.

Achamos, sobretudo, uma obra de inestimável valor para os dirigentes de sociedades espíritas. Mais esclarecidos por ela, certamente darão novo rumo aos trabalhos ditos de efeitos físicos, já selecionando os médiuns, já excluindo essa prejudicial assistência de curiosos, já – e nisso reside a sua melhor lição – colocando a pesquisa psíquica num plano isento de fanatismo religioso, de intolerância pseudocientífica, sem o que tão cedo esses fenômenos não entrarão nos ambientes universitários, onde nem o professor Richet serve de exemplo, porque a atitude acadêmica continua sendo a do avestruz: enterrar a cabeça na areia e negar a tempestade.

Este é um livro que nos faz pensar.

Que o leiam os nossos homens de ciência; que o leiam os nossos pensadores; que o leiam todas as pessoas questionadoras e que se interessam por saber mais do que o materialismo científico ou os dogmas religiosos podem nos mostrar. Os frutos não se farão esperar.

— JÚLIO ABREU FILHO

SIR ARTHUR CONAN DOYLE
NOTA BIOGRÁFICA DO TRADUTOR DA PRIMEIRA EDIÇÃO DE 1960

O autor da obra que você tem em mãos era muito conhecido como o criador do famoso detetive *Sherlock Holmes*. Naquele tempo, líamos literatura neolatina no original e anglo-saxônica utilizando de boas traduções francesas ou em nossa língua.

Quando disse que estava traduzindo *História do Espiritismo* de *sir* Arthur Conan Doyle, despertou atenção pelos seguintes aspectos: (1) que o criador de Sherlock Holmes tivesse sido condecorado como "Cavaleiro"; (2) que fosse algo mais que um escritor de contos policiais; (3) que tivesse tido a coragem de levar a sério o Espiritismo e de compor, com aquela proverbial seriedade dos escritores ingleses, uma História do Espiritismo.

Estavam certos – relativamente certos – os meus interlocutores. Isso por dois motivos: o primeiro é que o nível dos contos policiais baixou; o segundo é que, em geral, se ignora, nos países latinos, que os ingleses de cultura universitária não tomam cursos de técnica superior – como em geral os latinos e particularmente os brasileiros – a fim de ser chamados doutores, ou como um meio fácil de fazer dinheiro. É uma questão de educação há muito ali resolvida e na qual andamos tateando, sem coragem de modificar o nosso figurino. Sobre o assunto bastaria recomendar três livros de um único escritor inglês, representativo de brilhante período da cultura inglesa – o período vitoriano – *sir* John Ruskin – a saber: *Sesame and Lilies*, *The Seven Lamps of Architecture* e *The Stone of Venice*. Na verdade, o inglês de certa classe, mesmo de qualquer classe, que houvesse atingido o mais alto grau de cultura por meio da universidade, não tinha apenas um verniz: os conhecimentos e o ambiente lhe haviam lapidado o espírito, transformado a compreensão da Vida e criado novos rumos para o seu comportamento social.

Por isso o inglês desses níveis mais altos exerce a profissão, em parte, para ganhar dos que podiam pagar sem ser explorados, em parte, para servir aos que não podiam pagar, mas deviam sentir que a solidariedade humana não era mero tema para discursos políticos de campanhas eleitorais. Paralelamente, esses homens de padrão universitário exercem uma atividade extra que, se por um lado contribui para o seu próprio progresso espiritual, por outro ajuda a elevação da cultura do povo.

Isto é, sem dúvida, um dos mais belos efeitos da concepção inglesa de religião; esta não se separa da vida e a vida é considerada como que vascular, segundo a expressão do rev. Stanley Jones, que assim explica: "onde quer que a firamos, ela sangrará".

Desse modo, tem o inglês um sentido prático de religião – que deixa de ser uma fuga para os planos abstratos, que ficam depois dos túmulos, da mesma forma que tem uma noção mais objetiva de humanismo – que deixa de ser uma verborragia excitante para ser uma soma de conhecimentos de imprescindível aplicação à Humanidade.

Assim, não é de admirar que um Churchill cultive a pintura ainda aos oitenta anos; que um John Ruskin vá para o campo com os universitários trabalhar na reparação de estradas que se haviam tornado intransitáveis; que Frederic Myers, lorde Balfour, *sir* William Crookes, *sir* Oliver Lodge e tantos outros, que se encontram no topo das graduações científicas de várias especialidades, se apliquem, paralelamente, a outras atividades monetariamente improdutivas, mas que contribuem largamente para o bem-estar espiritual do povo.

Ora, todos esses nomes do último grupo deram exemplo de compreensão de quanto o conhecimento do porquê da vida, do porquê da diversificação das existências pode contribuir para o bem-estar geral, depois de ter criado aquela serenidade espiritual que nos torna altamente conscientes. Mas não quiseram basear-se em sermões mais ou menos sonoros nem nas citações mais ou menos papagaiadas de textos bíblicos: basearam-se nos fatos. E se o fenômeno espírita era um fato da natureza, até então pouco estudado, estudaram-no; buscaram apreender a lei que os rege. E nisso nada viram daquele ridículo que pseudossábios ou pseudorreligiosos procuram lançar sobre coisas que ignoram. Para eles, verdadeiros sábios, não existe ridículo nem imoralidade nas leis da Natureza, que são as mesmas leis de Deus. Ridículo e imoralidade estão em nós, na nossa maneira de ver a vida; constituem, por assim dizer, os óculos da nossa observação.

Mas voltemos a *sir* Arthur Conan Doyle.

Íamos dizendo que o nível do conto policial havia baixado. Baixou, pelo menos daquele nível a que Conan Doyle havia elevado a produção do suposto criador desse gênero literário – o escritor francês Gaboriau. Mostra-nos a cronologia que o iniciador desse tipo de literatura foi um escritor americano, também espírita e certamente um médium inconsciente de suas faculdades criptopsíquicas – o grande poeta americano Edgard Allan Poe, autor do *Mary Roger Case* e outros contos policiais. Mas não nos desviemos; frisemos um contraste essencial: enquanto o policial atual é violento, Sherlock é suave; aquele usa a força muscular, este o vigor do raciocínio. Dir-se-ia que, mesmo antes de se tornar espírita, *sir* Arthur marcava, na sua obra de enorme aceitação, a superioridade do Espírito sobre a Matéria, da Inteligência sobre a Força Física, do Conhecimento sobre a Pistola Colt.

E já que entramos por esse raciocínio, seja-nos permitido admitir que as cidades, como as famílias, parecem que têm certo poder atrativo para determinados tipos de Espíritos. Dir-se-ia que elas possuem aquilo que os orientais chamam de karma coletivo, como o possuem as famílias, e que nos indivíduos é uma espécie de magnetismo espiritual. Não será isso que cerca de encanto a vida de certas universidades e de certas cidades, como Florença?

Não estará no mesmo caso a cidade escocesa de Edimburgo? De onde o seu nome? De certo rei *Edwin, de Northumberland*, que a fundou no século VII? Edimburgo, que foi elevada a cidade por Carlos III em 1633, é considerada mais uma cidade intelectual do que industrial, embora seja um importante centro de tecidos de lã, algodão e seda; tinha fábricas de cristais, destilarias e fundições, além de importante indústria livreira. Mas os seus estabelecimentos de ensino, entre os quais se destacam a universidade, a escola de medicina, o conservatório de belas artes e a escola de artes e ofícios, lhe valeram o epíteto de *Nova Atenas*.

Entre os filhos notáveis que a honram – e dos quais *sir* Arthur Conan Doyle não é dos menos celebrados – contam-se *John Ogilby*, nascido em 1600, tradutor e editor das obras de Virgílio e de Homero e das Fábulas de Esopo; *a família Blair*, entre cujos membros sobressaem *John Blair*, ligado à história de sua independência, e *Hugh Blair* (1718-1800), notável orador e professor na universidade de Saint

Andrews, onde seu nome foi ligado à cadeira de retórica e belas letras; a célebre família *Napier* ou *Neper*, segundo a grafia latina, da qual aparecem destacados vultos na Marinha e no Exército, mas cujo tronco ilustre foi *John Napier* ou *Joannis Neper*, grande matemático e inventor dos logaritmos ditos *neperianos*, cuja publicação apareceu com este longo título, ao gosto da época: *Logarithmorum canonis descripto seu Arithmeticorum supputationum mirabilis abbreviatio, ejusque usus in utraque trigonometria, ut etiam in omni logistica matematica amplissimi, facilimi et expeditissimi explicatio, auctore ac inventore Joanne Nepero, barone Merchistonii, Scoto* (1614).

Não esqueçamos de David Hume, filósofo e historiador (1711-1776), que nos deixou um *Tratado sobre a Natureza Humana, Ensaios Morais e Políticos, História Natural da Religião, Ensaios Sobre a Imortalidade da Alma*, além de vários outros trabalhos sobre moral e religião e, de parceria com outros advogados, uma *História da Inglaterra*. Por fim, destaquemos um típico escritor escocês – *sir* Walter Scott (1771-1832). Iniciando-se em 1802, com o *Canto da Fronteira Escocesa*, escreveu mais de trinta obras, entre as quais são mundialmente conhecidas e apreciadas *A Dama do Lago*, que inspirou a Rossini a ópera do mesmo nome; *Guy Mannering; A Prisão de Edimburgo; A Noiva de Lammermoor*, de onde foi extraído o libreto da ópera de Donizetti, *Lucia di Lammermoor; The Fair Maid of Perth;* e *Ivanhoe*, talvez, de suas obras a mais conhecida e que conta com o maior número de traduções.

Toda essa tradição magnífica de sua cidade deve ter influenciado poderosamente a formação espiritual de *sir* Arthur. Sabe-se que seu avô era um caricaturista de extrema importância – *John Doyle*, sobre o qual, entretanto, temos poucas indicações. Os traços genealógicos de que dispomos dizem que seu pai, *Charles Doyle*, era um artista. Quem seria esse artista? Certamente era *sir Francis Hastings Charles Doyle*, poeta nascido no Condado de York em 1810 e morto em 1888. Foi funcionário da administração e publicou várias obras, entre as quais *Poemas Diversos; Dois Destinos; Édipo, Rei de Tebas; Os Funerais do Duque; A volta dos Guardas* etc. Foi professor de poética na Universidade de Oxford, entre 1867 e 1872.

Dessa forma, o jovem Arthur teve um ambiente propício, quer em sua casa e em sua pátria, quer no estrangeiro, onde seu pai esteve a serviço do governo, pois se sabe que parte de sua educação ocorreu na Alemanha. Nascido a 22 de maio de 1859, realizou seus estudos no *Stonyhurst College*, na Alemanha, e na Universidade de Edimburgo, onde, em 1881, terminou o curso de medicina (M. B.) e, quatro anos mais tarde, o doutorado em medicina (M. D.)

Sabe-se que viajou muito pelas regiões árticas e pela costa ocidental da África.

Escreveu algumas obras na juventude, que devem ter passado praticamente anônimas ou que ele próprio teria retirado da circulação, pois a primeira citada cronologicamente é *A Study in Scarlet*, publicada em 1887, quando já estava clinicando em Southsea. No ano seguinte, publicou outro romance – *Micah Clarke*. A história da rebelião de Monmouth. *The sign of Four*, em 1889, e, em 1891, *The White Company*, que obteve grande sucesso e que foi seguida por um romance da época de *Du Guesclin*.

Nesse ano de 1891, *sir* Arthur Conan Doyle conquistou imensa popularidade com as *Aventuras de Sherlock Holmes*, que apareciam em *The Strand Magazine*. Como indicamos pouco antes, dizem que o seu inspirador foi *Émile Gaboriau*, escritor francês que havia fracassado no gênero romance e que, em 1866, publicara, com estrondoso sucesso, em folhetim em *Le Pays*, um romance policial intitulado *l'Affaire Lerouge*, que lhe valera grande nomeação e o sucesso para mais dez outras obras no gênero.

É possível. Mas é mais provável que, dadas as inclinações artísticas e literárias de *sir* Arthur, tivesse ele conhecido toda a obra de *Edgard Allan Poe*, que é, ao nosso ver, o verdadeiro criador do conto e do romance policial, seja pelas características literárias, seja pela precedência histórica. Em nossa opinião, o criador de *Sherlock* está mais próximo dos métodos de raciocínio de Poe que dos de *Gaboriau*.

Com a importância literária e a popularidade de *Sherlock*, cujas aventuras se iniciam em *A Study in Scarlet*, a prática da medicina de *sir* Arthur Conan Doyle passa para segundo plano, à medida que cresce o escritor. Em 1893, reaparece o herói nas *Memórias de Sherlock Holmes*, seguidas de *O Cão dos Baskervilles*, em 1902, e de *A Volta de Sherlock Holmes*, em 1905.

Enganam-se, porém, os que pensam que *sir* Arthur haja cultivado apenas esse gênero literário. Já em 1896 publicava ele estudos históricos em *As Explorações do General Gerard* e em *As Aventuras de Gerard*. Antes, porém, em 1894, havia publicado *A História de Waterloo*, na qual *sir* Henry Irving havia tomado parte importante. Em 1909, lançou *The Fires of Fate* e *The House of Temperley* e, em 1913, outro volume interessante – *The Poison Belt*.

A pena de *sir* Arthur Conan Doyle esteve, entretanto, a serviço da pátria, nos momentos críticos. Sem ser um político, na acepção limitada do vocábulo, soube ele prestar valiosos serviços políticos ao seu país. Pode a gente discordar de seu ponto de vista particular, em relação à tese por ele defendida; mas há que reconhecer que ele não procurou servir a um partido, mas à comunidade britânica. E o fez com honestidade e com elegância. É assim que, em defesa do Exército Britânico na África do Sul, publicou em 1900 *The Great Boer War* e, dois anos depois, um estudo mais minucioso dessa guerra, intitulado *The War in South Africa; its Causes and Conduct*.

Durante a primeira Grande Guerra, sua pena esteve a serviço dos Aliados. Escreveu abundantemente. Entre outros trabalhos, largamente traduzidos, podemos citar *Cause and Conduct of the World War*, que logrou traduções em doze idiomas.

Suas preocupações com as colônias inglesas não eram como as de um agente do governo, mas de um pensador de raça. Iniciando-se nesse gênero com a Guerra dos Bôers, pode-se a rigor dizer que aqueles dois livros pouco antes citados foram precedidos por *The Tragedy of the Korosko*, de 1898, que é uma pequena história do Sudão anglo-egípcio e *The Green Flag*, que ainda aborda assuntos africanos.

Nesse grupo se inclui uma obra lançada em 1906, considerada a sua obra-prima – *Sir Nigel*.

Como obras menores e de temas variados – todas, porém, defendendo uma tese de grande interesse, podem citar-se, cronologicamente, a partir de 1894, até 1912, as seguintes: *Round the Red Lamp*, *The Stark Mumro Letters*, *A Duet with an Occasional Chorus*, *Through the Magic Door*, *A Modern Morality Play*, *The Crime of the Congo*, *Songs of the Road* e *The Lost World*.

Entre as suas últimas obras, uma se destaca, de grande importância, compreendendo seis volumes publicados entre 1915 e 1920: *The British Campaign in France and Flanders*. Ela representa a sua última contribuição para a sua terra e para a sua gente no setor político propriamente dito.

É que, a essa altura, grandes médiuns ingleses, americanos e da Europa continental haviam chamado a atenção de ilustres figuras do mundo científico inglês. Os fenômenos que em inglês se diziam do neoespiritismo provocavam estudos e polêmicas, entusiasmos e revoltas. Em 1882, fundara-se, em razão disso, a Sociedade de Pesquisas Psíquicas (SPP); os nomes mais brilhantes dos céus da ciência se haviam ligado a essa criteriosa organização que, se críticas merece, certamente é por sua teimosia em não querer reconhecer numa fenomenologia, ampla e constatada sob os mais rigorosos métodos de ensaio, que a geratriz de tantos fenômenos eram os Espíritos dos mortos e, por vezes, também os Espíritos dos vivos.

– Que nomes prestigiavam a S. P. R.?

– Os mais brilhantes. Com efeito, entre outras notabilidades: o *prof. Sidgwick, Sir William Crookes, F. W. H. Myers, Frank Podmore, prof. James H. Hyslop, dr. R.*

Hodgson, prof. Charles Richet, sir Oliver Lodge, prof. C. G. Jung, sir William Barrett, dr. Gustave Geley, dr. Edmund Gurney, prof. Von Schrenck-Notzing, prof. Henri Bergson e outros, muitos dos quais eram membros da Royal Society e da Academia Francesa, vale dizer, portadores das mais altas distinções honoríficas.

Sir Arthur Conan Doyle ingressou na SPP. Convencido do fenômeno da manifestação do Espírito dos mortos, aderiu à causa do Espiritismo. Fez pesquisas, por conta própria, com os maiores médiuns da Europa. Vislumbrando o alcance religioso e filosófico de tais fenômenos, a eles se dedicou e procurou servir com a honestidade e com a segurança que lhe permitiam um caráter inteiriço e uma enorme bagagem de conhecimentos científicos.

Não se limitou a ver e ouvir. Viajou, fazendo conferências de propaganda. Esteve mais de uma vez nos Estados Unidos, na África, na Europa continental e no Oriente, indo também até a Austrália e a Nova Zelândia.

Entre outros escritos sobre o assunto, publicou em 1918 *A New Revelation*, dois volumes de recordações dessas viagens, dos quais o último, saído em 1924, tem por título *My Memories and Adventures*.

Em 1926, lançou em dois volumes *History of the Spiritualism*, que tivemos o prazer de traduzir para a Editora Pensamento, precedendo-a desta ligeira nota biográfica e de um prefácio à edição brasileira, publicada em volume único com o texto integral.

Pode-se dizer que é a única *História do Espiritismo* surgida até o momento. Fora dela, o que apareceu até aqui não passa de estudo limitado no tempo e no espaço e que de forma alguma pode emparelhar-se com o presente volume no qual, além da história descritiva, se encontra, realmente, muito da filosofia e da história do Espiritismo.

Estas notas foram escritas para mostrar ao leitor menos familiarizado com as letras inglesas que *sir* Arthur Conan Doyle não é apenas o criador de Sherlock e o escritor de contos policiais: é uma figura expressiva nas letras inglesas e uma das figuras a que o Espiritismo – inclusive o Espiritismo de feição religiosa – muito deve. Em plano internacional, a sua obra se inscreve logo depois da de Allan Kardec e se alinha com luminares tais como Ernesto Bozzano, Léon Denis, Camille Flammarion, Alexandre Aksakof, Vale Owen e Stainton Moses.

Os espíritas falantes da língua portuguesa estão de parabéns com a apresentação em nosso idioma desta magnífica obra de *sir* Arthur Conan Doyle.

— JÚLIO ABREU FILHO

NOTA DA NOVA EDIÇÃO INGLESA DE 2021

Sir Arthur Conan Doyle publicou *História do Espiritismo* em 1926, oferecendo uma exposição completa do movimento que começou em 1848 com as irmãs Fox, mas que estivera em processo de maturação havia muito tempo. Doyle foi um dos arautos mais conhecidos e eloquentes dessa religião no início do século XX. Ele e seus milhões de seguidores acreditavam que não morremos – que apenas passamos a outro plano. As provas de Doyle e dos médiuns espíritas que lideravam o movimento encontram-se todas nestas páginas. Esta nova publicação preserva sua forma integral e mantém todas as características do linguajar do autor.

Doyle passou para o Outro Lado em 1930, aos 71 anos de idade. Encontraria ele, por fim, o Mundo do Espírito em que acreditava com tanto fervor? Seu filho Adrian, também espírita, acreditava que sim.

"Não há a menor dúvida de que meu pai falará conosco com frequência, do mesmo modo que o fazia antes de falecer", disse Adrian à Associated Press, após a morte do pai. "Nós sempre saberemos quando ele estiver se dirigindo a nós, mas é preciso ter cautela porque existem bufões práticos no outro lado, do mesmo modo que os há aqui. É bem possível que esses tipos tentem imitá-lo. Mas minha mãe conhece alguns sinais, como sutis maneirismos de linguagem, que não podem ser reproduzidos e que nos confirmarão que é meu pai mesmo que se manifesta."

Houve quem dissesse que Doyle fazia contato por meio de sessões mediúnicas, mas sua viúva, *lady* Doyle, afirmou repetidas vezes que essas sessões eram fraudulentas. Uma mensagem autêntica de Além do Véu ainda precisa ser confirmada.

Um espírito aparece atrás de *sir* Arthur Conan Doyle
em uma fotografia de Ada Deane, 1922.
(Wikimedia Commons)

PREFÁCIO DO AUTOR

Esta obra surgiu de pequenos capítulos sem conexão, terminando numa narrativa que, de certo modo, abrange a história completa do movimento espírita. Sua gênese requer uma breve explicação. Eu havia escrito alguns estudos sem qualquer outro objetivo senão o de proporcionar a mim mesmo, e a outras pessoas, uma visão clara do que se me afiguravam episódios importantes no desenvolvimento espiritual moderno do gênero humano. Esses estudos constituíam capítulos sobre Swedenborg, Irving, A. J. Davis, sobre o incidente de Hydesville, sobre a história das irmãs Fox, sobre os Eddys e sobre a vida de D. D. Home. Estes já se achavam prontos, quando me dei conta de que já havia percorrido uma boa distância ao apresentar uma história mais completa do movimento espírita do que as até então publicadas – uma história que teria a vantagem de ser escrita de dentro e com um conhecimento pessoal íntimo dos fatores característicos desse desenvolvimento moderno.

É realmente curioso que esse movimento, que muitos de nós consideramos como o mais importante na história do mundo desde o episódio de Jesus Cristo, jamais tenha tido um historiador entre os que a ele estavam ligados e que possuísse uma larga experiência pessoal de seu desenvolvimento. O sr. Frank Podmore reuniu um grande número de fatos e, desprezando os que não se ajustavam aos seus propósitos, esforçou-se por sugerir a inutilidade da maioria dos restantes, especialmente os fenômenos físicos que, no seu modo de ver, eram principalmente tidos como produto de fraude. Há uma história do Espiritismo, escrita pelo sr.

McCabe, que reduz tudo à fraude e que é, ela mesma, capciosa, uma vez que o público compraria um livro com esse título movido pela impressão de que se tratava de um registro sério, e não de uma mistificação. Há também uma história de J. Arthur Hill, escrita estritamente do ponto de vista da pesquisa psíquica e que se acha muito longe dos fatos reais comprováveis. A seguir temos: "Modern American Spiritualism: A Twenty Years Record" ["Espiritismo Americano Moderno: Um Registro de Vinte Anos"] e "Nineteenth Century Miracles" ["Milagres do Século XIX"], daquela eminente mulher e brilhante propagandista que é a sra. Emma Hardinge Britten, mas esses livros apenas se ocupam de fases, embora sejam muito valiosos. Por fim – e o melhor de todos – há a "Man's Survival After Death" ["Sobrevivência do Homem Após a Morte"], escrito pelo rev. Charles L. Tweedale. Trata-se, porém, mais de uma bela exposição relacionada com a verdade do culto do que de uma história contínua. Há histórias gerais do misticismo, como as de Ennemoser e Howitt, mas não há nenhuma história clara e abrangente dos desdobramentos sucessivos desse movimento universal. Pouco antes de este livro ir para o prelo, apareceu um proveitoso compêndio de fatos psíquicos, composto por Campbell-Holms. O seu título "The Facts of Psychic Science and Philosophy" ["Os Fatos da Ciência Psíquica e a Filosofia"] indica, entretanto, que não pode ser apresentado como uma história metódica.

É claro que uma obra como esta exigia muita investigação – muito mais do que eu poderia dedicar-lhe em minha vida de agenda sempre cheia. É verdade que, de qualquer modo, o meu tempo era dedicado a ela, mas a literatura é vasta e havia muitos aspectos do movimento que me atraíam a atenção. Nessas circunstâncias, solicitei e obtive a leal cooperação do sr. W. Leslie Curnow, cujos conhecimentos do assunto e grande habilidade se comprovaram incalculáveis. Ele escavou assiduamente nessa vasta mina; separou minérios e escória e deu-me enorme assistência em todos os sentidos. Inicialmente, eu não esperava mais do que matéria-prima, mas, por vezes, ele me apresentou o artigo pronto, do qual me servi com satisfação, apenas alterando-o de maneira a imprimir-lhe o meu ponto de vista pessoal. Não consigo exprimir plenamente a leal ajuda que ele me proporcionou; e, se não incluí o seu nome ao lado do meu na folha de rosto deste livro, foi por motivos que ele compreende e com os quais concorda.

— *SIR* ARTHUR CONAN DOYLE
The Psychic Bookshop,
Abbey House, Victoria Street, S. W.

VOLUME I

CAPÍTULO 1

A HISTÓRIA DE SWEDENBORG

É impossível fixar uma data para as primeiras aparições de uma força inteligente exterior, de maior ou menor elevação, influindo nas ações humanas. Os espíritas tomaram oficialmente a data de 31 de março de 1848 como o começo de todas as manifestações psíquicas porque seu movimento teve início nesse dia. Entretanto, não há época na história do mundo em que não se encontrem traços de interferências preternaturais e o seu reconhecimento tardio pela humanidade. A única diferença entre esses episódios e o movimento moderno é que aqueles podem ser apresentados como casos esporádicos de viajantes extraviados de um planeta qualquer, enquanto este tem as características de uma invasão proposital e organizada. Como, porém, uma invasão pode ser precedida pelo aparecimento de pioneiros em busca da Terra, também o influxo espírita dos últimos anos foi prenunciado por inúmeros incidentes, suscetíveis de verificação desde a Idade Média e até mais além. Uma data deve ser fixada para início da narrativa e, talvez, nenhuma melhor que a da história do grande vidente e espiritualista sueco Emanuel Swedenborg, que por sua destacada atividade como cientista, inventor, místico e filósofo, possui bons títulos para ser considerado o pai do nosso novo conhecimento dos fenômenos supranormais.

Quando os primeiros raios do sol nascente do conhecimento espiritual irradiaram sobre a Terra, eles iluminaram a maior e mais excelsa inteligência humana antes de lançar sua luz sobre homens inferiores. O ápice dessa luminosidade foi esse grande reformador religioso e médium clarividente, tão pouco compreendido por seus prosélitos quanto o próprio Cristo.

Para compreender bem Swedenborg, seria preciso possuir um cérebro de Swedenborg, o que não acontece a cada século. Todavia, por nossa capacidade de comparação e por nossa experiência dos fatos desconhecidos para Swedenborg, podemos compreender, mais claramente do que ele mesmo, certas passagens de sua vida. O objetivo do presente estudo não é tratar o homem como um todo, mas procurar situá-lo no esquema geral do desdobramento psíquico aqui abordado, do qual a sua própria Igreja, na sua estreiteza, o excluiria.

Sob certos aspectos, Swedenborg era uma viva contradição para as nossas generalizações psíquicas, porque se costuma dizer que as grandes inteligências esbarram no caminho da experiência psíquica pessoal. Uma lousa limpa é, por certo, mais adequada para nela escrever-se uma mensagem. O cérebro de Swedenborg não era uma lousa limpa, uma tela em branco, mas era permeado por todo tipo de conhecimento exato que a humanidade é capaz de adquirir. Nunca se viu tamanha concentração de informações. Ele era, antes de tudo, um grande engenheiro de minas e autoridade em metalurgia. Foi um engenheiro militar que mudou a sorte de uma das muitas campanhas de Carlos XII, da Suécia. Era uma grande autoridade em física e em astronomia, autor de importantes trabalhos sobre as marés e sobre a determinação das latitudes. Era zoologista e anatomista. Financista e economista político, antecipou-se às conclusões de Adam Smith. Por fim, era um profundo estudioso da Bíblia, que se alimentara de teologia com o leite materno e viveu na austera atmosfera evangélica de um pastor luterano durante os anos de maior suscetibilidade à vida. Seu desenvolvimento psíquico, que ocorreu aos cinquenta e cinco anos, não interferiu de forma nenhuma em sua atividade mental e muitos de seus trabalhos científicos foram publicados após essa data.

Com uma mente assim, é muito natural que ele fosse tocado pela evidência das forças supranormais que se introduz no caminho de todo pensador, mas o que não é natural é que devesse ser ele o médium para tais forças. Em certo sentido, seu modo de ver as coisas lhe foi prejudicial e contaminou seus resultados, mas em outro lhe foi de grande utilidade. Para ilustrar, basta considerar os dois aspectos em que a sua obra pode ser dividida.

O primeiro é o teológico. Para a maioria das pessoas estranhas ao movimento, este é tido como um lado inútil e perigoso da sua obra. Por um lado, ele aceita a Bíblia como, de modo muito particular, obra de Deus; por outro, sustenta que o verdadeiro significado da Bíblia é inteiramente diferente de seu sentido óbvio e que é ele – e somente ele –, ajudado pelos anjos, capaz de interpretar seu verdadeiro significado. Essa pretensão é intolerável. A infalibilidade do Papa seria uma insignificância comparada com a infalibilidade de Swedenborg, se tal fosse admitido. Pelo menos, o Papa só é infalível quando profere *ex cathedra* um veredicto sobre matéria doutrinal, assessorado por seus cardeais. A infalibilidade de Swedenborg seria universal e irrestrita. Além disso, suas explicações nem ao menos se ajustam à razão. Quando, visando apreender o verdadeiro sentido de uma mensagem de Deus, temos de supor que um cavalo simboliza uma verdade intelectual, que um asno significa uma verdade científica, que uma chama denota aperfeiçoamento, e assim por diante, numa série infinda de símbolos, parece que nos encontramos num reino da fantasia que só pode ser comparado com os códigos que alguns críticos engenhosos pretendem ter descoberto nas peças de Shakespeare. Não é assim que Deus envia a Sua verdade ao mundo. Se tal ponto de vista fosse aceito, o credo de Swedenborg seria a matriz de milhares de heresias; regrediríamos e nos encontraríamos novamente entre as discussões e os silogismos dos escolásticos medievais. As coisas grandes e verdadeiras são simples e compreensíveis. A teologia de Swedenborg não é simples nem inteligível, fato que determina a sua condenação.

Entretanto, quando perscrutamos sua fatigante exegese das Escrituras, em que cada coisa significa algo diferente daquilo que obviamente significa, e quando chegamos a alguns resultados gerais do seu ensinamento, eles não divergem do pensamento moderno liberal nem dos ensinamentos recebidos do Outro Lado a partir do momento em que as comunicações espirituais tiveram início. Assim, a proposição geral de que este mundo é um laboratório de almas, um campo de experiências onde o material refina o espiritual, não sofre contestação. Ele rejeita a Trindade no seu sentido comum, mas a reconstitui em certo sentido extraordinário que seria igualmente contestado por um Unitarista. Admite que cada sistema tem a sua finalidade divina e que a virtude não é exclusiva do Cristianismo. Concorda com os ensinamentos espiritualistas ao procurar o verdadeiro sentido da vida de Jesus Cristo no seu poder como exemplo e refuta a expiação e o pecado original. Ele vê no egoísmo a raiz de todo o mal e admite como essencial um egoísmo sadio, na expressão de Hegel. Quanto à questão sexual, suas ideias são liberais, beirando a licenciosidade. Considera a Igreja de absoluta necessidade, pois sem ela ninguém se entenderia com o Criador. Em tamanha confusão de ideias, espalhadas a torto e a direito em grandes volumes, escritos num latim e estilo obscuros, cada intérprete independente teria condições de encontrar uma nova religião particular. Mas não é aí que reside o mérito de Swedenborg.

Esse mérito encontra-se realmente em sua força psíquica e nas suas informações psíquicas que teriam sido muito valiosas se de sua pena não houvesse derivado uma única palavra sequer sobre teologia. É para essa força e para essas informações que nos voltamos agora.

Swedenborg vivia experiências visionárias ainda na juventude, mas na maturidade, caracterizada por uma personalidade excepcionalmente prática e dinâmica, esse delicado aspecto de sua natureza submergiu. Por vezes, porém, ele voltava à tona, e isso ao longo de toda a sua vida. Muitos casos desses foram registrados, demonstrando que ele possuía poderes geralmente chamados "clarividência a distância", em que a alma parece deixar o corpo para buscar informações em outras dimensões e voltar com notícias do que lá se passa. Essa não é uma qualidade rara dos médiuns e pode ser comprovada por milhares de exemplos entre sensitivos espiritualistas. Ela é rara nos intelectuais, porém, e rara também quando acompanhada por um estado aparentemente normal do corpo no momento em que o fenômeno ocorre. Assim, no conhecido caso de Gotemburgo, em que o vidente observou e descreveu com perfeita exatidão um incêndio em Estocolmo, a quatrocentos e setenta quilômetros de distância, ele se encontrava num jantar com dezesseis convidados, todos testemunhas incontestáveis. A história foi investigada por ninguém menos do que o filósofo Kant, que era seu contemporâneo.

Não obstante, esses episódios ocasionais eram meros indícios de forças latentes que se concretizaram subitamente em Londres em abril de 1744. É de notar-se que, conquanto o vidente fosse de boa família sueca e alçado à nobreza do seu país, foi em Londres que os seus melhores livros foram publicados, que o seu "despertar" teve início e, finalmente, que morreu e foi sepultado. Desde o dia de sua primeira visão até sua morte, vinte e sete anos depois, ele esteve em contínuo contato com o outro mundo. Diz ele: "Na mesma noite, o mundo dos espíritos, do céu e do inferno, abriu-se inequivocamente para mim, e nele encontrei muitos conhecidos meus de todas as condições. Desde então, o Senhor abriu diariamente os olhos do meu espírito para ver, plenamente consciente, o que acontecia no outro mundo e para conversar com anjos e espíritos".

Em sua primeira visão, Swedenborg fala de "uma espécie de vapor que exalava dos poros do meu corpo. Era um vapor aquoso bem visível que descia e se esparramava sobre o tapete". Essa é uma descrição muito próxima daquele ectoplasma que consideramos como a base dos fenômenos físicos. A substância é também chamada "ideoplasma", porque toma instantaneamente a forma que lhe dá o espírito. No caso de Swedenborg, conforme seu relato, ela se transformou em vermes, sinalização de seus Guias de que desaprovavam seu regime alimentar, e continha uma advertência clarividente de que ele devia ser mais cuidadoso nessa questão.

O que pode o mundo pensar de uma narrativa assim? Poderia dizer que esse homem era louco. Nos anos que se seguiram, porém, sua vida não deu sinais de fraqueza mental. Ou poderia dizer que ele mentia. Mas ele era famoso por se ater estritamente à verdade. Seu amigo Cuno, banqueiro em Amsterdã, dizia dele: "Quando ele me olhava com seus sorridentes olhos azuis, era como se estivessem expressando a própria verdade". Estaria ele então autoiludido e honestamente equivocado? Precisamos enfrentar a circunstância de que, em geral, as observações espirituais que ele fazia foram confirmadas e multiplicadas desde então por numerosos observadores dos fenômenos psíquicos. A verdade é que ele foi o primeiro e, sob vários aspectos, o maior dos médiuns; que estava sujeito tanto aos erros quanto aos privilégios decorrentes da mediunidade; que, somente pelo estudo da mediunidade, seus poderes podem ser realmente compreendidos e que, no esforço de afastá-lo do Espiritismo, a sua Nova Igreja mostrou absoluta incompreensão de seus dons e do verdadeiro espaço a estes destinado no esquema geral da Natureza. Como grande pioneiro do movimento espírita, sua posição é ao mesmo tempo compreensível e excelsa. Como figura isolada com poderes incompreensíveis, não há lugar para ele em nenhum esquema do pensamento religioso, por mais amplo e abrangente que este possa ser.

É interessante observar que ele considerava os seus poderes intimamente relacionados com o sistema respiratório. Como o ar e o éter envolvem a todos nós, é possível que algumas pessoas respirem mais éter do que ar e, assim, alcancem um estado mais etéreo. Sem dúvida, esta é uma maneira tosca e estranha de falar, mas ideias assim impregnam o trabalho de muitas escolas de psiquismo. Laurence Oliphant, que aliás não tinha ligação com Swedenborg, escreveu um livro, *Sympneumata*, para explicar o fato. O sistema indiano de Yoga depende da mesma ideia. Entretanto, quem quer que tenha visto um médium entrar em transe conhece a inspiração peculiar de ar com que o processo tem início e as expirações profundas com que termina. Para a Ciência do futuro, aqui está um promissor campo de estudos. Neste, como em qualquer outro assunto psíquico, é necessário cautela. O autor conheceu inúmeros casos em que ocorreram resultados lamentáveis como consequência de uma prática errônea de respiração profunda em exercícios psíquicos. A energia espiritual, à semelhança da elétrica, tem seu emprego específico, mas o seu manejo requer conhecimentos e precauções.

Swedenborg resume o assunto dizendo que, quando se comunicava com os espíritos, durante uma hora ele quase não respirava, "inalando apenas a quantidade de ar necessária para alimentar os seus pensamentos". Afora essa peculiaridade, Swedenborg era normal durante as suas visões, conquanto preferisse ficar sozinho nessas ocasiões. Parece que teve o privilégio de examinar várias esferas do outro mundo e, embora suas ideias sobre teologia tivessem matizado suas descrições, por outro lado a sua imensa cultura lhe permitiu excepcional poder de observação e de comparação. Vejamos os principais fatos que suas jornadas nos trouxeram e até onde eles coincidem com os que, desde então, têm sido obtidos pelos métodos psíquicos.

Ele constatou que o outro mundo, para onde vamos após a morte, consiste em inúmeras esferas, representando vários graus de luminosidade e de felicidade, cada um de nós indo para aquela correspondente à nossa condição espiritual. Somos julgados automaticamente, semelhante procurando semelhante, de acordo com certas leis espirituais; o resultado é determinado pelo todo da nossa vida, de modo que a absolvição ou o arrependimento no leito de morte têm pouco proveito. Nessas esferas, verificou que o cenário e as condições deste mundo eram reproduzidos fielmente, assim como também a estrutura da sociedade. Viu casas onde viviam famílias, templos onde se praticava o culto, salões onde pessoas se reuniam para fins sociais, palácios onde residiam governantes.

A morte era suave, dada a presença de seres celestiais que ajudavam os recém-chegados a entrar em sua nova existência. Esses recém-vindos passavam imediatamente por um período de repouso absoluto. Eles recuperavam a consciência em poucos dias, segundo a nossa contagem.

Havia anjos e demônios, mas não eram de ordem diversa da nossa: eram seres humanos que haviam vivido na Terra e que eram almas pouco desenvolvidas, como demônios, ou muito desenvolvidas, como anjos.

Não mudávamos de modo algum com a morte. O homem não perdia nada, mas continuava homem sob todos os aspectos, embora mais perfeito do que quando estava na matéria. Ele levava consigo não só suas energias, mas também seus hábitos mentais adquiridos, suas crenças e seus preconceitos.

Todas as crianças eram recebidas igualmente, fossem ou não batizadas. Elas cresciam no outro mundo. Mulheres jovens lhes serviam de mães até a chegada das mães verdadeiras.

Não havia penas eternas. Os que estavam nos diversos infernos podiam trabalhar para sua saída, se assim o desejassem. Os que se encontravam nos céus também não tinham lugar permanente: trabalhavam por uma posição mais elevada.

Nesses mundos, o casamento existia sob a forma de união espiritual, em que um homem e uma mulher constituíam uma unidade humana completa. Observe-se que Swedenborg nunca se casou.

Não havia detalhes de menor importância para suas observações nas esferas espirituais. Ele fala de arquitetura, de artesanato, de flores e frutos, de bordados, de arte, música, literatura, ciência, de escolas, museus, faculdades, bibliotecas e esportes. Tudo isso pode melindrar mentes convencionais, embora se possa perguntar por que aceitamos harpas, coroas e tronos e negamos outras coisas menos materiais.

Os que deixaram este mundo velhos, decrépitos, doentes ou deformados, recuperavam a juventude e, aos poucos, seu pleno vigor. Os casais continuavam juntos, se os seus sentimentos recíprocos os atraíam. Caso contrário, a união era desfeita. "Dois amantes verdadeiros não são separados pela morte, visto que o espírito do morto permanece com o sobrevivente até a morte deste, quando então se reencontram e voltam a unir-se, amando-se mais ternamente do que antes."

Eis algumas amostras tiradas do volume enorme de informações enviadas por Deus através de Swedenborg. Elas têm sido reiteradas pela boca e pela pena dos nossos espíritas iluminados. O mundo as tem desprezado, taxando-as de concepções insensatas. Contudo, esses novos conhecimentos vão abrindo caminho; quando forem aceitos inteiramente, a verdadeira grandeza da missão de Swedenborg será reconhecida, ao passo que sua exegese bíblica será esquecida.

A Nova Igreja, fundada para divulgar os ensinamentos do mestre sueco, converteu-se em elemento negativo, em vez de ocupar o seu verdadeiro lugar como fonte e origem do conhecimento psíquico. Quando o movimento espírita desabrochou em 1848; quando homens como Andrew Jackson Davis o sustentavam por meio de escritos filosóficos e de poderes psíquicos que dificilmente se distinguem dos de Swedenborg, a Nova Igreja teria feito bem em saudar esse desenvolvimento, que coincidia com as indicações de seu líder. Em vez disso, por motivos difíceis de compreender, seus dirigentes preferiram exacerbar cada ponto divergente e ignorar todos os pontos coincidentes, até reduzir as duas posições a um franco antagonismo. Na verdade, todos os espíritas deveriam homenagear Swedenborg, e seu busto erigido em cada templo espírita por ser o primeiro e o maior dos médiuns modernos. Por outro lado, a Nova Igreja deveria desprezar as pequenas diferenças e integrar-se sinceramente ao novo movimento, pondo as suas igrejas e a sua organização à disposição da causa comum.

Ao examinar a vida de Swedenborg, é difícil descobrir as causas que levam seus seguidores atuais a não simpatizar com outras organizações psíquicas. Swedenborg fez na época o que esses adeptos fazem hoje. Falando da morte de Polhem, diz o vidente: "Ele morreu segunda-feira e falou comigo quinta-feira. Eu fui convidado para o enterro. H.; vi o carro fúnebre e vi os parentes baixarem o caixão à sepultura. Entretanto, conversando comigo, perguntou por que o haviam enterrado, se estava vivo. Quando o sacerdote afirmou que ele ressuscitaria no Dia do Juízo, perguntou por quê, uma vez que já havia ressuscitado. Ele se perguntava para que servia uma crença dessas, considerando que estava bem vivo nesse preciso momento".

Isso coincide perfeitamente com a experiência de um médium atual. Se Swedenborg estava certo, esse médium também está.

De novo: "Brahe foi decapitado às 10 da manhã e falou comigo às 10 da noite. Esteve comigo, quase ininterruptamente, durante vários dias".

Esses casos mostram que Swedenborg não tinha mais receio de conversar com os mortos do que Cristo quando falou com Moisés e Elias no monte.

Swedenborg expôs a sua visão com muita clareza. Ao refletir sobre ela, porém, há que se levar em conta a época em que viveu e a sua falta de experiência na direção e nos objetivos da nova revelação. Essa visão era de que Deus, por bons e sábios propósitos, havia separado o mundo dos espíritos do nosso, e que a comunicação não era facultada, a não ser que as razões fossem convincentes – entre as quais não poderia constar a mera curiosidade. Todo estudante zeloso do psiquismo concordará com isso e todo espírita diligente opõe-se a que se transforme a realidade mais séria do mundo numa espécie de passatempo. Quanto a ter uma razão convincente, nossa principal razão é que, numa época de materialismo como Swedenborg jamais poderia imaginar, estamos nos esforçando para provar a existência e a supremacia do espírito de forma tão objetiva, que ele terá condições de enfrentar e derrotar os materialistas no seu próprio terreno. Seria difícil imaginar uma razão mais forte que esta, e assim temos todo o direito de afirmar que, se Swedenborg vivesse hoje, seria um dos líderes do nosso movimento psíquico moderno.

Alguns dos seus prosélitos, entre os quais o dr. Garth Wilkinson, fizeram a seguinte objeção: "O perigo para o homem, ao falar com os espíritos, é que nós todos estamos ligados aos nossos semelhantes e, estando esses espíritos semelhantes cheios de maldades, confrontá-los apenas confirmaria o nosso ponto de vista".

A isso podemos apenas replicar que, embora o argumento se mostre aparentemente verdadeiro, a experiência prova que é falso. O homem não é naturalmente mau. O ser humano comum é bom. O simples ato da comunicação espírita, na sua solenidade, desperta o lado religioso. Assim, via de regra, não é a má influência, mas a boa, que é encontrada, como o provam os belos e éticos registros das sessões mediúnicas. O autor pode testemunhar que, em cerca de quarenta anos de trabalho psíquico, durante os quais assistiu a inúmeras sessões em muitos lugares, nunca, em nenhuma ocasião, ouviu uma palavra obscena ou qualquer mensagem que pudesse ferir os ouvidos da mais sensível jovem. Outros espíritas veteranos dão o mesmo testemunho. Assim, enquanto é absolutamente certo que um ambiente mau atrai maus espíritos, na prática é muito raro que alguém seja incomodado por eles. Quando esses espíritos aparecem, o procedimento correto não é repeli-los, mas argumentar gentilmente com eles, esforçando-nos para levá-los a compreender a própria condição e o que devem fazer para melhorar. Isso ocorreu muitas vezes na experiência pessoal do autor, com os mais felizes resultados.

Algumas informações pessoais sobre Swedenborg cabem como termo a este ligeiro relato de suas doutrinas. Visa-se, assim, antes de qualquer coisa, indicar a sua posição no esquema geral. Ele deve ter sido muito frugal, prático e trabalhador; um jovem dinâmico e um velho muito amável. Parece que a vida o transformou numa criatura muito bondosa e respeitável. Era calmo, sereno e sempre disposto à conversa, que só derivava para o psiquismo quando o seu interlocutor desejava. O tema dessas conversas era sempre elevado, mas ele ficava aflito com a gagueira que lhe dificultava a expressão. Era alto, delgado, de rosto espiritualizado, olhos azuis, peruca até os ombros, roupas escuras, calças curtas, fivelas nos sapatos e bengala.

Swedenborg dizia que uma nuvem densa havia se formado em torno da Terra em razão da grosseria psíquica da humanidade e que, de tempos em tempos, havia um julgamento e uma limpeza, assim como a trovoada aclara a atmosfera material. Via que o mundo, já na sua época, descambava para uma situação perigosa, dada a insensatez das Igrejas, por um lado, e a reação à absoluta falta de religião, causada por esse comportamento, por outro. As autoridades em psiquismo modernas, especialmente Vale Owen, falam dessa nuvem crescente e há uma sensação geral de que o necessário processo de limpeza geral não tardará.

Uma observação a respeito de Swedenborg, do ponto de vista espírita, conduz a uma conclusão mais apropriada com estas palavras, extraídas de seu diário: "Todas as afirmações em matéria de teologia estão, por assim dizer, *grudadas tenazmente no cérebro* e dificilmente podem ser removidas; e, enquanto aí permanecerem, as verdades genuínas não terão espaço". Swedenborg era um grande vidente, um grande pioneiro do conhecimento psíquico e sua fraqueza está nas próprias palavras que escreveu.

O leitor que desejar aprofundar-se encontrará os ensinamentos mais característicos de Swedenborg em suas obras: *O Céu e o Inferno*, *A Nova Jerusalém* e *Arcana Coelestia*. Sua vida foi admiravelmente descrita por Garth Wilkinson, Trobridge e Brayley Hodgetts, atual presidente da Sociedade Inglesa Swedenborg. A despeito de todo o seu simbolismo teológico, seu nome deve permanecer eternamente como o primeiro de todos os homens modernos que descreveram o processo da morte e o mundo do além, descrições que não se baseiam nas visões extáticas vagas e impossíveis das velhas Igrejas, mas que realmente correspondem às descrições que nós mesmos obtemos daqueles que se esforçam por nos comunicar uma ideia clara de sua nova existência.

CAPÍTULO 2

EDWARD IRVING: OS SHAKERS

A história de Edward Irving e sua experiência com as manifestações espíritas, entre 1830 e 1833, são de grande interesse para o estudante de psiquismo e ajudam a reduzir a distância entre Swedenborg, de um lado, e Andrew Jackson Davis, do outro. Os fatos são os seguintes:

Edward Irving pertence àquela classe mais pobre de trabalhadores braçais escoceses que produziu muitos homens de valor. Da mesma origem e da mesma época e localidade de Thomas Carlyle, Irving nasceu em Annan, em 1792. Depois de uma juventude difícil e aplicada ao estudo, desenvolveu-se como um homem muito singular. Fisicamente, era um gigante e um Hércules em força; seu físico imponente só era desfigurado pela projeção desagradável de um dos olhos, defeito que, como o pé deformado de Byron, de certo modo parecia apresentar uma analogia aos extremos do seu caráter. Sua mente, viril, aberta e corajosa, foi deturpada pela educação inicialmente recebida na rígida escola da Igreja Escocesa, onde os princípios obsoletos e severos dos velhos "Covenanters" ("Adeptos da Aliança", movimento religioso e político escocês do século XVII) – um Protestantismo impossível que representava uma reação contra um Catolicismo impossível – ainda envenenavam a alma humana. Sua atitude mental era estranhamente contraditória, pois, se havia herdado essa teologia limitada, deixara de herdar muito daquilo que é o patrimônio do escocês mais pobre. Opunha-se a tudo quanto fosse liberal, e mesmo medidas de justiça elementares, como a Lei de Reforma de 1832, encontraram nele um forte adversário.

Esse homem estranho, excêntrico e impressionante teve seu próprio ambiente no século XVII, quando os seus modelos se reuniam nos pântanos de Galloway e evitavam ou possivelmente até atacavam os dragões de Claverhouse. Mas, onde quer que vivesse, ele estava destinado a escrever o seu nome nos anais de sua época. Sabemos da sua combativa juventude na Escócia, da rivalidade com seu amigo Carlyle no afeto pela inteligente e vibrante Jane Welsh, das suas longas caminhadas e demonstrações de força, da sua curta carreira como professor um tanto violento em Kirkcaldy, do seu casamento com a filha de um pastor naquela cidade e, finalmente, da sua nomeação como pároco ou assistente do eminente dr. Chalmers, na época o mais famoso clérigo da Escócia e cuja administração na paróquia de Glasgow é um dos capítulos mais memoráveis da história da Igreja Escocesa. Nessa função, no contato pessoal com os fiéis, ele acumulou aquele conhecimento das classes mais pobres que constitui a melhor e a mais prática preparação para a vida. Sem isso, ninguém é realmente completo.

Havia nessa época uma pequena igreja escocesa em Hatton Garden, perto de Holborn, em Londres, que estava sem pastor e em condições críticas, espiritual e financeiramente. A vaga foi oferecida ao assistente do dr. Chalmers, o qual, depois de ponderadas reflexões, a aceitou. Então sua eloquência vibrante e suas exposições aprofundadas da mensagem evangélica começaram a atrair a atenção e, subitamente, o estranho gigante escocês se transformou em moda. Nas manhãs de domingo, a quase deserta rua ficava tomada de carruagens, e alguns dos mais notáveis homens de Londres, bem como senhoras, acotovelavam-se dentro do pequeno templo. É evidente que tamanha popularidade não podia durar e que o costume do pregador de expor o texto durante uma hora e meia era exagerado para a fadiga londrina, embora aceitável ao norte de Tweed. Finalmente, ele foi transferido para uma igreja maior em Regent Square, com capacidade para duas mil pessoas e onde havia assentos suficientes para todos se acomodarem de maneira adequada, apesar de o pregador já não despertar o interesse dos primeiros tempos. Além da sua oratória, tudo indica que Irving foi um pastor consciencioso e muito trabalhador, dedicando-se incansavelmente para atender às necessidades materiais dos mais humildes do seu rebanho, e sempre pronto, dia e noite, a cumprir o seu dever.

Não obstante, logo começaram os confrontos com as autoridades de sua Igreja. O assunto em disputa constituía uma ótima base para uma querela teológica daquele tipo que faz mais mal ao mundo do que a varíola. A questão era se Cristo tinha em Si a possibilidade de pecar ou se a parte divina do Seu ser formava uma barreira sólida e intransponível contra as tentações físicas. Sustentavam uns que a associação de ideias, como Cristo e pecado, era uma blasfêmia. O obstinado clérigo, entretanto, replicava, com certa razão, que, a menos que Cristo tivesse a possibilidade de pecar e a ela resistisse até a vitória, o seu destino terreno não era o mesmo que o nosso e suas virtudes mereciam menos admiração. O tema foi discutido em Londres com enorme seriedade e por longo tempo, tendo como resultado uma declaração unânime do presbitério, condenando o ponto de vista do pastor. Todavia, como a sua congregação, por sua vez, expressou uma posição favorável, embora parcial e tendenciosa, ele pôde desprezar a censura de seus irmãos de ministério.

Mas um obstáculo maior o aguardava. O encontro de Irving com ele levou o seu nome a viver como vivem todos os nomes a que se associam questões espirituais verdadeiras. Inicialmente há que considerar que Irving interessava-se profundamente pelas profecias bíblicas, de modo especial pelas imagens vagas e assustadoras de São João e pelas previsões estranhamente metódicas de Daniel. Ele refletia intensamente sobre os anos e os dias anunciados como tempo assinalado antes que os dias de ira precedessem a Segunda Vinda do Senhor. Havia naquela época – de 1830 em diante – outras pessoas profundamente imersas nas mesmas sombrias especulações. Entre essas, contava-se um rico banqueiro, chamado Drummond, proprietário de uma grande casa de campo em Albury, perto de Guildford. Esses estudiosos da Bíblia reuniam-se de vez em quando nessa casa, discutindo e comparando seus pontos de vista com tanta minúcia que era bastante comum suas sessões se alongarem por uma semana, sendo os dias inteiramente ocupados, desde o café da manhã até o jantar. Esse grupo era chamado de "Profetas de Albury". Estimulados pelos fatores políticos que culminaram na Lei da Reforma, todos eles consideravam que as bases mais profundas haviam sido abaladas. É difícil imaginar qual teria sido a sua reação se tivessem chegado a testemunhar a Grande Guerra. Seja como for, estavam convencidos de que o fim de tudo estava próximo e, impacientes, buscavam sinais e prodígios, distorcendo as vagas e sinistras palavras dos profetas e transformando-as de todas as formas em interpretações fantásticas.

Por fim, acima do monótono horizonte dos acontecimentos humanos, uma estranha manifestação ocorreu. Uma lenda antiga dizia que os dons espirituais dos primeiros dias reapareceriam antes do fim, e entre eles aparentemente estava o esquecido dom das línguas, retornando à experiência da humanidade. Ele teria começado em 1830, no oeste da Escócia, onde os sensitivos Campbell e MacDonald diziam que o sangue céltico sempre fora mais sensível às influências espirituais do que a linhagem teutônica, mais densa. Os Profetas de Albury destacavam-se em seus poderes mentais, e assim um delegado da Igreja do sr. Irving foi enviado para investigar e apresentar relatório. Ele constatou que o fato era verdadeiro. As pessoas tinham boa reputação; uma delas, inclusive, era uma mulher cujo caráter poderia ser descrito como de santa. As estranhas línguas em que ambos falavam irrompiam a intervalos, e a manifestação era acompanhada por milagres de cura e outros sinais. Seguramente, não havia fraude nem mistificação, mas um verdadeiro influxo de alguma força estranha que levava a pessoa de volta aos tempos apostólicos. Os fiéis esperavam ansiosos novas manifestações.

Essas não se fizeram esperar: irromperam na própria Igreja de Irving. Foi em julho de 1831 que correu o boato de que alguns membros da congregação tinham sido tomados de maneira estranha em suas residências e que discretas manifestações ocorriam na sacristia e em outros recintos fechados. O pastor e seus conselheiros estavam perplexos, sem saber se uma demonstração mais pública seria tolerada. O caso resolveu-se por si mesmo, porém, por uma espécie de influxo do Espírito. Em outubro do mesmo ano, o serviço da prosaica Igreja da Escócia foi subitamente interrompido pelos gritos dos possuídos. O fenômeno foi tão inesperado e veemente, tanto no serviço matinal quanto no vespertino, que o pânico tomou conta dos presentes, a ponto de ocorrer uma tragédia, caso a voz do gigante pastor não tivesse trovejado "Senhor, acalma o tumulto do povo!". Também houve muito sussurro e alvoroço por parte dos velhos conservadores. No geral, a comoção foi considerável e os jornais do dia apareceram cheios de comentários, em sua maioria longe de serem favoráveis e respeitosos.

Os sons irrompiam da boca de mulheres e de homens e se reduziam inicialmente a ruídos ininteligíveis, quer sob a forma de simples grunhidos ou de linguagem inteiramente desconhecida. "Sons repentinos, queixosos e ininteligíveis", diz uma testemunha. "Um som forte e carregado", diz outra, "de que pareciam incapazes os delicados órgãos femininos." "Explodiam com um estrondo apavorante e terrível", diz uma terceira. Muitos, entretanto, ficaram fortemente impressionados com aqueles sons, entre eles o próprio Irving. "A voz tem um poder de impressionar o coração e dominar o espírito de um modo que nunca senti. Há uma cadência, uma majestade e uma grandeza prolongada de que jamais ouvi falar. Parece-se com os mais simples e mais antigos cantos no serviço da catedral, de tal modo que cheguei a pensar que esses cantos, cujas origens podem retroceder até Ambrósio, são reminiscências das inspiradas preces da Igreja primitiva."

Além disso, em pouco tempo palavras inglesas ininteligíveis foram acrescentadas aos estranhos ruídos. Em geral, eram jaculatórias e orações, sem nenhum sinal evidente de caráter supranormal, salvo que se manifestavam em momentos inadequados e independentemente da vontade de quem as proferia. Em alguns casos, entretanto, essas forças atuavam até que o sensitivo fosse, sob sua influência, capaz de longas e cansativas discussões, de expor a lei sobre pontos de doutrina da forma mais dogmática possível e de fazer censuras, as quais, por vezes, recaíam sobre o sofrido pastor.

Pode ter havido – de fato houve, provavelmente – uma origem psíquica real para esses fenômenos; mas eles haviam se desenvolvido no terreno de uma teologia estreita e fanática, fadada a levá-los ao descrédito. O próprio sistema religioso de Swedenborg era demasiado acanhado para receber a plenitude desses dons do espírito. De modo que se pode imaginar que se reduziram quando recebidos nos estreitos limites de uma Igreja escocesa, em que cada verdade deve ser torcida ou retorcida até corresponder a algum texto fantástico. O novo bom vinho não pode ser guardado em odres velhos limitados. Tivesse havido uma revelação mais completa, certamente outras mensagens teriam sido recebidas de maneiras diferentes, as quais teriam apresentado o assunto em suas justas proporções e comprovadas como um dom espiritual por terceiros. Mas o único desenvolvimento ocorrido foi em direção ao caos. Alguns ensinamentos recebidos não se harmonizavam com a ortodoxia, sendo então atribuídos ao diabo. Alguns sensitivos condenavam outros como heréticos. Levantava-se voz contra voz. Pior de tudo, alguns dos principais pregadores se convenceram de que suas próprias pregações eram diabólicas. A razão primeira para essa atitude teria sido que elas divergiam das suas próprias convicções espirituais, podendo assim parecer a alguns de nós indicação de que eram angélicas. Eles também tomavam o escorregadio caminho da profecia e ficavam envergonhados quando suas profecias não se realizavam.

Algumas declarações desses sensitivos, melindrosas para muitas sensibilidades religiosas, talvez fossem levadas mais a sério por uma geração mais esclarecida. Assim, um desses ardorosos devotos da Bíblia teria dito, em relação à Sociedade Bíblica, "Ela é uma praga alastrando-se em toda a Terra, extinguindo o Espírito de Deus pela própria letra da Palavra de Deus". Certa ou errada, uma afirmação assim pode parecer desvinculada do seu autor e coincide com os ensinamentos espirituais que recebemos atualmente. Enquanto a letra for considerada sagrada, tudo pode ser provado por esse livro, inclusive o próprio materialismo.

Um dos principais porta-vozes do espírito era certo Robert Baxter – que não deve ser confundido com o Baxter que, uns trinta anos mais tarde, foi associado a algumas profecias bastante conhecidas. Parece que esse Robert Baxter era um cidadão íntegro, zeloso e prosaico que via as Escrituras muito à semelhança de um advogado que compulsa um documento legal, atribuindo a cada frase seu valor intrínseco – especialmente às frases que se amoldavam ao seu próprio esquema hereditário da religião. Era um homem honesto, com uma consciência inquieta, que o preocupava continuamente no que tange os menores detalhes, enquanto o deixava imperturbável em relação à ampla plataforma sobre a qual erguia suas crenças. Esse homem era fortemente afetado pelo influxo do Espírito ou, para usar suas próprias palavras, "a sua boca se abria à força". De acordo com ele, o dia 14 de janeiro de 1832 assinalou o início daqueles 1.260 dias místicos que deviam preceder a Segunda Vinda e o fim do mundo. Essa profecia deve ter sido particularmente simpática a Irving com os seus sonhos milenários. Mas muito antes que esses dias se completassem, Irving estava em seu túmulo e Baxter havia renegado aquelas vozes que, ao menos nesse caso, o haviam enganado.

Baxter escreveu um folheto com o pomposo título de "Narrativa de Fatos, Caracterizando as Manifestações Sobrenaturais em Membros da Congregação de Irving e em outras Pessoas, na Inglaterra e na Escócia, e anteriormente no Próprio Autor". A verdade espiritual não poderia vir através dessa mente mais do que a luz branca poderia passar por um prisma; no entanto, nesse relato, ele precisa admitir a ocorrência de muitas coisas que parecem claramente sobrenaturais, de mistura com muitas duvidosas e algumas absolutamente falsas. O objetivo do folheto é principalmente abjurar os seus maus guias invisíveis, de modo a poder voltar são e salvo ao seio da Igreja Escocesa. Chama a atenção, todavia, que outro membro da congregação de Irving tenha escrito um panfleto de resposta com um título ainda mais longo, mostrando que Baxter estava certo enquanto inspirado pelo Espírito, e satânico nas suas conclusões errôneas. Esse folheto é interessante por conter cartas de várias pessoas que possuíam o dom das línguas, mostrando que eram pessoas de cultura e incapazes de qualquer mistificação consciente.

Que dirá de tudo isso um estudioso imparcial do psiquismo familiarizado com períodos mais modernos? A este autor parece ter havido um verdadeiro influxo psíquico, abafado e asfixiado por uma teologia sectarista insignificante da descrição da letra perfeita pela qual os fariseus foram repreendidos. Se ele pode atrever-se a expor sua opinião pessoal, sua firme crença é que o recipiente perfeito do ensinamento espírita é o homem sério e sensato que bebeu da fonte de todos os credos ortodoxos e cuja mente, ávida e receptiva, é uma tábua rasa e pronta para registrar uma nova impressão exatamente como a recebe. Torna-se, assim, um verdadeiro filho e discípulo dos ensinamentos do outro mundo, e todos os outros tipos de Espiritismo parecem ser concessões e acordos. Isso não altera o fato de que a nobreza pessoal de caráter pode fazer do adepto honesto um tipo mais elevado do que o simples espírita, mas aplica-se tão somente à filosofia em si. O campo do Espiritismo é imensamente vasto e nele cada classe de cristão, como de maometano, de hindu ou de pársi pode viver em fraternidade. Mas a simples admissão do retorno do Espírito e da comunicação não é suficiente. Muitos selvagens o admitem. Necessitamos também de um código de moral e de ter clareza, se consideramos Cristo um mestre benevolente ou um embaixador divino. Seus ensinamentos éticos, de uma forma ou de outra, mesmo quando não associados ao seu nome, são essenciais ao soerguimento da humanidade. Mas devem ser sempre examinados pela razão e aplicados conforme o espírito, não segundo a letra.

Isso, porém, é uma digressão. Nas vozes de 1831, há sinais de verdadeira força psíquica. É uma lei espiritual reconhecida que toda manifestação psíquica sofre uma distorção quando apreciada através das lentes de uma religião sectária estreita. É também uma lei que as pessoas pretensiosas e enfatuadas atraem entidades malévolas e são alvos do mundo do espírito, dos quais se tornam joguetes pela adoção de nomes longos e por profecias que as tornam ridículas. Tais foram os guias que desceram sobre o rebanho do sr. Irving e produziram diversos efeitos, bons e maus, conforme o instrumento empregado.

A unidade da Igreja, que fora abalada pela censura anterior do presbitério, não resistiu a esse novo golpe. Houve uma grande cisão e o prédio foi requisitado pelos administradores. Irving e os partidários que se mantiveram fiéis puseram-se à procura de um novo local, encontrando-o no salão usado por Robert Owen, o socialista, filantropo e livre-pensador, destinado, vinte anos mais tarde, a ser um dos pioneiros convertidos ao Espiritismo. Aí, na Gray's Inn Road, Irving reunia os fiéis. Não se pode negar que a Igreja, como ele a organizou, com seu anjo, seus presbíteros, seus diáconos, suas línguas e suas profecias, era a melhor reconstituição de uma Igreja Cristã primitiva em moldes nunca antes alcançados. Se Pedro ou Paulo reencarnassem em Londres, ficariam confusos, e até horrorizados, diante da Igreja de São Paulo ou da Abadia de Westminster, mas certamente se encontrariam numa atmosfera perfeitamente familiar na reunião presidida por Irving. Um sábio reconhece que há muitos caminhos que podem levar a Deus. A mente dos homens e o espírito dos tempos variam em suas reações à grande causa central e apenas podemos insistir numa caridade muito ampla para consigo mesmo e para com os outros. Parece que era isso que faltava a Irving. Era sempre pelo modelo do que era uma seita entre seitas que media o universo. Havia ocasiões em que ele era vagamente consciente disso e é possível que seus embates com Apollyon, os quais lamenta, assim como Bunyan e os Puritanos do passado costumavam lamentar-se, tivessem uma estranha explicação. Apollyon era, realmente, o Espírito de Verdade e a luta interior não era entre Fé e Pecado, mas de fato entre a obscuridade do dogma herdado e a luz da razão inerente instintiva, dada por Deus, e erguendo-se para sempre em revolta contra os absurdos do homem.

Mas Irving viveu muito intensamente e as sucessivas crises por que passou o esgotaram. Essas discussões com teólogos obstinados e com membros recalcitrantes do seu rebanho podem parecer-nos triviais, quando vistas a distância; mas para ele, com sua alma devotada, ardente e tempestuosa, eram vitais e terríveis. Para uma mente aberta, uma seita ou outra é indiferente, mas para Irving, quer por herança, quer por educação, a Igreja Escocesa era a Arca de Deus. Ele, todavia, seu fiel e zeloso filho, impelido pela própria consciência, havia se antecipado e encontrado as largas portas que conduzem à Salvação fechadas às suas costas. Ele era um galho cortado da árvore e ia secando. Essa é uma analogia, e mais que isso, porque se tornou uma realidade física concreta. Ao chegar à meia-idade, esse gigante encolheu e definhou. Sua forte compleição curvou-se. As faces tornaram-se cavadas e pálidas. Os olhos brilhavam com a febre fatal que o consumia. E assim, trabalhando até o fim, tendo nos lábios as palavras "Se eu morrer, morrerei com o Senhor", a sua alma passou para aquela luz mais radiante e mais dourada em que o cérebro encontra repouso e o espírito ansioso entra numa paz e segurança jamais encontradas na vida.

Além desse incidente isolado da Igreja de Irving, houve outra manifestação psíquica daquela época que levou mais diretamente à revelação de Hydesville. Trata-se do surgimento de fenômenos espíritas entre as comunidades Shakers nos Estados Unidos, que despertou menos atenção do que merecia.

Parece que essa boa gente se ligava aos Quakers, por um lado, e, por outro, aos refugiados das Cevennes, vindos para a Inglaterra para fugir da perseguição de Luís XIV. Mesmo na Inglaterra, a vida pacata não os livrou da perseguição dos fanáticos e eles se viram forçados a emigrar para os Estados Unidos durante a Guerra da Independência. Aí criaram assentamentos em vários lugares, vivendo uma vida simples e honesta baseada em princípios comunitários, e tendo por lema a sobriedade e a castidade. Não é de admirar que, à medida que a nuvem psíquica das forças do além aos poucos se propagasse sobre a Terra, encontrasse repercussão imediata naquelas comunidades altruístas. Em 1837, existiam sessenta desses grupos, e todos eles respondiam de formas diversas à nova força. Eles preservavam suas experiências estritamente para si mesmos na época, pois, como explicaram seus dirigentes mais tarde, certamente seriam todos levados para o manicômio caso revelassem o que então ocorria. Entretanto, logo depois apareceram dois livros narrando essas experiências: *Holy Wisdom* e *The Sacred Roll*.

Parece que os fenômenos se iniciaram com os costumeiros ruídos de aviso, seguidos pela obsessão, de tempos em tempos, de quase toda a comunidade. Cada indivíduo, homem ou mulher, demonstrava estar preparado para a manifestação dos espíritos. Entretanto, os invasores só chegavam depois de pedir permissão e nos intervalos não interferiam no trabalho da comunidade. Os principais visitantes eram espíritos peles-vermelhas, que vinham em grupos, como uma tribo. "Um ou dois dirigentes talvez estivessem na sala de baixo; então ouviam uma batida na porta e os índios pediam licença para entrar. Dada a licença, toda a tribo de espíritos índios invadia a casa e em poucos minutos podia-se ouvir o seu "Whoop! Whoop!" em todo o recinto. Esses gritos eram produzidos pelos órgãos vocais dos próprios Shakers, naturalmente. Enquanto estavam sob o controle dos índios, porém, conversavam na língua deles, dançavam as danças deles e em tudo mostravam que estavam realmente tomados por espíritos peles-vermelhas.

Poder-se-ia bem perguntar por que deveriam esses aborígines norte-americanos representar um papel tão saliente não só no início, mas ainda na continuidade do movimento. Há poucos médiuns neste país, como nos Estados Unidos, que não tenham como guia um pele-vermelha, cuja fotografia foi com frequência obtida por meios psíquicos, ainda com suas tranças e trajes típicos. É um dos muitos mistérios que ainda temos de solucionar. Baseados em nossa experiência, só podemos dizer com certeza que esses espíritos têm grande força para produzir fenômenos físicos, mas nunca apresentam os ensinamentos mais elevados que nos chegam de espíritos europeus ou orientais. Entretanto, os fenômenos físicos ainda são de grande relevância, porque chamam a atenção dos céticos e assim o papel reservado aos índios é de importância vital. Os homens da rude vida campestre parecem estar, na esfera do espírito, especialmente associados às manifestações rústicas da atividade do espírito. E ouve-se constantemente dizer, conquanto seja difícil provar, que o principal organizador de tais manifestações foi um aventureiro que em vida se chamava Henry Morgan e que morreu como governador da Jamaica, posto a que fora nomeado no tempo de Carlos II. Deve-se admitir que essas afirmações sem comprovação não têm nenhum valor no atual estágio dos nossos conhecimentos, mas devem ser registradas, pois informações futuras podem no devido tempo lançar novas luzes sobre elas. John King, nome do espírito do suposto Henry Morgan, é um ser muito real, havendo poucos espíritas experientes que não tenham visto sua cara barbuda e ouvido sua voz professoral. Quanto aos índios que são seus companheiros ou subordinados, é possível apenas conjecturar que são filhos da Natureza, talvez mais próximos dos primitivos segredos do que outras raças mais complexas. Pode ser que a natureza do seu trabalho especial seja de reparação e expiação – explicação que o autor ouviu dos próprios lábios deles.

Essas observações parecem constituir uma digressão quanto à real experiência dos Shakers, mas as dificuldades que surgem na mente do investigador se devem em grande parte à quantidade de fatos novos, sem ordem nem explicação, que ele precisa contornar. Sua inteligência não possui escaninhos possíveis onde os possa depositar. Assim, o autor procura nestas páginas, na medida do possível e a partir da própria experiência ou da vivência daqueles em quem pode confiar, lançar as luzes que podem tornar a matéria mais inteligível e dar pelo menos uma ideia das leis que a regem e que estabelecem a ligação entre os espíritos e nós humanos. Acima de tudo, o investigador deve abandonar em definitivo a ideia de que os desencarnados são necessariamente entidades sábias ou poderosas. Eles têm a sua individualidade e as suas limitações, assim como nós, e essas limitações avultam quando se manifestam através de uma substância tão grosseira como a matéria.

Havia entre os Shakers um homem de notável inteligência, chamado F. W. Evans, que fez um relato preciso e prazeroso de todo esse assunto. Esse documento, frequentemente citado na obra do coronel Olcott, *People of the Other World*, pode ser encontrado no *New York Daily Graphic*, de 24 de novembro de 1874.

Depois do primeiro sobressalto físico e mental causado pela irrupção desse espírito, Evans e seus companheiros puseram-se a estudar o que isso realmente significava. Chegaram à conclusão de que a questão podia ser dividida em três fases. A primeira consistia em provar ao observador que o fenômeno era verdadeiro. A segunda era de instrução, uma vez que mesmo o espírito mais humilde pode trazer informações de sua própria experiência das condições após a morte.

A terceira fase, dita fase missionária, era a de aplicação prática. Os Shakers chegaram à conclusão inesperada de que os índios não tinham vindo ensinar, mas aprender. Assim, catequizaram-nos como foi possível, exatamente como o teriam feito em vida. Uma experiência semelhante ocorreu desde então em muitos centros espíritas, onde espíritos simples e humildes vinham aprender o que deveriam ter aprendido neste mundo, se pudessem ter contado com professores. Poder-se-ia perguntar por que os espíritos mais elevados do além não suprem essa carência. A resposta dada ao autor numa ocasião muito especial foi a seguinte: "Essa gente está muito mais próxima de vocês do que de nós. Vocês podem influenciá-los naquilo que nós não conseguimos".

Daí se conclui claramente que os bons Shakers nunca estiveram em contato com os guias mais elevados – talvez não necessitassem de orientação – e que os seus visitantes eram de um plano inferior. Essas visitações continuaram durante sete anos. Ao se despedir, os espíritos disseram aos seus anfitriões que estavam partindo, mas que voltariam, e que, quando isso acontecesse, se espalhariam pelo mundo e entrariam tanto nas choupanas quanto nos palácios. Exatamente quatro anos depois começaram as batidas em Rochester. Foi então que Elder Evans e outro Shaker dirigiram-se a Rochester e visitaram as irmãs Fox. Sua chegada foi saudada com grande entusiasmo pelas forças invisíveis, que proclamaram que esse era realmente o trabalho que havia sido predito.

Digno de referência é um comentário de Elder Evans. Quando lhe perguntaram: "Não pensa que a sua experiência é muito semelhante à dos monges e freiras da Idade Média?", sua resposta não foi: "As nossas eram angélicas, as outras, diabólicas", como teria dito, caso a situação fosse outra. Ele respondeu com muita candura e clareza: "Certamente. Essa é a explicação através dos tempos. As visões de Santa Teresa eram visões espíritas, assim como o são as que membros de nossa sociedade têm com frequência". Em seguida, ao lhe perguntarem se a magia e a necromancia não pertenciam à mesma categoria, respondeu: "Sim. É então que o Espiritismo é utilizado para fins egoístas". É claro que, quase um século atrás, havia homens capazes de instruir os nossos sábios de hoje.

Aquela notável mulher que foi a sra. Hardinge Britten registrou em seu "Espiritismo Americano Moderno" como entrou em contato com a comunidade Shaker e como eles lhe mostraram registros feitos por ocasião das visitas dos espíritos. Neles se afirma que a nova era seria inaugurada com uma descoberta extraordinária tanto de riquezas materiais quanto espirituais. Essa é uma profecia das mais impressionantes, pois é fato histórico que as minas de ouro da Califórnia foram descobertas pouco tempo depois dessa manifestação psíquica. Um Swedenborg com sua doutrina das correspondências talvez afirmasse que um fato complementava o outro.

Esse episódio das manifestações Shakers é um elo muito claro entre o trabalho pioneiro de Swedenborg e o período de Davis e das irmãs Fox. Estudaremos agora a carreira do primeiro, que está intimamente associada ao surgimento e à evolução do movimento psíquico moderno.

CAPÍTULO 3

O PROFETA DA NOVA REVELAÇÃO

Andrew Jackson Davis foi um dos homens mais notáveis de quem temos registros precisos. Nascido em 1826 nas margens do Hudson, sua mãe era uma mulher inculta, com tendências visionárias aliadas à superstição vulgar; seu pai era alcoólatra e trabalhava com curtimento de couro. Davis escreveu detalhes da própria infância num livro curioso, *The Magic Staff*, no qual descreve a vida primitiva e árdua das províncias americanas na primeira metade do século XIX. As pessoas eram rudes e ignorantes, mas o seu lado espiritual era bem vivo, parecendo estar sempre prontas a descobrir algo novo. Foi nesses povoados rurais de Nova York que, num período de poucos anos, se desenvolveram o Mormonismo e o Espiritismo.

É difícil imaginar um jovem com tão poucos atributos naturais quanto Davis. Era fraco de corpo e pobre de mente. Excetuando os livros da escola primária, só conseguia se lembrar de um livro que havia lido até os 16 anos de idade. Entretanto, nessa criatura mirrada espreitavam forças espirituais tais que antes dos 20 anos havia escrito um dos livros mais profundos e originais de filosofia até então produzidos. Poderia haver prova mais clara de que nada provinha dele mesmo e de que ele não passava de um canal pelo qual fluía o conhecimento daquele vasto reservatório que encontra tão incompreensíveis mensageiros? O valor de uma Joana d'Arc, a santidade de uma Teresa, a sabedoria de um Jackson Davis, os poderes supranormais de um Daniel Home, tudo procede da mesma fonte.

Os poderes psíquicos de Davis começaram a se desenvolver nos seus últimos anos da infância. Como Joanna D'Arc, ouvia vozes no campo – vozes suaves que lhe davam bons conselhos e conforto. À clariaudiência seguiu-se a clarividência. Quando sua mãe faleceu, ele teve a visão impressionante de uma casa adorável numa região resplandecente que imaginou ser o lugar para onde a mãe havia ido. Sua capacidade plena revelou-se, porém, quando um ilusionista ambulante que exibia os fascínios do mesmerismo chegou à vila e realizou experiências com Davis e com muitos outros jovens rústicos que desejavam provar aquela sensação. O resultado foi a constatação de que Davis possuía poderes de clarividência excepcionais.

Estes não foram desenvolvidos pelo mesmerista ambulante, mas por um alfaiate local, certo Levingston, que parece ter sido um pensador da primeira hora. Ele ficou tão impressionado com os dons do jovem sensitivo que abandonou o seu próspero negócio e devotou todo o seu tempo ao trabalho com Davis, direcionando sua clarividência para o diagnóstico de doenças. Davis havia desenvolvido essa capacidade, comum entre os sensitivos, de ver sem os olhos, inclusive coisas que não podem ser vistas pela visão humana. No início, o dom foi usado como uma espécie de diversão, com a leitura de olhos vendados de letras e relógios dos camponeses presentes. Em casos assim, qualquer parte do corpo pode assumir a função da visão. A razão disso talvez seja que o corpo etérico ou espiritual, que possui os mesmos órgãos do corpo físico, está total ou parcialmente desprendido, podendo então registrar a impressão. Como ele pode assumir qualquer posição, e inclusive dar um giro completo sobre o próprio eixo, tem condições de ver de qualquer ponto. Essa explicação pode aplicar-se para casos como o que o autor encontrou no norte da Inglaterra, onde Tom Tyrrell, o famoso médium, andava à volta da sala, admirando os quadros, de costas para as paredes em que estavam pendurados. Um dos muitos problemas que deixamos à posteridade é se, em casos assim, os olhos etéreos veem o quadro em si ou então uma réplica etérea dele.

Levingston valeu-se inicialmente de Davis para diagnósticos médicos. Ele descreveu como o corpo humano se tornava transparente aos seus olhos do espírito, que pareciam exercer sua função a partir do centro da testa. Cada órgão se mostrava claramente e com uma radiação especial e peculiar que esmaecia em caso de doença. Para a mentalidade médica ortodoxa, com a qual muito simpatiza o autor, tais poderes são suscetíveis de abrir uma porta para o charlatanismo, e no entanto ele é forçado a admitir que tudo quanto foi dito por Davis foi corroborado pela própria experiência do sr. Bloomfield, de Melbourne, que descreveu ao autor o espanto de que ficou tomado quando essa força se manifestou subitamente nele, na rua, mostrando-lhe detalhes anatômicos de duas pessoas que andavam à sua frente. Esses poderes têm sido tão bem atestados que não é raro verem-se médicos recorrer a clarividentes para fins de diagnóstico. Diz Hipócrates: "A alma vê de olhos fechados as afecções sofridas pelo corpo". Assim, ao que parece, os antigos sabiam algo a respeito de tais métodos. A assistência de Davis não se limitava aos que estavam na sua presença: sua alma ou corpo etérico podia libertar-se pela ação magnética de seu empresário e ser enviada como um pombo-correio, na certeza de que regressaria com a informação desejada. Além da missão humanitária com a qual esse corpo etérico estava em geral envolvido, ele às vezes vagava livremente. E Davis descreveu em belas passagens como via a Terra translúcida abaixo dele, com os grandes veios de depósitos minerais brilhando como massas de metal fundido, cada um com a sua radiação incandescente.

Observe-se que nessa fase inicial da experiência psíquica de Davis, ele não se lembrava das impressões que tivera em transe. Contudo, elas eram registradas no seu subconsciente, recuperando-as posteriormente com toda clareza. Na época, ele era uma fonte de informações para outros, mas ele mesmo continuava ignorante.

Até então o seu desenvolvimento se processara normalmente, podendo ser comparado com a experiência de qualquer estudioso de psiquismo. Mas aí ocorreu um episódio inteiramente novo e que é descrito em detalhes na sua autobiografia. Em resumo, os fatos foram os seguintes. No anoitecer de 6 de março de 1844, Davis foi subitamente tomado por uma força que o fez deslocar-se da pequena cidade de Poughkeepsie, onde vivia, e fazer velozmente uma pequena viagem em estado de semitranse. Quando voltou à consciência, percebeu-se entre montanhas inóspitas e lá, diz ele, encontrou dois veneráveis anciãos com os quais entrou em íntima e elevada sintonia, conversando com eles sobre questões de medicina e de moral. Esteve ausente toda a noite; na manhã seguinte, ao perguntar a algumas pessoas onde se encontrava, disseram-lhe que estava nas Montanhas Catskill, a cerca de sessenta quilômetros de casa. A história tem todas as características de uma experiência subjetiva, de um sonho ou visão, e ninguém hesitaria em considerá-la como tal, não fosse o detalhe da sua acolhida e da refeição que tomou ao regressar. Uma possível alternativa é que o "voo" para as montanhas foi uma realidade e que as entrevistas foram um sonho. Diz ele que posteriormente identificou seus dois mentores como sendo Galeno e Swedenborg, o que é interessante, por ser o primeiro contato com os mortos por ele próprio reconhecido. Todo o episódio parece visionário e não teve maior influência sobre o notável futuro do jovem.

Ele sentia poderes superiores agitando-se dentro de si. Foi-lhe então recomendado que, quando alguém lhe fizesse perguntas de maior profundidade enquanto estivesse em transe mesmérico, sempre respondesse: "Responderei isso em meu livro". Aos 19 anos, sentiu chegado o momento de escrevê-lo. Por um motivo ou outro, a influência magnética de Levingston não parecia apropriada para esse fim, sendo então escolhido o dr. Lyon como novo mesmerista. Lyon abandonou o consultório e foi a Nova York com o seu protegido, onde procurou o rev. William Fishbough, convidando-o para servir de secretário. Essa escolha intuitiva pareceu justificar-se, pois ele também abandonou imediatamente o seu trabalho e aceitou o convite. Então, com tudo preparado, Lyon passou a submeter o jovem a transes magnéticos diariamente, sendo suas declarações registradas pelo fiel secretário. Não havia dinheiro nem publicidade envolvidos, de modo que mesmo o mais cético dos críticos não poderia fazer outra coisa senão admitir que a ocupação e os objetivos desses três homens constituíam um notório contraste com relação à ganância do mundo material que os rodeava. Eles buscavam o mundo do além. O que de mais nobre pode o homem fazer?

Há que se entender que um cano não pode escoar mais do que o seu diâmetro permite. O diâmetro de Davis era muito diferente do de Swedenborg. Os dois recebiam conhecimento quando em estado de iluminação. Mas Swedenborg era o homem mais culto da Europa, enquanto Davis era um jovem tão ignorante quanto se podia encontrar no Estado de Nova York. A revelação de Swedenborg talvez fosse superior, embora muito provavelmente matizada por seus próprios conhecimentos. A revelação de Davis era incomparavelmente um milagre maior.

O dr. George Bush, professor de hebraico na Universidade de Nova York, uma das testemunhas quando as mensagens em transe eram recebidas, assim escreve:

> Afirmo solenemente que ouvi Davis citar corretamente a língua hebraica em suas palestras e demonstrar um conhecimento de geologia muito surpreendente numa pessoa da sua idade, mesmo que tivesse devotado anos a esse estudo. Com grande habilidade, ele discorreu sobre as mais profundas questões de arqueologia histórica e bíblica, de mitologia, da origem e afinidades das línguas, do avanço da civilização entre as várias nações da Terra, temas que honrariam qualquer estudante daquela idade, mesmo que para chegar a eles tivesse a vantagem de consultar todas as bibliotecas da cristandade. Realmente, se ele tivesse adquirido todas as informações que revela nessas conferências, não nos dois anos desde que deixou a bancada de sapateiro, mas em toda a sua vida, com a maior assiduidade no estudo, nenhum prodígio

de intelecto de que o mundo tem notícia seria por um instante sequer comparável a este, muito embora ele jamais tenha lido um único volume ou mesmo página.

Davis traça um impressionante perfil de si mesmo na época. Ele pede que prestemos atenção à sua constituição física e intelectual. Diz ele: "A circunferência da cabeça é anormalmente pequena. Se tamanho é medida de aptidão, a capacidade mental desse jovem é excepcionalmente limitada. Os pulmões são fracos e atrofiados. Ele não viveu num ambiente refinado – seus modos são rudes e desajeitados. Não leu senão um único livro. Nada conhece de gramática ou das regras de linguagem e também não tem contato com pessoas dos meios literários ou científicos".

Esse era o jovem de 19 anos de quem então jorrava uma torrente de palavras e de ideias, motivos para crítica, não por sua simplicidade, mas por serem demasiado complexas e envoltas em termos cultos, conquanto sempre com uma linha consistente de raciocínio e de método.

Não há problema em falar do subconsciente, mas este é em geral entendido como a emergência de ideias que foram recebidas e logo submergiram. Por exemplo, quando o mais aprimorado Davis conseguia se lembrar do que havia acontecido em seus transes no tempo em que era pouco desenvolvido, esse era um exemplo claro de emergência das impressões enterradas. Mas seria abusar das palavras falar de um inconsciente quando tratamos de alguma coisa que, por meios normais, nunca poderia alcançar qualquer nível da mente, consciente ou não.

Esse foi o início da grande revelação psíquica de Davis que acabou sendo exposta em muitos livros e identificada pelo nome de "Filosofia Harmônica". Da sua natureza e posição nos estudos psíquicos, trataremos mais adiante.

Davis afirma que nessa fase da sua vida ainda estava sob a influência direta da entidade que posteriormente identificou como sendo Swedenborg – um nome pouco conhecido dele na época. De tempos em tempos, por clariaudiência, recebia a convocação "para subir à montanha". Essa montanha era uma colina situada na outra margem do Hudson, oposta a Poughkeepsie. Ele diz que ali se encontrava e conversava com uma figura venerável. Parece que não houve nenhum indício de materialização e o incidente não tem analogia em nossa experiência psíquica, salvo – e falamos com toda a reverência – quando também Cristo subiu a um monte e entrou em comunhão com as formas de Moisés e de Elias. Nisso a analogia se mostra completa.

Davis parece não ter sido um homem religioso no sentido comum e convencional, embora fosse impregnado de forças verdadeiramente espirituais. Sua atitude, até onde é possível reconhecê-la, era muito crítica em relação à revelação bíblica e, para dizer o mínimo, ele não acreditava na interpretação literal. Mas era honesto, sincero, incorruptível, ávido para encontrar a verdade e consciente de sua responsabilidade em propagá-la.

Durante dois anos, o Davis inconsciente continuou a ditar o livro sobre os segredos da natureza, enquanto o Davis consciente procurava instruir-se em Nova York, retornando, às vezes, a Poughkeepsie para recuperar as energias. Ele havia começado a chamar a atenção de algumas pessoas sérias e Edgar Allan Poe era um de seus visitantes. Seu desenvolvimento psíquico continuou e, antes dos 21 anos, chegou a um ponto em que não precisava mais de alguém que o ajudasse a entrar em transe. Por fim, sua memória subconsciente também se ativou e ele pôde examinar todo o enorme conjunto de suas experiências. Foi então que sentou ao lado de uma mulher agonizante e observou todos os detalhes da partida da alma, da qual nos dá uma detalhada descrição no primeiro volume de *Great Harmonia*. Embora essa descrição tenha aparecido numa separata, não é tão conhecida quanto deveria. Um pequeno resumo talvez seja interessante para o leitor.

Ele começa com a reflexão confortadora sobre a realidade que seus voos da alma, que eram morte em todos os sentidos, salvo quanto à duração, lhe haviam mostrado, ou seja, que a experiência era "interessante e prazerosa" e que os sintomas que parecem sinais de sofrimento não passam de reflexos inconscientes do corpo, não tendo nenhum significado. Depois de ele mesmo ter-se lançado no que chama de "Condição Superior", diz como observou as etapas do lado espiritual. "O olho material vê apenas o que é material, e o espiritual o que é espiritual", mas como tudo tem uma contraparte espiritual, o resultado é o mesmo. Assim, quando um espírito vem a nós, não é a nós que vê, mas o nosso corpo etérico, que é, aliás, uma duplicata do nosso corpo material.

Foi esse corpo etérico que Davis viu emergir do desgastado envoltório de protoplasma da moribunda, que finalmente ficou vazio no leito, como a enrugada crisálida quando a mariposa se liberta. O processo começou com uma concentração máxima no cérebro, que foi se tornando gradualmente mais luminoso à medida que as extremidades escureciam. É provável que o homem nunca pense tão claramente, ou seja, tão intensamente consciente quanto depois que todos os meios indicativos de seus pensamentos o abandonam. Então o novo corpo começa a emergir, a começar pela cabeça. Ele logo está totalmente livre, de pé ao lado de seu cadáver, com os pés próximos à cabeça e com uma faixa luminosa vital correspondente ao cordão umbilical. Quando o cordão se rompe, uma pequena porção é absorvida pelo cadáver, e é isso que o preserva da putrefação imediata. Quanto ao corpo etérico, ele precisa de algum tempo para adaptar-se ao novo ambiente, quando então pode movimentar-se. "Eu a vi passar através da sala contígua, passar pela porta e sair da casa, penetrando no espaço... Logo que saiu da casa, dois espíritos amigáveis do mundo espiritual se juntaram a ela. Depois de se apresentarem e trocarem algumas palavras, os três, com leveza e graça, começaram a subir obliquamente, ficando envolvidos pelo revestimento etéreo de nosso planeta. Moviam-se juntos de modo tão natural e fraterno que me custava dar-me conta do fato de que eles caminhavam no ar – pareciam subir pela encosta de uma montanha gloriosa, mas familiar. Continuei a olhá-los até que a distância os ocultou da minha visão."

Essa é a visão da Morte na percepção de A. J. Davis – muito diferente daquele horror tenebroso que por tanto tempo obsidiou a imaginação humana. Se isso é verdade, podemos voltar nossas simpatias para o dr. Hodgson e sua exclamação: "Custa-me suportar a espera!". Mas é verdade? Apenas podemos dizer que há muitas evidências a corroborá-la.

Muitas pessoas que entraram em estado cataléptico ou em estado de coma trouxeram impressões muito concordes com a descrição de Davis, mas outras voltaram com o cérebro totalmente vazio. Quando esteve em Cincinnati em 1923, o autor conheceu a sra. Monk, considerada morta pelos médicos e que, durante cerca de uma hora, viveu a experiência de uma vida após a morte antes que um capricho da sorte a devolvesse à vida. Ela escreveu um breve relato de sua experiência, durante a qual teve a vívida lembrança de sair do quarto, exatamente como Davis descreveu, e do fio prateado que continuava unindo sua alma viva a seu corpo comatoso.

Outro caso célebre foi publicado na revista *Lights*, de 25 de março de 1922, em que as cinco filhas de uma mulher agonizante, todas clarividentes, acompanharam e descreveram o processo de morte da mãe. Também nesse evento a descrição foi muito semelhante à anterior, todavia há algumas diferenças nesse e em outros casos para sugerir que a sequência dos acontecimentos nem sempre é regida pelas mesmas leis.

Outra variação de enorme interesse está num desenho de uma criança com poderes mediúnicos que representa a alma deixando o corpo. A sra. De Morgan descreve esse desenho em sua obra *From Matter to Spirit* (p. 121). Esse livro, com seu denso prefácio escrito pelo célebre matemático, professor De Morgan, é uma das obras pioneiras do movimento espírita na Grã-Bretanha. Quando se pensa que foi publicado em 1863, o coração torna-se pesaroso diante do sucesso das forças de obstrução, refletidas tão fortemente na imprensa, que tem conseguido durante muitos anos interpor-se entre a mensagem de Deus e a raça humana.

A força profética de Davis só pode ser desconhecida do cético que ignora os fatos. Antes ainda de 1856, ele profetizou em detalhes o aparecimento do automóvel e da máquina de escrever. Em seu livro *The Penetralia*, lê-se o seguinte:

Pergunta: "Poderá o utilitarismo fazer descobertas em outras direções da mobilidade?".

"Sim. Observe por aí carruagens e vagões ambulantes percorrendo estradas do interior – sem cavalos, sem vapor, sem qualquer força motriz visível – deslocando-se a altas velocidades e com muito mais segurança do que atualmente. As carruagens serão movidas por uma mistura estranha, instigante e simples de gases aquosos e atmosféricos – condensados com facilidade, inflamados com simplicidade e distribuídos por máquina de certo modo semelhante às nossas, mas totalmente encoberta e comandada entre as rodas da frente. Esses veículos evitarão muitos inconvenientes atualmente sofridos pelas pessoas que vivem em regiões pouco povoadas. O primeiro requisito para essas locomotivas serão boas estradas em que, com a sua máquina, sem cavalos, as pessoas poderão viajar com muita rapidez. Tenho e a impressão de que é fácil fabricar esses carros."

A seguir perguntaram:

"Percebe algum plano que permita acelerar a maneira de escrever?"

"Sim. Quase me sinto inclinado a inventar um psicógrafo automático, isto é, uma alma escritora artificial. Pode ser construída assim como um piano, com uma série de teclas, cada uma para um som elementar; um teclado mais baixo para fazer uma combinação e um terceiro para uma recombinação rápida. Assim, em vez de se tocar uma peça de música, pode-se escrever um sermão ou um poema."

Do mesmo modo, respondendo a uma pergunta relativa ao que era então chamado "navegação atmosférica", sentiu-se "profundamente impressionado" porque "o mecanismo necessário – para atravessar as correntes de ar contrárias, de modo a se poder navegar com facilidade, segurança e prazer como os pássaros – depende de uma nova força motriz. Essa força virá. Não só acionará as locomotivas sobre os trilhos e os carros nas estradas rurais, mas também os veículos aéreos que atravessarão o céu, de país para país".

Ele previu o surgimento do Espiritismo em seu *Principles of Nature*, publicado em 1847, no qual diz:

> "É verdade que os espíritos se comunicam entre si, estando um no corpo e outro em esferas mais altas – e isso, também, quando uma pessoa em seu corpo está inconsciente do influxo, não podendo, assim, convencer-se do fato. Não levará muito tempo para que essa verdade se apresente como viva demonstração. E o mundo saudará com alegria o surgimento dessa era, quando o íntimo dos homens se abrirá e a comunicação espiritual se estabelecerá como agora a desfrutam os habitantes de Marte, Júpiter e Saturno".

Nesta matéria os ensinamentos de Davis foram definitivos, embora se deva admitir que boa parte da sua obra seja vaga e difícil de ler, porque desfigurada pelo emprego de vocábulos longos e às vezes inventados por ele. Entretanto, são de um alto nível moral e intelectual, e podem ser mais bem descritos como um cristianismo atualizado, com a ética de Cristo aplicada aos problemas modernos e totalmente desvinculada de qualquer vestígio de dogma. Em sua opinião, "Documentary Religion", como a chama Davis, não era em absoluto uma religião. Esse nome só podia ser aplicado ao produto pessoal da razão e da espiritualidade. Essa era a orientação geral do ensinamento, mesclada com muitas revelações da Natureza, expostas em sucessivos livros da *The Harmonial Philosophy*, escritos depois das *Nature's Divine Revelations* e que tomaram os anos seguintes de sua vida. Muitos de seus ensinamentos apareceram num jornal estranho chamado *Univercoelum* e grande parte deles foi propagada por meio de conferências em que apresentava ao público os resultados das suas revelações.

Em suas visões espirituais, Davis viu uma disposição do universo que corresponde aproximadamente à que Swedenborg já havia observado e à que foi posteriormente revelada pelos espíritos e aceita pelos espíritas. Ele viu uma vida semelhante à da Terra, uma vida que pode ser chamada semimaterial, com prazeres e desejos atraentes à nossa natureza que de modo algum haviam sido transformados pela morte. Viu salas para os estudiosos, tarefas condizentes para os de temperamento ativo e dinâmico, produtos de arte para os artistas, beleza para os amantes da natureza, repouso para os cansados. Viu etapas progressivas da vida espiritual, através das quais a pessoa ascendia aos poucos ao sublime e ao celestial. Levou a sua extraordinária visão para além do universo atual e o viu dissolver-se mais uma vez numa nuvem de fogo da qual havia se solidificado, e novamente se solidificar para formar o estágio em que uma evolução superior ocorreria, com a classe mais alta aqui começando como a classe mais baixa lá. Viu que esse processo se renovava muitas vezes, abrangendo trilhões de anos e sempre trabalhando no sentido do refinamento e da purificação. Descreveu essas esferas como anéis concêntricos em redor do mundo; mas como admite que nem o tempo nem o espaço se definem claramente em suas visões, não precisamos tomar a sua geografia muito ao pé da letra. O objetivo da vida era qualificar-se para a progressão nesse extraordinário esquema; e o melhor método para esse avanço humano era fugir do pecado – não só dos pecados normalmente admitidos, mas também dos pecados do preconceito, da estreiteza de visão e da intransigência, que são de modo muito especial máculas não só da carne efêmera, mas também do espírito permanente. Para esse fim, o retorno à vida simples, às crenças simples e à fraternidade original era essencial. Dinheiro, álcool, luxúria, violência e as artimanhas eclesiásticas – no seu sentido estrito – constituíam os principais empecilhos para o progresso humano.

Há que se admitir que Davis, até onde se pode acompanhar a sua vida, viveu em conformidade com o que professava. Era muito humilde, mas dotado daquela substância de que são feitos os santos. Sua autobiografia vai apenas até 1857, de modo que teria pouco mais de 30 anos quando a publicou. Mas oferece uma descrição bem completa e, por vezes, involuntária de seu íntimo. Era muito pobre, mas justo e caridoso. Apesar de sério, era paciente ao argumentar e brando ao ser contestado. Fizeram-lhe as piores acusações, que ele recorda com um sorriso de tolerância. Dá todas as informações a respeito dos seus dois primeiros casamentos, tão insólitos quanto tudo o mais a seu respeito, mas que apenas depõem a seu favor. Desde a data em que termina *The Magic Staff*, viveu do mesmo modo, alternando escrita e palestras, conquistando cada vez mais prosélitos, até morrer em 1910, com 84 anos. Passou os últimos anos de vida como responsável por uma pequena livraria em Boston. O fato de o seu *The Harmonial Philosophy* ter tido umas quarenta edições nos Estados Unidos constitui uma prova de que a semente que lançou com tanta constância não caiu em terreno estéril.

O significativo para nós é o papel desempenhado por Davis no início da revelação espírita. Ele começou a preparar o terreno antes que a revelação se manifestasse. Estava claramente destinado a confundir-se com ela, pois soube da demonstração de Hydesville no dia em que ela ocorreu. De suas anotações, tomamos a passagem seguinte, com a importante data de 31 de março de 1848:

"Ao raiar o sol nesta manhã, um sopro quente passou pela minha face e ouvi uma voz, suave e forte, dizer: 'Irmão, a boa obra começou – olha, uma demonstração viva teve início'. Fiquei pensando o que semelhante mensagem poderia significar." Esse foi o começo do grande movimento em que ele atuaria como profeta. Seus poderes eram supranormais na esfera mental, do mesmo modo que os sinais físicos o eram na esfera material. Um completava o outro. Até o extremo de sua capacidade, ele era a alma do movimento, o cérebro que tinha uma visão clara da mensagem que era anunciada de maneira tão nova quanto estranha. Nenhum homem pode receber a mensagem por inteiro, porque é infinita e eleva-se cada vez mais à medida que entramos em contato com seres mais elevados. Mas Davis a interpretou tão bem para os seus dias e para a sua geração que, mesmo agora, muito pouco pode ser acrescentado às suas concepções.

Embora Davis não possuísse o aparato mental de Swedenborg para organizar os seus resultados, ele havia dado um passo além. Swedenborg havia visto o céu e o inferno, assim como Davis os viu e descreveu minuciosamente. Entretanto, Swedenborg não teve uma visão clara da posição dos mortos e da verdadeira natureza do mundo do espírito, com a possibilidade de retorno, como foi revelado ao vidente americano. Davis chegou a esse conhecimento lentamente. Suas estranhas entrevistas com o que chamava de "espíritos materializados" eram coisas excepcionais, e delas não tirou conclusões gerais. Só mais tarde, quando entrou em contato com os fenômenos espíritas reais, é que ele foi capaz de ver o significado pleno deles. Esse contato não foi estabelecido em Rochester, mas em Stratford, Connecticut, onde Davis foi testemunha dos fenômenos de Poltergeist ocorridos na residência de um clérigo, dr. Phelps, nos primeiros meses de 1850. O estudo desses fenômenos o estimulou a escrever um folheto – "The Philosophy of Spiritual Intercourse" – mais tarde desenvolvido num livro que contém muita coisa que o mundo ainda não aprendeu. Algumas dessas coisas, na sua sábia moderação, podem também ser recomendadas a alguns espíritas. "O Espiritismo é útil como uma demonstração viva da existência futura", diz ele. "Os espíritos me ajudaram muitas vezes, mas não controlam a minha pessoa nem a minha razão. Eles podem prestar, e prestam, com bondade, muitos favores aos que vivem na Terra. Mas os benefícios só têm garantia com a condição de que lhes permitamos tornar-se nossos mestres e não nossos donos ou senhores – que os aceitemos como companheiros, não como deuses a quem devamos adorar."

Sábias palavras – e uma reafirmação moderna da recomendação fundamental de São Paulo de que o profeta não deve sujeitar-se aos seus próprios dons.

Para explicar adequadamente a vida de Davis, há que ascender às condições sobrenaturais. Mesmo assim, há explicações alternativas quando são levados em consideração os seguintes fatos inegáveis:

1. Ele afirma ter visto e ouvido a forma materializada de Swedenborg antes de conhecer qualquer aspecto dos seus ensinamentos.
2. Alguma entidade apossava-se desse jovem ignorante, imbuindo-o de grande sabedoria.
3. Essa sabedoria abrangia os mesmos amplos e universais domínios que eram característicos de Swedenborg.
4. Deu um passo adiante, porém, ao acrescentar o conhecimento do poder do espírito que Swedenborg pode ter alcançado após a morte.

Considerando esses quatro pontos, então, não será uma hipótese plausível que Davis fosse controlado pelo espírito de Swedenborg? Bom seria se a estimável, mas estreita e limitada Nova Igreja levasse essas possibilidades em consideração. Não obstante, quer Davis agisse por conta própria, quer fosse reflexo de alguém maior que ele, resta o fato de que era um milagreiro, o inspirado, ilustrado, ignorante apóstolo da nova revelação. Sua influência tem sido tão permanente que o conhecido artista e crítico E. Wake Cook, em seu notável livro *Retrogression in Art* classifica os ensinamentos de Davis como uma influência moderna que poderia reorganizar o mundo. Davis deixou sua profunda marca no Espiritismo. *Summerland*, por exemplo, como denominação para o Paraíso moderno, e todo o sistema de Liceus com a sua engenhosa organização, são formulações dele. Como observou o sr. Baseden Butt, "Mesmo hoje, é muito difícil, senão impossível, avaliar todo o alcance de sua influência".

CAPÍTULO 4

O EPISÓDIO DE HYDESVILLE

Acabamos de expor as várias manifestações desconexas e irregulares da força psíquica nos casos que se apresentaram, chegando, por fim, ao episódio particular que, realmente, se achava em nível inferior ao dos anteriores, mas ocorrido no ambiente de um povo prático que encontrou meios de explorá-lo por inteiro e de introduzir razão e sistema no que havia sido mero objeto de admiração sem propósito. É verdade que as circunstâncias eram simples, os atores humildes, o lugar remoto e a comunicação vergonhosa, baseada unicamente na vingança. Quando, porém, nos afazeres mundanos do dia a dia, queremos verificar se uma linha telefônica está funcionando, observamos se as mensagens passam por ela, sem levar em conta o conteúdo mais ou menos relevante dessas mensagens. Conta-se que a primeira mensagem recebida por meio do cabo submarino foi uma pergunta trivial feita pelo engenheiro que realizava o teste. Não obstante, desde então, reis e presidentes o utilizam. É assim que o humilde espírito do vendedor ambulante assassinado em Hydesville pode ter aberto uma passagem por onde os anjos afluíram. O bem e o mal, e todas as suas infinitas gradações, estão presentes no Outro Lado, assim como estão neste lado do véu. A companhia que atraímos depende de nós mesmos e dos nossos motivos.

Hydesville é um vilarejo típico do Estado de Nova York, com uma população primitiva, com pouca instrução, sem dúvida, mas provavelmente, como os demais pequenos povoados americanos, mais livre de preconceitos e mais receptivo a novas ideias do que outras populações da época. Essa povoação em particular, situada a cerca de trinta quilômetros da crescente cidade de Rochester, consistia em um pequeno agrupamento de casas de madeira, de tipo muito modesto. Foi numa dessas casas, residência que não satisfaria às exigências de um inspetor de conselho distrital britânico, que teve início o que, na opinião de muitos, já é a contribuição mais importante que os Estados Unidos deram para o bem-estar do mundo. Nela residia uma honesta família de agricultores, de nome Fox – um nome que, por curiosa coincidência, tinha sido registrado na história religiosa como o do apóstolo dos Quakers. Além de pai e mãe, de religião metodista, duas filhas moravam na casa ao tempo em que as manifestações atingiram tal ponto de intensidade que atraíram a atenção geral. Eram as filhas Margaret, de 14 anos, e Kate, de 11. Havia vários outros filhos e filhas que já tinham deixado a casa paterna, mas apenas a filha Leah, professora de música em Rochester, precisa fazer parte desta narrativa.

A casinha já adquirira a reputação de ser um tanto estranha e misteriosa. Os fatos que levaram a isso foram coligidos e publicados pouco depois do evento e parecem muito confiáveis. Dada a máxima importância de tudo quanto se liga ao assunto, partes desses depoimentos precisam ser incluídas, mas, para evitar desvios da narrativa, as informações sobre esse ponto foram preservadas no Apêndice. Assim, passaremos de imediato ao tempo do inquilinato da família Fox, que alugou a casa em 11 de dezembro de 1847. Apenas no ano seguinte foi que os ruídos ouvidos pelos inquilinos anteriores recomeçaram, na forma de pequenas batidas. Esses ruídos assemelhavam-se aos sons naturais produzidos por visitantes extraterrestres que quisessem anunciar sua presença à porta da vida humana e desejassem que essa porta lhes fosse aberta. Exatamente batidas dessa natureza (todas desconhecidas desses agricultores iletrados) haviam ocorrido na Inglaterra em 1661, na casa do sr. Mompesson, em Tedworth.[1] Melancthon lembra que houve pancadas semelhantes em Oppenheim, Alemanha, em 1520, e outras análogas em Epworth Vicarage, em 1716. E aqui, na casa dos Fox, estavam elas novamente, mas agora em ambiente apropriado para que as portas se lhes abrissem.

Tudo indica que esses ruídos não incomodaram a família Fox até meados de março de 1848. Dessa data em diante, aumentaram continuamente de intensidade. Às vezes, eram simples batidas; outras vezes, soavam como o arrastar de móveis. As meninas ficavam tão assustadas que se recusavam a dormir separadas e iam para o quarto dos pais. Os sons eram tão vibrantes que as camas estremeciam

---

[1] *Saducismus Triumphatus*, do rev. Joseph Glanvil.

e sacudiam. Todas as investigações possíveis foram feitas: o marido esperava de um lado da porta e a mulher do outro, mas as batidas ainda continuavam. Logo se descobriu que a luz do dia era inimiga dos fenômenos, o que reforçou a ideia de fraude; mas toda solução possível foi tentada e fracassou. Finalmente, na noite de 31 de março houve uma irrupção muito intensa e contínua de sons inexplicáveis. Foi nessa noite que uma das grandes etapas da evolução psíquica foi alcançada, quando a jovem Kate Fox desafiou a força invisível a repetir as batidas dadas por ela com os dedos. Aquele quarto rústico, com seus ocupantes preocupados, ansiosos, em trajes de dormir e semblantes aflitos, com seu círculo de velas acesas e suas densas sombras espreitando nos cantos, bem poderia ser tema para um grande quadro histórico. Procure-se por todos os palácios e chancelarias de 1848: onde encontrar um cômodo que tenha se notabilizado na história com tanta segurança como aquele pequeno quarto de uma habitação rústica?

O desafio da jovem, conquanto feito com palavras impertinentes, recebeu resposta imediata. Cada batida era respondida com uma pancada. Por mais humildes que fossem os operadores nas duas extremidades, a telegrafia espiritual estava funcionando, cabendo à paciência e ao zelo da raça humana determinar até que ponto ela seria usada no futuro. Muitas eram as forças sem explicação existentes no mundo, mas aqui estava uma força que pretendia ter uma inteligência independente como respaldo. Esse era o sinal supremo de um novo ponto de partida.

A sra. Fox ficou admirada com esse resultado e com a descoberta seguinte de que a força parecia capaz também de ver, pois, quando Kate friccionava os dedos sem ruído, a batida respondia. A mãe fez várias perguntas, cujas respostas, dadas em números, demonstravam um maior conhecimento do que lhe dizia respeito do que ela própria, pois as batidas insistiam em dizer que ela havia tido sete filhos. Ela protestava, dizendo que só tivera seis, até que se lembrou de um filho que havia morrido em tenra idade. Uma vizinha, a sra. Redfield, foi chamada, e seu divertimento se transformou em surpresa e, por fim, em espanto reverente quando também recebeu respostas corretas a questões íntimas.

Espalhando-se os rumores desses prodígios, os vizinhos acudiram às dezenas, e um deles levou as duas meninas para sua casa, enquanto a sra. Fox foi pernoitar na casa da sra. Redfield. Na ausência delas, os fenômenos continuaram exatamente como antes, o que afasta em definitivo as hipóteses de estalo de dedos e de desarticulação de joelhos, tão frequentemente levantadas por pessoas ignorantes da verdade dos fatos.

Tendo formado uma espécie de comissão de investigação, as pessoas lá reunidas, movidas pela típica astúcia ianque, passaram grande parte da noite de 31 de março num jogo de perguntas e respostas com a inteligência invisível. Conforme suas próprias palavras, tratava-se de um espírito e fora assassinado naquela casa. Revelou com batidas o nome do antigo inquilino que o matara e disse ter na época 31 anos de idade (apenas cinco anos antes). Ele fora assassinado por causa de dinheiro e enterrado num porão a três metros de profundidade. Ao descer ao porão, golpes abafados e fortes soaram, aparentemente vindos de debaixo da terra, onde então o investigador se deteve. Esse era o lugar da sepultura! Foi um vizinho, chamado Duesler, quem, pela primeira vez, usou o alfabeto para obter respostas em forma de batidas ao chegar às letras indicadas. Conseguiu-se assim o nome do morto – Charles B. Rosma. A ideia de mensagens coordenadas só se desenvolveu quatro meses mais tarde, apresentada por Isaac Post, um Quaker de Rochester. Em síntese, esses foram os acontecimentos de 31 de março, continuados e confirmados na noite seguinte, quando em torno de cem pessoas se reuniram nas proximidades da casa. No dia 2 de abril, constatou-se que as batidas se produziam tanto de dia quanto de noite.

Eis a sinopse dos acontecimentos da noite de 31 de março de 1848, uma pequena raiz que se transformou numa árvore frondosa. E como esse volume pode ser considerado um monumento à sua memória, parece adequado que a história seja contada nas próprias palavras das duas primeiras testemunhas adultas. Suas declarações foram registradas quatro dias após a ocorrência e fazem parte daquela peça admirável de pesquisa psíquica, escrita pela comissão local, que será descrita e comentada posteriormente.

Depoimento da sra. Fox:

Na noite dos primeiros ruídos, todos nos levantamos, acendemos uma vela e procuramos pela casa inteira, enquanto o barulho continuava e era ouvido quase no mesmo lugar. Embora baixo, produzia certo estremecimento nas camas e cadeiras, o qual sentíamos quando deitados. Era um tremor, mais que um abalo súbito. Podíamos sentir esse tremor também quando ficávamos de pé. Nessa noite, continuou até que dormimos. Eu só consegui adormecer em torno da meia-noite. No dia 30 de março, fomos perturbados durante toda a noite. Ouvíamos os ruídos por quase toda a casa. Meu marido ficou à espera no lado de fora da casa e eu no lado de dentro; as batidas vinham da porta que ficava entre nós. Ouvimos passos na copa e descendo a escada. Não conseguíamos descansar, então concluí que a casa devia estar assombrada por um espírito infeliz e agitado. Eu já tinha ouvido falar de casos assim várias vezes, mas nunca havia passado por algo parecido que não tivesse explicação.

Na noite de sexta-feira, 31 de março de 1848, resolvemos ir para a cama mais cedo e não nos deixarmos perturbar pelos barulhos; tentaríamos ter uma noite de sossego. Meu marido estava em casa em todas essas ocasiões, ouvia os ruídos e ajudava a tentar descobrir do que se tratava. Nessa noite, fomos deitar bem cedo – mal escurecera. Eu me sentia tão debilitada por falta de descanso que tinha a impressão de quase adoecer. Meu marido ainda não se recolhera quando ouvimos as primeiras batidas. Tudo começou como de costume. Era um ruído diferente de todos os outros que eu já havia ouvido. As meninas, que dormiam em outra cama no quarto, ouviram as batidas e tentaram fazer ruídos semelhantes estalando os dedos.

Minha filha menor, Kathie, disse, batendo palmas: "Sr. Splitfoot, faça o que eu faço". O som a acompanhou imediatamente, com o mesmo número de palmadas. Quando ela parou, o som também parou. Então Margareth disse, brincando: "Agora faça exatamente como eu. Conte um, dois, três, quatro", ao mesmo tempo que batia uma palma na outra. Os ruídos se produziram como antes. Ela teve medo de repetir o teste. Em sua inocência infantil, Kathie, então, disse: "Mãe, já sei o que é. Amanhã é 1º de abril e alguém quer nos fazer de bobos".

Por minha vez, pensei em fazer um teste que ninguém seria capaz de responder. Pedi ao ruído que indicasse as idades dos meus filhos, sucessivamente. Ele deu de imediato a idade exata de cada um, fazendo uma pausa de um para o outro, individualizando-os, até o sétimo. Em seguida, houve uma pausa mais longa, seguida de três batidas mais fortes, correspondendo à idade do menor, que havia morrido.

Desse modo, perguntei: "É um ser humano que me responde tão corretamente?". Não houve resposta. Continuei: "É um espírito? Se for, dê duas batidas". Duas batidas foram logo ouvidas. Então, eu disse: "Se foi um espírito assassinado, dê duas batidas". Estas foram dadas instantaneamente, fazendo a casa tremer. Dando sequência a esse diálogo, perguntei: "Foi assassinado nesta casa?". A resposta foi como a precedente. "A pessoa que o assassinou ainda vive?" Resposta idêntica. Pelo mesmo processo, verifiquei que se tratava de um homem de 31 anos de idade que havia sido assassinado nesta casa, sendo seus restos enterrados no porão; que a sua família era constituída de esposa e cinco filhos, dois meninos e três meninas, todos vivos ao tempo de sua morte, mas que, depois, a esposa morrera. Fiz, assim, mais uma pergunta: "Você continuará a bater se eu chamar os vizinhos para que também escutem?". A resposta afirmativa foi dada com batidas fortes.

Meu marido foi chamar a sra. Redfield, nossa vizinha mais próxima. Ela é uma mulher muito franca e sincera. As meninas estavam sentadas na cama, uma agarrada à outra, tremendo de medo. Creio que eu estava tão calma como estou agora. A sra. Redfield veio imediatamente – seriam cerca de sete e meia – pensando que iria rir ao ver as meninas. Mas, quando as viu pálidas de medo e quase sem fala, assustou-se e pensou que havia algo mais sério do que imaginava. Fiz algumas perguntas por ela e as respostas foram como antes. Ele disse a idade exata dela. Logo, ela chamou o marido e as mesmas perguntas foram feitas e respondidas.

O sr. Redfield chamou o sr. Duesler e a esposa bem como várias outras pessoas. Depois, o sr. Duesler chamou o casal Hyde e o casal Jewell. O sr. Duesler fez muitas perguntas e obteve as respostas. Em seguida, dei o nome de todos os vizinhos que consegui lembrar e perguntei se ele havia sido morto por algum deles, mas não tive resposta. Depois disso, o sr. Duesler fez algumas perguntas e recebeu as respostas. Perguntou: "Você foi assassinado?". Batidas afirmativas. "Seu assassino pode ser levado ao tribunal?" Nenhuma resposta. "Pode ser punido pela lei?" Nenhuma resposta. A seguir, disse: "Se seu assassino não pode ser punido pela lei, dê sinais". As batidas foram ouvidas claramente. Com o mesmo procedimento, o sr. Duesler constatou que ele havia sido assassinado no quarto do lado leste, cinco anos passados, e que o crime fora cometido à meia-noite de uma terça-feira, por ....; que fora morto com um golpe de faca na garganta; que o corpo tinha sido levado para o porão; que só havia sido enterrado na noite seguinte; que havia passado pela despensa, descido a escada, e sido enterrado a três metros de profundidade. Também foi confirmado que o motivo do crime fora o dinheiro.

"Qual a quantia: cem dólares?" Nenhuma resposta. "Duzentos? Trezentos?" etc. Quando ele mencionou quinhentos dólares, as batidas confirmaram.

Também apareceram muitos que estavam pescando no riacho. Todos ouviram as mesmas perguntas e respostas. Alguns permaneceram na casa toda a noite. Eu e as meninas saímos. Meu marido ficou toda a noite com o sr. Redfield. No sábado seguinte, a casa ficou superlotada. Não se ouviram sons durante o dia; mas recomeçaram ao anoitecer. Alguns diziam que mais de trezentas pessoas achavam-se presentes. No domingo, os ruídos foram ouvidos o dia inteiro por todos quantos estavam próximos.

Na noite de sábado, 1º de abril, começaram a cavar no porão; cavaram até encontrar água, quando então pararam. Os sons não foram ouvidos ao entardecer nem na noite de domingo. Stephen B. Smith e esposa (minha filha Marie), e meu filho David S. Fox e esposa dormiram no quarto aquela noite.

Não ouvi mais nada desde então até ontem. Antes do meio-dia, ontem, várias perguntas foram respondidas da maneira habitual. Hoje ouvi os sons várias vezes.

Não acredito em casas assombradas nem em aparições sobrenaturais. Lamento que tenha havido tanta curiosidade e agitação em torno desse caso. Isso nos tem causado muitos aborrecimentos. É um infortúnio morarmos aqui neste momento. Mas estou ansiosa para que a verdade seja conhecida e uma declaração verdadeira seja feita. Ouvi as batidas novamente esta manhã, terça-feira, 4 de abril. As meninas também ouviram.

Declaro que este depoimento me foi lido e que reflete a verdade. Estou pronta a prestar juramento, caso seja necessário.

– Margaret Fox
11 de abril de 1848

Depoimento de John D. Fox

Ouvi o depoimento anterior, de minha esposa, Margaret Fox, li-o e por isso certifico de que é verdadeiro em todos os seus detalhes. Ouvi as mesmas batidas das quais ela falou, em resposta a perguntas, conforme disse. Houve muitas outras perguntas além daquelas, todas respondidas de igual maneira. Algumas foram repetidas muitas vezes, e a resposta foi sempre a mesma. Nunca houve qualquer contradição.

Não sei de nenhuma causa a que atribuir aqueles ruídos, caso tenham sido produzidos por meios naturais. Procuramos em cada canto da casa, e por diversas vezes, para verificar, caso possível, se haveria alguma coisa ou alguém que pudesse estar escondido e fazendo aquele ruído. Porém, não encontramos coisa alguma que pudesse explicar o mistério. Isso causou muito aborrecimento e ansiedade.

Centenas de pessoas visitaram a casa, sendo-nos impossível atender às nossas ocupações diárias. Espero que, quer causados por meios naturais, quer sobrenaturais, em breve seja esclarecida a matéria. A escavação no porão será retomada assim que a água o permitir, quando então se verificará se existem vestígios de um cadáver aí enterrado. Se os houver, não terei dúvida de que os ruídos têm origem sobrenatural.

– John D. Fox
11 de abril de 1848

Os vizinhos haviam constituído uma comissão de investigação que, por segurança e eficiência, pudesse servir de modelo para muitos pesquisadores subsequentes. Não iniciaram impondo condições, mas começaram sem prevenções a registrar os fatos exatamente como os colhiam. Não só coligiram e registraram as impressões de todos os envolvidos, como também providenciaram a impressão das provas no período de um mês após a ocorrência. Em vão tentou o autor obter uma cópia do folheto original "A Report of the Mysterious Noises heard in the House of sr. John D. Fox" ["Relatório dos ruídos misteriosos ouvidos na casa do sr. John D. Fox"], publicado em Canandaigua, Nova York. Ele apenas recebeu de presente um fac-símile do original; e é sua ponderada opinião que o fato da sobrevivência humana e do poder de comunicação ficou definitivamente comprovado para toda inteligência capaz de avaliar um depoimento desde o dia da impressão desse documento.

A declaração do sr. Duesler, presidente da comissão, é um importante testemunho da ocorrência de ruídos e tremores verificados na ausência das meninas Fox e afasta em definitivo a suspeita de sua cumplicidade nesses acontecimentos. Como vimos, a sra. Fox, referindo-se à noite de sexta-feira, 31 de março, disse: "Eu e as meninas saímos". Parte do depoimento do sr. Duesler está assim expressa:

> Eu moro perto da casa onde esses ruídos são ouvidos. A primeira vez que ouvi algo a respeito foi há uma semana, na noite de sexta-feira, 31 de março. A sra. Redfield veio à minha casa convidar minha mulher para irem à casa da sra. Fox. A sra. Redfield parecia muito agitada. Minha mulher quis que eu as acompanhasse e foi o que fiz. Seriam cerca de nove horas da noite. Havia umas doze ou catorze pessoas presentes quando as deixei. Algumas estavam tão assustadas que não queriam entrar no quarto. Entrei e sentei-me na cama. A sra. Fox fez uma pergunta e eu ouvi nitidamente a batida de que eu ouvira falar. Senti a cama tremer quando os sons se produziram.

Robert Dale Owen,[2] membro do Congresso Norte-Americano e ex-embaixador americano em Nápoles, oferece em sua narrativa alguns detalhes a mais, escritos depois de haver conversado com a sra. Fox e suas filhas, Margaret e Catharine (Kate). Descrevendo a noite de 31 de março de 1848, diz ele, à página 287 de *Footfalls Footfalls on the Boundary of Another World*:

---

[2] Autor de *Footfalls on the Boundary of Another World* (1860) e *The Debatable Land* (1871).

Os pais levaram as camas das filhas para o quarto deles e as proibiram rigorosamente de falar de ruídos, mesmo que os ouvissem. Mas nem bem a mãe as viu recolhidas na cama e se preparava para deitar, quando as crianças gritaram: "Estão aqui de novo!". A mãe ralhou com elas e deitou-se. Então, os ruídos se tornaram cada vez mais altos e assustadores. As meninas sentaram-se na cama. A sra. Fox chamou o marido. Como ventava muito, ele imaginou que poderiam ser as janelas. Examinou várias, procurando ver se estavam frouxas. A filha menor, Kate, observou que, quando o pai sacudia uma vidraça, o ruído parecia fazer eco. Sendo uma criança esperta, e de certo modo acostumada ao que estava acontecendo, virou-se para o ponto de onde vinha o ruído, estalou os dedos e gritou: "Aqui, velho Splitfoot, faça o que faço!". A batida respondeu instantaneamente. Esse foi o começo de tudo. Quem pode dizer onde irá terminar? [...] O sr. Mompesson, na cama com a sua filhinha, mais ou menos da idade de Kate, a quem o som parecia seguir de modo particular, "observou que ele respondia exatamente, tamborilando, a tudo o que era batido ou chamado". Mas a curiosidade dele não o levou adiante. O que não aconteceu com Kate Fox. Juntando silenciosamente o polegar e o indicador, ela tentou obter uma resposta. Sim! Ele podia ver, então, e também ouvir! Ela chamou a mãe. "Olhe só, mãe!", disse, juntando os dedos como antes. E todas as vezes que ela repetiu o movimento silencioso, com a mesma frequência o ruído respondeu.

No verão de 1848, David Fox, auxiliado por Henry Bush, por Lyman Granger, de Rochester, e outros, retomou a escavação no porão. A uma profundidade de um metro e meio, encontraram uma tábua; cavando mais, acharam carvão e cal e, finalmente, cabelos e ossos humanos, que um médico atestou pertencerem a um esqueleto humano. Somente cinquenta e seis anos mais tarde uma nova descoberta provou, sem qualquer resquício de dúvida, que alguém havia realmente sido enterrado no porão da casa dos Fox.

Essa constatação apareceu no *Boston Journal* – um jornal não espírita – de 23 de novembro de 1904, e está assim redigida:

Rochester, N. Y., 22 de novembro de 1904: O esqueleto do homem que se supõe ter produzido as batidas, ouvidas inicialmente pelas irmãs Fox em 1848, foi encontrado nas paredes da casa ocupada pelas irmãs e as exime de qualquer sombra de dúvida concernente à sua sinceridade na descoberta da comunicação dos espíritos.

As irmãs Fox declararam que haviam aprendido a comunicar-se com o espírito de um homem e que ele lhes disse que tinha sido assassinado e enterrado no porão.

Repetidas escavações não conseguiram localizar o corpo e, assim, oferecer prova positiva do que diziam.

A descoberta foi feita por alunos de uma escola que brincavam no porão da casa em Hydesville, conhecida como "Casa Assombrada", onde as irmãs Fox tinham ouvido as batidas. William H. Hyde, respeitável cidadão de Clyde e dono da casa, fez investigações e encontrou um esqueleto humano quase completo entre a terra e as paredes em decomposição, sem dúvida o daquele vendedor ambulante que, segundo se dizia, tinha sido assassinado no quarto do lado leste da casa e cujo corpo fora escondido no porão.

Hyde avisou os parentes das irmãs Fox e a notícia da descoberta será enviada à Ordem Nacional dos Espíritas, muitos dos quais se lembram de ter feito peregrinações à "Casa Assombrada", como é em geral chamada. O achado dos ossos praticamente corrobora a declaração de Margaret Fox feita sob juramento em 11 de abril de 1848.

Com os ossos foi também encontrada uma caixa de coleta de vendedor. Essa caixa está hoje conservada em Lilydale, a sede central regional dos Espíritas Americanos, para onde foi também transportada a velha casa de Hydesville.

Essas descobertas resolvem a questão de uma vez por todas e provam conclusivamente que um crime foi cometido na casa e que esse crime foi revelado por meios psíquicos. Quando se examinam os resultados das duas escavações, as circunstâncias podem ser restabelecidas. É claro que, no primeiro caso, o corpo foi enterrado com cal virgem no meio do porão. Depois o criminoso se apavorou com a possibilidade de o local levantar suspeitas e desenterrou o corpo, ou grande parte dele, e voltou a enterrá-lo atrás da parede, onde ficaria fora do caminho. O serviço fora feito com tanta pressa, porém, ou com tão pouca luz, que alguns vestígios da sepultura original ficaram para trás, como já vimos.

Havia alguma outra prova independente desse crime? Para encontrá-la, temos de voltar ao depoimento de Lucretia Pulver, que foi empregada da família Bell, ocupante da casa quatro anos antes. Ela informa que um vendedor ambulante chegou àquela residência e ali passou a noite com as suas mercadorias. Naquela noite, os patrões a liberaram e ela foi para casa.

Eu queria comprar algumas coisas do mascate, mas não tinha dinheiro comigo; ele então disse que me procuraria em nossa casa na manhã seguinte. Depois disso, nunca mais o vi. Três dias depois, a sra. Bell me pediu para voltar. Assim, voltei...

Eu diria que esse mascate de quem falei deveria ter uns 30 anos. Ouvi-o conversando com a sra. Bell sobre a família dele. A sra. Bell me disse que ele era um velho conhecido deles e que o vira várias vezes antes. Uma noite, cerca de uma semana depois, a sra. Bell me pediu que fechasse a porta externa do porão. Ao me dirigir para a porta, caí perto do centro da peça. O piso ali me pareceu desnivelado e solto. Na volta, a sra. Bell me perguntou por que eu havia gritado e eu lhe respondi. Ela riu do meu susto e disse que esse ponto era apenas resultado do trabalho dos ratos. Poucos dias depois, o sr. Bell levou uma boa porção de entulho para o porão, à noite, e lá ficou trabalhando por algum tempo. A sra. Bell me disse que ele estava tapando os buracos dos ratos.

Pouco tempo depois a sra. Bell me deu um dedal, que disse ter comprado do mascate. Cerca de três meses depois, eu a visitei e ela me disse que o mascate havia voltado e me mostrou outro dedal, que disse ter comprado dele. Também me mostrou outros produtos que havia adquirido.

Digna de registro é a declaração de certa sra. Lape de que, em 1847, tinha visto uma aparição naquela casa, de um homem de estatura mediana, usando calças cinza bem como sobrecasaca e chapéu pretos. Em seu depoimento, Lucretia Pulver afirmou que o ambulante usava sobrecasaca preta e calças claras.

Por outro lado, não devemos esquecer que o sr. Bell, que então ocupava a casa, não era um homem de caráter duvidoso e seria fácil concordar que uma acusação baseada somente numa prova psíquica seria parcial e inaceitável. É algo bem diferente, porém, quando as provas de um crime foram encontradas, restando apenas provar quem era o inquilino na ocasião. O depoimento de Lucretia Pulver assume importância vital no que se refere a esse caso.

Um ou dois pontos merecem consideração aqui. O primeiro é que um homem tão conhecido como Charles B. Rosma nunca tenha sido citado, apesar da publicidade dada ao caso. Na época, isso certamente teria parecido uma vigorosa objeção, mas com nossos conhecimentos ampliados podemos avaliar como é difícil comunicar nomes de modo correto. Na aparência, um nome é algo puramente convencional e, como tal, muito diferente de uma ideia. Todo espírita praticante recebeu mensagens corretas associadas a nomes equivocados. É possível que o nome verdadeiro fosse Ross, ou mesmo Rosmer, e que esse erro impedisse a identificação. De novo, é curioso que ele não soubesse que o seu corpo tinha sido removido do meio do porão para a parede, onde então foi encontrado. Podemos apenas registrar o fato, sem explicá-lo.

Mais ainda, admitindo que as meninas fossem médiuns e que a energia lhes foi tirada, como explicar a recorrência dos fenômenos depois de terem saído de casa? A isso apenas é possível responder que, embora o futuro demonstraria que a energia realmente emanava das meninas, ela parecia ter impregnado a casa toda e permanecido à disposição da entidade manifestante pelo menos durante o tempo em que as meninas estavam ausentes.

A família Fox ficou seriamente abalada com os distúrbios – a sra. Fox acabou grisalha em uma semana –, e, como tudo indicava que estavam relacionados às duas meninas, elas foram afastadas de casa. Mas, na casa do irmão, David Fox, para onde foi Margaret, e na da irmã Leah, cujo nome de casada era Fish, em Rochester, onde Kate se hospedou, os mesmos ruídos eram ouvidos. Todos os esforços foram feitos para que o público ignorasse essas manifestações, mas logo se tornaram conhecidas. A sra. Fish, que era professora de música, não conseguiu continuar as aulas e centenas de pessoas acorriam a sua casa para ver os novos prodígios. Talvez se deva dizer que essa força era contagiosa ou então descia sobre muitas pessoas independentemente de uma fonte comum. Assim, Leah Fish, a irmã mais velha, a recebeu, embora em menor grau do que Kate e Margaret. Mas ela não ficou limitada à família Fox por muito tempo. Era como uma espécie de nuvem psíquica descendo do alto e se manifestando nas pessoas mais suscetíveis. Sons idênticos foram ouvidos na casa do rev. A. H. Jervis, ministro metodista residente em Rochester. Poderosos fenômenos físicos irromperam também na família do diácono Hale, de Greece, cidade vizinha de Rochester. Pouco depois, Sarah A. Tamlin e a sra. Benedict, de Auburn, desenvolveram um alto grau de mediunidade. O sr. Capron, o primeiro historiador do movimento, descreve a sra. Tamlin como uma das médiuns mais confiáveis que conhecia e diz que, embora os sons que ocorriam na presença dela não fossem tão fortes quanto os da família Fox, as mensagens eram igualmente fidedignas.

Logo ficou evidente, então, que essas forças invisíveis não estavam ligadas a nenhuma residência em particular, mas haviam se transferido às meninas. Em vão a família rezava com seus amigos metodistas, esperando alívio. Em vão foram feitos exorcismos pelos clérigos de vários credos. Além de se juntar com batidas fortes nos Améns, as presenças invisíveis simplesmente ignoravam esses rituais religiosos.

O perigo de seguir às cegas pretensas orientações de um espírito ficou evidente poucos meses depois na cidade próxima de Rochester, onde um homem desapareceu em circunstâncias suspeitas. Um espírita ardoroso recebeu mensagens por batidas, revelando um assassinato. O canal onde estaria o cadáver foi dragado e a esposa do desaparecido foi obrigada a entrar nele, o que quase lhe custou a vida. Alguns meses mais tarde, o ausente apareceu: tinha fugido para o Canadá para evitar uma intimação judicial por dívida. Como bem se pode imaginar, isso foi um golpe para o culto nascente. O público não entendeu, então, o que mesmo hoje é muito pouco compreendido: que a morte não opera mudanças no espírito humano, que entidades travessas e brincalhonas existem em grande quantidade e que o investigador deve utilizar os seus instintos e o seu bom senso a todo instante. "Examinai os espíritos para saber se vêm de Deus" (1 Jó 4,1). No mesmo ano e na mesma localidade, a verdade dessa nova filosofia, por um lado, e suas limitações e perigos, por outro, acentuaram-se ainda mais. Esses perigos persistem. O homem ingênuo, o arrogante e enfatuado, o convencido, são sempre presa certa. Cada observador foi alvo de alguma cilada. O próprio autor teve a sua fé dolorosamente abalada por decepções, até que algumas provas compensadoras vieram assegurar-lhe que se tratava apenas de uma lição que ele havia recebido, e que não era mais demoníaco nem mais sublime que inteligências desencarnadas fossem ardilosas e que a mesma inteligência ocupando um corpo humano se divertisse da mesma maneira insana.

O percurso do movimento havia então se expandido e dado uma guinada importante. Já não era um assassinado que pedia justiça. O ambulante parecia ter sido usado como pioneiro e agora, que havia achado a saída e o método, uma miríade de inteligências se aglomerava atrás dele. Isaac Post havia criado o método de soletrar por batidas, e as mensagens jorravam. Conforme estas, todo o sistema tinha sido esboçado por um grupo de pensadores e inventores no plano do espírito, entre os quais se destacava Benjamin Franklin, cuja inteligência ávida e conhecimentos de eletricidade na vida terrena o qualificavam para tal empreendimento. Seja como for, o fato é que Rosma saiu de cena nessa fase e que as batidas inteligentes passaram a ser atribuídas aos amigos falecidos dos investigadores que estavam preparados para se interessar seriamente pelo assunto e se reunir de modo reverente para receber as mensagens. A mensagem constante do além era que os que lá se encontravam ainda viviam e ainda amavam, acompanhada de muitas provas materiais que confirmavam a fé vacilante dos novos seguidores do movimento. Quando inquiridos sobre os seus métodos de trabalho e as leis que os governavam, as respostas foram desde o início exatamente como são hoje: que se trata de um assunto relacionado com o magnetismo humano e espiritual; que alguns dotados com essa propriedade física eram médiuns; que esse dom não estava necessariamente associado à moralidade ou à inteligência; e que a condição de harmonia era especialmente necessária para assegurar bons resultados. Em setenta anos, aprendemos pouco mais do que isso. E, depois de todos esses anos, a lei primordial da harmonia é invariavelmente quebrada nas chamadas sessões experimentais, cujos membros imaginam ter contestado a filosofia quando obtêm resultados negativos ou discordantes, ao passo que, na realidade, a confirmaram.

Em uma das primeiras comunicações, as irmãs Fox foram informadas de que "as manifestações não se limitariam a elas, mas se espalhariam por todo o mundo". Essa profecia logo mostrou boas perspectivas de realização, pois essas novas forças e seus desdobramentos, incluindo o discernimento e a audição dos espíritos e a movimentação de objetos sem contato, se manifestaram em muitos outros círculos independentes da família Fox. Em um período de tempo incrivelmente curto, com muitas excentricidades e fases de fanatismo, o movimento alastrou-se pelos estados do norte e do leste dos Estados Unidos, sempre preservando um núcleo sólido de fatos tangíveis, por vezes passível de simulação por impostores, mas que sempre se ratificava para o investigador sério e isento de ideias preconcebidas. Postergando momentaneamente esses desdobramentos mais amplos, continuemos a história dos círculos iniciais de Rochester.

As mensagens dos espíritos insistiam para que o pequeno grupo de pioneiros fizesse uma demonstração pública dos poderes deles numa reunião aberta em Rochester – proposição que amedrontou as duas tímidas meninas camponesas e seus amigos. Os Guias desencarnados ficaram tão exasperados com a oposição de seus agentes terrenos que ameaçaram suspender todo o movimento por uma geração, e de fato os abandonaram totalmente por algumas semanas. Decorrido esse tempo, as comunicações foram restabelecidas e os crentes, disciplinados por esse intervalo de pensamento, entregaram-se de corpo e alma às forças externas, prometendo tudo fazer em benefício da causa. Não era coisa fácil. Uma parte do clero, notadamente o pastor metodista rev. A. H. Jervis, prontificou-se a ajudá-los, mas a maioria vociferava do púlpito contra eles, e a massa prontamente se uniu no jogo covarde de atacar os hereges.

Em 14 de novembro de 1849, os espíritas realizaram a sua primeira reunião no Corinthian Hall, o maior auditório disponível em Rochester. O público presente, digno de elogios, ouviu com atenção a exposição dos fatos feita pelo sr. Capron, de Auburn, o orador principal. Em seguida, foi escolhida uma comissão de cinco cidadãos representativos para examinar o assunto e apresentar um relatório na noite seguinte, em nova reunião da assembleia. Tão certo estava de que esse relatório seria desfavorável que o *Rochester Democrat*, ao que se verificou, já tinha preparado o seu editorial com o título: "Entire Exposure of the Rapping Humburg" ["Exposição Completa da Fraude das Batidas"]. O resultado, entretanto, obrigou o editor a sustá-lo. A comissão relatou que as batidas eram indubitavelmente verdadeiras, embora a informação não fosse inteiramente correta, isto é, as respostas às perguntas "não eram de todo certas, nem de todo erradas". Acrescentou que as batidas se produziam nas paredes e nas portas a certa distância das meninas, produzindo uma vibração bem perceptível. "Não conseguiram de modo nenhum descobrir quaisquer meios pelos quais elas pudessem ser produzidas."

A assistência recebeu esse relatório com desagrado, em consequência de que os descontentes formaram uma segunda comissão. As investigações foram feitas no escritório de um advogado. Por algum motivo, Kate estava ausente; só compareceram a sra. Fish e Margaret. Contudo, os ruídos continuaram como antes, embora o dr. Langworthy estivesse presente para verificar a possibilidade de ventriloquia. O relatório final foi que "os sons foram ouvidos e uma investigação completa mostrou conclusivamente que não eram produzidos por máquina nem por ventriloquia; não obstante, a comissão não conseguiu determinar o agente que os teria produzido".

Novamente a assistência rejeitou o relatório da sua própria comissão e decidiu escolher novos representantes entre os oponentes mais radicais, um dos quais jurou que, se não descobrisse a trapaça, iria se atirar das cataratas do rio Genesee. As apurações foram minuciosas, chegando às raias da brutalidade, e uma comissão de mulheres se integrou à dos homens. Elas despiram as meninas apavoradas, que choraram incontrolavelmente diante de tanta humilhação. Amarraram firmemente seus tornozelos com seus próprios vestidos e as colocaram sobre vidros e outros materiais. A comissão se viu obrigada a referir que, "quando elas estavam de pé sobre almofadas, com um lenço amarrado à borda do vestido, presas nos tornozelos, todos nós ouvimos com muita clareza as batidas nas paredes e no assoalho". A comissão declarou ainda que as suas perguntas, algumas delas mentais, haviam sido respondidas corretamente.

Enquanto o público encarava o movimento como uma espécie de brincadeira, havia disposição de ser tolerante e divertir-se. Quando, porém, esses relatórios sucessivos revelaram a seriedade da matéria, uma onda de indignação varreu a cidade, chegando a tal ponto que o sr. Wiletts, um Quaker ousado, foi obrigado a declarar na quarta assembleia pública que "a corja de valentões que pretendia linchar as jovens poderia fazê-lo, mas só depois de passar sobre o seu cadáver". Houve um grande tumulto, as meninas foram arrastadas para fora pela porta dos fundos e a razão e a justiça foram momentaneamente obscurecidas pela força e pela insensatez. Na época, como hoje, a mente do homem comum estava tão entulhada de coisas sem importância que não havia espaço para as coisas importantes. Mas o Destino não tem pressa e o movimento continuou. Muitos aceitaram as conclusões das sucessivas comissões como definitivas e, na verdade, é difícil ver como os fatos apontados poderiam ter sido mais rigorosamente checados. Ao mesmo tempo, esse vinho novo, forte e fermentado, começou a estourar as velhas garrafas em que havia sido posto, para o escusável desgosto do público.

Muitos círculos discretos, sérios e religiosos foram durante algum tempo quase eclipsados por alguns bravateiros pretensiosos que se imaginavam em contato com todas as excelsas entidades, dos apóstolos para baixo, alguns afirmando receber o sopro direto do Espírito Santo e emitindo mensagens que apenas deixavam de ser blasfemas por serem estúpidas e absurdas. Uma comunidade desses fanáticos, que se denominava "Círculo Apostólico da Enseada da Montanha" tornou-se conhecida por seu extremismo e pela quantidade de material que fornecia aos inimigos da nova dispensação. A grande massa dos espíritas desaprovava esses exageros, mas era incapaz de impedi-los. Muitos fenômenos sobrenaturais comprovados vieram confortar o espírito abatido dos que se deixavam vencer pelos excessos dos fanáticos. Em certa ocasião, o que é muito convincente e bem registrado, dois grupos de investigadores, em salas separadas, em Rochester, em 20 de fevereiro de 1850, receberam a mesma mensagem simultaneamente de certa força central que dizia se chamar Benjamin Franklin. Essa dupla mensagem era:

"Haverá grandes mudanças no século XIX. Coisas que hoje parecem obscuras e misteriosas para vocês se tornarão claras aos seus olhos. Os mistérios vão ser revelados. O mundo será esclarecido." Devemos admitir que até agora a profecia se realizou apenas em parte e podemos ao mesmo tempo conceder que, salvo notáveis exceções, as predições dos espíritos não se destacaram por sua exatidão, de modo especial no que se refere ao fator tempo.

Muitas vezes, levantou-se a questão: "Qual o objetivo de um movimento tão estranho nessa época em particular, admitindo que ele seja tudo o que afirma ser?". Nathaniel P. Tallmadge, governador territorial de Wisconsin e renomado senador dos Estados Unidos, foi um dos primeiros adeptos do novo culto e deixou registrado que fez essa pergunta em duas ocasiões diferentes, em dois anos intermitentes e para médiuns distintos. Em ambos os casos, a resposta foi quase idêntica. A primeira dizia: "É unir a humanidade em harmonia e convencer os céticos da imortalidade da alma". A segunda dizia: "É unir a humanidade e convencer as mentes céticas da imortalidade da alma". Seguramente, esta não é uma ambição ignóbil e não justifica aqueles ataques tacanhos e implacáveis de clérigos e dos menos avançados dos seus rebanhos que os espíritas suportam até os nossos dias. A primeira metade da definição é particularmente importante, porque é possível que os resultados finais desse movimento sejam unir a religião sobre uma base comum tão forte e, na verdade, tão autossuficiente, que as rusgas que hoje separam as Igrejas sejam vistas em suas verdadeiras proporções e, então, sejam resolvidas ou superadas. Seria inclusive de esperar que um movimento assim pudesse propagar-se além dos limites do Cristianismo e demolir algumas das barreiras que se erguem entre os vários grupos humanos.

De tempos em tempos, foram feitas tentativas para denunciar os fenômenos. Em fevereiro de 1851, o dr. Austin Flint, o dr. Charles A. Lee e o dr. C. B. Coventry, da Universidade de Buffalo, publicaram um trabalho[3] mostrando com satisfação que os ruídos ocorridos na presença das irmãs Fox eram causados por estalos das juntas dos joelhos. Isso provocou uma resposta característica na imprensa, assinada pela sra. Fish e por Margaret Fox, assim dirigida aos três autores:

> Como não desejamos resignar-nos à acusação de impostoras, estamos dispostas a submeter-nos a uma adequada e digna investigação, desde que possamos escolher três homens e três mulheres de nossa amizade que estejam presentes aos trabalhos. Podemos assegurar ao público que ninguém está mais interessado do que nós na descoberta da origem dessas misteriosas manifestações. Se elas podem ser explicadas pelos princípios da anatomia ou da fisiologia, cabe ao mundo proceder à investigação e expor a fraude. Como o público está manifestando muito interesse por esse assunto, as abaixo assinadas aceitam plenamente a instalação de uma investigação no prazo mais conveniente.

ANN L. FISH
MARGARET FOX

---

[3] Capron: *Modern Spiritualism* etc. pp. 310-13.

A investigação foi realizada, mas os resultados foram negativos. Em uma nota apensa ao relatório do médico, publicado no *New York Tribune*, o editor Horace Greeley observa:

> Como foi noticiado em nossas colunas, os médicos começaram com a suposição de que a origem das batidas devia ser física e sua causa primeira a volição das senhoras referidas – em suma, que essas senhoras eram "as impostoras de Rochester". Assim, com essa afirmação, eles se mostram promotores de um impedimento e deveriam ter escolhido outras pessoas como juízes e relatores do julgamento. [...] É muito provável que tenhamos outra versão da história.

Muitos testemunhos a favor das irmãs Fox logo apareceram, e o único efeito da denúncia dos professores foi multiplicar o interesse público pelas manifestações.

Houve também a suposta confissão da sra. Norman Culver, a qual, em 17 de abril de 1851, depôs dizendo que Catharine Fox lhe havia revelado o segredo de como as batidas eram produzidas. Conteúdo este que foi pura invenção. O sr. Capron, por sua vez, publicou uma resposta arrasadora, mostrando que, na data em que Catharine Fox supostamente havia feito aquela confissão à sra. Culver, ela estava em sua casa, a cento e dez quilômetros de distância.

A sra. Fox e suas três filhas iniciaram as sessões públicas em Nova York na primavera de 1850, no Hotel Barnum, e atraíram muitos curiosos. A imprensa foi quase unânime em denunciá-las. Uma ilustre exceção foi o já citado Horace Greeley, que escreveu um artigo positivo em seu jornal, com as próprias iniciais. Parte desse artigo encontra-se no Apêndice.

Depois do seu retorno a Rochester, a família Fox fez um giro pelos estados do oeste e, em seguida, uma segunda visita a Nova York, onde despertaram o mesmo interesse público. Eles atenderam às ordens dos espíritos de anunciar essas verdades ao mundo, e a nova era que fora anunciada estava então inaugurada. Quando se leem os minuciosos relatos dessas sessões americanas e se considera a força mental dos participantes, é interessante ponderar como as pessoas, cegas pelos preconceitos, poderiam ser tão crédulas de modo a imaginar que tudo era resultado de fraude. Naqueles dias, foi demonstrada uma coragem moral que vem claramente faltando desde que as forças reacionárias da ciência e da religião se uniram para sufocar o novo conhecimento e apresentá-lo como perigoso para os seus praticantes. Assim, durante uma única sessão em Nova York, em 1850, encontramos reunidos em torno da mesa o rev. dr. Griswold; o romancista Fenimore Cooper; o historiador Bancroft; o rev. dr. Hawks; o dr. J. W. Francis; o dr. Marcy; o poeta Quaker Willis; o poeta Bryant; redator do *Evening Post Bigelow*; e o general Lyman. Todos eles ficaram satisfeitos com os fatos, cujo relato diz: "As maneiras e a conduta das senhoras (isto é, das irmãs Fox) são tais que criam uma predisposição a seu favor". Desde então, o mundo extraiu muito carvão e ferro, ergueu grandes estruturas e inventou engenhos de guerra terríveis. Mas podemos dizer que tenha avançado no conhecimento espiritual ou no respeito ao invisível? Sob a orientação do materialismo, o caminho errado foi tomado e vem sendo seguido, tornando-se cada vez mais claro que as pessoas devem retroceder ou então perecer.

CAPÍTULO 5

A CARREIRA DAS IRMÃS FOX

Para preservar a continuidade após os acontecimentos de Hydesville, prosseguimos com a história das irmãs Fox. É uma história extraordinária, embora dolorosa para os espíritas, mas contém sua própria lição e deve ser registrada com fidelidade. Quando os homens aspiram à verdade com retidão e sinceridade, não há acontecimento que possa envergonhá-los ou impedi-los de seguir o caminho que se propuseram.

Durante alguns anos, as duas irmãs mais novas, Kate e Margaret, promoveram sessões em Nova York e em outros lugares, superando cada prova a que eram submetidas. Horace Greeley, mais tarde candidato à presidência dos Estados Unidos, estava, como já mencionamos, profundamente interessado nelas e convencido de sua absoluta honestidade. Diz-se que forneceu recursos para que a mais jovem completasse a sua precária educação.

Durante esses anos de mediunidade pública, quando as jovens eram a última moda entre as pessoas que não tinham a menor ideia do significado religioso dessa nova revelação, e que se interessavam por ela unicamente com a expectativa de vantagens materiais, as irmãs ficaram expostas às desgastantes influências de sessões promíscuas de uma forma que nenhum espírita sério justificaria. Os perigos de tais práticas não eram na época tão perceptíveis quanto hoje, nem ocorria às pessoas que era improvável que espíritos elevados baixassem à Terra para aconselhar acerca da compra ou venda de ações das estradas de ferro ou sugerir soluções para casos amorosos. A ignorância era geral e não havia mentores sensatos à disposição desses pobres pioneiros para lhes indicar um caminho mais elevado e seguro. O pior de tudo é que as suas energias esgotadas eram renovadas com a oferta de vinho num momento em que pelo menos uma delas era pouco mais do que uma criança. Dizia-se que havia certa predisposição hereditária para o alcoolismo, mas mesmo sem essa nódoa todo o seu procedimento e modo de vida eram ousados ao extremo. Contra sua formação moral nunca houve qualquer suspeita, mas elas haviam enveredado por um caminho que conduz à degeneração da mente e do caráter, embora muitos anos antes que os efeitos mais sérios se manifestassem.

Pode-se fazer uma ideia da pressão então exercida sobre as irmãs Fox pela descrição que a sra. Hardinge Britten[1] faz de suas próprias observações. Ela fala de uma "parada no primeiro andar para ouvir a pobre e paciente Kate Fox no meio de uma multidão capciosa e impertinente de investigadores, repetindo hora após hora as letras do alfabeto, enquanto os não menos pobres e pacientes espíritos batiam nomes, idades e datas correspondentes a cada consulente". Será de admirar que as jovens, com a vitalidade esvaída, com a bela e vigilante influência materna removida, e importunadas por inimigos, sucumbissem a uma tentação sempre maior por estimulantes?

Uma luz brilhante projeta-se sobre Margaret nesse período num curioso livrinho – *The Love Letters of dr. Elisha Kane* [As Cartas de Amor do dr. Elisha Kane]. Foi em 1852 que o dr. Kane, mais tarde famoso explorador do Oceano Glacial Ártico, conheceu Margaret Fox, então uma jovem muito bonita e atraente. A ela Kane escreveu aquelas cartas de amor que registram um dos galanteios mais curiosos da literatura. Elisha Kane, como o seu prenome indica, era de proveniência puritana, e os Puritanos – com a sua crença de que a Bíblia representa absolutamente a última palavra como inspiração espiritual, e que eles entendem o que essa última palavra significa – são por natureza contrários a um novo culto que se propõe a mostrar que novas fontes e novas interpretações ainda são possíveis.

Era também médico – a profissão mais nobre e, ao mesmo tempo, mais cinicamente incrédula do mundo. Desde o início, Kane pôs na cabeça que a jovem estava envolvida em fraude e criou a teoria de que sua irmã mais velha, Leah, visando fins lucrativos, estava explorando a fraude. O fato de, pouco depois, Leah haver-se casado com um homem rico, chamado Underhill, magnata de seguros em Wall Street, parece não ter alterado o ponto de vista de Kane quanto à avidez de Leah por lucros ilícitos. O médico estreitou seus laços de amizade com

---

[1] *Autobiography*, p. 40.

Margaret, colocou-a sob os cuidados de sua própria tia para fins de educação durante seu tempo de permanência no Ártico e, finalmente, casou-se com ela sob uma espécie de casamento muito curioso, regulada pela lei Gretna Green, aparentemente predominante na época. Ele morreu pouco depois, em 1857, e a viúva, agora assinando como sra. Fox-Kane, abjurou os fenômenos por algum tempo e foi recebida na Igreja Católica Romana.

Nessas cartas, Kane censura continuamente Margaret por viver em erro e hipocrisia. Restam poucas cartas de Margaret, de modo que não é possível saber até onde se defendeu. Conquanto não espírita, diz o compilador do livro: "Pobre moça! Com a sua simplicidade, timidez e ingenuidade, não poderia, ainda que tivesse inclinação, ter praticado o menor embuste com qualquer possibilidade de sucesso". É um testemunho valioso, visto que o autor se relacionava muito bem com as pessoas envolvidas. O próprio Kane, escrevendo à irmã mais jovem, Kate, diz: "Ouça o meu conselho e nunca fale dos espíritos, quer com amigos, quer com estranhos. Você sabe que com toda a minha intimidade com Maggie, depois de um mês inteiro de tentativas, deles nada pude obter. Assim, eles constituem um grande mistério".

Considerando o relacionamento íntimo deles e que Margaret claramente dava a Kane todas as provas de sua força, é inconcebível que um médico experiente tivesse de admitir depois de um mês que não podia chegar a nenhuma conclusão, se de fato se tratasse apenas de um simples estalo de uma articulação. Nessas cartas, não se detectam indícios de fraude, mas encontram-se muitas provas de que as duas jovens, Margaret e Kate, não faziam a menor ideia das implicações religiosas relacionadas com essas forças, ou das graves responsabilidades da mediunidade ou ainda de que faziam mau uso de seus dons ao darem conselhos mundanos, receberem um público promíscuo e responderem a perguntas frívolas ou cômicas. Nessas circunstâncias, nenhum espírita experimentado se surpreenderia se tanto o caráter quanto as energias dessas jovens se deteriorassem. Não mereciam coisa melhor, embora sua idade e sua ignorância lhes provessem uma justificativa.

Para compreender a situação delas, é preciso lembrar que eram pouco mais que crianças, pouco instruídas e ignorantes dos aspectos essenciais do que praticavam. Quando um homem como o dr. Kane assegurava à Margaret que aquilo era um grave erro, ele apenas repetia o que chegava aos ouvidos dela de toda parte, inclusive de metade dos púlpitos de Nova York. Ela provavelmente tinha uma sensação desagradável de estar errada, sem nem mesmo saber por quê, e isso talvez explique o fato de que aparentemente não reclama das suspeitas dele. Na verdade, podemos admitir que, no fundo, Kane estava certo e que os processos eram de certo modo injustificáveis. Naquela época, elas eram incorruptíveis, e se tivessem usado seus dons como D. D. Home usou os dele, sem nenhuma relação com as coisas mundanas, e apenas com o propósito de provar a imortalidade da alma e consolar os aflitos, então, sim, elas estariam acima de qualquer crítica. Ele estava errado ao duvidar dos dons delas, mas certo ao observar com desconfiança o uso que deles faziam.

De certa forma, a posição de Kane é irremediavelmente ilógica. Ele desfrutava da maior intimidade e afeição da mãe e das duas jovens, muito embora, se as palavras têm algum sentido, as julgasse embusteiras que viviam da credulidade pública. "Beije a Katie por mim", diz ele; e continuamente manda lembranças à mãe.

Jovens que eram, ele já tinha um vislumbre do perigo do alcoolismo a que estavam expostas devido ao avançado das horas e à companhia promíscua. "Diga à Katie que não tome champanha e siga você o mesmo conselho", dizia ele. Era um conselho bom, e teria sido melhor para elas e para o movimento espírita se ambas o tivessem seguido. Novamente, porém, há que recordar a sua inexperiente juventude e as constantes tentações.

Kane era uma curiosa mistura de herói e de bobo. As batidas dos espíritos, sem o respaldo de qualquer sanção religiosa ou científica, suprido mais tarde, era algo desprezível, uma superstição de ignorantes, e era ele, um homem de reputação, que iria casar-se com um espírito que produzia batidas? Nisso ele vacilou extraordinariamente, ao começar uma carta afirmando ser irmão dela e terminando-a relembrando-lhe os cálidos beijos que ele lhe dava. "Agora que você me deu o seu coração, eu serei o seu irmão", diz ele. Ele tinha uma veia de superstição que o percorria todo e que estava muito abaixo da credulidade que atribuía aos outros. Frequentemente alude ao fato de que apenas por levantar a mão direita possuía poderes divinatórios, habilidade que havia aprendido "de um feiticeiro nas Índias". Por vezes, tanto é pretensioso quanto tolo. "Até à mesa de jantar do presidente eu pensava em você". E mais adiante: "Você nunca conseguiria elevar-se até os meus pensamentos e objetivos. Eu nunca conseguiria descer até os seus". Efetivamente, as poucas citações das cartas dela mostram uma mente inteligente e simpática. Ao menos, em uma ocasião nos deparamos com Kane sugerindo-lhe enganação e ela combatendo a ideia.

Quatro pontos indiscutíveis podem ser deduzidos dessas cartas:

1. Kane pensava vagamente que havia fraude.
2. Nos anos em que eram íntimos, ela nunca admitiu isso.

3. Ele não conseguiu sequer sugerir em que a fraude consistia.
4. Ela usava os seus poderes de uma forma que os espíritas sérios deploravam.

Na verdade, ela tanto sabia sobre a natureza dessas forças quanto os que a rodeavam. Diz o editor: "Ela havia sempre afirmado que nunca acreditara realmente que as batidas fossem obra de espíritos, mas pensava que nisso havia uma relação com certas leis ocultas da natureza". Essa foi a sua atitude mais tarde na vida, pois em sua ficha profissional dizia que as pessoas deviam julgar por si mesmas a natureza dessas forças.

É natural que aqueles que falam do perigo da mediunidade, e de modo particular da mediunidade de efeitos físicos, deveriam apontar como exemplo as irmãs Fox. Mas o caso delas não deve ser exagerado. Em 1871, depois de mais de vinte anos desse trabalho exaustivo, ainda as encontramos recebendo entusiástico apoio e admiração de muitos homens e mulheres importantes da época. Só depois de quarenta anos de trabalhos públicos foi que se manifestaram condições adversas na vida delas. Assim, sem entrar na apreciação do que há de censurável, podemos afirmar com justiça que o seu comportamento dificilmente justificaria aqueles que consideram a mediunidade como uma profissão que degrada a alma.

Foi nesse mesmo ano de 1871 que, graças à generosidade do sr. Charles F. Livermore, eminente banqueiro de Nova York, Kate Fox visitou a Inglaterra. Essa viagem foi um gesto de gratidão do banqueiro pelo conforto que havia recebido de sua força maravilhosa e para favorecer o progresso do Espiritismo. Ele supriu todas as necessidades dela e assim evitou que ela tivesse de recorrer ao trabalho remunerado. Também providenciou para que ela fosse acompanhada por uma senhora com quem tinha afinidade. Numa carta[2] ao sr. Benjamin Coleman, conhecido militante do movimento espírita, assim se exprime o sr. Livermore:

> De modo geral, a sra. Fox é, sem a menor dúvida, a médium viva mais extraordinária. Seu caráter é irrepreensível e puro. Através de seus poderes mediúnicos, durante os últimos dez anos, recebi tantos benefícios em termos de conforto, instrução e encantamento, que sinto ter uma imensa dívida com ela e desejo cercá-la de todos os cuidados enquanto distante de casa e dos amigos.

---

[2] *The Spiritual Magazine*, 1871, pp. 525-26.

Suas observações seguintes parecem afetar de certo modo os tristes acontecimentos posteriores da vida dela:

> Para que você compreenda melhor as idiossincrasias dela, permita-me explicar que ela é uma sensitiva do mais alto nível e de uma simplicidade infantil; ela sente intensamente a energia de tudo com que entra em contato, a tal ponto que às vezes fica excessivamente nervosa e aparentemente voluntariosa.
>
> Por isso eu a aconselhei a não participar de sessões no escuro para evitar a irritação que emana da suspeita dos céticos, dos simples curiosos e dos admiradores do prodigioso.
>
> A perfeição das manifestações que se podem obter por seu intermédio depende do ambiente em que ela se encontra; além disso, ela parece receptiva à força espiritual na mesma proporção de sua relação ou simpatia com quem está em contato. As comunicações por seu intermédio são impressionantes e têm chegado a mim com frequência através de minha esposa (Estelle) em perfeito francês, e às vezes em espanhol e italiano, embora ela mesma desconheça esses idiomas. Você compreende tudo isso, mas essas explicações podem ser necessárias para outros. Como eu disse, *ela não promoverá sessões como médium profissional*, mas espero que faça todo o bem possível em favor da grande verdade, de modo discreto, enquanto permanece na Inglaterra.

O sr. Coleman, que participou de uma sessão com ela em Nova York, diz ter recebido uma das maiores provas de identidade de um espírito jamais ocorrida em sua experiência de dezessete anos. O sr. Cromwell F. Varley, o eletricista que aperfeiçoou o cabo submarino do Atlântico, em seu relatório perante a London Dialectical Society, em 1869, falou de interessantes experiências com eletricidade que realizou com essa médium.

A visita de Kate Fox à Inglaterra foi evidentemente considerada uma missão, pois encontramos o sr. Coleman aconselhando-a a escolher apenas os participantes que não temessem a publicação de seus nomes como testemunhas de fatos que tivessem presenciado. Esse critério parece ter sido adotado até certo ponto, pois foram conservados muitos testemunhos de suas faculdades, entre outros, do prof. William Crookes; do sr. S. C. Hall; do sr. W. H. Harrison, editor do *The Spiritualist*; da srta. Rosamund Dale Owen, posteriormente esposa de Laurence Oliphant; e do rev. John Page Hopps.

A recém-chegada iniciou suas sessões logo depois de desembarcar. Em uma das primeiras, a 24 de novembro de 1871, um representante do *The Times* esteve presente e publicou um relato da sessão, realizada em conjunto com D. D. Home, grande amigo da médium. Isso se lê num artigo com o título "Spiritualism and Science" ["Espiritismo e Ciência"], ocupando três colunas e meia do periódico. O representante do *The Times* diz que a srta. Fox o levou até a porta da sala e o convidou a ficar a seu lado e segurar-lhe as mãos, o que ele fez, "quando fortes golpes foram ouvidos, como se fossem dados com os punhos e parecendo vir das paredes. Os golpes se repetiram tantas vezes quantos foram os nossos pedidos". Ele mencionou que procedeu a todo tipo de teste de que conseguiu se lembrar, que a srta. Fox e o sr. Home lhe deram todas as oportunidades para investigar e que os pés e as mãos deles estavam amarrados.

Em um editorial sobre o relatório acima e na correspondência dele decorrente, o *The Times* de 6 de janeiro de 1873 declarou que não havia matéria para uma investigação científica:

> Imaginamos que muitos leitores sensíveis julgarão que lhes devemos satisfação por abrir as nossas colunas a uma controvérsia em torno de um assunto como o Espiritismo e assim considerar como questão aberta ou suscetível de discussão o que deveria ser rejeitado como impostura ou ilusão. Entretanto, mesmo uma impostura pode insinuar a necessidade de ser desmascarada e as ilusões populares, por mais absurdas que sejam, são por vezes muito importantes para ser negligenciadas pela parcela mais esclarecida da humanidade. [...] Há realmente nesta matéria algo que deveria ser levado aos tribunais, como diriam os advogados? Bem, por um lado, temos um grande número de supostas experiências que dificilmente podem ser classificadas como provas e uns poucos testemunhos de caráter mais significativo e impressionante. Por outro, temos muitas histórias de impostores confessos e muitos relatos autênticos precisamente de tais desilusões ou descobertas, como era de esperar.

Em 14 de dezembro de 1872, a srta. Fox casou-se com o sr. H. D. Jencken, advogado londrino, autor de *A Compendium of Modern Roman Law* etc., e secretário-geral honorário da Associação para a Reforma e Codificação do Direito Internacional. Ele foi um dos primeiros espíritas da Inglaterra.

Relatando a cerimônia, diz *The Spiritualist* que a população dos espíritos participou da cerimônia, pois, durante o banquete de gala, foram ouvidas fortes batidas em várias partes da sala, e a mesa, sobre a qual estava o bolo nupcial, elevou-se várias vezes do chão.

Uma testemunha contemporânea diz que a sra. Kate Fox-Jencken (como passou a ser conhecida) e o marido frequentavam círculos sociais respeitáveis de Londres no início dos anos 1970. Os serviços por ela prestados eram avidamente procurados pelos investigadores.

John Page Hopps a descreve nessa época como "uma mulher de estatura baixa, franzina, muito inteligente, mas um tanto simplória, modos delicados e um prazer discreto com seus experimentos, prazer esse que a resguardava da mais leve instigação à presunção ou à afetação de mistério".

Sua mediunidade consistia principalmente em batidas (muitas vezes, bem fortes), em centelhas luminosas (indicando a presença de espíritos), em escrita direta (pneumatografia) e no aparecimento de mãos materializadas. As materializações completas, que às vezes aconteciam em suas sessões nos Estados Unidos, foram raras na Inglaterra. Em inúmeras ocasiões, objetos na sala das sessões eram movimentados pela ação dos espíritos e em alguns casos até trazidos de outra sala.

Mais ou menos por essa época o prof. William Crookes realizou suas pesquisas sobre os poderes da médium e publicou aquele relatório sincero e objetivo que veremos adiante, quando tratarmos dos primeiros contatos de Crookes com o Espiritismo. Essas meticulosas observações mostram que as batidas constituíam apenas pequena parte dos poderes psíquicos de Kate Fox e que, se pudessem ser adequadamente explicadas por meios normais, ainda nos deixariam envoltos em mistérios. Assim relata Crookes, quando as únicas pessoas presentes eram ele, sua esposa, uma parenta e srta. Fox:

> Eu segurava ambas as mãos da médium numa das minhas, enquanto os pés dela pousavam sobre os meus. Havia papel sobre a mesa à nossa frente e eu tinha um lápis na mão livre.
>
> Uma mão luminosa desceu do alto da sala e, depois de flutuar perto de mim durante alguns segundos, tomou o lápis de minha mão e escreveu rapidamente na folha de papel, soltou o lápis e elevou-se até acima da nossa cabeça, dissipando-se aos poucos na escuridão.

Muitos outros observadores descrevem fenômenos similares com a mesma médium em várias ocasiões.

Uma fase extraordinária da mediunidade da sra. Fox-Jencken foi a da produção de substâncias luminosas. Na presença da sra. MacDougall Gregory; do sr. W. H. Harrison, editor de um jornal londrino; e de outras pessoas, apareceu uma mão com algum material fosforescente, com cerca de dez centímetros quadrados, dando batidas no chão e tocando o rosto de um dos presentes.[3] Verificou-se que era uma luz fria. A srta. Rosamund Dale Owen, relatando o fenômeno, descreve os objetos como "cristais iluminados" e diz que nunca tinha visto uma materialização que transmitisse uma sensação tão real da proximidade de um espírito quanto essas luzes graciosas. O autor pode corroborar o fato de que essas luzes são geralmente frias, pois, em certa ocasião, com outro médium, uma luz semelhante lhe tocou a face. A srta. Owen também fala de livros e de outros pequenos enfeites movimentados pelo recinto e de uma caixa de música de cerca de quinze quilos que foi retirada de um consolo. A peculiaridade desse instrumento é que estivera avariado havia meses e só pôde ser tocado depois que as forças invisíveis o consertaram e lhe deram corda.

A mediunidade da sra. Jencken mesclava-se com todos os atos de sua vida diária. Diz o prof. Butlerof que, ao fazer uma visita matinal ao casal em companhia do sr. Aksakof, ouviu batidas no assoalho. Passando uma tarde na casa dos Jencken, diz que as batidas foram numerosas durante o chá. A srta. Rosamund Dale Owen[4] também cita que certa vez, estando a médium com duas senhoras na frente de uma vitrina, as batidas se misturaram à conversa e o chão vibrou a seus pés. Diz até que as batidas eram tão altas que atraíam a atenção dos transeuntes. O sr. Jencken relata muitos casos de fenômenos espontâneos em sua vida doméstica.

Os detalhes das sessões dessa médium poderiam encher um volume. Mas, com exceção de um último caso, devemos contentar-nos com a opinião do prof. Butlerof, da Universidade de São Petersburgo, que, depois de investigar os poderes dela em Londres, escreveu em *The Spiritualist* de 4 de fevereiro de 1876:

> De tudo quanto me foi possível observar na presença da sra. Jencken, sou levado à conclusão de que os fenômenos peculiares a essa médium são de natureza fortemente objetiva e convincente e que, penso, seriam suficientes para levar o mais eminente cético, desde que honesto, a rejeitar a ventriloquia, a ação muscular e qualquer outra explicação artificial dos fenômenos.

O sr. H. D. Jencken morreu em 1881, deixando a viúva com dois filhos. Esses evidenciaram mediunidade extraordinária em tenra idade, cujos detalhes se encontram

---

[3] *The Spiritualist*, vol. VIII, p. 299; *Light*, 1884, p. 170.
[4] *Light*, 1884, p. 39.

em registros da época[5]. O sr. S. C. Hall, conhecido homem de letras e destacado espírita, descreve[6] uma sessão em sua casa, em Kensington, no dia de seu aniversário, 9 de maio de 1882, na qual a sua falecida esposa manifestou sua presença:

> Muitas mensagens interessantes e comoventes me chegaram por meio da escrita habitual da sra. Jencken. Fomos orientados a apagar as luzes. Em seguida, diversas manifestações começaram, como poucas vezes vi semelhantes e mais raramente ainda superadas. [...] Peguei uma campainha que estava sobre a mesa e a segurei na mão. Senti outra mão tomá-la de mim, quando então soou por toda a sala por uns cinco minutos. Na sequência, coloquei um acordeão debaixo da mesa, de onde foi retirado e, a uma distância de um metro da mesa à qual estávamos sentados, melodias começaram a ser tocadas. O acordeão tocava e a campainha soava em diversas partes da sala, quando duas velas sobre a mesa se acenderam. Assim, não ocorreu o que se chama sessão no escuro, embora, em alguns momentos, as luzes fossem apagadas. Durante todo o tempo, o sr. Stack segurava uma das mãos da sra. Jencken e eu segurava a outra – cada um dizendo de vez em quando: "Tenho a mão da sra. Jencken na minha mão".
>
> Cerca de cinquenta amores-perfeitos foram colocados à minha frente, sobre uma folha de papel. Pela manhã, eu havia recebido algumas dessas flores de uma amiga, mas o vaso que as continha não estava na sala da sessão. Pedi que alguém o procurasse; ele estava intacto. O buquê não sofrera o menor estrago. No que se denomina "escrita direta", encontrei as seguintes palavras, escritas a lápis com letra miúda, numa folha de papel que estava à minha frente: "Eu lhe trouxe minha prova de amor". Em uma sessão, dias antes, sozinho com a sra. Jencken, eu havia recebido esta mensagem: "No dia do seu aniversário, eu lhe trarei uma prova de amor".

Acrescenta o sr. Hall que ele havia marcado a folha de papel com as suas iniciais e, como uma precaução a mais, tinha rasgado um dos cantos de certa maneira que pudesse reconhecê-la.

É evidente que o sr. Hall ficou muito impressionado com o que viu. Escreve ele: "Testemunhei e registrei muitas manifestações maravilhosas. Duvido que tenha assistido a alguma mais convincente do que esta; seguramente, nenhuma mais delicada; nenhuma que desse demonstração mais conclusiva de que somente espíritos puros, bons e santos se comunicavam". Ele diz que aceitou ser o

---

[5] *The Spiritualist*, Vol. IV, p. 138; Vol. VII, p. 66.
[6] *Light*, 1882, pp. 239-40.

"banqueiro" da sra. Jencken, possivelmente para prover a educação dos dois filhos dela. Em vista do que aconteceu posteriormente a essa médium tão dotada, há um triste interesse nas palavras finais do sr. Hall:

> Tenho uma confiança, uma quase certeza de que, em todos os sentidos, ela agirá de maneira a aumentar e não a diminuir seu poder como médium, preservando ao mesmo tempo a amizade e a confiança de muitos que têm por ela uma consideração até certo ponto equivalente (pois emana da mesma fonte) à que a Nova Igreja devota a Emmanuel Swedenborg, e os metodistas dedicam a John Wesley. Sem dúvida, os espíritas devem a essa senhora um grande reconhecimento pelas confortadoras revelações de que foi em grande parte o instrumento, escolhido pela Providência, para revelar-lhes.

Fizemos este relato com certa minúcia porque mostra que os dons da médium foram nessa época de uma ordem muito elevada e poderosa. Poucos anos antes, numa sessão em sua casa, a 14 de dezembro de 1873, primeiro aniversário de seu casamento, uma mensagem dos espíritos por batidas dizia: "Quando as sombras caírem sobre você, pense no lado mais luminoso". Era uma mensagem profética, pois o fim de sua vida foi todo de sombras.

Margaret (sra. Fox-Kane) havia se reunido à irmã Kate na Inglaterra em 1876 e ambas ficaram juntas por alguns anos, até a ocorrência do lamentável incidente que deve ser analisado agora. Parece ter havido uma áspera discussão entre a irmã mais velha, Leah (então sra. Underhill), e as duas mais jovens. É provável que Leah tenha ouvido algo em torno de tendências ao alcoolismo e interferido com mais agressividade do que tato. Alguns espíritas também interferiram, deixando as duas irmãs furiosas, pois alguém sugeriu que os dois filhos de Kate deviam ser separados dela.

Procurando uma arma – qualquer arma – com a qual pudessem ferir aqueles a quem tanto odiavam, parece que lhes ocorreu – ou, de acordo com seu depoimento posterior, que lhes foi sugerido, com promessas de vantagens pecuniárias – que, se elas injuriassem todos os presentes, confessando que fraudavam, agrediriam Leah e seus achegados no que tinham de mais sensível. Ao paroxismo da excitação alcoólica e do frenesi da raiva, juntou-se o fanatismo religioso, pois Margaret havia sido instruída por alguns dos principais espíritos da Igreja de Roma e convencida, como ocorrera também com Home durante algum tempo, de que suas próprias forças eram maléficas. Segundo ela, o cardeal Manning a teria influenciado nesse sentido, mas suas palavras não podem ser levadas muito a sério.

De qualquer modo, todas essas causas combinadas a reduziram a um estado próximo da loucura. Antes de deixar Londres, escreveu ao *New York Herald* denunciando o culto, mas sustentando numa frase que as batidas "eram a única parte dos fenômenos digna de registro". Chegando a Nova York, onde, conforme sua informação posterior, deveria receber certa quantia pela sensacional declaração prometida ao jornal, teve uma verdadeira explosão de ódio contra sua irmã mais velha.

É um estudo psicológico curioso, como igualmente curiosa é a atitude mental das pessoas imaginar que as declarações de uma mulher descontrolada, agindo não só sob o império do ódio, mas também, como ela própria confessou, na esperança de recompensa pecuniária, pudesse prejudicar uma investigação criteriosa de uma geração de observadores.

Não obstante, precisamos considerar o fato de que ela realmente produziu batidas, ou possibilitou que se produzissem, em uma sessão subsequente na Academia de Música de Nova York. Considere-se que em um auditório tão amplo qualquer ruído antecipadamente preparado poderia ser atribuído à médium. Mais importante é a prova dada a um repórter do *Herald*, em sessão prévia particular, que ele assim relata:

> Primeiro, ouvi uma batida debaixo do assoalho, perto dos meus pés, depois debaixo da cadeira em que eu estava sentado, e novamente debaixo de uma mesa sobre a qual eu me apoiava. Ela me levou à porta e ouvi o mesmo som se produzir do outro lado. Então, quando ela se sentou ao piano, o instrumento reverberou mais alto e as batidas ressoaram em toda sua estrutura vazia.

Esse relato deixa claro que ela tinha os ruídos sob controle, embora o repórter deva ter sido mais ingênuo do que a maioria dos jornalistas que conheço, se acreditava que os sons, variando de qualidade e de posição, procediam de um estalo do pé da médium. Sem dúvida, ele não sabia como os sons se produziam e o autor é de opinião que Margaret também o ignorava. Está provado que ela realmente tinha algo que podia manifestar, pela experiência tanto do repórter como do sr. Wedgwood, um espírita londrino, a quem ela fez uma demonstração antes de voltar para os Estados Unidos. Assim, pois, é inútil dizer que não havia qualquer base para as manifestações de Margaret. Que base era essa é o que procuramos saber.

O escândalo de Margaret Fox-Kane foi em agosto e setembro de 1888 – uma ocasião auspiciosa para o jornal que o havia explorado. Em outubro, ela se juntou à sua irmã. Era preciso explicar que a briga, até onde se pode saber, era entre Kate e Leah, porque esta havia tentado separar Kate dos filhos, alegando que a influência materna não era boa. Por isso, embora Kate não se irritasse e deliberadamente não desse demonstrações públicas ou particulares, era aliada da irmã no objetivo comum de rebaixar Leah a qualquer preço.

Ela foi a causadora da minha prisão na última primavera (disse Kate), levantando a absurda acusação de que eu era cruel para com os meus filhos. Não sei por que ela sempre teve inveja de Maggie e de mim; talvez porque pudéssemos fazer coisas no Espiritismo que ela era incapaz.

Ela estava presente na Sala de Música, na reunião de 21 de outubro, quando Margaret criou fama e produziu batidas. Ela ficou calada na ocasião, mas esse silêncio pode ser interpretado como aprovação ao que então ouvia.

Se esse foi de fato o caso e se falou conforme relatado ao entrevistador, seu arrependimento deve ter vindo muito rapidamente. A 17 de novembro, menos de um mês após a famosa reunião, ela escreveu de Nova York a uma senhora de Londres, a sra. Cottell, que residia na velha casa de Carlyle, esta notável carta (*Light*, 1888, p. 619):

Eu lhe teria escrito antes, mas minha surpresa foi tão grande ao chegar e saber das declarações de Maggie sobre o Espiritismo que não tive ânimo para escrever a ninguém.

O promotor do evento reservou a Academia de Música, o maior auditório da cidade de Nova York, que ficou superlotado.

Os ingressos renderam mil e quinhentos dólares. Muitas vezes, desejei ter ficado com você e, se tivesse recursos, voltaria para me livrar de tudo isso.

Hoje penso que poderia ganhar dinheiro provando que as batidas não são produzidas com os dedos dos pés. Tantas pessoas me procuram para perguntar sobre as declarações de Maggie que me recuso a recebê-las.

Insistem em desmascarar a coisa, se puderem; mas certamente não o conseguirão.

Maggie está realizando sessões públicas nas grandes cidades americanas, mas só a vi uma vez desde que cheguei.

Essa carta de Kate denuncia a tentação do dinheiro representando um grande papel na história. Entretanto, parece que Maggie logo descobriu que rendia pouco e que não havia vantagem em dizer mentiras pelas quais não era paga e que apenas provavam que o movimento espírita estava tão firmemente estabelecido que não chegava a ser abalado por sua traição. Por esta ou outras razões – esperamos que com algum remordimento de consciência pela parte que havia representado –, ela agora admitia que estivera propagando falsidades pelos motivos mais torpes. A entrevista foi publicada na imprensa de Nova York no dia 20 de novembro de 1889, cerca de um ano depois do ataque.

Em uma voz trêmula de intenso nervosismo, ela disse:

"Queira Deus que eu possa desfazer a injustiça que fiz à causa do Espiritismo quando, sob intensa influência psicológica de pessoas inimigas dele, fiz declarações que não se baseiam nos fatos. Essa retratação e negação não parte apenas do meu próprio senso do que é direito, como também do silencioso impulso dos espíritos que usam o meu organismo a despeito da hostilidade da horda traidora que prometeu riqueza e felicidade em troca de um ataque ao Espiritismo, e cujas esperançosas garantias eram tão falazes. [...]

"Muito antes que eu falasse a quem quer que fosse sobre este assunto, fui incessantemente advertida por meu guia espiritual do que devia fazer; por fim cheguei à conclusão de que seria inútil continuar contrariando as suas recomendações. [...]"

"Não houve nenhuma menção de ordem monetária para essa declaração?"

"Não, por mínima que fosse; absolutamente".

"Então a senhora não visa a vantagens pecuniárias?"

"Indiretamente, sim. O sr. sabe que mesmo um instrumento mortal controlado pelos espíritos deve zelar pela manutenção da vida. Isso pretendo conseguir com minhas palestras. Nem um centavo me chegou às mãos em consequência da atitude que tomei".

"Por que motivo denunciou as batidas dos espíritos?"

"Naquela época, eu necessitava muito de dinheiro, e pessoas – cujo nome prefiro omitir no momento – se aproveitaram da situação. Daí a confusão. Também a ansiedade ajudou a perturbar o meu equilíbrio mental".

"Qual o objetivo das pessoas que a induziram a fazer a confissão de que a senhora e todos os outros médiuns se aproveitavam da credulidade do povo?"

"Tinham em mente diversos objetivos. O primeiro e mais importante era destruir o Espiritismo, obter dinheiro para si mesmas e provocar uma grande agitação, por lhes ser um elemento favorável".

"Havia alguma verdade nas acusações que a senhora fez sobre o Espiritismo?"

"Aquelas acusações eram falsas em todos os aspectos. Não hesito em dizer que..."

"Não, minha crença no Espiritismo não sofreu mudanças. Quando fiz aquelas terríveis declarações, eu não era responsável por minhas palavras. Sua autenticidade é um fato incontroverso. Nem todos os Herrmans que já respiraram serão capazes de reproduzir as maravilhas que se produzem através de alguns médiuns. Pela habilidade manual e por meio de espertezas, podem escrever em papéis e pranchetas, mas nem isso pode resistir a uma investigação acurada. A materialização está acima da sua capacidade mental de reproduzir e desafio a quem quer que seja a produzir batidas nas condições em que as produzo. Não há ser humano na Terra que possa produzir as batidas do mesmo modo que são produzidas por meu intermédio".

"Propõe-se a promover sessões?"

"Não, dedicar-me-ei inteiramente à tarefa de palestrante, pois esta me dará melhores oportunidades para refutar as calúnias que eu mesma lancei contra o Espiritismo".

"Que diz sua irmã Kate de sua posição atual?"

"Está de pleno acordo. Ela não concordou com a minha atitude no passado".

"Terá um empresário para o seu ciclo de conferências?"

"Não, senhor. Tenho horror a eles. Também eles me ultrajaram muito. Frank Stechen tratou-me vergonhosamente. Fez muito dinheiro à minha custa como meu empresário e deixou-me em Boston sem um centavo. Tudo o que recebi dele foram quinhentos e cinquenta dólares, no começo do contrato".

Para dar maior autenticidade à entrevista, por sugestão dela foi escrita a seguinte carta aberta, à qual ela após a sua assinatura:

128, West Forty-Third Street
New York City
16 de novembro de 1889.

AO PÚBLICO.

Tendo-me sido lida a entrevista, nada encontrei que não fosse o registro correto de minhas palavras e exata expressão de meus sentimentos. Não fiz um relato minucioso dos meios e modos empregados para me subjugar e arrancar de mim uma declaração de que os fenômenos espíritas manifestados através de meu organismo eram fraudulentos. Reservar-me-ei para preencher esta lacuna por ocasião das minhas palestras.

A autenticidade dessa entrevista foi comprovada por algumas testemunhas, entre as quais J. L. O' Sullivan, embaixador dos Estados Unidos em Portugal durante vinte e cinco anos. Ele disse: "Se alguma vez ouvi uma mulher dizer a verdade, foi nessa ocasião".

Assim pode ter sido, mas o malogro do seu agente em angariar fundos parece ter sido o fator determinante da falta de êxito financeiro.

A declaração resolveria a questão se pudéssemos tomar as palavras da conferencista ao pé da letra, mas infelizmente o autor é obrigado a concordar com o sr. Isaac Funk, pesquisador infatigável e imparcial, para quem, naquele período da sua vida, Margaret não era confiável.

O que valoriza ainda mais o objetivo é que o sr. Funk participou de sessões com Margaret, que ouviu as batidas "por toda a sala" sem identificar sua origem e que elas lhe soletraram um nome e um endereço, tudo correto e inteiramente além do conhecimento da médium. A informação dada estava errada, mas, por outro lado, um poder incomum se revelou na leitura do conteúdo de uma carta no bolso do sr. Funk. A mistura desses resultados é perturbadora, como o outro grande problema discutido neste capítulo.

Há um fator que mal mencionamos nessas considerações. É o caráter e a carreira da sra. Fish, mais tarde a sra. Underhill, que, como Leah, a irmã mais velha, exerce um papel da maior relevância nessa questão. Conhecemo-la principalmente por seu livro *The Missing Link in Modern Spiritualism* (Knox & Co., Nova York, 1885). O livro foi escrito por um amigo, mas os fatos e os documentos foram fornecidos pela sra. Underhill, que conferiu toda a narrativa. Ele é compilado de modo bem elementar, porém, mesmo tosco, o espírita é levado a concluir que as entidades com as quais o círculo Fox teve os primeiros contatos nem sempre eram da ordem mais elevada. Em outro plano, como neste, talvez sejam os plebeus e os humildes que executam o trabalho espiritual pioneiro à sua maneira grosseira e preparam o caminho para outras e mais refinadas agências. Com essa única crítica, pode-se dizer que o livro passa uma forte impressão de candura e bom senso e, como narrativa pessoal de quem esteve tão envolvida com esses importantes acontecimentos, está destinado a sobreviver à maioria da nossa literatura atual e a ser lido com muita atenção e até com reverência pelas gerações futuras. Aquelas pessoas humildes que acompanharam o novo nascimento – Capron, de Auburn, que fez a primeira conferência pública; Jervis, o corajoso pastor metodista, que exclamou: "Eu sei que é verdade e enfrentarei o mundo carrancudo!; Georges Villets, o Quaker; Isaac Post, que promoveu a primeira sessão espírita; o destemido grupo que deu testemunho no palco de Rochester, enquanto os agitadores se juntavam para atacar –, todos estão destinados a ficar na História. A respeito de Leah, pode-se dizer que ela realmente reconheceu o significado religioso do movimento muito mais claramente do que as suas irmãs e que se opôs ao seu emprego com objetivos puramente mundanos, o que é uma degradação do divino. A seguinte passagem é de grande interesse, pois mostra como a família Fox considerou inicialmente essa visitação, e deve impressionar o leitor pela sinceridade da autora:

> O sentimento geral da nossa família[...] era visceralmente contrário a toda essa coisa estranha e espantosa. Nós a considerávamos uma grande desgraça que se abateu sobre nós; como, de onde e por quê, não sabíamos. [...] Resistimos a ela, lutamos contra ela e constante e sinceramente oramos para nos livrar dela, mesmo enquanto um estranho fascínio ligado a essas maravilhosas manifestações nos era imposto, contra a nossa vontade, por agências e agentes invisíveis aos quais não podíamos resistir, controlar nem entender. Se a nossa vontade, desejos sinceros e preces tivessem prevalecido ou adiantado, tudo teria acabado naquele mesmo momento e lugar, e o mundo além dos limites da nossa pequena vizinhança nunca mais teria ouvido falar das batidas de Rochester ou da infeliz família Fox.

Essas palavras dão a impressão de sinceridade, sendo que, de modo geral, Leah se destaca no seu livro – e também nos testemunhos de muitas pessoas citadas – como uma pessoa digna de ocupar uma posição de destaque em um grande movimento.

Tanto Kate Fox-Jencken quanto Margaret Fox-Kane morreram no início dos anos 1890, e seu fim foi triste e melancólico. O problema que apresentam é exposto ao leitor, evitando os extremos da delicada sensibilidade espírita que não enfrenta os fatos bem como dos questionamentos dos céticos que enfatizam as partes da narrativa que melhor servem aos seus propósitos e omitem ou reduzem tudo o mais. Fazendo uma rápida digressão em nossa narrativa, vejamos se é possível achar alguma explicação para o duplo fato de que aquilo que essas irmãs podiam fazer era absolutamente anormal e que, todavia, ao menos até certo ponto, estava sob seu controle. Não é um problema simples; ao contrário, é uma questão muito profunda que esgota, e mais do que esgota, o conhecimento psíquico que está

As irmãs Fox. (Wikimedia Commons)

disponível na data atual e que, na época, estava além do alcance da geração da qual as irmãs Fox faziam parte.

A explicação simplista dada pelos espíritas da época não deve ser desconsiderada num primeiro impulso – e muito menos ainda por aqueles que detêm um conhecimento maior. Essa explicação era que um médium que emprega mal os seus dons e sofre uma degradação do seu caráter moral com a prática de maus hábitos torna-se suscetível a influências maléficas que podem servir-se dele para transmitir informações falsas ou para conspurcar uma causa pura. Isso pode ser bem verdade como *causa causans* (causa causante). Mas precisamos examinar a questão mais a fundo para chegar ao verdadeiro como e por quê.

O autor é de opinião que a verdadeira explicação será encontrada associando todos esses acontecimentos às investigações recentes do dr. Crawford sobre os meios pelos quais se produzem os fenômenos físicos. Mostrou ele muito claramente, como se detalha em capítulo posterior, que as batidas (e no momento atemo-nos apenas a essa fase) são causadas pela projeção, desde a pessoa do médium, de uma longa haste de uma substância dotada de certas propriedades que a distinguem de qualquer outra forma de matéria. Essa substância foi cuidadosamente examinada pelo eminente fisiologista francês dr. Charles Richet, que a chamou de "ectoplasma". Essas hastes são invisíveis aos nossos olhos e parcialmente visíveis à placa fotográfica, mas conduzem uma energia que pode produzir sons e dar batidas a distância.

Agora, para saber se Margaret produzia batidas do mesmo modo que o médium estudado por Crawford, basta formular uma ou duas hipóteses prováveis em si mesmas que a ciência do futuro poderá provar em definitivo para que tudo fique inteiramente elucidado. Uma hipótese é que um centro da força psíquica se forma em alguma parte do corpo de onde a haste de ectoplasma é projetada. Supondo que o centro seja o pé de Margaret, ele lançaria uma luz muito clara sobre as evidências coletadas durante a investigação de Seybert. Examinando Margaret e empenhando-se em obter batidas produzidas por ela, alguém da comissão, com o consentimento da médium, pôs a mão sobre o pé dela. Batidas se produziram de imediato. O investigador exclamou: "Isto é a coisa mais maravilhosa que já vi, sra. Kane. Sinto as batidas claramente em seu pé. Não há o menor movimento do pé, mas há uma pulsação fora do comum".

Esse experimento de modo algum confirma a ideia de um deslocamento das articulações ou de estalos dos artelhos. É, entretanto, exatamente o que se poderia imaginar no caso de um centro do qual fosse projetada uma força psíquica. Essa força tem forma material e desprende-se do corpo do médium, de modo que deve haver algum nexo. Esse nexo pode variar. No caso citado, estava no pé de Margaret. Os médicos de Buffalo observaram que havia um movimento sutil de um médium no momento de uma batida. A observação estava correta, mas a conclusão errada. O próprio autor viu claramente, no caso de um médium amador, uma ligeira pulsação geral no momento em que era dada a batida – um recuo, por assim dizer, após a descarga da força.

Admitindo que a força de Margaret trabalhasse dessa maneira, temos apenas de analisar se as hastes ectoplásmicas podem projetar-se à vontade em qualquer circunstância. Até onde é do conhecimento do autor, não há observações diretamente relacionadas a esse ponto. Parece que o médium de Crawford sempre se manifestava quando em transe, de modo que a questão não se apresentava. No caso de outros fenômenos físicos, há motivos para acreditar que, em sua forma mais simples, estejam intimamente ligados à médium, mas à medida que se desenvolvem escapam ao controle dela, sendo influenciados por forças estranhas. Assim, as figuras ectoplásmicas fotografadas por madame Bisson e pelo dr. Schrenck Notzing (conforme constam do recente livro dele) podem, em suas primeiras formas, ser atribuídas aos pensamentos da médium ou a lembranças que tomam forma visível no ectoplasma, mas, à medida que ela se aprofunda no transe, tomam a forma de figuras que, em casos extremos, são dotadas de vida independente. Se houver uma analogia geral entre as duas classes de fenômenos, então é muito possível que Margaret tivesse certo controle sobre a projeção de ectoplasma que produzia o som; mas, quando o som produzia mensagens que estavam além de seu conhecimento, como no caso exemplificado por Funk, a força já não era empregada por ela, mas por alguma inteligência independente.

Deve-se lembrar que ninguém ignora mais do que o médium como os efeitos são produzidos, sendo ele o centro dessas manifestações. Um dos maiores médiuns de efeitos físicos do mundo disse certa vez ao autor que jamais havia testemunhado um fenômeno físico, pois sempre se achava em transe quando ocorriam; a opinião de qualquer dos assistentes seria mais valiosa do que a dele. Assim, no caso das irmãs Fox, que eram apenas crianças quando os fenômenos começaram, elas pouco sabiam da filosofia do assunto, e Margaret dizia frequentemente que não compreendia os próprios resultados. Se achasse que ela própria possuía algum poder de produzir as batidas, por mais obscuro que fosse o modo como as produzia, ela estaria em um estado mental em que poderia considerar impossível negar as acusações do dr. Kane, de que ela estava envolvida nas manifestações. Nessa medida, também a confissão dela, como a da irmã, seria verdadeira, mas cada uma teria consciência, como admitiram posteriormente, de que havia muito mais coisas que não podiam ser explicadas e que não emanavam delas mesmas.

Contudo, resta um ponto muito importante a discutir – o mais importante de todos para os que aceitam o significado religioso do movimento. Para os não iniciados no assunto, um argumento muito natural é perguntar: "São estes os vossos frutos? Pode ser boa uma filosofia ou uma religião que produz tais efeitos sobre os que ocupam um lugar de destaque em sua estrutura?". Ninguém pode esquivar-se com subterfúgios de uma tal objeção, que pede uma resposta clara, muitas vezes dada, mas que ainda precisa ser repetida.

Afirmemos, então, claramente que não existe relação entre mediunidade de efeitos físicos e moralidade mais do que a que se verifica entre um ouvido apurado para a música e a moralidade. Ambos são puros dotes físicos. O músico pode interpretar os mais elevados pensamentos e despertar nos ouvintes as mais fortes emoções, influenciando os seus pensamentos e elevando a mente. No entanto, ele próprio pode ser um viciado em drogas, um alcoólatra irrecuperável ou um pervertido. Não obstante, pode harmonizar seu talento musical com um personagem elevado como os anjos. Simplesmente não existe relação nenhuma entre as duas coisas, a não ser que ambas tenham o seu centro no mesmo corpo humano.

Assim acontece na mediunidade de efeitos físicos. Todos nós, ou quase todos, expelimos certa substância de nosso corpo, a qual tem propriedades muito peculiares. Conforme constatou o dr. Crawford em seu experimento com pesagem de cadeiras, na maioria de nós a quantidade dessa substância é desprezível. Mas com uma pessoa em cem mil, ela é considerável. Essa pessoa é um médium de efeitos físicos. Ele ou ela produz certa matéria-prima que, sustentamos, pode ser usada por forças exteriores independentes. O caráter do indivíduo nada tem a ver com a questão. Esse é o resultado de duas gerações de observações.

Se fosse exatamente assim, o caráter do médium de efeitos físicos não seria afetado pelo seu dom. Infelizmente, isso significa atenuar a questão. Em nossas atuais condições, desprovidos de inteligência, o médium de efeitos físicos está sujeito a certos riscos morais, exigindo uma natureza forte e vigilante para resistir-lhes. As deficiências dessas pessoas úteis e dedicadas podem ser comparadas a lesões físicas, como a perda de dedos e de mãos, sofridas por quem trabalhava com raios X antes que todas as propriedades desses raios fossem conhecidas. Medidas foram tomadas para evitar esses perigos físicos depois que muitas pessoas se tornaram mártires da ciência; e os perigos morais também serão enfrentados quando uma reparação tardia for feita aos pioneiros que se prejudicaram ao forçar as portas do conhecimento. Esses perigos estão no enfraquecimento da vontade, na extrema debilidade após as sessões de efeitos físicos, na tentação de obter alívio temporário recorrendo ao álcool, na tentação de fraudar quando o poder se reduz e nas influências confusas e possivelmente prejudiciais que cercam um grupo promíscuo, reunido mais por curiosidade do que por razões religiosas. O remédio é segregar os médiuns, pagar-lhes um salário em vez de pagar pelos resultados, regular o número de sessões e o caráter dos assistentes, e assim afastá-los das influências que sobrecarregaram as irmãs Fox e outros médiuns fortes do passado. Por outro lado, há médiuns de efeitos físicos que nutrem motivos tão elevados e trabalham de acordo com diretrizes religiosas tão sérias, que são o verdadeiro sal da terra. É a mesma força utilizada por Buda e pela pitonisa de Endor. Os objetivos e os métodos desse uso são o que determina o caráter.

O autor afirmou que há pouca relação entre a mediunidade de efeitos físicos e a moralidade. Poder-se-ia imaginar o fluxo do ectoplasma sendo vigoroso ao proceder tanto de um pecador quanto de um santo, atuando sobre objetos materiais do mesmo modo e produzindo resultados que teriam igualmente o efeito benéfico de convencer o materialista da existência de forças além da sua compreensão. Entretanto, isso não se aplica à mediunidade interna, que não assume a forma de algum tipo de fenômeno, mas de ensinamentos e mensagens, transmitidos quer pela voz do espírito, pela voz humana, pela escrita automática, quer por qualquer outro recurso. Aqui o vaso é escolhido de acordo com o conteúdo que pode receber. Não se poderia imaginar um recipiente pequeno dando abrigo temporário a um grande espírito. É preciso ser um Vale Owen antes de receber as mensagens de Vale Owen. Se um grande médium se degenera em seu caráter, devo esperar que as mensagens cessem ou então que sejam igualmente deterioradas. Daí, também, as mensagens de um espírito divino como as enviadas periodicamente para depurar o mundo, de um santo medieval, de Joana d'Arc, de Swedenborg, de Andrew Jackson Davis ou do mais humilde médium de escrita automática de Londres, desde que o impulso seja verdadeiro, são na realidade a mesma coisa em graus diversos. Cada uma é um sopro genuíno do além, e todavia cada intermediário imprime a marca da sua personalidade na mensagem de que é canal. Assim, como que através de um vidro escuro, vemos esse maravilhoso mistério, tão vital e, no entanto, tão indefinido. É a sua própria grandeza que o impede de ser definido. Fizemos um pouco, mas deixamos para trás muitos problemas para os que vêm depois de nós. Eles podem considerar as nossas mais avançadas especulações como elementares, mas poderão vislumbrar perspectivas de pensamento que possivelmente alcancem os limites últimos da sua visão mental.

CAPÍTULO 6

PRIMEIRAS MANIFESTAÇÕES NOS ESTADOS UNIDOS

Depois de abordar a história da família Fox e os problemas que essa história levanta, retornamos agora aos Estados Unidos para observar os primeiros efeitos dessa invasão de seres de outra esfera.

Esses efeitos não foram de todo excelentes. Houve loucuras por parte de indivíduos e extravagâncias por parte de comunidades.

Um desses efeitos, baseado em comunicações recebidas pela médium sra. Benedict, foi o Círculo Apostólico. Este teve início com um pequeno grupo de homens, crentes convictos num segundo advento, que procuravam confirmar sua crença através de comunicações com espíritos. Eles obtiveram o que anunciaram como manifestações de apóstolos e profetas da Bíblia. Em 1849, James L. Scott, ministro da Igreja Batista do Sétimo Dia, do Brooklyn, juntou-se a esse Círculo em Auburn, que então passou a ser conhecido como Movimento Apostólico, tendo no apóstolo Paulo seu líder espiritual. Scott foi seguido pelo rev. Thomas Lake Harris, e ambos formaram em Mountain Cove uma comunidade religiosa que atraiu um bom número de seguidores, muitos dos quais se decepcionaram e abandonaram seus líderes autocráticos depois de alguns anos.

Esse homem, Thomas Lake Harris, é certamente uma das personalidades mais curiosas de que temos registro, sendo difícil dizer se o componente predominante em sua personalidade era Jekyll ou Hyde [o médico ou o monstro]. Ele era composto de extremos e tudo o que fazia era colossal, tanto para o bem como para o mal. Era originalmente ministro Universalista, de onde derivou o título

"Rev", que usou durante muito tempo. Ele rompeu com seus companheiros, adotou os ensinamentos de Andrew Jackson Davis, tornou-se espírita fanático e, por fim, como já foi dito, autodeclarou-se um dos dirigentes autocráticos das almas e das bolsas dos colonos de Mountain Cove. Em certo momento, porém, os ditos colonos chegaram à conclusão de que eram perfeitamente capazes de cuidar da própria vida, tanto espiritual quanto material, quando também Harris descobriu que sua vocação se dissipara. Ele foi para Nova York e se juntou convicto ao movimento espírita, pregando em Dodworth Hall, sede do culto, e conquistando uma grande e merecida reputação por sua notável eloquência. Sua megalomania – possivelmente uma obsessão – tornou a manifestar-se, a exemplo de fazer reivindicações extravagantes que os espíritas equilibrados e sóbrios ao seu redor não poderiam tolerar. Uma delas, todavia, poderia levar a bons resultados: a manifestação de uma inspiração poética muito verdadeira e elevada, apesar de ser impossível dizer se inata ou externa. Nessa fase da sua carreira, ele ou algum poder através dele produziu uma série de poemas, "A Lyric of the Golden Age", "The Morning Land" e outros que, por vezes, beiram o sublime. Atormentado pela recusa dos espíritas de Nova York em reconhecer suas faculdades sobrenaturais, em 1859 Harris foi para a Inglaterra, onde alcançou fama com seus dotes de oratória, demonstrados em palestras cujo propósito básico consistia em depreciar seus antigos colegas de Nova York. Cada etapa seguinte na vida do homem era contaminada pela etapa que a precedera.

Em 1860, em Londres, a vida de Harris inesperadamente atraiu grande interesse dos britânicos, especialmente dos mais vinculados às artes literárias. Harris fez palestras em Steinway Hall. Demorando-se na cidade, *lady* Oliphant ouviu a encantadora eloquência de Harris, e tão enlevada ficou, que promoveu um encontro do pregador americano com seu filho, Laurence Oliphant, um dos homens mais brilhantes da sua geração. É difícil perceber em que se baseava essa atração, pois, nesse estágio, os ensinamentos de Harris nenhum conteúdo excepcional continham, a não ser o possível fato de que ele teria adotado a ideia de Deus Pai e Mãe Natureza rejeitada por Davis. Oliphant enalteceu Harris como poeta, referindo-se a ele como "o maior poeta atual, embora ainda desconhecido da fama". Oliphant não era um crítico de pouca importância, por isso, num período em que Tennyson, Longfellow, Browning e muitos outros se distinguiam, a frase parece bastante exagerada. O episódio todo encerrou-se quando, após adiamentos e vacilações, mãe e filho se renderam totalmente a Harris e partiram para um trabalho manual numa nova colônia em Brocton, Nova York, onde permaneceram numa condição praticamente de escravidão, exceto pelo fato de que era voluntária. Se tamanha autoabnegação é de natureza divina ou insana, cabe aos anjos responder. Certamente parece insana quando ficamos sabendo que Laurence Oliphant teve a maior dificuldade em obter licença para se casar e expressou humilde gratidão ao tirano quando finalmente lhe foi dada autorização. Ele foi liberado para relatar a Guerra Franco-Alemã de 1870, o que fez da maneira brilhante que se poderia esperar dele e, depois, retornou novamente à servidão, sendo uma das suas obrigações vender morangos em cestas para passageiros dos trens que passavam. Também foi arbitrariamente separado da sua jovem mulher, sendo ela enviada para o sul da Califórnia e ele retido em Brocton. Somente em 1882, vinte anos após seu primeiro contato, e com o falecimento da mãe, Oliphant rompeu esses laços extraordinários; depois de uma luta intensa, durante a qual Harris fez de tudo para que ele fosse internado num asilo, ele reencontrou sua mulher, recuperou alguns dos seus bens e retomou sua vida normal. Ele descreveu o profeta Harris em seu livro *Masollam*, escrito em seus últimos anos, e o resultado é tão característico tanto do brilhante estilo de Oliphant quanto do homem singular por ele retratado, que o leitor talvez se sinta motivado a consultar o Apêndice.

Desdobramentos como esse de Harris e de outros foram meras excrescências na linha mestra do movimento espírita, que, em termos gerais, era sadio e progressista. Distorções se interpuseram e dificultaram sua aceitação, entretanto, pois sentimentos de simpatia ao comunismo ou ao amor livre de algumas dessas seitas extremadas foram explorados sem escrúpulos pela oposição como sendo típicos do todo.

Vimos que, embora as manifestações espíritas obtivessem ampla divulgação pública por meio das irmãs Fox, elas eram conhecidas muito antes disso. Ao testemunho precedente nesse sentido, podemos acrescentar o do juiz Edmonds, que diz:[1] "Faz cerca de cinco anos que o assunto atraiu a atenção do público pela primeira vez, embora descubramos agora que, nos dez ou doze anos anteriores, ele estivera mais ou menos presente em diferentes partes do país, mas permanecera oculto, seja por medo do ridículo, seja por ignorância do que era". Isso explica o surpreendente número de médiuns de que se começou a ouvir falar logo após a publicidade obtida por meio da família Fox. Não foi nenhum dom novo que elas manifestavam, mas apenas o fato de que sua ação corajosa em torná-lo

---

[1] *Spiritualism*, de John W. Edmonds e George T. Dexter, M.D., Nova York, 1853, p. 36.

amplamente conhecido fez com que outros se apresentassem e confessassem que possuíam o mesmo poder. Também esse dom universal de faculdades mediúnicas começou a ser desenvolvido livremente pela primeira vez. O resultado foi que se ouviu falar de médiuns em números cada vez maiores. Em abril de 1849, ocorreram manifestações na família do rev. A. H. Jervis, pastor metodista de Rochester; na de sr. Lyman Granger, também de Rochester; e na casa do diácono Hale, na vizinha cidade de Grécia. Do mesmo modo, seis famílias na cidade de Auburn começaram a desenvolver a mediunidade. Em todos esses casos, as irmãs Fox não tiveram nenhuma ligação com os acontecimentos. Assim, essas pioneiras apenas abriram o caminho que outros passaram a seguir.

Características marcantes dos anos seguintes foram o rápido crescimento do número de médiuns em toda parte e a conversão à crença espírita de grandes homens públicos como o juiz Edmonds, o ex-governador Tallmadge, os professores Robert Hare e Mapes. O apoio público de figuras tão conhecidas deu enorme publicidade ao assunto, ao mesmo tempo que aumentou a virulência da oposição, que agora percebia que tinha de lidar com mais do que um punhado de tolos e iludidos. Homens como esses podiam ser ouvidos na imprensa da época. Houve também uma mudança no caráter dos fenômenos espíritas. Nos anos 1851 e 1852, dois notáveis médiuns, a sra. Hayden e D. D. Home, foram fundamentais para levar muitos à conversão. Vamos nos aprofundar sobre ambos em capítulos posteriores.

Em uma comunicação dirigida "Ao Público", publicada no *New York Courier* com data de 1º de agosto de 1853, Nova York, o juiz Edmonds, um homem de caráter elevado e intelecto lúcido, apresentou um relato convincente de suas experiências pessoais. É curioso que os Estados Unidos, que, naquela época, davam provas evidentes de coragem moral na pessoa de seus cidadãos mais destacados, parecessem deter-se e regredir nessa questão nos últimos anos, pois o autor, em suas viagens recentes, encontrou muitos que estavam cientes da verdade psíquica, mas evitavam publicar suas convicções em razão de uma imprensa zombeteira.

O juiz Edmonds iniciou o mencionado artigo detalhando a série de eventos que o levaram a formar suas opiniões. Destacamos aqui alguns detalhes, de grande importância para expor as bases que levaram um homem de elevada educação a aceitar o novo ensinamento:

> Tive a minha atenção inicialmente atraída pelo tema do "intercâmbio espiritual" em janeiro de 1851. Na época, eu estava afastado da sociedade em geral e sofria de

grande depressão do espírito. Ocupava todo o meu tempo livre lendo sobre o problema da morte e da existência do homem depois dela. No decorrer da minha vida, eu havia lido e ouvido do púlpito tantas doutrinas contraditórias e conflitantes sobre o assunto que praticamente não sabia em que acreditar. Mesmo que quisesse, eu não conseguia acreditar no que não compreendia e procurava ansiosamente saber se, após a morte, voltaríamos a encontrar aqueles que amávamos aqui, e em que circunstâncias. Fui convidado por uma amiga a assistir às "Batidas de Rochester". Aceitei mais para agradá-la e aliviar-me do tédio por uma hora do que por outra coisa. Refleti muito sobre o que havia visto e resolvi investigar o assunto e descobrir do que se tratava. Caso se tratasse de embuste ou ilusionismo, imaginei que eu poderia esclarecer. Por cerca de quatro meses, dediquei pelo menos duas noites por semana para acompanhar os fenômenos em todas as suas fases. Eu mantinha registros minuciosos de tudo o que via e, de tempos em tempos, comparava uns com outros para detectar inconsistências e contradições. Lia tudo o que encontrava sobre o assunto, de modo especial todas as aludidas "denúncias de charlatanismo". Desloquei-me de um lugar a outro, observando diferentes médiuns, encontrando diferentes grupos de pessoas – quase sempre pessoas que eu nunca tinha visto antes e às vezes onde eu era totalmente desconhecido – ora no escuro, ora à luz do dia –, frequentemente com incrédulos inveterados e mais seguidamente ainda com crentes fervorosos.

Enfim, aproveitei todas as oportunidades que me foram oferecidas para investigar a matéria em todas as suas dimensões. Durante todo esse tempo, mantive-me incrédulo e testei intensamente a paciência dos crentes com meu ceticismo, minha astúcia e minha recusa obstinada em renunciar à minha crença. Vi ao meu redor alguns que abjuraram uma fé madura em apenas uma ou duas sessões; outros que, nas mesmas circunstâncias, admitiam certa incredulidade; e alguns que se recusavam absolutamente a testemunhar, e, todavia, eram incrédulos confessos. Eu não podia imitar nenhum desses grupos e me recusei a ceder, a não ser que fosse sob o mais irrefutável testemunho. Por fim, as provas se impuseram – e com tanto vigor que ninguém conseguiria evitar a própria rendição.

Vemos, assim, que esse homem, um dos primeiros convertidos eminentes à nova revelação, se esforçou ao máximo antes de deixar que as evidências o convencessem da validade das manifestações dos espíritos. A experiência geral mostra que uma aceitação fácil dessa realidade é muito rara entre pensadores sérios e que dificilmente nos deparamos com algum espírita proeminente cujo programa de estudos e reflexões não tenha envolvido um noviciado de muitos anos. Isso constitui um contraste marcante com as opiniões negativas que se baseiam no preconceito inicial e nos relatos tendenciosos ou escandalosos de autores sectários.

O juiz Edmonds, no excelente resumo de sua posição apresentado no artigo citado – um artigo que deveria ter convertido todo o povo americano se estivesse pronto para a assimilação –, passa a mostrar a base sólida de suas crenças. Ele ressalta que nunca estava sozinho quando essas manifestações ocorriam, contando com a presença de muitas testemunhas. Ele também mostra as elaboradas precauções que tomava:

> Depois de depender dos meus sentidos quanto a essas várias fases do fenômeno, recorri à ajuda da ciência e, com a assistência de um eletricista experiente e seus instrumentos bem como de oito ou dez pessoas inteligentes, educadas e perspicazes, examinei o assunto. Dedicamo-nos às nossas investigações durante muitos dias e, para nossa satisfação, chegamos a duas conclusões: primeira, os ruídos não eram produzidos por nenhuma pessoa presente ou próxima a nós; segunda, eles não ocorriam de acordo com a nossa vontade e prazer.

Ele aborda lealmente as supostas denúncias veiculadas pelos jornais, algumas delas por vezes acusações verdadeiras contra algum charlatão, mas, de modo geral, infundadas e mais causadoras de grandes enganos, conscientes ou inconscientes, ao público do que eficazes no combate aos males que afirmam atacar. Por isso:

> Enquanto essas coisas aconteciam, apareceram nos jornais várias explicações e "denúncias de charlatanismo", como eram chamadas. Eu lia todas elas com atenção, na esperança de receber ajuda para as minhas pesquisas, mas não podia deixar de rir diante da precipitação e futilidade dessas explicações. Por exemplo, ao mesmo tempo que certos professores esclarecidos em Buffalo se congratulavam por terem detectado a causa dos ruídos na articulação dos artelhos e dos joelhos, as manifestações nessa cidade se transformaram no toque de uma campainha colocada debaixo da mesa. Eram como a solução dada recentemente por um culto professor na Inglaterra, que atribui a inclinação de mesas a uma força nas mãos que são postas sobre elas, ignorando o fato material de que as mesas se movem com a mesma frequência quando não há mão nenhuma sobre elas.

Depois de abordar os fenômenos com toda a objetividade possível, o juiz dedicou-se ao exame da questão mais importante, a da origem desses fenômenos. Ele afirmou que recebeu respostas para perguntas mentais e descobriu que seus próprios pensamentos secretos foram revelados, e que os objetivos que se propusera secretamente alcançar haviam se realizado. Observa também que ouvira as médiuns falarem grego, latim, espanhol e francês, quando de fato ignoravam esses idiomas.

Isso o leva a perguntar-se se essas coisas não podem ser explicadas como reflexo da mente de algum outro ser humano vivo. Essas considerações foram esgotadas por todos os investigadores, cada um por sua vez, pois os espíritas não aceitam seu credo de uma vez só, mas percorrem sua jornada passo a passo, avaliando criteriosamente cada pequeno trajeto do caminho. A síntese do percurso do juiz Edmonds é tão somente a que muitos outros seguiram. Ele apresenta as seguintes razões para não atribuir essas ações a outras mentes humanas:

> Foram comunicados fatos que eram desconhecidos na época, mas que depois se revelaram verdadeiros; assim, por exemplo, quando me ausentei no inverno passado e viajei para a América Central, meus amigos na cidade ouviram falar sete vezes do meu paradeiro e do meu estado de saúde; em meu retorno, comparando suas informações com os registros no meu diário, descobri que os dados correspondiam perfeitamente. Assim também em minha recente visita ao oeste, "alguém" informou meu paradeiro e minhas condições de saúde a um médium de Cleveland, enquanto eu viajava de trem dessa cidade a Toledo; de modo que me foram reveladas muitas ideias sobre assuntos que sequer passavam pela minha mente e totalmente diferentes das minhas próprias ideias. Isso já aconteceu diversas vezes comigo e com outros, podendo, então, dar-se como certo o fato de que não foi nossa mente que deu origem ou afetou a comunicação.

Em seguida ele desenvolve esse maravilhoso tema e chama a atenção para o seu extraordinário significado religioso, segundo as linhas gerais com que é definido em capítulo subsequente desta obra. O cérebro do juiz Edmonds era realmente notável, e seu julgamento lúcido, pois muito pouco podemos acrescentar à sua declaração, talvez nunca tão bem expressa em espaço tão pequeno. Ao destacá-la, poder-se-ia dizer que o Espiritismo vem sendo coerente desde o início e que os orientadores e guias não emaranharam suas mensagens. É uma sensação estranha e ao mesmo tempo divertida constatar que a ciência em sua arrogância, que tanto tentou com meras palavras e ostentação aniquilar esse conhecimento inicial em 1850, tenha se mostrado essencialmente errônea em seu próprio terreno. Praticamente não existem axiomas científicos da época, como a finalidade dos elementos, a indivisibilidade do átomo ou a origem separada das espécies, que não tenham sido contestados, enquanto o conhecimento psíquico, tão ridicularizado, manteve-se sólido, acrescentando novos fatos, mas nunca contradizendo os que foram originalmente apresentados.

Escrevendo sobre os efeitos benéficos desse conhecimento, diz o juiz:

> Há algo que conforta o enlutado e restaura o coração dilacerado; algo que suaviza a passagem para a sepultura e afasta o terror da morte; algo que esclarece o ateu e abranda o violento; algo que anima e encoraja o virtuoso em meio a todas as provações e vicissitudes da vida; algo que demonstra ao homem seu dever e seu destino, eliminando sua imprecisão e incerteza.

Nunca foi o assunto tão bem sintetizado.

No entanto, há uma passagem final nesse memorável documento que causa certa tristeza. Falando do progresso que o movimento havia feito em quatro anos nos Estados Unidos, ele diz: "Há dez ou doze jornais e periódicos dedicados à causa, e o catálogo espírita abrange mais de cem diferentes publicações, algumas das quais já alcançaram uma tiragem de mais de dez mil exemplares. Além da multidão anônima, há em seu meio muitos homens de posição e talento elevados – médicos, advogados e clérigos em grande número, um bispo protestante, o erudito e reverendo presidente de uma faculdade, juízes dos nossos tribunais superiores, membros do Congresso, embaixadores estrangeiros e ex-membros do Senado dos Estados Unidos". Em quatro anos, a força espírita fez tudo isso. Como está a situação hoje? A "multidão anônima" manteve-se perseverante e as cem publicações receberam o acréscimo de muitas outras, mas onde estão os homens esclarecidos e de liderança que apontam o caminho? Desde a morte do professor Hyslop, é difícil citar um homem eminente nos Estados Unidos que esteja disposto a arriscar sua carreira e reputação abraçando essa causa. Os que nunca temeram a tirania do homem se evadem do assédio da imprensa. A máquina impressora tem sucesso onde o banco de tortura fracassaria. O prejuízo em termos de reputação e de bens materiais sofrido pelo próprio juiz Edmonds, que teve de renunciar ao seu posto na Suprema Corte de Nova York, e por muitos outros que testemunharam a verdade, instalou um reino de terror que afasta as classes intelectuais do movimento. Essa é a situação no presente.

Mas a Imprensa, na ocasião, estava bem-disposta e a famosa síntese do juiz Edmonds, talvez a melhor e mais importante já feita por qualquer juiz, foi recebida com respeito, se não com aprovação. O *New York Courier* escreveu:

> A carta do juiz Edmonds, por nós publicada sábado, relacionada com as chamadas manifestações espíritas, escrita por um eminente jurista, um homem notável por sua sensatez no julgamento das questões práticas da vida e cidadão de caráter irrepreensível, chamou a atenção da comunidade, sendo considerada por muitos um dos documentos mais notáveis da época.

O *New York Evening Mirror* publicou:

> John W. Edmonds, presidente da Suprema Corte deste distrito, é um advogado capaz, um juiz diligente e um bom cidadão. Ocupando ininterruptamente nos últimos oito anos as mais altas instâncias judiciais, sejam quais forem suas faltas, ninguém pode acusá-lo em sã consciência de falta de habilidade, diligência, honestidade e destemor. Ninguém pode duvidar de sua sanidade geral ou acreditar por um momento que as operações ordinárias de sua mente não sejam tão ágeis, precisas e confiáveis como sempre. Tanto os profissionais da Justiça quanto os indiciados em seu tribunal o reconhecem como líder, por seus atos e por seus méritos, da Corte Suprema deste Distrito.

A experiência do dr. Robert Hare, professor de química na Universidade da Pensilvânia, também é interessante, pois ele foi um dos primeiros homens de ciência eminentes que, pretendendo expor o devaneio do Espiritismo, tornou-se por fim crente fervoroso. Em suas próprias palavras, em 1853 ele "se sentiu chamado, como um ato de dever para com seus semelhantes, a aplicar toda a influência que tivesse na tentativa de conter a onda de loucura popular que, desafiando a razão e a ciência, apoiava e propagava velozmente a grosseira ilusão chamada Espiritismo". Uma carta denunciatória que publicou nos jornais da Filadélfia, onde morava, foi reproduzida por outros jornais do país e se tornou o texto de inúmeros sermões. Como aconteceu com *sir* William Crookes muitos anos depois, porém, o regozijo foi prematuro. O professor Hare, embora cético, foi induzido a experimentar por si mesmo e, depois de inúmeros testes minuciosos, convenceu-se totalmente da origem extraterrena das manifestações. Como Crookes, ele inventou aparelhos para usar com médiuns. S. B. Brittan[2] apresenta o seguinte relato resumido de alguns experimentos de Hare:

> Primeiro, para ter certeza de que os movimentos não eram feitos por mortais, ele pegou bolas de bilhar de latão, colocou-as sobre placas de zinco e posicionou as mãos dos médiuns sobre as bolas; para seu grande espanto, as mesas se moveram. Em seguida, montou uma mesa capaz de se movimentar para frente e para trás, equipada com dispositivos que acionavam o giro de um disco contendo o alfabeto, oculto aos médiuns. As letras eram dispostas de modo aleatório, fora da sua ordem normal consecutiva, e o espírito era solicitado a colocá-las em sequência ou em seu lugar normal. E pronto, acontecia! Seguiam-se, então, frases inteligentes invisíveis ao médium e cujo significado ele só podia conhecer se alguém lhe dissesse.

E prosseguiu com outro teste fundamental. Ele colocou o braço longo de uma alavanca sobre um círculo graduado com o ponteiro assinalando o peso correspondente e pediu ao médium que mantivesse a mão sobre o braço curto, onde era impossível pressionar para baixo; caso, porém, fosse pressionado, resultaria no efeito contrário e levantaria a extremidade longa. O surpreendente foi que o peso aumentou várias libras na escala.

O prof. Hare compilou suas minuciosas pesquisas e suas opiniões sobre o Espiritismo em um importante livro publicado em Nova York em 1855, intitulado *Experimental Investigation of the Spirit Manifestations*. Na página 55, ele resume os resultados de seus primeiros experimentos da seguinte forma:

> A evidência das manifestações acima expostas não se restringe apenas a mim, uma vez que havia pessoas presentes quando foram observadas, e em essência foram repetidas em minha presença com várias modificações, em muitos casos não mencionadas de modo específico.
>
> Essa evidência pode ser considerada sob várias fases: primeira, aquela em que se produziram batidas ou outros ruídos sem que se pudesse atribuí-los a algum agente humano; segunda, aquela em que os sons eram produzidos identificando letras que formavam frases gramaticais e bem escritas, comprovando que eram influenciados por algum ser racional; terceira, aquela em que a natureza da comunicação revelava

---

[2] Editor do *The Spiritual Telegraph*.

características indicativas de que o ser causador devia ser algum conhecido, amigo ou parente do consulente.

E também casos em que ocorreram movimentos de corpos ponderáveis... de modo a produzir comunicações intelectuais semelhantes às obtidas por sons, como mencionado.

As diferentes provas *foram obtidas com a maior precaução e precisão possível*. Se, casualmente, os dispositivos utilizados as tenham de algum modo alterado quanto à metodologia, em essência todas as que obtive e que produziram as conclusões referidas também foram basicamente colhidas por um grande número de observadores. Muitos que nunca tentaram qualquer comunicação com espíritos nem sentiram a necessidade de ingressar no Espiritismo não só confirmam a existência de sons e movimentos, mas também admitem a impossibilidade de perscrutá-los.

O sr. James J. Mapes, de Nova York, doutor em Ciências Jurídicas, químico agrícola e membro de várias sociedades culturais, iniciou suas pesquisas sobre o Espiritismo para resgatar seus amigos, disse ele, que estavam "se precipitando na imbecilidade" por causa da nova mania. Através da mediunidade da sra. Cora Hatch, depois sra. Richmond, ele recebeu o que são descritas como maravilhosas respostas científicas às suas perguntas. Ele acabou se tornando um crente convicto, e sua mulher, que não tinha talento artístico, tornou-se médium de desenho e pintura. Sem ele saber, sua filha se tornara médium de escrita e, quando ela lhe comunicou o fato, ele pediu uma demonstração dessa sua nova faculdade. Ela pegou uma caneta e escreveu rapidamente o que disse ser uma mensagem do pai do prof. Mapes. O professor então pediu uma prova de identidade. A mão da filha escreveu imediatamente: "Você deve lembrar que, entre outros livros, dei-lhe uma enciclopédia; abra a página 120 desse livro e você encontrará meu nome escrito lá, coisa que você nunca viu". O referido livro estava guardado com outros num depósito. Quando o prof. Mapes abriu a caixa, que ficara inalterada por vinte e sete anos, para sua surpresa encontrou o nome de seu pai escrito na página 120. Foi esse incidente que o levou a fazer uma pesquisa séria, pois, como seu amigo prof. Hare, até então ele fora um materialista irredutível.

Em abril de 1854, o deputado James Shields apresentou uma petição[3] ao Congresso dos Estados Unidos, solicitando a instauração de um inquérito. Para

---

[3] Ver Capron, *Modern Spiritualism*, pp. 359-63.

esse fim, anexou um abaixo-assinado com treze mil assinaturas, com o nome do governador Tallmadge no topo da lista. Após uma discussão sem importância em que Shields se referiu à crença dos signatários como devida a uma ilusão decorrente de uma educação deficiente ou a faculdades mentais perturbadas, foi formalmente acordado que o pedido deveria ter sua discussão postergada. O sr. E. W. Capron faz este comentário:[4]

> É provável que nenhum dos signatários esperasse um tratamento mais favorável do que o recebido. Cabe aos carpinteiros e pescadores do mundo investigar novas verdades e fazer Senados e Tronos acreditarem nelas e respeitá-las. É inútil buscar a aceitação ou o respeito de novas verdades por parte de homens que ocupam posições elevadas.

A primeira organização espírita regular foi instituída em Nova York em 10 de junho de 1854, com a denominação de "Sociedade para a Difusão do Conhecimento Espírita". Entre seus membros, contava com pessoas proeminentes, como o juiz Edmonds e o governador Tallmadge, de Wisconsin.

Entre as atividades da sociedade, estava a fundação de um jornal chamado *The Christian Spiritualist* e o compromisso da srta. Kate Fox de realizar sessões diárias, abertas ao público todas as manhãs, das 10h às 13h.

Escrevendo em 1855, diz Capron[5]:

Seria impossível dar detalhes sobre a difusão do Espiritismo em Nova York até o presente. Propagou-se por toda a cidade e quase deixou de ser uma curiosidade ou uma maravilha para qualquer pessoa. As reuniões públicas são realizadas regularmente e a investigação prossegue sem dificuldades, mas os dias de efervescência em torno do assunto já passaram e as pessoas de modo geral consideram o movimento algo mais do que uma mera farsa. É verdade que o fanatismo religioso o incrimina, porém sem contestar as ocorrências e, por vezes, efetua uma pretensa denúncia com fins especulativos. O positivo é que o intercâmbio espírita se tornou um fato reconhecido em toda a cidade.

---

[4] *Modern Spiritualism*, p. 375.
[5] *Modern Spiritualism*, p. 197.

Talvez o fato mais significativo do período que estivemos considerando tenha sido o desenvolvimento da mediunidade em pessoas de destaque, a exemplo do juiz Edmonds e do prof. Hare. Este último escreve[6]:

> Tendo ultimamente adquirido as faculdades de médium em grau suficiente para trocar ideias com espíritos amigos, não tenho mais necessidade de defender os médiuns da acusação de falsidade e fraude. Agora é apenas o meu próprio caráter que pode ser questionado.

Assim, não considerando as irmãs Fox, temos a mediunidade particular do rev. A. H. Jervis, do diácono Hale, de Lyman Granger, do juiz Edmonds, do prof. Hare, da sra. Mapes, da srta. Mapes, e a mediunidade pública da sra. Tamlin, da sra. Benedict, da sra. Hayden, de D. D. Home e de dezenas de outros.

Não é objetivo desta obra tratar do grande número de casos individuais de mediunidade, alguns deles interessantes e até fascinantes, que ocorreram durante este primeiro período de manifestações. O leitor pode consultar as duas importantes compilações da sra. Hardinge Britten, *Modern American Spiritualism* e *Nineteenth Century Miracles*, livros que sempre serão um registro muito valioso dos primeiros dias. A série de casos fenomenais foi tão grande que a sra. Britten enumerou mais de cinco mil ocorrências distintas registradas na imprensa nos primeiros anos, o que provavelmente representa algumas centenas de milhares não registradas. A pseudorreligião e a pseudociência uniram-se pela primeira vez numa tentativa profana de deturpar e perseguir a nova verdade e seus defensores, enquanto a Imprensa infelizmente descobriu que seu interesse estava em jogar com os preconceitos da maioria de seus assinantes. Foi fácil fazer isso, pois naturalmente, num movimento tão vital e convincente, houve alguns que se tornaram fanáticos, alguns que desonraram suas opiniões por suas ações e alguns que aproveitaram o interesse geral para imitar, com maior ou menor sucesso, os verdadeiros dons do espírito. Esses patifes fraudulentos eram, às vezes, meros vigaristas de sangue frio e, às vezes, parecem ter sido médiuns de fato, cujo poder psíquico os abandonou por um tempo. Houve escândalos e denúncias, algumas reais, outras pretensas. Essas denúncias, então como hoje, partiam muitas vezes dos próprios espíritas, que se opunham tenazmente a que suas cerimônias sagradas se transformassem em espetáculo para as hipocrisias e blasfêmias de vilões

---

[6] *Experimental Investigation of the Spirit Manifestations*, p. 54.

que, como hienas humanas, tentavam ganhar a vida fraudulentamente à custa dos mortos. O resultado geral foi o arrefecimento do entusiasmo inicial e o abandono do que era verdadeiro por uma eterna insistência no que era falso.

O corajoso relato do prof. Hare levou a uma perseguição vergonhosa desse venerável sábio, o qual naquele momento era, com exceção de Agassiz, o homem de ciência mais conhecido nos Estados Unidos. Os professores de Harvard – uma universidade com um histórico nada invejável em questões psíquicas – aprovaram uma resolução denunciando o prof. Hare e sua "insana adesão a uma farsa gigantesca". Ele não podia perder sua cátedra de docente na Universidade da Pensilvânia porque já havia se aposentado, mas sofreu muito com a perda de reputação.

O maior e mais absurdo exemplo de intolerância científica – uma intolerância que sempre foi tão violenta e insensata quanto a da Igreja medieval – foi dado pela Associação Científica Americana. Quando o prof. Hare tentou dirigir-se a ela para falar sobre o Espiritismo, essa douta corporação irritou-se com ele e declarou que o assunto não merecia ser abordado por seus membros. Os espíritas, contudo, observaram que a mesma sociedade, na mesma sessão, realizou um animado debate sobre as possíveis causas que levam os galos a cantar entre a meia-noite e a uma da madrugada, chegando à conclusão de que nessa hora específica uma onda de eletricidade passa sobre a Terra de Norte a Sul, e que as aves, perturbadas em seu sono e "tendo uma disposição natural para cantar", registram o evento dessa maneira. Não se sabia então – e talvez ainda não se tenha aprendido – que um homem, ou um grupo de homens, pode ser muito sábio sobre os assuntos de sua especialidade, mas demonstrar uma extraordinária falta de bom senso quando se depara com uma nova proposta que exige uma total readaptação de ideias. A ciência britânica e, para dizer a verdade, a ciência do mundo inteiro, mostrou a mesma intolerância e falta de maleabilidade que marcaram aqueles primeiros dias nos Estados Unidos.

Esses dias foram tão bem caracterizados pela sra. Hardinge Britten, participante ativa dos acontecimentos, que os interessados podem sempre acompanhá-los nas páginas por ela escritas. Algumas considerações sobre a própria sra. Britten podem, no entanto, ser apropriadamente introduzidas neste lugar, pois nenhuma história do Espiritismo seria completa sem uma referência a essa mulher notável que foi chamada de São Paulo feminina do movimento. Ela era uma jovem inglesa que viajara para Nova York com uma companhia teatral e lá permanecera com sua mãe. Evangélica estrita, rejeitava o que considerava ideias nada ortodoxas dos espíritas e fugiu horrorizada da sua primeira sessão mediúnica. Mais tarde, em

1856, voltou a entrar em contato com o movimento e obteve provas que a impediram de duvidar da verdade. Ela logo descobriu suas próprias faculdades mediúnicas, e um dos casos mais bem atestados e sensacionais da história inicial do movimento foi aquele em que ela recebeu a informação de que o navio a vapor *The Pacific*, dos Correios dos Estados Unidos, havia naufragado no meio do Atlântico com todos os que estavam a bordo. Os proprietários da embarcação ameaçaram processá-la por divulgar o que o espírito de um dos tripulantes lhe havia comunicado. Foi comprovado que a informação era verdadeira, e nunca mais se ouviu falar do navio.

A sra. Emma Hardinge – que, por um segundo casamento, se tornou sra. Hardinge Britten – pôs todo o seu entusiástico temperamento a serviço do jovem movimento e imprimiu nele sua marca indelével. Por seus diversos dons, foi uma propagandista ideal. Ela era médium poderosa, oradora, escritora, pensadora equilibrada e viajante infatigável. Ano após ano, ela viajou por todo o território dos Estados Unidos proclamando a nova doutrina em meio a muita oposição, pois era militante e anticristã nas ideias que afirmava receber diretamente de seus guias espirituais. No entanto, como essas ideias giravam em torno da moralidade das Igrejas, via de regra muito frouxa e com necessidade de padrões mais elevados, é pouco provável que o Fundador do Cristianismo estaria entre seus críticos. As opiniões da sra. Hardinge Britten tinham mais a ver com a visão amplamente unitarista dos órgãos espíritas oficiais, que ainda existem, do que com qualquer outra causa.

Ela voltou à Inglaterra em 1866, onde trabalhou incansavelmente, produzindo suas duas grandes crônicas, "Modern American Spiritualism" e, mais tarde, "Nineteenth Century Miracles", ambas revelando uma quantidade imensa de pesquisas bem como uma mente muito lúcida e lógica. Em 1870, casou-se com o dr. Britten, um espírita tão fervoroso quanto ela. O casamento parece ter sido idealmente feliz. Em 1878, como missionários do Espiritismo, viajaram para a Austrália e Nova Zelândia, e lá permaneceram por vários anos, fundando vários centros e sociedades que ainda existiam quando o autor visitou aquela região quarenta anos mais tarde. Durante sua permanência na Austrália, ela escreveu *Faiths, Facts and Frauds of Religious History*, um livro que ainda influencia muitas mentes. Havia naquela época, sem dúvida, uma relação estreita entre o movimento do pensamento livre e a nova revelação espírita. Robert Stout, procurador-geral da Nova Zelândia, era ao mesmo tempo presidente da Associação do Livre Pensamento e espírita ardoroso. Hoje se entende muito mais, porém, que o intercâmbio e o ensinamento espíritas são muito amplos para se ajustar a algum sistema, seja negativo, seja positivo, e que é possível a um espírita professar qualquer credo, desde que preserve os princípios básicos de respeito para com o invisível e de altruísmo para com os próximos.

Entre outras realizações notáveis do seu dinamismo, a sra. Hardinge Britten fundou *The Two Worlds* de Manchester, ainda com uma circulação tão grande quanto qualquer jornal espírita do mundo. Ela faleceu em 1899, deixando sua profunda marca na vida religiosa de três continentes.

Essa foi uma longa, mas necessária digressão do relato do início e evolução do movimento espírita nos Estados Unidos. Aqueles primeiros dias se caracterizaram por grande entusiasmo, muito sucesso e também considerável perseguição. Todos os líderes que tinham algo a perder, perderam. A sra. Hardinge diz:

> O juiz Edmonds era apontado nas ruas como um espírita louco. Comerciantes ricos eram obrigados a reivindicar seus direitos de ser considerados sãos e a manter seus negócios recorrendo a ações mais firmes e determinadas. Profissionais e negociantes eram reduzidos aos limites da ruína, e uma perseguição implacável, deflagrada pela imprensa e mantida pelo púlpito, dirigia todo o ímpeto de suas marés malignas contra a causa e seus representantes. Muitas casas onde se realizavam as sessões eram perturbadas por multidões que se reuniam após o anoitecer e por meio de urros, gritos, assobios e, às vezes, até quebra de janelas atordoavam os consulentes silenciosos em sua tarefa profana de "despertar os mortos", como um dos jornais denominou piedosamente o ato de invocar o "Ministério dos Anjos".

À parte os altos e baixos do movimento, o surgimento de novos médiuns autênticos, o desmascaramento de casuais médiuns falsos, as comissões de inquérito (muitas vezes com resultados negativos pela falta de percepção dos investigadores de que o sucesso de um grupo psíquico depende da condição psíquica de *todos* os seus membros), a manifestação de novos fenômenos e a conversão de novos iniciados, alguns incidentes importantes desse primeiro momento devem ser realçados. Entre eles, destaca-se a mediunidade de D. D. Home e dos dois meninos Davenport, que constituem episódios tão importantes e atraíram a atenção do público a tal grau e por tanto tempo que são tratados em capítulos próprios. Alguns casos de mediunidade menor pedem considerações mais breves.

Um desses casos foi o de Linton, o ferreiro, um homem quase analfabeto e que, não obstante, como A. J. Davis, escreveu um livro notável, inspirado ao que parece por um espírito. Esse livro de 530 páginas, intitulado *The Healing of the Nations*, é certamente uma produção extraordinária, qualquer que seja sua fonte, e é obviamente impossível que tivesse sido escrito normalmente por um autor como esse. Valoriza-o um longo prefácio de autoria do governador Tallmadge, mostrando que o digno senador não era um estudioso superficial da Antiguidade Clássica. Raramente a perspectiva dos clássicos e a da Igreja primitiva foram expostas de forma tão magistral.

Em 1857, a Universidade Harvard voltou a chamar a atenção pela perseguição e expulsão de um aluno chamado Fred Willis, acusado de praticar a mediunidade. Até parecia que o espírito de Cotton Mather e dos antigos caçadores de bruxas de Salem havia descido sobre o grande centro de ensino de Boston, pois, naqueles primórdios, estava em constante conflito com forças invisíveis que ninguém pode esperar vencer. O incidente começou com uma tentativa inoportuna por parte de certo professor Eustis de provar que Willis era fraudulento, enquanto todas as evidências mostravam claramente que ele era de fato sensitivo e que evitava qualquer demonstração pública de seus poderes. O assunto causou grande alvoroço e escândalo na época.

Outros casos semelhantes a esse poderiam ser citados. Deve-se reconhecer, porém, que a expectativa de ganho, por um lado, e a efervescência mental causada por uma revelação tão terrível, por outro, levaram nesse período alguns presumidos médiuns a tal grau de desonestidade, e outras pessoas a tais excessos fanáticos e afirmações grotescas, a ponto de conter aquele sucesso imediato que os espíritas mais equilibrados e sérios esperavam e mereciam.

Um caso curioso de mediunidade que atraiu muita atenção foi o do agricultor Jonathan Koons e sua família, que moravam numa localidade agreste de Ohio. Os fenômenos obtidos pelos irmãos Eddy são descritos com certa extensão em capítulo posterior, e como os da família Koons são bastante semelhantes; estes, no entanto, não precisam ser tratados em detalhes. Os instrumentos musicais tiveram um papel muito importante nas demonstrações dos espíritos na casa dos Koons, a qual se tornou conhecida em toda a redondeza – tão famosa que estava constantemente lotada, apesar de situada a cerca de cento e dez quilômetros da cidade mais próxima. Tudo indica tratar-se de um caso de autêntica mediunidade de efeitos físicos de qualidade grosseira, como seria de esperar onde um agricultor rude e inculto ocupava o centro físico. Muitas investigações foram realizadas, mas a crítica nunca abordou os fatos. Por fim, entretanto, Koons e sua família foram expulsos de sua casa devido à perseguição das pessoas ignorantes entre as quais viviam.

A vida rude ao ar livre do homem do campo parece especialmente propícia para o desenvolvimento de uma forte mediunidade de efeitos físicos. Foi na residência de um agricultor americano que ela se revelou pela primeira vez, e Koons em Ohio, os Eddys em Vermont, Foss em Massachusetts e muitos outros evidenciaram os mesmos poderes.

Podemos encerrar adequadamente esta breve revisão dos primórdios do movimento nos Estados Unidos com um acontecimento em que a intervenção dos espíritos se mostrou de suma importância na história do mundo. Referimo-nos às mensagens inspiradas que determinaram a ação de Abraham Lincoln no auge da Guerra Civil. Os fatos dispensam qualquer discussão e são apresentados com a devida comprovação no livro da sra. Maynard sobre Abraham Lincoln. O nome de solteira da sra. Maynard era Nettie Colburn, e ela mesma era a heroína da história.

A jovem era uma médium de transe poderosa. Ela viajou para Washington no inverno de 1862 para visitar seu irmão internado no hospital do Exército Federal. A sra. Lincoln, esposa do Presidente, interessada no Espiritismo, teve uma sessão com a srta. Colburn, ficou muito impressionada com o resultado e, no dia seguinte, enviou uma carruagem para levar a médium para ver o presidente. Ela descreve a maneira atenciosa com que o grande homem a recebeu no salão da Casa Branca e menciona os nomes dos presentes. Ela se sentou, entrou no estado de transe habitual e não se lembrou de mais nada. Continuou assim:

> Os espíritos me fizeram falar com ele durante mais de uma hora e, depois, eu soube por meus amigos que ele parecia entender muito bem os assuntos tratados, ao passo que eles compreendiam muito pouco, até ser levantada a questão da Proclamação de Emancipação, que estava para ser editada. Com toda solenidade e determinação, ele recebeu a incumbência de não atenuar os termos de seu édito e não adiar sua aplicação como lei além do início do ano; recebeu a garantia de que esse seria o evento culminante de sua administração e de sua vida; e que, embora estivesse sendo aconselhado por grupos fortes a postergar sua aplicação, na esperança de substituí-lo por outras medidas e retardar a ação, ele não deveria de modo algum dar ouvidos a tal conselho, mas manter-se firme em suas convicções, realizar com coragem seu trabalho e cumprir a missão que lhe fora confiada pela Providência soberana. Os presentes declararam que quase esqueceram a menina tímida, dados a

grandiosidade das recomendações, a força e o vigor da linguagem bem como a importância da mensagem; além disso, pareciam perceber que uma potente força espiritual masculina dava expressão a ordens quase divinas.

Jamais esquecerei a cena ao meu redor quando recuperei a consciência. Eu estava de pé diante do sr. Lincoln, e ele recostado em sua cadeira, com os braços cruzados sobre o peito, olhando-me intensamente. Dei um passo para trás, confusa com a situação – sem me lembrar de imediato de onde estava e vendo o grupo ao redor onde reinava silêncio total. Precisei de alguns instantes para perceber onde me encontrava.

Um cavalheiro presente disse então em voz baixa: "Sr. Presidente, o senhor observou alguma coisa peculiar na expressão da mensagem?". O sr. Lincoln se levantou, como que se livrando de um encantamento. Olhou rapidamente para o retrato de Daniel Webster pendurado acima do piano e respondeu: "Sim, e é muito singular, muito!".

O sr. Somes disse: "Sr. Presidente, seria ousadia de minha parte perguntar se houve alguma pressão sobre o senhor para adiar a aplicação da Proclamação?". Ao que o presidente respondeu: "Nas atuais circunstâncias, essa pergunta se justifica perfeitamente, pois somos todos amigos". E sorrindo para os presentes, disse: "Essa pressão está me exigindo muita coragem e vigor". Nesse momento, os cavalheiros se aproximaram dele, falando em voz baixa, com pouco envolvimento do sr. Lincoln. Por fim, ele se virou para mim, colocou a mão sobre a minha cabeça e pronunciou estas palavras de uma forma que jamais esquecerei: "Minha filha, você possui um dom muito singular, e não tenho dúvidas de que procede de Deus. Agradeço-lhe por ter vindo aqui esta noite. É mais importante do que talvez qualquer pessoa presente possa entender. Devo deixá-los todos agora, mas espero vê-los novamente". Ele me apertou gentilmente a mão, curvou-se para os demais presentes e saiu. Permanecemos na sala por mais uma hora, conversando com a sra. Lincoln e suas amigas, e depois voltamos para Georgetown. Essa foi minha primeira entrevista com Abraham Lincoln, e a lembrança dela é tão clara e vívida quanto a noite em que ocorreu.

Esse foi um dos momentos mais importantes na história do Espiritismo, e pode ter sido também um dos mais importantes na história dos Estados Unidos, pois estimulou o Presidente a tomar uma decisão que elevou o moral do Exército do Norte e infundiu nos homens o espírito de conquista que movia os cruzados. Uma mensagem subsequente impeliu Lincoln a visitar os acampamentos, o que resultou em enorme motivação das tropas. No entanto, temo que o leitor, ao pesquisar tudo o que for possível sobre a história da grande luta e ao ler cada biografia do presidente, não encontre uma menção sequer a esse episódio fundamental. Tudo isso faz parte desse tratamento injusto que o Espiritismo suporta há tanto tempo. É impossível acreditar que os Estados Unidos, se prezam realmente a verdade, permitam que o culto que demonstrou seu valor no momento mais sombrio da sua história seja perseguido e reprimido por policiais ignorantes e magistrados fanáticos da forma que é hoje tão comum, ou que a imprensa continue a ridicularizar o movimento que produziu a Joana d'Arc do seu país.

CAPÍTULO VII

A AURORA NA INGLATERRA

Os primeiros espíritas são com frequência comparados aos primeiros cristãos, e há de fato muitos aspectos semelhantes. Em um ponto, porém, os espíritas tiveram uma vantagem. As mulheres dos primórdios cumpriram sua tarefa com dignidade, vivendo como santas e morrendo como mártires, mas não se apresentaram como pregadoras e missionárias. O poder e o conhecimento psíquicos são, no entanto, tão grandiosos em um sexo quanto em outro e, assim, muitos destacados pioneiros da revelação espírita foram mulheres. Isso se aplica especialmente a Emma Hardinge Britten, cujo nome se tornará mais famoso com o passar dos anos. Houve, todavia, várias outras missionárias eminentes, sendo a mais importante no meio britânico a sra. Hayden, a primeira a trazer o novo fenômeno para estas terras no ano de 1852. Antigamente, havia os apóstolos da fé religiosa. Aqui, por fim, chegava um apóstolo do fato religioso.

A sra. Hayden era uma mulher notável bem como uma excelente médium. Era esposa de um respeitável jornalista da Nova Inglaterra que a acompanhou em sua missão, organizada por certo Stone, que tivera algum contato com seus poderes nos Estados Unidos. Na época de sua visita, ela foi descrita como "jovem e inteligente, mas de modos simples e espontâneos". Seu crítico britânico acrescentou:

> Ela desarmou as suspeitas com seu discurso espontâneo e natural, e muitos que vieram se divertir às suas custas passaram da vergonha ao respeito e mesmo à cordialidade pela paciência e bom humor que ela demonstrou. A impressão que

invariavelmente deixava em uma entrevista era que, se os fenômenos manifestados por ela se deviam à arte, como afirmou o sr. Dickens, ela própria, no que diz respeito à atuação, era a artista mais perfeita que já se apresentara diante do público.

A ignorante Imprensa britânica tratou a sra. Hayden como uma aventureira americana comum. Sua real capacidade mental, no entanto, pode ser avaliada pelo fato de que, alguns anos depois, ao retornar aos Estados Unidos, ela se formou em medicina e exerceu a profissão por quinze anos. O dr. James Rodes Buchanan, o famoso pioneiro da psicometria, fala dela como "uma das médicas mais capazes e bem-sucedidas que já conheci". Ofereceram-lhe uma cátedra de medicina em uma faculdade americana e foi contratada pela Globe Insurance Company para proteger a empresa contra perdas no seguro de vida. Uma característica de seu sucesso foi o que Buchanan descreve como o gênio psicométrico de que era dotada. Como homenagem, ele acrescenta que o fato de o nome dela ter sido quase esquecido na Secretaria de Saúde devia-se a que, durante anos, ela não tivera um único caso de morte a notificar.

Tudo isso, porém, era desconhecido dos céticos de 1852, e eles não podem ser culpados por insistir em que essas estranhas alegações de intervenção do outro mundo deveriam ser testadas com o máximo rigor antes de serem admitidas. Ninguém poderia contestar essa atitude crítica. No entanto, o que parece estranho é que uma proposição que, se verdadeira, envolveria boas novas, como a transposição do muro da morte e uma verdadeira comunhão dos santos, devesse despertar não críticas moderadas, por mais apropriadas que fossem, mas uma tempestade de insultos e agressões, indesculpáveis em qualquer ocasião, porém de modo especial quando dirigidas a uma senhora que nos visitava. A sra. Hardinge Britten diz que, no instante em que a sra. Hayden entrou em cena, os líderes da Imprensa, do púlpito e da academia lançaram contra ela uma enxurrada de vitupérios, perseguição e insultos, igualmente vergonhosos para si mesmos bem como humilhantes para o liberalismo e argúcia científica da época. Diz ainda que seu delicado espírito feminino deve ter ficado profundamente magoado e que a harmonia intelectual tão essencial para a produção de bons resultados psicológicos entrou em desequilíbrio em consequência do tratamento cruel e insultuoso que recebeu de muitos que compareceram, fingindo serem investigadores, mas que na realidade eram consumidos pelo ímpeto de destruí-la e de armar ciladas para falsificar as verdades das quais ela afirmava ser o instrumento. Profundamente sensível à atitude dos seus difamadores, ela podia sentir, e muitas vezes contorceu-se sob a força esmagadora do antagonismo que lhe era imposto, sem saber – naquele momento – como repeli-lo ou a ele resistir.

Ao mesmo tempo, nem toda a nação estava envolvida nessa hostilidade irracional, ainda visível ao nosso redor de forma diluída. Surgiram homens corajosos que não temiam pôr em risco sua carreira profana, ou mesmo sua reputação de sanidade, defendendo uma causa impopular sem nenhum motivo possível a não ser o do amor à verdade e ao senso de cavalheirismo que se revoltava diante da perseguição a uma mulher. O dr. Ashburner, um dos médicos da realeza, e *sir* Charles Isham estavam entre os que defenderam a médium na imprensa pública.

Pelos padrões modernos, a mediunidade da sra. Hayden parece ter ficado estritamente limitada a um tipo. Excetuando as batidas, pouco ouvimos falar a respeito de fenômenos físicos, de eventos envolvendo luzes, materializações ou vozes diretas. Em companhia harmoniosa, no entanto, as respostas dadas por batidas eram muito precisas e convincentes. Como todos os verdadeiros médiuns, ela era sensível à discórdia em seu entorno, sendo por isso considerada vítima fácil pelo grupo desprezível de zombeteiros e pesquisadores mal-intencionados que a visitavam. A paga da falsidade é a própria falsidade e o tolo recebe a resposta correspondente à sua tolice, embora a inteligência por trás das palavras pareça pouco se importar com o fato de que o instrumento passivo empregado possa ser responsabilizado pela resposta. Esses falsos investigadores enchem a imprensa com seus relatos jocosos de como haviam enganado os espíritos, quando na verdade haviam ludibriado a si mesmos. George Henry Lewes, que mais tarde viveu maritalmente com Mary Ann Evans (George Eliot) foi um desses investigadores cínicos. Ele conta com ironia como havia perguntado ao espírito por escrito: "A sra. Hayden é uma impostora?". "Sim", foi a resposta imediata que recebeu por batidas. Lewes foi tão desonesto que chegou a citar essa ocorrência como uma confissão de culpa da sra. Hayden. Seria preferível deduzir desse fato que as batidas eram totalmente independentes da médium, e também que perguntas feitas com espírito leviano não merecem respostas sérias.

Entretanto, é pelos pontos positivos e não pelos negativos que questões assim devem ser julgadas, e o autor deve usar aqui mais citações do que é seu costume, pois não há outra maneira de deixar claro como essas sementes foram inicialmente plantadas na Inglaterra, sementes essas destinadas a germinar e elevar-se a grandes alturas. Já se fez alusão ao testemunho do dr. Ashburner, o famoso médico, e talvez seja recomendável acrescentar algumas palavras suas. Ele diz:[1]

> O sexo deve tê-la protegido das ofensas, uma vez que vocês homens da imprensa não têm consideração pelos sentimentos de hospitalidade devidos a um dos integrantes da sua própria profissão. Pois saibam que a sra. Hayden é esposa de um ex--editor e proprietário de um jornal em Boston com enorme circulação na Nova Inglaterra. Asseguro-lhes que a sra. Hayden não é nenhuma impostora, e quem ousar dizer o contrário estará faltando com a verdade.

Novamente, numa longa carta ao *The Reasoner*,[2] depois de admitir que visitou a médium num estado de espírito completamente incrédulo, esperando testemunhar "o mesmo tipo de absurdos evidentes" com que se deparara anteriormente com outros supostos médiuns, Ashburner escreve: "Quanto à sra. Hayden, estou tão convencido da sua total honestidade, que fico admirado que alguém possa acusá-la deliberadamente de fraude", e ao mesmo tempo apresenta relatos detalhados de comunicações verídicas que recebeu.

Entre os investigadores, estava o célebre matemático e filósofo, prof. De Morgan. Ele descreve suas experiências e expõe suas conclusões em seu longo e magistral prefácio ao livro de sua esposa, *From Matter to Spirit*, de 1863, como segue:

> Dez anos atrás, a sra. Hayden, a conhecida médium americana, veio à minha casa *sozinha*. A sessão começou imediatamente após sua chegada. Estavam presentes oito ou nove pessoas de todas as idades e de todos os graus de crença e descrença quanto à possibilidade de tudo ser impostura. As batidas começaram como sempre. Para o meu ouvido eram sons limpos, claros e suaves; assim poderiam ser descritos, caso perdurassem. Comparei-os na época ao ruído produzido pela ponta das agulhas de tricô se caíssem de pouca altura sobre um piso de mármore e fossem imediatamente abafadas por algum tipo de amortecedor; observações posteriores mostraram que minha descrição era razoavelmente precisa. [...] No último período da noite, depois de quase três horas de atividades, a sra. Hayden levantou-se e, enquanto conversava em outra mesa tomando um refresco, uma criança de repente perguntou: "Todos os espíritos que estiveram aqui esta noite batem juntos?". Mal as

---

[1] *The Leader*, 14 de março de 1853.
[2] 1º e 8 de junho de 1853.

palavras foram pronunciadas, ouviu-se uma chuva de granizo de agulhas de tricô, acumuladas em menos de dois segundos, com os fortes sons de agulha dos homens e os fracos das mulheres e crianças sendo claramente diferenciados, mas em total desordem de chegada.

Depois de dizer que, por conveniência, pretende esclarecer que as batidas procedem de espíritos, o prof. De Morgan continua:

Ao ser solicitado a fazer uma pergunta ao primeiro espírito, pedi que me permitissem fazê-la mentalmente – isto é, sem falar, escrever ou apontar em um alfabeto – e que a sra. Hayden pudesse manter os dois braços estendidos enquanto a resposta era dada. Ambos os pedidos foram prontamente atendidos por algumas batidas. Fiz a pergunta e desejei que a resposta fosse dada em uma só palavra, escolhida por mim; tudo mentalmente. Peguei então o alfabeto impresso, coloquei um livro de pé atrás dele e, olhando para o alfabeto, comecei a apontar as letras do modo habitual. A palavra "xadrez" foi dada por uma batida em cada letra. Eu tinha agora uma certeza razoável das seguintes alternativas: uma *leitura de pensamento* de caráter totalmente inexplicável ou, então, uma acuidade sobre-humana por parte da sra. Hayden que lhe possibilitava conhecer a letra em que eu pensava, apesar de ela estar sentada a dois metros do livro que escondia meu alfabeto, não podendo ver minha mão, nem meus olhos, nem a velocidade com que eu apontava as letras. Antes mesmo que a sessão terminasse, não tive saída senão eliminar a segunda alternativa.

Como o incidente seguinte da sessão, que ele continua a relatar, é descrito com detalhes extras em uma carta escrita dez anos antes ao rev. W. Heald, transcrevemos a versão de sua esposa publicada em *Memoir of Augustus De Morgan* (pp. 221-22):

Então, apareceu *meu pai (falecido* em 1816) e, depois de uma rápida conversa, eu continuei:

"Você se lembra de um periódico que tenho em mente?" "Sim." "Você se lembra dos apelidos lá aplicados a você?" "Sim." "Você vai me dar as iniciais deles na carta?" "Sim." Comecei, assim, a apontar para o alfabeto, com um livro escondendo a carta, a sra. H. estava sentada do outro lado de uma mesa redonda grande e havia uma lâmpada acesa entre nós. Apontei letra por letra até chegar a F, a qual achei que deveria ser a primeira inicial. Nenhuma batida. As pessoas ao meu redor disseram:

"Você passou; houve uma batida no início". Voltei e ouvi a batida distintamente em C. Isso me intrigou, mas num instante vi o que era. A frase foi iniciada pela agência da batida antes do que eu pretendia. Deixei C passar e, depois, recebi D T F O C, sendo as iniciais das palavras consecutivas que eu lembrava terem sido aplicadas a meu pai numa velha revista publicada em 1817, da qual ninguém na sala jamais ouvira falar, a não ser eu. C D T F O C já bastava e, percebendo que chegara longe, parei, totalmente satisfeito de que algo, alguém ou algum espírito estava lendo meus pensamentos. Ocorrências dessa natureza continuaram por quase três horas, grande parte das quais ocupada pela sra. H. com a leitura de *Key to Uncle Tom's Cabin*, que ela nunca vira antes. Asseguro-lhe que ela se entregou a esse passatempo com tanta voracidade quanto você pode imaginar que o faria uma dama americana que visse o livro pela primeira vez; enquanto isso nós nos divertíamos com as batidas à nossa maneira. Declaro que tudo é literalmente verdade. Desde então, tenho visto com frequência em minha casa várias pessoas se apresentando. As respostas são dadas principalmente pela mesa que pende na direção das letras, nela repousando suavemente uma ou duas mãos. Há muita confusão nas respostas, mas, de vez em quando, surge algo que nos surpreende. Não tenho nenhuma teoria sobre isso, mas, em um ano ou dois, alguma explicação curiosa pode aparecer. Entretanto, estou satisfeito com a realidade do fenômeno. Muitas outras pessoas estão tão cientes desses fenômenos em suas próprias casas quanto eu. Faça o que puder com isso se você for filósofo.

Quando o prof. De Morgan diz que algum espírito lia seus pensamentos, ele se esquece de observar que o incidente da primeira carta era prova de algo que não estava em sua mente. Além disso, pela atitude da sra. Hayden ao longo da sessão, fica claro que era a atmosfera em torno dela e não sua personalidade consciente concreta que estava envolvida. Algumas outras evidências importantes dadas pelos De Morgans estão incluídas no Apêndice.

A sra. Fitzgerald, uma figura bem conhecida nos primeiros tempos do Espiritismo em Londres, descreve no *The Spiritualist* de 22 de novembro de 1878 essa experiência muito marcante com a sra. Hayden:

Conheci o Espiritismo na época da primeira visita da conhecida médium, sra. Hayden, a este país quase trinta anos atrás. Fui convidada a conhecê-la numa festa oferecida por uma amiga em Wimpole Street, Londres. Aquela noite, depois de atender a um compromisso que não podia cancelar, cheguei atrasada ao endereço, num momento em que parecia ter ocorrido uma cena extraordinária e da qual todos falavam com grande animação. Várias pessoas perceberam meu olhar de decepção, e a sra. Hayden, a quem encontrei pela primeira vez, se aproximou muito atenciosa de mim, expressou seus sentimentos de aborrecimento e sugeriu que eu me sentasse sozinha a uma pequena mesa, separada das outras, e ela perguntaria aos espíritos se eles se comunicariam comigo. Tudo isso parecia tão novo e surpreendente que quase não entendi o que ela estava dizendo ou o que eu devia esperar. Ela pôs à minha frente um alfabeto impresso, um lápis e uma folha de papel. Enquanto ela fazia isso, senti batidas extraordinárias por toda a mesa, cujas vibrações eu podia sentir na sola do meu pé apoiado na perna da mesa. Ela, então, me orientou a anotar cada letra quando eu ouvisse uma batida distinta, e com essa breve explicação ela me deixou sozinha. Apontei como desejado – uma batida distinta se fez ouvir na letra E –; outras se seguiram e foi soletrado um nome que eu não podia deixar de reconhecer. Foi dada a data da morte, que eu desconhecia, e foi acrescentada uma mensagem que trouxe à minha memória as quase últimas palavras de um velho amigo moribundo – ou seja: "Vou cuidar de você". E, assim, a lembrança de toda a cena surgiu vividamente diante de mim. Confesso que fiquei assustada e muito impressionada.

Levei o papel em que tudo isso foi escrito, conforme ditado pelo espírito do meu amigo, ao advogado dele, e este me garantiu que as datas e tudo o mais estavam perfeitamente corretos. Os dados não podiam estar na minha mente porque eu não tinha consciência deles.

É interessante observar que a sra. Fitzgerald disse acreditar que a primeira sessão espírita da sra. Hayden na Inglaterra foi realizada com *lady* Combermere; com o filho dela, major Cotton; e com o sr. Henry Thompson, de York.

No mesmo volume de *The Spiritualist* (p. 264), aparece o relato de uma sessão com a sra. Hayden, extraída da biografia de Charles Young, o conhecido autor de tragédias, escrita por seu filho, rev. Julian Young:

1853, 19 de abril. Hoje fui a Londres com o objetivo de consultar meus advogados sobre um assunto de certa importância para mim e, tendo ouvido falar muito de certa sra. Hayden, americana, como médium espírita, resolvi descobrir seu endereço e avaliar seus dons por mim mesmo. Encontrando casualmente um velho amigo, o sr. H., perguntei-lhe se poderia me dar o endereço dela. Ele me disse que ela morava na rua Queen Anne, número 22, Cavendish Square. Como nunca estivera com ela e desejava muito vê-la, mas não estava disposto a gastar seu dinheiro com isso, convidei-o a ir comigo. Ele aceitou com grande satisfação.

Batidas produzidas por espíritos têm sido tão comuns desde 1853 que eu irritaria a paciência do meu prezado leitor se descrevesse o modo convencional de comunicação entre os vivos e os mortos. Desde a data acima, tenho ouvido muitas batidas e, embora o meu senso de encantamento seja bem desenvolvido e eu tenha propensão para o místico e sobrenatural, ainda assim não posso dizer que já tenha testemunhado qualquer fenômeno espírita que não pudesse ser explicado em bases naturais, exceto no exemplo que estou prestes a dar, em que tudo indicava não haver conluio, o amigo que me acompanhava nunca ter visto a sra. Hayden bem como ela não saber o nome dele nem o meu. A sra. H. e eu mantivemos o seguinte diálogo:

Sra. H.: O senhor deseja comunicar-se com o espírito de algum amigo falecido?

J.C.Y.: Sim.

Sra. H.: Fique à vontade, então, para fazer suas perguntas da maneira prescrita pela fórmula, e ouso dizer que obterá respostas satisfatórias.

J.C.Y.: (Dirigindo-se a alguém invisível, mas supostamente presente): Diga-me o nome da pessoa com quem desejo me comunicar.

As letras escritas de acordo com o ditado das batidas quando reunidas formavam "George William Young".

J.C Y.: Em quem estou pensando agora?

R.: Em Frederick William Young.

J.C.Y.: Do que ele está sofrendo?

R.: Tic douloureux. (Neuralgia do trigêmeo).

J. C. Y.: Você pode receitar algo para ele?

R.: Mesmerismo intenso.

J.C.Y.: Quem deve aplicá-lo?

R.: Alguém que tenha forte simpatia pelo paciente.

J.C.Y.: Eu teria sucesso?

R.: Não.

J.C.Y.: Quem teria?

R.: Joseph Ries. (Um senhor que meu tio respeitava muito.)

J.C.Y.: Perdi algum amigo recentemente?

R.: Sim.

J.C.Y.: Quem é? (Penso na Srta. Young, prima distante.)

R.: Christiana Lane.

J.C.Y.: Você pode me dizer onde vou dormir esta noite?

R.: Na casa de James B, Rua Clarges, 9.

J.C.Y.: Onde vou dormir amanhã?

R.: Na casa do coronel Weymouth, Rua Upper Grosvenor.

Fiquei tão impressionado com a exatidão das respostas que recebi às minhas perguntas que disse ao senhor que estava comigo que queria fazer uma pergunta muito pessoal em particular e que lhe ficava agradecido se fosse para a sala contígua por alguns minutos. Ele fez isso e eu retomei o meu diálogo com a sra. Hayden.

J.C.Y: Pedi ao meu amigo que se retirasse porque não queria que ele ouvisse a pergunta que quero fazer, mas estou igualmente ansioso para que você também não saiba e, no entanto, se bem entendo, nenhuma resposta pode ser transmitida para mim senão através de você. O que fazer nessas circunstâncias?

Sra. H.: Faça sua pergunta de tal forma que a resposta dada represente por uma palavra a ideia principal em sua mente.

J. C. Y.: Vou tentar. Aquilo de que estou ameaçado vai acontecer?

R.: Não.

J. C. Y.: Isso não me satisfaz. É fácil dizer sim ou não, mas o valor da afirmação ou negação depende da convicção que tenho de que você sabe o que estou pensando. Dê-me uma palavra que mostre que você tem a chave para meus pensamentos.

A.: Testamento.

Bem, um testamento que me trazia benefícios corria o risco de ser contestado. Eu queria saber se a ameaça seria cumprida. A resposta que recebi estava correta.

Pode-se acrescentar que o sr. Young não acreditava, antes ou depois dessa sessão, na agência espiritual, o que certamente, depois dessa experiência, não é crédito para sua inteligência ou capacidade de assimilar novos conhecimentos.

A seguinte carta do sr. John Malcom, de Clifton, Bristol, no *The Spiritualist*, menciona alguns presentes à sessão bem conhecidos. Discutindo a questão que havia sido levantada quanto ao lugar de realização da primeira sessão na Inglaterra e às testemunhas presentes, ele diz:

Não me lembro da data; mas, ao visitar minha amiga sra. Crowe, autora de *The Night Side of Nature*, ela me convidou para acompanhá-la a uma sessão espírita na casa da sra. Hayden em Queen Anne Street, Cavendish Square. Ela me informou que a sra. Hayden tinha acabado de chegar dos Estados Unidos para expor os fenômenos do Espiritismo para pessoas na Inglaterra interessadas pelo assunto. Estavam presentes a sra. Crowe, a sra. Milner Gibson, o sr. Colley Grattan (autor de *High Ways and Bye Ways*), o sr. Robert Chambers, o dr. Daniels, o dr. Samuel Dickson e vários outros cujos nomes não ouvi. Algumas manifestações surpreendentes ocorreram nessa ocasião. Depois tive várias oportunidades de visitar a sra. Hayden e, embora inicialmente inclinado a duvidar da autenticidade dos fenômenos, tive provas tão convincentes da comunicação dos espíritos que me tornei um crente fervoroso dessa verdade.

A batalha na imprensa britânica alastrou-se impetuosamente. Nas colunas do jornal londrino *The Critic*, o sr. Henry Spicer (autor de *Sights and Sounds*) respondeu aos críticos em *Household Words*, *The Leader* e *The Zoist*. O mesmo periódico publicou uma longa contribuição de um clérigo de Cambridge, assinada com as iniciais "M. A.", possivelmente identificando o rev. A. W. Hobson, do St. John's College, Cambridge.

A descrição desse senhor é expressiva e forte, mas longa demais para ser transcrita por inteiro. O assunto tem certa importância, pois, até onde se sabe, o autor é o primeiro clérigo inglês que se debruçou sobre o assunto. É estranho, e talvez característico da época, como as implicações religiosas pouco preocupavam os participantes das sessões e como ocupavam quase todo seu tempo com perguntas sobre o segundo nome da avó ou a quantidade de tios. Mesmo os mais sérios faziam perguntas fúteis, e ninguém demonstrava a menor compreensão das possibilidades reais desse intercâmbio ou de que uma base sólida para a crença religiosa poderia finalmente ser lançada. Esse clérigo, porém, embora de forma embaçada, viu a presença de um aspecto religioso ligado à questão. Ele termina seu relato com o seguinte parágrafo:

Concluirei com algumas palavras aos inúmeros religiosos leitores do *The Critic*. Sendo eu mesmo sacerdote da Igreja da Inglaterra, considero este um assunto pelo qual meu irmão clérigo *deve*, mais cedo ou mais tarde, procurar interessar-se, por mais que relute em aceitar que tenha alguma coisa a ver com isso. E minhas razões são resumidamente as seguintes: Se o movimento se generaliza neste país como já acontece nos Estados Unidos – e que razão temos para supor que isso não acontecerá? – então, o clero em todo o reino receberá apelos de todos os lados, terá de opinar e provavelmente será obrigado, pelos próprios deveres inerentes à função, a interferir e a se empenhar em evitar os enganos a que, em muitos casos, esse "mistério" já levou. Um dos escritores mais sensatos e capazes sobre a questão dessas manifestações de espíritos nos Estados Unidos, Adin Ballou, em sua obra, advertiu expressamente seus leitores a não acreditarem em tudo o que esses espíritos comunicam nem a renunciarem a suas opiniões e credos religiosos anteriores (como milhares já fizeram) por influência dessas batidas. Essa onda mal começou na Inglaterra, mas nos poucos meses desde que o sr. e a sra. Hayden chegaram a Londres, ela já se espalhou como um incêndio fora de controle, e tenho boas razões para dizer que a empolgação está apenas começando. As pessoas que inicialmente trataram todo o caso como desprezível impostura e farsa, ao testemunharem essas coisas estranhas por si mesmas, ficam primeiro assustadas e atônitas, depois se precipitam cegamente em todos os tipos de conclusões insensatas – como, por exemplo, que tudo é obra do diabo, ou (ao contrário) que é uma nova revelação do céu. Conheço dezenas de pessoas de grande capacidade e inteligência que se deixam levar totalmente por esses enganos; e ninguém sabe o que fazer com isso. De minha parte, confesso que sou igualmente influenciado. Estou absoluta e totalmente convencido de que não se trata de impostura. Além dos testes etc., acima mencionados, tive uma longa conversa em particular com o sr. e a sra. Hayden, separadamente, e tudo o que disseram trazia marcas de sinceridade e boa-fé. Claro, isso não é prova para outras pessoas, mas é para mim. Se houver algum engano, eles estão tão enganados quanto qualquer um dos seus seguidores, também vítimas.

Não foi o clero, mas os livres-pensadores que perceberam o real significado da mensagem e que devem lutar contra essa prova de vida eterna ou então confessar honestamente, como muitos de nós fizemos desde então, que sua filosofia foi silenciada e que eles foram derrotados em seu próprio terreno. Esses homens pediram provas para questões transcendentes, e os mais honestos e sérios foram forçados a admitir que as obtiveram. O mais digno de todos foi Robert Owen, tão famoso por suas obras humanitárias quanto por sua inabalável independência em assuntos religiosos. Esse homem corajoso e honesto declarou publicamente que os primeiros raios desse sol nascente o haviam atingido e dourado o futuro sombrio que ele havia imaginado. Assim, ele disse:

Reconstituí pacientemente a história dessas manifestações desde o início, investiguei os fatos relacionados a elas (testemunhados em inúmeros casos por pessoas de caráter ilibado), tive quatorze sessões com a médium sra. Hayden, durante as quais ela me deu todas as oportunidades para verificar se era possível haver alguma fraude da parte dela.

Estou convencido não só de que médiuns autênticos não recorrem a fraudes nesses procedimentos, mas ainda de que estão imbuídos da missão de realizar, nesse período, a maior revolução moral no modo de ser e nas condições da raça humana.

A sra. Emma Hardinge Britten comenta sobre o interesse e espanto criados pela conversão de Robert Owen, pois a influência das suas crenças puramente materialistas exercia, segundo a opinião geral, um efeito pernicioso sobre a religião. Ela diz que um dos estadistas mais proeminentes da Inglaterra declarou "que a sra. Hayden merecia um monumento, mesmo que apenas pela conversão de Robert Owen".

Pouco depois, o famoso dr. Elliotson, que era presidente da Sociedade Secular, também se converteu, como São Paulo, depois de atacar violentamente a nova revelação. Ele e o dr. Ashburner tinham sido dois dos mais eminentes defensores do mesmerismo na época em que, mesmo esse fenômeno evidente, precisava lutar por sua existência bem como quando todo médico que o defendia corria o risco de ser chamado de charlatão. Assim, foi doloroso para ambos quando o dr. Ashburner aderiu a essa visão mais elevada com entusiasmo, ao passo que seu amigo foi coagido não apenas a rejeitá-la, mas a atacá-la ativamente. No entanto, o rompimento foi sanado pela conversão de Elliotson; a respeito disso, a sra. Hardinge Britten relata como em seus anos finais ele insistiu para que ela o procurasse e como ela viu nele um "adepto fervoroso do Espiritismo – uma fé que o venerável senhor acalentava como a revelação mais esplendorosa que já lhe havia sido concedida e que, por fim, lhe suavizou a passagem escura para a vida além e transformou sua transição em uma cena de fé triunfante e antecipação jubilosa".

Como era de esperar, pouco demorou para que o rápido crescimento dos fenômenos de mesa compelisse os cientistas céticos a admitir sua existência ou pelo menos a tomar medidas para expor o delírio daqueles que atribuíam aos movimentos uma origem externa. Braid, Carpenter e Faraday declararam publicamente que os resultados obtidos se deviam simplesmente à ação muscular inconsciente. Faraday concebeu um engenhoso aparato que ele considerou provar conclusivamente sua afirmação. Mas, como tantos outros críticos, Faraday não tinha experiência com um bom médium, e o fato bem atestado do movimento de mesas sem contato é suficiente para refutar suas belas teorias. Se imaginarmos um leigo sem telescópio contradizendo com escárnio e desdém as conclusões de astrônomos que usaram telescópios, teremos aí uma analogia com aquelas pessoas que se aventuraram a criticar assuntos psíquicos sem terem nenhuma experiência psíquica pessoal.

O espírito da época é sem dúvida expresso por *sir* David Brewster. Falando de um convite de Monckton Milnes para conhecer o sr. Galla, o viajante africano "que lhe garantiu que a sra. Hayden lhe disse os nomes de pessoas e lugares na África os quais ninguém além dele conhecia", *sir* David comenta: "Sem dúvida, o mundo está ficando louco".

A sra. Hayden permaneceu na Inglaterra em torno de um ano, retornando aos Estados Unidos no final de 1853. Algum dia, quando esses temas encontrarem sua verdadeira proporção frente a outros acontecimentos, sua visita será considerada um verdadeiro marco histórico. Duas outras médiuns americanas estavam na Inglaterra durante sua visita – a sra. Roberts e a srta. Jay –, mas parece que tiveram pouca influência no movimento e teriam sido muito inferiores em poder psíquico.

Um aparte esclarecedor contemporâneo é dado àquele período inicial por este trecho de um artigo sobre Espiritismo no *The Yorkshireman* (25 de outubro de 1856), um jornal alheio ao Espiritismo:

> Acreditamos que o público inglês em geral está pouco familiarizado com a natureza das doutrinas espíritas, e muitos dos nossos leitores não acreditam que elas tenham alguma relevância neste país. É verdade que fenômenos comuns de movimentação de mesas e outros são conhecidos da maioria. Há cerca de dois ou três anos, não havia festa noturna que não tentasse realizar um milagre espírita. [...] Naqueles dias, as pessoas eram convidadas para "um chá e mesas girantes", como um novo entretenimento, e levadas a girar com a família, como loucas, em torno de peças do mobiliário.

Depois de afirmar que o ataque de Faraday fez "os espíritos se acalmarem de repente", de modo que por um tempo não se ouviu mais falar de suas ações, o jornal continua:

> Temos, no entanto, provas abundantes de que o Espiritismo como crença vital e ativa não se limita aos Estados Unidos, mas encontrou respeito e aceitação entre uma camada considerável de entusiastas em nosso próprio país.

Mas a atitude geral da imprensa influente foi muito semelhante à de hoje – menosprezo e negação dos fatos, e a visão de que, mesmo que os fatos fossem verdadeiros, para que serviriam? O *The Times*, por exemplo (um jornal muito mal informado e reacionário com relação a questões psíquicas), em editorial de data um pouco posterior, sugere:

> Seria algo como atrair o chapéu do cabide para nós por um esforço de vontade, sem ir buscá-lo ou incomodar um criado.
>
> Se a força que move uma mesa pudesse também acionar um moedor de café, teríamos uma grande vantagem.
>
> Seria mais proveitoso que os nossos médiuns e clarividentes, em vez de procurar saber de que doença alguém morreu cinquenta anos atrás, descobrissem qual será o valor das ações da Bolsa daqui a três meses.

Quando se leem tais comentários em um grande jornal, fica-se perguntando se o movimento não foi prematuro e se, em uma época tão deplorável e materialista, a ideia de intervenção externa não seria impossível de compreender. Grande parte dessa oposição deveu-se, porém, à frivolidade de pesquisadores que ainda não haviam percebido o significado pleno desses sinais do além e os usavam, como afirma o jornal de Yorkshire, como uma espécie de recreação social e um novo impulso para terráqueos cansados.

Mas, enquanto aos olhos da Imprensa o golpe mortal fora dado a um movimento desacreditado, as investigações prosseguiram discretamente em muitos setores. As pessoas de bom senso, como indica Howitt, "estavam testando com sucesso esses anjos, sob sua própria forma de manifestação, e concluindo que eram reais", pois, como ele diz muito bem, "os médiuns públicos nada mais fizeram do que inaugurar o movimento".

A julgar pelo testemunho público da época, a influência da sra. Hayden pode ser considerada limitada em extensão. Para o público em geral, ela foi apenas um encantamento efêmero, mas espalhou muita semente que cresceu lentamente. O fato é que ela abriu o assunto e as pessoas, principalmente nos estratos mais humildes da vida, começaram a experimentar e descobrir a verdade por elas próprias, embora, com uma cautela nascida da experiência, guardassem suas descobertas em grande parte para si mesmas. Sem dúvida, a sra. Hayden cumpriu a tarefa que lhe fora delegada.

A história do movimento pode muito bem ser comparada a um mar que avança com suas sucessivas cristas e vales, cada crista acumulando mais volume que a anterior. A cada vale, o espectador pensa que as ondas acabaram e, então, a grande nova onda se forma. O tempo entre a partida da sra. Hayden em 1853 e a chegada de D. D. Home em 1855 representa a primeira calmaria na Inglaterra. Críticos superficiais pensaram que era o fim. Mas, em milhares de casas em todo o país, experimentos eram realizados; muitos que haviam perdido toda a fé nas realidades do espírito, naquela que talvez tenha sido a era mais letárgica e materialista da história do mundo, começaram a examinar as evidências e a entender com alívio ou com admiração que a era da fé estava passando e que a era do conhecimento, que São Pedro disse ser melhor, estava próxima. Estudantes devotos das Escrituras lembravam-se das palavras de seu Mestre: "Tenho ainda muito que vos dizer, mas não podeis agora suportar", e se perguntavam se essas estranhas movimentações de forças externas talvez não fizessem parte daquele novo conhecimento que havia sido prometido.

Ao mesmo tempo que a sra. Hayden plantava assim as primeiras sementes em Londres, uma segunda série de acontecimentos atraía a atenção da população de Yorkshire para os fenômenos espíritas. Isso ocorreu em razão de uma viagem de certo sr. David Richmond, um Shaker americano, à cidade de Keighley, onde visitou o sr. David Weatherhead e lhe despertou o interesse pela nova revelação. Houve manifestações com o uso de mesas e identificaram-se médiuns locais, o que possibilitou a construção de um centro florescente que ainda existe. De Yorkshire, o movimento se espalhou para Lancashire, e constitui um elo interessante com o passado o fato de que o sr. Wolstenholme, de Blackburn, falecido em 1925 em idade avançada, tenha na infância se escondido debaixo de uma mesa numa dessas primeiras sessões espíritas, de onde testemunhou os fenômenos, embora sem ajudar, esperamos. Um jornal, o *The Yorkshire Spiritual Telegraph*, começou em Keighley em 1855, sendo essa e outras despesas custeadas por David Weatherhead, cujo nome deveria ser homenageado como o primeiro a se dedicar inteiramente ao movimento. Keighley ainda é um centro ativo de estudos e trabalhos psíquicos.

CAPÍTULO 8

PROGRESSOS CONTÍNUOS NA INGLATERRA

O Relato da sra. De Morgan historiando dez anos de experiências do Espiritismo abrange o período de 1853 a 1863. A publicação desse livro, com o expressivo prefácio do prof. De Morgan, foi um dos primeiros sinais de que o novo movimento expandia-se também entre as classes mais altas, não só entre as massas. Então, apareceu a atuação de D. D. Home e dos Davenports, detalhada em capítulos posteriores. A avaliação da Sociedade Dialética, também tratada em capítulo futuro, começou em 1869. O ano de 1870 registrou as primeiras pesquisas de William Crookes, por ele empreendidas depois de comentar o escândalo causado pela recusa dos cientistas "em investigar a existência e a natureza dos fatos expostos por muitas testemunhas competentes e confiáveis". No mesmo periódico, o *Quarterly Journal of Science*, ele afirmou que essa crença era compartilhada por milhões, e acrescentou: "Desejo avaliar as leis que regem a manifestação de fenômenos de grande importância que, no momento, estão ocorrendo em números quase incalculáveis".

A história de sua pesquisa foi apresentada na íntegra em 1874 e causou tanto tumulto entre os homens de ciência mais fossilizados – aqueles de quem se pode dizer que tiveram a mente subjugada aos projetos em que trabalhavam – a ponto de surgirem rumores de cancelamento de sua filiação à Royal Society. A tempestade passou, mas Crookes ficou abalado com a violência com que ocorrera e, por muitos anos, até alcançar uma posição inatacável, foi muito cauteloso em qualquer expressão pública de suas opiniões. Em 1872-1873, o rev. Stainton Moses apareceu como um novo fator, e seus escritos automáticos elevaram o assunto a um plano mais espiritual, no juízo de muitos. Os fenômenos em si podem atrair os curiosos, mas, quando enfatizados em demasia, em geral repelem as mentes mais judiciosas.

Palestras públicas e discursos em estado de transe tornaram-se moda. A sra. Emma Hardinge Britten, a sra. Cora L. V. Tappan e o sr. J. J. Morse pronunciaram discursos eloquentes, por influência dos espíritos, segundo diziam, e sempre atraindo grandes plateias. O sr. Gerald Massey, conhecido poeta e escritor, e o dr. George Sexton, também proferiram palestras públicas. De modo geral, o Espiritismo recebeu enorme publicidade.

A fundação da British National Association of Spiritualists em 1873 deu um grande impulso ao movimento, porque muitos homens e mulheres públicos bem conhecidos se juntaram a ele. Entre eles, podem ser mencionados a Condessa de Caithness, a sra. MacDougall Gregory (viúva do prof. Gregory, de Edimburgo), o dr. Stanhope Speer, o dr. Gully, *sir* Charles Isham, dr. Maurice Davies, sr. H. D. Jencken, dr. George Sexton, sra. Ross Church (Florence Marryat), sr. Newton Crosland e sr. Benjamin Coleman.

Na esfera dos fenômenos físicos, destacam-se como médiuns de ordem superior a sra. Jencken (Kate Fox) e a srta. Florence Cook. O dr. J. R. Newton, o famoso médium de cura dos Estados Unidos, chegou em 1870, registrando-se um grande número de curas extraordinárias alcançadas com tratamentos totalmente gratuitos. A partir de 1870, exerceram sua maravilhosa mediunidade a sra. Everitt e D. D. Home, sem nenhuma cobrança, o que convenceu muitas pessoas influentes. Herne e Williams, a sra. Guppy, Eglinton, Slade, Lottie Fowler e outros conseguiram muitas conversões com sua mediunidade. Em 1872, as fotografias de espíritos obtidas por Hudson criaram um enorme interesse e, em 1875, o dr. Alfred Russel Wallace publicou seu famoso livro *On Miracles and Modern Spiritualism*.

Uma boa maneira de acompanhar o desenvolvimento do Espiritismo nesse período é examinar as declarações de testemunhas contemporâneas dignas, especialmente aquelas qualificadas por posição e experiência para opinar. Mas, antes de nos dedicar ao momento que estamos considerando, vejamos a situação em 1866, conforme percebida pelo sr. William Howitt, em alguns parágrafos tão admiráveis que o autor é obrigado a citá-los textualmente. Ele diz:

> Caso se desse ouvidos à imprensa, com toda a sua influência e onipotência, a atual posição do Espiritismo na Inglaterra seria desanimadora. Depois de usar todos os

meios possíveis para prejudicar e zombar do Espiritismo; depois de dar-lhe espaço em suas colunas na esperança de que seu vazio e futilidade se tornassem tão evidentes que seus astutos inimigos logo poderiam nocauteá-lo com argumentos irrefutáveis, e então concluir que todas as vantagens da razão e dos fatos estavam a seu favor; depois de ridicularizá-lo e difamá-lo sem qualquer motivo, a imprensa inteira, como que por comum acordo ou por algum plano ardiloso, adotou a política de franquear suas colunas e páginas a qualquer história falsa ou tola sobre ele e de bloqueá-las hermeticamente a qualquer explicação, refutação ou defesa. Como todos os outros meios de exterminá-lo malograram, foi tomada a decisão de asfixiá-lo, de tapar sua boca com fita adesiva literária e, assim, deixar que algum voluntário corte sua garganta. Desse modo, ela espera eliminá-lo como a peste bovina. [...]

Na hipótese de que algo pudesse aniquilar o Espiritismo, o apreço atual do público inglês, o tratamento que recebe da imprensa e dos tribunais, a tentativa de todos os poderes da inteligência pública de suprimi-lo, o ódio que lhe devotam todos os heróis dos púlpitos de todas as igrejas e credos, a mera aceitação até mesmo da estultícia e da maldade públicas que a imprensa lhe atribui, suas próprias divisões internas –, em uma palavra, sua extrema impopularidade o extinguiria. Mas é isso que acontece? Muito pelo contrário, ele nunca esteve mais consolidado na massa das mentes avançadas; seus números nunca aumentaram tão rapidamente; suas verdades nunca foram defendidas com mais seriedade e eloquência; as indagações a respeito dele nunca foram mais abundantes ou mais ansiosas. Durante todo o tempo em que a imprensa e os homens da lei estiveram acumulando acusações e desprezo por ele, nunca as reuniões na Rua Harley foram tão concorridas, contando com a presença de homens e mulheres das classes média e alta que ouviam com admiração as eloquentes e sempre variadas palestras de Emma Hardinge. Enquanto isso, os Davenports, incontáveis vezes denunciados como impostores, acusados de charlatanismo, comprovaram sobejamente que seus fenômenos permanecem tão inexplicáveis como sempre no contexto de qualquer teoria, com exceção da espírita.

O que tudo isso significa? O que indica? Que a imprensa e o clero, os magistrados e as cortes de justiça, todos uniram suas forças e fracassaram. Eles se detêm desconcertados diante do que qualificaram como pobre, estulto, falso e sem substância. Se é tão pobre, estulto, falso e insubstancial, como é que todo o saber dessas corporações, suas denúncias inescrupulosas, seus múltiplos recursos de ataque e seus não menos incontáveis meios de prevenção da justa defesa, seu controle dos ouvintes e da opinião da multidão – como é que toda a sua sagacidade, sarcasmo, lógica e eloquência não podem tocá-lo? Assim, longe de abalá-lo e subjugá-lo, eles não enriçam um fio de cabelo sequer da cabeça nem uma única tira da franja de suas vestes.

Já não é tempo para que essas hostes coligadas de grandes e sábios, de cientistas, eruditos, líderes de senados, de universidades e de cortes de justiça, dos eloquentes representantes do Parlamento, dos magnatas da imprensa popular, munidos de todo o arsenal intelectual que um eficiente sistema nacional de educação e uma vasta estrutura nacional envolvendo Igreja, Estado e aristocracia, acostumados a proclamar o que deve ser considerado verdadeiro e de honrosa reputação por todos os homens e mulheres honrados – já não é tempo, pergunto, para que todo esse imenso e esplêndido mundo de argúcia e sabedoria comece a suspeitar de que há algo sólido com que lidar? De que há algo vital no que eles têm tratado como um fantasma?

Não digo a essas grandes entidades, poderes e agências que governam o mundo que abram os olhos e vejam que seus esforços são infrutíferos e reconheçam sua derrota, pois provavelmente jamais abrirão os olhos e confessarão sua vergonha; mas digo aos próprios espíritas que, por mais sombrios que os tempos possam parecer-lhes, nunca foram mais esperançosos. Apesar do pacto entre todas as legiões de influenciadores e dirigentes públicos na luta contra ele, nunca seu desempenho foi mais promissor da vitória final. Ele leva a marca de todas as influências conquistadoras da época e de toda a legitimidade da história. Ele não está fazendo outra coisa senão lutando a batalha que toda grande reforma – social, moral, intelectual ou religiosa – lutou e acabou vencendo.

Para comprovar a mudança que ocorreu depois do que o sr. Howitt escreveu em 1866, o *The Times* de 26 de dezembro de 1872 publica um artigo intitulado "Spiritualism and Science" ["Espiritualimso e Ciência"], com três colunas e meia, em que expressa a opinião de que chegou o momento "de mãos competentes assumirem o compromisso de desfazer esse nó górdio", embora não explique por que as mãos de Crookes, Wallace ou De Morgan eram incompetentes.

O autor do artigo, falando do pequeno livro de lorde Adare (edição independente) sobre suas experiências com D. D. Home, parece impressionado com a condição social das várias testemunhas. Características do artigo são a inépcia e o esnobismo:

> Um volume que temos em mãos serve para mostrar como essa loucura se espalhou por toda a sociedade. Foi-nos emprestado por um espírita ilustre, sob a solene promessa de que não divulgaríamos um único nome dos envolvidos. Consiste em cerca de 150 páginas de relatos de sessões espíritas e foi impresso em edição particular

custeada por um nobre conde que faleceu recentemente enquanto ocupava uma cadeira na Câmara dos Lordes; assim, acreditamos que abandonou também as cadeiras e mesas ocupadas por espíritos que tanto amou em vida, não com sabedoria, mas com fervor. Nesse livro, coisas mais maravilhosas do que quaisquer outras já registradas são relatadas minuciosamente, de modo natural, como se fossem fatos comuns e cotidianos. Não cansaremos o leitor citando qualquer dos relatos apresentados, e sem dúvida ele aceitará nossa palavra quando dissermos que abrangem todas as espécies de "manifestações", de profecias para baixo.

O que mais particularmente desejamos observar é que as declarações de cinquenta respeitáveis testemunhas são colocadas antes da página de rosto. Entre elas estão uma duquesa viúva e outras senhoras de posição, um capitão da guarda, um nobre, um baronete, um membro do Parlamento, vários membros de entidades científicas e outras, um advogado, um comerciante e um médico. A sociedade das classes alta e média alta tem representantes em todos os seus graus e em pessoas que, a julgar pela posição que ocupam e pela profissão que exercem, deveriam possuir inteligência e capacidade.

O dr. Alfred Russel Wallace, o eminente naturalista, no decorrer de uma carta ao *The Times* de 4 de janeiro de 1873, descrevendo sua visita a um médium público, disse:

Não considero exagero dizer que os principais fatos estão hoje tão consolidados e são tão facilmente verificáveis quanto qualquer um dos fenômenos mais excepcionais da natureza que ainda não foram transformados em lei. Eles exercem uma influência muito importante sobre a interpretação da história, que está cheia de narrativas de fatos semelhantes, e sobre a natureza da vida e do intelecto, a respeito dos quais a ciência física lança uma luz muito tênue e instável. Creio com toda firmeza e deliberação que cada ramo da filosofia deve sofrer até que esses fatos sejam honesta e seriamente investigados e tratados como um componente essencial dos fenômenos da natureza humana.

Ficamos desorientados diante da constatação do ectoplasma e dos experimentos de laboratório que desviam os pensamentos do essencial. Wallace foi um dos poucos cuja mente grandiosa, arrebatadora e livre de preconceitos viu e aceitou a verdade em sua maravilhosa totalidade, desde as humildes provas físicas de poder externo até o mais elevado ensinamento mental que esse poder poderia conter em si, ensinamento que supera em beleza e credibilidade tudo o que a mente moderna conheceu.

A aceitação pública e o apoio constante desse grande cientista, um dos primeiros cérebros do seu tempo, foram ainda mais importantes quando ele teve a perspicácia de compreender a revolução religiosa total que operava nos bastidores desses fenômenos. É fato curioso que, com algumas exceções hoje, assim como antigamente, a sabedoria tenha sido dada aos humildes e negada aos eruditos. O coração e a intuição triunfaram onde o cérebro fracassou. Alguém poderia pensar que a proposta era simples. Ela pode ser expressa numa série de perguntas de formato socrático: "Temos estabelecido alguma relação com a inteligência dos que morreram?". O espírita responde: "Sim". "Eles nos deram informações sobre a nova vida em que se encontram e como ela foi afetada por sua vida terrena?" Novamente, "Sim". "Verificaram se ela corresponde aos ensinamentos de qualquer religião na Terra?" "Não." Então, se assim for, não é evidente que a nova informação é de importância religiosa fundamental? O humilde espírita vê isso e adapta sua devoção aos fatos.

Sir William Barrett (então professor) levou a questão do Espiritismo à British Association for the Advancement of Science em 1876. Seu artigo intitulava-se "On Some Phenomena associated with Abnormal Conditions of Mind" [A Propósito de alguns Fenômenos Associados a Condições Mentais Anormais]. Ele teve dificuldade em reunir público. A Comissão de Biologia recusou-se a aceitar o trabalho e o encaminhou para a Subseção de Antropologia, que só o aceitou em razão do voto de Minerva do presidente, dr. Alfred Russel Wallace. O coronel Lane Fox ajudou a vencer a oposição perguntando por que, se no ano anterior haviam discutido a magia antiga, não deveriam nesse ano examinar a magia moderna. A primeira parte do artigo do prof. Barrett tratava do mesmerismo, mas, na segunda parte, ele relatava suas experiências com fenômenos espíritas e insistia em que o assunto deveria ser examinado mais a fundo com o emprego do método científico. Ele apresentou detalhes convincentes de uma experiência com uma criança envolvendo batidas.[1]

Na discussão que se seguiu, *sir* William Crookes falou das levitações que testemunhara com D. D. Home. Assim se expressou sobre a levitação: "As provas a favor dela são mais consistentes do que as provas a favor de quase todo outro fenômeno

---

[1] *The Spiritualist*, 22 de setembro de 1876 (Vol. IX, pp. 87-8).

natural que a Associação Britânica poderia investigar". Ele também teceu as seguintes considerações a respeito do seu próprio método de pesquisa psíquica:

> Pediram-me para investigar logo que o dr. Slade chegou e eu mencionei minhas condições. Nunca investiguei contrariando essas condições. Deve ser em minha casa, com a minha escolha de amigos e espectadores, sob minhas próprias condições, podendo usar os aparelhos como bem me convier. Onde possível, sempre procurei deixar o aparelho físico realizar os testes, não confiando além dos meus próprios sentidos. Mas, quando é necessário confiar em meus sentidos, discordo inteiramente do sr. Barrett no ponto em que diz que um investigador físico treinado não se equipara a um médium profissional. Sustento que um inquiridor físico está, sim, à altura de um médium praticante.

Lorde Rayleigh, o eminente matemático, ofereceu uma importante contribuição à discussão ao dizer:

> Creio que devemos ser muito agradecidos ao prof. Barrett por sua coragem, pois requer-se uma boa dose dessa qualidade para abordar essa questão e nos dar o benefício de seus meticulosos experimentos. Meu próprio interesse pelo assunto vem de dois anos para cá. O que me atraiu foi a leitura das investigações do sr. Crookes. Embora minhas oportunidades não tenham sido tão boas quanto às do prof. Barrett, vi o suficiente para me convencer de que estão errados aqueles que desejam impedir as investigações, ridicularizando os que se sentem inclinados a se envolver com elas.

O orador seguinte, o sr. Groom Napier, foi ridicularizado com gargalhadas quando descreveu resultados psicométricos obtidos com a análise da caligrafia das pessoas e preservados em envelopes fechados. E quando passou a descrever luzes mediúnicas que ele mesmo havia visto, o alvoroço foi tanto que ele foi forçado a voltar ao seu lugar. Retorquindo aos seus críticos, o prof. Barret disse:

> O que certamente demonstra o enorme avanço deste movimento nos últimos anos é o fato de um artigo sobre fenômenos do chamado Espiritismo, até pouco tempo atrás alvos de escárnio, ter sido aceito pela Associação Britânica, podendo então ser amplamente discutido e analisado numa reunião como a de hoje.

A revista londrina *The Spectator* inicia um artigo intitulado "The British Association on Professor Barrett's Paper" [Associação Britânica sobre o Artigo do Professor Barrett] com esta perspectiva bem liberal:

> Agora que temos diante de nós um relatório completo do artigo do prof. Barrett e da discussão sobre ele, podemos expressar nossa esperança de que a Associação Britânica dê realmente início a alguma ação relacionada com o tema do artigo, apesar dos protestos do partido que podemos chamar de partido da incredulidade supersticiosa. Dizemos incredulidade supersticiosa porque é realmente uma superstição pura, e nada mais, supor que estamos tão plenamente familiarizados com as leis da natureza que, mesmo fatos cuidadosamente examinados, atestados por um observador experiente, devam ser descartados como absolutamente indignos de crédito apenas porque à primeira vista parecem divergir do que já conhecemos com mais clareza.

O pensamento de *sir* William Barrett expandiu-se gradualmente até a aceitação da posição espírita em termos inequívocos antes de sua lastimável morte em 1925. Ele conseguiu viver tempo suficiente para ver o mundo inteiro superar seu antagonismo a esses temas, embora talvez se observasse pouca diferença na Associação Britânica, que se manteve tão obscurantista como sempre. Essa tendência, porém, pode não ter sido um mal em si, pois, como observou *sir* Oliver Lodge, se os grandes problemas materiais urgentes tivessem sido complicados por questões psíquicas, é possível que não tivessem sido resolvidos. Pode valer a pena observar que *sir* William Barrett, em conversa com o autor, lembrou que, dos quatro homens que o apoiaram naquela ocasião histórica e difícil, todos viveram para receber a Ordem do Mérito – a maior honraria que seu país poderia conceder. Os quatro eram Lorde Rayleigh, Crookes, Wallace e Huggins.

Não era de se esperar que o rápido crescimento do Espiritismo impedisse algumas de suas características menos desejáveis. Estas eram de pelo menos dois tipos. Primeiro, o clamor da mediunidade fraudulenta foi ouvido com frequência. À luz do nosso conhecimento posterior e mais completo, sabemos que muito do que parece fraude não o é necessariamente. Ao mesmo tempo, a credulidade ilimitada de parte dos espíritas constituiu-se sem dúvida em campo fértil para charlatães. Ao longo de um artigo lido na Cambridge University Society for Psychological Investigation em 1879, o Presidente da Sociedade, sr. J. A. Campbell, disse:[2]

---

[2] *The Spiritualist*, 11 de abril de 1879, p. 170.

Desde o aparecimento do sr. Home, o número de médiuns vem aumentando ano após ano, assim como a loucura e a impostura. Aos olhos dos tolos, todo fantasma tornou-se um anjo celestial; e não só todo fantasma, mas todo trapaceiro envolto num lençol que escolheu ou escolherá qualificar-se como "espírito" materializado. Foi criada uma suposta religião em que a honra dos nomes mais sagrados foi transferida para os fantasmas dos batedores de carteira. Não vou insultar-vos falando do caráter de tais divindades e das doutrinas por elas ensinadas. Isso acontece sempre que a loucura e a ignorância tomam em suas mãos a arma de um fato eterno, do abuso, da distorção, do próprio crime. Esse sempre foi o resultado de crianças brincando com ferramentas afiadas, mas quem senão um ignorante gritaria, *faca estúpida*? Aos poucos, o movimento está se depurando dessa escória, tornando-se mais moderado, puro e forte, e, à medida que homens sensatos e esclarecidos estudam, oram e trabalham, esforçando-se para fazer bom uso do seu conhecimento, mais ele incorporará essas virtudes.

A segunda característica foi o aumento perceptível do que se pode chamar de Espiritismo anticristão, embora não antirreligioso. Isso levou William Howitt e outros adeptos leais a romper suas relações com o movimento. Howitt e os demais escreveram artigos veementes contra essa tendência, todos publicados pela *The Spiritual Magazine*.

Uma sugestão da necessidade de cautela e equilíbrio é oferecida nas observações do sr. William Stainton Moses, que assim se exprimiu num artigo lido perante a British National Association of Spiritualists em 26 de janeiro de 1880:[3]

> Precisamos definitivamente de disciplina e educação. Após nosso rápido crescimento, ainda não conseguimos acomodar-nos. A criança nascida há apenas trinta anos aumentou em estatura (se não em sabedoria) a um ritmo muito célere. Ela cresceu tão rápido que sua educação tem sido um pouco negligenciada. Na expressiva fraseologia da sua terra natal, ela foi "arrastada" de forma bastante promíscua; e seu crescimento fenomenal absorveu todas as outras considerações. Chegou o tempo em que aqueles que a consideraram um monstro horrível, que nasceu por uma das aberrações da natureza apenas para morrer prematuramente, comecem a reconhecer seu erro. O pirralho feio pretende viver; e sob sua feiura, um olhar simpático, por menor que seja, detecta um propósito coerente em sua existência.

---

[3] *The Psychological Review*, Vol. II, p. 546.

É a apresentação de um princípio inerente à natureza do homem, um princípio que sua sabedoria aperfeiçoou até quase eliminá-lo por completo, mas que brota incessantes vezes a despeito do próprio homem – o princípio do Espírito em oposição à Matéria, da Alma agindo e existindo independentemente do corpo que a abriga. Longos anos de negação de tudo, exceto das propriedades da matéria, fixaram as principais luzes da ciência moderna no puro Materialismo. Para eles, portanto, esse Espiritismo é um presságio e um problema. É um retorno à superstição; a sobrevivência da selvageria; uma nódoa na inteligência do século XIX. Ridicularizado, ele ridiculariza; desdenhado, retribui desdém com desdém.

O ano de 1881 testemunhou o lançamento de *Light*, um jornal semanal espírita de alto padrão; e 1882 assistiu à criação da Sociedade de Pesquisas Psíquicas (SPP).

Em termos gerais, pode-se dizer que a atitude da ciência organizada durante esses trinta anos foi tão irracional e anticientífica quanto a dos cardeais do tempo de Galileu, e que, se houvesse uma Inquisição Científica, ela teria imposto seus terrores ao novo conhecimento. Até a formação da S.P.R., nenhuma tentativa séria de qualquer espécie foi feita para entender ou explicar um assunto que atraía a atenção de milhões de mentes. Em 1853, Faraday apresentou a teoria de que o movimento da mesa era causado por pressão muscular, o que pode ser verdade em alguns casos, mas não tem relação com a levitação de mesas e, de qualquer modo, aplica-se apenas a uma categoria limitada de fenômenos psíquicos. A objeção "científica" habitual era que nada ocorria, desconsiderando assim o depoimento de milhares de testemunhas confiáveis. Outros afirmavam que os fenômenos observados podiam ser reproduzidos por um ilusionista, e qualquer imitação grosseira, como a paródia dos Davenports, feita por Maskelyne, era entusiasticamente saudada como uma manifestação, sem referência ao fato de que toda a dimensão mental da questão com suas evidências incontestáveis não recebia a menor atenção.

As pessoas "religiosas", irritadas por terem suas rotinas tradicionais abaladas, estavam prontas, como selvagens, para atribuir qualquer acontecimento novo ao diabo. Católicos romanos e seitas evangélicas uniram-se pelo menos por uma vez em sua oposição. Não há dúvida de que é possível entrar em contato com espíritos inferiores e receber mensagens grosseiras e mentirosas, uma vez que é imensa a variedade de espíritos existente ao nosso redor – e semelhante atrai semelhante. Porém, os ensinamentos elevados, enriquecedores e filosóficos que chegam a todo investigador sério e humilde mostram que é o Angelismo, e não o Diabolismo que está ao nosso alcance. O dr. Carpenter apresentou uma teoria complexa, mas parece ter sido o único a aceitá-la e compreendê-la. Os médicos tinham uma explicação baseada no estalar das articulações, o que é ridículo para quem já teve a experiência pessoal desses sons percussivos que variam desde o tique-taque de um relógio até o golpe de uma marreta.

Outras explicações, tanto na época como depois, incluíam a doutrina teosófica, que admitia os fatos, mas menosprezava os espíritos, descrevendo-os como "cascas astrais" com uma espécie de semiconsciência sonhadora, ou possivelmente uma consciência atenuada que os tornava subumanos em sua inteligência ou moralidade. Certamente, a qualidade da comunicação espírita varia muito, mas a mais alta é tão elevada que mal conseguimos imaginar que estamos em contato com uma fração apenas do interlocutor. Como se afirma, porém, que, mesmo neste mundo, nosso eu subliminar é muito superior à nossa individualidade normal do dia a dia, parece bastante natural que o mundo do espírito interaja conosco com poderes bem abaixo das suas plenas potencialidades.

Outra teoria postula a *Anima Mundi*, um enorme reservatório ou banco central de inteligência, com uma câmara de compensação em que todas as consultas são respondidas. Os detalhes precisos que recebemos do Outro Lado são incompatíveis com qualquer ideia grandiosa e vaga desse tipo. Por fim, há uma alternativa realmente fantástica segundo a qual o homem possui um corpo etérico com muitos dons desconhecidos, entre os quais um poder de manifestação externa em formas curiosas. É a essa teoria da criptestesia que Richet e outros se apegaram, e até certo ponto há um argumento a seu favor. O autor se convenceu de que existe um estágio preliminar e elementar em todo trabalho psíquico que depende do poder inato e possivelmente inconsciente do médium. A leitura de uma escrita oculta, a produção de batidas em resposta a perguntas, a descrição de cenas a distância, os efeitos notáveis da psicometria, as primeiras vibrações da Voz Direta — tudo isso em diferentes ocasiões parece emanar do poder do próprio médium. Então, na maioria dos casos, apareceria uma inteligência externa capaz de se apropriar dessa força e usá-la para seus próprios fins. Um exemplo encontra-se nos experimentos de Bisson e Schrenck Notzing com Eva, em que as formas ectoplásmicas eram no início, sem dúvida, reflexos de ilustrações em jornais, um tanto desordenadas por passarem pela mente da médium. No entanto, houve um estágio posterior e mais profundo em que se desenvolveu uma forma ectoplásmica capaz de movimento e até de fala. O brilhante cérebro de Richet e seu grande poder de observação concentraram-se principalmente nos fenômenos físicos, e tudo indica que ele não teve muito contato com aquelas experiências pessoais mentais e espirituais que provavelmente teriam alterado suas percepções. É justo acrescentar, no entanto, que aquelas perspectivas avançaram continuamente na direção da explicação espírita.

Resta apenas a hipótese da personalidade complexa, que bem pode influenciar certos casos, embora pareça ao autor que esses casos podem ser igualmente explicados pela obsessão. Essas ocorrências, porém, mal tocam a questão e ignoram todo o aspecto fenomenal, de modo que não se pode levar o assunto muito a sério. É preciso repetir sempre, no entanto, que o investigador deve esgotar todas as explicações normais possíveis para se convencer totalmente antes de adotar a visão espírita. Se fizer isso, estará pisando em terreno firme – se não o fizer, nunca terá consciência do terreno em que pisa. O autor pode assegurar que ano após ano entrincheirou-se em todas as linhas possíveis de defesa até ser por fim impelido, se quisesse preservar qualquer pretensão de honestidade intelectual, a abandonar a posição materialista.

CAPÍTULO 9

A CARREIRA DE D. D. HOME

Daniel Dunglas Home nasceu em 1833 em Currie, uma vila perto de Edimburgo, Escócia. Sua ascendência é envolta em mistério, alguns afirmando, outros negando, que ele estava de algum modo ligado à família do conde de Home. Qualquer que tenha sido seu berço, ele certamente herdou um porte elegante, traços delicados, sensibilidade de espírito e gosto pelo luxo. Não fossem seus poderes psíquicos e a intensidade com que se infiltraram em seu complexo caráter, ele poderia ter sido considerado o próprio modelo do jovem filho aristocrático que herda as tendências, mas não a riqueza, dos seus antepassados.

Aos 9 anos de idade, Home mudou-se da Escócia para a Nova Inglaterra com uma tia que o havia adotado, um mistério que ainda envolve sua existência. Aos 13 anos, começou a dar sinais das faculdades psíquicas que herdara, pois sua mãe, que descendia de uma antiga família das Terras Altas, tinha a segunda visão característica da sua raça. Suas tendências místicas manifestaram-se em uma conversa com seu amigo Edwin sobre um conto no qual um amante prometia à sua amada que lhe apareceria depois que ele morresse. Influenciados por essa história, Home e Edwin fizeram um pacto segundo o qual o primeiro que morresse apareceria para o outro. Home mudou-se para outro distrito a algumas centenas de quilômetros de distância, e cerca de um mês depois, logo após deitar-se para dormir, teve uma visão de Edwin e logo comunicou a morte do amigo à tia; um ou dois dias depois, receberam a notícia que comprovou a visão. Uma segunda visão que teve em 1850 relacionava-se à morte de sua mãe, que fora morar com o marido nos Estados Unidos. Certo dia em que o jovem estava doente e acamado, a mãe visitava algumas amigas distantes. À noite, ele pediu socorro aos gritos e, ao acudi-lo, a tia o encontrou agitando-se em grande aflição. Ele lhe disse então que a mãe havia morrido ao meio-dia e que lhe aparecera para comunicar o fato. A visão se revelou verdadeira, pois logo em seguida batidas fortes começaram a perturbar a residência silenciosa e alguns móveis se deslocaram do lugar, movidos por forças invisíveis. A tia, uma mulher de convicções religiosas muito limitadas, dizendo que o jovem introduzira o diabo em sua casa, simplesmente o mandou embora.

Ele procurou refúgio entre amigos e, nos anos seguintes, acompanhou-os aonde fossem, ora com um, ora com outro, inclusive de cidade em cidade. Sua mediunidade havia se desenvolvido muito e, nas casas onde parava, promovia sessões espíritas frequentes, às vezes até seis ou sete por dia; ele pouco compreendia então as limitações das suas qualidades e as reações desencadeadas pela associação entre físico e psíquico. Isso acarretava um grande desgaste de energias, o que o forçava a ficar acamado. As pessoas chegavam de todas as partes para testemunhar as maravilhas que aconteciam na presença de Home. Entre os que fizeram pesquisas com ele nessa época estava o poeta americano Bryant, acompanhado pelo prof. Wells, da Universidade Harvard. Em Nova York, ele conheceu muitos americanos ilustres, e três – o prof. Hare, o prof. Mapes e o juiz Edmonds, da Suprema Corte de Nova York – participaram de sessões com ele. Como já foi dito, os três se tornaram espíritas convictos.

Nesses primeiros anos, sua personalidade sedutora e a impressão profunda causada por seus poderes fizeram com que Home recebesse muitas ofertas. O prof. George Bush o convidou para reunir-se a ele e estudar para o ministério swedenborgiano; e o sr. e sra. Elmer, um casal abastado e sem filhos que havia desenvolvido grande afeição por ele, ofereceram-se para adotá-lo e torná-lo seu herdeiro com a condição de que mudasse seu nome para Elmer.

Seus extraordinários poderes de cura despertaram admiração e, cedendo à insistência dos amigos, começou a estudar medicina. Mas sua saúde frágil e seus problemas pulmonares forçaram-no a abandonar esse projeto; por orientação médica, mudou-se então de Nova York para a Inglaterra.

Ele chegou a Liverpool em 9 de abril de 1855. Era um jovem alto, esbelto, de maneiras elegantes e meticuloso em seu modo de vestir, mas revelando em seu semblante expressivo sinais de um estado exaurido e febril que denunciava a degradação causada pela doença. Tinha olhos azuis e cabelos castanhos, indicando um biótipo peculiarmente suscetível à tuberculose, e a sua extrema magreza expunha o pouco vigor que lhe restava. Um médico perspicaz, observando-o de perto, provavelmente teria medido sua vida em termos de meses, não de anos, em nosso clima úmido. De todas as maravilhas realizadas por Home, é possível que o prolongamento da sua própria vida não tenha sido a menor. Seu caráter já havia assumido os traços emocionais e religiosos que o distinguiam, e ele registrou como, antes de desembarcar, correu para o seu camarote e caiu de joelhos em oração. Quando se considera a carreira surpreendente que iria desenvolver e o papel importante que desempenhou no lançamento dos fundamentos físicos que distinguem esse movimento religioso de qualquer outro, pode-se afirmar que esse visitante estava entre os missionários mais notáveis que já aportaram às nossas praias.

Sua posição naquele momento era muito singular. Ele praticamente não tinha nenhuma relação com este mundo. O pulmão esquerdo estava parcialmente arruinado. Sua renda era modesta, embora suficiente. Não tinha negócios nem profissão, pois sua educação fora interrompida pela doença. Em termos de caráter, era tímido, gentil, sentimental, artístico, afetuoso e profundamente religioso. Tinha uma forte tendência para a arte e para o teatro, distinguindo-se como escultor e mais tarde na vida revelou-se declamador inigualável. Acima de tudo isso, porém, e além de uma honestidade inabalável tão intransigente que muitas vezes ofendia os próprios aliados, sobressaía nele um dom tão extraordinário que reduzia tudo o mais à insignificância. Esse dom consistia naqueles poderes, totalmente independentes da sua vontade, que apareciam e desapareciam de modo imprevisto, mas que demonstravam a quem examinasse as provas que havia algo na atmosfera desse homem que permitia que forças fora dele e fora da nossa apreensão comum se manifestassem neste plano material. Em outras palavras, ele era um médium – o maior em sentido físico que o mundo moderno já viu.

Um homem menor poderia ter usado seus poderes extraordinários para fundar alguma seita especial da qual seria o sumo sacerdote inquestionável ou para se cercar de um fascínio de poder e mistério. Certamente, a maioria das pessoas em sua posição teria sido tentada a usá-la para ganhar dinheiro. Quanto a esse aspecto, diga-se imediatamente que nunca, no decorrer dos trinta anos do seu estranho ministério, ele recebeu um centavo sequer em pagamento por seus dons. Há registros de que em 1857 o Union Club em Paris lhe ofereceu duas mil libras para uma única sessão, oferta que ele recusou terminantemente, apesar de ser pobre e inválido. "Fui enviado em uma missão", disse ele. "Essa missão tem o objetivo de demonstrar a imortalidade. Nunca aceitei dinheiro por isso e jamais aceitarei." Recebeu alguns presentes de reis e príncipes que não poderia recusar por incorrer

D. D. Home (The Medium and Daybreak, 7 de janeiro de 1876)

em falta de respeito e cortesia: anéis, alfinetes de cachecol e coisas do gênero – mais sinais de amizade do que de recompensa, pois, antes de sua morte prematura, poucos eram os monarcas na Europa com quem esse jovem tímido que desembarcara em Liverpool não tivesse privado de afetuosa intimidade. Napoleão III assegurou o sustento da única irmã de Home. O imperador da Rússia apadrinhou seu casamento. Que romancista seria capaz de inventar uma carreira como essa?

Mas há tentações mais sutis do que as da riqueza. A honestidade intransigente de Home era a sua melhor defesa. Nem por um momento deixou de ser humilde nem se desviou do seu senso de proporção. Dizia: "Tenho esses poderes. Ficarei feliz, até o limite das minhas forças, em demonstrá-los a vocês, desde que se aproximem de mim como um homem deve se aproximar de outro. Ficarei feliz se puderem lançar mais luz sobre eles. Submeter-me-ei a qualquer experimento razoável. Não tenho controle sobre eles. Eles me usam, não sou eu que os uso. Eles me abandonam por meses e depois voltam com força redobrada. Sou um instrumento passivo – nada mais que isso". Essa era sua atitude permanente. Ele sempre foi o homem simples e amável do mundo, sem o manto do profeta nem o gorro do mago. Como a maioria dos homens verdadeiramente grandes, não havia nenhum traço de pedantismo em sua natureza. Um sinal dos seus bons sentimentos é que, quando se fazia necessária a confirmação de resultados, ele nunca citava nenhum nome, a menos que estivesse absolutamente convencido de que os seus portadores não sofreriam de forma alguma por estarem ligados a um culto impopular. Às vezes, mesmo depois de receber autorização, ele ainda preservava os nomes para não atingir involuntariamente um amigo. Quando publicou sua primeira série de *Incidents in My Life*, o *Saturday Review* foi muito sarcástico com as "provas anônimas da condessa O____, do conde B____, do conde de K____, da princesa de B____ e da sra. S____, citados como tendo testemunhado manifestações. Em seu segundo volume, Home, tendo obtido a anuência dos seus amigos, preencheu as lacunas com os nomes da condessa Orsini, do conde de Beaumont, do conde de Komar, da princesa de Beauveau e da bem-conhecida anfitriã americana, sra. Henry Senior. Ele nunca citou seus amigos da realeza, mas é notório que o imperador Napoleão, a imperatriz Eugênia, o czar Alexandre, o imperador Guilherme I da Alemanha e os reis da Baviera e Wurtemberg estavam todos igualmente convencidos dos seus poderes extraordinários. Home nunca foi condenado por qualquer artimanha, seja por palavras ou por atos.

Ao desembarcar na Inglaterra, ele se hospedou no Cox's Hotel, na rua Jermyn, e é provável que tenha escolhido esse estabelecimento porque, por meio dos assistentes da sra. Hayden, soubera que o proprietário já simpatizava com a causa. Seja como for, o sr. Cox logo descobriu que seu jovem hóspede era um médium notável e, por iniciativa própria, algumas das mentes mais abertas da época foram convidadas a avaliar os fenômenos que Home poderia realizar diante deles. Entre outros, lorde Brougham compareceu a uma sessão, acompanhado do seu amigo cientista, *sir* David Brewster. Em plena luz do dia, eles investigaram os fenômenos e, em seu espanto com o que aconteceu, Brewster teria dito: "Isso transtorna a filosofia de cinquenta anos". Se tivesse dito "mil e quinhentos anos", ele estaria mais correto. Ele descreveu os acontecimentos numa carta escrita para sua irmã na época, mas publicada muito depois.[1] Os presentes eram lorde Brougham, *sir* David Brewster, sr. Cox e o médium.

> Escreveu Brewster: "Nós quatro nos sentamos a uma mesa de tamanho normal, sendo logo convidados a examinar sua estrutura. Quase em seguida, a mesa estremeceu e um tremor subiu pelos nossos braços; ao nosso comando, os movimentos cessavam e voltavam. Batidas inexplicáveis produziam-se em várias partes da mesa, que acabou se elevando do chão sem qualquer toque de mãos. Sentamo-nos então a uma mesa maior e os mesmos movimentos se reproduziram. [...]
>
> "Uma sineta foi colocada com sua boca apoiada sobre o tapete; depois de ali ficar por algum tempo, ela soou sem que nada a tocasse". Ele acrescenta que a sineta se aproximou dele, até chegar à sua mão, acontecendo a mesma coisa com lorde Brougham; e conclui: "Esses foram os principais experimentos. Não conseguimos dar-lhes nenhuma explicação nem imaginar como poderiam ser produzidos por algum tipo de mecanismo".

O conde de Dunraven diz que foi levado a investigar os fenômenos pelo que Brewster lhe dissera. No encontro que tiveram, Brewster lhe disse que as manifestações não podiam ser explicadas por fraude ou por quaisquer leis físicas conhecidas. Home enviou um relato dessa sessão a um amigo nos Estados Unidos, onde foi publicado com comentários. Quando foram reproduzidos na imprensa inglesa, Brewster ficou muito alarmado. Uma coisa era manter certas opiniões em particular, outra bem diferente era enfrentar a inevitável perda de prestígio que ocorreria nos círculos científicos em que ele se movia. *Sir* David não tinha a têmpera dos mártires ou dos pioneiros. Ele escreveu ao *Morning Advertiser*, afirmando

---

[1] *Home Life of Sir David Brewster*, de srta. Gordon (filha dele), 1869.

que, embora tivesse visto vários efeitos mecânicos que não conseguia explicar, estava convencido de que todos poderiam ser produzidos por mãos e pés humanos. Por certo, não lhe ocorreu na época que a carta enviada à irmã, anteriormente referida, seria um dia publicada.

Quando toda a correspondência veio a público, o *Spectator* comentou sobre *sir* David Brewster:

> Evidências irrefutáveis comprovam que ele, durante e imediatamente após suas sessões com o sr. Home, sentiu e expressou uma grande admiração e quase reverência que mais tarde pretendeu justificar. O herói da ciência não se declara inocente como se poderia desejar ou esperar.

Detivemo-nos um pouco nesse incidente com Brewster porque era típico da atitude científica da época e porque resultou no efeito prático de despertar um interesse público mais amplo em Home e em seus fenômenos, além de atrair centenas de novos pesquisadores. Podemos dividir os cientistas em três categorias: os que não examinaram o assunto (o que não os impede de forma alguma de emitir opiniões extremadas); os que sabem que é verdade, mas têm medo de admitir; por fim, a minoria corajosa dos Lodges, dos Crookes, dos Barretts e dos Lombrosos, que sabem que é verdade e ousam anunciá-la.

Da rua Jermyn, Home foi morar com a família Rymer em Ealing, onde foram realizadas muitas sessões espíritas. Aqui ele foi visitado por lorde Lytton, o famoso romancista que, embora tenha recebido provas impressionantes, nunca declarou publicamente sua crença nos poderes do médium, não obstante suas cartas particulares e seus próprios romances demonstrarem seus verdadeiros sentimentos. Esse foi o caso de dezenas de homens e mulheres bem conhecidos. Entre os primeiros que participaram dessas sessões estavam Robert Owen, o socialista; T. A. Trollope, o escritor; e o dr. J. Garth Wilkinson, o alienista.

Hoje, quando a realidade dos fenômenos psíquicos é familiar a todos, exceto aos que são deliberadamente ignorantes, dificilmente conseguimos entender a coragem moral que Home precisava ter para expor seus poderes e defendê-los em público. Para o britânico médio educado na Era Vitoriana materialista, um homem que se dissesse capaz de produzir resultados que abalavam a lei da gravidade de Newton e que mostravam uma mente invisível agindo sobre a matéria visível, era de imediato tido como pilantra e impostor. A visão do Espiritismo expressa pelo Vice-Chanceler Giffard na conclusão do julgamento Home-Lyon era a da classe a que ele pertencia. Ele nada sabia sobre a matéria, mas tinha certeza de que qualquer coisa com tais pretensões devia ser falsa. Sem dúvida, fatos semelhantes foram relatados em terras distantes e em livros antigos, mas que pudessem ocorrer na velha e prosaica Inglaterra, a Inglaterra das taxas bancárias e das importações isentas, era absurdo demais para uma reflexão séria. De acordo com os registros desse julgamento, lorde Giffard virou-se para o advogado de Home e perguntou: "O sr. disse que o seu cliente afirmou ter levitado? É isso mesmo que entendi?". O advogado concordou, ao que o juiz se voltou para os jurados e fez um movimento como devia fazer o sumo sacerdote nos tempos antigos, quando rasgava suas vestes em protesto a uma blasfêmia. Em 1868, havia poucos jurados suficientemente instruídos para avaliar o comportamento do juiz, e é justamente nesse particular que fizemos algum progresso nos cinquenta anos que se seguiram. Trabalho lento – mas o Cristianismo levou mais de trezentos anos para se consolidar.

Considere-se essa questão da levitação como um teste dos poderes de Home. Afirma-se que ele flutuou no ar mais de cem vezes, à luz do dia e diante de testemunhas respeitáveis. Avaliem-se as provas. Em 1857, em um castelo perto de Bordeaux, ele foi elevado até o teto de uma sala alta na presença de madame Ducos, viúva do Ministro da Marinha, e do Conde e Condessa de Beaumont. Em 1860, Robert Bell escreveu um artigo, "Stranger than Fiction", no *Cornhill*. Diz Bell: "Da cadeira, ele se elevou de um metro e vinte a um metro e meio do chão... Vimos seu corpo passar de um lado da janela para o outro, com os pés à frente, deitando-se horizontalmente no ar". O dr. Gully, de Malvern, médico bem conhecido, e Robert Chambers, escritor e editor, foram as outras testemunhas. Deve-se supor que esses homens eram cúmplices mentirosos ou que não sabiam dizer se um homem flutuava no ar ou fingia fazer isso? No mesmo ano, Home foi erguido na casa da sra. Milner Gibson, na presença de lorde e *lady* Clarence Paget, ocasião em que o lorde passou o braço por baixo de Home para se certificar do fato. Alguns meses depois, o sr. Wason, um advogado de Liverpool, com sete outros, presenciou o mesmo fenômeno. Diz ele: "O sr. Home atravessou a mesa acima da cabeça das pessoas sentadas ao redor". E acrescentou: "Eu alcancei a mão dele a dois metros do chão e dei cinco ou seis passos enquanto ele flutuava acima de mim". Em 1861, a sra. Parkes, de Cornwall Terrace, Regent's Park, conta como estava presente com Bulwer Lytton e o sr. Hall na sua sala de estar quando Home foi elevado até sua mão tocar no topo da porta e em seguida flutuou na posição horizontal. Em 1866, o sr. e a sra. Hall, *lady* Dunsany e a sra. Senior, na casa do sr. Hall, viram Home, com o rosto transfigurado e brilhante, subir duas vezes até o teto, fazendo uma cruz a lápis na segunda vez para assegurar às testemunhas que não haviam sido vítimas da imaginação.

Em 1868, lorde Adare, lorde Lindsay, capitão Wynne e o sr. Smith Barry viram Home levitar em muitas ocasiões. As três primeiras testemunhas deixaram um relato minucioso da ocorrência de 16 de dezembro desse ano quando, em Ashley House, Home, em estado de transe, flutuou do quarto para a sala de estar, passando pela janela a vinte metros de altura da rua. Depois de chegar à sala, voltou para o quarto com lorde Adare e, quando este comentou que não conseguia entender como Home poderia ter passado pela janela que estava apenas parcialmente levantada, "ele me disse para eu me afastar um pouco e abrir um pequeno espaço. Dessa maneira, ele passou por esse espaço com bastante rapidez, com a cabeça à frente e o corpo quase horizontal e aparentemente rígido. Em seguida, então retornou, com os pés à frente". Esse foi o relato dado pelos lordes Adare e Lindsay. Após sua publicação, o dr. Carpenter, cuja oposição ferrenha a todos os fatos relacionados a essa questão lhe atraía uma reputação nada invejável, escreveu exultante salientando que havia uma terceira testemunha que não fora ouvida, supondo sem a menor justificativa que o depoimento do capitão Wynne seria contraditório. Ele chegou a dizer que "um único cético honesto declara que o sr. Home esteve sentado em sua cadeira o tempo todo" – uma declaração que só pode ser descrita como falsa. O capitão Wynne escreveu logo em seguida, corroborando as declarações anteriores e acrescentando: "Não acreditar nos depoimentos comprobatórios de três testemunhas imparciais seria admitir o fim da justiça e dos tribunais".

Para mostrar como os críticos tiveram enorme dificuldade para encontrar alguma brecha por onde escapar do óbvio, eles fizeram grande alarde em torno do fato de lorde Lindsay, escrevendo algum tempo depois do evento, ter declarado que a ocorrência se deu à luminosidade da lua, quando na verdade o calendário mostra que a lua não era visível naquele momento. O sr. Andrew Lang comenta: "Mesmo com neblina, no entanto, quem está numa sala pode ver um homem entrar pela janela e sair novamente, com a cabeça na frente e com o corpo rígido".[2] Praticamente todos nós, se víssemos algo tão maravilhoso, não nos preocuparíamos em verificar se o vimos à luz da lua ou à dos postes da rua. Deve-se admitir, porém, que o relato de lorde Lindsay é redigido de modo canhestro – com tanta inépcia, que é até certo ponto possível desculpar a leitura feita pelo

---

[2] *Historical Mysteries*, p. 236.

sr. Joseph McCabe, segundo a qual os espectadores não olharam para o objeto em si e sua sombra no peitoril da janela, mas ficaram de costas para a janela e viram a sombra na parede. Entretanto, quando se leva em consideração a posição das três testemunhas oculares, pode-se perguntar se nos tempos antigos ou modernos algum evento sobrenatural foi comprovado com tanta clareza.

Tantos são os outros casos de levitação de Home que se poderia facilmente escrever um longo artigo sobre esse aspecto específico da sua mediunidade. O prof. Crookes foi testemunha do fenômeno inúmeras vezes e se refere a cinquenta casos que chegaram ao seu conhecimento. Mas é de se perguntar se existe alguma pessoa imparcial que tenha lido o incidente aqui registrado e que não concorde com o prof. Challis: "Deve-se admitir os fatos conforme foram relatados ou então é preciso renunciar à possibilidade de comprovação de fatos por testemunho humano".

"Estamos, então, de volta à era dos milagres?", pergunta o leitor. Não há milagres. Nada neste plano é sobrenatural. O que vemos hoje, e o que temos lido de eras passadas, é apenas o efeito de uma lei que ainda não foi descoberta, estudada e definida. Já percebemos algo de suas possibilidades e de suas limitações, que são tão exatas à sua maneira quanto as de qualquer poder puramente físico. É preciso manter o equilíbrio entre os que não acreditam em nada e os que acreditam em excesso. Aos poucos a névoa irá se dissipar e poderemos então mapear a costa sombria. Quando o ímã atraiu a agulha pela primeira vez, não houve uma infração das leis da gravidade. O que se constatou foi a intervenção local de outra força mais forte. Esse é também o caso quando os poderes psíquicos atuam no plano da matéria. Se a fé de Home nesse poder tivesse vacilado, ou se seu círculo tivesse sido indevidamente perturbado, ele teria fracassado. Quando Pedro perdeu a fé, começou a afundar nas águas. Ao longo dos séculos, a mesma causa sempre produziu o mesmo efeito. O poder espiritual está sempre conosco se dele não desviamos o olhar, e nada foi concedido à Judeia que seja negado à Inglaterra.

É nesse sentido, como confirmação do poder do invisível, e como resposta derradeira ao materialismo como hoje o entendemos, que a carreira pública de Home é de suma importância. Ele foi uma testemunha afirmativa da verdade daqueles chamados "milagres" que têm sido a pedra de tropeço para muitas mentes esclarecidas, e estão hoje destinados a ser a prova sólida da precisão da narrativa original. Na agonia do conflito espiritual, milhões de almas céticas clamaram por uma prova definitiva de que nem tudo era um espaço vazio ao nosso redor, de que havia poderes além de nosso alcance, de que o ego não era uma mera secreção de tecido nervoso e de que os mortos realmente continuavam sua existência pessoal ininterrupta. Tudo isso foi provado por esse missionário, o maior dos missionários modernos, para qualquer pessoa que pudesse observar ou raciocinar. É fácil zombar superficialmente de mesas dançantes e de paredes trêmulas, mas elas eram os objetos mais próximos e naturais que podiam registrar em termos materiais o poder que estava além do nosso alcance humano. Uma mente que não se comovesse com uma frase inspirada era levada à humildade e a novos caminhos de pesquisa na presença até mesmo do mais simples desses fenômenos inexplicáveis. É fácil chamá-los de pueris, mas eles cumpriram o propósito para o qual foram enviados, estremecendo até seus alicerces a complacência daqueles homens de ciência materialistas que foram postos em contato real com eles. Eles devem ser considerados não como fins em si mesmos, mas como os meios elementares pelos quais a mente deve ser desviada para novos canais de pensamento. Esses canais de pensamento, por sua vez, levaram diretamente ao reconhecimento da sobrevivência do espírito. "Você transmitiu alegria e conforto incalculáveis ao coração de muitas pessoas", disse o bispo Clark, de Rhode Island. "Você iluminou moradas que antes eram escuras." "Mademoiselle", disse Home à jovem que seria sua esposa, "foi-me confiada uma missão, uma grande e sagrada missão". O famoso dr. Elliotson, imortalizado por Thackeray sob o nome de dr. Goodenough, foi um dos líderes do materialismo britânico. Ele conheceu Home, viu seus poderes e logo pôde dizer que vivera toda a sua vida nas trevas e pensara que nada havia na existência além do material, mas agora alimentava uma firme esperança que acreditava iria manter enquanto permanecesse na Terra.

Poder-se-iam citar inúmeros exemplos do valor espiritual do trabalho de Home, mas nenhum outro resume melhor do que um parágrafo da sra. Webster, de Florença, que o acompanhava de perto: "Ele é o mais maravilhoso missionário dos tempos modernos para a maior de todas as causas, sendo impossível avaliar todo o bem que ele faz. Ao passar, o sr. Home irradia ao seu redor a maior de todas as bênçãos, a certeza de uma vida futura".

Hoje que os detalhes de sua carreira podem ser lidos, é para todo o mundo que ele traz a mais vital de todas as mensagens. Sua atitude com relação à própria missão foi expressa numa palestra proferida em Londres, no Willis's Rooms, em 15 de fevereiro de 1866. Ele disse: "Acredito do fundo do meu coração que esse poder está se espalhando cada vez mais a cada dia que passa para nos levar para mais perto de Deus. Talvez vocês perguntem se ele nos torna mais puros. Minha única resposta é que não passamos de simples mortais e, assim, passíveis de erro;

mas esse mesmo poder nos ensina que os puros de coração verão a Deus. Ensina-nos que Deus é amor e que não existe morte. Para os idosos, ela chega como um consolo, quando as tempestades da vida estão quase acabando e o descanso vem. Para os jovens, ela fala do dever que temos uns para com os outros e que, conforme semeamos, assim colheremos. Para todos ela ensina a resignação. Ela chega para afastar as nuvens do erro e trazer a manhã esplendorosa de um dia sem fim".

É curioso ver como sua mensagem afetou os de sua própria geração. Lendo o relato de sua vida escrito por sua viúva – um documento muito convincente, pois, de todos os mortais vivos, ela deve ter conhecido o homem real –, parece que o apoio e o apreço mais sinceros ele os recebeu dos aristocratas da França e da Rússia com quem entrou em contato. O fulgor caloroso de admiração pessoal e até de reverência em suas cartas é tal que dificilmente encontra paralelo em qualquer biografia. Na Inglaterra, ele tinha um círculo próximo de apoiadores fervorosos, alguns das classes altas, com os Halls, os Howitts, Robert Chambers, sra. Milner Gibson, o prof. Crookes e outros.

Mas havia uma lamentável falta de coragem entre os que admitiam os fatos em particular e se recolhiam em público. Lorde Brougham e Bulwer Lytton se assemelhavam a Nicodemos, de modo especial o romancista. A *intelligentsia* de modo geral assumiu uma atitude repreensível, e muitos nomes honrados receberam críticas severas. Faraday e Tyndall não tiveram uma postura científica em seus métodos, antes prejulgando a questão e depois se oferecendo para examiná-la com a condição de que sua avaliação prévia fosse aceita. *Sir* David Brewster, como já se viu, disse algumas coisas honestas e, então, em pânico, negou que as tivesse dito, esquecendo-se de que a prova estava registrada. Browning escreveu um longo poema – se é que tal versalhada pode ser chamada de poesia – para descrever uma manifestação que nunca havia ocorrido. Carpenter alcançou uma notoriedade nada invejável como opositor inescrupuloso, ao mesmo tempo em que afirmava ser de sua autoria uma tese espírita muito estranha. Os secretários da Royal Society se recusaram a pegar um táxi para assistir à demonstração de fenômenos físicos que seria feita por Crookes, posicionando-se abertamente contra eles. Lorde Giffard atacou da Tribuna um tema cujos elementos básicos ele desconhecia.

Quanto ao clero, essa confraria praticamente não existiu durante os trinta anos em que essa dispensação espiritual, a mais maravilhosa em muitos séculos, operou entre o público. Não se consegue lembrar o nome de um único clérigo britânico que tenha demonstrado qualquer interesse inteligente por ela; e, em 1872, quando um relato completo das sessões espíritas de São Petersburgo começou a aparecer no *The Times*, as edições logo foram interrompidas, segundo o sr. H. T. Humphreys, "em razão de veementes protestos contra o sr. Delane, o editor, por parte de alguns membros da alta hierarquia da Igreja da Inglaterra". Essa foi a contribuição dos nossos guias espirituais consagrados. O dr. Elliotson, o racionalista, era muito mais ativo do que eles. O comentário bastante amargo da sra. Home é: "O veredicto de sua própria geração foi o dos cegos e surdos contra o homem que podia ouvir e ver".

Entre as características mais belas de Home, destacava-se a caridade. Como toda verdadeira caridade, ela era oculta bem como só se manifestava de modo indireto e casual. Um dos seus inúmeros difamadores declarou que ele havia permitido que uma conta de 50 libras fosse enviada a seu amigo, sr. Rymer. Em sua defesa, descobriu-se que não se tratava de uma conta, mas de um cheque que Home havia enviado generosamente para ajudar esse amigo num momento de crise. Considerando seu estado de pobreza constante, 50 libras provavelmente representavam boa parte do seu saldo bancário. Sua viúva se detém com justificável orgulho sobre as muitas provas encontradas nas cartas do marido após sua morte. "Ora é um artista desconhecido para cujo pincel os esforços generosos de Home encontraram emprego; ora um operário angustiado escreve sobre a vida da esposa doente salva pelos recursos providenciados por Home; ora uma mãe lhe agradece por dar um impulso inicial à vida profissional do filho. Muito foi o tempo e grande a atenção que ele dedicou para ajudar outras pessoas quando as circunstâncias da sua própria vida teriam levado a maioria dos homens a pensar apenas nas próprias necessidades e preocupações."

"Envie-me uma palavra cordial de alento como as que tantas vezes confortaram um amigo!", exclama um dos seus seguidores.

"Terei sempre de me mostrar digno de todo o bem que você me fez?", diz outra carta.

Nós o encontramos vagando pelos campos de batalha ao redor de Paris, muitas vezes sob artilharia, com os bolsos cheios de charutos para os feridos. Um oficial alemão lhe escreve emocionado para lembrá-lo de como o salvara da morte por sangramento, carregando-o em suas débeis costas para longe da zona de perigo. Sem dúvida, a sra. Browning soube julgar o caráter de Home melhor do que seu marido.

Ao mesmo tempo, seria absurdo retratar Home como um homem de caráter ilibado. Ele tinha a fraqueza do seu temperamento e algo de feminino em sua disposição que se manifestava de muitas maneiras. Durante sua estada na Austrália, o autor se deparou com uma correspondência entre Home e o filho mais velho da família Rymer, datada de 1856. Eles haviam viajado juntos pela Itália, e Home abandonara o amigo em circunstâncias que mostravam inconstância e ingratidão. Mas é justo acrescentar que sua saúde estava tão debilitada na época que dificilmente se poderia considerá-lo normal. "Ele tinha os defeitos de um caráter emotivo", disse lorde Dunraven, "com a vaidade altamente desenvolvida, talvez com sabedoria para capacitá-lo a se defender do ridículo de que então eram alvo o Espiritismo e tudo o que a este estava associado. Ele padecia de acessos de grande depressão e de crises nervosas difíceis de entender, mas, além disso, era de uma disposição simples, gentil, bem-humorada e amorosa que me atraía... Minha amizade com ele não se alterou nem diminuiu até o fim."

Poucos são os diferentes dons que nós denominamos "mediúnicos" e São Paulo chama "do espírito" que Home não possuísse – na verdade, a característica do seu poder psíquico era sua versatilidade incomum. Em geral, falamos de um médium de voz direta, de um médium que fala em transe, de um clarividente ou de um médium de efeitos físicos, mas Home encarnava os quatro. Até onde se sabe, ele pouco conhecia dos poderes de outros médiuns e não estava livre do ciúme psíquico que é traço comum a esses sensitivos. A sra. Jencken, anteriormente srta. Kate Fox, era a única médium com quem ele mantinha relações de amizade. Ele se ressentia amargamente de qualquer forma de fraude e levou essa excelente característica tão a sério a ponto de considerar suspeitas todas as formas de manifestações que não correspondessem exatamente às suas.

Essa perspectiva, expressa de modo intransigente em seu último livro, *Lights and Shadows of Spiritualism*, magoou naturalmente outros médiuns que se consideravam tão honestos quanto ele. Um conhecimento mais amplo dos fenômenos o teria tornado mais caridoso. Assim, ele protestava veementemente contra qualquer sessão espírita realizada no escuro, algo ideal, mas impraticável, pois experimentos com o ectoplasma, a base física de todas as materializações, mostram que ele é em geral afetado pela luz, a menos que seja vermelha. Home não tinha muita experiência com materializações completas, como as realizadas na época pela srta. Florence Cook ou por madame d'Espérance, ou em nosso tempo, pelo médium de madame Bisson e, assim, ele podia dispensar a escuridão completa em seu trabalho. Desse modo, sua opinião era injusta para com os outros.

Além disso, Home declarava terminantemente que a matéria não podia atravessar a matéria, porque seus próprios fenômenos não tomavam essa forma; no entanto, as provas de que em certos casos a matéria pode transpassar a matéria parecem incontestáveis. Até aves de espécies raras eram levadas para salas de sessões em circunstâncias que impediam qualquer forma de fraudes, e os experimentos de passar madeira através da madeira, conforme apresentados diante de Zöllner e de outros professores de Leipzig, foram praticamente definitivos, segundo registrou o famoso físico no seu relato *Transcendental Physics*, em que trata das suas experiências com Slade. Assim, pode-se considerar como uma pequena falha do caráter o fato de Home ter criticado e duvidado dos poderes que ele mesmo não possuía.

Alguns também podem entender como defeito o fato de Home dirigir sua mensagem mais aos líderes da sociedade e da vida do que à grande massa trabalhadora. É provável que ele de fato tivesse essa fraqueza, como também as dádivas da natureza artística, e que se sentisse mais à vontade e feliz em um ambiente elegante e refinado, nutrindo uma aversão pessoal a tudo o que fosse desagradável e repugnante. Caso não houvesse outra razão, o estado precário da sua saúde o incapacitava para qualquer missão mais rigorosa, com seus repetidos episódios de hemorragia obrigando-o a buscar a vida agradável e refinada da Itália, da Suíça e da Riviera. Mas, para o cumprimento da sua missão, à parte o autossacrifício pessoal, não há dúvida de que era mais útil levar sua mensagem ao laboratório de um Crookes ou à corte de um Napoleão do que apresentá-la à multidão. A aprovação da ciência e do caráter era necessária antes que o público pudesse ter certeza de que tais coisas eram verdadeiras. Se não foi plenamente obtida, a culpa seguramente recai sobre os homens de ciência e pensadores conservadores da época, e de modo algum sobre Home, que desempenhou seu papel de demonstração real com perfeição, deixando para outros homens menos dotados a análise e a tarefa de levar ao público o que ele lhes havia mostrado. Ele não se considerava um homem de ciência, mas era a matéria-prima da ciência, disposto e ansioso para que outros aprendessem com ele tudo o que pudesse transmitir ao mundo, para que a ciência desse testemunho da religião e a religião encontrasse seu apoio na ciência. Quando a mensagem de Home tiver sido plenamente compreendida, um homem incrédulo não será condenado por impiedade, mas por ignorância.

Havia algo de patético nos esforços de Home para encontrar algum credo em que pudesse satisfazer seu instinto gregário – pois não pretendia ser um individualista obstinado – e, ao mesmo tempo, achar um nicho em que pudesse depositar seu precioso pacote de verdades alcançadas. Sua peregrinação justifica a afirmação de alguns espíritas segundo a qual um homem pode pertencer a qualquer credo e levar consigo o conhecimento espírita, mas também concorda com aqueles que respondem que a harmonia perfeita com esse conhecimento espírita só pode ser encontrada, nas condições atuais, em uma comunidade espírita especial. Ah, oxalá fosse assim, pois é demasiado radical sucumbir a uma seita, por maior que ela possa se tornar.

Na juventude, Home foi wesleyano, mas logo aderiu ao ambiente mais liberal do congregacionalismo. Na Itália, a atmosfera artística da Igreja Católica Romana e possivelmente o registro de tantos fenômenos semelhantes aos seus fizeram com que ele se convertesse com a intenção de ingressar em alguma ordem monástica – uma intenção que seu bom senso o levou a abandonar. A mudança de religião ocorreu em um período no qual seus poderes psíquicos o abandonaram por um ano, e seu confessor assegurou-lhe que, como eram de origem maligna, certamente nunca mais se ouviria falar deles agora que ele era filho da verdadeira Igreja. No entanto, no mesmo dia em que o ano se encerrava, eles voltaram com vigor renovado. Desde então, parece que Home foi católico apenas de nome, se é que o foi, e depois do seu segundo casamento – ambos os casamentos foram com mulheres russas –, ele se sentiu fortemente atraído pela Igreja grega, e foi segundo o ritual dessa denominação que ele acabou sendo sepultado em St. Germain em 1886. "A outro, o discernimento dos espíritos" (1Cor 12,10) é o breve epitáfio inscrito sobre sua lápide, da qual o mundo ainda não ouviu a última palavra.

Se fosse necessária alguma prova da vida irrepreensível de Home, a melhor estaria no fato de que seus numerosos inimigos, sempre à espreita de uma oportunidade para atacar, nunca encontraram nada em toda a sua carreira sobre o que comentar, exceto o episódio totalmente inocente conhecido como caso Home-Lyon. Qualquer juiz imparcial que leia os depoimentos dados – que se encontram textualmente na segunda série de *Incidents in My Life* – concordaria que Home é merecedor de comiseração, não de culpa. Não se poderia desejar prova maior da nobreza do seu caráter do que a demonstrada em suas relações com essa mulher excêntrica e desagradável, que primeiro insistiu em lhe oferecer uma grande soma de dinheiro e, depois, cedendo aos seus caprichos e decepcionada em suas expectativas de ser apresentada à alta sociedade, não mediu esforços para recuperá-lo. Se apenas o tivesse pedido de volta, não há dúvida de que os delicados sentimentos de Home o teriam levado a devolvê-lo, embora tivesse incorrido muitos problemas e despesas com o assunto, o que implicou uma mudança de seu nome para Home-Lyon, para satisfazer o desejo da mulher de adotá-lo como filho. O pedido, porém, foi formulado de tal modo que Home não poderia acatá-lo e, ao mesmo tempo, preservar sua honra, pois implicaria a confissão de que procedera mal ao aceitar o presente.

Se consultarmos as cartas originais – o que poucos dos que comentam o caso parecem ter feito – descobriremos que Home, seu representante S. C. Hall e seu advogado sr. Wilkinson imploraram à mulher que moderasse sua insensata intransigência, a qual rapidamente se transformaria em malevolência ainda mais irracional. Ela estava absolutamente determinada a fazer com que Home ficasse com o dinheiro e fosse seu herdeiro. Nunca existiu um homem menos mercenário, e ele implorou vezes sem conta que ela pensasse nos próprios parentes, ao que ela respondeu que o dinheiro era dela para fazer o que lhe aprouvesse e que nenhum parente dependia dele. A partir do momento em que aceitou a nova situação, Home agiu e escreveu como um filho obediente, e não é falta de caridade supor que essa atitude inteiramente filial pode não ter sido aquela que essa senhora idosa havia planejado em seu cérebro ardiloso. De qualquer maneira, ela logo se cansou dessa extravagância e exigiu seu dinheiro com o pretexto – realmente monstruoso para quem ler as cartas e considerar as datas – de que mensagens dos espíritos a levaram a tomar essa decisão.

O caso foi julgado no Tribunal de Chancery, e o juiz aludiu às "inúmeras declarações errôneas da sra. Lyon sobre muitos detalhes importantes – declarações essas feitas sob juramento e tão perversamente falsas que muito constrangeram o Tribunal e em grande medida desacreditaram o testemunho do queixoso". Apesar desse comentário cáustico, e a despeito também da justiça elementar, a sentença foi contrária a Home com base no fundamento geral de que a lei britânica, em casos assim, atribuía o ônus da contestação ao réu, sendo que esta é impossível quando a alegação se defronta com uma contra-alegação. Sem dúvida, lorde Giffard poderia ter-se sobreposto à mera letra da lei se não fosse profundamente preconceituoso contra qualquer aspecto envolvendo forças psíquicas, manifestamente absurdas do ponto de vista dele. Mesmo os piores inimigos de Home se viram coagidos a admitir que o fato de ele ter retido o dinheiro na Inglaterra e não o ter depositado onde não pudesse ser recuperado prova suas intenções honestas nesse episódio, o mais infeliz da sua vida. De todos os homens honrados que o chamavam de amigo, não há registros de que tenha perdido um sequer em decorrência das bem-sucedidas maquinações da sra. Lyon. Os motivos dela eram perfeitamente óbvios. Como todos os documentos estavam em ordem, a única maneira possível de recuperar o dinheiro era acusar Home de extorsão, e ela era astuta o suficiente para saber que possibilidades um médium – mesmo um médium amador não remunerado – teria na atmosfera ignorante e materialista de um tribunal de justiça médio-vitoriano. Ah! Omitamos o termo "médio-vitoriano" e a afirmação continuará válida.

Os poderes de Home foram atestados por tantos observadores famosos e demonstrados em condições tão claras que nenhum homem razoável pode duvidar deles. A prova dos Crookes por si só é conclusiva.[3] Há também um livro notável, reimpresso em data recente, em que lorde Dunraven conta a história de sua relação juvenil com Home. Além destes, porém, entre os que investigaram nos primeiros anos na Inglaterra e cujos testemunhos públicos ou cartas a Home mostram que estavam não apenas convencidos da veracidade dos fenômenos, mas também de sua origem espiritual, podemos mencionar a duquesa de Sutherland, *lady* Shelley, *lady* Gomm, dr. Robert Chambers, *lady* Otway, srta. Catherine Sinclair, sra. Milner Gibson, sr. e sra. William Howitt, sra. De Burgh, sr. Gully (de Malvern), *sir* Charles Nicholson, *lady* Dunsany, *sir* Daniel Cooper, sra. Adelaide Senior, sr. e sra. S. C. Hall, sra. MacDougall Gregory, sr. Pickersgill, R. A., sr. E. L. Blanchard e sr. Robert Bell.

Outros que chegaram a ponto de admitir que a teoria da impostura era insuficiente para explicar os fenômenos foram: sr. Ruskin, sr. Thackeray (então editor da *Cornhill Magazine*), sr. John Bright, lorde Dufferin, *sir* Edwin Arnold, sr. Heaphy, sr. Durham (escultor), sr. Nassau Senior, lorde Lyndhurst, sr. J. Hutchinson (ex--Presidente da Bolsa de Valores) e o dr. Lockhart Robertson.

Essas foram suas testemunhas e essas suas obras. E, todavia, quando sua vida fecunda e altruísta chegou ao fim, deve-se registrar para a eterna desonra da nossa imprensa britânica que praticamente não houve um único jornal que não se referisse a ele como impostor e charlatão. Está chegando o tempo, porém, em que ele será reconhecido pelo que foi, um dos pioneiros no lento e árduo progresso da Humanidade através da selva da ignorância que a envolve há tanto tempo.

---

[3] *Researches in the Phenomena of Spiritualism*, e *S.P.R. Proceedings*, VI, p. 98.

CAPÍTULO 10

OS IRMÃOS DAVENPORT

A apresentação de uma história sequencial exigiu que a carreira de D. D. Home fosse descrita por inteiro. É preciso retornar agora à época anterior nos Estados Unidos e examinar a atuação dos dois Davenports. Home e os Davenports desempenharam um papel internacional e a história deles abrange o movimento tanto na Inglaterra quanto nos Estados Unidos. Os Davenports trabalhavam em um nível muito abaixo daquele de Home, transformando seus prodigiosos dons em profissão e, apesar dos seus métodos grosseiros, apresentavam aos curiosos resultados que uma mediunidade mais refinada não conseguiria fazê-lo. Se considerarmos toda essa sequência de eventos como fruto de uma força do Outro Lado – sábia, sem dúvida, mas de modo algum infalível ou onipotente –, veremos como cada ocasião é tratada com o instrumento apropriado; além disso, também saberemos de que modo, quando uma demonstração não consegue impressionar, é imediatamente substituída por outra.

Os Davenports tiveram sorte com seus cronistas. Dois escritores publicaram livros narrando os acontecimentos da vida deles e os periódicos da época estão repletos de suas façanhas.

Ira Erastus Davenport e William Henry Davenport nasceram em Buffalo, Estado de Nova York, o primeiro em 17 de setembro de 1839 e o segundo em 1º de fevereiro de 1841. O pai deles, descendente dos primeiros colonizadores ingleses nos Estados Unidos, trabalhava no departamento de polícia de Buffalo. A mãe nasceu em Kent, Inglaterra, e foi para os Estados Unidos ainda criança. Ela própria apresentava alguns sinais indicando a presença de faculdades psíquicas. Em 1846, toda a família foi acordada no meio da noite com o que depois descreveram como "batidas, pancadas, estrondos, estalos, crepitações". O fato ocorreu dois anos antes dos acontecimentos vividos pela família Fox. Nesse caso como em muitos outros, porém, foram as manifestações com a família Fox que levaram os irmãos a investigar e descobrir seus poderes mediúnicos.

Os dois garotos Davenport e sua irmã Elizabeth, a mais nova dos três, fizeram a experiência de colocar as mãos sobre uma mesa. Imediatamente ouviram ruídos altos e violentos, acompanhados de mensagens. A notícia alastrou-se e, da mesma forma como ocorrera com as garotas Fox, centenas de pessoas curiosas e incrédulas se aglomeraram em torno da casa. Ira desenvolveu a escrita automática e entregava aos presentes mensagens escritas com extraordinária rapidez, informações que ele não poderia conhecer. Logo em seguida, ele começou a levitar, flutuando a três metros do chão, acima da cabeça dos presentes na sala. Na sequência, o irmão e a irmã foram influenciados da mesma maneira, e as três crianças flutuavam no alto da sala. Centenas de cidadãos respeitáveis de Buffalo teriam visto essas ocorrências. Certa vez, quando a família tomava o café da manhã, facas, garfos, pratos e a própria mesa começaram a se movimentar no ar. Em uma sessão logo depois disso, em plena luz do dia e sem contato humano, os presentes viram um lápis executando um movimento de escrita. Sendo então as sessões realizadas regularmente, luzes começaram a aparecer e instrumentos musicais flutuavam e tocavam acima da cabeça dos presentes. Voz Direta e outras manifestações extraordinárias, muito numerosas para serem mencionadas, vieram na sequência. Atendendo aos pedidos das inteligências que se comunicavam, os irmãos começaram a viajar e a realizar sessões públicas. Entre estranhos, as solicitações de testes eram incessantes. No início, pessoas escolhidas dentre os presentes seguravam os meninos, mas, como essa medida desagradou a muitos, pois estes suspeitavam de cumplicidade por parte dos que os detinham, foi adotado o plano de amarrá-los com cordas. A leitura da lista de testes criativos propostos um atrás do outro e sua realização isenta de interferências nas manifestações mostram como é quase impossível convencer céticos intransigentes. Assim que um teste era bem-sucedido, outro era proposto, e assim por diante. Em 1857, os professores da Universidade Harvard examinaram os jovens e os fenômenos que produziam. O biógrafo deles escreve:[1]

---

[1] *A Biography of the Brothers Davenport*, T. L. Nichols, M.D., pp. 87-8.

Os professores foram inventivos ao propor provas. Os irmãos aceitariam ser algemados? Sim. Permitiriam que homens os segurassem? Sim. Doze propostas foram feitas, aceitas e depois rejeitadas por aqueles que as fizeram. Se algum teste fosse adotado pelos irmãos, já havia motivo suficiente para não aplicá-lo, pois já estariam preparados para isso, devendo então ser proposto algum outro.

Por fim, os professores compraram quinze metros de corda, perfuraram o gabinete colocado em um dos quartos e amarraram os garotos de uma maneira que é descrita como brutal. Todos os nós da corda foram reforçados com barbante de linho; feito isso, o prof. Pierce sentou-se entre os dois irmãos. Logo uma mão fantasma apareceu fora do gabinete e alguns objetos se movimentaram, os quais o professor sentiu em torno da cabeça. A cada movimento ele tocava os meninos para certificar-se de que continuavam bem amarrados. Os operadores invisíveis finalmente livraram os meninos de suas amarras e quando o gabinete se abriu as cordas estavam enroladas no pescoço do professor! Depois dessa manifestação, os professores de Harvard não fizeram nenhum relatório. Também é esclarecedor ler a descrição do aparelho de testes realmente engenhoso que consistia no que se pode descrever como mangas e calças de madeira, bem ajustadas, concebido por um homem chamado Darling, em Bangor (EUA). Como ocorrera com outros instrumentos, esse também se mostrou incapaz de impedir manifestações instantâneas. Lembremos que muitos desses testes foram aplicados numa época em que os irmãos eram pequenos, muito jovens ainda para aprender qualquer meio mais elaborado de fraude.

Não surpreende ler-se que os fenômenos suscitaram violenta oposição em quase toda parte, sendo os irmãos frequentemente denunciados como ilusionistas e trapaceiros. Depois de dez anos de apresentações públicas nas maiores cidades e localidades dos Estados Unidos, os irmãos Davenport vieram para a Inglaterra. Eles haviam superado muito bem todos os testes inventados pela imaginação humana, e ninguém conseguia dizer como alcançavam seus resultados. Haviam conquistado grande renome e fama por si mesmos e por méritos próprios. Agora precisavam recomeçar tudo de novo.

Nessa época, Ira e William tinham 25 e 23 anos, respectivamente. O *New York World* os descreve assim:

Eles eram muito parecidos em quase tudo, ambos bastante bonitos, com cabelos pretos longos e encaracolados, testa larga, mas não alta, olhos pretos e vivos, sobrancelhas grossas, bigode e cavanhaque, lábios firmes, compleição musculosa, mas proporcional. Vestiam casacas de cor preta, e um deles usava relógio com corrente.

O dr. Nichols, seu biógrafo, descreve esta primeira impressão sobre eles:

> Os jovens, com quem tive apenas um breve contato pessoal, nunca os tendo visto até chegarem a Londres, parecem-me ter um intelecto e um caráter acima da média dos seus compatriotas jovens, não se destacam por uma inteligência elevada, mas demonstram habilidades incomuns, Ira revelando certo talento artístico. [...] Os jovens parecem absolutamente honestos e singularmente desprendidos e generosos – muito mais preocupados em ver as pessoas satisfeitas com a integridade deles e com a realidade de suas manifestações do que em ganhar dinheiro. Eles têm certa ambição, sem dúvida, cuja gratificação está em terem sido escolhidos como instrumentos do que acreditam que será um grande bem para a humanidade.

Eles vieram para a Inglaterra acompanhados pelo rev. dr. Ferguson, antigo pastor de uma grande igreja em Nashville, Tennessee, frequentada por Abraham Lincoln; pelo sr. D. Palmer, um conhecido maestro, exercendo as funções de secretário; e pelo sr. William M. Fay, também médium.

O sr. P. B. Randall, em sua biografia dos Davenports (Boston 1869, publicada anonimamente), destaca que a missão dos irmãos na Inglaterra era, "por meios apropriados, enfrentar e conquistar em seu próprio terreno acidentado o obstinado materialismo e ceticismo da Inglaterra". O primeiro passo para o conhecimento, diz ele, é estar convencido da própria ignorância, e acrescenta:

> Se as manifestações expostas com a ajuda dos irmãos Davenport puderem provar às classes intelectuais e científicas que existem forças – e forças inteligentes, ou inteligências poderosas – além do alcance de suas filosofias, e que aquilo que consideram impossibilidades físicas é facilmente realizado por inteligências invisíveis e desconhecidas para eles, um novo universo se abrirá para o pensamento humano e para a investigação.

Não há dúvida de que os médiuns exerciam esse efeito sobre muitas mentes. As manifestações de mediunidade da sra. Hayden foram tranquilas e discretas e, embora as de D. D. Home fossem mais espalhafatosas, estavam totalmente limitadas a grupos exclusivos de pessoas a quem nenhuma taxa era cobrada.

Agora esses dois irmãos alugavam salões públicos e convidavam o mundo em geral a comparecer e testemunhar fenômenos que ultrapassavam os limites de toda crença comum. Não era preciso ser vidente para prever um tempo desgastante de oposição a eles, e foi isso que aconteceu. Mas eles alcançaram o objetivo que os dirigentes invisíveis seguramente tinham em vista. Eles despertaram a atenção do público como nunca havia ocorrido antes na Inglaterra em torno deste assunto. Nenhum testemunho melhor para provar isso poderia ser obtido do que o do seu maior oponente, o sr. J. N. Maskelyne, o célebre mágico. Ele escreve:[2] "Sem dúvida, a Inglaterra ficou totalmente tomada de surpresa durante algum tempo pelas maravilhas apresentadas por esses ilusionistas". E acrescenta:

> Os Irmãos se empenharam mais do que ninguém para aproximar a Inglaterra do chamado Espiritismo e, diante de auditórios lotados e sob condições variadas, produziram feitos realmente maravilhosos. As sessões clandestinas de outros médiuns, realizadas em plena escuridão ou semiescuridão para uma plateia sugestionável e em geral sectária, nas quais por vezes se ouve dizer que ocorrem manifestações, não podem ser comparadas com as apresentações dos Davenports em seu efeito sobre a mente do público.

Sua primeira sessão em Londres, com participação restrita, foi realizada em 28 de setembro de 1864, na Regent Street, endereço do sr. Dion Boucicault, o famoso ator e autor, na presença de jornalistas de maior destaque e de ilustres homens da ciência. As reportagens da imprensa sobre a sessão foram bem completas e justas, por incrível que pareça.

O artigo do *Morning Post* no dia seguinte diz que os presentes foram convidados a realizar a avaliação mais crítica possível e tomar todas as precauções necessárias contra fraudes ou enganos, e continua:

> O grupo convidado para testemunhar as manifestações da noite passada era composto de cerca de doze, quatorze pessoas, todas consideradas eminentes nas várias profissões a que se dedicam. A maioria nunca testemunhou nada dessa natureza. No entanto, todos estavam decididos a detectar e, se possível, denunciar qualquer tentativa de embuste. Os irmãos Davenport são esbeltos, delicados e gentis, as últimas

---

[2] *Modern Spiritualism*, p. 65.

pessoas do mundo de quem se poderia esperar grandes demonstrações musculares. O sr. Fay parece alguns anos mais velho e é de constituição mais robusta.

Depois de descrever o ocorrido, o editor prossegue:

Tudo o que se pode afirmar é que as apresentações a que nos referimos ocorreram nessa ocasião em condições e circunstâncias que excluem qualquer presunção de fraude.

The Times, o *Daily Telegraph* e outros jornais publicaram reportagens longas e honestas. Omitimos citações dessas porque a importante declaração a seguir do sr. Dion Boucicault, dada ao *Daily News* e reproduzida por muitos outros jornais londrinos, abrange todos os fatos. Esse depoimento descreve uma sessão posterior realizada na casa do sr. Boucicault em 11 de outubro de 1864, em que estiveram presentes, entre outros, o Visconde Bury; M. P.; *sir* Charles Wyke; *sir* Charles Nicholson, o chanceler da Universidade de Sydney; Robert Chambers; Charles Reade, o romancista; e o capitão Inglefield, o explorador do Ártico.

Senhor,
Realizou-se ontem na minha residência uma sessão mediúnica com os irmãos Davenport e o sr. W. Fay, estando presentes [...] (são mencionados aqui vinte e quatro nomes, incluindo os já citados). [...]
Às três horas, todo o grupo já estava reunido. [...] Enviamos dois ou três participantes a uma loja de instrumentos musicais próxima para que conseguissem seis violões e dois pandeiros, para evitar que os operadores usassem instrumentos que já conheciam e a que estavam habituados.
Às três e meia, os irmãos Davenport e o sr. Fay chegaram, e viram que havíamos alterado seus arranjos, trocando a sala que haviam escolhido para suas manifestações.
A sessão então começou com um exame das roupas e uma revista geral dos irmãos Davenport, concluindo-se que nenhum aparelho ou outro dispositivo estava escondido neles ou perto deles. Em seguida, entraram no gabinete e sentaram-se de frente um para o outro. O capitão Inglefield então, com uma corda nova fornecida por nós, amarrou as mãos e os pés do sr. W. Davenport, com as mãos atrás das costas, prendendo-o firmemente ao assento em que se encontrava. Lorde Bury fez a mesma coisa com o sr. I. Davenport. Os nós de cada amarração foram então recobertos com cera de vedação e carimbados. Um violão, um violino, um pandeiro, duas campainhas e um trompete foram colocados no chão do gabinete. Por fim, as

portas foram fechadas, deixando-se luz suficiente na sala que nos permitisse ver o que aconteceria.

Vou omitir os detalhes da babel de sons produzidos no gabinete e da violência com que as portas foram arrombadas e os instrumentos jogados longe, e ainda de mãos aparecendo, como sempre, num orifício em forma de losango no centro da porta do gabinete. Os seguintes incidentes nos parecem particularmente merecedores de atenção:

Enquanto lorde Bury estava agachado dentro do gabinete, com a porta aberta e os dois operadores amarrados e lacrados, pôde-se ver claramente uma mão separada descendo sobre ele, que logo recuou, dizendo que uma mão o havia atingido. De novo, à plena luz do candelabro a gás e durante um intervalo na sessão, com as portas do gabinete abertas e, enquanto as amarrações dos irmãos Davenport eram examinadas, uma mão e um pulso femininos muito brancos e pequenos tremularam durante vários segundos no ar. Essa aparição provocou uma exclamação de espanto em todo o grupo.

Sir Charles Wyke entrou então no gabinete e sentou-se entre os dois jovens – com as mãos direita e esquerda em um e outro. As portas foram fechadas e a babel de sons recomeçou. Várias mãos apareceram no orifício, entre elas a de uma criança. Depois de um tempo, *sir* Charles juntou-se a nós e disse que, enquanto segurava os dois irmãos, várias mãos tocaram o rosto dele e puxaram seus cabelos; os instrumentos a seus pés se elevaram e tocaram em volta do seu corpo e sobre sua cabeça – um deles acomodando-se nos ombros. Durante os incidentes anteriores, as mãos que apareciam eram tocadas e seguradas pelo capitão Inglefield que, pelo tato, disse serem aparentemente humanas, embora lhe escorregassem das mãos.

Deixo de mencionar outros fenômenos, cujo relato já foi feito em outro lugar.

A segunda parte da sessão foi realizada no escuro. Um dos srs. Davenport e o sr. Fay sentaram-se entre nós. Duas cordas foram jogadas a seus pés e em dois minutos e meio eles foram amarrados de pés e mãos, com as mãos atrás das costas firmemente presas às cadeiras e estas fortemente unidas a uma mesa próxima. Enquanto esse processo acontecia, o violão se elevou da mesa e flutuou ao redor da sala e acima da cabeça dos integrantes do grupo, tocando alguns de leve. Então, uma luz fosfórica deslocou-se de um lado para o outro sobre nossa cabeça; o colo, as mãos e os ombros de alguns presentes foram ao mesmo tempo tocados, golpeados ou apalpados pelas mãos, enquanto o violão flutuava pela sala, chegando perto do teto e depois golpeando a cabeça e os ombros de alguns menos afortunados. As campainhas soavam aqui e ali, e o violino emitia um leve dedilhado. Os dois pandeiros pareciam rolar de um lado para outro no chão, ora chacoalhando agitadamente, ora colidindo com os joelhos e as mãos de alguns do nosso círculo – todas essas ações, audíveis ou tangíveis, eram simultâneas. O sr. Rideout, segurando um pandeiro, perguntou se ele podia ser arrancado de suas mãos; quase instantaneamente, o instrumento lhe foi arrebatado. Também lorde Bury fez uma pergunta semelhante, ao que foi feita uma forte tentativa de tirar-lhe um pandeiro das mãos, mas ele resistiu. O sr. Fay pediu que lhe tirassem o casaco. Ouvimos instantaneamente um abalo violento, quando então ocorreu um fato extraordinário. Antes que o casaco saísse por inteiro do corpo do sr. Fay, acendeu-se uma luz na sala e o casaco foi visto desprendendo-se dele e sendo puxado para cima. Ele chegou até o candelabro, onde ficou pendurado por um momento e depois caiu no chão. O sr. Fay, entretanto, continuou com as mãos e os pés amarrados como antes. Uma pessoa do grupo tirou o próprio casaco e o colocou sobre a mesa. A luz se apagou e esse casaco deslocou-se para as costas do sr. Fay com enorme rapidez. Durante essas ocorrências no escuro, colocamos uma folha de papel sob os pés desses dois operadores e com um lápis desenhamos um contorno em torno deles, para que pudéssemos detectar qualquer movimento possível. Por iniciativa própria, eles se ofereceram para passar as mãos na farinha, ou qualquer substância semelhante, para provar que não as usavam, mas essa precaução foi considerada desnecessária; exigimos deles, porém, que contassem ininterruptamente de um a doze para que pudéssemos ouvi-los e certificar-nos de que permaneciam nos lugares onde estavam amarrados. Cada um do grupo segurava quem estava a seu lado com firmeza para que ninguém pudesse se mover sem que duas pessoas próximas estivessem cientes disso.

Ao término dessa sessão, ficamos conversando sobre o que ouvimos e testemunhamos. Lorde Bury sugeriu que a opinião geral parecia ser de que deveríamos assegurar aos irmãos Davenport e ao sr. W. Fay que, após um julgamento rigoroso e um escrutínio severo de seus procedimentos, os presentes não poderiam chegar a outra conclusão senão a de que não havia vestígio de trapaça de qualquer natureza e certamente não havia cúmplices nem aparelhos, e que todos aqueles que testemunharam os resultados declarariam livremente nos meios sociais em que viviam que, na medida em que suas investigações lhes permitiam formar uma opinião, os fenômenos que ocorreram em sua presença não eram produto de prestidigitação. Essa sugestão foi prontamente acatada por todos os presentes.

Em um último parágrafo, o sr. Dion Boucicault afirma que não é espírita e ao final apõe seu nome e a data.

Esse primoroso relato, completo e lúcido em todos os aspectos, é feito sem reduções porque responde a muitas objeções e porque o caráter do narrador e das testemunhas não pode ser questionado. Seguramente, deve ser aceito como definitivo no que diz respeito à honestidade. Todas as objeções subsequentes constituem mera ignorância dos fatos.

Em outubro de 1864, os Davenports começaram a promover sessões públicas no Queen's Concert Rooms, na Hanover Square. Comitês foram formados com integrantes do auditório, e todos os esforços foram feitos para detectar como tudo era feito, mas sem sucesso. Essas sessões, intercaladas com as particulares, continuaram quase todas as noites até o final do ano. A imprensa diária estava cheia de relatos a respeito delas, e os nomes dos irmãos estavam na boca de todos. No início de 1865, eles percorreram as províncias inglesas e, em Liverpool, Huddersfield e Leeds sofreram violências nas mãos de multidões agitadas. Em Liverpool, em fevereiro, dois membros da plateia amarraram suas mãos com tanta brutalidade a ponto de causar sangramento, quando então Ferguson cortou a corda e os soltou. Os Davenports se recusaram a continuar, e a multidão invadiu a plataforma e destruiu o gabinete. As mesmas táticas foram utilizadas em Huddersfield em 21 de fevereiro e depois em Leeds, com violência crescente, resultado da oposição organizada. Esses tumultos levaram os Davenports a cancelar todos os outros compromissos na Inglaterra. Em seguida, viajaram para Paris, sendo rapidamente chamados a comparecer ao Palácio de St. Cloud, onde o Imperador, a Imperatriz e um grupo de cerca de quarenta pessoas testemunharam uma sessão mediúnica. Enquanto em Paris, Hamilton, o sucessor do célebre mágico Robert Houdin, foi visitá-los, e em uma carta a um jornal parisiense disse: "Os fenômenos superaram minhas expectativas e os experimentos são do meu maior interesse. Considero meu dever acrescentar que são inexplicáveis". Depois de um rápido retorno a Londres, os irmãos Davenport foram para a Irlanda, no início de 1866. Em Dublin, muitas pessoas influentes participaram das sessões, incluindo o editor do *Irish Times* e o rev. dr. Tisdal, que proclamou publicamente sua crença nas manifestações.

Em abril do mesmo ano, os Davenports foram para Hamburgo e depois para Berlim, mas a guerra anunciada (que seus guias disseram que aconteceria) tornou a viagem pouco lucrativa. Os gerentes dos teatros ofereceram-lhes condições favoráveis para as apresentações, mas, seguindo o conselho de seu sempre presente espírito-guia, para quem as manifestações deles, sendo sobrenaturais, deveriam ser mantidas acima do nível dos entretenimentos teatrais, eles recusaram, embora contrariando a vontade do seu gerente de negócios. Durante a estada de um mês em Berlim, foram visitados por membros da família real. Depois de três semanas em Hamburgo, seguiram para a Bélgica, onde obtiveram sucesso considerável em Bruxelas e em todas as principais cidades. Em seguida, foram para a Rússia, chegando a São Petersburgo em 27 de dezembro de 1866. Em 7 de janeiro de 1867, realizaram sua primeira sessão pública para uma plateia de mil pessoas. A sessão seguinte foi realizada na residência do embaixador francês para um grupo de cerca de cinquenta pessoas, incluindo membros da corte imperial, e em 9 de janeiro realizaram uma sessão no Palácio de Inverno com a presença do Imperador e da família imperial. Em seguida visitaram a Polônia e a Suécia. Em 11 de abril de 1868, reapareceram em Londres, no Hanover Square Rooms, onde um salão lotado os acolheu com enorme entusiasmo. O sr. Benjamin Coleman, um espírita eminente, que organizou suas primeiras sessões públicas em Londres, escrevendo nessa época sobre a estada dos Irmãos durante quase quatro anos na Europa, diz:[3]

> Desejo comunicar aos meus amigos dos Estados Unidos que os apresentaram a mim, a certeza da minha convicção de que a missão dos Irmãos na Europa tem sido de grande serviço ao Espiritismo; que sua conduta pública como médiuns – em cuja relação somente eu os conheço – tem sido firme e irrepreensível.

Ele acrescenta que não conhece nenhuma forma de mediunidade mais bem adaptada para um grande público do que a deles. Depois dessa visita a Londres, os Davenports voltaram para os Estados Unidos. Eles visitaram a Austrália em 1876 e, em 24 de agosto, realizaram sua primeira sessão espírita em Melbourne. William morreu em Sydney em julho de 1877.

Ao longo de sua carreira, os irmãos Davenport despertaram uma profunda inveja e malevolência da fraternidade dos mágicos. Maskelyne, com espantosa audácia, pretendeu tê-los desmascarado na Inglaterra. Suas críticas nesse sentido foram firmemente contestadas pelo dr. George Sexton, ex-editor da *Spiritual Magazine*, que descreveu em público, na presença do sr. Maskelyne, como os truques deste eram feitos e, comparando-os com os resultados alcançados pelos Davenports, disse, ironicamente: "Os dois têm tanta semelhança entre si quanto as produções do desconhecido poeta Close se parecem com as sublimes e gloriosas

---

[3] *Spiritual Magazine*, 1868, p. 321.

peças do imortal bardo de Avon".[4] Ainda assim, os mágicos fizeram mais estardalhaço em público do que os espíritas, e com o apoio da imprensa levaram a maioria das pessoas a acreditar que os irmãos Davenport haviam sido desmascarados.

Ao comunicar a morte de Ira Davenport nos Estados Unidos em 1911, a *Light* comenta a avalanche de ignorância jornalística ensejada pela ocorrência. O *Daily News* é citado por este comentário que fez aos irmãos: "Eles cometeram o erro de aparecer como feiticeiros em vez de mágicos honestos. Se, como seu detrator, Maskelyne, tivessem pensado em dizer: 'É muito simples', os Irmãos poderiam ter alcançado não apenas fortuna, mas respeitabilidade". Em resposta a isso, *Light* pergunta: Por que, se eram simples mágicos e não crentes honestos em sua mediunidade, os irmãos Davenport suportaram dificuldades, insultos e injúrias, e sofreram as indignidades que lhes foram impostas, quando, renunciando às suas alegações de mediunidade poderiam ter sido "respeitáveis" e ricos?

Uma observação inevitável por parte daqueles que são incapazes de detectar trapaças é perguntar que propósito elevado podem pretender fenômenos como os observados com os Davenports. O conhecido autor e espírita convicto William Howitt tem uma boa resposta:

> Esses que pregam peças e arremessam instrumentos de um lado para o outro são espíritos do céu? Deus pode realmente enviar espíritos assim? Sim, Deus os envia para nos ensinar isso, se não outra coisa: que Ele tem servos de todos os graus e gostos prontos para realizar toda sorte de trabalho, e Ele enviou para cá, em uma época decaída e sensual, o que vocês chamam de espíritos inferiores e cômicos. Se Ele tivesse enviado alguém mais elevado, este teria pairado acima da cabeça dos membros das plateias. Nas condições atuais, nove décimos não entendem o veem.

É triste pensar que os Davenports – provavelmente os maiores médiuns do seu gênero que o mundo já viu – tenham sofrido durante sua vida grande oposição e até perseguições. Eles correram risco de vida muitas vezes.

Somos forçados a pensar que não pode haver prova mais clara da influência das trevas do mal do que a hostilidade predominante em todas as manifestações espíritas.

---

[4] Alocução em Cavendish Rooms, Londres, 15 de junho de 1873.

Nesse sentido, o sr. Randall diz:[5]

Parece haver uma espécie de antipatia crônica, quase ódio, na mente de algumas pessoas em relação a todo e qualquer aspecto do Espiritismo. É como se fosse um vapor flutuando no ar – algo como um esporo mental que permeia os espaços e é inalado pela grande multidão da humanidade, ateando um fogo fétido e venenoso em seus corações contra todos aqueles cuja missão é trazer paz à Terra e boa vontade aos homens. Os homens e mulheres do mundo futuro ficarão muito espantados com os que vivem nestes tempos quando lerem, como de fato lerão, que os Davenports e todos os outros médiuns tiveram de enfrentar a mais inexorável hostilidade; que eles, e este autor entre eles, foram obrigados a suportar horrores indescritíveis, por nenhum outro crime senão o de tentar convencer as multidões de que não eram animais que perecem sem deixar sinal, mas almas imortais, imorredouras e que sobrevivem ao túmulo.

Somente os médiuns são capazes de *demonstrar* o fato da existência continuada do homem após a morte; e todavia (estranha incoerência da natureza humana!), as pessoas mesmas que os perseguem – seus melhores e mais verdadeiros amigos – e os impelem para a morte prematura ou para o desespero são exatamente as que esbanjam livremente tudo o que a riqueza pode dar àqueles cuja função é meramente *entrever* a imortalidade humana.

Ao analisar os argumentos de vários mágicos profissionais de que haviam desmascarado ou imitado os Davenports, *sir* Richard Burton disse:

Passei grande parte da minha vida em terras orientais e vi muitos dos seus mágicos em ação. Recentemente, fui autorizado a ver e presenciar as apresentações dos srs. Anderson e Tolmaque. Como afirmam, estes demonstraram atos de prestidigitação de grande habilidade, mas nem sequer tentam o que os srs. Davenport e Fay conseguem fazer: por exemplo, o belo manejo dos instrumentos musicais. Por fim, li e ouvi todas as explicações sobre os "truques" dos Davenports até agora apresentados ao público inglês e, acreditem, se alguma coisa me faria dar esse tremendo salto "da matéria ao espírito", essa seria o absoluto e total absurdo das razões que pretendem explicar as "manifestações".

---

[5] *Biography*, p. 82.

Deve-se observar que os próprios Davenports, em contraste com seus amigos e companheiros de viagem, nunca advogaram qualquer origem sobrenatural para seus resultados. A razão disso pode ter sido que, como entretenimento, as apresentações eram mais estimulantes e menos provocadoras quando cada membro da plateia podia elaborar sua própria solução. Escrevendo ao mágico americano Harry Houdini, Ira Davenport disse em sua idade avançada: "Nunca afirmamos publicamente nossa crença no Espiritismo. Não o considerávamos assunto do público nem oferecíamos nosso entretenimento como resultado de prestidigitação ou, por outro lado, como Espiritismo. Deixamos nossos amigos e adversários resolverem a questão entre si da melhor maneira possível, mas, infelizmente, muitas vezes fomos vítimas dos seus desentendimentos".

Segundo Houdini, Davenport admitia que os resultados que obtinha eram normais, mas o próprio Houdini entulhou seu livro, *A Magician Among the Spirits*, com tantos erros e mostrou tanto preconceito em toda essa questão que sua afirmação perde todo seu valor. A carta que ele apresenta não inclui essa admissão. Outra declaração atribuída a Ira Davenport é comprovadamente falsa. Segundo esta, os instrumentos nunca teriam saído do gabinete. Na realidade, o representante do *The Times* foi severamente atingido no rosto por um violão flutuante, teve um corte na testa, e, em diversas ocasiões, ao acender-se uma luz, instrumentos caíram por toda a sala. Se Houdini entendeu mal essa última afirmação, é provável que também seja bastante impreciso com relação à primeira (ver Apêndice).

Espíritas e também céticos poderiam dizer, e de fato já declararam, que essas manifestações psíquicas de charlatães são indignas e sem valor. Muitas pessoas pensam assim, mas muitas outras ecoam estas palavras do sr. P. B. Randall:

> O problema não é dos imortais, mas nosso, pois recebemos o que pedimos. Se eles não chegam a nós de uma maneira, podemos e devemos fazer com que cheguem de outra; e a sabedoria do mundo eterno dá aos cegos tão somente o que podem suportar, nada mais. Se somos bebês intelectuais, temos de aguentar a papa mental até que nossas capacidades digestivas suportem e exijam alimentos mais substanciosos; e se as pessoas podem ser mais facilmente convencidas da imortalidade por meio de brincadeiras e travessuras espirituais, os fins justificam os meios. A visão de um braço espectral numa plateia de três mil pessoas tocará mais corações, causará uma impressão mais profunda e converterá mais pessoas a uma crença na vida do além, em dez minutos, do que um batalhão inteiro de pregadores, por mais eloquentes que sejam, em cinco anos.

CAPÍTULO 11

AS PESQUISAS DE *SIR* WILLIAM CROOKES (1870-1874)

As pesquisas sobre os fenômenos do Espiritismo, realizadas por *sir* William Crookes — ou professor Crookes, como era então chamado – entre 1870 e 1874, é um dos episódios mais importantes na história do movimento. Elas são excepcionais, dados o alto nível científico do pesquisador, a atitude rigorosa e equilibrada com que os procedimentos foram conduzidos, os extraordinários resultados obtidos e a profissão de fé inabalável feita na sequência. É subterfúgio predileto dos oponentes do movimento atribuir certa fragilidade física ou senilidade progressiva a cada nova testemunha da verdade psíquica, mas ninguém pode negar que essas pesquisas foram efetuadas por um homem no auge de seu desenvolvimento mental e que a brilhante carreira que se seguiu foi prova suficiente da sua estabilidade intelectual. Deve-se observar que a conclusão comprovou a integridade não só da médium Florence Cook, com quem foram obtidos os resultados mais sensacionais, mas também a de D. D. Home e a da srta. Kate Fox, que também foram testados com todo o rigor.

Sir William Crookes, nascido em 1832 e falecido em 1919, destacava-se no mundo da ciência. Eleito membro da Royal Society em 1863, recebeu dessa instituição a Royal Gold Medal em 1875 por suas inúmeras pesquisas químicas e físicas, a Davy Medal em 1888 e a *sir* Joseph Copley Medal em 1904. Foi nomeado cavaleiro pela rainha Vitória em 1897 e agraciado com a Ordem do Mérito em 1910. Ocupou o cargo de presidente em diferentes períodos da Royal Society, da Chemical Society, da Institution of Electrical Engineers, da Associação Britânica

Sir William Crookes, retratado por Albert Ludovici, circa 1885.
(Wikimedia Commons)

e da Sociedade de Pesquisas Psíquicas (SPP). Sua descoberta do novo elemento químico a que deu o nome de "tálio" e as suas invenções do radiômetro, do espintariscópio e do "tubo de Crookes" representam apenas uma pequena parte da sua extensa atividade como pesquisador. Em 1859, fundou e foi editor do *Chemical News* e, em 1864, tornou-se editor do *Quarterly Journal of Science*. Em 1880, a Academia Francesa de Ciências concedeu-lhe uma medalha de ouro e um prêmio de três mil francos em reconhecimento ao seu importante trabalho.

Crookes esclarece que começou suas pesquisas sobre fenômenos psíquicos acreditando que tudo poderia reduzir-se a mera fraude. Seus colegas cientistas tinham a mesma opinião e ficaram contentes com a direção por ele tomada. Expressaram uma enorme satisfação porque a matéria seria investigada por um homem absolutamente qualificado. Não alimentavam dúvida de que tudo o que consideravam meras veleidades do Espiritismo seria então denunciado. Um escritor disse: "Se homens como o sr. Crookes se engalfinham com essa questão... logo saberemos em que acreditar". O dr. (depois professor) Balfour Stewart, em comunicação à *Nature*, enalteceu a ousadia e honestidade que levaram o sr. Crookes a dar esse passo. O próprio Crookes adotou a perspectiva de que era dever dos cientistas fazer essa investigação. Ele escreve: "Depõe contra a alardeada liberdade de opinião entre os cientistas o fato de há muito tempo se recusarem a implementar uma pesquisa científica sobre a existência e a natureza dos fatos asseverados por tantas testemunhas competentes e fidedignas, fatos a que os homens de ciência são livremente convidados a examinar quando e onde quiserem. De minha parte, valorizo demais a busca da verdade e a descoberta de qualquer fato novo na natureza para evitar qualquer investigação por parecer colidir com as opiniões predominantes". Foi com esse espírito que ele deu início às suas pesquisas.

Deve-se dizer, porém, que, embora o prof. Crookes criticasse severamente os fenômenos físicos, ele já estava familiarizado com os fenômenos mentais e parecia aceitá-los. Possivelmente, essa atitude simpática às questões do espírito pode tê-lo ajudado a obter seus resultados extraordinários, pois nunca se repetirá demais – porque quase sempre se esquece – que a pesquisa psíquica da melhor qualidade é realmente "psíquica" e depende de condições espirituais. Não é o homem presunçoso e irredutível, desprovido de total senso de proporção para julgar assuntos espirituais, que obtém resultados. Antes, é aquele que reconhece que o estrito uso da razão e da observação não é incompatível com a humildade mental e com a atitude cortês e delicada que contribui para a harmonia e a identidade entre o pesquisador e seu objeto de pesquisa.

Crookes parece ter iniciado suas pesquisas menos materiais no verão de 1869. Em julho desse ano, ele participou de sessões com a conhecida médium sra. Marshall e, em dezembro, com outro médium famoso, J. J. Morse. Em julho de 1869, D. D. Home, que estivera promovendo sessões mediúnicas em São Petersburgo, retornou a Londres com uma carta de apresentação do prof. Butlerof para Crookes.

Um fato interessante decorre de um diário particular mantido por Crookes durante sua viagem à Espanha em dezembro de 1870, com a Expedição Eclipse. Na data de 31 de dezembro, ele escreve:[1]

> Não me esqueço desta época no ano passado. Nelly (sua esposa) e eu estávamos reunidos em comunhão com amigos queridos falecidos e, ao soarem as doze horas, eles nos desejaram um Feliz Ano-Novo. Sinto que eles continuam observando hoje, e como o espaço não lhes é obstáculo, acredito que estejam atentos também à minha querida Nelly. Sei que há alguém sobre nós dois a quem todos nós – tanto espíritos quanto mortais – nos curvamos como Pai e Mestre. A Ele – o Grande Bem, como o mandarim o chama – dirijo minha humilde prece para que continue dispensando Sua misericordiosa proteção para Nelly, para mim e para nossa querida família. [...] Que Ele também nos permita continuar recebendo comunicações espirituais de meu irmão que cruzou os umbrais a bordo de um navio há mais de três anos.

Acrescenta ainda saudações amorosas de Ano-Novo para sua esposa e filhos, e conclui:

> Quando os anos terrenos terminarem, possamos continuar a viver outros ainda mais felizes no mundo dos espíritos, vislumbres do qual obtenho de vez em quando.

A srta. Florence Cook, com quem Crookes realizou sua série clássica de experimentos, era uma jovem de quinze anos que afirmava possuir fortes poderes psíquicos, os quais assumiam a rara forma de materialização completa. Esta parece ter sido uma característica familiar, pois sua irmã, srta. Kate Cook, não era menos famosa. Ocorrera certo desentendimento em torno de uma suposta fraude em que determinado sr. Volckman havia tomado partido contra a srta. Cook. Esta, em seu desejo de vingança, colocou-se inteiramente sob a proteção da sra. Crookes, dizendo que o marido poderia realizar qualquer experimento com os

---

[1] *Life of Sir William Crookes*, de E. E. Fournier d'Albe, 1923.

poderes dela segundo bem lhe aprouvesse, e não pedindo nenhuma outra recompensa senão a de reconhecê-la como médium qualificada e de divulgar as conclusões do seu trabalho. Felizmente, ela estava lidando com um homem de honestidade intelectual inabalável. Houve, nos últimos dias, a experiência de médiuns que igualmente se entregaram sem reservas à investigação científica e foram traídos por pesquisadores que não tiveram a coragem moral de admitir os resultados que teriam envolvido sua própria aceitação pública da interpretação espírita.

O professor Crookes publicou um relato completo de seus métodos no *Quarterly Journal of Science*, do qual era então editor. Em sua casa na Mornington Road, um pequeno escritório dava para o laboratório de química; uma porta com cortina separava os dois cômodos. A srta. Cook, em transe, estava deitada num sofá na sala interna. Na outra sala, pouco iluminada, acomodavam-se Crookes e outros observadores por ele convidados. Após um período variável de vinte minutos a uma hora, formava-se a figura materializada a partir do ectoplasma da médium. A existência dessa substância e seu método de produção eram desconhecidos naquela data, mas pesquisas posteriores esclareceram bastante essas questões, e um relato do assunto foi incluído no capítulo sobre ectoplasma. Concretamente, ao abrir-se a cortina, o que se viu no laboratório foi uma mulher de aparência tão diferente da médium quanto duas pessoas poderiam ser. Essa aparição, que podia se movimentar, falar e agir de todas as maneiras como uma entidade independente, é conhecida pelo nome que ela mesma se atribuiu, "Katie King".

A explicação natural do cético é de que as duas mulheres eram realmente a mesma mulher e que Katie era uma personificação ardilosa de Florence. O opositor poderia insistir em sua posição invocando a observação feita tanto por Crookes como pela srta. Marryat e outros de que havia ocasiões em que Katie era muito parecida com Florence.

Aqui está um dos mistérios da materialização que requer muita ponderação em vez de escárnio. O autor, em sessão com a srta. Besinnet, a famosa médium americana, observou a mesma coisa: com a força fraca, os rostos psíquicos começavam por assemelhar-se com o da médium, mas depois tornavam-se totalmente diferentes. Alguns especuladores imaginam que a forma etérica da médium, seu corpo espiritual, foi liberada pelo transe e é a base sobre a qual as outras entidades manifestantes constroem seus próprios simulacros. Seja como for, o fato deve ser admitido; e é paralelo aos fenômenos da Voz Direta, em que a voz muitas vezes se assemelha à do médium no início, mas depois assume um tom totalmente diferente ou então se divide em duas vozes falando ao mesmo tempo.

No entanto, o estudante certamente tem o direito de alegar que Florence Cook e Katie King eram a mesma pessoa até que lhe sejam apresentadas provas convincentes de que isso é impossível. O prof. Crookes é muito cauteloso em fornecer essas provas.

As diferenças que ele observou entre a srta. Cook e Katie são assim descritas:

A altura de Katie varia; na minha casa eu a vi quinze centímetros mais alta que a srta. Cook. Ontem à noite, com os pés descalços e sem erguer-se na ponta dos pés, ela era doze centímetros mais alta que a srta. Cook. O pescoço de Katie estava nu na noite passada; a pele era perfeitamente lisa ao toque e à vista, enquanto no pescoço da srta. Cook há uma grande bolha, que em circunstâncias semelhantes é distintamente visível e áspera ao tato. As orelhas de Katie não são perfuradas, ao passo que a srta. Cook costuma usar brincos. A tez de Katie é bem clara, a da srta. Cook é bem morena. Os dedos de Katie são bem mais longos que os da srta. Cook, e seu rosto também é maior. Nos modos e formas de expressão, há também diferenças marcantes.

Em uma contribuição posterior, ele acrescenta:

Depois de ver Katie inúmeras vezes ultimamente, nos momentos em que a luz acendia, estou em condições de ampliar os pontos de diferença entre ela e sua médium que mencionei em artigo anterior. Tenho a certeza mais absoluta de que a srta. Cook e Katie são duas pessoas distintas no que diz respeito a seus corpos. Várias pequenas marcas no rosto da srta. Cook inexistem na face de Katie. O cabelo da srta. Cook é de um castanho muito escuro, quase chegando a preto; uma mecha de Katie, que tenho às mãos – por ela autorizado cortar de sua luxuriante cabeleira depois de trançá-la até o couro cabeludo e de convencer-me de que realmente crescera ali –, é de uma cor ruiva exuberante.

Em uma noite dessas, medi o pulso de Katie. Registrei um batimento constante de 75 pulsações; pouco tempo depois, o pulso da srta. Cook alcançou sua frequência normal de 90. Ao aproximar minha orelha do peito de Katie, pude ouvir um batimento cardíaco rítmico, mais regular que o do coração da srta. Cook, quando ela me permitiu fazer um experimento semelhante após uma sessão mediúnica. Avaliados da mesma maneira, os pulmões de Katie se mostraram mais saudáveis que os de sua médium, pois na época em que efetuei a análise a srta. Cook estava em tratamento médico em razão de uma tosse muito forte.

Crookes tirou 44 fotografias de Katie King à luz elétrica. Escrevendo no *The Spiritualist* (1874, p. 270), ele descreve os métodos que adotou:

> Na semana anterior à sua partida, Katie participou de sessões em minha casa quase todas as noites para que eu pudesse fotografá-la com luz artificial. Foram montados cinco conjuntos completos de aparelhos fotográficos apropriados para essa finalidade, consistindo em cinco câmeras, uma com chapa inteira, uma com meia chapa, uma com um quarto de chapa e duas câmeras estereoscópicas binoculares, todas preparadas para fotografar Katie ao mesmo tempo cada vez que ela posasse. Foram utilizados cinco banhos de revelação e fixação, e muitas chapas foram limpas previamente para uso, a fim de evitar problemas ou atrasos durante os procedimentos, os quais foram realizados por mim mesmo com o auxílio de um assistente.
>
> Minha biblioteca foi usada como gabinete escuro. Ela tem portas sanfonadas que abrem para o laboratório; uma dessas portas foi retirada das dobradiças e uma cortina suspensa em seu lugar para permitir que Katie entrasse e saísse facilmente. Os amigos que estavam presentes sentaram-se no laboratório de frente para a cortina, e as câmeras foram colocadas um pouco atrás deles, prontas para fotografar Katie assim que ela saísse, bem como para fotografar qualquer coisa também dentro do gabinete, sempre que a cortina fosse afastada para o objetivo. A cada noite, havia três ou quatro tomadas fotográficas nas cinco câmeras, conseguindo-se pelo menos quinze fotos diferentes em cada sessão; algumas dessas se corromperam na revelação, outras na regulagem da quantidade de luz. Tenho ao todo 44 negativos, alguns de baixa qualidade, alguns razoáveis e alguns excelentes.

Algumas dessas fotografias estão na posse do autor, e certamente não há impressão mais maravilhosa em qualquer chapa do que aquela que mostra Crookes no auge do seu vigor, com esse anjo – pois na verdade ela o era – apoiado em seu braço. A palavra "anjo" pode parecer exagero, mas, quando um espírito de outro mundo se submete aos desconfortos da existência temporária e artificial para transmitir a lição de sobrevivência a uma geração material e mundana, não há termo mais apropriado.

Certa dúvida surgiu em torno da questão de Crookes ter alguma vez visto a médium e Katie ao mesmo tempo. Ele diz em seu relatório que acompanhava Katie com frequência até o gabinete, "e às vezes as vi juntas, ela e sua médium, mas em geral não encontrei ninguém além da médium em transe deitada no chão, com Katie e suas vestes brancas desaparecendo instantaneamente".

Entretanto, Crookes dá um testemunho muito mais direto em uma carta ao periódico *Banner of Light* (EUA), que é reproduzida no *The Spiritualist* (Londres) de 17 de julho de 1874, (p. 29). Ele escreve:

Em resposta à sua solicitação, eu gostaria de dizer que vi a srta. Cook e Katie juntas no mesmo momento, à luz de uma lâmpada fosforescente, suficiente para me permitir ver claramente tudo o que descrevi. O olho humano abrange naturalmente um ângulo bem aberto, e assim as duas figuras entraram no meu campo de visão ao mesmo tempo, mas, como a luz era fraca e os dois rostos estavam um pouco distanciados um do outro, eu naturalmente virei a lâmpada e os olhos alternadamente de um para o outro, quando eu queria trazer o rosto da srta. Cook ou de Katie para a parte do meu campo de visão onde podia ver com mais nitidez. Desde a ocorrência aqui referida, eu e outras oito pessoas vimos Katie e a srta. Cook juntas, na minha casa, iluminadas pelo fulgor da luz elétrica. Nessa ocasião, o rosto da srta. Cook não era visível, pois sua cabeça precisava ficar envolta num xale grosso, mas eu de modo especial fiquei satisfeito em saber que ela estava lá. Uma tentativa de projetar a luz diretamente sobre seu rosto descoberto, quando em transe, acarretou consequências sérias.

Também a câmera assinala as diferenças entre a médium e a forma. Ele diz:

Uma das fotos mais interessantes é aquela em que estou ao lado de Katie; ela está com o pé descalço em determinada parte do chão. Depois vesti a srta. Cook como Katie, pusemo-nos os dois exatamente na mesma posição e fomos fotografados pelas mesmas câmeras, colocadas precisamente como no outro experimento e iluminadas pela mesma luz. Quando essas duas fotos são colocadas uma sobre a outra, as duas que me representam coincidem perfeitamente quanto à estatura etc., mas Katie é meia cabeça mais alta que a srta. Cook e parece uma mulher grande em comparação com ela. Na largura do rosto, em muitas das fotos, ela difere essencialmente em tamanho de sua médium, e as fotografias mostram vários outros pontos de diferença.

Crookes presta uma grande homenagem à médium Florence Cook:

As sessões quase diárias com que a srta. Cook tem me favorecido recentemente causaram-lhe um grande desgaste físico. Desejo reconhecer e agradecer-lhe publicamente sua disponibilidade e presteza em me ajudar em meus experimentos. Ela concordou de imediato a submeter-se a todos os testes que lhe propus, sempre com

Katie King, fotografada por sir William Crookes. (Psychic Science, abril de 1934)

a maior boa vontade; ela é aberta e direta no falar, e eu nunca vi nada que se aproximasse do menor sintoma do desejo de enganar. Na verdade, não acredito que ela pudesse cometer um engano, caso tentasse, e se tentasse, certamente seria descoberta muito rapidamente, pois tal modo de agir é totalmente estranho à sua natureza. E imaginar que uma inocente colegial de quinze anos pudesse planejar e depois realizar com sucesso durante três anos uma impostura tão gigantesca como esta, e nesse tempo submeter-se a qualquer teste que lhe fosse imposto, passar pelo mais rigoroso escrutínio, estar disposta a ser revistada a qualquer momento, seja antes ou depois de uma sessão, e encontrar ainda mais sucesso em minha própria casa do que na de seus pais, sabendo que ela me visitou com o objetivo expresso de submeter-se a rigorosos testes científicos – imaginar, digo, a Katie King dos últimos três anos como resultado de impostura é um ato maior de violência contra a razão e o bom senso do que acreditar que ela seja o que afirma ser.[2]

Admitindo que uma forma temporária formou-se a partir do ectoplasma de Florence Cook bem como que essa forma foi então ocupada e usada por um ser independente que dizia chamar-se "Katie King", ainda nos deparamos com a pergunta: "Quem era Katie King?". A resposta que podemos dar é a que ela mesma deu, aceitando, porém, que não temos nenhuma prova disso. Ela declarou ser filha de John King, conhecido de longa data entre os espíritas como o espírito que presidia as sessões realizadas com o fim de produzir fenômenos materiais. Descrevemos sua personalidade com mais detalhes no capítulo sobre os Irmãos Eddy e a sra. Holmes, ao qual remetemos o leitor. O nome terreno dela fora Morgan, sendo King o título geral de certa classe de espíritos mais do que um nome comum. Ela vivera duzentos anos antes, no reinado de Carlos II, na ilha da Jamaica. Seja isso verdade ou não, ela sem dúvida se adaptou ao papel, e suas conversas de modo geral eram coerentes com seu relato. Uma das filhas do professor Crookes escreveu ao autor e mencionou sua vívida lembrança de histórias da colonização espanhola na região contadas por esse espírito bondoso às crianças da família. Ela se fez amada por todos. A sra. Crookes escreveu:

> Em uma sessão espírita com a srta. Cook em nossa casa, quando um de nossos filhos era um bebê de três semanas, Katie King, um espírito materializado, manifestou seu mais vivo interesse por ele e pediu permissão para ver o bebê. A criança foi

---

[2] *Researches in the Phenomena of Spiritualism.*

então levada para a sala de sessões e colocada nos braços de Katie, que, depois de segurá-lo de modo muito natural por alguns minutos, devolveu-o sorridente.

O prof. Crookes deixou registrado que, em sua experiência, a beleza e o encanto de Katie eram singulares.

O leitor pode com razão pensar que a luz difusa acima mencionada afeta de modo significativo os resultados, pois impede uma observação mais precisa. O prof. Crookes assegurou-nos, contudo, que, à medida que a série de sessões prosseguia, foi possível ampliar o grau de tolerância e a figura conseguiu suportar uma intensidade de luz maior. Essa tolerância tinha seus limites, porém, nunca ultrapassados pelo prof. Crookes, mas que foram testados ao máximo em um experimento ousado descrito pela srta. Florence Marryat (sra. Ross-Church). Deve-se esclarecer que o prof. Crookes não estava presente nessa experiência, nem a srta. Marryat jamais afirmou que ele estivesse. Como um dos presentes, todavia, ela menciona o nome do sr. Carter Hall. Bem-humorada, Katie havia concordado em testar os efeitos que uma luz plena produziria sobre sua imagem:

> Ela se posicionou junto à parede da sala de estar, com os braços estendidos como se estivesse crucificada. Em seguida, três bicos de gás foram acesos em grau máximo numa sala de cerca de quatro metros quadrados. O efeito sobre Katie King foi maravilhoso. Ela apareceu como ela mesma por um segundo apenas, e então começou a desvanecer-se aos poucos. Não consigo comparar a desmaterialização da forma dela a outra coisa senão a uma boneca de cera derretendo em contato com o fogo. Primeiro, os traços da face tornaram-se embaçados e indistintos, parecendo fundir-se. Os olhos afundaram nas órbitas, o nariz desapareceu, o osso frontal caiu. Em seguida, os membros pareceram desprender-se dela, e ela foi ruindo, desmoronando sobre o tapete, como um edifício desabando. Por fim, não restou nada além da sua cabeça acima do solo – depois apenas uma pilha de roupas brancas, que desapareceu instantaneamente, como se uma mão a tivesse puxado – e nós ficamos olhando à luz de três bicos de gás o local onde Katie King estivera.[3]

A srta. Marryat acrescenta o detalhe interessante de que, em algumas dessas sessões, o cabelo da srta. Cook ficou preso no chão, o que não impediu que Katie saísse do gabinete. De forma honesta e corajosa, o prof. Crookes relatou os

---

[3] *There Is No Death*, p. 143.

resultados obtidos em sua casa no seu *Journal*, causando profunda impressão no mundo científico. Algumas das mentes mais eminentes, homens como Russel Wallace, lorde Rayleigh, o jovem físico em ascensão William Barrett, Cromwell Varley e outros, tiveram suas convicções anteriores confirmadas ou foram estimulados a tomar um novo caminho de conhecimento. Havia um grupo intolerante e até violento, porém, encabeçado pelo fisiologista Carpenter, que ridicularizou o assunto e estava pronto a imputar qualquer coisa, de loucura a fraude, ao seu ilustre colega. A ciência oficial saiu dos debates em desvantagem. No relato que publicou, Crookes mencionou as cartas em que pedia a Stokes, o secretário da Royal Society, que comparecesse e visse o que acontecia com seus próprios olhos. Ao recusar o convite, Stokes se colocou exatamente na mesma posição daqueles cardeais que não quiseram olhar para as luas de Júpiter pelo telescópio de Galileu. Diante de um novo problema, a ciência material mostrou-se tão preconceituosa quanto a teologia medieval.

Antes de terminar essas anotações sobre Katie King, é preciso dizer algumas palavras sobre o futuro da grande médium de quem ela teve seu ser físico. A srta. Cook tornou-se sra. Corner, mas continuou a manifestar seus notáveis poderes. O autor tem conhecimento de uma ocasião apenas em que a honestidade da mediunidade dela foi questionada, fato ocorrido quando ela foi surpreendida por *sir* George Sitwell e acusada de personificar um espírito. O autor é de opinião que uma médium de materialização deve ser sempre imobilizada para que não possa deslocar-se pelo recinto – e isso para sua própria proteção. É improvável que ela se mova em transe profundo, mas na condição de meio transe não há nada que, inconscientemente, semiconscientemente ou em obediência à sugestão das expectativas do círculo, a impeça de passar do gabinete à sala. É reflexo da nossa ignorância que toda uma vida de provas seja obscurecida por um único episódio dessa natureza. É digno de nota, no entanto, que nessa ocasião os observadores concordaram com que a figura estava de branco, ao passo que quando foi surpreendida, a sra. Corner não estava de branco. Um pesquisador experiente provavelmente teria concluído que não se tratava de uma materialização, mas sim de uma transfiguração, o que significa que o ectoplasma, sendo insuficiente para compor uma figura inteira, foi usado para revestir a médium para que ela mesma carregasse o simulacro. Comentando casos dessa natureza, o grande pesquisador alemão, dr. Schrenck Notzing, diz:[4]

---

[4] *Phenomena of Materialization* (Tradução inglesa).

Esta (fotografia) é interessante porque esclarece a gênese da chamada transfiguração, isto é, [...] a médium assume o papel do espírito, procurando representar o caráter da pessoa envolvida, vestindo-se com o tecido materializado. Esse estágio de transição encontra-se em quase todos os médiuns de materialização. A literatura sobre o assunto registra um grande número de tentativas de fraude de médiuns personificando "espíritos, por exemplo a do médium Bastian "transfigurando" o príncipe herdeiro Rudolph; a da médium de Crookes, srta. Cook; a de madame d'Espérance etc. Em todos esses casos, o médium foi desmascarado, mas os tecidos usados para o simulacro desapareceram imediatamente e não foram mais encontrados.

Parece, então, que em casos assim a reprovação recai sobre uma plateia negligente e não sobre o médium inconsciente.

A natureza sensacional dos experimentos do prof. Crookes com a srta. Cook e o fato, sem dúvida, de que pareciam mais vulneráveis a ataques tenderam a obscurecer seus resultados positivos com Home e com a srta. Fox, que estabeleceram os poderes desses médiuns sobre uma base sólida. Crookes logo se deparou com as dificuldades comuns que os pesquisadores encontram, mas teve bom senso suficiente para perceber que em um assunto inteiramente novo é preciso adaptar-se às condições, e não abandonar o estudo com desgosto porque as condições se recusam a se adaptar às nossas próprias ideias preconcebidas. Assim, falando de Home, ele diz:

> Os experimentos que empreendi foram muito numerosos, mas, em razão de nosso conhecimento imperfeito das condições que favorecem ou se opõem às manifestações dessa força, à maneira aparentemente caprichosa como ela é exercida e ao fato de que o próprio sr. Home está sujeito a inexplicáveis flutuações dessa força, raramente aconteceu de um resultado obtido em uma ocasião poder ser confirmado e testado posteriormente com aparelhos especialmente concebidos para tal fim.[5]

O mais marcante desses resultados foi a alteração no peso dos objetos, que depois foi totalmente confirmada pelo dr. Crawford em trabalho conjunto com o círculo de Goligher, e também durante a pesquisas "Margery" em Boston. Objetos pesados podiam se tornar leves, e leves, pesados, pela ação de alguma força invisível que parecia estar sob a influência de uma inteligência independente. As

---

[5] *Researches in the Phenomena of Spiritualism*, p. 10.

verificações pelas quais todas as possíveis fraudes foram eliminadas estão muito bem descritas no registro dos experimentos e devem convencer qualquer leitor livre de preconceitos. O dr. Huggins, reconhecida autoridade em espectroscopia, e Serjeant Cox, o eminente advogado, na companhia de vários outros espectadores, testemunharam os experimentos. Como já registrado, porém, Crookes se viu impossibilitado de fazer com que pelo menos alguns dos representantes mais eminentes da ciência dedicassem uma hora de atenção ao assunto.

A execução de instrumentos musicais, especialmente do acordeão, em circunstâncias em que era impossível alcançar as notas, foi outro dos fenômenos examinados minuciosamente e depois atestado por Crookes e seus assistentes. Admitindo que o próprio médium tenha o conhecimento que o habilitaria a tocar o instrumento, o autor não está preparado para admitir que esse fenômeno seja prova absoluta de inteligência independente. Uma vez admitida a existência de um corpo etérico, com membros que correspondem aos nossos, não há razão óbvia para que um desprendimento parcial não ocorra e para que os dedos etéricos não sejam postos sobre as teclas enquanto os materiais pousam no colo do médium. O problema se resolve, então, na proposição mais simples de que o cérebro do médium pode comandar seus dedos etéricos e que esses dedos podem receber força suficiente para pressionar as teclas. Muitos fenômenos psíquicos, a leitura com os olhos vendados, o toque de objetos distantes etc. podem, na opinião do autor, ser atribuídos ao corpo etérico e considerados elementos associados mais a um materialismo elevado e sutil do que ao Espiritismo. Eles se incluem em uma ordem bem distinta daqueles fenômenos mentais, como as mensagens incontestáveis dos mortos que formam o verdadeiro centro do movimento espírita. Falando da srta. Kate Fox, o prof. Crookes diz: "Tenho observado muitas circunstâncias que parecem mostrar que a vontade e a inteligência do médium têm muito a ver com os fenômenos". Acrescenta ainda que isso não implica consciência ou desonestidade, e continua: "Observei alguns casos que parecem apontar conclusivamente para a ação de uma inteligência externa que não pertence a nenhum ser humano presente na sala".[6] Esse é o aspecto que o autor procurou destacar e que é expresso por uma autoridade muito superior à sua.

Os fenômenos observados principalmente na pesquisa relacionada à srta. Kate Fox foram o movimento de objetos a distância e a produção de sons percussivos ou batidas. Esses sons abrangem uma grande variedade, "tique-taques

---

[6] *Researches in the Phenomena of Spiritualism*, p. 95.

suaves, sons agudos como de uma bobina de indução em pleno funcionamento, detonações no ar, batidas metálicas agudas, estalidos como os de uma máquina de fricção em operação, sons de arranhões, gorjeio de pássaros etc.".[7] Todos nós que tivemos experiência com esses sons fomos levados a nos perguntar até que ponto eles estão sob o controle do médium. O autor chegou à conclusão, como já foi dito, de que até certo ponto eles estão sob o controle do médium e que, além desse ponto, não estão. Ele não consegue esquecer a aflição e o constrangimento de um grande médium do norte quando, na presença do autor, no restaurante de um hotel em Doncaster, batidas fortes, semelhantes ao estalo de dedos, começaram a soar em torno da sua cabeça. Se o autor ainda tinha alguma dúvida de que as batidas eram independentes do médium, ela finalmente foi resolvida naquela ocasião. Quanto à objetividade desses ruídos, Crookes diz a respeito da srta. Kate Fox:

> Parece apenas necessário que ela coloque a mão em qualquer objeto para nele se ouvir golpes fortes, como uma pulsação tripla, às vezes altos o suficiente para ouvir a várias salas de distância. Assim eu os ouvi numa árvore, numa lâmina de vidro, num arame esticado, numa membrana esticada, num pandeiro, no teto de uma carruagem e no piso de um teatro. Além disso, o contato real nem sempre é necessário. Já ouvi sons vindos do chão, de paredes etc., quando as mãos e os pés da médium eram segurados, quando ela estava de pé numa cadeira, quando ficou suspensa num balanço preso no teto, quando foi fechada numa gaiola de arame e quando caiu desmaiada num sofá. Eu os ouvi numa harmônica de vidro, os senti em meu ombro e sob minhas mãos. Eu os ouvi numa folha de papel, segurada entre os dedos por um pedaço de linha passado por um canto. Com pleno conhecimento das numerosas teorias que foram iniciadas, principalmente nos Estados Unidos, para explicar esses sons, eu as testei de todas as maneiras que pude imaginar, até não poder evitar a convicção de que eram verdadeiras ocorrências objetivas não produzidas por artifícios ou meios mecânicos.

Assim termina a lenda em torno do ranger das articulações dos artelhos, de maçãs que caem e de todas as outras explicações absurdas apresentadas para justificar os fatos. É razoável dizer, todavia, que os dolorosos incidentes ligados aos últimos dias das irmãs Fox justificam de alguma forma aqueles que, sem conhecer

---

[7] *Researches in the Phenomena of Spiritualism*, p. 86.

as provas reais, tiveram a atenção atraída por aquele único episódio – que é tratado em outro lugar.

Alguns, por vezes, presumiram que Crookes modificou ou abandonou suas opiniões sobre assuntos psíquicos, conforme expresso em 1874. É possível pelo menos dizer que a violência da oposição e a timidez daqueles que poderiam tê-lo apoiado o alarmaram e que ele pensou que sua posição científica estava em risco. Sem recorrer a subterfúgios, ele sem dúvida se esquivou da questão. Ele se recusou a republicar seus artigos sobre o assunto e não permitiu a circulação das maravilhosas fotografias em que a materializada Katie King estava de braços dados com ele. Ele foi extremamente cauteloso também ao definir sua posição. Em carta citada pelo prof. Angelo Brofferio, ele diz:[8]

> Tudo o que sei é que existem seres invisíveis e inteligentes que se dizem espíritos de pessoas mortas. Mas a prova de que realmente são o que dizem ser, e que eu preciso para acreditar, nunca a recebi, embora esteja disposto a admitir que muitos amigos meus afirmam ter efetivamente obtido as provas desejadas, e eu mesmo já estive muitas vezes a ponto de formar essa convicção.

Com o avanço da idade, no entanto, essa convicção se fortaleceu, ou talvez ele tenha se tornado mais consciente das responsabilidades morais que tais experiências excepcionais implicam.

Em seu discurso de posse como presidente da Associação Britânica em Bristol, em 1898, *sir* William Crookes referiu-se brevemente às suas pesquisas anteriores. Ele disse:

> Ainda não mencionei outro interesse meu – para mim o mais importante e o mais abrangente de todos. Nenhum aspecto em minha carreira científica é mais conhecido do que o papel que desempenhei muitos anos atrás em certas pesquisas psíquicas. Trinta anos se passaram desde que publiquei um relato de experimentos procurando mostrar que fora de nosso conhecimento científico existe uma Força exercida por uma inteligência distinta da inteligência comum aos mortais. [...] Não tenho nada a retratar. Eu me atenho às minhas declarações já publicadas. Na verdade, eu ainda poderia acrescentar muitos fatos ao que já disse.

---

[8] *Für den Spiritismus*, Leipzig, 1894, p. 319.

Quase vinte anos depois, sua crença estava mais firme do que nunca. Durante uma entrevista, ele disse:[9]

Nunca tive ocasião de mudar de opinião sobre o assunto. Estou perfeitamente satisfeito com o que disse no passado. É bem verdade que se estabeleceu uma conexão entre este mundo e o outro.

Em resposta à pergunta se o Espiritismo não havia extirpado o velho materialismo dos cientistas, ele acrescentou:

Creio que sim. Ele pelo menos convenceu a grande maioria das pessoas que conhecem alguma coisa sobre a existência do outro mundo.

Graças a uma cortesia do sr. Thomas Blyton, o autor teve recentemente a oportunidade de ver a carta de condolências escrita por *sir* William Crookes por ocasião da morte da sra. Corner. É datada de 24 de abril de 1904, e nela ele diz: "Transmita os mais sinceros sentimentos de *lady* Crookes e meus à família por sua perda irreparável. Acreditamos firmemente que nossos entes queridos, depois de efetuarem a passagem, continuam velando por nós. Essa crença, que deve grande parte de sua certeza à mediunidade da sra. Corner (ou Florence Cook, como sempre estará em nossa memória), fortalecerá e consolará aqueles que aqui ficam". Ao anunciar a morte da mãe, a filha disse: "Ela morreu em profunda paz e felicidade".

---

[9] *The International Psychic Gazette*, dezembro de 1917, pp. 61-2.

CAPÍTULO XII

OS IRMÃOS EDDY E OS HOLMES

Qualquer que seja o critério que se adote, é difícil acompanhar o surgimento de vários médiuns nos Estados Unidos; assim, o estudo de um ou dois casos exponenciais possibilita que se caracterize o todo. Os anos 1874 e 1875 foram de grande atividade psíquica, aprofundando as crenças de alguns e escandalizando outros. De modo geral, o escândalo parece ter predominado; se justificadamente ou não, é uma questão passível de debate. Os adversários da verdade psíquica, contando com o apoio do clero das várias igrejas, da ciência organizada e da imensa massa inerte da sociedade materialista, detinham o comando da imprensa leiga, daí resultando que tudo o que favorecia essa verdade era suprimido ou distorcido e tudo o que se opunha a ela recebia a mais ampla publicidade. Assim, faz-se necessária uma verificação constante de episódios passados e uma reavaliação de valores antigos. Mesmo nos dias atuais o ar está carregado de preconceito. Se um cidadão de certo destaque entrasse hoje na redação de um jornal londrino e dissesse ter surpreendido um médium em algum ato de fraude, a informação seria avidamente acolhida e divulgada por todo o país; por outro lado, se o mesmo cidadão afirmasse estar absolutamente convencido da veracidade dos fenômenos, provavelmente não conseguiria um parágrafo sequer. A balança sempre pende para um lado. Nos Estados Unidos, onde praticamente não existe uma lei contra os crimes de difamação e onde a imprensa é muitas vezes violenta e sensacionalista, esse estado de coisas era – e possivelmente é – ainda mais manifesto.

O primeiro incidente a chamar a atenção foi a mediunidade dos irmãos Eddy, provavelmente nunca superada em sua modalidade de materialização ou, como podemos chamá-las hoje, de formas ectoplásmicas. Naquela época, a dificuldade em aceitar tais fenômenos estava em que pareciam ser regulados por leis desconhecidas e estar isolados de todas as nossas experiências da natureza. Os trabalhos de Geley, Crawford, madame Bisson, Schrenck Notzing e outros removeram esse obstáculo e nos deram, no mínimo, uma hipótese científica completa, sustentada por pesquisas prolongadas e cuidadosas, de modo que podemos estabelecer certa ordem nessa matéria. Isso não existia em 1874, e podemos admitir a dúvida até mesmo das mentes mais honestas e sinceras, quando se lhes pedia que acreditassem que dois camponeses rudes, sem jeito e sem educação, podiam produzir resultados que eram negados ao resto do mundo e totalmente inexplicáveis pela ciência.

Os irmãos Eddy, Horatio e William eram pessoas rústicas que cultivavam uma pequena propriedade no povoado de Chittenden, perto de Rutland, no Estado de Vermont. Um observador os descreveu como "retraídos, distantes e rudes com estranhos, parecem mais agricultores incansáveis do que profetas ou sacerdotes de uma nova dispensação, têm pele escura, cabelos e olhos negros, articulações rígidas, postura desajeitada, esquivos a aproximações, deixando o visitante desconfortável e com a impressão de sua presença ser indesejável. Estão de briga com alguns vizinhos, que não gostam deles. [...] Na verdade, são criticados por uma opinião pública que não está preparada ou disposta a estudar os fenômenos seja como prodígios científicos, seja revelações de outro mundo".

Os boatos dos acontecimentos estranhos ocorridos na propriedade dos Eddys haviam se espalhado, provocando um alvoroço semelhante ao causado pela sala de música dos Koons nos primeiros tempos. Muitos chegavam de todas as partes para investigar. Tudo indica que os Eddys teriam acomodações amplas, ainda que rudes, para seus hóspedes, instalando-os em uma grande sala com gesso desprendendo-se das paredes e refeições tão frugais quanto o ambiente. Cobravam pouco pela alimentação e também não teriam lucrado com suas demonstrações psíquicas.

Relatos do que acontecia despertaram grande curiosidade em Boston e em Nova York. Dessa forma, um jornal nova-iorquino, o *Daily Graphic*, enviou o coronel Olcott como investigador. Naquela época, Olcott não se identificava com nenhum movimento psíquico – de fato, alimentava preconceitos nesse sentido, e encarou sua tarefa com o espírito de um "informante". Era um homem de mente lúcida e grande habilidade, com elevado senso de honra. Ninguém consegue ler os detalhes reveladores e íntimos de sua vida narrados em seu *Old Diary Leaves* sem sentir um profundo respeito pelo homem – leal ao extremo, altruísta e com aquela rara coragem moral que seguirá a verdade e aceitará os resultados mesmo quando contrariarem suas expectativas e seus desejos. Ele não era um sonhador místico, mas um homem de negócios muito prático, e algumas de suas observações de pesquisa psíquica receberam muito menos atenção do que mereciam e merecem.

Olcott permaneceu dez semanas na atmosfera de Vermont, o que em si deve ter sido uma façanha de considerável resistência, com alimentação simples, sustento difícil e anfitriões desagradáveis. Ele se despediu com um sentimento muito próximo da antipatia pessoal pelos seus taciturnos anfitriões, mas ao mesmo tempo totalmente convencido dos poderes psíquicos de que estavam dotados. Como todo investigador prudente, ele se recusa a dar atestados de caráter em branco e não se responsabiliza pelas ocasiões em que esteve ausente nem pela conduta futura daqueles que está julgando. Ele se restringe à sua experiência concreta e, em quinze notáveis artigos publicados no *New York Daily Graphic* em outubro e novembro de 1874, apresentou todos os resultados constatados e os passos que havia dado para observá-los. Lendo-os, é difícil sugerir qualquer precaução que ele tenha omitido.

Seu primeiro cuidado foi examinar a história dos Eddys. Foi um registro bom, mas não impecável. Nunca será demais insistir que o médium é um mero instrumento e que o dom não tem relação com o caráter. Isso se aplica aos fenômenos físicos, mas não aos mentais, pois nenhum ensinamento elevado poderia vir por um canal inferior. Não havia nada de errado no registro dos irmãos, mas eles admitiram que certa vez fizeram uma apresentação mediúnica falsa, anunciando-a como tal e realizando truques. Isso provavelmente foi feito para ganhar dinheiro e também para apaziguar os vizinhos intolerantes que estavam indignados com os fenômenos reais. Qualquer que fosse a causa ou o motivo, Olcott tratou de ser muito cauteloso em suas interações, pois as circunstâncias evidenciavam um grande conhecimento de truques.

A ascendência era muito interessante, pois não só havia um registro ininterrupto de poder psíquico estendendo-se por várias gerações, mas ainda a avó dos irmãos Eddy, de quatro gerações precedentes, havia sido queimada como bruxa – ou pelo menos havia sido condenada nos famosos julgamentos de Salem de 1692. Muitos que vivem hoje estariam tão prontos a seguir esse curto caminho com nossos médiuns como sempre esteve Cotton Mather, mas os processos policiais são o equivalente moderno. Infelizmente, o pai dos Eddys era um desses perseguidores fanáticos de mentalidade estreita. Olcott assinala que as crianças ficaram marcadas por toda a vida pelos golpes que ele lhes desferiu para desestimulá-los do que ele resolveu considerar poderes diabólicos. A mãe, ela mesma muito sensitiva, sabia como esse bruto "religioso" agia injustamente, e a residência deve ter se tornado um inferno na Terra. Não havia refúgio para as crianças fora de casa, pois os fenômenos psíquicos os acompanhavam inclusive até a escola e instigavam os insultos dos ignorantes jovens bárbaros ao seu redor. Em casa, quando um dos jovens entrava em transe, o pai e um vizinho despejavam água fervente sobre ele e colocavam um carvão em brasa sobre sua cabeça, deixando cicatrizes indeléveis. O jovem felizmente dormia por um bom tempo. É de se espantar que depois de uma infância assim as crianças se tornassem homens acanhados e taciturnos?

À medida que cresciam, o odioso pai tentou ganhar dinheiro com os poderes que ele com tanta brutalidade havia desencorajado e empregou as crianças como médiuns. Ninguém nunca descreveu adequadamente os sofrimentos a que os médiuns públicos eram submetidos nas mãos de investigadores idiotas e céticos cruéis. Olcott testemunha que as mãos e os braços das irmãs, bem como dos irmãos, expunham sulcos formados pelos laços apertados e cicatrizes deixadas pela cera em chamas; duas das meninas tinham porções da pele arrancadas por algemas. Foram muitas vezes espancados, queimados, apedrejados e perseguidos, sendo seu gabinete de experimentos repetidamente destroçado. O sangue escorria das unhas devido à compressão das artérias. Assim eram os primeiros tempos nos Estados Unidos, mas a Grã-Bretanha não tem do que se orgulhar: basta lembrar os irmãos Davenport e a violência insensata da turba em Liverpool.

Os Eddys parecem ter trabalhado com todas as modalidades da mediunidade física. Olcott relaciona as seguintes: batidas, movimentação de objetos, pintura em óleo e aquarela sob influência, profecia, fala em línguas estranhas, cura, discernimento de espíritos, levitação, escrita de mensagens, psicometria, clarividência e, por fim, a produção de formas materializadas. Desde que São Paulo enumerou os dons do Espírito pela primeira vez, nenhuma lista mais abrangente foi elaborada.

O método adotado nas sessões era o seguinte: o médium sentava-se em um gabinete localizado em uma das extremidades da sala e a assistência ocupava bancos enfileirados à sua frente. O leitor provavelmente perguntará por que devia haver um gabinete; a experiência ao longo do tempo mostrou que se pode de fato dispensá-lo, exceto nesse fenômeno particular de materialização. Home nunca usou um gabinete, que também nossos principais médiuns britânicos de hoje raramente usam. Há, todavia, uma razão bem específica que justifica sua presença. Sem ser muito didático sobre um assunto que ainda está em análise, podemos ao menos afirmar, como hipótese de trabalho muito recomendável, que o vapor ectoplásmico que se solidifica na substância plasmática a partir da qual as formas são construídas condensa-se mais facilmente em um espaço limitado. Verificou-se, porém, que a presença do médium nesse espaço não é necessária. Na maior sessão de materialização a que o autor já assistiu, em que cerca de vinte formas de várias idades e tamanhos apareceram em uma noite, o médium ficou sentado fora do gabinete de onde as formas emergiam. Supostamente, de acordo com a hipótese, seu vapor ectoplásmico era levado para o espaço limitado, independentemente da posição de seu corpo físico. Na data dessa pesquisa, esse fato não havia sido confirmado, por isso o gabinete foi utilizado.

É óbvio, entretanto, que o gabinete poderia se prestar a fraudes e embustes, por isso precisava ser meticulosamente examinado. Ele ficava no segundo andar, e tinha uma pequena janela. Olcott encobriu a janela com uma cortina tipo mosquiteiro presa no lado de fora. O restante do gabinete era de madeira maciça e acessível apenas pela sala onde estavam os espectadores. Nada apontava para possibilidade de fraude. Olcott mandou examiná-lo por um especialista, cujo certificado consta do livro.

Olcott relatou em seus artigos de jornal e depois em seu notável livro *People from the Other World* que, nessas circunstâncias, no decorrer de dez semanas, testemunhou nada menos do que quatrocentas aparições saindo desse gabinete, de todos os tipos, tamanhos, sexos e raças, vestidas com as roupas mais maravilhosas, bebês nos braços, guerreiros índios, cavalheiros em trajes de gala, um curdo com uma lança de três metros, índias fumando e damas em trajes finos. Essa foi a constatação de Olcott, não havendo uma única afirmação sua para a qual não estivesse preparado para apresentar o testemunho de uma sala repleta de pessoas. Sua história foi recebida com ceticismo na época, mas deve suscitar um pouco mais de credibilidade atualmente. Olcott, imbuído do seu objeto de estudo e conhecendo todas as precauções tomadas, irritou-se, como todos nós o fazemos, com as críticas daqueles que estiveram ausentes e que optaram por presumir que todos os presentes eram tolos e simplórios. Ele diz: "Se alguém lhes fala de bebês sendo levados do gabinete por suas mães, de meninas jovens com formas flexíveis, mechas douradas e estatura baixa, de mulheres e homens velhos surgindo de forma inteira e falando conosco, de crianças vistas, duas por vez, simultaneamente com outra forma e vestimentas de diferentes modelos, de cabeça calva, cabelos grisalhos, cabeleiras negras chocantes, cabelos cacheados, de fantasmas reconhecidos imediatamente por amigos e fantasmas falando claramente numa língua estrangeira desconhecida do médium – sem qualquer mudança de atitude. [...] A credulidade de alguns cientistas também é ilimitada – eles preferem acreditar que um bebê pode erguer uma montanha sem alavancas a crer que um espírito possa erguer uma pena".

Mas, à parte o cético radical, a quem nada convencerá e que rotularia o anjo Gabriel no último dia como uma ilusão de ótica, há algumas objeções muito naturais que um principiante honesto é obrigado a fazer e um crente honesto a responder. O que dizer desses trajes? De onde vêm? Podemos aceitar uma lança de três metros como um objeto espiritual? Até onde entendemos, a resposta está nas incríveis propriedades do ectoplasma. Ele é a substância mais maleável, capaz de ser moldada instantaneamente em qualquer forma, e o poder de moldagem é a vontade do espírito, dentro ou fora do corpo. *Qualquer coisa* pode ser moldada a partir dele em um instante, se a inteligência predominante assim decidir. Em todas essas sessões, parece estar presente um ser espiritual controlador que organiza as figuras e coordena todo o programa. Às vezes, ele fala e dirige abertamente; em outras fica em silêncio e se manifesta apenas por suas ações. Como já foi dito, esses controles são muitas vezes índios peles-vermelhas que em sua vida espiritual parecem ter alguma afinidade especial com fenômenos físicos.

William Eddy, o médium principal desses fenômenos, parece não ter passado por problemas relacionados à saúde ou ao vigor como consequência do que em geral é um processo muito exaustivo. Crookes observou como Home "ficava quase desmaiado no chão, pálido e inerte". Home, porém, não era um camponês rude que vivia ao ar livre, mas um artista sensível e inválido. Eddy comia pouco e fumava sem parar. Música e cantos eram utilizados nas sessões, pois há muito já se observou a estreita relação entre as vibrações musicais e os resultados psíquicos. Descobriu-se também que a luz branca prejudica os resultados, o que hoje se explica pelos efeitos devastadores que ela exerce sobre o ectoplasma. Já foram tentadas muitas cores para evitar a escuridão total, mas, se você confia no seu médium, esta é a que mais favorece os resultados, especialmente aqueles que envolvem luzes fosforescentes e intermitentes que produzem os fenômenos mais belos. No caso de se usar uma luz, a de cor vermelha é a que oferece melhores condições de tolerância. Em suas sessões, Eddy adotava uma iluminação reduzida proveniente de uma lâmpada encoberta.

Seria cansativo para o leitor entrar em detalhes sobre os vários tipos de personalidades que apareciam nessas reuniões memoráveis. madame Blavatsky, então uma mulher desconhecida em Nova York, tinha vindo para observar as demonstrações. Naquela época, ela ainda não havia desenvolvido a linha teosófica de pensamento e era uma espírita fervorosa. O coronel Olcott e ela se encontraram pela primeira vez na casa da fazenda de Vermont, ocasião em que começaram uma amizade que no futuro levaria a desdobramentos estranhos. Aparentemente em sua homenagem, todo um séquito de imagens russas apareceu, as quais conversaram longamente com ela nesse idioma. As principais aparições, no entanto, foram a de um índio enorme chamado Santum e de uma índia chamada Honto, que se materializaram tão completamente e com tanta frequência que se pode desculpar o público se às vezes esqueceu que estava lidando com espíritos. O contato foi tão próximo que Olcott mediu Honto numa escala representada pintada ao lado da porta do gabinete. Ela tinha 1,60 metro. Em certa ocasião, expôs o seio e pediu a uma senhora presente que sentisse as batidas de seu coração. Honto era uma pessoa alegre, gostava de dançar, de cantar, de fumar e de exibir seus bastos cabelos negros para a plateia. Santum, por outro lado, era um guerreiro taciturno, com 1,90 metro de altura. A altura do médium era de 1,75 metro.

Vale a pena observar que o índio sempre levava consigo um polvorinho feito de chifre, que na verdade lhe fora dado por um visitante do círculo. Ele ficava pendurado no gabinete e era usado por ele quando se materializava. Alguns dos espíritos de Eddy falavam, outros não, e a fluência variava muito. Esse fato condizia com a experiência do autor em sessões semelhantes. Parece que a alma que retorna tem muito a aprender quando lida com esse simulacro de si mesma, e que aqui, como em outros lugares, a prática conta muito. Ao falar, essas figuras movem os lábios exatamente como os seres humanos. Foi demonstrado também que sua respiração em água de cal produz a reação característica do dióxido de carbono. Olcott diz: "Os próprios espíritos dizem que precisam aprender a arte da automaterialização como aprenderiam qualquer outra arte". No início, só podiam fazer mãos tangíveis como nos casos dos Davenports, dos Foxes e de outros. Muitos médiuns nunca passam desse estágio.

Entre os inúmeros visitantes na residência de Vermont havia naturalmente alguns que assumiam uma atitude hostil. Nenhum deles, contudo, parece ter entrado no assunto com profundidade. O que mais chamou a atenção foi certo dr. Beard, médico em Nova York, que baseado em uma única sessão sustentou que as figuras eram todas personificações do próprio William Eddy. Ele não apresenta nenhuma prova para corroborar essa afirmação, apenas sua impressão individual, e acrescenta ainda que poderia produzir todos os efeitos observados com "aparelhos teatrais de três dólares". É bem possível formar honestamente uma opinião assim com base em uma única apresentação, especialmente se teve pouco sucesso. Mas torna-se perfeitamente insustentável quando comparada com as experiências daqueles que assistiram a várias sessões. Assim, o dr. Hodgson, de Stoneham, Massachusetts, assinou um documento com outras quatro testemunhas: "Certificamos... que Santum estava na plataforma quando outro índio quase da mesma estatura saiu, e os dois se cruzaram várias vezes enquanto andavam de um lado para o outro. Ao mesmo tempo, George Dix, Mayflower, o velho sr. Morse e a sra. Eaton conversavam dentro do gabinete. Reconhecemos a voz familiar de cada um deles". Há muitos outros testemunhos, além desse de Olcott, e todos simplesmente excluem a teoria da personificação. Deve-se acrescentar que muitas das formas eram crianças pequenas e bebês de colo. Olcott mediu uma criança com setenta centímetros de altura. Para ser justo, é preciso ainda acrescentar que a única coisa que por vezes obscurece o leitor é a própria hesitação e reserva de Olcott. Ele era inexperiente e, de vez em quando, uma onda de medo e dúvida atravessava sua mente; imaginava então que havia se envolvido demais e que deveria recuar caso, de alguma maneira inexplicável, se percebesse equivocado. Assim, ele diz: "As formas que vi em Chittenden, embora aparentemente não tenham outra explicação que a de sua origem sobrenatural, ainda constituem um fato 'não comprovado' em termos científicos". Em outro lugar, ele diz não ter "condições de teste".

Essa expressão "condições de teste" tornou-se uma espécie de convenção que perde todo seu significado. Isso ocorre, por exemplo, quando alguém diz que, sem sombra de dúvida, viu o rosto da mãe morta à sua frente, e o interlocutor responde: "Sim, mas isso ocorreu em condições de teste?". O teste está no fenômeno em si. Quando consideramos que Olcott foi autorizado a examinar o pequeno gabinete, a tapar a janela, esquadrinhar o médium, medir e pesar as formas ectoplásmicas por dez semanas, perguntamo-nos o que mais ele exigiria para ter certeza total. O fato é que, quando Olcott escrevia seu relato, ocorreu o suposto desmascaramento da sra. Holmes e a retratação parcial do sr. Dale Owen, duas circunstâncias que o levaram a tomar essas precauções.

Foi a mediunidade de William Eddy que assumiu a forma de materializações. Horatio Eddy realizou sessões espíritas de natureza bem diferente. Nesse caso, fixava-se uma espécie de tela e utilizava-se boa iluminação; Horatio, então, sentava-se à frente dessa tela tendo a seu lado um dos presentes, o qual segurava sua mão. Atrás da tela, posicionavam-se um violão e outros instrumentos, que logo começavam a tocar, aparentemente por conta própria, enquanto mãos materializadas apareciam sobre a borda da tela. O efeito geral da apresentação era muito parecido com o dos irmãos Davenport, porém mais impressionante, ainda mais considerando que o médium estava à vista de todos e sob o controle de um espectador. A hipótese da ciência psíquica moderna, baseada em muitos experimentos, especialmente os do dr. Crawford, de Belfast, é que faixas invisíveis de ectoplasma, mais condutoras de energia do que energias propriamente ditas, propagam-se do corpo do médium e se conectam com o objeto a ser manipulado, onde são usadas para levantá-lo ou tocá-lo, como o poder invisível desejar – sendo esse poder invisível, de acordo com as ideias atuais do professor Charles Richet, uma extensão da personalidade do médium e, segundo a escola mais avançada, alguma entidade independente. Nada disso se conhecia na época dos Eddys, e os fenômenos apresentavam a questionável aparência de toda uma série de efeitos sem causa. Quanto à realidade do fato, é impossível ler a descrição pormenorizada de Olcott sem convencer-se de que não poderia haver erro nisso. Esse movimento de objetos a distância do médium, ou *telecinese*, para usar o termo moderno, é hoje um fenômeno raro à luz, mas em uma ocasião, num círculo amador de espíritas experientes, o autor viu um grande círculo em forma de bandeja de madeira à luz de uma vela erguer-se na borda e produzir respostas em código para perguntas quando todos estavam a mais de dois metros de distância.

Nas sessões de Horatio Eddy no escuro, quando a ausência total de luz dava ao poder psíquico capacidade máxima, Olcott constatou que havia danças de guerra de índios alucinados com batidas de centenas de pés e o toque estrondoso de todos os instrumentos simultaneamente, acompanhados por gritos e berros. "Como uma exibição de pura força bruta", diz ele, "esta dança índia é provavelmente insuperável nos anais de tais manifestações." Uma luz acesa encontraria todos os instrumentos espalhados pelo chão e Horatio em um sono profundo, sem nenhum vestígio de transpiração, inconsciente em sua cadeira. Olcott nos garante que ele e outros homens presentes, cujos nomes relaciona, foram autorizados a amparar o médium, mas em um minuto ou dois todos os instrumentos estavam tocando novamente. Depois de tal experimento, quaisquer outras experiências – e foram muitas – parecem não ter importância. Desconsiderando aspectos levemente suspeitos por parte de Olcott e dos outros espectadores, não há dúvida de que Horatio Eddy operava com poderes que a ciência conhecia, e ainda conhece, muito imperfeitamente.

Alguns experimentos de Olcott foram tão precisos e são descritos com tanta franqueza e clareza que merecem consideração respeitosa e precedem o trabalho de muitos pesquisadores modernos. Por exemplo, ele trouxe de Nova York uma balança que foi devidamente testada e considerada exata, acompanhada de um certificado comprobatório. Ele então convenceu uma das formas materializadas, a índia Honto, a pôr-se de pé sobre ela, sendo os pesos reais registrados por uma terceira pessoa, o sr. Pritchard, um cidadão respeitável e pouco interessado no assunto. Olcott faz o seu relato dos resultados e anexa um atestado de Pritchard como jurado perante um juiz. Honto foi pesada quatro vezes, de pé sobre a plataforma para que não pudesse aliviar seu peso de maneira alguma. Ela era uma mulher de 1,60 metro de altura – e era de se esperar que registrasse cerca de 65 kg. Os quatro resultados foram, na verdade, 39,9, 26,3, 26,3 e 29,5 quilos, todos na mesma noite. Isso parece indicar que seu corpo era um mero simulacro que podia variar em densidade de minuto a minuto. Mostrou também o que Crawford deixou claro depois, que todo o peso do simulacro não pode proceder do médium. É inconcebível que Eddy, que pesava 82 quilos, fosse capaz de transferir 40. Todo o círculo, de acordo com sua capacidade, que varia muito, é chamado a contribuir, e outros elementos podem com toda probabilidade ser extraídos da atmosfera. A maior perda real de peso já demonstrada pela srta. Goligher nos experimentos de Crawford foi de 23,7 quilos, mas os mostradores instalados nas cadeiras de pesagem indicaram que cada membro do círculo contribuiu com alguma substância para a composição das formações ectoplásmicas.

O coronel Olcott também preparou duas balanças de mola e testou a força de tração das mãos dos espíritos, enquanto as do médium eram seguradas por um dos presentes. A mão esquerda puxou com uma força de dezoito quilos, e a mão direita com vinte e três, em um ambiente tão bem iluminado que Olcott pôde ver claramente que a mão direita tinha um dedo a menos. Por uma declaração do espírito, ele já sabia tratar-se de um marinheiro que perdera um dedo em vida. Quando lemos coisas assim, fica muito difícil compreender as queixas de Olcott de que seus resultados não eram definitivos e de que não tinha condições de teste perfeitas. Não obstante, ele termina suas conclusões com as palavras: "Não importa quantos céticos desfiram seus golpes contra esses fatos graníticos; não importa que um grupo de denunciantes toque suas trombetas de latão baratas... essa Jericó resistirá".

Olcott observou que essas formas ectoplásmicas eram rápidas ao obedecer a qualquer ordem mental de algum participante da sessão que tivesse grande força mental, indo e vindo à vontade. Outros observadores em várias sessões notaram o mesmo fato, que pode ser tomado como um dos aspectos consistentes nesse problema desconcertante.

Houve outro ponto curioso e, provavelmente, Olcott deixou de percebê-lo. Trata-se do fato de que os médiuns e os espíritos que haviam sido bastante afáveis com ele durante sua longa visita tornaram-se, de repente, muito ásperos e desagradáveis. Essa mudança parece ter ocorrido logo após a chegada de madame Blavatsky, com quem Olcott havia estabelecido fortes laços de amizade. Como já mencionado, madame era uma espírita ardorosa na época, mas é bem possível que os espíritos tenham pressentido e percebido o perigo que essa senhora russa representava. Seus ensinamentos teosóficos, apresentados um ano ou dois depois, diriam que, embora os fenômenos fossem reais, os espíritos eram conchas astrais vazias e não tinham vida própria. Seja qual for a explicação verdadeira, a mudança nos espíritos foi perceptível. "Longe de ver a importância do meu trabalho reconhecida e de poder contar com condições adequadas, eu era mantido constantemente a distância, como se fosse um inimigo, e não um observador imparcial."

O coronel Olcott narra muitos casos em que os participantes reconheceram espíritos, mas não se deve dar muita atenção a isso, pois com uma luz esmaecida e condições emocionais alteradas, um observador honesto pode se enganar com facilidade. O autor já teve a oportunidade de observar os rostos de pelo menos uma centena dessas imagens e só se lembra de dois casos em que teve absoluta certeza de reconhecê-los. Em ambos os casos, os rostos tinham iluminação própria e ele não dependia da lâmpada vermelha. Houve duas outras ocasiões em que, com a lâmpada vermelha, ele esteve moralmente seguro, porém, na grande maioria das situações, caso se deixasse a imaginação trabalhar, era possível ler qualquer coisa nos moldes vagos que surgiam diante de nós. É provável que isso tenha ocorrido no círculo Eddy – de fato, C. C. Massey, um juiz muito competente, em sessão com os Eddys em 1875, reclamou do fato. O verdadeiro milagre não consistia no reconhecimento, mas na presença da figura.

Não pode haver dúvida de que o interesse despertado pelos relatos da imprensa sobre os fenômenos Eddy pode ter causado um tratamento mais sério da ciência psíquica e possivelmente adiantado em uma geração a causa da verdade. Infelizmente, no exato momento em que a atenção do público foi fortemente atraída para o assunto, ocorreu o escândalo real ou imaginário dos Holmes em Filadélfia, que foi extensamente explorado pelos materialistas, ajudados pela honestidade exagerada de Robert Dale Owen. Os fatos foram os seguintes:

Dois médiuns da Filadélfia, o sr. e a sra. Nelson Holmes, realizaram uma série de sessões em que sempre aparecia um suposto espírito que dizia chamar-se Katie King e ser o mesmo com que o prof. Crookes havia feito experimentos em Londres. À primeira vista, a afirmação parecia muito duvidosa, já que a Katie King original havia dito claramente que sua missão estava concluída. Entretanto, além da identidade do espírito, parecia haver boas indicações de que o fenômeno era genuíno e não fraudulento, pois foi totalmente endossado pelo sr. Dale Owen, pelo general Lippitt e por vários outros observadores que mencionaram experiências inteiramente isentas de impostura.

Havia na Filadélfia na época um certo dr. Child, que desempenha um papel muito ambíguo nos eventos obscuros que se seguiram. Child havia atestado o caráter genuíno desses fenômenos da maneira mais eloquente. Em um panfleto publicado em 1874, ele chegou a afirmar que os mesmos John e Katie King, que ele vira na sala de sessões, procuraram-no em seu escritório e expuseram detalhes da vida terrena deles, que ele devidamente publicou. Essa afirmação deve levantar sérias dúvidas na mente de qualquer estudante de psiquismo, pois uma forma espiritual só pode se manifestar por intermédio de um médium, e não há indicação de que Child fosse médium. Em todo caso, pode-se imaginar que, depois de dizer isso, Child tenha sido o último homem no mundo que poderia declarar que as sessões eram fraudulentas.

Um artigo do general Lippitt no *Galaxy* de dezembro de 1874 e outro de Dale Owen no *The Atlantic Monthly* de janeiro de 1875 despertaram grande interesse público nas sessões. Então, de repente, a situação deteriorou-se. Uma comunicação de Dale Owen, datada de 5 de janeiro, dizia que lhe haviam sido apresentadas provas que o coagiram a retirar suas manifestações anteriores de confiança nos Holmes. Uma mensagem semelhante foi emitida pelo dr. Child. Escrevendo a Olcott, que, após as investigações sobre os Eddys, foi reconhecido como autoridade, Dale Owen disse: "Acredito que eles nos têm enganado ultimamente, o que talvez apenas complemente o genuíno com o espúrio, mas põe em dúvida as manifestações do verão passado, de modo que provavelmente não irei usá-los em meu próximo livro sobre Espiritismo. É uma perda, mas o senhor e o sr. Crookes já deram uma contribuição importante e muito valiosa".

A posição de Dale Owen é bastante clara, pois ele era um homem sensível e honrado, horrorizando-se com a ideia de que pudesse, por um instante que fosse, atestar uma impostura como verdade. Seu erro parece ter sido o de agir ao primeiro impulso de suspeita, em vez de esperar até que os fatos fossem esclarecidos. A posição do dr. Child, porém, é mais questionável, pois, se as manifestações foram de fato fraudulentas, como ele poderia ter feito entrevistas com os mesmos espíritos, sozinho em seu escritório particular?

Há rumores por esses dias que uma mulher, cujo nome não foi mencionado, esteve personificando Katie King nessas sessões, que se deixou fotografar e ter sua fotografia vendida como Katie King, que poderia produzir os trajes e ornamentos usados por Katie King nas sessões e que estava preparada para fazer uma confissão completa. Nada poderia parecer mais deplorável. Foi nesse ponto que Olcott iniciou suas investigações, mostrando-se bem preparado para descobrir que a opinião geral estava correta.

Essas investigações, porém, logo revelaram alguns fatos que lançaram novas luzes sobre o assunto e provaram que a pesquisa psíquica, para ser precisa, deve examinar as denúncias com o mesmo cuidado crítico com que examina os fenômenos. O nome da pessoa que confessou ter personificado Katie King foi revelado como Eliza White. Em um relato sobre a questão publicado por ela, sem assinatura, declarou ter nascido em 1851, o que lhe daria 23 anos. Havia casado aos 15 anos e tivera um filho então com 8 anos. O marido havia morrido em 1872, e ela precisou manter a si mesma e ao filho. Os Holmes foram se hospedar com ela em março de 1874. Em maio, eles a contrataram para personificar um espírito. O gabinete tinha uma parede falsa na parte posterior por onde ela podia insinuar-se, vestida com trajes de musselina. O sr. Dale Owen foi convidado para as sessões e ficou totalmente fascinado. Tudo isso lhe causou fortes remorsos de consciência, o que não a impediu de prosseguir e de aprender a desaparecer ou a assumir novas formas com a ajuda de roupas pretas e, finalmente, de ser fotografada como Katie King.

De acordo com seu relato, certo dia compareceu à sua apresentação um homem chamado Leslie, um empreiteiro ferroviário. Esse cavalheiro expôs suas suspeitas e, em uma entrevista posterior, acusou-a de fraude, oferecendo-lhe ajuda pecuniária se ela confessasse. Ela aceitou a proposta e, então, mostrou a Leslie os métodos de sua personificação. No dia 5 de dezembro, realizou-se uma sessão fraudulenta em que ela representou seu papel como nas sessões reais, impressionando sobremodo Dale Owen e também o dr. Child, ambos presentes, que em seguida emitiram comunicados retratando-se de suas crenças anteriores – uma retratação que representou um golpe inesperado para aqueles que haviam aderido às convicções anteriores de Dale Owen e que agora protestavam dizendo que ele deveria ter feito investigações mais apuradas antes de manifestar-se. O mais doloroso era que Dale Owen estava com 73 anos de idade e fora um dos mais eloquentes e meticulosos de todos os discípulos da nova dispensação.

A primeira tarefa de Olcott foi filtrar o relato já submetido e resolver a questão do anonimato da autora. Como já foi dito, ele logo descobriu que se tratava da sra. Eliza White e que, embora estivesse na Filadélfia, ela se recusava a vê-lo. Os Holmes, por outro lado, agiram de maneira muito aberta para com ele e ofereceram-lhe todas as facilidades para examinar seus fenômenos com as condições de teste razoáveis que ele desejasse. Um exame da vida pregressa de Eliza White mostrou que sua declaração, no que dizia respeito à sua própria história, era um tecido de mentiras. Ela era muito mais velha do que dizia – não menos de 35 anos – e era duvidoso que já tivesse sido casada com White. Durante anos, havia sido vocalista de um grupo itinerante. White ainda estava vivo, então não se podia falar em viuvez. Para fins de comprovação, Olcott publicou o atestado do chefe de polícia.

Entre outros documentos apresentados pelo coronel Olcott estava o depoimento do sr. Allen, Juiz de Paz de Nova Jersey, dado sob juramento. De acordo com essa testemunha, Eliza White era "tão falsa que aqueles com quem ela falava nunca sabiam quando acreditar nela, e sua reputação moral era tão ruim quanto poderia ser". Mas o juiz Allen apresentou alguns depoimentos mais diretos sobre o assunto em discussão. Ele disse que havia visitado os Holmes na Filadélfia e que ajudara o dr. Child a montar o gabinete, que era solidamente construído e que não havia possibilidade nenhuma de alguém entrar pela parte de trás, como alegado pela sra. White. Além disso, disse estar presente em uma sessão na qual Katie King apareceu e que os procedimentos foram perturbados pelo canto da sra. White em outra sala, de modo que era completamente impossível que a sra. White pudesse, como ela afirmava, ter representado uma personificação do espírito. Sendo este um depoimento juramentado prestado por um Juiz de Paz, tudo leva a crer que se tratava de uma prova cabal.

Esse gabinete parece ter sido construído em junho, pois o general Lippitt, uma testemunha excelente, descreveu um arranjo bem diferente na ocasião em que o examinou. Ele diz que duas portas se dobravam para trás, de modo a se tocarem, e o gabinete era simplesmente o recesso entre essas portas com uma tábua por cima. "Nas primeiras duas ou três noites, fiz uma inspeção cuidadosa, e uma vez com um mágico profissional, que estava perfeitamente convencido de que não havia nenhuma possibilidade de truque." Isso foi em maio, então as duas descrições não são contraditórias, salvo pela afirmação de Eliza White de que ela poderia passar para o gabinete.

Além dessas razões de cautela na formação de uma opinião, os Holmes apresentaram cartas a eles escritas pela sra. White em agosto de 1874, cartas essas incompatíveis com a existência de qualquer segredo culposo entre eles. Por outro lado, uma dessas cartas relatava que esforços haviam sido feitos para suborná-la a confessar que ela havia sido Katie King. Perto do final do ano, a sra. White parece ter assumido um tom mais ameaçador, como afirmam os Holmes em uma declaração formal, quando ela assegurou que, caso eles não pagassem o aluguel a que ela tinha direito, havia vários senhores ricos, incluindo membros da Associação Cristã de Moços, que estavam dispostos a pagar-lhe uma grande soma de dinheiro, e ela não precisaria mais incomodar os Holmes. Mil dólares era a soma exata que Eliza White receberia se aceitasse admitir que se passava por Katie King. Deve-se certamente admitir que essa declaração, em conjunto com os registros da mulher, torna imperioso exigir corroboração para cada afirmação que ela possa fazer.

Resta um fato culminante. Na mesma hora em que a falsa sessão estava sendo realizada, na qual a sra. White mostrava como Katie King foi personificada, os Holmes realizavam uma sessão verdadeira, com a presença de vinte pessoas, em que o espírito parecia o mesmo de sempre. O coronel Olcott recolheu vários depoimentos dos que estiveram presentes na ocasião e não pode haver dúvidas sobre o fato. A declaração do dr. Adolphus Fellger é breve e pode ser dada quase na íntegra. Ele diz sob juramento que "viu o espírito conhecido como Katie King em talvez todas oitenta vezes, está perfeitamente familiarizado com suas feições e não tem como se enganar a respeito da identidade da Katie King que apareceu na noite de 5 de dezembro, pois, embora o dito espírito quase nunca aparecesse exatamente com a mesma altura ou feições, duas noites seguidas, sua voz era sempre a mesma e a expressão dos olhos bem como os tópicos de sua conversa lhe permitiam ter ainda mais certeza de tratar-se da mesma pessoa". Esse Fellger era um conhecido e muito respeitado médico da Filadélfia, cuja simples palavra, diz Olcott, valeria mais de "vinte depoimentos da sua Eliza White".

Também ficou comprovado que Katie King aparecia sistematicamente quando a sra. Holmes estava em Blissfield e a sra. White na Filadélfia, e que a sra. Holmes havia escrito para a sra. White descrevendo as aparições exitosas delas, o que parece uma prova final de que a sra. White não era uma cúmplice.

A essa altura, deve-se admitir que a confissão anônima da sra. White está com excesso de rachaduras e afundando. Mas há uma parte que, parece ao autor, ainda pode flutuar: o detalhe da fotografia. Os Holmes afirmaram durante uma entrevista com o general Lippitt – cuja palavra é terreno firme nesse atoleiro geral – que Eliza White foi contratada pelo dr. Child para posar em uma fotografia como Katie King. Child parece ter desempenhado um papel dúbio em todo esse episódio, fazendo afirmações em diferentes momentos que eram bastante contraditórias e aparentemente tendo algum interesse pecuniário na questão. Tendemos, então, a examinar com seriedade essa acusação e a acreditar que os Holmes podem ter participado da fraude. Admitindo que a imagem de Katie King fosse real, eles podem muito bem ter duvidado se essa imagem poderia ser fotografada, visto que para sua produção fazia-se necessária uma luz esmaecida. Por outro lado, havia claramente uma fonte de receita se fotografias a meio dólar cada uma pudessem ser vendidas à numerosa plateia. O coronel Olcott inclui em seu livro uma fotografia da sra. White ao lado daquela que deveria ser Katie King e afirma que não há semelhança. É claro, porém, que o fotógrafo seria solicitado a retocar o negativo para esconder a semelhança, pois do contrário a fraude seria óbvia. O autor tem a impressão, ainda que não a certeza, de que as duas faces são as mesmas, apenas com as mudanças que a manipulação produziria. Por isso, ele acredita que a fotografia pode muito bem ser uma fraude, o que não corrobora absolutamente o restante da narrativa da sra. White, embora abale nossa fé no caráter do sr. e da sra. Holmes, bem como do dr. Child. Mas o caráter dos médiuns de efeitos físicos tem realmente apenas uma influência indireta sobre a questão da realidade dos seus poderes psíquicos, que devem ser testados por seus próprios méritos, seja o indivíduo santo, seja pecador.

A sábia conclusão do coronel Olcott foi de que, como as evidências eram muito conflitantes, ele deixaria tudo de lado e testaria os médiuns à sua maneira, sem referência ao passado. Isso ele fez de uma maneira muito convincente, e é impossível para quem quer que leia sua investigação (*People From the Other World*, p. 460ss) negar que ele tenha tomado todas as precauções possíveis contra fraudes. O gabinete foi recoberto com tela nas laterais para que ninguém pudesse entrar, como a sra. White dizia ter feito. A própria sra. Holmes foi colocada dentro de um saco, amarrado na altura do pescoço, e, como o marido estava ausente, ela precisou contar com seus próprios recursos. Nessas circunstâncias, numerosas cabeças se formaram, algumas das quais semimaterializadas, apresentando um aspecto um tanto terrível. Isso pode ter sido feito como um teste ou pode ter sido que a longa disputa tenha prejudicado os poderes da médium. Os rostos foram feitos para aparecer em um nível que a médium em nenhum caso poderia ter alcançado. Dale Owen estava presente nessa manifestação e já deve ter começado a se arrepender de sua declaração prematura.

Outras sessões com resultados semelhantes foram então realizadas nas próprias salas de Olcott, de modo a excluir a possibilidade de algum mecanismo engenhoso sob o controle do médium. Em determinada ocasião, quando a cabeça de John King, o espírito condutor, apareceu no ar, Olcott, lembrando-se da afirmação de Eliza White de que esses rostos eram apenas máscaras de dez centavos, pediu e obteve permissão para passar sua bengala em volta dele, e assim convenceu-se de que o rosto não tinha suporte. Esse experimento parece tão definitivo que o leitor que desejar ainda mais evidências pode consultar o livro no qual encontrará muito mais. Estava perfeitamente claro que qualquer que fosse o papel que Eliza White possa ter desempenhado na fotografia, não havia sombra de dúvida de que a sra. Holmes era uma médium genuína e poderosa para fenômenos materiais. Deve-se acrescentar que os investigadores viram a cabeça de Katie King inúmeras vezes, embora a forma inteira pareça ter sido materializada apenas uma vez. O general Lippitt esteve presente nesses experimentos e aderiu publicamente (*Banner of Light*, 6 de fevereiro de 1875) às conclusões de Olcott.

O autor se detém bastante sobre esse caso, pois caracteriza bem a forma como o público foi desorientado a respeito do Espiritismo. Os jornais estão cheios de denúncias. O movimento é investigado e refere-se que ele é falso ou então muito parcialmente verdadeiro. Isso não chega ao público e as pessoas ficam com a impressão original sem retoques. Mesmo hoje, quando se menciona Katie King, ouve-se algum crítico dizer: "Ficou demonstrado na Filadélfia que ela era pura fraude", e por uma confusão natural de pensamento isso tem sido inclusive apresentado como argumento contra os experimentos clássicos de Crookes. O caso – especialmente a fraqueza momentânea de Dale Owen – fez a causa do Espiritismo retroceder muitos anos nos Estados Unidos.

Mencionou-se o nome de John King, o espírito que preside as sessões espíritas de Holmes. Essa estranha entidade parece ter sido a controladora principal de *todos* os fenômenos físicos nos primeiros dias do movimento e ainda é, por vezes, vista e ouvida. Seu nome está associado ao salão de música dos Koons, aos irmãos Davenport, a Williams em Londres, à sra. Holmes e a muitos outros. Em pessoa, quando materializado, tem a aparência de um homem alto, moreno, de cabeça nobre e barba preta espessa. Sua voz é alta e profunda, e sua batida tem um caráter decisivo próprio. Ele é mestre em todas as línguas, tendo sido testado nos idiomas mais inusitados, como o georgiano, e sempre se saiu bem. Essa pessoa formidável controla os bandos de espíritos primitivos menores, índios peles-vermelhas e outros, que auxiliam nesses fenômenos. Ele afirma que Katie King é sua filha e que, em vida, foi Henry Morgan, o pirata que foi perdoado e nomeado cavaleiro por Carlos II e terminou como governador da Jamaica. Se assim for, ele é um facínora dos mais cruéis e tem muito a expiar. O autor é obrigado a declarar, no entanto, que tem em seu poder um retrato contemporâneo de Henry Morgan (que se encontra em *Buccaneers*, de Howard Pyle, p. 178), e que, se confiável, não tem nenhuma semelhança com John King. Todas essas questões de identidade terrena são muito obscuras.[1]

Antes de encerrar o relato das experiências de Olcott neste estágio de sua evolução, vejamos algo do chamado caso da transfiguração de Compton, que mostra em que águas profundas nos encontramos quando tentamos empreender pesquisas psíquicas. Essas águas em particular ainda não foram sondadas, nem de forma alguma mapeadas. Nada pode ser mais claro do que os fatos, ou mais satisfatório do que as evidências. A médium sra. Compton estava trancada em seu pequeno gabinete; um fio passava pelos orifícios das suas orelhas e estava amarrado ao encosto de sua cadeira. Logo uma figura branca e magra emergiu do gabinete. Olcott tinha uma plataforma de pesagem, e nela estava a figura do espírito. Ela foi pesada duas vezes, sendo os registros de 35,7 quilos e 27,3 quilos. Olcott então, conforme combinado, entrou no gabinete, deixando a figura do lado de fora. A médium desapareceu. A cadeira estava lá, mas não havia sinal da mulher. Olcott então voltou e pesou novamente a aparição, que desta vez pesou 23,5 quilos. O espírito então retornou ao gabinete do qual outras figuras emergiram. Por fim, Olcott diz:

> Entrei com uma lâmpada e encontrei a médium exatamente como a deixei no início da sessão, com todos os fios e todos os selos intactos! Ela estava sentada lá, com a cabeça encostada na parede, a pele pálida e fria como mármore, os globos oculares voltados para cima debaixo das pálpebras, a testa coberta com uma umidade

---

[1] Como o autor levantou um aspecto contra a identidade de John King como Morgan, é justo que apresente outro em seu apoio que lhe chega quase em primeira mão de uma fonte confiável. A filha de um governador recente da Jamaica encontrava-se numa sessão em Londres há pouco tempo e se deparou com John King. O espírito de King lhe disse: "Você trouxe da Jamaica algo que era meu". Ela perguntou: "O que é?". Ele respondeu: "Meu testamento". Era um fato, desconhecido dos presentes, que seu pai havia trazido esse documento.

semelhante à morte, sem ar saindo dos pulmões e sem pulsação. Depois que todos examinaram os fios e selos, cortei os laços frágeis com uma tesoura e, levantando a cadeira pelo encosto e pelo assento, levei a mulher cataléptica para o ar livre.

Ela ficou assim inanimada por dezoito minutos; aos poucos a vida foi voltando, até que a respiração, a pulsação e a temperatura da pele se normalizaram. [...] Coloquei-a então na balança. [...] Ela pesava 55 quilos!

O que fazer com um resultado como esse? Havia onze testemunhas além do próprio Olcott. Os fatos parecem indiscutíveis. Mas o que podemos deduzir deles? O autor viu uma fotografia, tirada na presença de uma médium amadora, em que todos os detalhes da sala apareceram, menos a médium. O desaparecimento da médium é de alguma forma análogo a isso? Se a figura ectoplásmica pesava apenas 35 quilos e a médium 55 quilos, está claro que apenas 20 quilos dela restaram quando o fantasma estava fora dela. Se 20 quilos não fossem suficientes para continuar os processos da vida, seus guardiões não poderiam ter usado sua química oculta sutil para desmaterializá-la e assim salvá-la de todo perigo até que o retorno do fantasma lhe permitisse recompor-se? É uma suposição estranha, mas parece corresponder aos fatos – o que não pode ser feito por mera e irracional incredulidade.

CAPÍTULO 13

HENRY SLADE E O DR. MONCK

É impossível enumerar os muitos médiuns de vários graus de poder, e eventualmente de honestidade, os quais demonstraram os efeitos que inteligências externas podem produzir quando as condições materiais lhes permitem manifestar-se neste plano. Alguns, no entanto, sobressaíram-se tanto e envolveram-se de tal modo em polêmicas públicas que nenhuma história do movimento pode ignorá-los, mesmo que suas carreiras não estejam livres de suspeitas. Trataremos neste capítulo das histórias de Slade e de Monck, que desempenharam um papel saliente em seus dias.

Henry Slade, célebre médium que escrevia em pranchetas, estivera apresentando-se ao público nos Estados Unidos durante quinze anos antes de chegar a Londres em 13 de julho de 1876. O coronel H. S. Olcott, ex-presidente da Sociedade Teosófica, diz que ele e madame Blavatsky foram os responsáveis pela visita de Slade à Inglaterra. O grão-duque Constantino da Rússia, desejando fazer algumas pesquisas científicas sobre o Espiritismo, designou uma comissão de professores da Universidade Imperial de São Petersburgo e a incumbiu de solicitar ao coronel Olcott e madame Blavatsky que selecionassem dentre os melhores médiuns americanos um a quem pudessem recomendar para experimentos.

Eles escolheram Slade, depois de submetê-lo a testes rigorosos durante várias semanas diante de um grupo de céticos. Em seu relatório, o grupo atestou que "as mensagens eram escritas na parte interna de pranchetas duplas, às vezes amarradas e lacradas, dispostas sobre a mesa à vista de todos, ou colocadas sobre a cabeça de algum integrante do grupo, ou então presas à superfície inferior do tampo da mesa, ou ainda confiadas às mãos de um dos presentes, sem que o médium as tocasse". Foi a caminho da Rússia que Slade veio para a Inglaterra.

Um representante do *World*, de Londres, que teve uma sessão com Slade logo após sua chegada, assim o descreve: "Temperamento refinado e nervoso, rosto sonhador e místico, traços regulares, olhos luminosos e expressivos, sorriso bastante triste e certa graça melancólica nos modos. Essas foram as impressões que me transmitiu a figura alta e esbelta a mim apresentada como dr. Slade. Ele é o tipo de homem que, em meio a uma sala repleta, seria escolhido como um entusiasta". O Relatório da Comissão Seybert assim o retrata: "Mede provavelmente 1,80 metro de altura, com uma compleição de simetria incomum" e "seu rosto atrairia a atenção em qualquer lugar por sua beleza atípica", e finaliza dizendo tratar-se de "um homem notável em todos os aspectos".

Imediatamente após sua chegada a Londres, Slade começou a realizar sessões em seus aposentos em Upper Bedford Place 8, Russell Square, e seu sucesso foi imediato e considerável. Não só a escrita era obtida de maneira evidente, em condições de teste, com as pranchetas dos próprios assistentes, mas também a levitação de objetos e mãos materializadas eram observadas sob forte iluminação solar. O editor da *The Spiritual Magazine*, o mais moderado e elevado dos periódicos espíritas da época, escreveu: "Não hesitamos em dizer que o dr. Slade é o médium mais notável dos tempos modernos".

O sr. J. Enmore Jones, um conhecido pesquisador de psiquismo da época, depois editor da *The Spiritual Magazine*, disse que Slade estava ocupando o lugar deixado por D. D. Home. Seu relato da primeira sessão de que participou indica o método de procedimento de moldes empresariais: "No caso do sr. Home, ele se recusava a receber honorários e normalmente as reuniões eram realizadas ao anoitecer no sossego da vida familiar; no caso do dr. Slade, elas são feitas a qualquer hora do dia, num dos quartos que ocupa em uma pensão. A taxa cobrada é de vinte xelins, e ele prefere que apenas uma pessoa esteja presente no quarto amplo que ocupa. Não há perda de tempo; assim que o consulente se senta, os incidentes começam, continuam e, digamos, em quinze minutos terminam". Stainton Moses, que mais tarde foi o primeiro presidente da London Spiritualist Alliance, menciona o mesmo procedimento com relação a Slade. Ele escreveu: "Em sua presença, os fenômenos ocorrem com regularidade e precisão, sem consideração por 'condições' e com uma facilidade de observação que satisfaz inteiramente meus desejos. É impossível conceber circunstâncias mais favoráveis à investigação minuciosa do que aquelas sob as quais testemunhei os fenômenos que ocorrem em sua presença com rapidez tão surpreendente. [...] Não havia hesitação, nem experimentos vacilantes. Tudo era breve, direto e decisivo. Os operadores invisíveis sabiam exatamente o que iam fazer e o faziam com presteza e precisão".[1]

A primeira sessão de Slade na Inglaterra foi realizada em 15 de julho de 1876 para o sr. Charles Blackburn, um espírita eminente, e para o sr. W. H. Harrison, editor da *The Spiritualist*. À luz de um sol muito forte, o médium e os dois participantes ocupavam três lados de uma mesa comum com cerca de um metro quadrado. Uma cadeira vazia foi colocada no lado vago. Slade colocou um pedacinho de lápis, mais ou menos do tamanho de um grão de trigo, sobre uma prancheta; em seguida, segurando a prancheta por um dos cantos, firmou-a na superfície inferior do tampo da mesa. Logo se começou a ouvir o ruído da escrita na prancheta. No final, ao examiná-la, constatou-se a presença de uma pequena mensagem. Enquanto isso acontecia, as quatro mãos dos participantes e a mão livre de Slade mantiveram-se entrelaçadas no centro da mesa. A cadeira do sr. Blackburn moveu-se dez ou doze centímetros com ele sentado, sem que ninguém, a não ser ele mesmo, a tocasse. A cadeira desocupada no lado vago da mesa saltou uma vez no ar, batendo o assento contra a borda inferior da mesa. Duas vezes uma mão aparentemente viva passou diante do sr. Blackburn enquanto ambas as mãos de Slade eram observadas. O médium segurava um acordeão debaixo da mesa, e estando sua outra mão à vista sobre a mesa, ouviu-se o toque de "Home, Sweet Home". O sr. Blackburn então segurou o acordeão da mesma forma, quando o instrumento foi puxado com força e uma nota soou. Durante essas ocorrências, as mãos de Slade estavam sobre a mesa. Finalmente, os três presentes ergueram as mãos trinta centímetros acima da mesa, e esta se elevou até tocá-las. Em outra sessão, no mesmo dia, uma cadeira ergueu-se cerca de 1,20 metro no momento em que ninguém a tocava, e, quando Slade apoiou uma mão no topo da cadeira da srta. Blackburn, ela e a cadeira se elevaram cerca de meio metro do chão.

O sr. Stainton Moses descreve assim uma das primeiras sessões que teve com Slade:

> Um sol do meio-dia, quente o bastante para fritar um ovo, invadia parte da sala; a mesa estava descoberta; o médium sentou-se com todo o corpo à vista; não havia ninguém presente, salvo eu e ele. Que condições poderiam ser melhores? As batidas

---

[1] *The Spiritualist*, Vol. IX, p. 2.

foram instantâneas e altas, como que produzidas pelo punho cerrado de um homem robusto. A escrita na prancheta ocorria sob qualquer condição sugerida. Ela apareceu em uma prancheta que o dr. Slade e eu segurávamos; em uma que só segurava no canto da mesa mais afastado do médium; em uma que eu mesmo levei e segurei. A última escrita demorou algum tempo, e o ruído do lápis ao formar cada palavra era bem audível. Uma cadeira à minha frente foi erguida quase meio metro do chão; minha prancheta foi arrancada da minha mão e colocada no outro lado da mesa, onde nem o dr. Slade nem eu podíamos alcançá-la; o acordeão tocava ao meu redor, enquanto o médico o segurava pela parte inferior e, finalmente, ao toque de sua mão no espaldar da minha cadeira, levitei, com cadeira e tudo, alguns centímetros.

O próprio sr. Stainton Moses era um médium dotado de grandes forças, e esse fato sem dúvida favoreceu as condições. Ele acrescenta:

Já vi todos esses fenômenos e muitos outros várias vezes antes, mas nunca os vi ocorrer rápida e consecutivamente em plena luz do dia. A sessão inteira não se estendeu por mais de meia hora e, desde o princípio até o fim, não ocorreu nenhuma interrupção dos fenômenos.[2]

Tudo correu bem por seis semanas, e Londres estava cheia de curiosidade com relação aos poderes de Slade, quando houve uma interrupção constrangedora.

No início de setembro de 1876, o prof. Ray Lankester e o dr. Donkin tiveram duas sessões com Slade e, na segunda, tomando a prancheta, Lankester percebeu nela uma escrita que não deveria estar lá. Ele era absolutamente inexperiente com pesquisas psíquicas, pois teria sabido que é impossível dizer em que momento a escrita ocorre nessas sessões. Às vezes, uma folha inteira de escrita parece precipitar-se num instante; houve ocasiões, porém, em que o autor ouviu claramente o ruído do lápis correr linha por linha. Para Ray Lankester, no entanto, parecia um caso claro de fraude; por isso escreveu uma carta ao *The Times*[3] denunciando Slade e também o processou por obter dinheiro sob falsos pretextos. Respostas à carta de Lankester e o apoio a Slade vieram do dr. Alfred Russel Wallace, do prof. Barrett e de outros. O dr. Wallace alegou que o relato do prof. Lankester sobre o acontecido era tão diferente do que ocorrera durante sua própria visita ao

---

[2] *The Spiritualist*, Vol. IX, p. 2.
[3] 16 de setembro de 1876.

médium, como também da experiência registrada de Serjeant Cox, do dr. Carter Blake e de muitos outros, que ele só podia considerá-lo um exemplo singular da teoria de ideias preconcebidas do dr. Carpenter. Ele diz: "O prof. Lankester compareceu com a firme convicção de que tudo o que iria ver seria impostura e, consequentemente, acredita que viu impostura". O prof. Lankester mostrou seu preconceito quando, referindo-se ao artigo lido diante da British Association em 12 de setembro pelo prof. Barrett, no qual abordava fenômenos espíritas, disse, em sua carta ao The Times: "As discussões da Associação Britânica foram *rebaixadas* pela introdução do Espiritismo".

O prof. Barrett escreveu que Slade tinha uma resposta pronta, com base em sua ignorância do momento em que a escrita realmente ocorreu. Ele descreve uma sessão comprobatória em que a prancheta estava sobre a mesa e o cotovelo dele apoiado nela. Ele também segurava uma das mãos de Slade, e os dedos da outra mão do médium pousavam levemente sobre a superfície da prancheta. Desse modo, a escrita ocorreu na superfície inferior da prancheta. O prof. Barrett fala ainda de um amigo cientista eminente que conseguiu escrever em uma prancheta limpa quando só ele a segurava, com as duas mãos do médium sobre a mesa. Casos assim devem por certo parecer absolutamente conclusivos para o leitor imparcial, ficando evidente que, estabelecendo-se firmemente o positivo, eventuais alegações negativas não afetarão a conclusão geral.

O julgamento de Slade aconteceu no Tribunal de Polícia de Bow Street, presidido pelo juiz dr. Flowers, em 1º de outubro de 1876. O sr. George Lewis atuou como promotor e o sr. Munton como advogado de defesa. Evidências a favor da autenticidade da mediunidade de Slade foram apresentadas pelo dr. Alfred Russel Wallace, por Serjeant Cox, pelo dr. George Wyld e mais uma pessoa, pois só eram admitidas quatro testemunhas. O magistrado considerou os testemunhos como "irrefutáveis" enquanto prova dos fenômenos, mas ao exarar a sentença, preteriu tudo, exceto os depoimentos de Lankester e do dr. Donkin, dizendo que devia basear sua decisão em "inferências feitas a partir de fatos naturais conhecidos". Uma declaração do sr. Maskelyne, o conhecido mágico, de que a mesa usada por Slade era preparada para truques foi refutada pela contraprova do marceneiro que a fabricou. Pode-se ver essa mesa ainda hoje nos escritórios da London Spiritualist Alliance, de Londres, sendo de assombrar a ousadia de uma testemunha que poderia ameaçar a liberdade de outro homem com uma declaração tão falsa que deve ter influenciado fortemente o desdobramento do julgamento. De fato, diante das provas de Ray Lankester, Donkin e Maskelyne, é difícil ver como o sr. Flowers poderia deixar de condenar, pois ele diria com verdade e razão: "O que está diante do Tribunal não é o que aconteceu em outras ocasiões – por mais convincentes que essas eminentes testemunhas possam ser –, mas o que ocorreu nesta ocasião em particular, e aqui temos duas testemunhas de um lado e apenas o prisioneiro do outro". A "mesa de truques" provavelmente resolveu a questão.

Com base na Lei da Vadiagem, Slade foi condenado a três meses de prisão com trabalhos forçados. Sendo interposto recurso, ele foi liberado sob fiança. No julgamento do recurso, a condenação foi revogada devido a um erro técnico do processo. Pode-se dizer que, embora ele tenha se livrado em decorrência de um aspecto técnico, ou seja, que as palavras "por quiromancia ou de outra forma" que apareciam na lei haviam sido omitidas, não se deve presumir que, se o detalhe técnico inexistisse, ele talvez se livrasse do caso por mérito. Slade, cuja saúde fora seriamente afetada pela tensão do julgamento, deixou a Inglaterra em direção ao continente um ou dois dias depois. De Haia, após alguns meses de descanso, Slade escreveu ao prof. Lankester oferecendo-se para voltar a Londres e fazer com ele testes particulares exaustivos, com a condição de que pudesse se apresentar sem ser molestado. Sua sugestão, que certamente não é a de um homem culpado, nunca foi respondida.

Em 1877, os espíritas de Londres enviaram a Slade a seguinte declaração:

> Em vista do deplorável término da visita de Henry Slade a este país, nós abaixo assinados desejamos registrar nossa firme convicção de sua mediunidade e nossa reprovação pelo tratamento a que foi submetido.
>
> Consideramos Henry Slade um dos mais importantes médiuns experimentais atualmente vivos. Os fenômenos que ocorrem em sua presença se desenvolvem com uma rapidez e regularidade raramente igualadas. [...]
>
> Ele nos deixa não só incólume em sua reputação pelos recentes processos corridos em nossos tribunais, mas com um volumoso testemunho a seu favor que provavelmente não poderia ter sido expresso de outra forma.

Essa declaração é assinada pelo sr. Alexander Calder (Presidente da Associação Nacional Britânica de Espíritas) e por diversos representantes espíritas. Infelizmente, porém, são os fatos negativos, não os positivos, que atraem a atenção da Imprensa e, mesmo hoje, cinquenta anos depois, seria difícil encontrar um jornal suficientemente esclarecido para fazer justiça a esse homem.

Os espíritas, no entanto, mostraram grande energia ao apoiar Slade. Antes do julgamento, levantaram um Fundo de Defesa, e os espíritas dos Estados Unidos enviaram um documento ao Ministro americano em Londres. Entre a condenação de Bow Street e a audiência do recurso, um memorial foi enviado ao Ministro do Interior protestando contra a atuação do Governo ao manter a acusação ao longo do recurso. Cópias desse memorial foram enviadas a todos os membros do Legislativo, a todos os magistrados de Middlesex, a vários membros da Royal Society e de outros órgãos públicos. A srta. Kislingbury, secretária da Associação Nacional de Espíritas, encaminhou uma cópia à rainha.

Depois de promover sessões exitosas em Haia, Slade foi para Berlim em novembro de 1877, onde despertou enorme interesse. Dizia-se que não sabia alemão, mas mensagens em alemão apareciam nas pranchetas, escritas com caracteres do século XV. O *Berliner Fremdenblatt* de 10 de novembro de 1877 escreveu: "Desde a chegada do sr. Slade ao Kronprinz Hotel, grande parte do mundo educado de Berlim vem sofrendo de uma epidemia que podemos chamar de febre espírita". Descrevendo suas experiências em Berlim, Slade disse que começou por converter o proprietário do hotel, usando as pranchetas e mesas deste em sua casa. O proprietário convidou o chefe de polícia e muitos cidadãos eminentes de Berlim para testemunhar as manifestações, e eles expressaram grande satisfação. Slade escreve: "Samuel Bellachini, prestidigitador da corte do imperador da Alemanha, teve uma semana de experiências comigo gratuitamente. Eu realizava duas ou três sessões por dia com ele e uma em sua casa. Depois de suas pesquisas minuciosas e completas, ele se dirigiu a um tabelião e jurou que os fenômenos eram autênticos e não embuste".

A declaração de Bellachini sob juramento, que foi publicada, confirma essa afirmação de Slade. Ele diz que, depois dessa meticulosa investigação, considera "absolutamente impossível" qualquer explicação por prestidigitação. A conduta dos prestidigitadores parece em geral ter sido determinada por uma espécie de ciúme sindical, como se os resultados do médium fossem alguma espécie de quebra de monopólio, mas esse alemão esclarecido, com Houdin, Kellar e mais alguns, mostraram uma mente mais aberta.

Seguiu-se uma visita à Dinamarca e, em dezembro, começaram as históricas sessões com o professor Zöllner, em Leipzig. Um relato completo dessas sessões encontra-se na obra *Transcendental Physics*, de Zöllner, traduzida pelo sr. C. C. Massey. Zöllner era professor de física e astronomia na Universidade de Leipzig. Outros cientistas colaboraram com ele nos experimentos com Slade, entre os quais: William Edward Weber, professor de física; professor Scheibner, matemático eminente; Gustave Theodore Fechner, professor de física e renomado filósofo natural, todos eles, diz o prof. Zöllner, "perfeitamente convencidos da realidade dos fatos observados, excluindo completamente qualquer impostura ou prestidigitação". Os fenômenos em questão compreendiam, entre outros, "a feitura de nós numa corda sem fim, o corte no mosquiteiro do prof. Zöllner, o desaparecimento de uma mesinha e sua posterior descida do teto em *plena luz*, em uma casa particular e nas condições observadas, das quais a mais notável é a aparente passividade do dr. Slade durante todas essas ocorrências".

Alguns críticos tentaram apontar o que consideram precauções insuficientes observadas nesses experimentos. O dr. J. Maxwell, o sagaz crítico francês, dá uma excelente resposta a tais objeções. Segundo ele, considerando que pesquisadores de psiquismo habilidosos e conscienciosos deixaram de registrar explicitamente em seus relatórios que todas as hipóteses de fraude foram estudadas e descartadas, por acreditarem que "sua afirmação implícita da realidade dos fatos lhes parecia suficiente" e também para evitar que seus relatórios fossem muito densos, críticos capciosos não hesitam em condená-los e em sugerir possibilidades de fraude que são totalmente inadmissíveis sob as condições observadas.[4]

Zöllner deu uma resposta digna à suposição de que teria sido enganado nos experimentos relacionados aos nós em cordas sem fim: "Se, não obstante, o fundamento desse fato, que deduzi baseado em uma concepção ampliada do espaço, fosse negado, restaria tão somente outro tipo de explicação, decorrente de um código de consideração moral que hoje, é verdade, é bastante comum. Essa explicação consistiria na presunção de que eu mesmo e os ilustres homens e cidadãos de Leipzig, em cuja presença várias dessas cordas foram marcadas, seríamos impostores vulgares ou então estaríamos desprovidos de sentidos saudáveis o suficiente para perceber que o próprio sr. Slade teria feito os nós antes que as cordas fossem seladas. A discussão de uma tal hipótese, porém, não pertenceria mais ao domínio da ciência, mas se enquadraria na categoria de decência social".[5]

Como amostra das declarações inconsequentes dos adversários do Espiritismo, pode-se dizer que o sr. Joseph McCabe, superado apenas pelo americano Houdini em matéria de imprecisões levianas, refere-se a Zöllner como "um

---

[4] *Metapsychical Phenomena* (Tradução, 1905), p. 405.
[5] *Maisey's Zöllner*, pp. 20-1.

professor decrépito e míope",[6] quando de fato ele morreu em 1882, aos 48 anos de idade, e seus experimentos com Slade haviam sido realizados em 1877-1878, quando esse distinto cientista estava no vigor de sua vida intelectual.

Os oponentes levaram sua rivalidade a tais extremos a ponto de afirmar que Zöllner estava perturbado e que sua morte, ocorrida alguns anos depois, teria sido causada por problemas cerebrais, entre outros. Uma pesquisa do dr. Funk esclareceu essa questão, embora infelizmente seja fácil encontrar calúnias dessa natureza em circulação e muito difícil detectar as contestações. Eis o documento:[7]

> Sua carta datada de 20 de outubro de 1903, endereçada ao reitor da Universidade, foi recebida. O reitor desta Universidade foi empossado depois da morte de Zöllner, e não tinha nenhum contato pessoal com ele; mas as informações recebidas dos colegas de Zöllner atestam que, durante todos os seus estudos nesta Universidade, até sua morte, ele era mentalmente sadio, e mais, encontrava-se em perfeitas condições de saúde. A causa de sua morte foi uma hemorragia cerebral na manhã de 25 de abril de 1882, quando tomava o café da manhã com sua mãe, vindo a falecer pouco depois. É verdade que o prof. Zöllner era um fervoroso adepto do Espiritismo e, como tal, mantinha relações estreitas com Slade.
>
> (Dr.) Karl Bucher, prof. de Estatística e Economia Nacional da Universidade.

O tremendo poder que por vezes se manifesta quando as condições são favoráveis manifestou-se certa vez na presença de Zöllner, Weber e Scheibner, todos eles professores da Universidade. Havia um biombo de madeira reforçado em um lado da sala:

> Ouviu-se de repente um estalo violento, como se fosse a descarga de uma grande bateria de garrafas de Leyden. Ao girar com certo sobressalto na direção do som, o mencionado biombo desfez-se em dois. Os fortes parafusos de madeira, com 1,5 centímetro de espessura, desprenderam-se em cima e embaixo, sem nenhum contato visível de Slade com esse biombo. As peças quebradas estavam pelo menos a 1,5 metro de distância de Slade, que estava de costas para o biombo; mas, mesmo que ele pretendesse desmontá-lo com um hábil movimento lateral, teria sido necessário

---

[6] *Spiritualism: A Popular History from 1847*, p. 161.
[7] *The Widow's Mite*, p. 276.

prendê-lo no lado oposto. Como se achava, o biombo estava bem solto, e, como o veio da madeira era paralelo ao eixo dos parafusos cilíndricos, o rompimento só poderia ocorrer em consequência de uma força que agisse longitudinalmente à parte em questão. Todos nós ficamos surpresos com essa manifestação inesperada e violenta de força mecânica e perguntamos a Slade o que aquilo significava; porém ele apenas deu de ombros, dizendo que fenômenos assim às vezes ocorriam em sua presença, embora um tanto raramente. Enquanto falava, ainda de pé, ele colocou um pedaço de lápis na superfície polida da mesa, colocou sobre ele uma prancheta, comprada e limpa por mim, e pressionou os cinco dedos abertos de sua mão direita na superfície superior da prancheta, enquanto sua mão esquerda pousava no centro da mesa. A escrita começou na superfície interna da prancheta e, quando Slade a virou, a seguinte frase estava escrita em inglês: "Não era nossa intenção causar qualquer prejuízo. Perdoe o que aconteceu". Ficamos ainda mais surpresos com a produção da escrita nessas circunstâncias, pois observamos particularmente que ambas as mãos de Slade permaneceram totalmente imóveis enquanto a escrita acontecia.[8]

Em sua tentativa desesperada de explicar esse incidente, McCabe diz que sem dúvida o biombo foi quebrado antes e depois amarrado com barbante. Não há realmente limite para a credulidade dos incrédulos.

Depois de uma série de sessões de grande sucesso em São Petersburgo, Slade retornou a Londres por alguns dias em 1878, e de lá seguiu para a Austrália. Um relato interessante de seu trabalho nesse país encontra-se no livro do sr. James Curtis, *Rustlings in the Golden City*. Da Austrália ele voltou para os Estados Unidos. Em 1885, compareceu perante a Comissão Seybert na Filadélfia e, em 1887, visitou novamente a Inglaterra com o nome de "Dr. Wilson", embora todos soubessem de quem se tratava. Supostamente, seu pseudônimo se devia ao medo de que os antigos processos fossem reabertos.

Na maioria de suas sessões, Slade demonstrava seus poderes de clarividência, e a materialização de mãos era uma ocorrência comum. Na Austrália, onde as condições psíquicas são boas, ele produziu materializações. O sr. Curtis diz que o médium não gostava de reunir-se para essa forma de manifestação, porque ficava fraco por algum tempo e porque preferia realizar as sessões à luz. Ele concordou, porém, em tentar com o sr. Curtis, que assim descreve o que aconteceu em Ballarat, no Estado de Victoria:

---

[8] *Transcendental Physics*, pp. 34, 35.

Nosso primeiro experimento com a aparição de espíritos materializados ocorreu no Lester's Hotel. Coloquei a mesa a cerca de 1,20 m a 1,50 m da parede ocidental da sala. O sr. Slade sentou-se na ponta da mesa mais afastada da parede, enquanto eu me posicionei no lado norte. A luz a gás foi reduzida, não muito, mas o suficiente para se ver com clareza qualquer objeto na sala. Colocamos as nossas mãos uma sobre a outra, intercaladas. Ficamos sentados em silêncio em torno de dez minutos, quando observei algo como uma pequena nuvem rarefeita entre mim e a parede. No momento em que essa nuvem chamou a minha atenção, ela tinha quase o tamanho e a cor de um chapéu de feltro de copa alta e cor cinza-claro. Ela se expandiu rapidamente e se transformou em uma mulher. O ser assim formado, e quase perfeito, elevou-se do chão até o tampo da mesa, onde pude observá-la com toda clareza. Os braços e as mãos tinham formas elegantes; a testa, a boca, o nariz, as faces e os belos cabelos castanhos compunham um todo harmônico, cada parte em perfeita harmonia. Apenas os olhos estavam velados porque não podiam ser materializados totalmente. Os pés estavam calçados com sapatos de cetim branco. O vestido reluzia à luz e era o mais lindo que já vi, de cor cinza-prateada brilhante, fulgurante, ou branco-acinzentado irradiante. A figura inteira era graciosa e o drapeado perfeito. O espírito materializado deslizou e andou um pouco, fazendo a mesa balançar, vibrar, sacudir e inclinar-se consideravelmente. Eu podia ouvir também o farfalhar do vestido enquanto a visitante celestial passava de uma posição ou lugar para outro. A forma espiritual, a meio metro de nossas mãos imóveis, ainda juntou suas mãos às nossas e em seguida começou a dissolver-se e aos poucos desapareceu de nossa vista.

As condições dessa bela sessão – com as mãos do médium imóveis todo o tempo e com luz suficiente para visibilidade – parecem satisfatórias, desde que confiemos na honestidade da testemunha. Como o prefácio contém o testemunho de apoio de um funcionário responsável do governo australiano, que também fala do estado de espírito inicial extremamente cético do sr. Curtis, podemos muito bem confiar. Na mesma sessão, quinze minutos depois, a figura apareceu novamente:

A aparição então flutuou no ar e pousou na mesa, deslizou rapidamente e curvou três vezes sua bela figura com reverências graciosas, cada inclinação desenvolta e profunda, a cabeça chegando a quinze centímetros do meu rosto. O vestido farfalhava (como a seda) a cada movimento. O rosto estava parcialmente velado como antes. A visibilidade tornou-se então invisível, desaparecendo lentamente como a materialização anterior.

Na sequência, a descrição de outras sessões semelhantes.

Considerando os muitos testes complexos e rigorosos por ele superados com sucesso, a história das denúncias contra Slade nos Estados Unidos em 1886 não é convincente, mas nos referimos a ela por razões históricas e para mostrar que tais incidentes não estão excluídos da nossa revisão do assunto. O *Boston Herald* de 2 de fevereiro de 1886 intitula seu relato: "O célebre dr. Slade fracassa em Weston, Virgínia Ocidental, escreve em pranchetas colocadas sobre seus joelhos debaixo da mesa e move mesas e cadeiras com os dedos dos pés". Observadores em uma sala contígua, olhando pela fresta debaixo da porta, viram esses feitos de agilidade sendo realizados pelo médium, embora os presentes na sala com ele não os percebessem. Parece, porém, ter havido nesse caso, como em outros, ocorrências com aparência de fraude, e os espíritas estavam entre os que o denunciaram. Durante uma apresentação pública posterior para "Escrita Espírita Direta" no Palácio da Justiça em Weston, o sr. E. S. Barrett, descrito como "espírita", se apresentou e explicou como a impostura de Slade havia sido detectada. Slade, que foi convidado a falar, parecia estarrecido e, de acordo com o relatório, só conseguiu dizer que, se seus acusadores haviam sido enganados, ele também o fora, uma vez que, se ele mesmo havia cometido o engano, isso se dera de modo inconsciente.

O sr. J. Simmons, gerente de negócios de Slade, fez uma declaração franca que parece apontar para a operação de membros ectoplásmicos, como se comprovou anos depois ser o caso da famosa médium italiana Eusápia Palladino. Ele diz: "Não duvido que esses cavalheiros viram o que afirmam ter visto; mas estou ao mesmo tempo convencido de que Slade é tão inocente do que é acusado quanto você (o editor) teria sido em circunstâncias semelhantes. Mas sei que minha explicação não teria peso em um tribunal de justiça. Eu mesmo vi uma mão, que poderia ter jurado ser a de Slade, se fosse possível sua mão estar naquela posição. Enquanto uma das mãos estava sobre a mesa e a outra segurava a prancheta debaixo do canto da mesa, apareceu uma terceira mão com uma escova de roupas (que momentos antes havia deslizado em mim do joelho para cima) no meio da borda oposta da mesa, que media um metro e pouco de comprimento". Slade e seu empresário foram presos e liberados sob fiança, mas nenhum outro processo parece ter sido levantado contra eles. Também Truesdell, em seu livro *Spiritualism, Bottom Facts*, afirma que viu Slade efetuando o movimento de objetos com o pé, e pede a seus leitores que acreditem que o médium lhe fez uma confissão completa do modo como produzia todas as suas manifestações. Se Slade realmente fez isso, a explicação talvez esteja em uma explosão de leviandade inoportuna da parte dele ao procurar enganar certo tipo de investigador dando-lhe exatamente o que ele procurava. Podemos aplicar a casos assim o julgamento do professor Zöllner sobre o incidente de Lankester: "Os fatos físicos por nós observados em tão espantosa variedade em sua presença invalidavam sob qualquer aspecto razoável a suposição de que ele poderia recorrer à impostura deliberada em um caso isolado". Acrescenta ainda o que certamente foi o caso naquela situação específica, que Slade foi vítima dos limitados conhecimentos do seu acusador e do seu juiz.

Ao mesmo tempo, há provas consistentes da degradação de Slade nos últimos anos de vida. Sessões promíscuas com objetivos financeiros, esgotamento físico e mental subsequente e o uso lenitivo do álcool que proporciona alívio passageiro, todos esses fatores, agindo sobre uma constituição já frágil, produziram efeitos deletérios devastadores. Esse enfraquecimento do caráter, com a correspondente perda da saúde, pode ter levado a uma redução dos seus poderes psíquicos e aumentado a tentação de recorrer à trapaça. Tolerando tudo o que é possível, dada a dificuldade de distinguir o que é fraude do que é de origem psíquica genuína, as provas apresentadas à Comissão Seybert e o fato de que os espíritas do momento deveriam ter condenado suas ações deixam em nossa mente uma impressão desagradável. Fragilidade humana, porém, é uma coisa e poder psíquico é outra. Os que procuram evidências para este último encontrarão muitas naqueles anos em que o homem e seus poderes estavam no auge.

Slade morreu em 1905 em um sanatório em Michigan, para onde havia sido encaminhado pelos espíritas americanos, e ao anúncio da sua morte seguiram-se os comentários habituais típicos da Imprensa londrina. O *Star*, cuja tradição em assuntos psíquicos é péssima, publicou um artigo sensacionalista intitulado "Spook Swindles" ["Fraudes Fantasmagóricas"], apresentando um relato distorcido do processo de Lankester em Bow Street. Referindo-se a isso, *Light* diz:[9]

> Naturalmente, tudo isso é uma mistura de ignorância, injustiça e preconceito. Não nos importamos em discuti-lo ou contestá-lo. Seria inútil fazê-lo por causa dos injustos, dos ignorantes e dos preconceituosos, e não é necessário para aqueles que sabem. Basta dizer que *Star* fornece apenas mais um exemplo da dificuldade de

---

[9] 1886, p. 433.

apresentar todos os fatos ao público; mas os próprios jornais preconceituosos têm culpa por sua ignorância ou imprecisão.

Repete-se mais uma vez a história dos irmãos Davenport e de Maskelyne.

Se é difícil avaliar a carreira de Slade, e se somos forçados a admitir que paralelamente à preponderância avassaladora de resultados psíquicos havia também resquícios que deixavam a desagradável impressão de que o médium talvez complementasse a verdade com a fraude, a mesma situação devemos admitir com relação ao médium Monck, que desempenhou um papel considerável durante alguns anos na década de 1870. De todos os médiuns, nenhum é mais difícil de avaliar, pois, por um lado, muitos dos seus resultados estão acima de qualquer discussão, ao passo que para alguns outros parece haver certeza absoluta de desonestidade. Como no caso de Slade, causas físicas explicariam a degeneração das faculdades morais e psíquicas de Monck.

Monck era um clérigo não conformista, discípulo predileto do famoso Spurgeon. De acordo com seu próprio relato, ele estivera sujeito a influências psíquicas desde a infância, as quais aumentaram com a idade. Em 1873, anunciou sua adesão ao Espiritismo e fez um discurso em Cavendish Rooms. Pouco depois, começou a fazer demonstrações em ambiente iluminado, gratuitas, ao que parece. Em 1875, fez uma turnê pela Inglaterra e pela Escócia, despertando grande atenção e muitos debates com suas apresentações e, em 1876, visitou a Irlanda, onde direcionou seus poderes para a cura. Por isso, era em geral conhecido como "Dr." Monck, fato que naturalmente suscitou protestos da classe médica.

O dr. Alfred Russel Wallace, observador da maior competência e honestidade, fez o relato de uma sessão de materialização com Monck que parece impermeável a qualquer espécie de crítica. Nenhuma suspeição ou convicção posterior pode eliminar um exemplo tão incontestável de poder psíquico. Deve-se destacar a grande coerência dos efeitos obtidos com as demonstrações subsequentes do fluxo ectoplásmico no caso de Eva e de outros médiuns modernos. Acompanharam o dr. Wallace nessa ocasião o sr. Stainton Moses e o sr. Hensleigh Wedgwood. Dr. Wallace escreve:

> Era uma tarde radiante de verão, e tudo aconteceu à plena luz do dia. Depois de uma rápida conversa, Monck, que estava vestido com o habitual preto clerical, pareceu entrar em transe; em seguida, postou-se de pé a alguns passos à nossa frente e pouco depois apontou para o lado do seu corpo, dizendo: "Olhem".

Vimos uma leve marca branca no lado esquerdo do seu casaco. Ela começou a ficar mais brilhante, depois pareceu tremular e expandir-se para cima e para baixo, até aos poucos assumir a forma de uma coluna de nuvem estendendo-se do seu ombro até seus pés, perto do corpo.

O dr. Wallace continua descrevendo como a coluna de nuvem por fim tomou a forma de uma mulher vestida com roupas grossas, a qual, depois de alguns momentos, pareceu ser absorvida pelo corpo do médium.

Ele acrescenta: "Todo o processo de formação de uma figura vestida foi visto em plena luz do dia".

O sr. Wedgwood assegurou-lhe que ele havia testemunhado manifestações desse tipo ainda mais notáveis com Monck, quando o médium estava em transe profundo e à vista de todos.

Diante de tais evidências, é praticamente impossível duvidar dos poderes do médium na época. O arquidiácono Colley, que havia visto apresentações semelhantes, ofereceu um prêmio de mil libras ao sr. J. N. Maskelyne, o famoso prestidigitador, se ele conseguisse reproduzir a exibição. O sr. Maskelyne aceitou o desafio, mas as evidências mostraram que a imitação não tinha relação com o original. Ele tentou obter uma decisão nos tribunais, mas o veredicto foi contrário.

É interessante comparar o relato de Russel Wallace e a experiência posterior de um conhecido americano, o juiz Dailey. Esse senhor escreveu:[10]

Olhando para o lado do dr. Monck, observamos o que parecia ser uma massa opalescente de vapor compacto surgindo logo abaixo do seu coração. Aumentava de volume, subindo e estendendo-se para baixo, as partes superiores tomando a forma de uma cabeça de criança, o rosto parecendo com o de um filho que eu havia perdido cerca de vinte anos antes. A forma se manteve assim apenas por um momento, e então desapareceu de repente, parecendo ser instantaneamente absorvida pelo lado do doutor. Esse fenômeno notável repetiu-se quatro ou cinco vezes, sendo a materialização em cada caso mais distinta que a precedente. Isso foi testemunhado por todos na sala, com luz a gás suficientemente clara para que todos os objetos fossem bem visíveis.

Foi um fenômeno raramente visto e permitiu a todos que o viram atestar não apenas o notável poder do dr. Monck como médium de materialização, mas também a maneira maravilhosa como um espírito se manifesta.

---

[10] *Banner of Light*, 15 de dezembro de 1881.

Depois de semelhante testemunho, é certamente inútil negar que Monck tivesse de fato grandes poderes psíquicos.

Além das materializações, o dr. Monck era um notável médium de escrita em prancheta. Em uma carta ao *Spectator*,[11] o dr. Russel Wallace diz que na companhia de Monck em uma casa particular em Richmond, ele limpou duas pranchetas e, depois de colocar um fragmento de lápis entre elas, amarrou-as firmemente com uma corda resistente, longitudinal e transversalmente, de modo a impedir qualquer movimento.

> Em seguida, coloquei-as sobre a mesa sem perdê-las de vista por um instante sequer. O dr. Monck colocou os dedos de ambas as mãos sobre elas, enquanto eu e uma senhora sentada à minha frente colocamos nossas mãos nos cantos das pranchetas. Nossas mãos em nenhum momento deixaram essa posição, até que eu desamarrei as pranchetas para verificar o resultado.

Monck pediu a Wallace que dissesse uma palavra a ser escrita na prancheta. Ele escolheu a palavra "Deus" e, em resposta a um pedido, resolveu que devia ser representada na posição longitudinal. Ouviu-se o som da escrita e, quando o médium afastou as mãos, o dr. Wallace abriu as pranchetas e leu na inferior a palavra que ele havia pedido, escrita da forma solicitada.

O dr. Wallace diz:

> As características essenciais desse experimento são que eu mesmo limpei e amarrei as pranchetas; que eu mantive minhas mãos sobre elas o tempo todo; que não as perdi de vista por um instante sequer; e que escolhi a palavra a ser escrita e o modo de escrevê-la depois que as pranchetas estavam prontas e firmes nas minhas mãos.

O sr. Edward T. Bennett, secretário assistente da Sociedade de Pesquisas Psíquicas (SPP), acrescenta a esse relato:

"Eu estava presente nessa ocasião e atesto que o relato do sr. Wallace sobre o que aconteceu está correto".

Outro bom teste é descrito pelo sr. W. P. Adshead, de Helper, um conhecido investigador, que a respeito de uma sessão espírita realizada em Derby em 18 de setembro de 1876 diz o seguinte:

---

[11] 7 de outubro de 1877.

Havia oito pessoas presentes, três mulheres e cinco homens. Um assistente entregou uma prancheta a uma senhora que o dr. Monck nunca havia visto antes; ela examinou a prancheta e constatou que estava limpa. O lápis apropriado que estava sobre a mesa alguns minutos antes de nos sentarmos não foi encontrado. Um investigador sugeriu que seria um bom teste se fosse usado um lápis comum.

Assim, um lápis de grafite foi colocado sobre a prancheta, e a senhora segurou os dois debaixo da mesa. Ouviu-se o som da escrita instantaneamente e, em poucos segundos, uma mensagem preencheu todo um lado da prancheta. A comunicação, escrita em grafite e com letras muito pequenas e nítidas, aludia a um assunto estritamente particular.

Estavam aí três testes simultâneos. (1) A escrita foi obtida sem que o médium (ou qualquer outra pessoa, exceto a senhora) tocasse a prancheta do início ao fim. (2) A mensagem foi escrita com lápis de grafite por sugestão espontânea de outra pessoa. (3) Constituiu-se em um importante teste de comunicação sobre um assunto estritamente pessoal. O dr. Monck não tocou na prancheta durante todo o experimento.

O sr. Adshead também fala de fenômenos físicos que ocorriam livremente com esse médium quando suas mãos estavam presas a um aparelho que não permitia o movimento nem mesmo de dois centímetros em qualquer direção.

No ano de 1876, como já descrito, acontecia em Londres o julgamento de Slade, e denúncias pairavam no ar. Ao considerar o caso seguinte, bastante intrigante e certamente suspeito, é preciso lembrar que, quando um homem que se apresenta em público – um ilusionista ou um hipnotizador – afirma que denunciou um médium, ele obtém uma valiosa publicidade e atrai para si toda a numerosa parcela da comunidade que deseja inteirar-se de tal denúncia. É oportuno ter isso em mente ao almejar a medida justa onde há conflito de evidências.

Nesse caso, o ilusionista e hipnotizador era um certo Lodge, e a ocasião foi uma sessão espírita realizada em Huddersfield em 3 de novembro de 1876. O sr. Lodge exigiu inesperadamente que o médium fosse revistado. Monck, temendo ser agredido ou denunciado, correu e se trancou em seu quarto. Em seguida, desceu pela janela e dirigiu-se para a delegacia, onde apresentou queixa. A porta do seu quarto havia sido arrombada e seus pertences vasculhados, sendo encontrado um par de luvas de pelúcia. Monck explicou que essas luvas tinham sido feitas para uma palestra em que expusera a diferença entre ilusionismo e mediunidade. Ainda assim, como um jornal espírita observou na época:

Alfred Russel Wallace, 1913. Foto de Debenham e Gould.
(Wikimedia Commons)

Os fenômenos de sua mediunidade não dependem da sua probidade e integridade. Se ele fosse o maior trapaceiro e o mais hábil dos ilusionistas reunidos numa só pessoa, isso não explicaria as manifestações atribuídas a ele.

Monck foi condenado a três meses de prisão e diz-se que teria feito uma confissão ao sr. Lodge. Depois de libertado, realizou várias sessões com Stainton Moses, quando então ocorreram fenômenos impressionantes.

Light comenta:

> Aqueles cujos nomes mencionamos como testemunhas da autenticidade da mediunidade do dr. Monck são bem conhecidos dos espíritas mais antigos como pesquisadores perspicazes e escrupulosamente cautelosos, e o nome do sr. Hensleigh Wedgwood tinha muito peso, pois era conhecido como homem de ciência e cunhado de Charles Darwin.

Há um elemento de dúvida sobre o caso Huddersfield, visto que o acusador não era de forma alguma uma pessoa imparcial, mas o testemunho de *sir* William Barrett deixa claro que Monck, às vezes, recorria à trapaça sem o menor escrúpulo. *Sir* William escreve:

> Surpreendi o "Dr." em uma fraude grosseira, um pedaço de musselina branca em uma armação de arame com um fio preto preso, sendo usado pelo médium para simular um espírito parcialmente materializado.[12]

Uma denúncia dessa natureza, vinda de uma fonte tão segura, desperta um sentimento de aversão que impele a jogar no cesto de lixo todas as evidências envolvendo o homem. Não obstante, é preciso ser paciente e razoável nesses assuntos. Como se demonstrou claramente, as primeiras sessões de Monck foram realizadas em ambientes bem iluminados em que mecanismos tão canhestros como o mencionado eram impensáveis. O fato de um homem servir-se de embustes uma vez não significa que nunca tenha assinado um cheque honesto em sua vida. Não precisamos discutir isso. Mas temos seguramente de admitir que Monck era capaz de praticar fraudes, que tomaria o caminho mais fácil quando a realidade se mostrasse difícil e que cada uma de suas manifestações deve ser cuidadosamente investigada.

---

[12] *S.P.R. Proceedings*, Vol. IV, p. 38 (rodapé).

CAPÍTULO 14

INVESTIGAÇÕES COLETIVAS SOBRE O ESPIRITISMO

Diversas comissões em diferentes momentos se debruçaram sobre a questão do Espiritismo. Destas, as duas mais importantes são a da Sociedade Dialética, em 1869-1870, e a Comissão Seybert, em 1884, a primeira britânica e a segunda americana. A essas podemos acrescentar a da sociedade francesa, Institut Général Psychologique, em 1905-1908. Apesar dos intervalos entre essas investigações, é conveniente tratá-las em um único capítulo, pois certos comentários são comuns a todas elas.

Há dificuldades óbvias quando se trata de investigações coletivas – dificuldades tão graves que são quase intransponíveis. Quando um Crookes ou um Lombroso explora o assunto, ele se reúne sozinho com o médium ou então é acompanhado por outros cujo conhecimento das condições psíquicas e das leis pode ser útil no contexto. Em geral, não é isso que acontece com essas comissões. Elas não se dão conta de que elas próprias são parte do experimento, pois podem criar vibrações tão intoleráveis e cercar-se de uma atmosfera tão negativa que essas forças externas, governadas que são por leis muito definidas, são incapazes de penetrá-la. Não é em vão que o termo "unânimes" é inserido no relato do encontro apostólico no cenáculo (Atos dos Apóstolos 1,14). Como um pequeno pedaço de metal pode perturbar uma instalação magnética inteira, assim também uma forte corrente psíquica adversa pode arruinar um círculo psíquico. É por essa razão, e não por qualquer credulidade superior, que espíritas praticantes obtêm continuamente resultados que nunca são alcançados por meros pesquisadores.

Esta também pode ser a razão por que a única comissão em que os espíritas contaram com bons representantes foi a que obteve os resultados mais positivos. Essa foi a comissão escolhida pela Sociedade Dialética de Londres, a qual iniciou suas investigações no início de 1869 e apresentou seu relatório em 1871. Se o bom senso e as leis ordinárias da evidência tivessem sido seguidos no acolhimento desse relatório, o progresso da verdade psíquica ter-se-ia acelerado em cinquenta anos.

Trinta e quatro senhores de posição foram nomeados para essa comissão, instalada com o objetivo de "investigar os fenômenos tidos como manifestações espíritas". Em sua maioria, os membros certamente estavam dispostos a desmascarar imposturas, mas se depararam com um conjunto de provas que não podia ser desconsiderado e acabaram afirmando que "a matéria merece uma atenção mais profunda e uma investigação mais minuciosa do que tem recebido até agora". Essa conclusão surpreendeu de tal modo a Sociedade por eles representada que esta se recusou a publicar os dados levantados; a própria comissão, então, por iniciativa e responsabilidade comum, publicou os resultados, assegurando assim um registro permanente de uma das mais interessantes investigações.

Os membros da comissão eram oriundos das mais variadas profissões: um doutor em teologia, dois médicos, dois cirurgiões, dois engenheiros civis, dois membros de sociedades científicas, dois advogados e outras pessoas de renome. Charles Bradlaugh, o racionalista, também era um dos representantes. O professor Huxley e G. H. Lewes, marido de George Eliot (pseudônimo de Mary Ann Evans), foram convidados a cooperar, mas recusaram, Huxley dizendo, "supondo que os fenômenos sejam verdadeiros, não me interessam" – uma afirmação reveladora de que esse grande e lúcido homem tinha suas limitações.

As seis subcomissões reuniram-se quarenta vezes em condições de teste, muitas vezes sem a ajuda de um médium profissional e, com total senso de responsabilidade, concordaram que os seguintes pontos pareciam ter sido comprovados:

1. Que ruídos de natureza bem variada, aparentemente provenientes de móveis, do assoalho e das paredes da sala – as vibrações que acompanham os sons são muitas vezes distintamente perceptíveis ao tato – ocorrem sem ser produzidos por ação muscular ou dispositivo mecânico.
2. Que movimentos de corpos pesados ocorrem sem dispositivo mecânico de qualquer espécie ou aplicação adequada de força muscular pelas pessoas presentes e, frequentemente, sem contato ou relação com qualquer pessoa.

3. Que esses sons e movimentos ocorrem frequentemente nos momentos e da maneira solicitada pelas pessoas presentes e, por meio de um código simples de sinais, respondem a perguntas e transmitem mensagens coerentes.
4. Que as respostas e comunicações assim obtidas são em geral comuns; mas, às vezes, revelam-se corretamente fatos conhecidos apenas por uma das pessoas presentes.
5. Que as circunstâncias sob as quais os fenômenos ocorrem são variáveis, mas o fato mais evidente é que a presença de certas pessoas parece necessária à sua ocorrência, enquanto a de outras se mostra quase sempre adversa; mas essa diferença parece não depender de qualquer crença ou descrença relativa aos fenômenos.
6. Que, não obstante, a ocorrência dos fenômenos independe da presença ou ausência de tais pessoas.

As provas orais e escritas recebidas, atestando não somente fenômenos da mesma natureza que os observados pelas subcomissões, mas também outros de carácter mais diversificado e extraordinário, estão assim sintetizadas no relatório:

1. Treze testemunhas afirmam ter visto corpos pesados – em alguns casos, homens – elevarem-se lentamente no ar e lá permanecerem por algum tempo sem apoio visível ou tangível.
2. Quatorze testemunhas atestam ter visto mãos ou figuras não pertencentes a seres humanos, mas com aparência e mobilidade próprias da vida, que às vezes tocaram ou mesmo agarraram e que, por isso, estão convencidas de que não foram resultado de impostura ou ilusão.
3. Cinco testemunhas declaram ter sido tocadas por algum agente invisível em várias partes do corpo e, às vezes, em pontos por elas indicados, quando as mãos de todos os presentes estavam visíveis.
4. Treze testemunhas asseveram ter ouvido peças musicais bem executadas em instrumentos não manipulados por nenhuma agência verificável.
5. Cinco testemunhas sustentam ter visto pedaços de carvão em brasa aplicados nas mãos ou cabeça de várias pessoas sem produzir dor ou queimadura, e três testemunhas dizem ter passado pelo mesmo experimento com a mesma imunidade.
6. Oito testemunhas asseguram ter recebido informações precisas por meio de batidas, escrita e outras formas, cuja precisão elas mesmas ou qualquer pessoa

presente desconheciam no momento, mas que investigações posteriores as consideraram corretas.

7. Uma testemunha declara ter recebido um comunicado preciso e detalhado que, no entanto, se revelou totalmente errôneo.
8. Três testemunhas afirmam que estavam presentes quando desenhos, seja com lápis pretos, seja com coloridos, foram produzidos em tão pouco tempo e em condições tais que impossibilitavam qualquer ação humana.
9. Seis testemunhas declaram que receberam informações de acontecimentos futuros e que em alguns casos a hora e o minuto de sua ocorrência foram preditos com precisão, dias e até semanas antes.

Além do exposto acima, foram apresentadas provas de conversas em transe, de curas, de escrita automática, do aparecimento de flores e frutos em salas fechadas, de vozes no ar, de visões em cristais e espelhos bem como do alongamento do corpo humano. O relatório termina com as seguintes observações:

> Ao apresentar seu relatório, vossa Comissão, considerando a elevada probidade e grande inteligência das inúmeras testemunhas dos fatos mais extraordinários, a solidez com que seu testemunho é sustentado pelos relatórios das subcomissões e a ausência de qualquer comprovação de impostura ou falsidade com relação à grande parte dos fenômenos; considerando ainda a natureza excepcional dos fenômenos, o grande número de pessoas em todas as camadas da sociedade e em todo o mundo civilizado que são mais ou menos influenciadas por uma crença em sua origem sobrenatural, e o fato de que nenhuma explicação filosófica desses fenômenos ainda chegou até nós, delibera que lhe incumbe expressar sua convicção de que o assunto merece uma atenção mais séria e uma investigação mais cuidadosa do que tem recebido até o momento.

Entre os que apresentaram provas ou leram relatos perante a comissão estavam: dr. Alfred Russel Wallace, sra. Emma Hardinge, sr. H. D. Jencken, sr. Benjamin Coleman, sr. Cromwell F. Varley, sr. D. D. Home e o mestre de Lindsay. Foi recebida correspondência de lorde Lytton, sr. Robert Chambers, dr. Garth Wilkinson, sr. William Howitt, sr. Camille Flammarion e outros.

A comissão conseguiu obter provas de pessoas que acreditavam nos fenômenos, mas, como consta do relatório, praticamente fracassou em colher evidências de quem os atribuía a fraude ou o ilusionismo.

Nos registros de provas de mais de cinquenta testemunhas, há extensos depoimentos dados por homens e mulheres de renome. Uma testemunha[1] comentou que o fenômeno mais notável exposto pelos trabalhos da comissão foi o número extraordinário de homens eminentes que se revelaram adeptos convictos da hipótese espírita. Outro[2] declarou que, quaisquer que fossem as agências envolvidas nessas manifestações, não se devia explicá-las relacionando-as a imposturas, por um lado, ou a alucinações, por outro.

Um dado interessante sobre o crescimento do movimento decorre de uma declaração da sra. Emma Hardinge de que, naquela época (1869), ela conhecia apenas dois médiuns profissionais em Londres, embora soubesse da existência de vários não profissionais. Como ela mesma era médium, provavelmente sua afirmação estava correta. O sr. Cromwell Varley assegurou que possivelmente não havia mais de cem médiuns conhecidos em todo o reino e acrescentou que muito poucos deles eram bem desenvolvidos. Temos aqui testemunho conclusivo do grande trabalho realizado na Inglaterra por D. D. Home, pois a maior parte dos convertidos se devia à sua mediunidade. Outra médium que desempenhou um papel importante foi a sra. Marshall. Muitas testemunhas falaram de sessões individuais de que participaram na casa dela. O sr. William Howitt, conhecido escritor, após averiguação pessoal, acreditava que o Espiritismo era então aceito por cerca de vinte milhões de pessoas em todo o mundo.

O que se poderia chamar de prova para a oposição não era em absoluto algo temível. Lorde Lytton disse que, em sua experiência, os fenômenos se deviam a influências materiais de natureza desconhecida. O dr. Carpenter trouxe à tona seu passatempo favorito da "cerebração inconsciente". O dr. Kidd acreditava que a maioria dos fenômenos era sem dúvida de ordem subjetiva, e três testemunhas, apesar de convencidas da autenticidade das ocorrências, atribuíam-nas à ação satânica. Essas objeções foram bem respondidas pelo sr. Thomas Shorter, autor de *Confessions of a Truth Seeker* e secretário do Working Men's College, em uma admirável revisão do relatório na *The Spiritual Magazine*.[3]

É conveniente observar que, por ocasião da publicação desse importante e celebrado relatório, ele foi ridicularizado por grande parte da Imprensa de Londres. Uma exceção honrosa foi o *The Spectator*.

---

[1] Grattan Geary.
[2] L. Blanchard.
[3] 1872, pp. 3-15.

O revisor do *The Times* considerou-o "nada mais do que uma mixórdia de conclusões fúteis, adornadas por uma massa do lixo mais imundo que já tivemos a infelicidade de julgar".

O *Morning Post* disse: "O relatório que foi publicado é totalmente inútil".

O *Saturday Review* esperava que o relatório levasse involuntariamente "a desacreditar um pouco mais uma das superstições mais inequivocamente degradantes que já encontraram aceitação entre seres racionais".

O *Standard* fez uma crítica positiva que merece ser lembrada. Opondo-se aos comentários dos que não acreditam no Espiritismo, mas dizem que pode haver "algo nele", o jornal observa sabiamente: "Se algo mais há nele além de impostura e imbecilidade, esse algo é a afirmação de todo um outro mundo".

O *Daily News* considerou o relatório "uma importante contribuição para a literatura de um tema que, um dia ou outro, pelo próprio número de seus seguidores, exigirá uma investigação mais ampla".

The Spectator, depois de descrever o livro como extremamente curioso, acrescentou: "Poucos, no entanto, conseguiriam ler a grande quantidade de provas coligidas neste volume, demonstrando uma fé firme na realidade dos supostos fenômenos espíritas observados por muitos indivíduos de caráter honrado e digno, sem também concordar com a opinião do sr. Jeffrey de que os notáveis fenômenos testemunhados, alguns dos quais não foram atribuídos a impostura ou ilusão, e os depoimentos de testemunhas respeitáveis, 'justificam a recomendação de se submeter o assunto a investigações mais aprofundadas'".

Estes são apenas breves extratos de textos mais longos publicados em alguns jornais londrinos – havia muitos outros – e, por piores que sejam, não deixam de indicar uma mudança de atitude por parte da imprensa, que costumava ignorar completamente o assunto.

Deve-se lembrar que o relatório se ocupou apenas do aspecto fenomênico do Espiritismo, o qual, na opinião dos principais representantes espíritas, é sem dúvida o menos importante. Apenas o relatório de uma das subcomissões registra que a essência das mensagens era que a morte física é uma questão trivial, sendo para o espírito um renascimento para novas experiências de existência; que a vida do espírito é humana em todos os sentidos; que as relações amistosas são tão comuns e prazerosas como na vida; que, embora os espíritos tenham grande interesse pelos assuntos mundanos, não desejam retornar ao seu estado anterior de existência; que a comunicação com os amigos da Terra é agradável e desejada pelos espíritos, sendo para eles uma prova da continuidade da vida apesar da dissolução do corpo, e que aos espíritos não se atribuem nenhum poder profético. Esses eram os principais tópicos das informações recebidas.

Em geral se reconhecerá no futuro que, em sua época e geração, a Comissão da Sociedade Dialética fez um excelente trabalho. Seus membros, na grande maioria, se opunham às pretensões psíquicas, mas diante das evidências, com poucas exceções, como o dr. Edmunds, cederam ao testemunho dos seus próprios sentidos. Houve alguns exemplos de intolerância, como as infelizes palavras de Huxley e a declaração de Charles Bradlaugh de que nem sequer examinaria certas coisas porque pertenciam à esfera do impossível, mas de modo geral o trabalho em equipe das subcomissões foi da melhor qualidade.

O relatório da Comissão da Sociedade Dialética inclui um longo artigo do dr. Edmunds, um adversário do Espiritismo e das descobertas de seus colegas. Vale a pena lê-lo como um texto típico de certo tipo de mentalidade. O honrado médico, embora se imagine imparcial, é na verdade tão absolutamente preconceituoso que a mera possibilidade de que os fenômenos sejam sobrenaturais sequer lhe passa pela mente. Quando vê um desses fenômenos com seus próprios olhos, sua única pergunta é: "Como esse truque foi feito?". Se não encontra a resposta, ele não imagina que pode haver alguma outra explicação, mas simplesmente conclui que não consegue descobrir a artimanha. Assim, sua prova, que é perfeitamente honesta quanto ao fato, registra que várias flores e frutas frescas, ainda úmidas, caíram sobre a mesa – um fenômeno de aporte que a sra. Guppy produz muitas vezes. A única explicação do médico é que devem ter sido retiradas do aparador, embora se possa imaginar que uma cestinha de frutas sobre o aparador chamaria a atenção, mas ele não se arrisca a dizer que a viu ali colocada. Mais: ele entrou no gabinete com os Davenport e admite que não conseguiu perceber nada, mas, claro, também isso deve ser um truque de mágica. Então, ao se dar conta de que médiuns que percebem que sua atitude mental é irremediável se recusam a reunir-se com ele novamente, ele registra que também isso é prova da culpa deles. Há certo tipo de mente científica que é arguta nos limites do seu campo de atuação, mas fora dele é a coisa mais tola e ilógica do mundo.

Um fato a lastimar foi a Comissão Seybert, que analisaremos a seguir, ter sido constituída inteiramente pelas pessoas já caracterizadas, com exceção de um espírita, o sr. Hazard, que foi cooptado por elas e que tinha poucas condições de influenciar a atmosfera geral de obstrução. As circunstâncias em que a Comissão foi nomeada correspondem ao seguinte: certo Henry Seybert, cidadão da Filadélfia, havia deixado a soma de sessenta mil dólares para a criação de um Curso de Filosofia na universidade da Pensilvânia, com a condição de que a referida Universidade nomeasse uma comissão para "efetuar uma investigação completa e imparcial de todos os sistemas de moral, religião ou filosofia que supõem representar a verdade, enfatizando de modo especial o Espiritismo moderno". O pessoal do grupo escolhido é irrelevante, com a ressalva de que todos estavam ligados à universidade, com o dr. Pepper, reitor da universidade, como presidente honorário, o dr. Furness como presidente interino e o prof. Fullerton como secretário. Embora fosse obrigação da Comissão "efetuar uma investigação completa e imparcial" do Espiritismo moderno, o relatório preliminar afirma friamente:

> A Comissão é composta de homens que já têm seus dias repletos de obrigações que não podem ser negligenciadas, por isso só podem dedicar pequena parte do seu tempo a essas investigações.

Estarem os membros satisfeitos em começar com essa limitação mostra sua escassa compreensão da natureza do trabalho que deviam encarar. Dadas as circunstâncias, o fracasso era inevitável. Os procedimentos começaram em março de 1884, e um relatório "preliminar", assim chamado, foi apresentado em 1887. Como se comprovou, esse relatório foi o derradeiro, pois, embora tenha sido reeditado em 1920, não houve acréscimos, a não ser o de um prefácio insípido de três parágrafos escrito por um descendente do ex-presidente. A essência desse relatório é que a fraude de um lado e a credulidade do outro compõem o todo do Espiritismo e que de fato não havia nada de relevante que a Comissão pudesse relatar. O longo documento é útil como leitura para todo estudioso de assuntos psíquicos. A impressão que fica é que os vários membros da Comissão, em suas limitações, esforçaram-se honestamente para chegar aos fatos; suas mentes, porém, como a do dr. Edmunds, estavam rigidamente estruturadas. E isso a tal ponto que – não obstante sua atitude repugnante e impossível quando algum acontecimento psíquico conseguia romper as barreiras que interpunham – eles não consideravam por um instante sequer a possibilidade de que fosse autêntico, mas simplesmente o ignoravam como se não existisse. Assim, com a sra. Fox-Kane, eles obtiveram batidas bem perceptíveis, mas ficam satisfeitos com a suposição mil vezes refutada de que elas procediam de dentro do corpo dela, preterindo sem comentários o fato de terem recebido longas mensagens da sra. Fox-Kane, escritas rapidamente na direção inversa, da direita para a esquerda, só podendo ser lidas no reflexo de um espelho. Essa escrita rápida continha uma frase latina oculta que parecia estar muito acima da capacidade da médium. Tudo isso ficou sem explicação e ignorado.

Novamente, com relação à sra. Lord, a Comissão obteve voz direta e também luzes fosforescentes após a médium ter sido revistada. Temos a informação de que ela manteve um "bater de mãos quase contínuo", mas mesmo assim pessoas afastadas dela teriam sido tocadas. A atitude com que o inquérito é abordado pode ser avaliada pelo comentário do presidente interino a W. M. Keeler, tido como um fotógrafo de espíritos, de que "não ficaria satisfeito com menos de um querubim sobre a minha cabeça, um sobre cada ombro, e um anjo adulto sobre o meu peito". Um espírita ficaria realmente surpreso se um investigador em estado de espírito tão frívolo fosse favorecido com resultados. De todo modo, percorre a investigação a falácia de que todo médium faz o que qualquer ilusionista é capaz de fazer. Nem por um momento os membros da Comissão parecem perceber que o favor e o consentimento de operadores invisíveis podem ser essenciais – operadores que podem curvar-se diante dos humildes e afastar-se ou mesmo escarnecer do zombeteiro autossuficiente.

Se por um lado alguns resultados talvez autênticos foram omitidos no relatório; por outro, certos episódios dolorosos para o espírita devem ser enfrentados. A Comissão constatou fraude inconteste no caso da médium de prancheta, a sra. Patterson, e é impossível negar que o caso de Slade é consideravelmente importante. Os últimos dias desse médium foram sem dúvida sombrios, e os poderes que antes haviam sido tão evidentes podem ter sido substituídos por truques. O dr. Furness chega ao ponto de afirmar que esses truques eram de fato admitidos, mas a história contada no relatório sugere charlatanice por parte do médium – que o dr. Slade acene risonho para o médico de sua janela aberta, e em resposta a um comentário jocoso deste deva admitir que toda a sua vida foi uma impostura, é mais do que se pode facilmente acreditar.

Há alguns aspectos em que a Comissão – ou alguns membros dela – parece ter faltado com a verdade. Assim, eles declaram no início que basearão seu relatório em seus próprios trabalhos e desconsiderarão a massa de material já disponível. Apesar disso, apresentam um relatório longo e desfavorável do seu secretário sobre as provas de Zöllner a favor de Slade. Esse relato é bastante incorreto em si mesmo, como mostra a narrativa de Zöllner inserida no capítulo que trata das experiências de Slade em Leipzig. O relatório omite cuidadosamente o fato de que o principal ilusionista da Alemanha, depois de uma longa investigação, emitiu um certificado de que os fenômenos de Slade não eram truques. Por outro lado, quando o testemunho de um ilusionista vai contra uma explicação espírita, como nos comentários de Kellar, ele é apresentado na íntegra, aparentemente desconhecendo que, no caso de outro médium, Eglinton, esse mesmo Kellar havia declarado que os resultados estavam além do seu entendimento.

Na introdução do relatório, a Comissão diz: "Consideramo-nos felizes por termos tido como conselheiro, desde o início, o falecido sr. Thomas R. Hazard, amigo pessoal do sr. Seybert e muito conhecido em toda a região como um espírita intransigente". O sr. Hazard evidentemente sabia da importância de garantir as condições certas e o tipo certo de assistentes para tal investigação experimental. Descrevendo uma entrevista que teve com o sr. Seybert alguns dias antes da morte dele, quando concordou em atuar como seu representante, o sr. Hazard diz que o fez apenas "com o total e claro entendimento de que eu teria poderes para prescrever os métodos a serem adotados na investigação, designar os médiuns a serem consultados e recusar a presença de qualquer pessoa ou pessoas que eu julgasse que poderiam perturbar a harmonia e a boa ordem dos círculos espíritas". Mas esse representante do sr. Seybert parece ter sido discretamente ignorado pela Universidade. Depois de algumas reuniões da Comissão, o sr. Hazard ficou descontente com alguns dos seus membros e com os seus métodos. Nós o encontramos publicando o seguinte no *North American*[4] de Filadélfia, possivelmente depois de abordar em vão as autoridades da universidade:

> Sem pretender desmerecer por pouco que seja o carácter moral irrepreensível que todos os membros da Faculdade, inclusive a Comissão, desfrutam junto à opinião pública, nem a elevada posição social e intelectual que ocupam na sociedade, devo dizer que, por alguma estranha obsessão, vício de julgamento ou perversão intelectual, os Curadores da Universidade nomearam para a Comissão de investigação do Espiritismo moderno uma maioria de membros cuja educação, hábitos de pensamento e preconceitos os desqualificam tão singularmente para fazer uma investigação completa e imparcial do assunto que os Curadores da Universidade são obrigados por contrato e por dignidade a realizar, que, se o objetivo pretendido tivesse sido o de depreciar e levar ao descrédito, ao ódio e ao desprezo de todos a causa que sei que o falecido Henry Seybert mantinha o mais perto possível do seu coração e amava mais do que tudo neste mundo, os Curadores dificilmente poderiam ter escolhido

---

[4] 18 de maio de 1885.

para o fim desejado, dentre todos os habitantes da Filadélfia, instrumentos mais apropriados do que os senhores que constituem a maioria da Comissão Seybert. E isso, repito, não por quaisquer motivos que afetem sua posição moral, social ou intelectual na sociedade, mas simplesmente em razão de seus preconceitos contra a causa do Espiritismo.

Ele ainda sugeriu aos Curadores que afastassem da Comissão os srs. Fullerton, Thompson e Koenig.

O sr. Hazard citou as palavras do prof. Fullerton proferidas em uma palestra no Clube da Universidade Harvard em 3 de março de 1885:

> É possível que o modo como os médiuns contam a história de uma pessoa seja pelo processo de transmissão de pensamento, pois toda pessoa que recebe informações dessa natureza procura um médium pensando nos mesmos pontos que o médium aborda. [...] Quando alguém tem um resfriado, ele ouve um zumbido nos ouvidos, e uma pessoa insana ouve constantemente sons que nunca ocorrem. Talvez, então, uma doença da mente ou do ouvido, ou alguma emoção forte, possa ser a causa de um grande número de fenômenos espíritas.

Quando proferiu essas palavras, o professor integrava a Comissão havia mais de um ano.

O sr. Hazard também cita as opiniões do dr. George A. Koenig, publicadas no *The Philadelphia Press* cerca de um ano após ser nomeado para a Comissão:

> Devo admitir francamente que estou preparado para negar a verdade do Espiritismo como é hoje entendido popularmente. É minha convicção de que todos os chamados médiuns são charlatões, sem exceção. Nunca vi Slade realizar um dos seus truques, mas, pelas descrições publicadas, estou convencido de que é um impostor, o mais astuto de todos. Não creio que a Comissão veja com bons olhos o exame dos chamados médiuns espíritas. Os homens mais sábios podem ser enganados. Um homem pode inventar mais truques em uma hora do que um sábio desvendá-los em um ano.

O sr. Hazard soube, por meio do que considerava uma fonte confiável, que o prof. Robert E. Thompson foi responsável por esta opinião que apareceu no *Penn's Monthly* de fevereiro de 1880.

Mesmo que o Espiritismo seja tudo o que seus defensores apregoam, ele não tem importância para quem vive uma fé cristã. [...] Considerar e discutir a questão é embaraçar as ideias e transigir com debates com os quais nenhum crente cristão tem qualquer relação.

Encontramos nessas manifestações elementos para julgar o quanto esses membros da Comissão eram inaptos para realizar o que o sr. Seybert pediu – uma investigação "completa e imparcial" do assunto.

Comentando a comunicação do sr. Hazard, o *Banner of Light*, periódico espírita americano, escreveu:

Pelas informações que temos, não houve nenhuma reação ao apelo do sr. Hazard – certamente nenhuma providência foi tomada, pois os membros acima citados permanecem na Comissão até hoje e seus nomes constam desse relatório preliminar. O prof. Fullerton, de fato, foi e continua sendo o secretário; 120 das 150 páginas do volume que está à nossa frente são escritas por ele e revelam aquela falta excessiva de percepção espiritual e de conhecimento do oculto, e poderíamos também dizer das leis naturais, que o levaram a declarar a um auditório de alunos de Harvard que, "quando alguém tem um resfriado, ele ouve um zumbido nos ouvidos"; que "uma pessoa insana ouve constantemente sons que nunca ocorrem", sugerindo que os fenômenos espíritas podem proceder de tais causas.

O *Banner of Light* continua:

Consideramos que a incúria da Comissão Seybert em seguir o conselho do sr. Hazard, como era sua obrigação fazê-lo, é a chave para o fracasso total de todos os seus esforços subsequentes. A escassez de resultados, em qualquer grau que se aproxime do que pode ser procurado, mesmo por um cético, conforme registrado neste livro, é certamente extraordinária. É um relatório do que não foi feito, e não do que foi. Nos memorandos dos procedimentos de cada sessão, conforme dados pelo prof. Fullerton, vê-se claramente um esforço estudado para dar destaque a tudo o que uma mente superficial possa considerar prova de trapaça por parte do médium e para ocultar tudo o que possa ser evidência da veracidade de suas alegações. [...] Menciona-se que, quando certos membros da Comissão estavam presentes, todos os fenômenos cessavam. Isso comprova a correção da posição do sr. Hazard; e não há ninguém que tenha tido uma experiência com médiuns, suficiente para dar sua opinião de algum valor, que não a endosse. Os espíritos sabiam com que elementos tinham de lidar; eles se empenhavam em eliminar aqueles que tornavam seus experimentos inúteis; eles falharam em fazê-lo por ignorância, obstinação ou preconceito da Comissão, e os experimentos fracassaram; então a Comissão, muito "sábia a seus próprios olhos", decidiu que tudo era fraude.

Light[5] também comentou o relatório, dizendo o que precisa ser dito hoje tanto quanto em 1887:

> Constatamos com certo prazer, embora sem nenhuma expectativa do que pode resultar de métodos de investigação inadequados até agora adotados, que a Comissão se propõe a continuar suas averiguações "com mente sincera e honesta, como até agora, para chegar a uma conclusão convincente". Sendo assim, ousamos oferecer algumas recomendações baseadas em larga experiência. A investigação desses fenômenos obscuros é cercada de dificuldades, e toda possível diretriz a ser dada deriva de um conhecimento que é em grande parte empírico. Mas sabemos que experimentos prolongados e pacientes com um círculo devidamente constituído é uma condição *sine qua non*. Sabemos que nem tudo depende do médium, mas que um círculo deve ser formado e alterado de tempos em tempos de forma experimental, até assegurar-se a inclusão de elementos adequados. Não cabe a nós dizer à Comissão Seybert quais devam ser esses elementos. Ela mesma deve descobri-los. Sugerimos que seus integrantes estudem, na literatura espírita, as diferentes características da mediunidade antes de prosseguir com experimentos pessoais. Quando tiverem feito isso – e talvez percebido como é fácil fazer um exame dessa natureza bem como chegar a resultados negativos –, terão melhores condições para aplicar uma atenção mais inteligente e paciente a um estudo que não pode ser proveitosamente conduzido de outra forma.

Não há dúvida de que o relatório da Comissão Seybert retardou a causa da verdade psíquica por algum tempo. No entanto, o dano efetivo recaiu sobre a egrégia instituição que esses senhores representavam. Nestes dias em que o ectoplasma, a base física dos fenômenos psíquicos, se consolidou sem sombra de dúvida como substância verificável para todos os que examinam as evidências, torna-se tarde demais dissimular que não há nada a ser examinado. Praticamente não existe hoje uma única capital que não tenha sua Sociedade de Pesquisas Psíquicas (SPP)

---

[5] 1887, p. 391.

– um comentário final sobre a conclusão da Comissão de que não havia campo para pesquisa. Se a Comissão Seybert tivesse insistido para que a Universidade da Pensilvânia liderasse esse movimento, dando assim continuidade à grande tradição do professor Hare, quão gloriosa teria sido sua posição final! Assim como Cambridge ficou associada a Newton e à sua lei da gravidade, a Pensilvânia poderia ter sido vinculada a um avanço muito mais importante do conhecimento humano. Coube, porém, a vários centros de ensino europeus dividir essa honra entre eles.

A última investigação coletiva a considerar é de menor importância, pois trata apenas de um médium em particular. Esta foi conduzida pelo Institut Général Psychologique, em Paris. Consistiu em três séries de sessões com a famosa Eusápia Palladino nos anos 1905, 1906 e 1907, totalizando quarenta e três sessões. Não existe nenhuma lista completa dos participantes, nem houve qualquer relatório coletivo adequado; o único registro, muito imperfeito e inconclusivo, é do secretário, sr. Courtier. Os investigadores incluíram algumas pessoas muito ilustres, entre elas Charles Richet; monsieur e madame Curie; sr. Bergson; sr. Perrin; prof. d'Arsonal do College de France, que era presidente da Sociedade; conde de Gramont; prof. Charpentier; e a diretora Debierne da Sorbonne. O resultado final só não foi desastroso para a médium porque o prof. Richet deu seu endosso à realidade das faculdades psíquicas dela, mas os truques estranhos e superficiais de Eusápia estão registrados no relato subsequente de sua carreira, e bem podemos imaginar o efeito desconcertante que teriam exercido sobre aqueles para quem tais coisas eram novidade.

Está incluída no relatório uma espécie de conversa entre os assistentes em que eles falam sobre o assunto, a maioria deles em um estado de espírito muito nebuloso e descomprometido. Não se pode dizer que alguma nova luz tenha sido lançada sobre a médium ou que algum novo argumento tenha sido apresentado, seja para os céticos, seja para os crentes. O dr. Geley, porém, que provavelmente se aprofundou tanto quanto qualquer outro na ciência psíquica, afirma que "les experiences" – ele não diz o relatório – constituem uma contribuição valiosa para o assunto.[6] Ele toma por base o fato de que os resultados descritos muitas vezes confirmam de forma impressionante aqueles obtidos em seu próprio Institut Métapsychique trabalhando com Kluski, Guzik e outros médiuns. As diferenças, diz ele, estão nos detalhes, nunca no essencial. O controle das mãos era o mesmo em ambos os casos, ambas as mãos sempre presas. Isso foi mais fácil no caso desses

---

[6] *L'Ectoplasmie et la Clairvoyance*, 1924, p. 402.

médiuns, especialmente com Kluski em transe, enquanto Eusápia era em geral muito inquieta. Parece haver uma condição intermediária característica de Eusápia, observada pelo autor no caso de Frau Silbert, Evan Powell e outros médiuns, em que a pessoa parece normal, mas é peculiarmente suscetível a sugestões ou a outras impressões mentais. Nessas condições, é muito fácil assomar alguma suspeita de fraude, pois o desejo geral por parte da plateia de que algo aconteça reage com grande força sobre a mente inconsciente do médium. Um amador com algum poder psíquico assegurou ao autor que é necessária uma considerável inibição para manter tais impulsos sob controle e esperar o poder real de fora. Nesse relatório, lemos: "Estando as duas mãos, os pés e os joelhos de Eusápia controlados, a mesa se levanta de repente, todos os quatro pés erguendo-se do chão. Eusápia fecha os punhos e os segura na direção da mesa, que então se eleva completamente do chão cinco vezes seguidas, sendo também dadas cinco batidas. Ela torna a elevar-se totalmente enquanto as mãos de Eusápia estão sobre a cabeça de um assistente. Ela se ergueu uns trinta centímetros do chão e ficou suspensa no ar por sete segundos quando Eusápia manteve a mão sobre a mesa e uma vela acesa foi colocada debaixo desse móvel", e assim por diante, com testes ainda mais conclusivos com mesas e com outros fenômenos.

A timidez do relatório foi satirizada pelo grande espírita francês, Gabriel Delanne. Ele diz:

> O repórter vive dizendo "acho" e "parece", como um homem que não tem certeza do que está relatando. Os que realizaram quarenta e três sessões, com olhos bons e aparelhos de verificação, deveriam ter uma opinião firme – ou, pelo menos, ter condições de dizer, caso entendam algum fenômeno como fraudulento, que em uma determinada sessão surpreenderam a médium em ato de fraude. Nada disso consta nos registros, porém. O leitor fica na incerteza – uma vaga suspeita paira sobre tudo, embora sem qualquer fundamento sério.

Comentando sobre isso, *Light* diz:[7]

Delanne mostra por excertos do próprio Relatório que alguns experimentos foram bem-sucedidos, mesmo quando foram tomadas todas as precauções de teste, como o uso de lâmpadas "negro de fumo" para descobrir se Eusápia realmente tocava os

---

[7] 1909, p. 356.

objetos movidos. No entanto, o Relatório prescinde deliberadamente dessas observações diretas e positivas em favor de casos ocorridos *em outras épocas e lugares* em que *se dizia* ou *acreditava* que Eusápia teria influenciado indevidamente os fenômenos.

O Relatório Courier provará com clareza sempre maior o que já dissemos que é, um "monumento de inépcia", e a realidade dos fenômenos de Eusápia não pode ser questionada com seriedade pelas frases sem sentido que o embelezam com a maior prodigalidade.

O que se pode chamar de uma investigação coletiva de uma médium, a sra. Crandon, mulher de um médico em Boston, foi realizada nos anos 1923 a 1925 por uma comissão escolhida pela revista *Scientific American* e depois por alguns representantes de Harvard, com o dr. Shapley, o astrônomo, como presidente. A controvérsia sobre essas indagações ainda é grande, e o assunto foi mencionado no capítulo que trata dos grandes médiuns modernos. Pode-se afirmar brevemente que, dos investigadores da *Scientific American*, o secretário, Ss. Malcolm Bird, e o dr. Hereward Carrington anunciaram sua plena conversão. Os outros não deram uma decisão clara que envolvesse a admissão humilhante de que, após numerosas sessões sob suas próprias condições e na presença de fenômenos constantes, não podiam dizer se estavam sendo enganados ou não. O defeito da comissão foi que nenhum espírita experiente, familiarizado com as condições psíquicas, fazia parte dela. O dr. Prince era surdo, ao passo que o dr. McDougall encontrava-se em uma posição na qual toda a sua carreira acadêmica estaria obviamente em perigo pela aceitação de uma explicação impopular. A mesma observação se aplica ao comitê do dr. Shapley, composto somente de cientistas iniciantes. Sem imputar desonestidade mental consciente, sempre existe uma propensão para um espaço de segurança. Lendo o relatório desses senhores com sua aquiescência assinada em cada sessão, com o resultado e seu veredicto final de fraude, não se consegue detectar nenhum procedimento normal pelo qual chegaram às suas conclusões. Por outro lado, o apoio à mediunidade dado por pessoas que não tinham motivos pessoais para cautela extrema era frequente e entusiástico. O dr. Mark Richardson, de Boston, relatou que havia participado de mais de 300 sessões e que não tinha dúvida nenhuma a respeito dos resultados.

O autor teve a oportunidade de ver inúmeras fotografias do fluxo ectoplásmico de "Margery" e, ao compará-las com fotografias semelhantes tiradas na Europa, não hesita em dizer que esse fluxo é inquestionavelmente autêntico e que o futuro justificará a médium frente aos seus críticos desprovidos de sensatez.

VOLUME II

CAPÍTULO 15

A CARREIRA DE EUSÁPIA PALLADINO

A mediunidade de Eusápia Palladino assinala uma etapa importante na história das pesquisas psíquicas, pois ela foi a primeira médium de efeitos físicos a ser examinada por um grande número de eminentes homens de Ciência. As principais manifestações a ela atribuídas foram a movimentação de objetos intocados, a levitação de uma mesa e de outros objetos, a levitação da médium, o aparecimento de mãos e rostos materializados, efeitos luminosos e o toque de instrumentos musicais sem contato humano. Todos esses fenômenos ocorreram muito antes com o médium D. D. Home, como vimos, mas quando *sir* William Crookes convidou seus colegas cientistas para avaliar as apresentações de Home, eles se esquivaram. Agora esses fatos estranhos tornaram-se pela primeira vez objeto de uma investigação prolongada conduzida por homens de reputação europeia. Desnecessário dizer, os investigadores envolvidos diziam-se absolutamente céticos no início, e os chamados "testes" (aquelas precauções muitas vezes tolas capazes de anular o próprio objeto pesquisado) estavam então em evidência. Nenhum médium no mundo inteiro foi testado com maior rigor do que Eusápia Palladino; e, como ela conseguiu convencer a grande maioria dos seus examinadores, é evidente que sua mediunidade era de natureza singular. É supérfluo dizer que nenhum pesquisador de psiquismo deve participar de uma sessão mediúnica sem ter pelo menos um conhecimento elementar das complexidades da mediunidade e das condições adequadas para seu desenvolvimento; ou ainda, por exemplo, sem uma compreensão básica de que o sucesso do experimento não depende apenas do médium, mas também dos participantes da sessão. Nem um cientista em mil admite isso, e o fato de ter Eusápia superado todas as dificuldades apesar da enorme desvantagem é um eloquente tributo aos seus poderes.

A carreira mediúnica dessa napolitana humilde e analfabeta, de excepcional interesse e extrema importância em seus resultados, é mais um exemplo de que o simples é usado como instrumento para desmentir as falácias do douto. Eusápia nasceu em 21 de janeiro de 1854 e morreu em 1918. Sua mediunidade começou a se manifestar em torno dos 14 anos. A mãe morreu ao dá-la à luz, e o pai quando ela tinha 12 anos. Na casa de amigos que a abrigaram, foi convencida a sentar-se à mesa com outros. Depois de dez minutos, a mesa levitou, as cadeiras começaram a dançar, as cortinas da sala a enfunar, copos e garrafas a deslocar-se. Um a um, todos os presentes foram testados para descobrir quem era o responsável por toda essa movimentação. Conclusão: Eusápia era médium. Ela não se interessou pelos procedimentos e só aceitou participar de outras sessões para agradar seus anfitriões e evitar ser mandada para um convento. Sua educação espírita só começou aos 22 ou 23 anos de idade, e então, segundo Flammarion, foi orientada por um espírita fervoroso, o sr. Damiani.

Eusápia relata um incidente interessante relacionado com esse período. Em Nápoles, durante uma sessão espírita, uma senhora inglesa casada com o sr. Damiani recebeu de um espírito que dizia chamar-se John King a orientação para procurar uma mulher chamada Eusápia, especificando a rua e o número da casa. Ele informou que Eusápia era uma médium poderosa e que ele pretendia se manifestar através dela. A sra. Damiani foi ao endereço indicado e encontrou Eusápia Palladino, de quem nunca ouvira falar. Eusápia realizou com ela uma sessão espírita, sob influência de John King, que desde então passou a ser seu guia, mentor ou controle.

Sua primeira apresentação ao mundo científico europeu se deu através do professor Chiaia, de Nápoles, que em 1888 publicou em um jornal de Roma uma carta ao professor Lombroso, detalhando suas experiências e convidando esse célebre alienista a investigar pessoalmente a médium. Lombroso só aceitou o convite em fevereiro de 1891, quando realizou duas sessões com Eusápia em Nápoles. Ele acabou se convertendo e escreveu: "Estou muito confuso e arrependido por ter combatido com tanta persistência a possibilidade dos fatos chamados espíritas". Sua conversão levou muitos cientistas importantes da Europa a investigarem o fenômeno, e a partir de então a sra. Palladino se manteve ocupada por muitos anos com sessões de teste.

Às sessões de Lombroso em Nápoles em 1891 seguiram-se as da Comissão de Milão em 1892, das quais participaram o prof. Schiaparelli, diretor do Observatório de Milão; o prof. Gerosa, Catedrático de Física; G. B. Ermacora, Doutor em Filosofia Natural; M. Aksakof, Conselheiro de Estado do Imperador da Rússia; Charles du Prel, Doutor em Filosofia em Munique; e o prof. Charles Richet, da Universidade de Paris. Ao todo foram realizadas dezessete sessões. Na sequência, efetuaram-se investigações em Nápoles em 1893; em Roma, 1893-1894; em Varsóvia e na França, em 1894 – esta última sob a direção do prof. Richet, de *sir* Oliver Lodge, do sr. F. W. H. Myers e do dr. Ochorowicz; em 1895 em Nápoles; e no mesmo ano na Inglaterra, em Cambridge, na casa do sr. F. W. H. Myers, na presença do professor e da sra. Sidgwick, de *sir* Oliver Lodge e do dr. Richard Hodgson. A seguir, ainda em 1895, na França, na casa do Coronel de Rochas; em 1896 em Tremezzo, em Auteuil e em Choisy Yvrac; em 1897 em Nápoles, Roma, Paris, Montfort e Bordeaux; em Paris em novembro de 1898, na presença de uma comissão científica composta dos srs. Flammarion, Charles Richet, A. de Rochas, Victorien Sardou, Jules Claretie, Adolphe Bisson, G. Delanne, G. de Fontenay e outros; também em 1901, no Clube Minerva em Genebra, na presença dos profs. Porro, Morselli, Bomano, Venzano, Lombroso, Vassalo e outros. Muitas outras sessões experimentais foram realizadas na Europa e nos Estados Unidos com a participação de cientistas.

Em carta ao professor Lombroso, já referida, na qual também o convida a observar um caso especial que considera merecedor de toda a sua argúcia mental, o professor Chiaia fez esta descrição pitoresca dos fenômenos observados com Eusápia. Ele escreve:

> O caso a que me refiro é de uma mulher inválida pertencente à classe mais humilde da sociedade. Ela tem quase trinta anos e é muito ignorante; seu olhar não fascina nem é dotado do poder que os criminologistas modernos chamam de irresistível; mas quando ela quer, de dia ou de noite, consegue entreter um grupo curioso por uma hora ou mais com os fenômenos mais surpreendentes. Amarrada a uma cadeira ou segurada com firmeza pelas mãos dos presentes, ela puxa para si os móveis que a cercam, levanta-os, mantém-nos suspensos no ar como o caixão de Maomé e os faz descer novamente com movimentos ondulatórios, como se estivessem obedecendo à sua vontade. Ela aumenta ou diminui o peso dessas peças a seu bel-prazer. Produz ruídos nas paredes, no teto, no chão, com ritmo e cadência sutis. Em resposta aos pedidos dos curiosos, algo como faíscas elétricas desprendem-se do seu corpo e

formam cenas maravilhosas diante dela e dos espectadores. Se alguém lhe apresenta uma folha de papel, ela desenha ou escreve tudo o que a pessoa quer – figuras, assinaturas, números, frases – apenas estendendo a mão na direção do local indicado.

Caso se coloque no canto da sala uma bacia com uma camada de argila pastosa, depois de alguns minutos se terá uma marca de mãos, pequenas ou grandes, a imagem de um rosto, de frente ou de perfil, com a qual se poderia fazer um molde de gesso. Retratos de um rosto feitos de diferentes ângulos têm sido preservados dessa maneira, dando assim aos interessados condições de realizar estudos importantes e aprofundados.

Seja qual for o tipo de corda com que seja amarrada, essa mulher se eleva no ar. Ela parece acomodar-se no vazio como se fosse num sofá, contrariando todas as leis da gravidade; ela faz soar instrumentos musicais – órgãos, sinos, pandeiros – como se fossem tocados por suas mãos ou movidos pelo sopro de gnomos invisíveis. [...] Às vezes, ela aumenta sua estatura em mais de dez centímetros.

Esse relato gráfico chamou sobremodo a atenção do professor Lombroso bem como o estimulou a investigar e a assumir uma posição totalmente oposta, conforme vimos. A Comissão de Milão (1892), a seguinte a efetuar experimentos, diz em seu relatório:

> É impossível contar o número de vezes em que uma mão apareceu e foi tocada por um de nós. Basta dizer que não era mais possível duvidar. Era sem dúvida uma viva mão humana que víamos e tocávamos, ao mesmo tempo que o busto e os braços da médium ficavam visíveis e as mãos eram firmemente contidas pelos que estavam sentados ao seu lado.

Muitos fenômenos ocorreram à luz de duas velas e uma lamparina de óleo, e as mesmas ocorrências foram testemunhadas em plena luz quando a médium estava em transe. O dr. Ochorowicz convenceu Eusápia a visitar Varsóvia em 1894, onde os experimentos foram feitos na presença de homens e mulheres eminentes nos círculos científicos e filosóficos. Do registro dessas sessões, consta que ocorreram levitações parciais e completas de mesas e inúmeros outros fenômenos físicos. Durante as levitações, os pés da médium, amarrados e segurados por um dos presentes ajoelhado debaixo da mesa, ficavam visíveis.

Depois das sessões na casa do professor Richet, na Ile Roubaud, em 1894, *sir* Oliver Lodge, no decorrer do seu relatório para a Sociedade Inglesa de Pesquisas Psíquicas, escreveu:

Seja como for que os fatos devam ser explicados, sou obrigado a admitir sua possibilidade. Não há mais espaço em minha mente para dúvidas. Qualquer pessoa sem preconceitos insuperáveis que tenha passado pela mesma experiência chegaria à mesma conclusão geral, a saber: que coisas até aqui consideradas impossíveis realmente ocorrem. [...] Como resultado da minha experiência, estou convencido de que certos fenômenos em geral considerados anormais pertencem à ordem da natureza e, como corolário, que esses fenômenos devem ser investigados e registrados por pessoas e sociedades interessadas no conhecimento natural.[1]

Na reunião em que o relatório de *sir* Oliver Lodge foi lido, *sir* William Crookes chamou a atenção para a semelhança dos fenômenos ocorridos com Eusápia com os observados na presença de D. D. Home.

O relatório de *sir* Oliver Lodge foi criticado pelo dr. Richard Hodgson, que então se encontrava nos Estados Unidos, e como consequência Eusápia Palladino e o dr. Hodgson foram convidados para ir à Inglaterra, onde foram realizadas diversas sessões em Cambridge, na residência do sr. F. W. H. Myers, em agosto e setembro de 1895. Esses "Experimentos de Cambridge", como eram chamados, foram em sua maioria malsucedidos, com a alegação de que a médium foi surpreendida várias vezes em fraude. Muitos prós e contras se manifestaram ao longo da exaltada controvérsia que se seguiu. Basta dizer que competentes observadores se recusaram a aceitar esse veredicto sobre Eusápia e condenaram veementemente os métodos adotados pelo grupo de pesquisadores de Cambridge.

É interessante lembrar que um repórter americano, por ocasião da visita de Eusápia aos Estados Unido sem 1910, perguntou sem rodeios à médium se ela já havia sido surpreendida trapaceando. A honesta resposta de Eusápia foi: "Muitas vezes me disseram isso. Veja, as coisas são assim mesmo. Algumas pessoas estão à mesa esperando truques – na verdade, elas querem truques. Eu estou em transe. Nada acontece. Elas se irritam. Pensam nos truques – nada além de truques. Mergulham a cabeça nos truques, e – Eu – e eu respondo automaticamente. Mas nem sempre. Elas simplesmente querem que eu os faça. Isso é tudo". Essas palavras dão a impressão de que Eusápia adotou habilmente uma defesa que ouviu outros fazerem em seu nome. Ao mesmo tempo, não há dúvida de que elas contêm um elemento de verdade, qual seja, de que o aspecto psicológico da mediunidade é pouco compreendido.

---

[1] *Journal*, SPP., Vol. VI, novembro de 1894, pp. 334, 360.

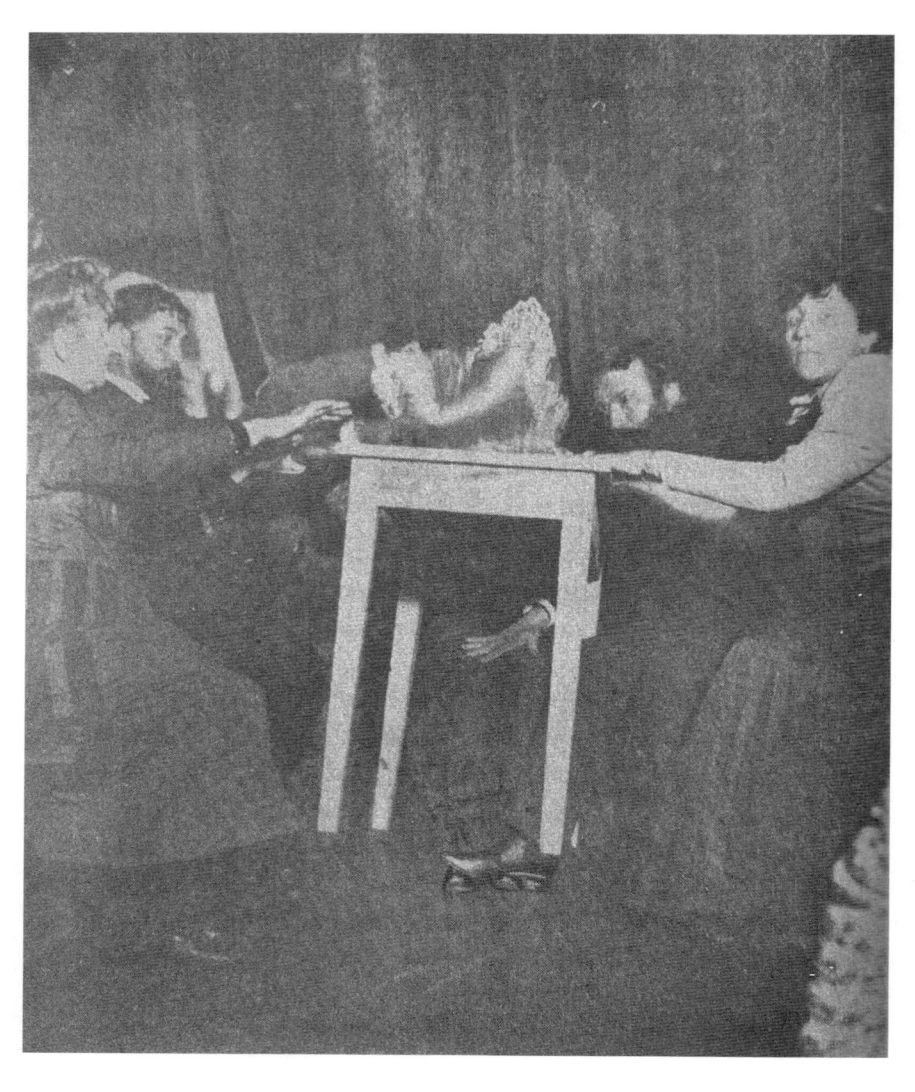

Levitação de mesa no salão do professor Flammarion
pela mediunidade de Eusápia Palladino.
(Mysterious Psychic Forces, de Camille Flammarion, 1907)

Duas observações importantes podem ser feitas a esse respeito. Primeira, como o dr. Hereward Carrington mencionou, vários experimentos conduzidos com o objetivo de reproduzir os fenômenos por meios fraudulentos resultaram em fracasso total em quase todos os casos. Segunda, ao que parece, os participantes das sessões de Cambridge ignoravam totalmente a existência e atuação do que se pode chamar de "membro ectoplásmico", um fenômeno observado no caso de Slade e outros médiuns. Carrington diz: "Todas as objeções levantadas pela sra. Sidgwick podem ser respondidas supondo-se que Eusápia materializa momentaneamente um *terceiro braço*, o qual produz esses fenômenos, revertendo ao seu corpo ao término do fenômeno". Bem, por mais estranho que isso possa parecer, esta é apenas a conclusão a que muitas evidências apontam. Já em 1894, *sir* Oliver Lodge viu o que descreve como "surgimento de membros extras" prolongando-se do corpo de Eusápia ou de bem perto dele. Com aquela segurança tantas vezes assumida pela ignorância, o comentário editorial no *Journal* da Sociedade de Pesquisas Psíquicas (SPP), no qual o relato de *sir* Oliver foi publicado, diz: "É praticamente desnecessário observar que o prolongamento dos membros do 'espírito' desde o corpo da médium é obviamente uma circunstância muito sugestiva de fraude".

Mas investigações científicas posteriores confirmam plenamente a suposição de *sir* Oliver Lodge. O professor Bottazzi afirma:

> Em outra ocasião, mais tarde, a mesma mão segurou meu antebraço direito, sem apertá-lo. Nessa vez, levei a mão esquerda ao local e também olhei para poder ver e sentir ao mesmo tempo: vi uma mão humana, de cor natural, e senti com meus dedos e o dorso de uma mão tépida, nervosa e áspera. *A mão se dissolveu e (eu vi com meus olhos) retrocedeu como que se recolhendo no corpo de madame Palladino, descrevendo uma curva.* Confesso que fiquei com certa dúvida se a mão esquerda de Eusápia havia se soltado da minha direita para chegar ao meu antebraço, mas, no mesmo instante, pude constatar que a dúvida era infundada, pois as nossas mãos ainda se tocavam normalmente. Se todos os fenômenos observados nas sete sessões se apagassem da minha memória, este eu jamais poderia esquecer.

Em julho de 1907, o prof. Galeotti viu claramente o que chamou de duplicação do braço esquerdo da médium. Ele exclamou: "Observe, eu vejo dois braços esquerdos, de aparência idêntica! Um está sobre a mesinha e é o que o sr. Bottazzi toca; o outro parece sair do ombro dela – aproximar-se dela e tocá-la, e então voltar e dissolver-se em seu corpo novamente. Isso não é uma alucinação". Numa sessão em julho de 1905, na casa do sr. Berisso, com as mãos de Eusápia totalmente controladas e visíveis a todos, o dr. Venzano e outros presentes "viram distintamente uma mão e um braço coberto por uma manga escura saindo da parte anterior e superior do ombro direito da médium". Outros testemunhos muito semelhantes poderiam ser dados.

Para um estudo das complexidades da mediunidade, particularmente com Eusápia, o caso a seguir merece atenção especial. Numa sessão com o prof. Morselli, Eusápia foi surpreendida liberando a mão segurada pelo professor e estendendo-a para alcançar uma trombeta que estava sobre a mesa, mas foi impedida de fazer isso. O relatório então diz:

> Nesse momento, embora o controle certamente fosse ainda mais rigoroso do que outras vezes, a trombeta elevou-se da mesa e desapareceu no gabinete, passando entre a médium e o dr. Morselli. Evidentemente, a médium havia tentado fazer com a mão o que em seguida fez por mediunidade. Uma tentativa tão fútil e tola de fraude é inexplicável. Não há dúvida sobre o assunto; dessa vez a médium não tocou e não podia tocar na trombeta; mesmo que pudesse tocar nela, não poderia tê-la levado para o gabinete, que estava às suas costas.

Deve-se mencionar que um dos cantos da sala estava isolado por uma cortina para formar o que se chama de "gabinete" (ou seja, um espaço limitado para acumular "poder") e que Eusápia, ao contrário da maioria dos outros médiuns, se sentou do lado de fora, a cerca de trinta centímetros de distância da cortina atrás dela.

Em 1895, a SPP havia chegado à conclusão de que os fenômenos de Eusápia eram todos fraudulentos e por isso deixaria de se interessar por ela. No continente europeu, porém, inúmeros grupos de cientistas pesquisadores, adotando as precauções mais rigorosas, endossaram os poderes de Eusápia. Então, em 1908, a mesma Sociedade resolveu investigar essa médium mais uma vez. Ela nomeou três dos seus céticos mais competentes. Um deles, o sr. W. W. Baggally, membro do Conselho, vinha investigando fenômenos psíquicos havia mais de trinta e cinco anos, e durante esse tempo – com exceção, talvez, de uns incidentes em uma sessão com Eusápia alguns anos antes – nunca havia testemunhado um único fenômeno físico autêntico. "Ao longo de suas investigações, ele havia invariavelmente detectado fraudes, nada além de fraudes". Além disso, ele era um ilusionista de grande habilidade. O sr. Everard Feilding, secretário honorário da Sociedade, vinha investigando por cerca de dez anos, mas "durante todo esse tempo, nunca tinha visto um fenômeno físico que lhe parecesse conclusivamente provado", exceto talvez, de novo, no caso de uma sessão com Eusápia. O dr. Hereward Carrington, o terceiro indicado, embora tivesse assistido a centenas de sessões, podia dizer, até conhecer Eusápia: "Eu nunca tinha visto uma única manifestação de ordem física que pudesse considerar autêntica".

À primeira vista, esse registro dos três investigadores seria como um golpe de misericórdia nas pretensões espíritas. Mas, ao esquadrinharem as operações de Eusápia Palladino, esse trio de céticos encontrou sua Waterloo. A história completa de sua longa e paciente pesquisa dessa médium em Nápoles encontra-se no livro do dr. Hereward Carrington, *Eusápia Palladino and Her Phenomena* (1909).

Como prova da minuciosa investigação de cientistas pesquisadores no continente, podemos mencionar que o prof. Morselli observou nada menos do que 39 diferentes modalidades de fenômenos produzidos por Eusápia Palladino.

Os incidentes descritos a seguir são classificados como "Infalíveis". De uma sessão em Roma em 1894, na presença do prof. Richet, do dr. Schrenck Notzing, do prof. Lombroso e de outros, o relatório diz:

> Na esperança de conseguir o movimento de um objeto sem contato, colocamos um pequeno papel dobrado na forma da letra "A" sobre um disco de papelão leve, debaixo de um copo. [...] Não alcançando o objetivo, e não querendo cansar a médium, deixamos o dispositivo em cima da mesa grande; em seguida, nos sentamos em torno da mesa pequena, depois de ter fechado cuidadosamente todas as portas, cujas chaves pedi aos meus convidados que colocassem em seus bolsos para não sermos acusados de negligência com relação a todas as precauções necessárias.
>
> Instantes depois de apagar a luz, ouvimos o copo ressoar na nossa mesa e, voltando a iluminar o ambiente, pudemos vê-lo no meio de nós, na mesma posição, de cabeça para baixo, cobrindo o pequeno pedaço de papel; faltava apenas o disco de papelão, que em vão procuramos. Terminada a sessão, conduzi meus convidados mais uma vez para a antecâmara. O sr. Richet foi o primeiro a abrir a porta – bem trancada por dentro. Qual não foi sua surpresa ao perceber perto da soleira da porta, no outro lado, sobre a escada, o disco que tanto havíamos procurado! Ele o pegou e todos o identificaram como o cartão colocado debaixo do copo.

Uma prova objetiva sólida que vale a pena registrar é o fato de que o sr. de Fontenay fotografou várias mãos aparecendo sobre a cabeça de Eusápia, e em uma das fotos podem-se ver as mãos da médium firmemente controladas pelos investigadores. Reproduções dessas fotografias encontram-se nos *Annals of Psychical Science* (abril de 1908, p. 181ss.).

Para a sexta e última sessão da série em Gênova com o prof. Morselli, em 1906-197, foi elaborado um teste de grande sofisticação. A médium foi amarrada no sofá com uma faixa grossa e larga, daquelas usadas em manicômios para conter pessoas desvairadas, mas flexível o suficiente para se amarrar com firmeza sem machucar. Morselli, com experiência como alienista, realizou a operação e também imobilizou os pulsos e os tornozelos. Em seguida, acendeu-se uma lâmpada vermelha fraca e todos puderam ver uma mesa, isolada de tudo, mover-se de vez em quando; também se viam pequenas luzes e uma mão. A certa altura, as cortinas na frente do gabinete se abriram, e então apareceu a médium deitada e firmemente amarrada. "Os fenômenos", diz um relato, "eram inexplicáveis, considerando que a posição impedia qualquer movimento por parte da médium."

Como conclusão, eis dois relatos, dentre muitos, de materializações convincentes. O primeiro é do dr. Joseph Venzano nos *Annals of Psychical Science* (Vol. VI, p. 164, setembro de 1907). A luz era fornecida por uma vela que dava condições de ver a figura da médium:

> Apesar da penumbra, pude *ver* distintamente madame Palladino e meus colegas presentes. De repente, percebi que atrás de mim havia uma forma, bastante alta, que encostava a cabeça no meu ombro esquerdo e soluçava convulsivamente, a ponto de ser ouvida pelos presentes; ela me beijava sem parar. Percebi claramente os contornos do rosto, que tocava o meu, e senti os cabelos muito finos e abundantes em contato com a minha face esquerda, de modo que pude ter certeza tratar-se de uma mulher. A mesa então começou a se mover e, por tiptologia, deu o nome de uma relação familiar próxima desconhecida de todos os presentes, exceto por mim. Ela havia morrido algum tempo antes, depois de padecer sérias desavenças devidas à incompatibilidade de temperamento. Eu não esperava uma resposta tiptológica e pensei inicialmente tratar-se de coincidência de nome, mas, enquanto refletia sobre isso, senti lábios cálidos tocarem meu ouvido esquerdo e sussurrarem, *em voz baixa em dialeto genovês*, uma sucessão de frases cujo murmúrio era audível para os presentes. Essas frases eram interrompidas por explosões de choro e em essência imploravam repetidamente perdão pelos danos causados a mim, com uma abundância de detalhes relacionados a assuntos familiares que só podiam ser conhecidos pela pessoa em questão. O fenômeno parecia tão real que me senti impelido a responder aos pedidos de perdão a mim dirigidos com tantas expressões de afeto e, por minha vez,

a pedir desculpas se eu tivesse causado algum ressentimento. Eu mal havia pronunciado as primeiras sílabas quando duas mãos tocaram os meus lábios com encantadora delicadeza e me impediram de continuar. A forma então disse "Obrigada", me abraçou, me beijou e desapareceu.

Outros médiuns produziram materializações mais sutis do que essa, e com luz melhor, mas nesse caso houve evidência de identidade interna, mental.

O último exemplo a dar ocorreu em Paris, em 1898, numa sessão em que esteve presente o sr. Flammarion. Nessa ocasião, o sr. Le Bocain se dirigiu em árabe a um espírito materializado, dizendo: "Se és realmente tu que estás no meio de nós, Rosalie, puxa o cabelo da minha nuca três vezes seguidas". Cerca de dez minutos depois, com o sr. Le Bocain já quase esquecido do que pedira, sentiu o cabelo ser puxado três vezes, exatamente como pedira. Ele diz: "Certifico este fato, que, além disso, constituiu para mim a prova mais convincente da presença de um espírito familiar próximo de nós". E acrescenta que nem precisava dizer que Eusápia não sabia árabe.

Os adversários e alguns pesquisadores de psiquismo afirmam que as provas de fenômenos que ocorrem em sessões espíritas são de pouco valor porque os frequentadores habituais desconhecem os recursos utilizados pelos ilusionistas. Em Nova York, em 1910, o dr. Hereward Carrington levou o sr. Howard Thurston, a quem descreve como o mágico mais renomado dos Estados Unidos, para uma sessão com Eusápia. O sr. Thurston que, com seu assistente, controlou as mãos e os pés da médium em boas condições de luminosidade, escreveu:

> Presenciei pessoalmente as levitações de mesa de madame Eusápia Palladino [...] e estou absolutamente convencido de que os fenômenos que vi não se deveram à fraude nem foram realizados com a ajuda de seus pés, joelhos ou mãos.

Ele se prontificou a dar mil dólares a uma instituição de caridade se alguém pudesse provar que essa médium não podia levitar a mesa sem recorrer a truques ou fraudes.

Alguém perguntará pelo resultado de todos esses anos de investigação com essa médium. Inúmeros cientistas, concordando com *sir* David Brewster que "espírito" é a última hipótese a que recorreriam, inventaram razões engenhosas para explicar os fenômenos, pois estão absolutamente convencidos da sua autenticidade. O coronel de Rochas tentou explicá-los pelo que chamou de "exteriorização da motricidade". O sr. de Fontenay falou de uma teoria dinâmica da matéria; outros acreditam na "força ectênica", na "consciência coletiva" e na ação do subconsciente, mas todos os casos que se comprovaram autênticos, em que se revela claramente a atuação de uma inteligência independente, tornam essas tentativas de explicação insustentáveis. Vários pesquisadores foram forçados a adotar a hipótese espírita como a única que explicava *todos* os fatos de forma razoável. O dr. Venzano diz:

> Na maior parte das formas materializadas que percebemos pela visão, pelo tato ou pela audição, pudemos reconhecer pontos de semelhança com pessoas falecidas, em geral nossos parentes, desconhecidos da médium e conhecidos apenas pelos presentes que tinham alguma relação com os fenômenos.

O dr. Hereward Carrington fala com firmeza. Com respeito à opinião da sra. Sidgwick de que é inútil especular se os fenômenos são de caráter espírita ou se representam "alguma lei biológica desconhecida", até que os próprios fatos tenham sido comprovados, ele diz: "Devo dizer que, antes de promover minhas próprias sessões, eu também concordava com a opinião da sra. Sidgwick". E continua: "Minhas sessões me convenceram definitiva e conclusivamente que fenômenos autênticos realmente ocorrem e, sendo assim, a questão da sua interpretação naturalmente paira diante de mim. [...] Penso que a hipótese espírita não só se justifica como teoria de trabalho, mas é de fato a única capaz de explicar racionalmente os fatos".[2]

A mediunidade de Eusápia Palladino, como dissemos no início, era semelhante à de outros, mas ela tinha a vantagem de atrair a atenção de homens de influência cujos relatos dos fenômenos por ela produzidos receberam um peso que declarações de pessoas menos conhecidas não tiveram. Lombroso, em particular, registrou suas convicções em seu conhecido livro, *After Death – What?* (1909). Por intermédio de Eusápia, foi possível demonstrar a realidade de certos fatos não aceitos pela ciência ortodoxa. É mais fácil para o mundo negar esses fatos do que explicá-los, e essa é a atitude geralmente adotada.

Os que tentam explicar a mediunidade de Eusápia apelando ao seu hábito superficial de adotar artifícios conscientes ou inconscientes em suas sessões estão simplesmente enganando a si mesmos. Não há dúvida de que truques assim são

---

[2] *Eusápia Palladino and Her Phenomena*, de Hereward Carrington Ph.D., pp. 250-51.

utilizados. Lombroso, que endossa inteiramente a validade da mediunidade dela, descreve os truques desse modo:

> Muitas são as artimanhas que ela faz, tanto em estado de transe (inconscientemente) quanto fora dele – por exemplo, liberar uma das mãos, segurada pelos controladores, para mover objetos próximos a ela; dar toques; levantar lentamente as pernas da mesa com um dos joelhos e um dos pés; e fingir que arruma o cabelo, mas tira furtivamente um fio de cabelo e o coloca sobre o pequeno prato de uma balança pesa-cartas para fazê-lo descer. Faifofer a observou, antes de suas sessões, colhendo flores disfarçadamente em um jardim, para dissimulá-las como "aportes", aproveitando para isso a escuridão da sala. [...] No entanto, sua maior tristeza é ser acusada de ludibriar durante as sessões – acusada injustamente também, às vezes, é preciso confessar, porque agora temos certeza de que membros fantasmagóricos são sobrepostos (ou acrescentados) aos seus e agem como substitutos, enquanto sempre se acreditava que fossem seus próprios membros apanhados no ato de enganar em benefício do próprio dono.

Em sua visita aos Estados Unidos, já em um momento avançado da sua vida, quando seus poderes estavam perdendo vigor, ela foi flagrada nesses embustes óbvios e ofendeu os presentes de tal modo que chegaram a protestar contra ela. Howard Thurston, o famoso ilusionista, conta que, apesar disso, ele resolveu relevar essas manifestações e continuou a sessão, quando então teve a oportunidade de testemunhar uma materialização indubitável. Outro conhecido presente depôs que, no exato momento em que a repreendia por mover um objeto com a mão, outro objeto, bastante longe dela, se movimentou sobre a mesa. O caso de Eusápia Palladino é sem dúvida peculiar, pois pode-se dizer em sã consciência que nenhum médium jamais provou com tanta certeza ter poderes psíquicos e também nenhum médium foi com tanta certeza mais ardiloso em certas ocasiões. Aqui, como sempre, o que conta é o resultado positivo.

Eusápia tinha uma depressão característica no osso parietal, supostamente devida a um acidente na infância. Defeitos físicos dessa natureza são muitas vezes associados a uma forte mediunidade. É como se a fraqueza do corpo causasse o que se pode descrever como um deslocamento da alma, deixando-a mais livre e capaz de ação independente. Assim se explica também a mediunidade da sra. Piper, subsequente a duas cirurgias internas, e a de Home, simultânea à sua diátese tuberculosa; muitos outros casos poderiam ser citados. Sua natureza era histérica, impetuosa e rebelde, mas possuía alguns traços de beleza. Lombroso diz que ela tinha "uma singular bondade de coração que a leva a prodigalizar seus ganhos com os pobres e com as crianças para aliviar seus infortúnios, bem como que a impele a sentir uma compaixão infinita pelos velhos e fracos e a ficar acordada à noite pensando neles. A mesma bondade de coração a leva a defender os animais maltratados, o que faz repreendendo severamente seus cruéis opressores". Recomenda-se essa passagem à atenção daqueles que pensam que o poder psíquico cheira a diabo.

CAPÍTULO 16

GRANDES MÉDIUNS DE 1870 A 1900: CHARLES H. FOSTER – MADAME D'ESPÉRANCE – WILLIAM EGLINTON – STAINTON MOSES

Muitos médiuns eminentes e alguns bem-conceituados alcançaram notoriedade no período compreendido entre 1870 e 1900. Dentre esses, D. D. Home, Slade e Monck já foram mencionados. Quatro outros, cujos nomes permanecerão na história do movimento, são o americano C. H. Foster, madame d'Espérance, Eglinton e o rev. W. Stainton Moses. Faremos a seguir uma breve apresentação de cada um deles.

Charles H. Foster teve a sorte de contar com um biógrafo que o tinha na mais elevada estima e admiração, a ponto de apontá-lo como "o maior médium espírita desde Swedenborg". Autores em geral tendem a exagerar as qualidades de determinados sensitivos que tiveram a oportunidade de conhecer. No entanto, o sr. George C. Bartlett, em seu *The Salem Seer*, mostra que conhecia Foster muito bem, pessoalmente, e que ele era realmente um médium notável. Sua fama não se limitou aos Estados Unidos, pois viajou muito e visitou a Austrália e a Grã-Bretanha. Neste último país, fez amizade com Bulwer Lytton, visitou Knebworth e tornou-se o arquétipo de Margrave em *A Strange Story*.

Foster parece ter sido um clarividente de grande poder e tinha o dom peculiar de dizer ou de escrever na própria pele, em geral no antebraço, o nome ou as iniciais do espírito que se manifestava. Esse fenômeno foi repetido tantas vezes e examinado com tanta minúcia que já não suscita dúvida nenhuma. Questão diferente é a causa do fenômeno. Muitos aspectos em torno da mediunidade de Foster sugeriam a atividade de uma personalidade expandida, mais do que de uma inteligência externa. Por exemplo, é inacreditável que o espírito de grandes finados, como Virgílio, Camões e Cervantes, estivesse à disposição desse inculto da Nova Inglaterra, e, todavia, temos a autoridade de Bartlett, ilustrada com muitas citações, segundo a qual ele mantinha conversas com essas entidades, sempre prontas a esclarecer o contexto de qualquer estrofe que fosse selecionada dentre suas extensas obras.

Essa familiaridade com a literatura, muito acima da capacidade do médium, tem certa analogia com aqueles testes sobre livros, tão frequentes nos últimos anos, em que uma linha de qualquer volume de uma biblioteca é citada sem titubeios. Para isso, não há necessidade da presença do autor da obra manuseada, sendo suficiente a influência de algum poder indefinido do eu etérico livre do médium ou possivelmente de outra entidade imbuída da natureza de um controle ou guia que pudesse rapidamente reunir informações de forma sobrenatural. Os espíritas assumem uma posição tão definida que não precisam atribuir necessariamente a todos os fenômenos psíquicos o valor que aparentam ter, e o autor confessa ter observado muitas vezes que grande parte do que foi impresso ou escrito em algum lugar, em dado momento, volta para nós, embora o médium não possa consultar dito impresso ou escrito a qualquer momento por meios normais.

O dom peculiar de Foster de rabiscar iniciais sobre a pele produziu alguns resultados cômicos. Bartlett narra como certo sr. Adams consultou Foster. "Na saída, o sr. Foster lhe disse que, em todo seu tempo de prática, nunca tinha visto alguém acompanhado de tantos espíritos [...] com a sala literalmente tomada por eles, em contínuo movimento de um lado para o outro. Por volta das duas horas da madrugada seguinte, o sr. Foster me chamou [...] dizendo: 'George, você pode me fazer o favor de acender o gás? Não consigo dormir; o quarto continua cheio da família Adams e parece que estão escrevendo seus nomes em mim'. Para meu espanto, uma lista de onze nomes diferentes aparecia no seu corpo; um estava escrito na testa, outros nos braços e vários nas costas". Tais histórias certamente divertem o zombeteiro, no entanto temos muitas provas de que o senso de humor, no Outro Lado, em vez de amortecer, intensifica-se.

Talvez se possa comparar a manifestação de letras encarnadas na pele de Foster com o fenômeno bem conhecido dos estigmas que surgem nas mãos e pés de pessoas piedosas. Nesse caso, a concentração do pensamento do indivíduo sobre um tema produz um resultado objetivo. No caso de Foster, pode acontecer que a concentração por parte de alguma entidade invisível produza um efeito semelhante. Devemos ter em mente que todos somos espíritos, quer estejamos no corpo ou fora dele, e temos os mesmos poderes em graus variados.

A percepção de Foster quanto à sua profissão parece ter sido muito contraditória, pois, à semelhança de Margaret Fox-Kane e dos Davenports, ele, seguidas vezes, afirmava que não se arriscaria a dizer que os fenômenos que produzia se deviam a seres espirituais; por outro lado, ele conduzia todas as suas sessões baseado no pressuposto de que o eram. Assim, ele descrevia minuciosamente a aparência do espírito e passava as mensagens desse espírito aos parentes vivos. Como D. D. Home, ele criticava severamente outros médiuns e não acreditava nos poderes fotográficos de Mumler, embora esses poderes fossem tão bem atestados quanto os dele. Ele parece ter tido em grau exagerado o espírito volátil do médium típico, facilmente influenciado para o bem ou para o mal. Seu amigo, sem dúvida um observador atento, diz a respeito dele:

Com uma personalidade dupla extravagante, ele não era apenas o dr. Jekyll e o sr. Hyde, mas representava meia dúzia de Jekylls e Hydes diferentes. Era estranhamente dotado, mas, por outro lado, lamentavelmente deficiente. Um gênio desequilibrado e, às vezes, insano. De tão grande, seu coração abarcava o mundo: lágrimas pelos aflitos; dinheiro para os pobres; as cordas desse coração eram tocadas por suspiros. Outras vezes, seu coração encolhia até desaparecer. Tornava-se mal-humorado e, com a petulância de uma criança, maltratava seus melhores amigos. Espezinhava muitos de seus amigos, como um cavalo indomável faz com seu dono. Nenhum arreio o detinha. Não era cruel, mas absolutamente incontrolável. Seguia seu próprio caminho, que muitas vezes era equivocado. Como uma criança, parecia agir sem pensar. Dava a impressão de viver para o hoje, não se importando com o amanhã. Se fosse possível, fazia exatamente o que desejava, independentemente das consequências. Não aceitava conselhos de ninguém, simplesmente porque não conseguia. Parecia impermeável às opiniões alheias e aparentemente cedia a todos os desejos; mas não se prejudicou em demasia, pois continuou com saúde excelente até o final. Quando perguntado: "Como está sua saúde?", sua resposta favorita era: "Excelente. Estou simplesmente explodindo de saúde física". A mesma natureza dúplice revelava-se em seu trabalho. Havia fases em que ficava sentado à mesa o dia inteiro, e até tarde da noite, prostrado por uma enorme tensão mental. Ali permanecia dia após dia, noite após noite. Em outros períodos, passava dias e semanas sem fazer absolutamente nada – deixava de ganhar centenas de dólares e decepcionava as pessoas, sem nenhum motivo aparente, a não ser o simples capricho de vadiar.

Madame d'Espérance, cujo nome verdadeiro era sra. Hope, nasceu em 1849, e sua carreira se estendeu por mais de trinta anos, desenvolvendo suas atividades no continente e na Grã-Bretanha. Ficou conhecida do público em geral por intermédio de T. P. Barkas, um conhecido cidadão de Newcastle. Na época, a médium era uma jovem da classe média de educação mediana. Quando em semitranse, porém, demonstrava em grau acentuado aquele dom de sabedoria e conhecimento que São Paulo coloca no topo de sua categorização espiritual. Barkas conta como preparou longas listas de perguntas abrangendo todos os ramos da ciência e que a médium escrevia as respostas rapidamente, quase sempre em inglês, mas às vezes em alemão e até em latim. Ao resumir essas sessões, o sr. Barkas diz:[1]

> Todos admitirão que ninguém consegue com esforço normal responder em detalhes questões complicadas e obscuras em muitas áreas complexas da ciência que desconhece inteiramente; também se admitirá que normalmente ninguém consegue enxergar e desenhar com precisão milimétrica na escuridão total; que ninguém consegue com sua capacidade normal da visão ler no escuro o conteúdo de cartas fechadas; que ninguém que desconhece completamente a língua alemã consiga escrever com rapidez e precisão longas mensagens nesse idioma; não obstante, todos esses fenômenos verificaram-se na atuação dessa médium e são tão reconhecidos quanto muitas ocorrências comuns da vida cotidiana.

Deve-se admitir, contudo, que, até conhecermos os limites dos amplos poderes produzidos por uma liberação total ou parcial do corpo etérico, não podemos com segurança atribuir tais manifestações à intervenção de espíritos. Elas evidenciaram uma individualidade psíquica pessoal notável e possivelmente nada mais.

Mas a fama de madame d'Espérance como médium depende de muitos dons que, sem dúvida, eram de caráter espírita. Temos um relato completo deles feito por ela mesma, pois escreveu um livro com o título *Shadow Land*, que se pode classificar com *Magic Staff*, de A. J. Davis, e *The Beginnings of Seership*, de Turvey, entre as autobiografias psíquicas mais notáveis da nossa literatura. É impossível lê-lo sem comover-se com os bons sentimentos e a honestidade da autora.

---

[1] *Psychological Review*, Vol. I, p. 224.

À semelhança de outros grandes sensitivos, ela narra como brincava na infância com crianças espirituais que lhe eram tão reais como se fossem vivas. Esse poder de clarividência permaneceu com ela toda a vida, mas o dom mais raro da materialização desenvolveu-se mais tarde. O livro já citado continha fotos de Yolande, uma bela moça árabe que para essa médium era o que Katie King era para Florence Cook. Com frequência, ela se materializava quando madame d'Espérance sentava fora do gabinete, à vista dos presentes. A médium podia assim ver sua estranha emanação, tão íntima e, todavia, tão diferente. A seguir, sua própria descrição:

> Suas vestimentas diáfanas permitiam ver claramente os variegados tons verdosos do seu pescoço, ombros, braços e tornozelos. O longo e ondulante cabelo negro pendia dos ombros até abaixo da cintura e eram contidos por uma pequena touca em forma de turbante. Suas feições eram miúdas, lineares e graciosas; os olhos eram escuros, grandes e vivos; cada movimento dela era tão cheio de graça quanto os gestos de uma criança ou os meneios de uma jovem gazela, imagens que muito me sensibilizaram ao vê-la meio tímida meio corajosa entre as cortinas.

Ao descrever suas sensações durante uma sessão, madame d'Espérance diz sentir como se teias de aranha revestissem seu rosto e suas mãos. Se um raio de luz penetrasse através das cortinas do gabinete, ela via uma massa branca e enevoada flutuando como vapor de uma locomotiva, e desse vapor emergia uma forma humana. Assim que o material que ela chama de "teia de aranha" começava a se formar, uma sensação de vazio a envolvia por inteiro, e ela então perdia o controle dos membros.

O Hon. Alexandre Aksakof, de São Petersburgo, conhecido pesquisador de psiquismo e editor do *Psychische Studien*, descreveu em seu livro, *A Case of Partial Dematerialization*, uma sessão insólita em que o corpo dessa médium dissolveu-se parcialmente. Comentando o caso, ele observa: "O fato frequentemente observado da semelhança da forma materializada com a da médium encontra aqui sua explicação natural. Como essa forma é apenas uma duplicação da médium, é natural que ela deva ter todas as características dela".

Isso pode ser natural, como diz Aksakof, mas é igualmente natural que provoque o escárnio do cético. Uma experiência mais consistente, porém, o convenceria de que o cientista russo está certo. O autor participou de sessões de materialização em que viu duplicatas do rosto do médium tão nitidamente à sua frente que esteve prestes a denunciar os procedimentos como fraudulentos;

todavia, com paciência e maior acúmulo de energia, viu depois a formação de outros rostos que não poderiam por nenhum possível esforço da imaginação transformar-se no rosto do médium. Em alguns casos, pareceu-lhe que os poderes invisíveis (que muitas vezes produzem seus efeitos sem levar em conta as interpretações errôneas que deles podem surgir) usaram o rosto físico real do médium inconsciente e o adornaram com apêndices ectoplásmicos para transformá-lo. Em outros casos, pode-se acreditar que o duplo etérico do médium tenha sido a base da nova criação. Assim acontecia às vezes com Katie King, que ocasionalmente se parecia muito com Florence Cook em traços, mesmo quando ela diferia totalmente em estatura e cor. Em outras ocasiões, a figura materializada é absolutamente diferente. O autor observou as três fases da construção do espírito no caso da médium americana, srta. Ada Besinnet, cuja figura ectoplásmica às vezes tomava a forma de um índio musculoso e bem desenvolvido. A história de madame d'Espérance corresponde de perto a essas variedades de poder.

O sr. William Oxley, compilador e editor dessa notável obra em cinco volumes intitulada *Angelic Revelations*, descreve uma sessão em que Yolande, a forma materializada, produziu vinte e sete rosas e quando também ocorreu a materialização de uma planta rara florescente. O sr. Oxley escreve:

> Consegui que fotografassem a planta (*ixora crocata*) na manhã seguinte, trouxe-a para casa e a coloquei na minha estufa aos cuidados do jardineiro. Ela sobreviveu por três meses, e então começou a murchar. Preservei as folhas, distribuindo a maioria delas, menos a flor e as três folhas da ponta cortadas pelo jardineiro.

Numa sessão em 28 de junho de 1890, na presença do sr. Aksakof e do prof. Butlerof, de São Petersburgo, teria sido materializado um lírio dourado, com dois metros de altura. Foi conservado durante uma semana, tempo em que foram tiradas seis fotografias, depois do que se dissolveu. Uma dessas fotografias está em *Shadow Land* (página oposta à 328).

Uma forma feminina, um pouco mais alta que a médium, e conhecida pelo nome de Y-Ay-Ali, provocou um verdadeiro deslumbramento. O sr. Oxley diz: "Já vi muitas formas espirituais materializadas, mas pela simetria perfeita da compleição e pela beleza das feições não vi nenhuma semelhante". A forma lhe deu a planta que fora materializada e removeu o véu. Em seguida beijou a mão dele e estendeu a sua, que ele tocou e beijou.

Como havia boa claridade, eu podia ver bem seu rosto e suas mãos. O semblante era belo de se contemplar e as mãos eram macias, cálidas e perfeitamente *naturais*; não fosse pelo que se seguiu, eu poderia pensar que tocava a mão de uma senhora em carne e osso, perfeitamente natural, e, todavia, encantadoramente bela e pura.

Continuando, ele relata como ela se afastou cerca de meio metro da médium no gabinete e, à vista de todos, "desmaterializou-se aos poucos, derretendo-se dos pés para cima, até restar apenas a cabeça, que então também começou a decompor-se até permanecer somente uma mancha branca, que por sua vez acabou desfazendo-se depois de alguns instantes".

Na mesma sessão, uma forma infantil se materializou e colocou três dedos de sua mãozinha sobre a mão do sr. Oxley, que em seguida a pegou e beijou. Isso ocorreu em agosto de 1880.

O sr. Oxley registra uma experiência muito interessante de alto valor probatório. Enquanto Yolande, a garota árabe, falava com uma senhora, "a parte superior da sua veste branca caiu e expôs sua forma. Reparei que a forma era imperfeita, pois o busto era pouco desenvolvido e a cintura expandida, o que prova que a forma não era um simulacro". Ele poderia ter acrescentado: e também não era da médium.

Escrevendo sobre "Como um médium se sente durante as materializações", madame d'Espérance esclarece a curiosa simpatia que constantemente se percebe entre o médium e a forma espiritual. Descrevendo uma sessão em que ficou sentada do lado de fora do gabinete, ela diz:[2]

> E agora, outra pequena e delicada forma aparece, com os bracinhos estendidos. Alguém na extremidade do círculo se levanta, se aproxima e eles se abraçam. Ouço gritos inarticulados: "Anna, oh, Anna, minha filha, minha querida filha!". Então outra pessoa se levanta e joga seus braços em torno do espírito; então ouço soluços e exclamações, misturados com bons votos. Sinto meu corpo se mover de um lado para o outro; tudo escurece diante dos meus olhos. Sinto os braços de alguém em volta dos meus ombros; o coração de alguém bate no meu peito. Sinto que algo acontece. Ninguém está perto de mim; ninguém presta a menor atenção em mim. Todos os olhos estão fixos naquela pequena figura, branca e esguia, nos braços das duas mulheres de luto.

---

[2] *Medium and Daybreak*, 1893, p. 46.

Deve ser meu coração que ouço bater tão claramente, mas, sem dúvida, os braços de alguém estão em volta de mim; nunca senti um abraço com tanta clareza. Começo a me perguntar: Quem sou eu? Sou a aparição de branco ou quem permanece sentada na cadeira? São meus os braços em volta do pescoço da mulher mais velha? Ou os meus são os que descansam sobre meu colo? Sou eu o fantasma e, em caso afirmativo, como devo chamar o ser sentado na cadeira?

Sem dúvida, alguém me beijou os lábios; minhas faces estão úmidas com as profusas lágrimas derramadas pelas duas mulheres. Mas como pode ser isso? Essa sensação de dúvida quanto à própria identidade é assustadora. Desejo estender uma das mãos que está no meu colo, mas não consigo. Quero tocar alguém para ter certeza absoluta de que eu sou eu, ou se é apenas um sonho; se Anna sou eu, e se eu, de algum modo, estou perdida em sua identidade.

Enquanto a médium está nesse estado de dúvida angustiante, outro pequeno espírito infantil que havia se materializado aproxima-se e coloca suas mãos entre as de madame d'Espérance.

Estou muito feliz por sentir o toque, mesmo de uma criancinha. Minhas dúvidas sobre quem sou e onde estou desapareceram. E enquanto estou sentindo tudo isso, a forma branca de Anna desaparece no gabinete e as duas mulheres voltam para seus lugares, chorosas, tomadas de emoção, mas intensamente felizes.

Não surpreende que um dos participantes de uma das sessões de madame d'Espérance, ao segurar a figura materializada, tenha afirmado que essa era a própria médium. Nesse sentido, é interessante conhecer as ideias de Aksakof (*A Case of Partial Dematerialization*, p. 181):

Alguém pode pegar a forma materializada, segurá-la e não ter dúvida de que tem nas mãos o médium em pessoa; isso ainda não é prova de fraude por parte do médium. De fato, de acordo com nossa hipótese, o que poderia acontecer se segurássemos à força o duplo do médium quando ele se materializa a tal ponto que nada além de um simulacro invisível do médium permanece na cadeira atrás da cortina? É óbvio que o simulacro – aquela pequena porção fluida e etérea – será imediatamente absorvido na forma já compactamente materializada, a que nada falta (para ser o médium) senão aquele resto invisível.

Na introdução que escreveu para o livro de madame d'Espérance, *Shadow Land*, o sr. Aksakof presta-lhe uma grande homenagem como mulher e como médium. Ele diz que ela se empenhou tanto quanto ele para tentar descobrir a verdade. Ela se submeteu de boa vontade a todos os testes que ele lhe apresentou.

Um incidente interessante na carreira de madame d'Espérance foi o de ter conseguido reconciliar o prof. Friese, de Breslau, com o prof. Zöllner, de Leipzig. O rompimento desses dois amigos ocorrera devido à adesão de Zöllner ao espiritismo, mas o médium inglês conseguiu apresentar tantas provas a Friese que este cessou de contestar as conclusões do amigo.

Deve-se observar que, no decorrer dos experimentos do sr. Oxley com madame d'Espérance, foram feitos moldes de mãos e pés de formas materializadas com aberturas nos pulsos e tornozelos que possibilitassem a retirada do membro de alguma maneira, menos por desmaterialização. Dado o grande interesse despertado pelos moldes de parafina tirados do médium Kluski em Paris, em 1922, é curioso saber que esse estudante de Manchester havia realizado o mesmo experimento com sucesso ainda em 1876, sendo então conhecido tão somente pela imprensa especializada em psiquismo.

Os últimos anos de vida de madame d'Espérance, passados em grande parte na Escandinávia, foram marcados por problemas de saúde, possivelmente causados pelos aborrecimentos decorrentes de uma denúncia num momento em que Yolande foi "apanhada" por um pesquisador leviano em 1893. Ninguém expressou mais claramente do que ela o quanto os sensitivos sofrem com a ignorância do mundo ao seu redor. Ela aborda essa questão no último capítulo de seu notável livro. E conclui: "Os que vierem depois de mim talvez sofram como eu sofri por ignorância das leis de Deus. No entanto, o mundo é mais sábio do que era, e pode ser que aqueles que assumirem o trabalho na próxima geração não tenham de enfrentar, como eu enfrentei, o fanatismo retrógrado e os juízos rígidos dos moralistas dogmáticos".

Cada um dos médiuns abordados neste capítulo teve um ou mais livros dedicados a ele ou à sua carreira. No caso de William Eglinton, há um volume notável, *Twixt Two Worlds*, de J. S. Farmer, que abrange a maior parte de suas atividades.

Eglinton nasceu em Islington, bairro de Londres, em 10 de julho de 1857. Após um breve período na escola, passou a trabalhar na gráfica e editora de um parente. Na infância, além de sonhador e sensível, era dotado de uma imaginação fértil, mas, ao contrário de muitos outros grandes médiuns, não manifestou nada que sugerisse nele a presença de poderes psíquicos. Em 1874, com dezessete anos,

Eglinton passou a frequentar o círculo familiar; com a ajuda desse grupo, seu pai investigava os supostos fenômenos do espiritismo. Até esse momento, o círculo não obtivera nenhum resultado. Na primeira participação do jovem, porém, a mesa se elevou com firmeza do chão, obrigando os presentes a se levantarem para manter as mãos sobre ela. Para satisfação de todos, muitas perguntas foram respondidas. Na sessão da noite seguinte, o jovem entrou em transe e recebeu comunicações comprobatórias da mãe falecida. Desenvolveu sua mediunidade em poucos meses, e manifestações mais intensas começaram a ocorrer. Sua fama como médium se espalhou e ele recebeu inúmeros pedidos de sessões, mas resistiu a todos os esforços para induzi-lo a se tornar médium profissional. Por fim, adotou essa carreira em 1875.

Eglinton descreve assim seus sentimentos antes de entrar pela primeira vez na sala de sessões bem como a mudança pela qual passou:

> Antes disso, minha atitude era a de um garoto sempre pronto a se divertir; mas assim que me vi na presença dos investigadores, um sentimento estranho e misterioso tomou conta de mim, impedindo-me de desvencilhar-me dele. Sentei-me à mesa, dizendo a mim mesmo que, se algo acontecesse, eu acabaria com tudo isso. Algo de fato aconteceu, mas não tive forças para impedi-lo. A mesa começou a dar sinais de vida e vigor; desprendeu-se de repente do chão e ergueu-se no ar, obrigando-nos a ficar de pé para acompanhá-la. Isso com os lampiões acesos. Depois ela respondeu às perguntas que lhe foram feitas, com muita inteligência, e fez várias comunicações comprobatórias às pessoas presentes.
>
> Na noite seguinte, esperávamos ansiosos novas manifestações; o círculo já era maior, pois em toda a redondeza se espalhara a notícia de que tínhamos "visto fantasmas e conversado com eles", além de outras histórias parecidas.
>
> Feita a oração costumeira, parecia-me não ser mais desta terra. Uma sensação de êxtase se apoderou de mim e logo entrei em transe. Todos os meus amigos eram inexperientes no assunto e tentaram vários procedimentos para me fazer voltar, mas tudo em vão. Ao fim de meia hora, retomei a consciência, mas com um forte desejo de retornar à condição que acabara de deixar. Tivemos comunicações que a meu ver provaram conclusivamente que o espírito da minha mãe havia retornado realmente para nós. [...] Comecei então a perceber como fora equivocada a minha vida vivida até esse momento – como fora profundamente vazia e desprovida de espiritualidade – e senti um prazer indescritível por saber, sem a menor dúvida, que aqueles que haviam partido desta terra podiam retornar e provar a imortalidade da

alma. Na quietude do nosso círculo familiar, [...] desfrutamos ao máximo nossa comunhão com os falecidos, e muitas são as horas felizes que passo dessa maneira.

Em dois aspectos seu trabalho se assemelha ao de D. D. Home. Suas sessões eram em geral realizadas à luz, e ele sempre concordava de bom grado com quaisquer testes propostos. Outro ponto semelhante significativo foi que muitos homens eminentes e testemunhas críticas confiáveis observaram e registraram os resultados por ele obtidos.

Como Home, Eglinton viajou muito, e muitos foram os lugares que testemunharam sua mediunidade. Em 1878, partiu para a África do Sul. No ano seguinte, visitou a Suécia, a Dinamarca e a Alemanha. Em fevereiro de 1880, foi para a Universidade de Cambridge e realizou sessões patrocinado pela Psychological Society. Em março, viajou para a Holanda e daí seguiu para Leipzig, onde participou de sessões com o prof. Zöllner e outros ligados à Universidade. Dresden e Praga foram seus destinos seguintes, e em Viena, em abril, realizou mais de trinta sessões com a presença de muitos membros da aristocracia. Em Viena, foi hóspede do barão Hellenbach, o renomado autor que em seu livro *Prejudices of Mankind* descreveu os fenômenos lá ocorridos. Após retornar à Inglaterra, em 12 de fevereiro de 1881, embarcou para os Estados Unidos, onde permaneceu por cerca de três meses. Em novembro do mesmo ano, resolveu ir para a Índia e, depois de realizar numerosas sessões em Calcutá, retornou em abril de 1882. Em 1883, visitou novamente Paris e, em 1885, esteve em Viena e Paris. Depois disso, visitou Veneza, que descreveu como "um verdadeiro viveiro do espiritismo".

Em Paris, em 1885, Eglinton conheceu o famoso pintor James Tissot, que participou de sessões com ele e mais tarde o visitou na Inglaterra. Uma memorável sessão de materialização em que apareceram duas figuras, uma delas a de uma senhora de relações próximas, foi imortalizada por Tissot em um "mezzotinto" (gravura) intitulado "Apparition Médianimique". Essa bela produção artística, cuja cópia ornamenta os escritórios da London Spiritualist Alliance, mostra as duas figuras iluminadas por luzes sobrenaturais que seguram nas mãos. Tissot também produziu um retrato em água-forte do médium, o qual constitui o frontispício do livro do sr. Farmer, *Twixt Two Worlds*.

Um exemplo típico de sua mediunidade física precoce é dado pela srta. Kislingbury e pelo dr. Carter Blake (professor de Anatomia do Hospital Westminster):[3]

---

[3] *The Spiritualist,* 12 de maio de 1876, p. 221.

As mangas do casaco do sr. Eglinton foram costuradas nas costas, perto dos punhos, com uma linha de algodão resistente; os encarregados desse trabalho então o amarraram na cadeira, passando a faixa em torno do pescoço, e o colocaram bem atrás da cortina (do gabinete) virado para a assistência, com os joelhos e os pés à vista. Uma pequena mesa redonda com vários objetos sobre ela foi colocada diante do médium do lado de fora do gabinete, à vista dos observadores; um pequeno instrumento de cordas conhecido como Oxford Chimes foi posto invertido sobre os seus joelhos, e um livro e uma campainha foram dispostos sobre este. Em poucos instantes, as cordas começaram a vibrar, sem que nenhuma mão visível as tocasse; o livro, com a capa voltada para os presentes, abriu e fechou (repetidas vezes, permitindo que todos vissem o experimento com muita clareza); além disso, a campainha tocou sem ser elevada do instrumento. A caixa de música rente à cortina, mas totalmente à vista, tocou e silenciou, sempre com a tampa fechada. Dedos, e às vezes uma mão inteira, se projetavam de vez em quando através da cortina. Pouco depois de uma dessas ocorrências, o capitão Rolleston foi solicitado a passar o braço pela cortina para verificar se o médium continuava amarrado e a costura intacta como no início. Tudo estava igual, e o mesmo testemunho foi dado por outro senhor mais tarde.

Essa foi uma das inúmeras sessões experimentais realizadas sob os auspícios da British National Association of Spiritualists, em sua sede em Londres, 38 Great Russell Street. Referindo-se a elas, *The Spiritualist* diz:[4]

As manifestações ocorridas em condições de teste com o sr. Eglinton são de grande valor, não porque outros médiuns não possam obter resultados igualmente conclusivos, mas porque no caso dele foram verificadas e registradas por observadores críticos de qualidade cujo testemunho terá grande peso junto ao público.

No início, as materializações de Eglinton eram obtidas à luz da lua, com todos os presentes sentados ao redor de uma mesa, e não havia gabinete. Em geral, o médium se mantinha consciente. Um amigo que participara de uma sessão com um médium profissional lhe sugeriu trabalhar na penumbra. Depois de começar a trabalhar dessa forma, aparentemente foi obrigado a continuar, mas constatou que os resultados eram mais de caráter material do que espiritual. Uma característica das sessões de materialização era que ele se sentava entre os presentes com as mãos

---

[4] 12 de maio de 1876.

amarradas. Nessas condições, as materializações completas eram vistas sob uma luminosidade suficiente para reconhecer quem aparecia.

Em janeiro de 1877, Eglinton promoveu uma série de sessões não profissionais na residência da sra. MacDougall Gregory (viúva do prof. Gregory, de Edimburgo), nas proximidades de Park Lane. Delas participaram *sir* Patrick e *lady* Colquhoun, lorde Borthwick, *lady* Jenkinson, rev. Maurice Davies, D. D., *lady* Archibald Campbell, *sir* William Fairfax, lorde e *lady* Mount-Temple, general Brewster, *sir* Garnet e *lady* Wolseley, lorde e *lady* Avonmore, prof. Blackie e muitos outros. O sr. W. Harrison (editor do *The Spiritualist*) descreve uma dessas sessões:[5]

> Na noite de segunda-feira passada, dez ou doze amigos sentaram-se em volta de uma grande mesa circular, com as mãos dadas, condições em que as mãos do sr. W. Eglinton, o médium, ficaram imobilizadas à direita e à esquerda. Não havia outras pessoas na sala além das que estavam ao redor da mesa. Uma chama amortecida emitia uma luz tênue, permitindo que apenas o contorno dos objetos fosse visível. O médium estava sentado na parte da mesa mais próxima da chama, de costas para a luz. Uma forma, com as dimensões normais de um homem, ergueu-se lentamente do chão até aproximadamente o nível do tampo da mesa, a cerca de trinta centímetros atrás do cotovelo direito do médium. A outra pessoa mais próxima era a sra. Wiseman, de Orme Square, Bayswater. A forma estava coberta com uma longa peça branca que não deixava transparecer suas feições. Como estava perto da chama, os mais próximos dela podiam vê-la claramente. Todos os que estavam assim colocados observaram que a borda da mesa ou os assistentes intermediários não obstruíam a visão da forma; quatro ou cinco pessoas se deram conta disso, por isso a percepção não foi decorrência de impressões subjetivas. Depois de elevar-se até o nível do tampo da mesa, a forma desceu e não foi mais vista, talvez por ter esgotado todas as suas forças. O sr. Eglinton estava numa casa estranha e em trajes de gala. No todo, essa foi uma manifestação que não poderia ter sido produzida por meios artificiais.

Uma sessão descrita pelo sr. Dawson Rogers apresentou características muito interessantes. Esta se realizou em 17 de fevereiro de 1885, na presença de quatorze testemunhas, em condições de teste. Uma sala interna serviu de gabinete, mas o sr. Eglinton não permaneceu nela, preferindo andar de um lado para o outro entre os assistentes, dispostos em formação de ferradura. Uma forma se

---

[5] *The Spiritualist*, 23 de fevereiro de 1877, p. 96.

materializou e passou pela sala apertando a mão de cada um. Depois se aproximou do sr. Eglinton, que só não caiu porque o sr. Rogers o apoiou e, pegando-o pelos ombros, levou-o para o gabinete. O sr. Rogers diz: "A forma era a de um homem vários centímetros mais alto e também mais velho que o médium. Ela usava uma veste branca esvoaçante e estava cheia de vida e entusiasmo, e, em certo momento, chegou a estar a três metros de distância do médium".

O especial interesse desperta a fase de sua mediunidade conhecida como psicografia ou escrita em prancheta. É enorme a quantidade de testemunhos relacionados a esse aspecto. Em vista dos resultados maravilhosos que obteve, vale a pena observar que ele ficou mais de três anos sem receber um único rabisco. Foi a partir de 1884 que concentrou os seus poderes nessa forma de manifestação, considerada a mais adequada aos principiantes, sobretudo porque todas as sessões eram realizadas à luz. Eglinton, ao se recusar realizar uma sessão de materialização a um grupo de investigadores sem a menor experiência dessa fase, escreveu o seguinte, justificando sua decisão: "Declaro que um médium ocupa uma posição de muita responsabilidade e, na medida do possível, tem o direito de satisfazer os que o procuram. Agora, a minha experiência, que é variada, me leva à conclusão de que nenhum cético, por mais bem-intencionado ou honesto que seja, pode ser convencido pelas condições que predominam numa sessão de materialização e por isso o resultado é um ceticismo ainda maior da parte dele e condenação do médium. É diferente com um círculo harmonioso de espíritas avançados o suficiente para testemunhar tais fenômenos, e com os quais sempre terei muito prazer em me reunir; mas um neófito precisa ser preparado por outros métodos. Se seu amigo quiser participar de uma sessão de escrita em prancheta, ficarei feliz em marcar uma hora; caso contrário, devo recusar-me a fazer isso, pelas razões acima expostas, que por si sós se recomendam ao senhor bem como a todos os espíritas conscientes".

No caso de Eglinton, ele usava pranchetas escolares comuns (podendo o participante levar a sua própria); depois de lavada, um pedaço de lápis de ardósia era posto sobre a prancheta e esta colocada debaixo do tampo da mesa, pressionada contra ele e segurada pela mão do médium, cujo polegar era visível na superfície da mesa. Logo se ouvia o som da escrita e, ao sinal de três batidas, a prancheta era examinada, constatando-se a presença de uma mensagem escrita. Eram igualmente usadas duas pranchetas do mesmo tamanho, amarradas firmemente com corda, também as chamadas caixas de pranchetas, com fechadura e chave. Em muitas ocasiões, a escrita era obtida numa única prancheta apoiada na superfície da mesa, com o lápis entre ela e a mesa.

O sr. Gladstone teve uma sessão com Eglinton em 29 de outubro de 1884 e se interessou muito pelo que aconteceu. Um relato dessa sessão apareceu no jornal *Light*, foi copiado por quase todos os principais jornais do país, e o movimento aumentou sobremodo seu prestígio com essa publicidade. Na conclusão da sessão, o sr. Gladstone teria dito: "Sempre pensei que os homens de Ciências só agem segundo rotinas específicas. Eles realizam um trabalho nobre em suas linhas especiais de pesquisa, mas muitas vezes não se dispõem a dispensar certa atenção a assuntos que parecem divergir do seu modo de pensar cristalizado. Na verdade, via de regra, eles até chegam a negar o que não pesquisaram, sem que sua razão sequer se dê conta de que podem existir na natureza forças das quais nada sabem". Embora nunca tenha se declarado espírita, pouco depois o sr. Gladstone mostrou seu interesse pelo assunto ao ingressar na Sociedade de Pesquisas Psíquicas (SPP).

Eglinton não escapou dos ataques habituais. Em junho de 1886, a sra. Sidgwick, esposa do prof. Sidgwick, de Cambridge, um dos fundadores da SPP, publicou um artigo no *Journal* da Sociedade intitulado "Mr. Eglinton",[6] no qual, depois de apresentar depoimentos de outras pessoas sobre escrita em pranchetas com esse médium, ao longo de mais de quarenta sessões, ela diz: "No que me concerne, não hesito hoje em atribuir as manifestações a um ilusionismo astucioso". Ela não tinha experiência pessoal com Eglinton, mas baseava sua crença na impossibilidade de manter uma observação contínua durante as manifestações. Nas colunas do *Light*,[7] Eglinton convidou testemunhas convencidas da autenticidade de sua mediunidade a dar seu depoimento, e num suplemento especial posterior do mesmo jornal, um grande número de depoentes atendeu ao apelo, muitos deles membros e associados da SPP. O dr. George Herschell, experiente ilusionista amador com quatorze anos de atuação, forneceu uma das muitas respostas convincentes à sra. Sidgwick. A SPP também publicou relatos minuciosos dos resultados obtidos pelo sr. S. J. Davey, que afirmava obter por meio de artifícios resultados semelhantes e ainda mais admiráveis na escrita em prancheta do que os que ocorreram com Eglinton.[8] O sr. C. C. Massey, advogado, observador muito competente

---

[6] Junho, 1886, pp. 283-324.
[7] 1886, p. 309.
[8] *SPP., Proceedings*, Vol. IV, pp. 416-87.

e experiente, e membro da SPP, representou a opinião de muitos outros quando escreveu a Eglinton em referência ao artigo da sra. Sidgwick:

> Concordo plenamente com o que você diz que ela "não apresenta nem mesmo um indício de prova" em apoio a esse julgamento sumamente injurioso que contradiz um grande número de testemunhos excelentes, somente confrontados, ao que me parece, por presunções contrárias ao senso comum e a toda experiência.

De modo geral, o impetuoso ataque da sra. Sidgwick ao médium acabou sendo positivo, pois reuniu um grande número de testemunhos mais ou menos especializados em favor da autenticidade das manifestações que ocorreram com ele.

Eglinton, como muitos outros médiuns de manifestações físicas, teve sua cota de denúncias. Uma delas foi em Munique, onde havia sido contratado para realizar uma série de doze sessões. Dez dessas tiveram muito sucesso, mas, na décima primeira, uma rã mecânica foi descoberta na sala e, embora as mãos do médium estivessem amarradas, ele foi acusado de fraude porque marcas pretas foram encontradas nele depois que seus instrumentos musicais foram escurecidos secretamente. Três meses depois, um dos presentes confessou que havia levado o brinquedo mecânico para a sala. Nenhuma explicação foi dada ao escurecimento, mas o fato de as mãos do médium estarem presas deveria ter sido contestação suficiente.

Um conhecimento maior adquirido desde aquela época mostrou-nos que fenômenos físicos dependem do ectoplasma e que esse ectoplasma é reabsorvido pelo corpo do médium, levando consigo toda matéria corante. Assim, no caso da srta. Goligher, após um experimento com carmim, o dr. Crawford encontrou manchas dessa cor em várias partes da pele dela. Desse modo, tanto no caso da rã mecânica quanto no caso do negro-de-fumo, como tantas vezes acontece, os denunciantes é que estavam errados e não o desditoso médium.

Uma acusação mais séria contra ele foi feita pelo arquidiácono Colley, que declarou[9] que, na casa do sr. Owen Harries, onde Eglinton realizava uma sessão, ele descobriu na maleta do médium pedaços de musselina e uma barba, os quais corresponderiam a porções das vestes e ao cabelo cortado de supostas figuras materializadas. A sra. Sidgwick, em seu artigo no *Journal* da SPP, reproduziu as acusações do arquidiácono Colley, e Eglinton, em sua resposta geral a ela,

---

[9] *Medium and Daybreak*, 1878, pp. 698, 730. *The Spiritualist*, 1879, Vol. XIV, pp. 83, 135.

contentou-se em simplesmente negar, observando que se encontrava na África do Sul na ocasião em que as acusações foram publicadas e só foi vê-las anos depois.

Discutindo esse incidente, diz *Light* em seu editorial[10] que as acusações em questão foram minuciosamente investigadas pelo Conselho da British National Association of Spiritualists e rejeitadas com base no fato de que o Conselho não poderia de forma alguma obter evidências diretas dos acusadores. E continua:

> A sra. Sidgwick omitiu fatos muito importantes em sua citação impressa no *Journal*. Em primeiro lugar, as supostas circunstâncias ocorreram dois anos antes da carta em que o denunciante fez sua acusação, período durante o qual não fez nenhum movimento público sobre o assunto, e só o fez em consequência de ressentimento pessoal contra o Conselho da extinta B.N.A.S. Em segundo lugar, as partes suprimidas da carta citada pela sra. Sidgwick são absolutamente inúteis. Afirmamos que ninguém acostumado a examinar e a avaliar evidências de forma científica teria dado à correspondência a mínima atenção sem o mais claro testemunho corroborativo.

Não obstante, deve-se admitir que, quando um espírita tão sincero como o arquidiácono Colley faz uma acusação tão específica, ela se torna uma questão tão grave que não se pode rejeitá-la levianamente. Há sempre a possibilidade de que um grande médium, percebendo que seus poderes o abandonam – como realmente acontece – recorra à fraude para preencher a lacuna até que retornem. Home contou como seu poder lhe foi inesperadamente subtraído por um ano e depois voltou em toda sua plenitude. Quando um médium vive de seu trabalho, uma interrupção assim deve ser um problema sério que, inclusive, pode instigá-lo a recorrer à fraude. Seja o que for que tenha ocorrido nesse caso em particular, é certo, como seguramente se mostrou nestas páginas, que as provas a favor dos poderes de Eglinton são tão abundantes, que não podem ser abaladas. Entre outras testemunhas de seus poderes está Kellar, o famoso ilusionista, que admitiu, como muitos outros profissionais da área, que os fenômenos psíquicos transcendem em muito os poderes do prestidigitador.

Nenhum autor deixou sua marca tão solidamente impressa sobre a dimensão religiosa do espiritismo quanto o rev. W. Stainton Moses. Seus inspirados escritos confirmaram o que já fora aceito e elucidaram grande parte do que era confuso. Em geral, os espíritas o consideram o expoente moderno mais idôneo de suas ideias

---

[10] 1886, p. 324.

e posições. Apesar disso, não o reconhecem como definitivo ou infalível, e, em declarações póstumas com sinais claros de veracidade, ele próprio afirmou que sua experiência expandida alterou sua perspectiva sobre determinados pontos. Esse é o resultado inevitável da nova vida para cada um de nós. Esses aspectos religiosos serão tratados em capítulo específico sobre a religião vista da perspectiva espírita.

Além de ser um pregador inspirado, Stainton Moses era um médium de energia psíquica intensa, sendo um dos poucos homens capazes de seguir o preceito apostólico e demonstrá-lo tanto com suas palavras quanto com seus poderes. Neste breve relato, enfatizamos suas características físicas.

Stainton Moses nasceu em Lincolnshire em 5 de novembro de 1839 e estudou na Bedford Grammar School e na Exeter College, Oxford. Sentiu-se chamado para a vida religiosa e, após alguns anos de serviço como pároco na Ilha de Man e em outros lugares, tornou-se professor na University College School. No decorrer do seu ano de viagens de estudos (*wanderjahre*), visitou o mosteiro do Monte Athos, onde permaneceu por seis meses – uma experiência rara para um protestante inglês. Mais tarde chegou à convicção de que essa experiência assinalou o início da sua carreira psíquica.

Na época em que trabalhou como pároco, Stainton Moses pôde evidenciar toda sua coragem e senso do dever. Uma grave epidemia de varíola eclodiu em sua paróquia, então desprovida de médico residente. Seu biógrafo diz: "Dia e noite ele estava junto ao leito de uma pobre vítima acometida pela doença e, às vezes, depois de acalmar os momentos finais do sofredor com seus ritos, era obrigado a acumular as funções de pastor e de coveiro e realizar o sepultamento com as próprias mãos". Não admira que ao se despedir dos paroquianos tenha recebido um depoimento pleno de significado que se pode resumir numa frase: "Quanto mais o conhecemos e quanto mais vimos seu trabalho, mais aumentou a nossa admiração pelo senhor".

Em 1872, sessões com Williams e com a srta. Lottie Fowler atraíram sua atenção para o espiritismo. Em pouco tempo, descobriu que ele próprio possuía o dom da mediunidade de uma força rara. Ao mesmo tempo, propôs-se a estudar o assunto mais a fundo, perscrutando com inteligência cada etapa do movimento. Seus escritos, assinados como "M. A. Oxon", estão entre os clássicos do espiritismo. Podemos citar *Spirit Teachings*, *Higher Aspects of Spiritualism* e outros. Por fim, tornou-se editor do jornal *Light*, mantendo as elevadas tradições desse periódico durante muitos anos. Sua mediunidade aperfeiçoou-se de modo gradual e constante até abranger praticamente todos os fenômenos físicos que conhecemos.

Esses resultados só foram alcançados depois de um longo processo de preparação. Ele diz:

> Durante muito tempo não consegui obter as provas que eu queria e, se tivesse feito como a maioria dos investigadores, eu deveria ter abandonado a busca desesperado. Meu estado de espírito era muito positivo e tive de passar por alguns sofrimentos para obter o que desejava. Pouco a pouco, um pouco aqui e um pouco ali, as provas chegaram, à medida que a minha mente se abria para recebê-las. Cerca de seis meses foram dedicados a persistentes esforços diários para eu chegar à certeza da existência perpetuada de espíritos humanos e do seu poder de comunicar-se.

Na presença de Stainton Moses, mesas pesadas se erguiam no ar bem como livros e cartas passavam de uma sala para outra em plena luz. Há testemunhos independentes de pessoas confiáveis relacionados a essas manifestações.

O falecido Serjeant Cox, em seu livro *What am I?*, registra o seguinte incidente ocorrido com Stainton Moses:

> Na terça-feira, 2 de junho de 1873, um amigo pessoal, um cavalheiro de alta posição social, formado em Oxford, veio à minha residência em Russell Square para se vestir para um jantar para o qual tínhamos sido convidados. Ele já havia demonstrado um poder considerável como sensitivo. Tendo meia hora de sobra, fomos para a sala. Eram apenas seis horas da tarde e ainda estava claro. Eu abria cartas, ele lia o *The Times*. Minha mesa de jantar é de mogno, muito pesada, fora de moda, com 1,80 metro de largura e 3 metros de comprimento. Ela está sobre um tapete turco, o que aumenta muito a dificuldade de movê-la. Um teste posterior mostrou que os esforços de dois homens fortes eram necessários para deslocá-la 5 centímetros. Não havia toalha sobre ela, e a luz a atravessava totalmente. Não havia mais ninguém na sala, além de nós dois. De repente, enquanto estávamos ali sentados, batidas frequentes e altas foram ouvidas vindo da mesa. Meu amigo estava sentado segurando o jornal com as duas mãos, com um braço apoiado na mesa e o outro no encosto de uma cadeira, e ele virado de lado com relação à mesa de modo que as pernas e os pés não ficavam debaixo da mesa, mas na lateral. Então a mesa estremeceu como se tivesse uma convulsão. Depois balançou de um lado para o outro com tanta violência que quase deslocou as grandes pernas em forma de pilar, das quais há oito. Em seguida, movimentou-se para a frente cerca de dez centímetros. Olhei embaixo dela

William Stainton Moses, de seu livro *Spirit Teachings*, décima edição, 1924.

para ter certeza de que não havia sido tocada, mas ainda se movia e ainda os golpes eram altos em cima dela.

Esse súbito acesso da força nesse momento e nesse lugar, sem ninguém presente a não ser eu e meu amigo, e sem pensar em invocá-la, causou-nos o maior espanto. Meu amigo disse que nunca lhe ocorrera nada parecido. Sugeri então que seria uma oportunidade inestimável, com um poder tão grande em ação, de fazer a tentativa do *movimento sem contato*, com a presença de duas pessoas apenas, a luz do dia, o local, o tamanho e o peso da mesa tornando o experimento algo fundamental. Assim, pusemo-nos de pé, ele num dos lados da mesa, eu no outro, ambos a meio metro dela, e posicionando as mãos a 20 centímetros de altura. Em um minuto, a mesa balançou com grande ímpeto. Em seguida, moveu-se uns 20 centímetros sobre o tapete. Depois, ergueu-se 7 centímetros do chão do lado do meu amigo. E logo se elevou também do meu lado. Finalmente, meu amigo colocou as mãos 10 centímetros acima da ponta da mesa e pediu que ela subisse e tocasse sua mão três vezes. E foi o que aconteceu; então, com pedido semelhante feito por mim, ela se elevou até as minhas mãos, mantendo-se na mesma altura e do mesmo modo que na extremidade oposta.

Em Douglas, na Ilha de Man, durante um domingo de agosto de 1872, aconteceu uma extraordinária manifestação de poder dos espíritos. Os fatos relatados por Stainton Moses são corroborados pelo dr. e sra. Speer, em cuja casa os fenômenos ocorreram, desde o café da manhã até as dez horas da noite. Batidas acompanhavam o médium a qualquer cômodo a que se dirigisse no interior da residência; mesmo na igreja os dois as ouviram sentados em seu banco. Ao voltar da igreja, Stainton Moses percebeu que objetos haviam sido retirados do balcão do banheiro do seu quarto e dispostos na cama em forma de cruz. Foi então chamar o dr. Speer para testemunhar o que havia acontecido e ao voltar para o quarto descobriu que seu colarinho, que havia tirado um minuto antes, na sua ausência fora colocado em torno da cabeça da cruz improvisada. Ele e o dr. Speer trancaram a porta do quarto e foram almoçar, mas durante a refeição ocorreram batidas fortes e a pesada mesa de jantar moveu-se três ou quatro vezes. Em uma nova inspeção do quarto, descobriram que dois outros artigos da caixa de curativos também haviam sido colocados na cruz. A sala foi novamente trancada e, em três visitas seguintes, novos objetos foram encontrados junto à cruz. Foi-nos dito que na primeira ocasião não havia ninguém na casa que pudesse pregar uma peça e que depois foram tomadas as devidas precauções para evitar que isso pudesse acontecer.

A versão dessa série de eventos dada pela sra. Speer é a seguinte:

> Enquanto estivemos na igreja, todas as pessoas do grupo ouviram batidas em diferentes partes do banco em que estávamos sentados. Na volta, o sr. S. M. encontrou em sua cama três objetos retirados da sua penteadeira e colocados sobre a cama em forma de cruz. Ele chamou o dr. S. ao seu quarto para ver o que havia acontecido durante nossa ausência. O dr. S. ouviu batidas fortes na tábua dos pés da cama. Trancou então a porta, colocou a chave no bolso e deixou o quarto vazio por um tempo. Fomos jantar e durante a refeição a grande mesa de jantar, com pratos, copos, porcelanas etc., movimentou-se várias vezes, inclinou-se e bateu; parecia cheia de vida e movimento.
>
> Batidas acompanhavam a melodia de um hino cantado por nossa filha e batidas inteligentes seguiam a nossa conversa. Fizemos várias visitas ao quarto trancado, constatando cada vez que a cruz havia recebido um ou dois objetos a mais. O dr. S. ficou com a chave, abriu a porta e saiu da sala por último. Finalmente tudo estava terminado. A cruz foi colocada no centro da cama; todos os curativos que nosso amigo levava em sua maleta de viagem foram usados. Cada vez que entrávamos na sala, ocorriam batidas. Em nossa última visita, alguém propôs que se deixasse uma folha de papel e um lápis sobre a cama. Quando retornamos, encontramos as iniciais de três amigos do sr. S. M., todos falecidos e desconhecidos dos que estavam na casa, menos ele. A cruz era perfeitamente simétrica e fora feita numa sala trancada onde ninguém podia entrar, sendo de fato uma manifestação surpreendente de poder dos espíritos.

Um desenho mostrando os vários artigos de toalete está incluído na página 72 do livro *Modern Mystics and Modern Magic*, de Arthur Lillie. Outros exemplos são fornecidos no Apêndice.

Em suas sessões com o dr. e a sra. Speer, muitas comunicações foram recebidas, dando provas da identidade dos espíritos na forma de nomes, datas e lugares, desconhecidos dos presentes, mas verificados posteriormente.

Um grupo de espíritos estaria ligado à mediunidade de Stainton Moses. Por escrita automática, ele recebeu deles um conjunto de ensinamentos no período compreendido entre 30 de março de 1873 e o ano de 1880. Uma seleção desses ensinamentos está em *Spirit Teachings*. Na introdução a esse livro, o autor escreve:

> O assunto sempre foi de um caráter puro e elevado, sendo grande parte dele de aplicação pessoal, destinada à minha própria orientação e direção. Posso dizer que ao

longo de todas essas comunicações escritas, estendendo-se em continuidade ininterrupta até o ano de 1880, não há mensagem irreverente, nenhuma tentativa de gracejo, nenhuma vulgaridade ou incongruência, nenhuma declaração falsa ou enganosa, tanto quanto eu saiba ou possa descobrir; nada incompatível com o objetivo declarado, incessantemente repetido, de instrução, esclarecimento e orientação de Espíritos aptos para a tarefa. Julgados como eu mesmo gostaria de ser julgado, eles eram o que diziam ser. Suas palavras eram sinceras e de propósito sóbrio e sério.

Um relato detalhado das várias pessoas que se comunicaram, muitas delas de renome, encontra-se no livro do sr. A. W. Trethewy, *The 'Controls' of Stainton Moses* (1923).

Stainton Moses ajudou a criar a Sociedade de Pesquisas Psíquicas (SPP) em 1882, mas afastou-se do grupo em 1886, magoado com o tratamento dado ao médium William Eglinton. Ele foi o primeiro presidente da Aliança Espírita de Londres, formada em 1884, cargo que ocupou até sua morte.

Além dos livros *Spirit Identity* (1879), *Higher Aspects of Spiritualism* (1880), *Psichography* (2ª ed. 1882) e *Spirit Teachings* (1883), ele contribuiu com frequência com a imprensa espírita, bem como com a *Saturday Review*, *Punch* e outros jornais de destaque.

Um resumo excelente de sua mediunidade foi elaborado pelo sr. F. W. H. Myers, como contribuição para *Proceedings*, da SPP.[11] Para seu obituário, o sr. Myers escreveu: "Pessoalmente, considero sua vida uma das mais notáveis da nossa geração, e de poucos homens ouvi em primeira mão fatos comparáveis em importância para mim com aqueles que ouvi dele".

Podemos dizer que os médiuns tratados neste capítulo abrangem as diferentes modalidades de mediunidade predominantes nesse período, mas muitos eram quase tão conhecidos quanto os que foram destacados. Assim, a sra. Marshall trouxe conhecimento a muitos; a sra. Guppy mostrou poderes que em alguns aspectos nunca foram superados; a sra. Everitt, uma amadora, continuou durante uma longa vida a ser um centro de força psíquica; e a sra. Mellon, tanto na Inglaterra quanto na Austrália, destacou-se em materializações e em fenômenos físicos.

---

[11] Vol. IX, pp. 243-353, e Vol. XI, pp. 24-113.

CAPÍTULO 17

A SOCIEDADE DE PESQUISAS PSÍQUICAS (SPP)

Um relato amplo das atividades da Sociedade de Pesquisas Psíquicas e dos seus registros estranhamente entremeados de explanações proveitosas e declarações restritivas não teria lugar neste volume. Entretanto, é preciso destacar alguns pontos e discutir alguns casos. Sob determinados aspectos, o trabalho da Sociedade tem sido excelente, mas, desde o início, cometeu o erro capital de assumir certo ar arrogante para com o espiritismo, daí resultando o distanciamento de dezenas de pessoas que poderiam ter sido úteis em seus conselhos e, sobretudo, o desrespeito àqueles médiuns sem cuja cooperação voluntária o trabalho da Sociedade só poderia ser infrutífero. No momento, a Sociedade possui uma excelente sala de sessões, mas a grande dificuldade está em convencer qualquer médium a utilizá-la. E ninguém pode reclamar em relação a isso, pois tanto o médium quanto a causa que ele representa correm perigo quando deturpações e acusações infundadas são feitas com tanta leviandade como no passado. As pesquisas psíquicas devem respeitar os sentimentos e as opiniões dos espíritas, pois é certo que, sem estes, aquelas não existiriam.

Em meio à irritação com o que consideram críticas ofensivas, os espíritas não devem esquecer que a Sociedade realizou um excelente trabalho em vários momentos. Por exemplo, ela gerou muitas outras sociedades mais ativas do que ela própria. Também alimentou vários homens, tanto em Londres quanto em sua filial americana, que aceitaram as provas e se tornaram defensores sinceros da visão espírita. De fato, não é demais dizer que quase todos os homens mais eminentes, os que emitiam sinais de possuir uma mentalidade aberta e expandida, adotaram as explicações psíquicas. *Sir* William Crookes, *sir* Oliver Lodge, Russel Wallace, lorde Rayleigh, *sir* William Barrett, prof. William James, prof. Hyslop, dr. Richard Hodgson e o sr. F. W. H. Myers estavam todos, embora em graus diferentes, do lado dos anjos.

Existiu anteriormente uma sociedade da mesma natureza, a Sociedade Psicológica da Grã-Bretanha, fundada em 1875 pelo sr. Serjeant Cox. Essa Sociedade se dissolveu em 1879, com a morte de Cox. Em 6 de janeiro de 1882, *sir* William Barrett promoveu uma reunião para analisar a viabilidade de uma nova Sociedade, que de fato se constituiu em 20 de fevereiro. O prof. Henry Sidgwick, de Cambridge, foi eleito presidente, e entre os vice-presidentes estava o rev. W. Stainton Moses. O Conselho incluía espíritas representativos como o sr. Edmund Dawson Rogers, o sr. Hensleigh Wedgwood, o dr. George Wyld, o sr. Alexander Calder e o sr. Morell Theobald. Nessa resenha de sua história, veremos como a SPP aos poucos arrefeceu o entusiasmo desses membros, fazendo com que muitos deles renunciassem, e como a divisão assim iniciada foi se ampliando com o passar dos anos.

Um manifesto da Sociedade estabelece:

> Temos a forte impressão de que o momento presente é oportuno para fazermos uma tentativa organizada e sistemática de pesquisar esse grande grupo de fenômenos polêmicos designados por termos como mesméricos, psíquicos e espíritas.

Ao tomar posse como primeiro presidente da Sociedade em 17 de julho de 1882, o professor Sidgwick, referindo-se à necessidade de pesquisas psíquicas, disse:

> Todos concordamos que o estado atual das coisas é um escândalo para a era esclarecida em que vivemos, que os debates sobre a realidade desses fenômenos maravilhosos – de importância científica inegável e inquestionável, mesmo que só se possa demonstrar como verdadeira apenas uma décima parte do que testemunhas em geral dignas de crédito apresentaram –, como dizia, é um escândalo que os debates sobre a realidade desses fenômenos ainda continuem, que tantas testemunhas competentes tenham declarado sua crença neles, que muitas outras pessoas se interessem profundamente em ter a questão resolvida e, todavia, que o mundo educado, em seu conjunto, simplesmente persista em sua atitude de incredulidade.

A atitude da Sociedade, assim definida por seu primeiro presidente, era justa e razoável. Contestando as críticas de que a intenção da Sociedade era rejeitar os resultados de todas as investigações anteriores sobre fenômenos psíquicos, por serem suspeitos, ele disse:

> Não pretendo supor que eu poderia produzir provas de qualidade melhor do que muitas que foram apresentadas por autores de reputação científica indubitável – homens como o sr. Crookes, o sr. Wallace e o falecido prof. De Morgan. Pelo que defini como objetivo da Sociedade, porém, está claro que, por melhores que sejam algumas dessas provas em termos de qualidade, exigimos muito mais delas.

O mundo educado, enfatizou ele, ainda não estava convencido e, portanto, mais provas deviam ser apresentadas. Ele não acrescentou que já havia provas em abundância, mas que o mundo ainda não havia se preocupado em examiná-las.

Voltando a esse aspecto no final do seu discurso, ele disse:

> A incredulidade científica vem crescendo há muito tempo, e criou tantas e tão fortes raízes, que só a asfixiaremos, se é que o conseguimos com relação a qualquer uma dessas questões, enterrando-a viva sob um monte de fatos. "Precisamos perseverar", disse Lincoln; precisamos acumular fato sobre fato e amontoar experimento sobre experimento e, devo dizer, não discutir em demasia com estranhos incrédulos sobre a conclusão de nenhum deles, mas confiar no conjunto de provas para chegar ao convencimento. O grau mais alto de força demonstrativa que podemos obter de qualquer registro de investigação individual é, naturalmente, limitado pela confiabilidade do investigador. Fazemos tudo o que é possível quando o crítico não tem outra coisa a dizer senão que o pesquisador está envolvido com truques. Mas quando não lhe resta mais nada, alegará que... Devemos forçar o contraditor a admitir os fenômenos como inexplicáveis, pelo menos por ele, ou então a acusar os pesquisadores de mentira, de trapaça ou de uma cegueira ou esquecimento incompatíveis com qualquer condição intelectual, a não ser idiotice absoluta.

A primeira tarefa da Sociedade consistiu numa investigação experimental de transferência de pensamento, um tema que *sir* William Barrett (então professor) havia apresentado à Associação Britânica em 1876. Após longa e paciente pesquisa, concluiu-se que a transferência de pensamento, ou telepatia, como foi chamada pelo sr. F. W. H. Myers, era um fato comprovado. No domínio dos fenômenos mentais, a Sociedade desenvolveu atividades valiosas, sendo todas registradas de maneira sistemática e cuidadosa nos *Proceedings* da Sociedade. Também suas pesquisas, conhecidas como "Cross Correspondences" ["Correspondências Cruzadas"], constituem uma importante fase de suas atividades. A investigação da mediunidade da sra. Piper foi igualmente um trabalho notável a que nos referiremos mais adiante.

A Sociedade foi menos exitosa em sua abordagem do que conhecemos como fenômenos físicos do espiritismo. O sr. E. T. Bennett, secretário adjunto durante vinte anos, assim se refere a este aspecto:

> Fato notável, estamos inclinados a mencionar uma das constatações mais notórias da história da Sociedade, qual seja, a de que essa linha de pesquisa tenha sido – não é exagero dizer – absolutamente estéril no quesito resultados. Pode-se também dizer que o resultado foi estéril em proporção à simplicidade dos supostos fenômenos. Quanto ao movimento de mesas e de outros objetos sem contato, à produção de batidas audíveis e de luzes visíveis, à opinião, mesmo no seio da Sociedade, para não falar do mundo intelectual externo, tudo está no mesmo estado caótico em que se encontrava vinte anos atrás. A questão da movimentação de mesas sem contato está exatamente na situação em que a Sociedade Dialética a deixou em 1869. Mesmo então, o movimento de uma pesada mesa de jantar, sem contato com nenhum dos presentes e sem a presença de um médium profissional, foi atestado por vários homens conhecidos. Se foi então "um escândalo que os debates em torno da realidade desses fenômenos continuassem", quando o professor Sidgwick fez seu primeiro discurso presidencial, escândalo ainda maior é que hoje, decorrido quase outro quarto de século, "o mundo educado como um todo continue mantendo a mesma atitude de incredulidade". Em todos os volumes publicados pela Sociedade, não encontramos absolutamente nada sobre supostos fenômenos tão simples como os da visão e da audição. No que diz respeito a fenômenos físicos mais elevados que implicam uma produção inteligente, como a Escrita Direta e a Fotografia Espírita, algumas pesquisas foram feitas, mas em grande parte com resultados negativos.[1]

Essas acusações generalizadas contra a Sociedade são feitas por um crítico amigável. Vejamos como os espíritas daquela época viam suas atividades. Começando por um momento próximo do início, já em 1883, um ano após a criação da Sociedade, deparamo-nos com um correspondente escrevendo para *Light* e perguntando: "Qual é a diferença entre a Sociedade de Pesquisas Psíquicas (SPP) e a

---

[1] *Twenty Years of Psychical Research*, de Edward T. Bennett (1904), pp. 21-2.

Associação Central de Espíritas?" e também indagando se havia algum antagonismo entre as duas entidades. A resposta é dada num artigo de fundo do qual extraímos o parágrafo[2] a seguir. Com nosso retrospecto de quarenta anos a partir dessa data, seu interesse é histórico:

> Os espíritas não podem duvidar do que se revelará no final – não podem duvidar de que, com o passar do tempo, a SPP fornecerá provas claras e inquestionáveis de clarividência, de escrita e aparições de espíritos e de diferentes fenômenos físicos como as já exitosamente apresentadas com relação à transmissão de pensamento. Entretanto, é grande a diferença entre a SPP e a Associação Central de Espíritas. Os espíritas têm uma fé firme – não, melhor, certo conhecimento – em torno de fatos sobre os quais a SPP ainda não afirmaria ter qualquer conhecimento. A SPP ocupa-se apenas com fenômenos, buscando provas de sua existência. [...] Ela não tem interesse em ideias como a da comunicação com espíritos ou de prazerosas conversas com amigos falecidos, tão preciosas para os espíritas. Temos em mente aqui, naturalmente, a Sociedade em si, não seus membros individuais. Como Sociedade, seus integrantes estão estudando meros ossos e músculos, e ainda não chegaram ao coração e à alma.

Continuando, o editor se lança no futuro, embora não consiga ver a que distância está esse futuro que ele quer provar:

> Como Sociedade, ela ainda não pode se chamar espírita. Como Sociedade, à medida que suas provas se acumularem, com toda a probabilidade ela se tornará – antes, "espírita sem espíritos" – e, por fim, espírita muito semelhante a outros espíritos, com a satisfação expandida de que, ao alcançar essa posição, terá procedido bem em cada etapa do caminho à medida que avançava e, por sua conduta cautelosa, terá estimulado muitos homens e mulheres dignos e argutos a trilhar o mesmo caminho com ela.

Em conclusão, assegura-se ao correspondente que não há antagonismo entre os dois órgãos e que os espíritas estão confiantes de que a SPP desenvolve um trabalho de grande utilidade.

O excerto é instrutivo, pois revela os sentimentos gentis do principal órgão espírita para com a nova Sociedade. A profecia que ele contém, no entanto, esteve

---

[2] *Light*, 1883, p. 54.

longe de se realizar. Em um esforço exagerado depois do que foi considerada uma atitude imparcial e científica, um pequeno grupo dentro da sociedade continuou durante muitos anos a manter uma posição, quando não de hostilidade, de negação persistente da realidade das manifestações físicas observadas com determinados médiuns. Não importava o peso do testemunho de homens confiáveis cujas qualificações e experiências os tornavam dignos de crédito. Assim que a SPP passou a considerar tal testemunho ou, mais raramente, a conduzir ela mesma alguma investigação, acusações de fraude foram levantadas abertamente contra os médiuns ou então foram sugeridas possibilidades de como os resultados poderiam ter sido obtidos por outros meios que não os de ordem sobrenatural. Assim, temos a sra. Sidgwick, uma das pessoas mais agressivas nesse aspecto. A propósito de uma sessão com a sra. Jencken (Kate Fox), realizada com luminosidade suficiente para ler textos bem como em que se obteve escrita direta numa folha de papel fornecida pelos presentes e colocada debaixo da mesa, ela diz: "Imagino que a sra. Jencken poderia ter escrito a palavra com o pé". A respeito de Henry Slade: "Após dez sessões com o dr. Slade... tenho a impressão de que os fenômenos são produzidos por artimanhas". Sobre a prancheta de William Eglinton: "No que me concerne, não hesito hoje em atribuir as manifestações a um ilusionismo astucioso". Uma médium, filha de um conhecido professor, descreveu ao autor quão impossível, e na verdade tão inconscientemente insultante, era a atitude da sra. Sidgwick em ocasiões como essas.

Muitas outras citações no mesmo sentido, sobre outros médiuns famosos, poderiam ser dadas, como já foi dito. Um artigo intitulado "Mr. Eglinton" ["Sr. Eglinton"], escrito pela sra. Sidgwick para o *Journal* da Sociedade em 1886, causou uma tempestade de críticas iradas, e um suplemento especial do *Light* foi dedicado a cartas de protesto. Em um comentário editorial de autoria do sr. Stainton Moses, esse jornal, que no passado demonstrara grande simpatia pela nova entidade, escreve:

> A Sociedade de Pesquisas Psíquicas assumiu uma posição equivocada em várias ocasiões e, quando foi advertida do fato, omitiu-se em tomar providências. Com efeito, quando for escrita, a história secreta da "Pesquisa Psíquica" na Inglaterra se revelará uma narrativa muito instrutiva e sugestiva. Além disso, lamentamos dizer (e o dizemos com plena consciência da gravidade das nossas palavras) que, no que se refere à discussão livre e plena dessas questões, sua política tem sido de obstrução. [...] Nessas circunstâncias, portanto, cabe à própria SPP decidir se o atrito hoje

infelizmente existente se intensificará ou se um novo *modus vivendi* se estabelecerá entre ela e a comunidade espírita. Entretanto, até o momento não foi emitida nenhuma nota *oficial* de repúdio às opiniões da sra. Sidgwick como representativas da Sociedade. Esse é seguramente o primeiro passo a ser dado.

A situação aqui descrita, apenas quatro anos após a criação da Sociedade, continuou com pouca alteração até os dias atuais. *Sir* Oliver Lodge[3] a descreve muito bem quando diz a respeito dela, embora naturalmente não concorde com o conteúdo: "Ela tem sido chamada de Sociedade para a supressão dos fatos, para a imputação generalizada de impostura, para o desestímulo do sensitivo e para o repúdio de toda revelação que se dizia manifestar-se à humanidade a partir das regiões de luz e conhecimento".

Se considerada muito severa, esta crítica pelo menos ecoa o tom de um grupo considerável de opinião influente sobre a SPP.

Uma das primeiras atividades públicas da S. P. P. foi a viagem à Índia do seu representante, dr. Richard Hodgson, com o objetivo de averiguar os supostos milagres ocorridos em Adyar, sede das ações desenvolvidas por madame Blavatsky. Essa senhora foi a principal líder do movimento de revitalização da antiga sabedoria do Oriente, transformando-a, sob o nome de Teosofia, em um sistema filosófico inteligível e aceitável pelo Ocidente. Este não é o lugar para sondar a personalidade multifacetada dessa mulher notável, bastando apenas dizer que o dr. Hodgson formou uma opinião muito desfavorável a respeito dela e de seus supostos milagres. Durante certo tempo, essa conclusão parecia definitiva, mas pouco depois considerações de vozes abalizadas estimularam uma reavaliação, sendo da sra. Besant[4] a mais representativa. O argumento principal da defesa assumida pela sra. Besant concentrava-se na constatação de que as testemunhas eram absolutamente maliciosas e corruptas e de que as provas em sua quase totalidade eram claramente forjadas. O fato é que esse e outros episódios semelhantes sempre lançarão uma sombra de dúvida sobre a reputação de madame Blavatsky. Não obstante, esse caso específico não chegou a uma conclusão definitiva. Nessa e em outras circunstâncias, os padrões comprobatórios da Sociedade, quando esta se propõe a comprovar casos de fraude, são muito mais elásticos do que quando examina um suposto fenômeno psíquico.

---

[3] *The Survival of Man* (1909), p. 6.
[4] *H. P. Blavatsky and the Masters of Wisdom*. Theosophical Publishing House.

Satisfação maior obtemos voltando nossa atenção a um exame minucioso da mediunidade da sra. Leonora Piper, a célebre sensitiva de Boston, E.U.A., pois ela figura entre os melhores resultados alcançados pela SPP. As investigações se prolongaram por um período de quinze anos, exigindo registros volumosos. Entre os pesquisadores estavam homens conhecidos e competentes como o prof. William James, da Universidade Harvard, o dr. Richard Hodgson e o prof. Hyslop, da Universidade de Columbia. Os três estavam convencidos da autenticidade dos fenômenos ocorridos na presença dela e foram favoráveis à interpretação espírita desses fenômenos.

Naturalmente, os espíritas celebraram com grande regozijo essa confirmação de suas explicações. O sr. E. Dawson Rogers, presidente da Aliança Espírita de Londres, em reunião dessa entidade em 24 de outubro de 1901, disse:[5]

> Ocorreu nos últimos dias um pequeno evento que requer algumas palavras de minha parte. Como muitos de vocês sabem, nossos amigos da SPP – ou alguns deles – aderiram à nossa causa. Não estou dizendo que se juntaram à Aliança Espírita de Londres, mas que alguns que riram e zombaram de nós alguns anos atrás se dizem adeptos do nosso credo hoje; isto é, adeptos da hipótese ou teoria de que o homem continua a viver após a morte e que, sob certas condições, pode comunicar-se com os que deixou nesta vida.
>
> Bem, tenho hoje uma lembrança um tanto dolorosa do início da história da SPP. Feliz ou infelizmente, fui um dos membros do seu primeiro Conselho, assim como nosso querido amigo falecido W. Stainton Moses. Víamos com tristeza a forma como o Conselho recebia as sugestões sobre a possibilidade de demonstrar a continuação da existência do homem após a chamada morte. O resultado foi que, incapazes de aguentar essa situação por mais tempo, o sr. Stainton Moses e eu renunciamos ao nosso cargo no Conselho. No entanto, o tempo se encarregou de impor seu desagravo. Naquela época, nossos amigos diziam estar ansiosos para descobrir a verdade, mas esperavam, e esperavam ardorosamente, que a verdade fosse que o espiritismo era uma fraude. [...]
>
> Esse tempo e essa atitude passaram, felizmente, e hoje podemos considerar a Sociedade de Pesquisas Psíquicas como uma excelente amiga. Ela tem trabalhado assídua e diligentemente, e provou inteiramente as nossas proposições – caso fosse necessário prová-las. Em primeiro lugar, tivemos nosso bom amigo, sr. F. W. H.

---

[5] *Light*, 1901, p. 523.

Myers, cuja memória todos nós prezamos, e não esquecemos que o sr. Myers declarou claramente que havia chegado à conclusão de que a hipótese espírita por si só explicava os fenômenos que ele próprio testemunhara. Depois, temos o dr. Hodgson. Os que estão familiarizados com o assunto há muito tempo lembrarão o fervor com que ele perseguia todos os que professavam o espiritismo. Ele era um verdadeiro Saulo perseguindo os cristãos. Todavia, ele mesmo, em virtude de suas investigações dos fenômenos ocorridos na presença da sra. Leonora Piper, aproximou-se de nós e, honesta e destemidamente, declarou-se convertido à hipótese espírita. Por fim, nos últimos dias, recebemos um volume extraordinário do prof. Hyslop, da Universidade de Columbia, em Nova York, publicado pela SPP – um livro de 650 páginas, que mostra que ele também, vice-presidente dessa Sociedade, está convencido de que a hipótese espírita é a única possível para explicar os fenômenos que testemunhou. Estão todos aderindo, e quase começo a alimentar esperanças com relação ao nosso bom amigo, o sr. Podmore.

Da perspectiva de vinte e poucos anos depois, vemos que essa previsão era otimista demais. Mas o trabalho com a sra. Piper supera grande parte dos obstáculos.

O professor James conheceu a sra. Piper em 1885, ao saber da visita de um parente dele que obteve resultados muito interessantes. Embora fosse bastante cético, resolveu investigar pessoalmente. Ele recebeu inúmeras mensagens comprobatórias. Por exemplo, sua sogra havia perdido um talão de cheques, mas o dr. Phinuit, mentor espiritual da sra. Piper, ao ser solicitado a ajudá-la, disse-lhe onde o talão estava, e ela realmente o encontrou no lugar indicado. Em outra ocasião, esse mentor disse ao prof. James: "Seu filho tem um menino chamado Robert F. como companheiro de brincadeiras em nosso mundo". Os F's eram primos da sra. James e moravam numa cidade distante. O prof. James disse à esposa que o dr. Phinuit havia cometido um erro quanto ao sexo do filho morto dos F's, porque havia dito que era um menino. Mas o prof. James estava errado; a criança *era* um menino, e as informações dadas estavam corretas. Aqui não havia possibilidade de ler a mente consciente do assistente. Muitos outros exemplos de comunicações verídicas poderiam ser dados. O prof. James descreve a sra. Piper como uma pessoa absolutamente simples e autêntica, e diz a respeito de sua investigação: "O resultado me deixa absolutamente convencido de que em seus transes ela conhece realidades impossíveis de ter ouvido em seu estado de consciência normal".

Depois da morte do dr. Richard Hodgson em 1905, o prof. Hyslop obtive através da sra. Piper uma série de comunicações comprobatórias que o convenceram de que estava de fato em contato com seu amigo e colega de trabalho. Hodgson, por exemplo, lembrou-o de uma médium sobre cujos poderes os dois haviam divergido. Ele disse que a visitara, acrescentando: "Achei a situação melhor do que pensava". Ele falou de um teste com água colorida que ele e Hyslop haviam utilizado para testar um médium a oitocentos quilômetros de Boston, e sobre o qual a sra. Piper nada sabia. Houve também a menção a uma discussão que ele tivera com Hyslop sobre rasgar o manuscrito de um dos livros de Hyslop. O cético pode objetar que esses fatos eram do conhecimento do prof. Hyslop, sendo dele obtidos telepaticamente pela sra. Piper. Mas muitas evidências de peculiaridades pessoais do dr. Hodgson acompanhavam as comunicações, a maioria delas reconhecidas pelo prof. Hyslop.

Para possibilitar que o leitor julgue a consistência de algumas provas fornecidas pela sra. Piper sob influência do controle Phinuit, transcrevemos o seguinte caso:[6]

Na 45ª sessão inglesa, em 24 de dezembro de 1889, com a presença dos srs. Oliver e Alfred Lodge e do sr. e sra. Thompson, subitamente Phinuit perguntou:

"Você conhece Richard, Rich, sr. Rich?"

SRA. THOMPSON: "Não muito bem. Conheci um dr. Rich".

PHINUIT: "É ele. Ele faleceu e manda lembranças calorosas a seu pai".

Na 83ª sessão, presentes novamente o sr. e a sra. Thompson, Phinuit disse de repente: "Aqui está o dr. Rich!". O dr. Rich então passa a falar:

DR. RICH: "É muita gentileza deste cavalheiro" (dr. Phinuit) "deixar-me falar com vocês. Sr. Thompson, quero que o senhor dê um recado ao meu pai".

SR. THOMPSON: "Com prazer".

DR. RICH: "Centenas de vezes, obrigado; é muita generosidade de sua parte. Veja, eu tive uma morte repentina. Meu pai estava muito preocupado com isso e continua angustiado. Ele não superou o meu passamento. Diga-lhe que estou vivo – que lhe envio meus sentimentos amorosos. Onde estão meus óculos?". (A médium passa as mãos sobre os olhos dela.) "Eu usava óculos." (Verdade.) "Acho que estão com ele, como também alguns dos meus livros. Eu tinha uma pequena caixa preta – essa também deve estar com ele. Não quero que essas coisas se percam. Às vezes, ele se incomoda com uma sensação de tontura na cabeça – fica nervoso –, mas isso não tem importância."

SR. THOMPSON: "O que o seu pai faz?".

---

[6] *Proceedings of the S.P.R.*, Vol. VI, p. 509. Citado em *Mrs. Piper and The S.P.R.*, de M. Sage.

A médium pegou um cartão e pareceu escrever nele, fingindo colocar um selo no canto.

DR. RICH: "Ele se ocupa com esse tipo de coisa. Sr. Thompson, se você lhe passar essa mensagem, eu o ajudarei de várias maneiras. Eu posso e vou fazer isso".

Sobre esse incidente, o prof. Lodge comenta: "O sr. Rich, sênior, é o chefe dos Correios de Liverpool. Seu filho, dr. Rich, era quase um estranho para o sr. Thompson, e um desconhecido por mim. Acreditamos que o pai estava muito abalado com a morte do filho. Desde então o sr. Thompson foi visitá-lo e transmitiu-lhe a mensagem. Ele (sr. Rich, sênior) considera o episódio extraordinário e inexplicável, e que talvez se trate de algum tipo de fraude. Diz que a frase 'Centenas de vezes, obrigado' é característica, e admite uma leve tontura recente". O sr. Rich não sabia o que o filho queria dizer com "uma caixa preta". A única pessoa que poderia dar alguma informação sobre isso encontrava-se então na Alemanha. Mas foi relatado que o dr. Rich, em seu leito de morte, falava constantemente sobre uma caixa preta.

Michel Sage comenta: "Sem dúvida, o sr. e a sra. Thompson conheciam o dr. Rich e encontraram-se com ele uma vez. Mas ignoravam completamente todos os detalhes aqui revelados. De onde a médium os tirou? Não da influência deixada sobre algum objeto, porque não havia nenhum objeto na sessão".

A sra. Piper teve vários controles em várias etapas da sua longa carreira. O primeiro foi certo dr. Phinuit, que afirmava ter sido médico francês; o relato de sua vida terrena, porém, é contraditório e insatisfatório. Suas realizações, no entanto, foram notáveis e ele convenceu muitas pessoas de que era intermediário entre os vivos e os mortos. Algumas contestações, todavia, eram sólidas, pois, embora seja possível que uma experiência prolongada com as condições do outro mundo possa obscurecer nossas lembranças terrenas, é praticamente inconcebível que isso aconteça na extensão implícita nas declarações desse controle. Por outro lado, a teoria alternativa de que ele era uma personalidade secundária da sra. Piper, um fio, por assim dizer, separado do tecido todo da individualidade dela, cria dificuldades ainda maiores, pois grande parte do que foi obtido estava muito além de qualquer possível conhecimento da médium.

Estudando esses fenômenos, o dr. Hodgson, que estivera entre os críticos mais severos de todas as explicações transcendentais, foi aos poucos forçado a aceitar a hipótese espírita como a única plausível. Ele constatou que não havia possibilidade de ocorrer telepatia entre o espectador e o médium. Impressionou-se muito com o fato de que, nos casos em que a inteligência que se comunicava passara por perturbações antes da morte, as mensagens eram obscuras e descontroladas. Esse fato seria inexplicável se as mensagens fossem meros reflexos da memória do espectador. Por outro lado, houve casos, como o de Hannah Wild, em que uma mensagem transmitida em vida não pôde ser dada depois da morte. Embora admitindo a validade de tais objeções, podemos apenas repetir que devemos nos apegar aos resultados positivos e esperar que um conhecimento mais completo possa nos dar a chave que explicará aqueles que parecem negativos. Como podemos distinguir as leis e as dificuldades especiais num experimento assim?

Em março de 1892, o controle Phinuit foi até certo ponto substituído pelo controle George Pelham, mudança que elevou o tom das comunicações. George Pelham foi um jovem literato que morreu aos trinta e dois anos depois de cair de um cavalo. Ele se interessara pelos estudos de psiquismo e prometera ao dr. Hodgson que, caso morresse, tentaria fornecer provas. Essa promessa foi cumprida integralmente, e esse autor gostaria de expressar sua gratidão, pois foram os estudos dos registros de George Pelham[7] que tornaram sua mente receptiva e predisposta até que lhe chegassem as provas definitivas na época da Primeira Grande Guerra.

Pelham preferia escrever com a mão da sra. Piper, e era frequente Phinuit falar e Pelham escrever ao mesmo tempo. Pelham constituiu sua identidade encontrando trinta velhos amigos desconhecidos da médium, reconhecendo-os e dirigindo-se a cada um no tom que usara em vida. Nunca confundiu um estranho com um amigo. É difícil imaginar como a continuidade da individualidade e o poder da comunicação – os dois fundamentos do espiritismo – poderiam ser mais claramente estabelecidos do que por tal registro. É instrutivo que o ato de comunicação tenha sido muito agradável para Pelham. "Estou feliz aqui, e mais ainda porque percebo que posso me comunicar com você. Tenho pena das pessoas que não podem falar." Às vezes, ele mostrava ignorância do passado. Comentando esse aspecto, Michel Sage diz sabiamente: "Se há outro mundo, os espíritos não vão para lá para ruminar o que aconteceu em nossa vida incompleta: eles vão para lá para ser levados no vórtice de uma atividade mais elevada e maior. Assim, não é de admirar se eles às vezes esquecem. No entanto, parecem esquecer menos do que nós".[8]

É claro que se Pelham consolidou sua identidade, tudo o que ele pode nos dizer sobre sua experiência real do outro mundo é de suma importância. É aqui

---

[7] Relatório do dr. Hodgson. *Proceedings of S.P.R.*, Vol. XIII, pp. 284-582.
[8] M. Sage. *Mrs. Piper and the S.P.R.*, p. 98.

que a dimensão fenomenal do espiritismo dá lugar à dimensão religiosa, pois quem dentre o mais venerável dos mestres, ou dos escritos, pode nos infundir a mesma convicção absoluta que um relato em primeira mão de alguém que conhecemos e que está realmente vivendo a vida que descreve? Esse tema é tratado mais detalhadamente em outro lugar, por isso basta dizer aqui que o relato de Pelham é, em grande parte, o mesmo que recebemos com tanta frequência e que descreve uma vida de evolução gradual que é continuação da vida terrestre com as mesmas características, embora sob uma forma geralmente mais agradável. Não é uma vida de mero prazer ou ociosidade egoísta, mas uma vida em que todas as nossas faculdades pessoais têm à disposição um imenso campo de ação.

Em 1898, James Hervey Hyslop, professor de Lógica e Ética na Universidade de Columbia, substituiu o dr. Hodgson como pesquisador-chefe. Partindo da mesma posição de ceticismo, as mesmas experiências o impeliram, por sua vez, a chegar às mesmas conclusões. É impossível ler seus registros, desenvolvidos em seus vários livros e também no Vol. XVI do *Proceedings of the S.P.R.*, sem perceber que ele não conseguiria resistir às evidências. Seu pai e muitos de seus parentes voltaram e mantiveram conversas que estavam muito além de qualquer explicação alternativa de personalidade secundária ou de telepatia. Ele não faz rodeios em sua conversa, mas diz: "Tenho conversado com meu pai, meu irmão, meus tios", e todos que lerem seu relato serão obrigados a concordar com ele. É sem dúvida um mistério como essa Sociedade pode ter tais evidências em seus próprios *Proceedings*, e, todavia, no que diz respeito à maioria do seu Conselho, permanecer resistente à visão espírita. A única explicação possível está na existência de certo tipo de mente autocentrada e limitada – embora possivelmente arguta – que não recebe nenhuma impressão daquilo que acontece a outra, e ainda assim é constituída de tal maneira que é o último tipo de mente com probabilidade de obter provas por si mesma devido a seus efeitos sobre o material do qual tais provas dependem. Nisso está a razão do que de outra forma seria inexplicável.

Nenhuma lembrança era demasiado insignificante ou demasiado específica para que o pai Hyslop a relembrasse para o filho. Este havia esquecido muitos fatos, e outros, nem mesmo chegara a conhecer. Duas garrafas sobre sua escrivaninha, seu canivete marrom, sua caneta de pena, o nome do seu pônei, seu boné preto – as pessoas podem descrever essas coisas como triviais, mas são essenciais para definir a personalidade. Ele fora um seguidor convicto de uma pequena seita. Apenas nisso parecia ter mudado. "A ortodoxia pouco importa aqui. Eu teria mudado de ideia sobre muitas coisas se tivesse tido conhecimento."

Em sua décima sexta entrevista, o prof. Hyslop adotou os métodos espíritas, conversando livremente e sem testes. É interessante observar que, nessa ocasião, ele obteve comprovações mais concretas do que em todas as quinze sessões anteriores em que havia adotado todos os cuidados. O incidente confirma a opinião de que, quanto menos restritas forem as entrevistas, melhores serão os resultados, e que o pesquisador meticuloso muitas vezes prejudica sua própria sessão. Hyslop deixou registrado que, dos 205 incidentes mencionados nessas conversas, ele conseguiu verificar nada menos que 152.

Talvez a conversa mais interessante e impressionante já realizada com a intermediação da sra. Piper seja a que ocorreu entre os dois pesquisadores dela após a morte de Richard Hodgson em 1905. Temos aqui dois homens de cérebro privilegiado – Hodgson e Hyslop –, um "morto" e o outro no pleno uso de suas faculdades, mantendo uma conversa em seu nível habitual por intermédio da boca e da mão desta mulher de reduzida instrução em estado de transe. É uma situação maravilhosa, quase inconcebível, que aquele que estivera havia tanto tempo examinando o espírito que usava a mulher fosse agora de fato o espírito que usava a mulher e fosse por sua vez examinado por seu antigo colega. Todo o episódio merece um estudo minucioso.[9]

O mesmo se aplica à mensagem subsequente, supostamente de Stainton Moses. A passagem a seguir, dela extraída, deve ser objeto de reflexão para muitos dos nossos pesquisadores de psiquismo de viés mais materialista. O leitor pode decidir por si mesmo se é provável que tenha tido sua origem na mente da sra. Piper:

> Este é o esclarecimento que todos desejamos dar a você e aos amigos na Terra: na entrada no Mundo dos Espíritos, há diferença entre os que buscam o desenvolvimento espiritual e aqueles que apenas procuram o conhecimento científico. O dr. Hodgson diz que devo dizer-lhe que ele cometeu um grande erro ao manter-se tão preso à vida material e às realidades materiais. O que ele quer dizer é que não se envolveu com as dimensões do reino superior ou espiritual. Ele não via essas questões psíquicas do ponto de vista que eu via. Ele procurou basear tudo principalmente em fatos materiais, sem se preocupar em interpretar o que quer que fosse em termos espirituais. Quem chega como ele chegou é transplantado de uma esfera da vida para outra, como um bebê recém-nascido. Desde que está aqui, ele tem sido assediado com mensagens enviadas por vocês. Mensageiros lhe trazem as mais

---

[9] *The Psychic Riddle*, Funk, p. 58ss.

diferentes perguntas. Tudo isso é inútil: ele não pode responder. Ele repete que eu devo lhe dizer que agora ele percebe que viu apenas um lado dessa grande questão, e o de menor importância.

O leitor talvez se interesse por uma breve descrição dessa admirável médium. O sr. A. J. Philpott se refere a ela nestes termos:

> Vejo-a como uma mulher de meia-idade graciosa, robusta e saudável, de estatura acima da média, cabelos castanhos, feições amáveis, matronais. Transmite a impressão de uma mulher de posses, sem características particularmente marcantes, quer intelectuais, quer outras. Eu esperava encontrar um tipo diferente de mulher, alguém de porte altaneiro; essa mulher se mostrava tão calma e fleumática quanto uma *Hausfrau* (dona de casa) alemã. Evidentemente, ela nunca se preocupou com questões metafísicas ou de natureza indefinida ou abstrata. De algum modo, lembrou-me uma enfermeira que conheci certa vez num hospital – uma mulher calma e controlada.

À semelhança de muitos outros grandes médiuns, como Margaret Fox-Kane, ela tinha muitas dúvidas quanto à origem dos próprios poderes, o que é o mais natural no caso dela porque estava sempre em transe profundo e tinha apenas relatos de segunda mão para julgar o ocorrido. Pessoalmente, inclinava-se a uma explicação telepática grosseira e superficial. Como no caso de Eusápia Palladino, sua mediunidade surgiu após uma lesão na cabeça. Seus poderes parecem tê-la deixado tão repentinamente quanto chegaram. O autor a conheceu em Nova York em 1922, época em que ela parecia ter perdido completamente todos os seus dons pessoais, embora ainda mantivesse seu interesse pelo assunto.

A Sociedade dedicou um enorme volume de paciente trabalho à consideração do que se conhece como "correspondências cruzadas". Centenas de páginas são dedicadas a esse tópico nos *Proceedings*, um tema que tem suscitado muitas polêmicas.

Alguns sugerem que esse procedimento teve origem no Outro Lado, por iniciativa de F. W. H. Myers, como um método de comunicação que eliminaria aquele bicho-papão de tantos pesquisadores de psiquismo – a telepatia dos vivos. Pelo menos é certo que, enquanto estava na Terra, Myers havia pensado no projeto de uma forma mais simples, ou seja, obter a mesma palavra ou mensagem através de dois médiuns.

Mas a correspondência cruzada da SPP é, de modo geral, de caráter muito mais complicado. Neste, um texto não é uma mera reprodução de declarações feitas em outro; antes, os textos parecem ter o objetivo de representar diferentes aspectos da mesma ideia, e muitas vezes a informação de um é explicativa e complementar do outro.

A srta. Alice Johnson, pesquisadora assistente da SPP, foi a primeira a perceber essa relação entre os textos. Ela cita este exemplo simples:

> Em um caso, o texto da sra. Forbes, supostamente proveniente do seu filho Talbot, dizia que ele deveria deixá-la, pois estava procurando um sensitivo que escrevesse automaticamente para obter confirmação do texto dela.
>
> No mesmo dia, a sra. Verrall escreveu sobre um abeto plantado em um jardim, e o texto foi assinado com uma espada e uma corneta suspensa. Esta fazia parte do distintivo do regimento ao qual Talbot Forbes pertencera, e a sra. Forbes tinha em seu jardim alguns abetos, cultivados a partir de sementes a ela enviadas por seu filho. Esses fatos eram desconhecidos da sra. Verrall.

A srta. Johnson, que estudou minuciosamente os textos recebidos por intermédio da sra. Thompson, da sra. Forbes, da sra. Verrall, da sra. Willett, da sra. Piper e de outros, descreve assim a conclusão a que chegou:

> A característica desses casos – ou, pelo menos, de alguns deles – é que não encontramos na escrita de um automatista nada como uma reprodução mecânica literal de frases do outro. Nem mesmo temos a mesma ideia expressa de formas diferentes – como poderia resultar da telepatia direta entre eles. O que obtemos é um enunciado fragmentário num texto que parece não ter nenhum sentido ou significado particular, e outro enunciado fragmentário no outro, de caráter igualmente sem sentido; mas, quando juntamos os dois, vemos que eles se complementam e que aparentemente uma ideia coerente subjaz a ambos, mas apenas parcialmente expressa em cada um deles.

Ela diz – o que não é fato, porque centenas de casos contrastantes podem ser citados – que:[10]

> A fraqueza de todos os casos ratificados de aparente telepatia dos mortos é que eles em geral podem ser explicados pela telepatia dos vivos.

---

[10] *Proceedings of the S.P.R.*, Vol. XXI, p. 375.

E acrescenta:

Nessas correspondências cruzadas, porém, encontramos aparentemente telepatia relativa ao presente – isto é, as informações correspondentes são aproximadamente contemporâneas – e a eventos no presente que, para todos os efeitos, são desconhecidos de toda pessoa viva, uma vez que o significado e a mensagem do texto muitas vezes só são compreendidos por cada um dos automatistas quando a solução é encontrada com a justaposição dos dois textos. Ao mesmo tempo, temos prova do que ocorreu nos próprios textos. Assim, parece que esse método é direcionado para satisfazer nossos requisitos probatórios.

O estudante que empreender a árdua tarefa de examinar minuciosamente esses documentos – ele se depara com centenas de páginas impressas – talvez fique satisfeito com as evidências apresentadas.
Mas, na verdade, descobrimos que muitos pesquisadores de psiquismo capazes e experientes as consideram insatisfatórias. Aqui estão algumas opiniões sobre o assunto.

Richet diz:
Esses certamente são casos de criptestesia bem definidos, mas, se há criptestesia, lucidez ou telepatia, estas não implicam de forma alguma a sobrevivência de uma personalidade consciente.[11]

É preciso lembrar, contudo, que Richet não é um contestador imparcial, uma vez que admitir o Espírito implicaria contradizer todos os ensinamentos de sua vida.
O dr. Joseph Maxwell pertence à mesma escola de pensamento de Richet. Diz ele:

É impossível admitir a intervenção de um espírito. Queremos provas de fatos, e o sistema de correspondências cruzadas se baseia em fatos negativos e é um fundamento instável. Só os fatos positivos têm valor intrínseco, o que as correspondências cruzadas não podem mostrar, pelo menos não no presente momento.

---

[11] *Thirty Years of Psychical Research.*

Pode-se observar que Maxwell, como Richet, já percorreu um longo caminho em direção à posição espírita.

Encontramos o assunto discutido com a seriedade exigida no *Spectator*, de Londres:

> Mesmo que tais coisas (isto é, correspondências cruzadas de um tipo complexo) fossem comuns, não se poderia argumentar que elas apenas provariam que algum ser consciente as estava produzindo; que dificilmente provariam que o ser consciente estava "no espírito"; que elas certamente não provariam que ele era a pessoa morta em particular que ele alegava ser? Uma correspondência cruzada é uma possível prova de organização, não de identidade.

É verdade que muitos homens idôneos como *sir* Oliver Lodge e o sr. Gerald Balfour aceitam as provas produzidas pelas correspondências cruzadas. Mas, se essas satisfazem apenas uns poucos, então seu objetivo não foi alcançado.

Seguem alguns exemplos simples extraídos dos *Proceedings* da SPP. Como algo de cinquenta a cem páginas impressas é dedicado a um único caso dentre os mais complicados, é difícil resumi-los adequadamente num curto espaço, e é impossível exagerar quão cansativos são para o leitor em sua totalidade.

Em 11 de março de 1907, a uma hora, a sra. Piper disse em estado de vigília: "Violetas".

No mesmo dia, às onze horas, a sra. Verrall escreveu automaticamente:

"Com botões de violetas suas cabeças foram coroadas."

"Odores de violáceas." (Aromas de violeta.)

"Folha violeta e oliva, púrpura e cinzenta."

"A cidade da violeta..."

Em 8 de abril de 1907, o suposto espírito de Myers, por intermédio da sra. Piper, disse à sra. Sidgwick:

> "Você se lembra de Eurípides ... Você se lembra do Espírito e do Anjo? Eu dei os dois... Quase todas as palavras que escrevi hoje referem-se a mensagens que estou tentando comunicar através da sra. V."

No dia 7 de março, no decorrer de uma escrita automática, a sra. Verrall recebeu as palavras "Hercules Furens" e "Eurípides". E, em 25 de março, ela escreveu:

A peça Hércules se torna importante nessa discussão e a pista está na peça de Eurípides, se você puder ver...

Certamente, isso é mais do que uma coincidência.

Novamente, em 16 de abril de 1907, a sra. Holland, na Índia, produziu uma escrita em que vieram as palavras "Mors" e "A sombra da morte".

No dia seguinte, a sra. Piper pronunciou a palavra "Tanatos" (obviamente pronúncia errada de *Thanatos* – palavra grega para "morte", assim como *Mors* em latim).

Em 29 de abril, a sra. Verrall escreveu um texto totalmente voltado à ideia da Morte, com citações de Landor, Shakespeare, Virgílio e Horácio, todas com alusões à Morte.

Em 30 de abril, a sra. Piper, no estado de vigília, repetiu a palavra *Thanatos* três vezes, quase sucessivamente.

Aqui, novamente, a teoria da coincidência parece improvável.

Outra correspondência cruzada relacionada com a frase *Ave Roma immortalis* é muito longa.

Ao analisá-la, o sr. Gerald Balfour diz que a ideia completa era um quadro muito conhecido exposto no Vaticano.[12]

A escrita da sra. Verrall dava detalhes do quadro sem sentido para ela, mas ficava claro com a frase *Ave Roma immortalis*, que apareceu alguns dias depois na escrita da sra. Holland.

Uma característica interessante é que o controle aparentemente compreendia que estava acontecendo.

Em 2 de março, quando a correspondência cruzada começou, a sra. Verrall escreveu que mandaria uma mensagem "por intermédio de outra senhora" que esclareceria o assunto. Em 7 de março, quando a correspondência cruzada terminou, à contribuição da sra. Holland seguiram-se as palavras: "Como eu poderia tornar essa questão mais clara sem lhe dar a pista?".

O sr. Gerald Balfour, com razão, acredita que esses dois comentários mostram que essa correspondência cruzada estava sendo produzida deliberadamente.

Sir Oliver Lodge, comentando a maneira como o sentido é habilmente inserido nessas correspondências cruzadas, diz de uma delas:

---

[12] *Proceedings of the S.P.R.* Vol. XXV, p. 54.

A engenhosidade, a sutileza e a alusão literária tornaram o registro difícil de ler, mesmo quando desembaraçado e apresentado pela habilidade do sr. Piddington.

Essa crítica, feita por uma pessoa convencida do seu caráter verídico, é indicação suficiente de que as correspondências cruzadas provavelmente não farão nada além de um apelo limitado. Para o espírita comum, elas parecem um método excessivamente indireto de demonstrar o que pode ser provado por métodos mais fáceis e convincentes. Se um homem tentasse provar a existência dos Estados Unidos recolhendo madeira à deriva nas costas europeias, como fez Colombo certa ocasião, em vez de entrar em contato com a terra e seus habitantes, apresentaria uma analogia grosseira com esses métodos de investigação sinuosos.

Além das escritas de correspondência cruzada, várias outras foram analisadas minuciosamente pela SPP, sendo a mais notável e convincente aquela que foi chamada "A Orelha de Dionísio". É preciso admitir que, depois da inferior e por vezes sórdida atmosfera dos fenômenos físicos, essas expedições intelectuais elevam a pessoa a uma atmosfera mais pura e rarefeita. As correspondências cruzadas eram demasiado prolongadas e complicadas para garantir aceitação, e tinham uma triste semelhança com alguns jogos de salão pedantes. Com a Orelha de Dionísio é diferente. Ela necessariamente assume um tom acadêmico, uma vez que se trata de um assunto clássico, supostamente abordado por dois professores, mas é uma tentativa muito direta e clara de provar a sobrevivência, mostrando que ninguém, a não ser esses homens em particular, poderia ter produzido a escrita, e que certamente estava além do conhecimento ou das faculdades do autor.

Esse autor, que opta por assumir o nome de sra. Willett, produziu em 1910 a frase "Orelha de Dionísio. O Lóbulo". Acontece que a sra. Verrall, esposa de um famoso erudito clássico, estava presente, e ela mencionou a frase ao marido. Ele explicou que o nome foi dado a uma enorme pedreira abandonada em Siracusa que tinha o formato aproximado de uma orelha de burro. Nesse lugar, os infelizes prisioneiros atenienses haviam sido confinados depois daquela famosa derrota imortalizada por Tucídides, e recebeu esse nome porque suas propriedades acústicas peculiares teriam permitido a Dionísio, o Tirano, ouvir a conversa de suas vítimas.

O dr. Verrall morreu pouco depois, e em 1914 a escrita da sra. Willett começou a incluir muitas referências à Orelha de Dionísio. Estas pareciam proceder do médico falecido. Por exemplo, uma frase dizia: "Você lembra que não sabia, e eu lastimei a sua ignorância dos clássicos? A frase se referia a um lugar onde os escravos eram confinados e onde a acústica era apurada. Pense na galeria dos sussurros".

Algumas alusões, como as anteriores, apontavam para o dr. Verrall, enquanto outras pareciam estar associadas a outro estudioso falecido que havia morrido em 1910. Era o professor S. H. Butcher, de Edimburgo. Assim, a escrita dizia: "Padre Cam andando de braços dados com o Canongate", ou seja, Cambridge com Edimburgo. Um controle descreveu o estranho mosaico como "uma associação literária de ideias indicando a influência de duas mentes desencarnadas". Essa ideia certamente se concretizou, e ninguém consegue ler o resultado com atenção sem a convicção de que ela tem sua origem em algo totalmente distante do autor. Tão recônditas eram as alusões clássicas, que mesmo os melhores eruditos às vezes ficavam perplexos, e um deles declarou que nenhuma mente que ele conhecesse, exceto apenas as de Verrall e Butcher, poderia ter produzido o resultado. Depois de um exame minucioso dos registros, o sr. Gerald Balfour afirmou que estava pronto a aceitar os dois eruditos como "os verdadeiros autores desse curioso quebra-cabeça literário". Os comunicadores invisíveis parecem ter cansado de tais métodos indiretos e Butcher teria dito: "Ó, esse velho lixo incômodo é muito cansativo!". Não obstante, o resultado alcançado é um dos mais claros e bem-sucedidos de qualquer uma das explorações puramente intelectuais da SPP.

O trabalho da SPP nos últimos anos não melhorou sua reputação – e é com relutância que o autor, que é um dos membros mais antigos, é obrigado a dizê-lo. A maquinaria central da SPP chegou às mãos de um grupo de homens cuja única preocupação não é provar a verdade, mas refutar o que parece sobrenatural. Dois grandes homens, Lodge e Barrett, detiveram a maré, mas foram derrotados pelos obstrucionistas. Os espíritas, e de modo particular os médiuns, veem com aversão os pesquisadores e seus métodos. Essas pessoas dão a impressão de nunca ter percebido que o médium é, ou deveria ser, inerte, e que pode haver uma força inteligente por trás do médium que só pode ser seduzida e estimulada por uma disposição afável e por um comportamento atencioso e cauteloso.

Eva, a médium de materialização, veio da França, mas os resultados foram escassos, e precauções demasiado exageradas frustraram o objetivo pretendido. O relatório em que a comissão registra suas conclusões é um documento contraditório, pois, enquanto o leitor casual deduziria dele que nenhum resultado – ou nenhum que valesse a pena registrar – foi obtido, o texto é realmente ilustrado com fotografias de projeções ectoplásmicas que em miniatura se assemelham exatamente àquelas que haviam sido obtidas em Paris. Madame Bisson, que acompanhou sua protegida a Londres, com grande inconveniência para ambas, ficou naturalmente indignada com tal resultado, e o dr. Geley publicou um artigo incisivo nos Anais do Institut de Métapsychique em que expôs as falácias da investigação e a inutilidade do relatório. Os professores da Sorbonne podem ser desculpados por lidar com Eva sem se importar com a lei psíquica, mas os representantes de uma entidade científica voltada ao psiquismo deveriam ter demonstrado maior compreensão.

O ataque ao sr. Hope, o fotógrafo psíquico, foi investigado por uma comissão independente rigorosa e se mostrou bastante parcial, emitindo inclusive alguns sinais de conspiração contra o médium. Nesse caso incongruente a SPP esteve diretamente implicada, pois um de seus membros participou do processo e o resultado foi registrado no *Journal* oficial. Toda a história desse caso e a recusa da SPP de encarar os fatos quando lhes foram apresentados deixam uma sombra no registro de todos os envolvidos.

Apesar de tudo o que foi dito e feito, o mundo tem sido melhor com a existência da SPP. Ela tem sido uma espécie de câmara de compensação para ideias psíquicas e lar de passagem para quem se sentia atraído pelo assunto, mas temia um contato mais próximo com uma filosofia tão radical como o espiritismo. Houve entre os membros um movimento constante desde a direita da negação até a esquerda da aceitação. O simples fato de inúmeros presidentes terem sido espíritas declarados é, por si só, um sinal de que o elemento antiespírita não era tão intolerante ou intolerável. De modo geral, como todas as instituições humanas, ela é passível de elogios e de críticas. Se teve seus momentos sombrios, também foi iluminada por eventuais períodos de brilho. Precisou lutar constantemente contra a imputação de ser uma Sociedade puramente espírita, o que a teria privado daquela posição de imparcialidade judicial que reivindicava, mas nem sempre exerceu. A situação era muitas vezes difícil, e o simples fato de que a Sociedade se manteve por tantos anos é prova de que houve alguma sabedoria em sua atitude; e só podemos esperar que o período de esterilidade e crítica negativa estéril esteja chegando ao fim. Enquanto isso, a Psychic College, uma instituição fundada pelo trabalho abnegado do sr. e sra. Hewat McKenzie, mostrou amplamente que uma preocupação constante com a verdade e com as necessárias exigências comprobatórias não são incompatíveis com o tratamento humano voltado aos médiuns e com uma atitude em geral simpática para com a perspectiva espírita.

CAPÍTULO 18

ECTOPLASMA

Desde os primórdios, os espíritas sustentam que havia alguma base material física para os fenômenos. Na literatura espírita das origens, encontram-se constantemente descrições do denso vapor semiluminoso que escorre do lado ou da boca de um médium e é vagamente visível no escuro. Eles avançaram ainda mais e observaram como esse vapor, por sua vez, se solidifica em uma substância plástica a partir da qual se constroem várias estruturas da sala de sessões. Observações científicas mais precisas apenas poderiam confirmar o que esses pioneiros haviam constatado.

Para citar alguns exemplos: o juiz Peterson afirma que em 1877 viu com o médium W. Lawrence "uma nuvem lanosa" que parecia sair do lado do médium e aos poucos formou um corpo sólido.[1] Ele também fala de uma figura formando-se a partir de "uma bola de luz". James Curtis viu com Slade na Austrália em 1878 um "vapor cinza-esbranquiçado semelhante a uma nuvem" se formando e acumulando, como preparação para o aparecimento de uma figura totalmente materializada. Alfred Russel Wallace descreve a visão que teve com o dr. Monck, primeiro, de uma "mancha branca", que depois se transformou gradualmente numa "coluna enevoada". Esta mesma expressão, "coluna enevoada", é usada pelo sr. Alfred Smedley para uma aparição com o médium Williams, quando John King se manifestou, e também se refere a ela como "uma nuvem levemente

---

[1] *Essays From The Unseen.*

iluminada". *Sir* William Crookes viu com o médium D. D. Home uma "nuvem luminosa" que se condensou numa mão perfeitamente formada. O sr. E. A. Brackett viu com a médium Helen Berry nos Estados Unidos em 1885 "uma substância pequena, branca, semelhante a uma nuvem" que se expandiu até chegar a quase um metro e meio de altura, "quando subitamente a forma inteira, torneada, silfídica de Bertha saiu dela".[2] O sr. Edmund Dawson Rogers, em sua narrativa de uma sessão com Eglinton em 1885, diz ter visto emergir do lado do médium "uma substância suja e esbranquiçada" que oscilava e pulsava. O sr. Vincent Turvey, conhecido sensitivo de Bournemouth, fala de "matéria vermelha e pegajosa" extraída do médium.[3] Interesse muito particular atrai uma descrição dada por essa maravilhosa médium de materialização, madame d'Espérance, que diz: "Parecia-me sentir fios muito finos saindo dos poros da minha pele".[4] Essa percepção tem uma relação importante com as pesquisas do dr. Crawford e suas observações sobre "bastões psíquicos" e "matéria semelhante a esporos". Também encontramos em *The Spiritualist* que, enquanto o espírito materializado de Katie King se manifestava através da srta. Florence Cook, "Ela estava unida à médium por meio de fios enevoados e levemente luminosos".[5]

Como complemento dessas referências condensadas, vamos detalhar três experiências de formação do ectoplasma. Um dos participantes do círculo de madame d'Espérance oferece a seguinte descrição:

> Primeiro, vê-se uma mancha enevoada e transparente de algo branco no chão diante do gabinete. Ela logo começa a expandir-se aos poucos, estendendo-se como se fosse um pedaço de musselina dotado de vida, dobrando-se em várias camadas e estendendo-se por cerca de sessenta centímetros a um metro e espessura de uns quinze centímetros ou mais. Em seguida, essa massa começa a elevar-se lentamente no centro ou perto dele, como se uma cabeça humana a empurrasse por baixo, enquanto a membrana enevoada no chão começa a assemelhar-se mais com musselina caindo em dobras sobre a porção que se ergue tão misteriosamente. No momento em que atinge sessenta ou mais centímetros, a aparência é a de uma criança embaixo dela, movimentando os braços em todas as direções, como se estivesse manipulando

---

[2] *Materialized Apparitions*, p. 106.
[3] *Beginnings of Seership*, p. 55.
[4] *Shadow Land*, p. 229.
[5] *The Spiritualist*, 1873, p. 83.

alguma coisa. Ela continua subindo, às vezes descendo um pouco para subir novamente mais alto do que antes, até alcançar uma altura de cerca de um metro e meio, quando sua forma pode ser vista como se estivesse organizando as dobras do tecido em torno de sua figura. Logo os braços se elevam consideravelmente acima da cabeça e se abrem para fora através de um volume de tecidos de aparência enevoada, e Yolande aparece diante de nós desvelada, graciosa e bela, com quase um metro e meio de altura, a cabeça coberta com uma espécie de turbante, sob o qual seus longos cabelos negros caem sobre os ombros e pelas costas. [...] As vestes brancas supérfluas, quase um véu, recobrem-na por conveniência, ou são largadas sobre o tapete, fora do caminho até serem novamente necessárias. Tudo isso leva de dez a quinze minutos para realizar-se.[6]

O segundo relato é do sr. Edmund Dawson Rogers.[7] Ele diz que na sessão exclusiva do médium sr. Eglinton, havia quatorze pessoas presentes, todas bem conhecidas, e que havia luz suficiente para que o autor do relato "pudesse observar claramente todos e tudo o que havia na sala", e também que, quando a "forma" ficou diante dele, ele pôde "perceber nitidamente cada aspecto". Em estado de transe, o sr. Eglinton andou pela sala passeando entre os presentes durante cinco minutos, e então

> Começou calmamente a extrair do seu lado e a lançar em ângulos retos uma substância esmaecida e esbranquiçada que se depositou no seu lado esquerdo. Esse material aumentou de largura, começou a pulsar e a se movimentar para cima e para baixo e também a balançar de um lado para o outro, com sua força motriz agindo por baixo. A altura dessa substância aumentou até quase um metro e pouco depois a "forma" cresceu rápida e silenciosamente até chegar à sua estatura plena. Com um movimento rápido da mão, o sr. Eglinton afastou o material branco que cobria a cabeça da "forma", o qual se depositou sobre os ombros e se tornou parte da roupa do visitante. O elo (a aparição branca saindo do lado do médium) foi rompido ou ficou invisível, e a "forma" dirigiu-se ao sr. Everitt, apertou a mão dele e andou ao redor do círculo, cumprimentando quase todos da mesma maneira.

---

[6] *Shadow Land*, de E. d'Espérance (1897), pp. 254-55.
[7] *Life and Experience*, p. 58.

Isso ocorreu em Londres em 1885.

A última descrição é a de uma sessão em Argel em 1905 com Eva C., então conhecida como Marthe Béraud. Madame X. escreve:[8]

> Marthe estava sozinha no gabinete nessa ocasião. Depois de esperar em torno de vinte e cinco minutos, ela abriu a cortina por inteiro e se sentou na cadeira. Quase imediatamente – estando ela à vista dos presentes, suas mãos, cabeça e corpo bem visíveis – vimos um material branco, transparente, formar-se aos poucos perto de Marthe. Inicialmente parecia uma grande mancha enevoada perto do cotovelo direito de Marthe, dando a impressão de estar presa ao corpo dela; era bem maleável e se expandiu rapidamente para cima e para baixo, assumindo por fim a aparência um tanto amorfa de uma coluna nebulosa estendendo-se desde aproximadamente sessenta centímetros acima da cabeça de Marthe até seus pés. Eu não conseguia distinguir as mãos nem a cabeça; o que eu via pareciam nuvens brancas felpudas de brilho variável que aos poucos se condensavam, concentrando-se em torno de algum corpo, para mim invisível.

O relato a seguir condiz perfeitamente com os que transcrevemos de sessões realizadas muitos anos antes.

Quando examinamos as descrições de manifestações ectoplásmicas em círculos espíritas de quarenta e cinquenta anos passados e as comparamos com as dos dias de hoje, vemos como foram bem mais ricos os resultados anteriores. Na época, de acordo com a percepção de muitos pesquisadores de psiquismo modernos, métodos "não científicos" estavam em voga. Não obstante, pelo menos os primeiros pesquisadores observavam uma regra de ouro: envolviam o médium numa atmosfera de amor e simpatia. Analisando as primeiras materializações ocorridas na Inglaterra, *The Spiritualist* diz:[9]

> A influência do estado de espírito dos observadores encontra expressão ótica nas sessões espíritas. Pessoas mundanas e céticas obtêm manifestações mais fracas; então os espíritos têm muitas vezes uma aparência pálida e abatida, como é comum quando a energia é fraca. [Essa é uma descrição singularmente exata de muitos rostos em sessões com Eva C.] As pessoas espiritualizadas em cuja presença o

---

[8] *Annals of Psychical Science*, Vol. II, p. 305.
[9] 1873, pp. 81-3.

médium se sente completamente feliz sempre testemunham as melhores manifestações. [...] Embora os fenômenos espíritas sejam regidos por leis fixas, essas leis operam de tal modo na prática, que o espiritismo sem dúvida assume em grande medida o caráter de uma revelação especial para pessoas especiais.

O sr. E. A. Brackett, autor do notável livro *Materialized Aparitions*, expressa a mesma verdade de outra forma. Sua visão, é claro, provocará escárnio nos chamados círculos científicos, mas encerra uma verdade profunda. É o espírito de suas palavras, e não sua interpretação literal, que ele pretende transmitir:

A chave que abre as glórias de outra vida é a afeição pura, simples e confiante como a que instiga a criança a lançar os braços em volta do pescoço da mãe. Para aqueles que se orgulham de suas realizações intelectuais, isso pode parecer uma renúncia ao exercício do que chamam de faculdades superiores. Longe de ser assim, posso de fato dizer que até adotar essa atitude, com sinceridade e sem reservas, nada aprendi sobre essas coisas. Em vez de obscurecer minha razão e julgamento, elas abriram a minha mente para uma percepção mais clara e inteligente do que acontecia diante de mim. Esse espírito de gentileza, de bondade amorosa, que mais do que qualquer outra coisa coroa com beleza eterna os ensinamentos do Cristo, deve encontrar sua plena expressão em nossa associação com esses seres.

Se, por essa passagem, alguém pensar que o autor foi um tolo pobre e crédulo a quem qualquer médium fraudulento poderia facilmente se impor, uma leitura atenta do seu excelente livro provará rapidamente o contrário. Além disso, seu método mostrou-se eficaz. Ele estivera lutando com dúvidas e perplexidade quando, a conselho de um espírito materializado, decidiu abandonar todas as reservas e "acolher essas formas como amigos queridos falecidos que vieram de longe e se empenharam muito para chegar até mim". A mudança foi instantânea.

A partir desse momento, as formas, que pareciam carecer de vitalidade, animaram-se com uma força maravilhosa. Elas se adiantaram para me cumprimentar; braços ternos me envolveram; formas que haviam sido quase mudas durante minhas investigações agora falavam livremente; feições que mais assumiam os contornos de uma máscara do que da vida real agora brilhavam com beleza. A que dizia ser minha sobrinha... me surpreendeu com demonstrações de consideração. Jogando os braços em volta de mim e reclinando a cabeça no meu ombro, ela olhou para cima e disse: "Agora podemos todos chegar bem perto de você".

É uma grande lástima que Eva C. não tenha tido a oportunidade de expor seus poderes na atmosfera amorosa de uma sessão espírita antiga. É certo que o resultado teria sido uma ordem de materializações muito diferente. Como prova disso, madame Bisson, num círculo familiar privado com ela, obteve resultados maravilhosos nunca obtidos com os métodos constrangedores dos investigadores científicos.

Pode-se dizer que a primeira médium de materialização a ser investigada com meticulosidade científica foi essa menina Eva, ou Eva C., como é em geral descrita, sendo seu segundo nome Carrière. Em 1903, ela foi examinada durante uma série de sessões na Villa Carmen, em Argel, pelo professor Charles Richet, e foram suas observações do curioso material branco que o corpo dela parecia expelir que o levaram a cunhar a palavra "ectoplasma". Eva estava então com dezenove anos e no auge dos seus poderes, que aos poucos arrefeceram devido aos longos anos de investigações rigorosas. Algumas tentativas foram feitas para lançar dúvidas sobre os resultados de Richet e sugerir que as figuras materializadas eram na verdade empregados disfarçados, mas o fato é que os experimentos foram realizados a portas fechadas e que resultados semelhantes foram obtidos muitas vezes desde então. É apenas justiça poética que o professor Richet tenha sido submetido a essa crítica injusta e irritante, pois, em seu grande livro *Thirty Years of Psychical Research*, ele é muito injusto com os médiuns, acreditando em cada história para descrédito deles e agindo continuamente baseado no princípio de que ser acusado é o mesmo que ser condenado.

Em seus primeiros relatórios, publicados nos *Annals of Psychical Science*, Richet descreve extensamente o aparecimento, por meio da médium Eva C., da forma materializada de um homem que se autodenominava "Bien Boa". O professor diz que essa forma possuía todos os atributos da vida. "Ela caminha, fala, movimenta-se e respira como um ser humano. Seu corpo é resistente e tem certa força muscular. Não é um simulacro, nem um boneco, nem uma imagem refletida num espelho; é como um ser vivo; é como um homem vivo; e há razões para deixar definitivamente de lado qualquer outra suposição que não seja uma ou outra destas duas hipóteses: a de um fantasma com os atributos da vida ou a de uma pessoa viva desempenhando o papel de um fantasma."[10] Ele discute em detalhes suas razões para descartar a possibilidade de ser um caso de representação.

---

[10] *Annals of Psychical Science*, Vol. II, p. 273.

Descrevendo o desaparecimento da forma, ele escreve:

Ao que me parece, Bien Boa tenta inserir-se em nosso meio, mas tem um andar claudicante, hesitante. Eu não poderia dizer se ele caminha ou desliza. Num momento, ele cambaleia como se estivesse prestes a cair, mancando com uma perna, que parece incapaz de sustentá-lo (essa é a minha impressão). Então ele vai em direção às cortinas. Em seguida, acredito eu, sem abrir as cortinas, afunda subitamente, desaparece no chão, ouvindo-se ao mesmo tempo o som "clac! clac!", como de um corpo batendo contra o solo.

Enquanto isso acontecia, a médium no gabinete era claramente vista por outro espectador, Gabriel Delanne, editor da *Revue du Spiritisme*.
Richet continua:

Pouco tempo depois (dois, três ou quatro minutos) aos pés do general, quando as cortinas se abrem, vemos novamente a mesma bola branca (a cabeça dele?) no chão; ela sobe rapidamente, bem ereta, sobe até a altura de um homem e então afunda no chão de repente, com o mesmo barulho, "Clac! Clac!", de um corpo caindo no chão. O general sentiu o choque dos membros, que ao cair atingiram sua perna com certa violência.

O súbito aparecimento e desaparecimento da figura se assemelhavam tanto a um movimento realizado com a utilização de um alçapão que fez com que, no dia seguinte, Richet examinasse minuciosamente o piso do recinto, o qual era de ladrilhos e também servia de telhado da cocheira situada embaixo. Dessa verificação, constatou não haver qualquer vestígio de alçapão. Para evitar boatos absurdos da existência de tal abertura, obteve posteriormente um certificado de um arquiteto.

O interesse por esses registros das primeiras manifestações aumenta pelo fato de que, nessa época, a médium obteve materializações completas, ao passo que, em data posterior, em Paris, estas eram extremamente raras nas sessões por ela realizadas.

Um experimento curioso com Bien Boa foi a tentativa de fazê-lo respirar em um frasco de água de barita para ver se o ar acusaria a presença de dióxido de carbono. Com dificuldade, a forma fez o que lhe foi pedido, e o líquido mostrou a reação esperada. Durante esse experimento, as formas da médium e de uma jovem nativa que estava sentada com ela no gabinete foram claramente vistas.

Richet registra um incidente divertido durante esse experimento. Quando a água da barita ficou branca, os espectadores gritaram: "Bravo!", ao que a forma de Bien Boa apareceu três vezes na abertura da cortina e se curvou, como um ator num teatro atendendo a um pedido.

Richet e Delanne tiraram muitas fotografias de Bien Boa, descritas por *sir* Oliver Lodge como as melhores que já havia visto. Uma característica marcante sobre elas é que um braço da médium apresenta uma aparência plana, indicando o processo de desmaterialização parcial tão bem observado com outra médium, madame d'Espérance. Richet analisa com perspicácia:[11] "Não tenho medo de dizer que o vazio desta manga, longe de demonstrar a presença de fraude, comprova, ao contrário, que não houve fraude e também que parece mostrar-se a favor de uma espécie de desagregação material da médium da qual ela mesma era incapaz de suspeitar".

Em seu último livro, já referido, Richet publica pela primeira vez um relato de uma impressionante materialização que viu na Villa Carmen:

> Logo depois de fechadas, as cortinas voltaram a se abrir, e entre elas apareceu o rosto de uma jovem e bela mulher com uma espécie de fita ou diadema dourado cobrindo seus cabelos louros e o topo da cabeça. Ela ria com entusiasmo e parecia muito divertida; ainda me lembro claramente do seu riso e dos seus dentes perolados. Ela apareceu duas ou três vezes mostrando e logo escondendo a cabeça, como uma criança brincando de esconde-esconde.

Foi-lhe dito que levasse uma tesoura no dia seguinte, quando teria permissão para cortar uma mecha do cabelo dessa rainha egípcia, como ela era chamada. Ele assim o fez.

> A rainha egípcia voltou, mas apenas mostrou o topo da cabeça com cabelos muito louros e abundantes; ela estava ansiosa para saber se eu tinha trazido a tesoura. Peguei então um punhado de seus longos cabelos, mas mal consegui perceber o rosto que ela mantinha escondido atrás da cortina. Quando eu estava para cortar uma mecha em cima, uma mão firme atrás da cortina abaixou a minha de modo que eu cortei apenas uns quinze centímetros da ponta. Como eu demorava para fazer isso, ela disse em voz baixa: "Rápido! Rápido!" e desapareceu. Eu guardo essa

---

[11] *Annals of Psychical Science*, Vol. II, p. 288.

mecha; é muito fina, sedosa e sem tintura. O exame microscópico mostra que é cabelo de verdade; e tenho a informação de que uma peruca igual custaria mil francos. O cabelo de Marthe é bem escuro e curto.[12]

De passagem, podemos fazer referência ao que o professor Richet chama de "contos de jornal ignóbeis" de uma suposta confissão de fraude por parte da médium e também à afirmação de um cocheiro árabe a serviço do general Noel, que fingiu ter representado a parte do fantasma na Villa Carmen. Quanto a este último, o homem nunca foi admitido na sala de sessões; quanto ao primeiro, a própria médium negou publicamente a acusação. Richet observa que, mesmo que a acusação fosse verdadeira, os pesquisadores de psiquismo estavam cientes do valor a atribuir a tais revelações, que apenas mostravam a instabilidade dos médiuns.

Richet resume:

> As materializações efetuadas por Marthe Béraud são da maior importância. Elas apresentaram numerosos fatos que ilustram o *processus* geral de materialização e forneceram à ciência metapsíquica dados inteiramente novos e imprevistos.

Essa é a sua avaliação final fundamentada.

A primeira investigação sistemática prolongada do ectoplasma foi realizada por uma senhora francesa, madame Bisson, viúva de Adolphe Bisson, um conhecido homem público. É provável que madame Bisson ocupe um lugar ao lado da sua compatriota madame Curie nos anais da Ciência. Madame Bisson adquiriu considerável influência pessoal sobre Eva, que, após os experimentos de Argel, havia sido submetida à habitual e intolerante perseguição. Ela a tomou sob seus cuidados e a sustentou de todas as maneiras. Começou então uma série de experimentos que se prolongaram por cinco anos e produziram resultados muito sólidos em que no futuro, não uma, mas várias ciências podem encontrar sua origem. Nesses experimentos, ela se associou com o dr. Schrenck Notzing, um erudito alemão de Munique, cujo nome também estará perenemente ligado às pesquisas originais do ectoplasma. Os dois realizaram seus estudos entre 1908 e 1913 e estão registrados no livro de madame Bisson, *Les Phénomenes dits de Matérialisation*, bem como no de Notzing, *Phenomena of Materialisation*, em tradução inglesa.

---

[12] *Thirty Years of Psychical Research*, p. 508.

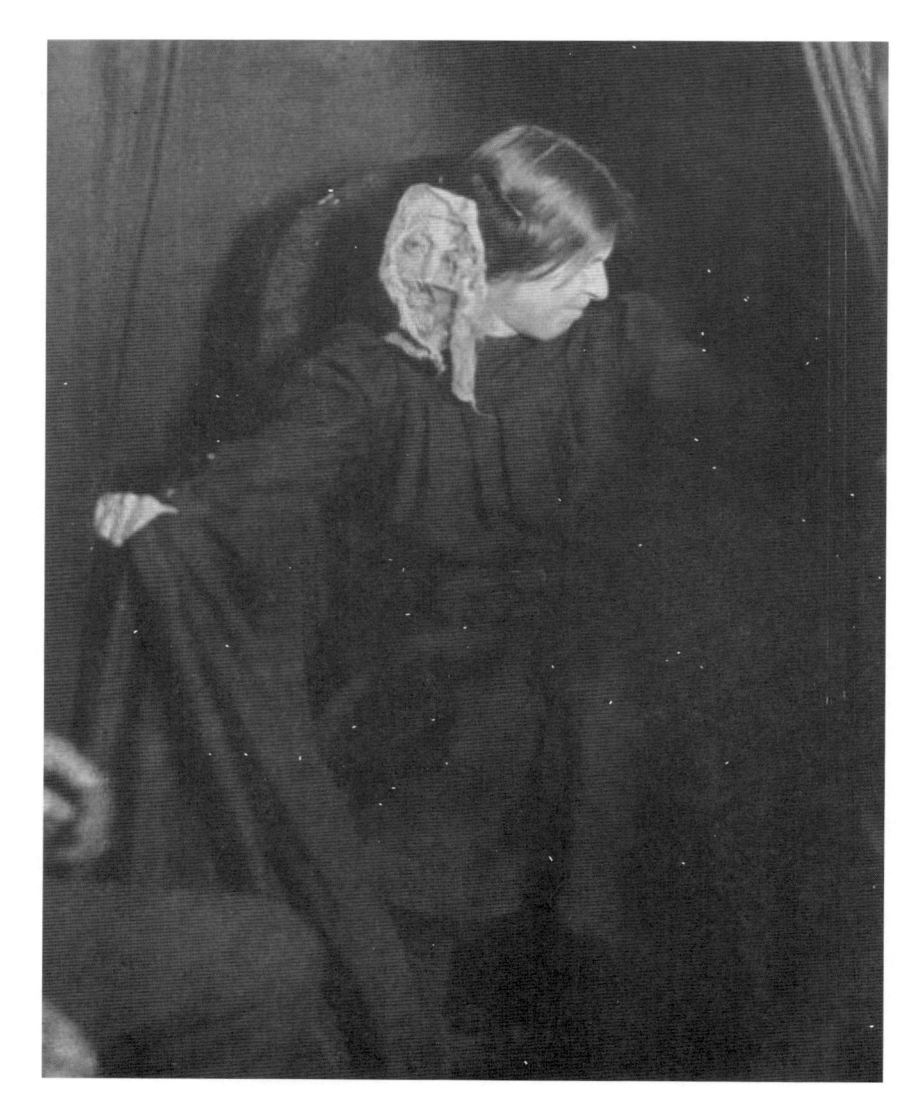

Manifestação com um rosto feminino aparecendo sobre o ombro de Eva C. Fotografia tirada por Albert von Schrenck-Notzing, 1912. (Wikimedia Commons)

O método adotado consistia em fazer Eva C., sob supervisão, trocar de roupa e vestir-se com uma espécie de roupão sem botões e atado nas costas. Apenas as mãos e pés ficavam livres. Ela era, então, levada à sala de experimentos a que não tinha acesso em nenhum outro momento. Numa das extremidades dessa sala, havia um pequeno espaço fechado por cortinas na parte de trás, nas laterais e no alto, mas aberto na frente. Esse espaço era chamado de gabinete e tinha por objetivo concentrar o vapor ectoplásmico.

Ao descrever seus resultados conjuntos, o erudito alemão diz: "Muitas vezes, conseguimos definir que, por um processo biológico desconhecido, emana do corpo da médium um material, inicialmente semifluido, que possui certas propriedades de uma substância viva, notadamente as de modificar-se, movimentar-se e assumir formas definidas". E acrescenta: "Poderíamos duvidar da veracidade desses fatos se não tivessem sido verificados centenas de vezes no decorrer de testes laboriosos sob condições variadas e muito estritas". No que diz respeito a essa substância, poderia haver defesa mais inquestionável daqueles primeiros espíritas que por duas gerações suportaram com paciência o desdém do mundo? Schrenck Notzing conclui seu digno prefácio estimulando sua colega de trabalho a ter coragem. "Não se deixe desanimar em seus esforços para inaugurar um novo campo para a ciência, seja por ataques estultos, por calúnias covardes, pela deturpação dos fatos, pela violência dos malevolentes ou por qualquer forma de intimidação. Avance sempre ao longo do caminho que você abriu, pensando nas palavras de Faraday, 'Nada é demasiado maravilhoso para ser verdadeiro'."

Os resultados estão entre os mais notáveis de qualquer série de pesquisas de que temos registro. Inúmeras testemunhas competentes declararam, confirmando por fotografias, que da boca, orelhas, nariz, olhos e pele da médium escorria esse extraordinário material gelatinoso. As imagens são estranhas e repulsivas, mas muitos processos da Natureza assim se mostram aos nossos olhos. Pode-se ver essa substância listrada e viscosa pendurada como pingentes de gelo no queixo, pingando no corpo e formando um avental branco na frente, ou projetando-se em pedaços disformes dos orifícios do rosto. Quando tocada ou quando alguma luz indevida a envolvia, ela refluía para o corpo tão rápido e furtivamente quanto os tentáculos de um polvo camuflado. Se fosse agarrada e beliscada, a médium gritava. Ela se projetava através das roupas e desaparecia novamente, não deixando praticamente nenhum vestígio nelas. Com a anuência da médium, amputou-se uma pequena porção. Esta se dissolveu na caixa em que foi colocada como se fosse neve, deixando umidade e algumas células grandes que poderiam ter vindo de um fungo. O microscópio também revelou células epiteliais da membrana mucosa na qual o material parecia ter origem.

A produção desse estranho ectoplasma é suficiente por si só para tornar tais experimentos revolucionários e marcantes de uma época, mas o que segue é muito mais estranho e responderá à pergunta que cada leitor deve estar se fazendo: "O que tudo isso tem a ver com espíritos?". Por incrível que pareça, essa substância, depois de formada, começa, no caso de alguns médiuns – sendo Eva um deles – a tomar formas definidas, formas de membros e rostos humanos, vistos inicialmente em duas dimensões sobre o plano e, depois, moldando-se nas bordas até se desprender e se completar. Muitas fotografias revelam esses estranhos fantasmas, em geral muito menores do que foram em vida. Alguns desses rostos provavelmente representam formas-pensamento do cérebro de Eva tomando forma visível, tendo-se percebido uma clara semelhança entre alguns deles e imagens que ela pode ter visto e armazenado na memória. Um deles, por exemplo, parece um presidente Wilson bem elegante, com bigode, enquanto outro se assemelha a uma representação feroz de M. Poincaré. Um deles mostra a palavra "Miroir" impressa sobre a cabeça da médium, situação sobre a qual alguns críticos disseram ser uma demonstração de que ela havia plagiado um jornal com esse nome para expô-lo, sem, todavia, explicar o objetivo disso. Sua explicação foi que as forças controladoras, possivelmente por "aporte", haviam de certo modo incluído a palavra para transmitir a ideia de que os rostos e as figuras não são os seres verdadeiros correspondentes, mas seus reflexos num espelho.

Mesmo hoje, o leitor talvez não veja nenhuma relação clara com o espiritismo, mas o próximo estágio nos levará a um melhor entendimento. Em seus momentos mais favoráveis, os quais ocorrem muito raramente e com certo desgaste da saúde, Eva produz uma figura completa; essa figura é moldada de modo a assemelhar-se a uma pessoa falecida, o cordão que a liga à médium afrouxa, uma personalidade que é ou pretende ser a da pessoa morta apossa-se dela, e o alento da vida insufla a imagem, que então se movimenta, fala e expressa as emoções do espírito interiorizado. A última palavra do registro de Bisson é: "Desde essas sessões, e em numerosas ocasiões, o fantasma inteiro apareceu, saiu do gabinete, começou a falar e se aproximou da sra. Bisson, a quem abraçou e beijou na face. Todos puderam ouvir o som do beijo". Terá havido desfecho mais estranho de uma investigação científica? Esta serve para ilustrar como é impossível, mesmo para o materialista mais arguto, encontrar uma explicação de tais fatos coerente com suas teorias. A única que o sr. Joseph McCabe pôde apresentar em seu recente

Manifestação de Eva C., mostrando a palavra "Miroir", 1912.
(Phenomena of Materialisation, de Baron von Schrenck Notzing, 1923)

debate público foi que se tratava de um caso de regurgitação de alimentos! Ele parecia não saber que um véu de malha bem tramada cobria o rosto da médium em alguns experimentos, sem impedir absolutamente o fluxo do ectoplasma.

Embora verificados de todas as maneiras possíveis, esses resultados são tão surpreendentes que o pesquisador tinha a prerrogativa de manter o julgamento em suspenso até que fossem confirmados. Mas isso hoje já está feito. O dr. Schrenck Notzing retornou a Munique e lá se deparou com o feliz acaso de encontrar outra médium, uma senhora polonesa, que possuía o dom da materialização. Realizou com ela uma série de experimentos que registrou em seu já mencionado livro. Trabalhando com Stanislawa, a médium polonesa, e adotando os mesmos métodos rigorosos usados com Eva, ele chegou exatamente aos mesmos resultados. Seu livro supera o de Mme. Bisson, já que inclui um relato dos experimentos de Paris, mas a parte mais importante é a comprovação que seus experimentos de verificação realizaram no verão de 1912 em Munique. Até certo ponto, é difícil distinguir as várias fotografias do ectoplasma de outras já tiradas, de modo que qualquer teoria de fraude elaborada por Eva pressupõe a mesma fraude por parte de Stanislawa. Muitos observadores alemães acompanharam as sessões.

Em seu habitual estilo teutônico, Schrenck Notzing investiga a questão mais a fundo que a sra. Bisson. Na série francesa, ele obtém uma mecha de cabelo de uma das formas materializadas e, ao microscópio, comparou-a com o cabelo de Eva, comprovando através de vários testes que não podia tratar-se da mesma pessoa. Apresentou também os resultados químicos dos exames de uma pequena porção de ectoplasma, que queimou até incinerar, o que deixou um forte cheiro de chifre. Entre os componentes, ele constatou a presença de cloreto de sódio (sal comum) e de fosfato de cálcio. Por fim, conseguiu um registro cinematográfico do ectoplasma saindo da boca da médium. Esses procedimentos estão em parte reproduzidos em seu livro.

Convém explicar que, embora a médium estivesse em transe durante esses experimentos, ela permanecia ativa. Uma personalidade diferente parecia apossar-se dela, a qual se poderia explicar como uma de suas individualidades secundárias ou como uma efetiva obsessão externa. Essa personalidade costumava referir-se à médium com certa severidade, dizendo à sra. Bisson que ela precisava de disciplina e de estímulo para realizar seu trabalho. Às vezes, dava também sinais de clarividência, explicando corretamente, por exemplo, o problema com uma instalação elétrica quando ocorreu uma interrupção. Uma sequência de gemidos e reações emitidos pelo corpo de Eva assemelhavam-se a berros de animais.

Esses resultados foram também corroborados pelo dr. Gustave Geley, um nome que constará para sempre dos anais das pesquisas psíquicas. O dr. Geley atuava como clínico geral em Annecy, onde cumpria fielmente as promessas para as quais a sua carreira acadêmica em Lyon o preparara. Ele se sentiu atraído pela ciência que surgia e o sr. Jean Meyer inteligentemente o nomeou chefe do Institut Métapsychique. Ele logo mostrou que não era apenas um pesquisador criativo e observador meticuloso, mas também um filósofo de pensamento profundo. Seu excelente livro, *From the Unconscious to the Conscious*, certamente resistirá ao teste do tempo. Ele foi assediado pelos habituais mosquitos humanos que incomodam os pioneiros que se embrenham na floresta ainda inexplorada do pensamento, mas os enfrentou com bravura e bom humor. Sua morte foi repentina e trágica. Ele estivera em Varsóvia e obtivera alguns moldes ectoplásmicos recentes do médium Kluski. Infelizmente, o avião em que viajava caiu e Geley morreu – uma perda irreparável para a ciência psíquica. Sem dúvida, porém, seu trabalho e seus métodos serão sempre um grande exemplo para seus seguidores,

A comissão do Institut Métapsychique, reconhecido pelo governo francês como "de utilidade pública", incluía o prof. Charles Richet; o prof. Santoliquido, ministro da Saúde da Itália; o conde de Gramont, do Instituto da França; o dr. Calmette, inspetor-geral de Medicina; o sr. Nicolas Camille Flammarion; o sr. Jules Roche, ex-ministro de Estado; o dr. Treissier, do Hospital de Lyon; e o próprio dr. Gustave Geley, como diretor. Entre os que integraram a comissão posteriormente mencionam-se *sir* Oliver Lodge, o prof. Bozzano e o prof. Leclainche, membro do Instituto da França e inspetor-geral de Serviços Sanitários (Agricultura). O Instituto está equipado com um bom laboratório de pesquisa psíquica e conta também com biblioteca, sala de leitura, salão de palestras e recepção. Os detalhes do trabalho realizado são fornecidos em sua revista, intitulada *La Revue Métapsychique*.

Um aspecto importante do trabalho do Instituto consiste em convidar homens públicos eminentes nas ciências e na literatura como testemunhas das investigações psíquicas em andamento. Mais de cem dessas personalidades receberam provas em primeira mão e, em 1923, trinta, incluindo dezoito médicos de renome, assinaram e permitiram a publicação de uma declaração de sua plena crença na autenticidade das manifestações que observaram sob condições de controle rígido.

Certa vez, o dr. Geley realizou uma série de sessões com Eva, convidando uma centena de homens de ciência para testemunhar uma ou outra delas. Seus testes eram tão rigorosos que ele encerra seu relato com as seguintes palavras: "Não direi apenas que não existe fraude. Direi que não houve sequer a mínima possibilidade de fraude". De novo, ele percorreu o antigo caminho e encontrou os mesmos resultados, exceto que os fantasmas em seus experimentos assumiam a forma de rostos femininos, às vezes belos e, como assegurou ao autor, desconhecidos dele. Esses rostos podem ser formas-pensamento de Eva, pois, em nenhum dos resultados registrados, ele obteve o espírito vivo absoluto. Houve o suficiente, no entanto, para fazer com que o dr. Geley dissesse: "O que vimos aniquila o materialismo. Não há mais espaço para ele no mundo". Ele se refere, sem dúvida, ao materialismo antiquado do período vitoriano, para o qual o pensamento era resultado da matéria. Todas as novas evidências mostram que a matéria resulta do pensamento. Apenas ao se perguntar "Pensamento de quem?" é que se entra em terreno polêmico.

Depois dos experimentos com Eva, o dr. Geley obteve resultados ainda mais espantosos com Franek Kluski, polonês, com quem as figuras ectoplásmicas eram tão sólidas que ele conseguiu tirar moldes das mãos delas em parafina. Essas luvas de parafina, expostas em Londres,[13] são tão pequenas na abertura do pulso que a mão só poderia ser retirada quebrando o molde. Ou seja, a mão só poderia sair por desmaterialização – não há outra maneira possível. Esses experimentos foram conduzidos por Geley, Richet e o conde de Gramont, os mais competentes. Uma análise mais completa desses e de outros moldes tirados de figuras ectoplásmicas encontra-se no Capítulo XX. Eles são muito importantes, pois são as provas mais permanentes e inegáveis de tais estruturas que já foram obtidas. Nenhuma crítica racional delas foi feita.

Outro médium polonês, Jean Guzik, foi testado no Instituto de Paris pelo dr. Geley. As manifestações consistiam em luzes e em mãos e rostos ectoplásmicos. Sob o controle mais severo, trinta e quatro pessoas ilustres em Paris, a maioria delas totalmente cética, afirmaram, após longa e minuciosa investigação, sua crença na autenticidade dos fenômenos observados com esse médium. Entre elas estavam membros da Academia Francesa, da Academia de Ciências, da Academia de Medicina, médicos, advogados e peritos policiais.

O ectoplasma é uma das substâncias mais versáteis e pode se manifestar de muitas maneiras e com propriedades variadas. Isso foi demonstrado pelo dr. W. J. Crawford, professor de Engenharia Mecânica na Queen's University, Belfast. Ele conduziu uma importante série de experimentos de 1914 a 1920 com a médium

---

[13] Luvas semelhantes podem ser vistas no Psychic College, 59 Holland Park, W., ou no Psychic Museum, Abbey House, Victoria Street, Westminster.

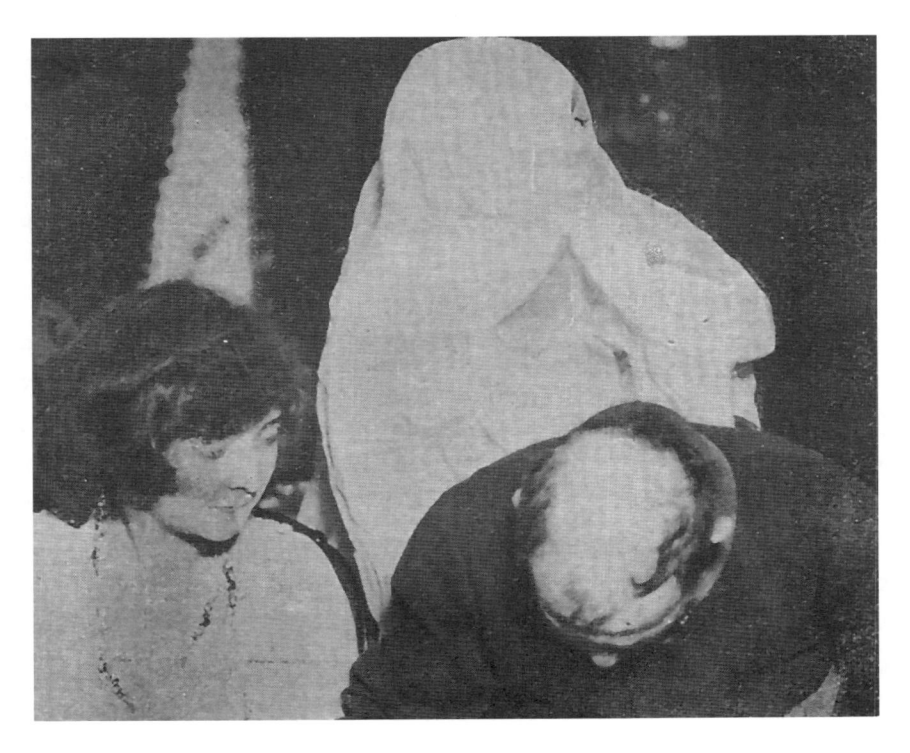

O médium polonês Franek Kluski com um fantasma de pano, 1926. (Wikimedia Commons)

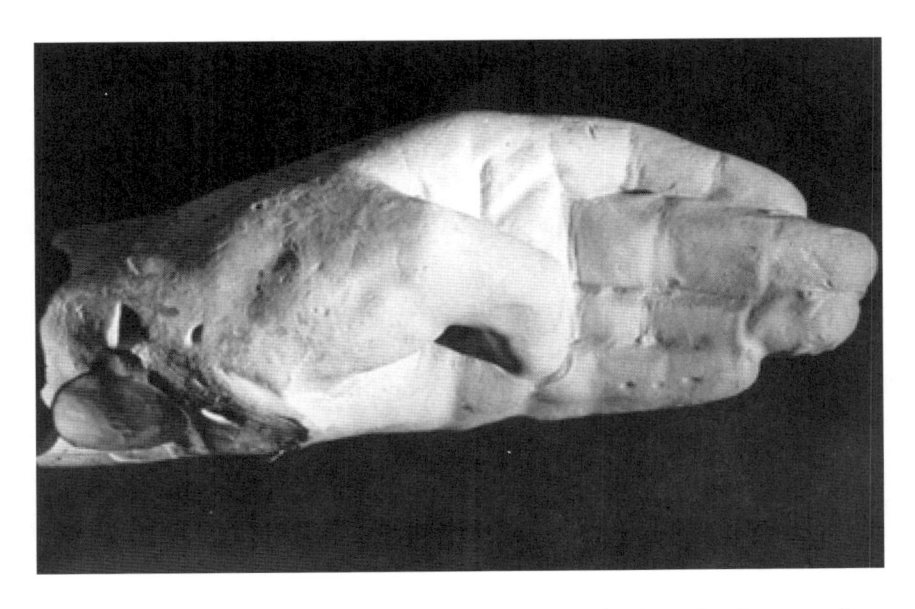

Molde de mão de uma sessão com Kluski, 1926. (Wikimedia Commons)

srta. Kathleen Goligher. Apresentou um relato desses experimentos em três livros, *The Reality of Psychic Phenomena* (1917), *Experiments in Psychical Science* (1919) e *The Psychic Structures at the Goligher Circle* (1921). O dr. Crawford morreu em 1920, mas deixou um registro imperecível nesses três livros de pesquisa experimental original que provavelmente contribuíram enormemente para assentar a ciência psíquica sobre bases tão sólidas quanto qualquer outra obra sobre o assunto.

Para compreender bem as conclusões a que chegou, seus livros precisam ser lidos, mas podemos aqui dizer resumidamente que ele demonstrou que levitação de mesas, pancadas no chão da sala e movimentação de objetos na sala de sessões se deviam à ação de "bastões psíquicos', ou, como passou a chamá-los em seu último livro, "estruturas psíquicas", emanadas do corpo da médium. Quando a mesa se ergue, esses "bastões" se comportam de duas maneiras. Se a mesa for leve, o bastão ou estrutura não toca o chão, mas é "um pequeno caibro com uma das extremidades fixada com firmeza no corpo da médium e com a extremidade livre ou de trabalho prendendo a superfície inferior ou as pernas da mesa". No caso de uma mesa pesada, o peso, em vez de recair sobre a médium, incide no chão da sala, formando uma espécie de escora entre a superfície inferior da mesa erguida e o solo. A médium era colocada numa balança e, quando a mesa levitava, podia-se observar um aumento do peso dela.

O dr. Crawford levanta essa hipótese interessante do processo que ocorre na formação do ectoplasma em um círculo. Para ele, o termo "operadores" refere-se aos operadores espirituais que controlam os fenômenos:

> Os operadores agem sobre o cérebro dos presentes e, portanto, em seu sistema nervoso. Pequenas partículas, podem até ser moléculas, são lançadas do sistema nervoso para o corpo dos presentes e nesse para os pulsos, mãos, dedos ou outras partes. Essas partículas, agora livres, possuem uma quantidade considerável de energia latente inerente a elas, uma energia que pode atuar sobre qualquer sistema nervoso humano com o qual entrem em contato. Esse movimento de partículas energizadas flui ao redor do círculo, em boa parte provavelmente na periferia dos corpos. Pelo aumento gradual nos presentes, a corrente chega à médium num alto grau de "tensão", energiza-a, recebe incremento dela, atravessa o círculo novamente e assim por diante. Por fim, quando a "tensão" é suficientemente alta, o processo de circulação cessa e as partículas energizadas se recolhem ou se prendem ao sistema nervoso da médium, que daí em diante dispõe de um reservatório onde pode se abastecer. Os operadores, contando agora com um bom suprimento do tipo certo de energia, ou

seja, energia nervosa, podem agir sobre o corpo da médium, que é constituído de tal modo que a matéria grosseira do seu corpo pode, por meio da tensão nervosa a ele aplicada, ser temporariamente desprendida de sua posição habitual e projetada para a sala da sessão.[14]

Esta é provavelmente a primeira tentativa de uma explicação clara do que ocorre numa sessão para fenômenos físicos e é possível que descreva com razoável precisão o que realmente acontece. No trecho a seguir, o dr. Crawford faz uma importante comparação entre as manifestações psíquicas mais antigas e as mais recentes bem como enuncia uma teoria abrangente e ousada para todos os fenômenos psíquicos:

> Comparei a aparência esbranquiçada e nebular da matéria na estrutura com fotografias de fenômenos de materialização em todos os estágios, obtidas por meio de muitos médiuns diferentes em todo o mundo, e a conclusão a que cheguei é que esse material se assemelha muito, quando não idêntico, ao material usado em todos esses fenômenos de materialização. De fato, não é demais dizer que essa matéria esbranquiçada, translúcida e nebular é a base de todos os fenômenos psíquicos da ordem física. Sem sua presença em algum grau, nenhum fenômeno físico é possível. É ela que dá consistência às estruturas de todo tipo erigidas pelos operadores nas sessões espíritas; quando devidamente manipulada e aplicada, ela permite que as estruturas entrem em contato com as formas comuns de matéria que conhecemos, sejam essas estruturas semelhantes àquelas com as quais estou lidando particularmente, sejam elas materializações de formas corporais como mãos ou rostos. Além disso, parece-me provável que se acabe descobrindo que essa matéria seja a base das estruturas aparentemente erigidas para a manifestação daquela forma peculiar de fenômenos conhecida como Voz Direta, embora os fenômenos conhecidos como Fotografia Espírita também pareçam tê-la por base.[15]

Enquanto Crawford trabalhava com seus bastões ectoplásmicos em Belfast, o dr. Geley examinava os resultados obtidos com Eva C. em uma nova série de experimentos. Ele resume suas observações da seguinte maneira:

---

[14] *The Reality of Psychic Phenomena*, p. 243.
[15] *The Psychic Structures at the Goligher Circle*, p. 19.

Uma substância emana do corpo da médium, se exterioriza e aparenta ser amorfa ou polimorfa. Ela assume várias formas, mas em geral expõe órgãos mais ou menos compostos. Podemos distinguir: (1) a substância como substrato de materialização; (2) seu desenvolvimento organizado. O que em geral anuncia seu surgimento é a presença de flocos fluidos, brancos e luminosos, de tamanho que varia desde o de uma ervilha até o de uma moeda um pouco maior que a de 5 francos, distribuídos aqui e ali sobre o vestido preto da médium, principalmente no lado esquerdo. [...] A substância flui de todo o corpo da médium, mas principalmente dos orifícios naturais e das extremidades, do alto da cabeça, dos seios e das pontas dos dedos. O ponto de origem mais comum e mais fácil de se observar é a boca. [...] A substância apresenta-se em várias formas, como massa dúctil, como verdadeira massa protoplástica, como numerosos fios muito finos, como cordões de várias espessuras, como raios estreitos rígidos ou como uma faixa larga, como membrana, como tecido, ou como material tecido com contornos indefinidos e irregulares. A aparência mais curiosa é a de uma membrana bem expandida, provida de franjas e pregas, assemelhando-se a uma rede.

A quantidade de matéria exteriorizada varia bastante. Em alguns casos, envolve completamente a médium, como se fosse um manto. Pode-se apresentar em três cores: branco, preto ou cinza. A mais frequente é a branca, talvez por ser possível observá-la com mais facilidade. Às vezes, as três cores aparecem simultaneamente. A visibilidade da substância varia muito e pode aumentar ou diminuir lentamente em sequência. Ao se tocá-la, transmite várias impressões. Às vezes, é úmida e fria; às vezes, viscosa e pegajosa, mais raramente seca e dura. [...] A substância é móvel. Em alguns momentos, movimenta-se lentamente para cima ou para baixo na médium, nos seus ombros, no peito ou nos joelhos, com um movimento rastejante semelhante a um réptil. Já em outros, os movimentos são bruscos e rápidos. A substância aparece e desaparece como um raio e é extraordinariamente sensível. [...] A substância é sensível à luz.

Conseguimos dar apenas uma parte da magistral análise e descrição do dr. Geley. Esta passagem final trata de um aspecto importante:

Durante todo o tempo em que ocorre o fenômeno da materialização, o produto formado revela – um evidente vínculo fisiológico e psíquico com a médium. O vínculo fisiológico é às vezes perceptível na forma de um cordão fino unindo a estrutura à médium, podendo-se compará-lo ao cordão umbilical que une o embrião à mãe. Mesmo que esse cordão não seja visível, o *rapport* fisiológico é sempre próximo. Cada impressão recebida através do ectoplasma reage sobre a médium e vice-versa. A sensação reflexa da estrutura mescla-se com a da médium; numa palavra, tudo prova que o ectoplasma é a própria médium parcialmente exteriorizada.

Comparando os detalhes desse relato com os dados apresentados anteriormente neste capítulo, veremos imediatamente como os pontos de semelhança são numerosos. Em seus aspectos fundamentais, o ectoplasma sempre foi o mesmo. Após essas confirmações, não é o ceticismo, mas a pura ignorância que nega a existência desse estranho material.

Como já foi dito, Eva C. veio a Londres e realizou trinta e oito sessões sob os auspícios da Sociedade de Pesquisas Psíquicas, mas o relatório é um documento muito incoerente e insatisfatório.[16] O dr. Schrenck Notzing entrou em contato com outro médium com quem conseguiu demonstrar a existência do ectoplasma, obtendo resultados próximos aos conquistados em Paris. Tratava-se de um rapaz de quatorze anos, Willie S. Neste caso, o dr. Schrenck Notzing apresentou essa nova substância a uma centena de observadores selecionados, nenhum dos quais pôde negar a percepção dos próprios sentidos. Entre os que assinaram uma declaração comprobatória estavam professores ou ex-professores de Jena, Giessen, Heidelberg, Munique, Tübingen, Upsala, Freiburg, Basileia e de outras universidades, além de inúmeros médicos, neurologistas e especialistas famosos de todas as áreas.

Podemos, então, afirmar que não há dúvidas quanto à existência do ectoplasma. No entanto, ele não pode ser produzido por encomenda, pois trata-se de uma operação delicada que pode falhar. Assim, vários pesquisadores falharam, notadamente um pequeno grupo da Sorbonne. Aprendemos que são necessárias pessoas certas e condições certas – condições mentais e espirituais, mais do que químicas. Uma atmosfera harmoniosa será propícia, ao passo que um ambiente conflituoso e de antagonismos prejudicará ou impedirá totalmente seu surgimento. Nisso o ectoplasma revela suas afinidades espirituais e suas diferenças de um produto puramente físico.

Isso posto, pergunta-se: Que substância é essa? Ela assume uma forma? Quem determina essa forma? É a mente do médium em transe? É a mente dos observadores? É alguma mente independente? Entre os pesquisadores, uma escola materialista insiste em dizer que estamos encontrando alguma propriedade

---

[16] *S.P.R. Proceedings*, Vol. XXXII, pp. 209-343.

latente extraordinária do corpo normal; uma segunda escola, à qual o autor pertence, acredita ter encontrado um vínculo que pode ser parte de uma cadeia que conduz a uma nova ordem de vida. Devemos acrescentar que não há nada a respeito dessa questão que os antigos alquimistas da Idade Média não tenham conhecido. Quem revelou esse fato deveras interessante foi o sr. Foster Damon, da Universidade Harvard, que apresentou uma série de excertos das obras de Vaughan, um filósofo que viveu por volta de 1650, nas quais, com o nome de *Prima Materia* (matéria-prima) ou "Mercúrio", o autor descreve uma substância, extraída do corpo, que possui todas as características do ectoplasma. Aqueles eram os tempos em que, entre a Igreja Católica de um lado e os caçadores de bruxas dos puritanos de outro, as atividades do pesquisador de psiquismo eram difíceis. É por isso que os químicos da época disfarçavam seu conhecimento sob nomes fantásticos, e como consequência esse conhecimento desapareceu. Quando descobrimos que por Sol eles entendiam o operador, por Lua o sujeito, por Fogo a força mesmérica e por Mercúrio, o ectoplasma resultante, temos a chave de alguns segredos deles.

O autor observou com certa frequência o ectoplasma em sua forma vaporosa, mas apenas uma vez em sua forma sólida.[17] Isso ocorreu numa sessão com Eva C. sob a supervisão de madame Bisson. Nessa ocasião, essa estranha substância variável apareceu como um pedaço de material de quinze centímetros de comprimento, bastante semelhante a um segmento do cordão umbilical, ligado ao tecido do vestido na região inferior do estômago. Era visível com boa luz, e o autor teve autorização para apertá-lo, quando então teve a impressão de que se tratava de uma substância viva que pulsava e se encolhia ao toque. Não havia possibilidade de engano nessa ocasião.

É impossível observar os fatos conhecidos sobre o ectoplasma sem ver sua relação com a fotografia psíquica. As imagens fotografadas no entorno de Eva, todas com sua borda lanosa indistinta, muitas vezes são exatamente como as fotos obtidas pelo sr. Hope e outros. A opinião mais racional parece ser a de que o ectoplasma, uma vez formado, pode ser moldado pela mente e que essa mente pode, nos casos mais simples, ser simplesmente a mente do médium inconsciente. Às vezes, esquecemos que somos espíritos e que um espírito no corpo tem poderes supostamente semelhantes a um espírito fora do corpo. Nos casos mais complexos e especialmente na fotografia psíquica, fica muito claro que não é o espírito do médium que está em ação e que alguma força mais poderosa e intencional intervém.

---

[17] Exceto nos muitos casos em que viu rostos ou figuras materializados reais.

Pessoalmente, o autor é da opinião de que diferentes formas de plasma com atividades distintas serão descobertas, com o todo constituindo, no futuro, uma ciência em si mesma que poderia muito bem chamar-se Plasmologia. Ele acredita também que todos os fenômenos psíquicos externos ao médium, incluindo a clarividência, podem encontrar aqui sua origem. Assim, um médium clarividente pode muito bem ser alguém que emite essa ou alguma substância análoga que cria ao seu redor uma atmosfera especial que possibilita ao espírito manifestar-se a quem tem a faculdade da percepção. Como o meteorito que cruza a atmosfera da Terra é por um instante visível entre duas eternidades de invisibilidade, assim pode ser que o espírito que entra na atmosfera psíquica do médium ectoplásmico talvez revele sua presença por um breve momento de tempo. Tais especulações estão além das provas atuais que temos, mas Tyndall mostrou como hipóteses exploratórias dessa natureza podem se tornar o ponto de partida da verdade. A razão por que algumas pessoas veem um fantasma, e outras não, pode estar no fato de que algumas fornecem ectoplasma suficiente para uma manifestação, ao passo que outras, não. Além disso, os calafrios, os tremores e os desmaios que ocorrem podem ser devidos não apenas ao terror, mas em parte ao súbito esgotamento dos suprimentos psíquicos.

Afora essas especulações, o substancial conhecimento do ectoplasma que já adquirimos nos dá finalmente uma base material sólida para a pesquisa psíquica. Quando o espírito desce à matéria, ele precisa dessa base material, do contrário será incapaz de impressionar nossos sentidos físicos. Em 1891, Stainton Moses, principal médium de sua época, foi forçado a dizer: "Não sei mais sobre o método ou métodos pelos quais as formas materializadas são produzidas do que sabia quando as vi pela primeira vez". Se estivesse vivo hoje, dificilmente poderia dizer isso.

Esse conhecimento novo e preciso é útil para nos dar uma explicação racional daquelas batidas que constituíram os primeiros fenômenos a atrair a atenção. Seria prematuro dizer que elas só podem ser produzidas de uma maneira, mas é possível pelo menos afirmar que o método habitual de sua produção é por extensão de uma vareta de ectoplasma, que pode ou não ser visível, e por sua percussão em algum objeto sólido. É provável que essas varetas sejam transportadoras de força, sem ser fortes em si mesmas, como um fino arame de cobre pode transportar a descarga elétrica que desintegrará um navio de guerra. Em um dos admiráveis experimentos de Crawford, descobrindo que as varetas procediam do tórax de sua médium, ele mergulhou a blusa dela em carmim líquido e em seguida pediu batidas na parede oposta. Verificou-se que a parede ficou cravejada de manchas vermelhas, com a projeção ectoplásmica levando consigo em cada caso parte da mancha pela qual passou. Da mesma maneira, a inclinação da mesa, quando autêntica, parece ser devida a um acúmulo de ectoplasma na superfície, coletado dos vários participantes e depois usado pela inteligência atuante. Crawford supôs que as extrusões devem muitas vezes possuir ventosas ou garras na extremidade, de modo a agarrar ou levantar. Posteriormente, o autor coletou várias fotografias dessas formações que mostram claramente uma borda serrilhada na extremidade que cumpriria essa finalidade.

Crawford dedicou grande atenção também à correlação entre o peso do ectoplasma emitido e a perda de peso do médium. Seus experimentos pareciam mostrar que todos são médiuns, que todos perdem peso numa sessão de materialização e que o médium principal só difere dos demais por ser constituído de tal modo que pode emitir um fluxo ectoplásmico maior. Se perguntarmos por que um ser humano difere de outro a esse respeito, chegamos à controvérsia estéril da razão por que uma pessoa tem um bom ouvido musical e outra desafina em qualquer melodia. Devemos aceitar esses atributos pessoais como os encontramos. Nos experimentos de Crawford, era comum a médium perder de 5 a 8 quilos numa única sessão – sendo que recuperava imediatamente esse peso assim que o ectoplasma se recolhia. Em certa ocasião, registrou-se a enorme perda de 28 quilos. Poder-se-ia pensar que a balança estivesse descalibrada nessa ocasião, caso perdas ainda maiores de outros médiuns não tivessem sido registradas, como já ficou descrito no relato dos experimentos de Olcott com os Eddys.

Existem algumas outras propriedades das projeções de ectoplasma que precisam ser observadas. A luz lhes é destrutiva, a menos que sejam aclimatizadas aos poucos ou preparadas de modo especial e com antecedência pelos controles; além disso, a emissão súbita de luz faz a substância refluir para o médium com a força de um elástico liberado. Essa não é uma afirmação falsa para proteger o médium da surpresa, mas um fato muito real já constatado por muitos observadores. Não se considerando uma possível produção fraudulenta do ectoplasma, qualquer adulteração dessa substância deve ser evitada. Mais, arrastar à força uma trombeta ou qualquer outro objeto sustentado pelo bastão ectoplásmico é um ato quase tão perigoso quanto a exposição à uma luz. O autor tem lembrança de um caso em que um espectador ignorante puxou a trombeta que flutuava na frente dele dentro do círculo. O ato foi praticado em silêncio, mas mesmo assim a médium reclamou de dores e enjoos aos que a cercavam e ficou abatida por alguns dias. Outra médium mostrou uma lesão do peito ao ombro, causada pelo recuo da faixa quando um pretenso investigador acendeu uma lanterna elétrica. Quando o ectoplasma se recolhe numa superfície mucosa, o resultado pode ser hemorragia grave, com vários casos que chegaram ao conhecimento do autor. Num dos casos, o de Susanna Harris, em Melbourne, a médium ficou de cama por uma semana após passar por essa experiência.

Em uma obra que aborda um assunto tão vasto, não há utilidade nenhuma tentar apresentar num único capítulo uma visão detalhada de parte desse assunto que talvez necessitasse de todo um volume. Nosso conhecimento dessa substância estranha, elusiva, multiforme e onipresente provavelmente aumentará de ano para ano, podendo-se prever que, se a última geração esteve ocupada com o protoplasma, a próxima estará absorta em seu equivalente psíquico que, espera-se, preserve o nome de ectoplasma dado por Charles Richet, embora várias outras palavras como "plasma", "teleplasma" e "ideoplasma" já estejam em circulação, infelizmente.

Desde que este capítulo foi preparado, novas demonstrações de ectoplasma ocorreram em várias partes do mundo, a mais notável sendo a de "Margery", ou sra. Crandon, de Boston, cujos poderes foram tratados na obra homônima do sr. Malcolm Bird.

CAPÍTULO 19

FOTOGRAFIA ESPÍRITA

O primeiro relato autêntico da produção do que se chama fotografia espírita data de 1861. Foi William H. Mumler quem obteve esse dado, em Boston (EUA). Na Inglaterra, em 1851, Richard Boursnell teria tido uma experiência semelhante, mas nenhuma das primeiras fotografias dessa natureza foi preservada. Ainda na Inglaterra, o primeiro caso possível de verificar ocorreu com o fotógrafo Hudson, em 1872.

Assim como o desenvolvimento do espiritismo moderno, esse novo incremento foi previsto no Outro Lado. Em 1856, o sr. Thomas Slater, oftalmologista, residente na Euston Road, 136, Londres, realizava uma sessão espírita com lorde Brougham e o sr. Robert Owen, quando, por batidas, receberam a comunicação de que chegaria o momento em que o sr. Slater tiraria fotografias de espíritos. O sr. Owen observou que, se ele estivesse no mundo espiritual quando esse momento chegasse, ele apareceria na chapa. Em 1872, ao realizar experimentos com fotografias de espíritos, o sr. Slater teria obtido os rostos de Robert Owen e de lorde Brougham numa chapa.[1] Ele mostrou esses resultados ao sr. Alfred Russel Wallace, que disse:[2]

> O primeiro sucesso de Slater retratava duas cabeças ao lado de uma fotografia da sua irmã. Uma dessas cabeças é seguramente a do falecido lorde Brougham; o sr.

---

[1] *The Spiritualist*, 1º de novembro de 1873.
[2] *Miracles and Modern Spiritualism*, 1901, p. 198.

Slater reconhece a outra, bem menos clara, como sendo de Robert Owen, seu amigo muito próximo até o momento de sua morte.

Depois de descrever outras fotografias de espíritos obtidas pelo sr. Slater, o dr. Wallace continua:

> Agora, se essas imagens estão identificadas corretamente ou não, não é importante. A verdadeira maravilha está no fato de que *quaisquer* imagens, de aparência tão clara e inequivocamente humana como estas, apareçam em chapas que um opticista experiente e fotógrafo amador tira em seu estúdio particular, que também fabrica todos os seus equipamentos e, além disso, tão somente com a presença de familiares. Em um dos casos, uma segunda figura apareceu numa chapa com ele, tirada pelo sr. Slater quando estava sozinho, apenas ocupando a cadeira do assistente depois de abrir a câmera. [...]
>
> O próprio sr. Slater me mostrou todas essas fotos e me explicou as condições em que foram obtidas. É certo que não são imposturas, e como as primeiras confirmações independentes do que antes fora obtido apenas por meio de fotógrafos profissionais, seu valor é inestimável.

De Mumler em 1861 a William Hope em nossos dias, apareceram de vinte a trinta médiuns capazes de operar com fotografias psíquicas, produzindo entre todos eles milhares de resultados supranormais que vieram a ser conhecidos como "extras". Além de Hope e da sra. Deane, os mais conhecidos desses sensitivos são Hudson, Parkes, Wyllie, Buguet, Boursnell e Duguid.

Mumler, que trabalhava como gravador numa importante cadeia de joalherias em Boston, não era espírita nem fotógrafo profissional. Em um momento de descanso, ao tentar tirar uma fotografia de si mesmo no estúdio de um amigo, obteve na chapa o contorno de outra figura. Chegou a esse resultado depois de focalizar uma cadeira vazia, de descobrir a lente, de correr até o lado da cadeira e ficar de pé até obter a exposição necessária. No verso da fotografia, Mumler escreveu:

> Tirei esta fotografia de mim mesmo no estúdio, domingo, quando não havia alma viva ao meu lado – por assim dizer. Reconheço a forma à minha direita como sendo minha prima, falecida há cerca de doze anos.

– W. H. Mumler

A forma é de uma jovem que parece estar sentada na cadeira. Vê-se claramente a cadeira através do corpo e dos braços bem como a mesa sobre a qual repousa um braço. Abaixo da cintura, diz um relato contemporâneo, a forma (que aparentemente usa um vestido de gola baixa e mangas curtas) se desvanece numa névoa tênue, que simplesmente encobre a parte inferior da imagem. É interessante observar nessa primeira fotografia características de um espírito que se repetiram muitas vezes em outras obtidas por fotógrafos posteriores.

Notícias do que havia acontecido com Mumler logo se espalharam, e ele foi assediado por pedidos de sessões. A princípio recusou, mas por fim teve de ceder e, quando obteve mais "extras" e sua fama se propagou, foi obrigado a desistir do seu negócio e a se dedicar a esse novo trabalho. Como suas experiências foram de modo geral as de todos os fotógrafos psíquicos que o sucederam, podemos examiná-las brevemente.

Clientes particulares de boa reputação obtiveram fotografias absolutamente comprobatórias e reconhecíveis de amigos e parentes, convencendo-se de que eram autênticas. Depois apareceram os fotógrafos profissionais, convictos de que devia haver algum truque e que, se tivessem a oportunidade de testar definindo suas próprias condições, descobririam como tudo era feito. Apresentaram-se um após outro, em alguns casos com suas próprias chapas, câmera e produtos químicos, mas, depois de dirigir e supervisionar todas as operações, não conseguiram descobrir nenhuma fraude. Mumler também compareceu aos estúdios fotográficos desses profissionais e permitiu que fizessem todo o manuseio bem como a revelação das chapas, e os resultados foram exatamente os mesmos. Andrew Jackson Davis, na época diretor e editor do *Herald of Progress*, em Nova York, enviou um fotógrafo profissional, William Guay, para realizar uma investigação minuciosa. Seu relato final foi de que, depois de ter sido autorizado a controlar todo o processo fotográfico, a imagem de um espírito apareceu na chapa. Ele fez outras experiências com esse médium em várias outras ocasiões e convenceu-se da veracidade dos resultados.

O sr. Black, famoso retratista de Boston, enviou outro investigador, o fotógrafo Horace Weston. Ao retornar, depois de obter a imagem de um espírito, ele relatou que não conseguiu detectar nada diferente das operações normais adotadas para tirar uma fotografia. O próprio Black, então, decidiu investigar e realizou pessoalmente toda a manipulação de chapas e do processo de revelação. Ao observar uma das chapas em processo de revelação, percebeu nela outra forma ao lado da sua, que acabou identificando como um homem com seu braço apoiado no ombro dele, quando então exclamou com entusiasmo: "Meu Deus, é possível?".

Mumler recebia mais pedidos para sessões do que dispunha de tempo para realizá-las, sendo necessário aos interessados agendar horário com semanas de antecedência. Estes pertenciam a todas as categorias profissionais, mas de modo particular clérigos, médicos, advogados, juízes, prefeitos, professores e homens de negócios. Registros contemporâneos preservam relatos completos dos inúmeros resultados probatórios obtidos por Mumler.[3]

Em 1863, Mumler, do mesmo modo que muitos outros médiuns fotográficos desde sua época, encontrou em suas chapas "extras" de pessoas vivas. Seus apoiadores mais fiéis não conseguiam aceitar esse fenômeno novo e surpreendente e, embora ainda acreditassem em seus poderes, estavam convencidos de que ele havia recorrido a truques. Em carta ao *Banner of Light* (Boston, 20 de fevereiro de 1863), referindo-se a essa novidade, o dr. Gardner escreve:

> Embora eu acredite piamente que semelhanças autênticas com espíritos ocorreram por meio de sua mediunidade, recebi pelo menos dois casos com evidências de embuste, um fato totalmente conclusivo. [...] O sr. Mumler, ou alguém que frequenta a residência da sra. Stuart, deve ser incriminado de impostura por divulgar, sob a forma de representações autênticas de espíritos, imagens de uma pessoa que hoje reside nesta cidade.

O que convenceu os denunciantes ainda mais foi o fato de que o mesmo "extra" da pessoa viva aparecia em duas chapas diferentes. Com essa denúncia, a opinião pública colocou-se contra Mumler, que por isso, em 1868, partiu para Nova York. Nessa cidade, seu negócio prosperou durante algum tempo, até ser preso por ordem do prefeito, a pedido de um repórter que havia recebido um "extra" que não reconhecia. Depois de um longo processo, ele foi absolvido preservando sua reputação incólume. Os depoimentos dos fotógrafos profissionais desvinculados do espiritismo foram todos favoráveis a Mumler.

O sr. Jeremiah Gurney testemunhou:

> Sou fotógrafo há vinte e oito anos; examinei o processo de Mumler e, embora estivesse preparado para esquadrinhar cada detalhe, não consegui encontrar nenhum

---

[3] *The Spiritual Magazine*, 1862, p. 562; 1863, pp. 34-41.

indício de fraude ou trapaça... a única coisa fora da rotina foi que o operador manteve a mão na câmera.

Mumler, que morreu na pobreza em 1884, deixou uma narrativa interessante e convincente de sua carreira em seu livro, *Personal Experiences of William H. Mumler in Spirit Photography*.[4] Um exemplar dessa obra encontra-se no Museu Britânico.

Hudson obteve na Inglaterra a primeira fotografia espírita da qual temos provas concretas e teria na época, março de 1872, em torno de 70 anos de idade. A assistente era a srta. Georgiana Houghton, que descreveu o incidente detalhadamente.[5] Há muitos testemunhos sobre o trabalho de Hudson. O sr. Thomas Slater, já citado, pegou sua própria câmera e chapas, e após minuciosa observação relatou que "conluio ou trapaça estava totalmente fora de questão". O sr. William Howitt, um desconhecido do médium, compareceu sem ser anunciado e recebeu um "extra" identificado de seus dois filhos falecidos. Ele declarou que as fotografias eram "perfeitas e inconfundíveis".

O dr. Alfred Russel Wallace conseguiu uma boa foto de sua mãe. Descrevendo sua visita, ele diz:[6]

> Sentei-me três vezes, sempre escolhendo a minha posição. Cada vez uma segunda figura apareceu no negativo comigo. A primeira foi uma figura masculina com uma espada curta; a segunda, uma figura de corpo inteiro, aparentemente de pé, a meio metro, talvez, de um lado e um pouco atrás de mim, olhando-me e segurando um buquê de flores. Na terceira sessão, depois de me sentar, e estando a chapa preparada na câmera, pedi que a figura se aproximasse de mim. A terceira chapa mostrou uma figura feminina parada bem na minha frente, com seu vestido chegando a cobrir a parte inferior do meu corpo. Assisti à revelação de todas as chapas e, em cada caso, a figura adicional começou a aparecer no momento em que o fluido revelador era vertido, enquanto minha imagem só se tornava visível cerca de vinte segundos depois. Não reconheci nenhuma dessas figuras nos negativos; mas, no momento em que obtive as provas, o primeiro relance mostrou-me que a terceira chapa continha um retrato inconfundível de minha mãe – como ela era, tanto nas feições quanto na expressão; não uma semelhança como um retrato feito em vida, mas

---

[4] Boston, 1875.
[5] *Chronicles of the Photographs of Spiritual Beings"* &c., 1882, p. 2.
[6] *Miracles and Modern Spiritualism*. Edição Revista, 1901, pp. 196-97.

Fotografia espírita de Fanny Conant, médium espírita, tirada por Mumler. O homem atrás dela é desconhecido. (J. Paul Getty Museum)

uma semelhança um tanto pensativa, idealizada – *mas ainda assim, para mim, uma semelhança inconfundível.*

Embora indefinido, o dr. Wallace reconheceu como sendo de sua mãe também o segundo retrato. O primeiro "extra" de um homem não foi reconhecido.

O sr. J. Traill Taylor, na época editor do *British Journal of Photography*, declarou[7] que obteve resultados supranormais com esse médium usando suas próprias chapas "e que, em nenhum momento, durante a preparação, exposição ou revelação das fotos, o sr. Hudson estava a menos de três metros da câmera ou da câmara escura". Seguramente, isso deve ser aceito como prova definitiva.

O sr. F. M. Parkes, morando em Grove Road, Bow, East End de Londres, era um sensitivo que tinha visões de sua infância. Ele conheceu o espiritismo em 1871 e, no início do ano seguinte, começou a trabalhar com fotografia com seu amigo, sr. Reeves, proprietário de um restaurante perto de King's Cross. Estava, então, com 39 anos. A princípio, apenas marcas e manchas irregulares de luz apareciam nas chapas, mas depois de três meses um espírito extra, reconhecido, foi obtido, sendo assistentes o dr. Sexton e o dr. Clarke, de Edimburgo. O dr. Sexton convidou o sr. Bowman, de Glasgow, fotógrafo experiente, para examinar a câmera, a câmara escura e todos os aparelhos usados. Feito isso, declarou que qualquer fraude por parte de Parkes seria impossível. Durante alguns anos, esse médium não recebeu remuneração por seus serviços. O sr. Stainton Moses, que dedicou um capítulo ao sr. Parkes, escreve:[8]

> Ao folhear o álbum do sr. Parkes, o que mais impressiona é a enorme variedade das fotografias; em seguida, talvez, as diferentes características da quase totalidade delas, bem distintas dos fantasmas convencionais. Das 110 que estão diante de mim neste momento, a partir de abril de 1872, e com alguns intervalos que se estendem até a presente data, não há duas que sejam iguais – duas apenas apresentam certa semelhança entre si. Cada uma é peculiar em si mesma, revelando no rosto as marcas da sua individualidade.

Dia ainda em que os presentes identificaram um número considerável de fotografias.

---

[7] *British Journal of Photography*, agosto de 1873.
[8] *Human Nature*, 1875, p. 152.

M. Ed. Buguet, fotógrafo de espíritos francês, visitou Londres em junho de 1874 e, em seu estúdio na rua Baker Street, 33, contava com a participação de muitos assistentes conhecidos. O sr. Harrison, editor do *The Spiritualist*, menciona um teste empregado por Buguet, qual seja, cortar um canto da chapa de vidro e encaixá-lo no negativo depois da revelação. O sr. Stainton Moses descreve Buguet como um homem alto e magro, com feições graves e bem definidas, além de cabelos pretos, volumosos e espessos. Consta que ele ficava em transe parcial durante a exposição da chapa. Os resultados psíquicos que obtinha eram de qualidade artística e nitidez muito superiores aos obtidos por outros médiuns. Além disso, era grande a porcentagem das formas espirituais identificadas. Uma característica curiosa de Buguet era conseguir inúmeros retratos do "duplo" dos consulentes bem como de pessoas vivas, mas não presentes no estúdio. Assim, Stainton Moses, num momento em que estava em transe em Londres, fez sua imagem aparecer numa chapa em Paris quando o consulente era o sr. Gledstanes.[9]

Em abril de 1875, Buguet foi preso e acusado pelo governo francês de produzir fotografias de espíritos fraudulentas. Para se salvar, confessou que todos os seus resultados haviam sido obtidos através de fraudes. Foi condenado a uma multa de quinhentos francos e prisão por um ano. No julgamento, vários homens públicos bem conhecidos mantiveram sua crença na autenticidade dos "extras" que haviam obtido, apesar da produção de "fantasmas" fictícios que Buguet teria usado. A verdade da fotografia espírita independe da atitude desse médium. Os que têm interesse em ler o relato completo de sua prisão e julgamento terão condições de chegar às suas próprias conclusões.[10] Escrevendo após o julgamento, o sr. Stainton Moses diz: "Eu não apenas acredito – eu *sei*, tão certo quanto sei outras coisas, que algumas fotografias de Buguet eram autênticas".

Coates afirma, porém, que Buguet era um sujeito ignóbil. Seguramente é muito frágil a posição de um homem que, para provar que não é charlatão, precisa cometer perjúrio por medo. A causa da fotografia psíquica teria mais valor sem ele. Quanto à sua confissão, foi-lhe extraída por um processo movido pelo arcebispo da Igreja Católica de Toulouse contra a *Revue Spirite*, quando Leymarie, seu editor, foi julgado e condenado. Buguet recebeu a informação de que sua única saída seria confessar. Assim pressionado, fez o que tantas vítimas da Inquisição

---

[9] *Human Nature,* Vol. IX, p. 97.
[10] *The Spiritualist*, Vol. VI, VII (1873), e *Human Nature*, Vol. IX, p. 334.

Fotografia espírita de Napoleão III, cerca de 1880, de Buguet.
(Wikimedia Commons)

haviam feito antes dele, uma confissão coagida, que não o salvou, porém, de doze meses de prisão.

Richard Boursnell (1832-1909) ocupou posição de destaque no período intermediário da história da fotografia espírita. Ele trabalhava em parceria com um fotógrafo profissional em Fleet Street e teria obtido marcas psíquicas em suas chapas, como o aparecimento eventual de mãos e rostos, já em 1851. Seu parceiro o acusou de não limpar bem as chapas (naquele tempo, usava-se o processo de colódio úmido) e, após uma discussão violenta, Boursnell disse que perdera o interesse pelo negócio. Passaram-se quase quarenta anos antes que ele voltasse a receber imagens e logo a seguir formas extras em suas fotografias, o que para ele era um aborrecimento, porque isso significava prejuízo para seus negócios e a destruição de muitas chapas. Com grande dificuldade, o sr. W. T. Stead o convenceu a permitir-lhe promover sessões. Sob suas próprias condições, Stead obteve inúmeras vezes o que o velho fotógrafo chamava de "imagens de sombras". No início, elas não eram reconhecíveis, mas na sequência muitas foram identificadas. O sr. Stead detalha as precauções tomadas na preparação das chapas etc., mas diz que dá pouca importância a isso, considerando que a manifestação na chapa de uma semelhança reconhecida de um parente desconhecido de um consulente também desconhecido é um teste muito superior às precauções a que qualquer ilusionista experiente ou fotógrafo fraudulento poderia subtrair-se. Ele diz:

> Repetidas vezes enviei amigos ao sr. Boursnell sem informá-lo de quem se tratava, nem lhe dizendo nada sobre a identidade do amigo ou parente falecido da pessoa cujo retrato eles desejavam obter, e, com frequência, depois de revelado o negativo, o retrato aparecia no fundo ou às vezes na frente do consulente. Isso aconteceu tantas vezes que estou convencido da impossibilidade de qualquer fraude. Certa vez, um editor francês, ao ver o retrato de sua falecida esposa aparecer na revelação, ficou tão encantado que insistiu em beijar o fotógrafo, sr. B., para grande constrangimento do velho. Em outra ocasião, um engenheiro de Lancashire, também fotógrafo, levou as próprias chapas marcadas e tomou todas as precauções possíveis. Obteve retratos de dois de seus parentes e outro de um eminente personagem com quem tivera relações próximas. Ou ainda, uma vizinha, apresentando-se no estúdio como estranha, obteve o retrato da filha falecida.

Em 1903, os espíritas de Londres presentearam esse médium com uma carteira de ouro e uma declaração testemunhal assinada por mais de cem representantes.

Nessa ocasião, as paredes das salas da Psychological Society em George Street, Portman Square, foram decoradas com trezentas fotografias de espíritos escolhidas por Boursnell.

Com relação à questão de Stead sobre a "semelhança reconhecida", os críticos dizem que o consulente muitas vezes imagina a semelhança e que houve ocasiões em que dois consulentes identificaram o mesmo "extra" como parente. Em resposta a isso, pode-se dizer que o dr. Alfred Russel Wallace, por exemplo, seria quem melhor poderia julgar se a imagem se assemelhava à sua mãe morta. O dr. Cushman (de quem falaremos mais adiante) apresentou o "extra" de sua filha Agnes a vários de seus amigos e parentes, e todos ficaram convencidos da semelhança. Mas, independentemente de qualquer certeza sobre a semelhança, há evidências incontestáveis de que esses retratos supranormais realmente ocorrem e, em milhares de casos, foram reconhecidos.

O sr. Edward Wyllie (1848-1911) tinha dons mediúnicos genuínos, testados por vários investigadores qualificados. Ele nasceu em Calcutá; seu pai, coronel Robert Wyllie, era secretário militar do governo da Índia. Wyllie, depois de servir como capitão na guerra maori na Nova Zelândia, tornou-se fotógrafo e, em 1886, foi morar na Califórnia. Depois de algum tempo, pontos de luz começaram a aparecer em seus negativos; como aumentassem, começaram a ameaçar seu negócio. Ele só ouviu falar de fotografia espírita quando uma senhora sugeriu que a explicação poderia estar aí. Fazendo experimentos com essa senhora, no lugar dos pontos de luz na chapa, começaram a aparecer rostos. Daí em diante, esses rostos passaram a surgir com tanta frequência com outras pessoas que ele foi obrigado a desistir dos seus negócios normais e a se dedicar à fotografia espírita. Mas então se deparou com novos problemas. Ele foi acusado de obter os resultados por fraude, uma incriminação que o magoou muito, a ponto de tentar ganhar a vida de outra maneira; não conseguiu, porém, e teve de voltar a trabalhar como fotógrafo médium, como era chamado. Em 27 de novembro de 1900, o comitê da Sociedade de Pesquisas Psíquicas (SPP) de Pasadena procedeu a uma investigação com ele em Los Angeles. As perguntas a seguir, respondidas por Wyllie, são de interesse histórico:

P. Você anuncia ou promete apresentar rostos de espíritos ou algo fora do comum para seus clientes?
R. Absolutamente, não. Não garanto nem prometo nada. Eu não tenho controle sobre isso. Eu apenas cobro pelo meu tempo e material, como você vê no

cartaz fixado ali na parede. Cobro um dólar por sessão; e, se a primeira não for satisfatória, ofereço uma segunda oportunidade sem nenhum custo.

P. É frequente você não conseguir algo extra?

R. Sim, sim, muitas vezes. Sábado passado, trabalhando a tarde toda, realizei cinco sessões e não consegui nada, falhando em todas.

P. Em torno de quantas falhas acontecem normalmente?

R. Em um dia normal de atividades, a média é de três ou quatro – alguns dias, mais; outros, menos.

P. Com relação aos rostos extras que aparecem, quantos você avalia que sejam reconhecidos pelo consulente ou pelos amigos?

R. No ano passado, mantive durante vários meses um registro desses reconhecimentos e descobri que, em cerca de dois terços das sessões, um ou mais rostos extras que apareceram foram reconhecidos. Às vezes, havia apenas um rosto extra e, às vezes, cinco ou seis, ou mesmo oito ao mesmo tempo, e eu não conseguia fazer uma contagem deles, mas apenas do total de sessões, como mostram meus registros.

P. Ao realizar uma sessão, na qualidade de sensitivo você sabe se haverá algum "extra" na chapa ou não?

R. Às vezes, vejo luzes em torno do consulente e, então, tenho quase certeza de que haverá algo para ele ou ela; mas não sei o que será, do mesmo modo como você também não sabe. Não sei o que é até examinar o negativo depois de revelado, quando posso analisá-lo contra a luz.

P. Se o consulente deseja intensamente que algum amigo desencarnado em particular apareça na chapa, a probabilidade de que obtenha esse resultado é maior?

R. Não. Um estado mental ou sentimento agitado ou tenso, seja de desejo, ansiedade ou antagonismo, dificulta às forças extraterrenas usarem o magnetismo do consulente para produzir suas manifestações, sendo então menos provável que algo extra apareça na chapa. Um estado de espírito calmo, tranquilo e passivo é mais favorável para alcançar bons resultados.

P. Quem é espírita obtém resultados melhores do que quem não acredita?

R. Não. Alguns dos melhores resultados que obtive ocorreram quando ocupavam a cadeira os céticos mais contumazes.

Essa comissão não obteve nenhum "extra". Em 1899, uma comissão anterior, constituída de sete membros, submeteu o médium a testes rigorosos, e quatro das oito chapas "apresentaram resultados que a comissão é incapaz de explicar". Após um relato minucioso das precauções tomadas, o relatório conclui:

> Enquanto comissão, não temos nenhuma teoria; apenas atestamos "o que sabemos". Enquanto indivíduos, discordamos quanto às prováveis causas, mas concordamos unanimemente quanto aos fatos constatados. [...] Daremos vinte e cinco dólares a qualquer fotógrafo de Los Angeles que, por truque ou habilidade, consiga produzir resultados semelhantes em condições semelhantes.
> (Assinado) – Julian McCrae, P. C. Campbell, J. W. Mackie, W. N. Slocum, John Henley.

David Duguid (1832-1907), conhecido médium de escrita e pintura automáticas, foi favorecido com uma cuidadosa investigação de suas fotografias espíritas por parte do sr. J. Traill Taylor, editor do *British Journal of Photography*. Ao fazer a leitura de um artigo diante da London and Provincial Photographic Association em 9 de março de 1893, Taylor relatou as recentes sessões de testes com Duguid. Ele diz:

> Minhas condições eram muito simples. [...] Supondo na ocasião que eram todos charlatões, e para me precaver contra fraudes, exigi usar minha própria câmera e conjuntos intactos de chapas adquiridos de comerciantes de confiança e ainda ter as chapas sempre sob meus cuidados até depois de reveladas, a menos que eu resolvesse de outra forma. Além disso, como eu os trataria como suspeitos, assim eles também deviam tratar-me, sendo que para cada ação que eu realizasse deveria haver duas testemunhas, ou melhor, eu colocaria um relógio na minha câmera sob o disfarce de uma duplicata do mesmo foco – em outras palavras, eu usaria uma câmera estereoscópica binocular e ditaria todas as condições de operação.

Após detalhar o procedimento adotado, ele registra o aparecimento de figuras extras nas chapas e continua:

> Algumas estavam no foco, outras nem tanto; algumas eram iluminadas pela direita, enquanto o consulente o era pela esquerda... algumas ocupavam a maior parte da chapa, quase encobrindo os consulentes; outras eram como se um retrato ornado com vinhetas horríveis, ou recortado em forma oval de uma fotografia com um abridor de latas, ou mesmo mal recortado, estivesse pendurado atrás do consulente. Mas essa é a questão: nenhuma dessas figuras que sobressaíam no negativo me era

visível de qualquer modo ou forma durante o tempo de exposição na câmera, e asseguro terminantemente que ninguém teve a menor possibilidade de manipular uma placa sequer antes de ser colocada no chassi ou imediatamente antes da sua revelação. Em termos de imagem, elas são horrendas, mas como chegaram a aparecer?

Outros consulentes bem conhecidos descreveram resultados probatórios notáveis obtidos com Duguid.[11]

O sr. Stainton Moses, no último capítulo da sua valiosa série sobre Fotografia Espírita,[12] discute a teoria de que as formas extras fotografadas são moldadas a partir do ectoplasma (ele o chama de "substância fluídica") pelos operadores invisíveis, e faz comparações importantes entre os resultados obtidos por diferentes médiuns fotográficos.

Os "experimentos valiosos e conclusivos" do sr. John Beattie, como o dr. Alfred Russel Wallace os chama, só podem ser mencionados brevemente. O sr. Beattie, de Clifton, Bristol, fotógrafo aposentado com vinte anos de experiência, alimentou muitas dúvidas sobre a autenticidade de inúmeras supostas fotografias espíritas que lhe haviam sido apresentadas e tomou a decisão de investigar pessoalmente. Sem contar com a ajuda de um médium profissional, mas com a participação de um amigo íntimo suscetível ao transe, ele e seu amigo dr. G. S. Thomson, de Edimburgo, realizaram uma série de experimentos em 1872 e obtiveram nas chapas, inicialmente, manchas de luz e, pouco depois, figuras extras inteiras. Constataram que as formas e marcações extras apareciam na chapa, durante a revelação, muito antes que o consulente – uma peculiaridade frequentemente observada por outros operadores. A absoluta honestidade do sr. Beattie é comprovada pelo editor do *British Journal of Photography*. O sr. Stainton Moses e outros fornecem detalhes dos experimentos acima.[13]

Em 1908, o *Daily Mail*, de Londres, nomeou uma comissão para realizar "uma investigação sobre a autenticidade ou não das chamadas fotografias espíritas", mas nada aconteceu. Ela era composta de três não espíritas, os srs. R. Child Bayley, F. J. Mortimer e E. Sanger-Shepherd, e três adeptos da fotografia de espíritos, os srs. A. P. Sinnett, E. R. Serocold Skeels e Robert King. No relatório dos três últimos, eles afirmam que "só podem concordar em afirmar que a Comissão não conseguiu

---

[11] James Coates, *Photographing the Invisible* (1921), e Andrew Glendinning, *The Veil Lifted* (1894).
[12] *Human Nature*, Vols. VIII e IX, 1874-5.
[13] *Human Nature*, Vol. VIII (1874), p. 390s.

obter provas de que a fotografia de espíritos é possível, não porque as provas não sejam abundantes, mas devido à atitude lamentável e nada prática adotada pelos membros da Comissão que não tinham experiência anterior do assunto".

Detalhes da Comissão encontram-se em *Light*.[14] Nos últimos anos, a história da fotografia espírita centrou-se em grande parte em torno do que se conhece como Crewe Circle, hoje composto pelo sr. William Hope e pela sra. Buxton, ambos residindo em Crewe. O Círculo foi formado por volta de 1905, mas só alcançou notoriedade depois de ser descoberto pelo arquidiácono Colley em 1908. Descrevendo suas primeiras experiências, o sr. Hope conta que, quando trabalhava numa fábrica perto de Manchester, numa tarde de sábado tirou uma fotografia de um colega postado na frente de uma parede de tijolos. A revelação da chapa mostrou que, além da imagem do amigo, via-se ao seu lado o vulto de uma mulher e, através dela, a parede de tijolos. O amigo perguntou a Hope como ele havia incluído a outra figura, dizendo que a reconhecia como sua irmã falecida havia alguns anos. Hope diz:

> Na época, eu não fazia a menor ideia a respeito do espiritismo. Na segunda-feira, levei a fotografia para o trabalho e um colega espírita me esclareceu que se tratava do que é conhecido como fotografia de espíritos. Ele sugeriu que tentássemos novamente no sábado seguinte, no mesmo lugar e com a mesma câmera. Foi o que fizemos, e não só a mesma senhora reapareceu na chapa, mas ainda uma criança com ela. Achei isso muito estranho, meu interesse aumentou e então continuei com meus experimentos.

Durante um longo tempo, Hope destruiu todos os negativos com imagens de espíritos, até que o arquidiácono Colley o conheceu e lhe disse que devia preservá-los.

O arquidiácono Colley teve sua primeira sessão com o Círculo de Crewe no dia 16 de março de 1908. Ele levou sua própria câmera (uma Lancaster Opiate que o sr. Hope ainda usa), suas próprias chapas marcadas com diamante e seus chassis, bem como revelou as chapas com seus próprios produtos químicos. Tudo o que o sr. Hope fez foi manter a lâmpada acesa para a exposição. Em uma das chapas, havia duas imagens de espíritos.

Desde aquele dia, o sr. Hope e a sra. Buxton tiraram milhares de fotografias de espíritos sob todas as modalidades imagináveis de testes, e eles se orgulham de

---

[14] 1908, p. 526, e 1909, pp. 290, 307, 329.

poder dizer que nunca cobraram um centavo como honorários profissionais, mas apenas pelos materiais fotográficos de fato usados e pelo seu tempo.

O sr. M. J. Vearncombe, fotógrafo profissional em Bridgwater, Somerset, teve a mesma experiência perturbadora de Wyllie, de Boursnell e de outros ao encontrar manchas de luz inexplicáveis em suas chapas e, como eles, passou a tirar fotografias de espíritos. Em 1920, o sr. Fred Barlow, de Birmingham, conhecido investigador, obteve com esse médium extras de rostos e mensagens escritas, em condições de teste, em chapas que não foram expostas na câmera.[15] A partir dessa data, o sr. Vearncombe conseguiu muitos resultados comprobatórios.

A mediunidade da sra. Deane é recente (sua primeira fotografia espírita data de junho de 1920). Ela obtete muitos "extras" reconhecidos em condições de teste, e seu trabalho é, às vezes, igual aos melhores dos de seus antecessores nesse ramo. Recentemente, ela conseguiu dois resultados muito bons. O dr. Allerton Cushman, um conhecido cientista americano e diretor dos Laboratórios Nacionais de Washington, fez uma visita inesperada ao Colégio Britânico de Ciências Psíquicas em Holland Park, em julho de 1921, e, por intermédio da sra. Deane, obteve um belo e reconhecido "extra" de sua filha falecida. Detalhes dessa sessão estão registrados, com fotografias, no *Journal* da Sociedade Americana de Pesquisas Psíquicas.[16] O outro resultado foi obtido em 11 de novembro de 1922, por ocasião do Grande Silêncio, no Dia do Armistício, em Whitehall, quando, numa fotografia da multidão reunida nas proximidades do Cenotáfio, distinguem-se muitos rostos de espíritos, inúmeros deles reconhecidos. Isso se repetiu em três anos consecutivos.

Pesquisas modernas provaram que esses resultados psíquicos não são obtidos, pelo menos em alguns casos, por meio da lente da câmera. Em muitas ocasiões, em condições de teste, essas imagens supranormais foram obtidas em caixas fechadas de chapas que um ou mais consulentes seguravam nas mãos. Além disso, em experimentos com o uso de duas câmeras, um eventual "extra" aparece em uma das câmeras, nunca em ambas. A teoria proposta é de que a imagem se projeta na chapa fotográfica ou que uma tela psíquica é aplicada à chapa.

O autor pode dizer algumas palavras sobre sua experiência pessoal, ocorrida principalmente com o Círculo de Crewe e com a sra. Deane. No caso da sra. Deane, sempre houve resultados, mas em nenhuma ocorrência os "extras" foram

---

[15] Ver *Light*, 1920, p. 190.
[16] Março de 1922, pp. 132-47.

reconhecidos. O autor conhece muito bem os poderes psíquicos da sra. Deane, claramente demonstrados durante a longa série de experimentos realizados pelo sr. Warrick sob todas as condições de teste possíveis e apresentados em detalhes em *Psychic Science*.[17] As experiências pessoais do sr. Warrick, porém, nunca foram comprobatórias e, caso se apoiasse apenas nelas, não poderia falar com certeza. Ele usou as chapas da sra. Deane e tem uma forte impressão de que os rostos podem ser projetados sobre elas nos dias de preparação do experimento em que ela as leva consigo. Ela acredita que pode facilitar os resultados dessa maneira, mas é provável que esteja equivocada, pois o caso Cushman foi espontâneo. Consta também que certa vez foi vítima de uma cilada no Psychic College, quando seu jogo de placas foi substituído por outro. Apesar disso, ela obteve alguns "extras". Assim, seria recomendável que ela abandonasse métodos que tornam seus resultados, embora autênticos, muito vulneráveis a ataques.[18]

É diferente com o sr. Hope. Nas várias ocasiões em que o autor participou de uma sessão com ele, sempre levou suas próprias chapas, marcou-as na câmara escura e ele mesmo as manuseou e revelou. Em quase todos os casos, obteve um "extra", o qual – embora ainda não tenha sido reconhecido com clareza – certamente se produziu de forma anormal. O sr. Hope resistiu aos habituais ataques de ignorância ou malícia a que todo médium está exposto, mas se livrou deles com sua honra intocada.

Não se pode deixar de mencionar os notáveis resultados obtidos pelo sr. Staveley Bulford, um talentoso estudante de psiquismo, que produziu fotografias psíquicas autênticas de excelência. Ninguém que manuseie seu álbum de recortes e observe o desenvolvimento gradual do seu dom, desde meras manchas de luz até rostos perfeitos, deixará de se convencer da realidade do processo.

O assunto ainda é obscuro, mas toda a experiência pessoal do autor corrobora a opinião de que em certo número de casos não há qualquer produção de caráter externo, sendo o efeito produzido por uma espécie de raio que carrega em si uma imagem que pode penetrar corpos sólidos, como a parede do chassi, e imprimir seu efeito sobre a chapa. O experimento, já citado, em que foram usadas duas câmeras simultaneamente, com a médium entre elas, parece ser conclusivo, pois mostrou resultado em uma chapa e não na outra. O autor obtém resultados em

---

[17] Julho de 1925.
[18] Depois de escrever o que precede, o autor testou a médium com as chapas dele, marcadas e reveladas por ele mesmo. Obteve seis resultados psíquicos em oito experimentos.

chapas que nunca saíram do chassi, tão vívidas quanto as que foram expostas à luz. É provável que, se Hope não tivesse tirado a tampa da objetiva, seus resultados teriam sido por vezes os mesmos.

Qualquer que seja a eventual explicação, a única hipótese que no momento justifica os fatos é a de uma sábia Inteligência invisível que preside a operação e age à sua maneira, apresentando resultados diferentes em grupos distintos. Os métodos de cada um são tão padronizados que o autor poderia dizer por um simples relance qual fotógrafo imprimiu a chapa que lhe fosse apresentada. Supondo que tal Inteligência tenha os poderes a ela atribuídos, podemos imediatamente ver por que toda lei fotográfica normal é violada, por que sombras e luzes não combinam mais e por que, em suma, toda uma série de armadilhas é colocada para o crítico convencional comum. Visto que a imagem é obra dessa Inteligência e impressa na chapa, podemos compreender também por que encontramos resultados que são reproduções de antigos quadros e fotografias e por que é possível que o rosto de um homem vivo apareça na chapa como a de um espírito desencarnado. Em um caso, citado pelo dr. Henslow, a reprodução de uma rara inscrição grega do Museu Britânico apareceu em uma das chapas de Hope, com uma ligeira mudança no grego que mostrava que não era uma cópia.[19] Aqui, aparentemente, a Inteligência anotou a inscrição, projetou-a na chapa, mas teve um pequeno lapso de memória no transporte. Essa explicação tem o desconcertante corolário de que o simples fato de obtermos a fotografia psíquica de um amigo falecido não é prova alguma de que o amigo esteja realmente presente. Somente quando esse fato é afirmado independentemente numa sessão, antes ou depois, é que obtemos algo da natureza de prova.

Em seus experimentos com Hope, o autor pôde ter um vislumbre do processo de composição de fotografias objetivas – tanto que conseguiu reunir um conjunto de diapositivos que mostram os vários estágios. O primeiro desses diapositivos – feito com o sr. William Jeffrey, de Glasgow, como consulente – exibe uma espécie de casulo de material venoso, transparente, que devemos chamar de ectoplasma, já que os diversos plasmas ainda não foram subdivididos. É tão tênue quanto uma grande bolha de sabão e nada contém: pode parecer o invólucro no interior do qual se realiza o processo, onde a energia se acumula, como no gabinete de um médium. No diapositivo seguinte, vemos um rosto formado dentro do casulo, com este abrindo-se no centro. Veem-se várias etapas dessa

---

[19] *Proofs of the Truth of Spiritualism*, p. 218. Henslow.

abertura. Por fim, o rosto olha para fora, com o casulo decorado atrás formando um arco sobre o rosto e um véu pendente em ambos os lados. Esse véu é muito característico das fotografias de Hope, e, quando está ausente, pode-se afirmar que não houve presença objetiva e que o efeito é realmente psicográfico. O véu ou mantilha, revelando-se em várias formas, pode ter sua origem procurada através de toda a série de fotografias anteriores e é especialmente perceptível em uma fotografia tirada por um amador na costa oeste da África, onde o espírito escuro tem dobras grossas desde o topo da cabeça até os pés. Quando resultados semelhantes são obtidos em Crewe e em Lagos, é apenas bom senso concordar que uma lei comum está em ação.

Ao dar esse testemunho sobre o casulo psíquico, o autor espera ter dado uma pequena contribuição para uma melhor compreensão do mecanismo da fotografia psíquica, sem dúvida um ramo inconteste da ciência psíquica, como todo investigador sério descobrirá. Não podemos negar, no entanto, que tenha sido por vezes transformado em ferramenta de charlatões, nem podemos afirmar com segurança que, pelo fato de os resultados de alguns médiuns serem autênticos, possamos aceitar sem questionar o que quer que se nos apresente.

CAPÍTULO 20

VOZES MEDIÚNICAS E MOLDAGENS

É impossível dedicar um capítulo a cada uma das formas de poder psíquico, pois o resultado ultrapassaria muito os limites deste trabalho, mas os fenômenos de produção de voz e de moldes são tão claros e evidentes que uma descrição mais completa deles pode ser oportuna.

Milhares de pessoas podem repetir as palavras de Jó: "E ouvi uma voz", referindo-se a uma voz vinda de alguém de fora da Terra. E podem dizer isso com a certeza da convicção, após uma série de testes exaustivos. A narrativa bíblica está repleta de exemplos desse fenômeno,[1] e os registros psíquicos dos tempos modernos mostram que aqui, como em outras manifestações supranormais, o que aconteceu na aurora do mundo ainda acontece.

Casos históricos de mensagens de voz são os de Sócrates e de Joana d'Arc, embora haja dúvidas se nessas ocorrências as pessoas próximas também podiam ouvir. À luz dos conhecimentos mais completos que chegaram até nós, podemos concluir com certa probabilidade que as vozes que eles ouviam eram da mesma natureza supranormal daquelas que conhecemos hoje.

O sr. F. W. H. Myers[2] nos leva a acreditar que o *Daimon* (espírito, poder divino, divindade interior) de Sócrates era "um estrato mais profundo do próprio sábio" que

---

[1] Ver *The Voices*, de Usborne Moore (1913), p. 433.
[2] *S.P.R. Journal*, Vol. III (1887), p. 131.

se comunicava com "o estrato superficial ou consciente". Da mesma forma, explica as vozes que chegavam a Joana d'Arc. Porém, dizendo isso, ele não explica nada.

O que devemos pensar dos relatos segundo os quais as estátuas antigas falavam? O erudito e anônimo autor, supostamente o dr. Leonard Marsh, da Universidade de Vermont, deste curioso livro, *Apocatastasis; or Progress Backwards*, cita Nonnus dizendo:

> Quanto a essa estátua (de Apolo), onde estava e como falava, eu nada disse. É preciso esclarecer, porém, que havia em Delfos uma estátua que emitia uma voz inarticulada. Sabemos que os espíritos falam com vozes inarticuladas porque não têm órgãos com que possam falar articuladamente.

O comentário do dr. Marsh a essas palavras é o seguinte:

> Parece que o autor não estava bem informado sobre a capacidade de falar dos espíritos, pois toda a história antiga diz que a voz dos espíritos era com frequência ouvida no ar, falando articuladamente e repetindo as mesmas palavras em diversos lugares; e isso era chamado e universalmente conhecido pelo nome de *Vox Divina*.

Ele continua dizendo que, no caso da estátua mencionada, o espírito estava evidentemente fazendo experimentos com o material rústico de que ela era feita (provavelmente pedra) para descobrir se ele poderia fazer com que ela articulasse, mas não conseguiu porque a estátua "não tinha laringe ou outros órgãos vocais, como os médiuns modernos têm". Em seu livro, o dr. Marsh se propôs a mostrar que os fenômenos espíritas naquela época (1854) eram grosseiros e imaturos em comparação com a antiga comunicação dos espíritos. Os antigos, diz ele, falavam dela como uma ciência e afirmavam que o conhecimento obtido por ela era certo e confiável, "apesar de todos os espíritos fraudulentos". Admitindo que o sacerdote fosse um médium de voz, explica-se facilmente o oráculo que se expressa pela fala.

Vale observar que a Voz, que foi uma das primeiras formas de mediunidade associadas ao espiritismo moderno, ainda predomina, ao passo que muitos outros aspectos da antiga mediunidade tornaram-se raros. Como são inúmeros os pesquisadores competentes para quem os fenômenos vocais estão entre as manifestações psíquicas mais convincentes, examinemos brevemente os registros.

Tudo indica que Jonathan Koons, o agricultor de Ohio, teria sido o primeiro dos médiuns modernos a manifestar esse fenômeno. Na cabana já mencionada, a que chamava de "Casa dos Espíritos", ele produziu em 1852 e durante alguns anos seguintes uma série de fenômenos surpreendentes, entre os quais vozes de espíritos falando através de um megafone ou "trombeta". O sr. Charles Partridge, conhecido homem público e um dos primeiros investigadores, assim descreve como ouviu o espírito conhecido como John King falando numa sessão na casa de Koons em 1855:

> No final da sessão, o espírito de King, como é seu costume, pegou a trombeta e fez uma breve palestra através dela – *falando audível e claramente*, enumerando os benefícios resultantes no tempo e na eternidade da comunicação com os espíritos bem como nos exortando a sermos discretos e corajosos no falar, diligentes em nossas investigações, fiéis às responsabilidades que esses privilégios impõem, caridosos para com os que estão na ignorância ou no erro, harmonizando nosso zelo com sabedoria etc.

O professor Mapes, o conhecido químico americano, disse que na presença dos Davenports conversou durante meia hora com John King, cuja voz era alta e clara. O sr. Robert Cooper, um dos biógrafos dos irmãos Davenport, muitas vezes ouvia a voz de King à luz do dia e ao luar, quando caminhava na rua com os Davenports.

Nos dias atuais, conseguimos formar uma ideia do processo responsável pela produção das vozes numa sessão. Esse conhecimento, aliás, foi corroborado por comunicações recebidas dos próprios espíritos.

Parece que os operadores espirituais utilizam o ectoplasma proveniente principalmente do médium, mas também em menor grau dos consulentes, para moldar algo parecido com uma laringe humana. Servem-se disso para produzir a voz.

Na explicação que os espíritos deram a Koons, disseram que utilizam uma combinação de elementos do corpo espiritual e do que corresponde ao nosso ectoplasma moderno, "uma aura física que emana do médium". Essa explicação corresponde àquela dada por intermédio da sra. Bassett, conhecida médium de voz inglesa da década de 1870: "Eles dizem que se servem das emanações do médium e de outros membros da plateia para com elas formar o aparelho fonador que utilizam para falar".[3]

A sra. Mary Marshall (falecida em 1875), a primeira médium pública inglesa, foi o canal para vozes vindas de John King e outros. Em Londres, em 1869, o sr.

---

[3] *The Spiritual Magazine*, 1872, p. 45.

W. H. Harrison, editor do *The Spiritualist*, realizou testes exaustivos com ela. Como se supunha que os primeiros espíritas eram pessoas facilmente sugestionáveis, é interessante observar seu cuidadoso escrutínio. Falando a respeito da sra. Mary Marshall, ele diz:[4]

> Mesas e cadeiras moviam-se à luz do dia e, às vezes, elevavam-se do chão; enquanto, nas sessões às escuras, ouviam-se vozes e viam-se manifestações luminosas; todas essas coisas eram atribuídas aos espíritos. Resolvi então participar assiduamente das sessões e perseverar até descobrir se as afirmações eram verdadeiras ou então detectar a impostura com precisão e certeza suficientes para denunciá-la na presença de testemunhas e poder publicar os fatos com desenhos seccionais completos do aparelho utilizado.
>
> A voz que se autodenomina "John King" é insuflada ao que parece por uma inteligência inteiramente diferente da voz do sr. ou da sra. Marshall. No entanto, presumi para mim mesmo que o sr. Marshall emitia a voz e, depois de assistir a diversas sessões, descobri que era comum o sr. Marshall e John King falarem ao mesmo tempo, e então fui obrigado a abandonar essa teoria.
>
> Em seguida, presumi que a sra. Marshall fazia isso, até que certa noite me sentei ao lado dela; ela estava à minha direita, eu segurava sua mão e seu braço, e John King veio e falou ao meu ouvido esquerdo, com a sra. Marshall totalmente imóvel o tempo todo, de modo que tive de deixar de lado uma segunda teoria.
>
> Na sequência, supus que um cúmplice entre os integrantes do círculo imitava a voz de John King; assim, participei de uma sessão com o sr. e a sra. Marshall sozinhos; John estava lá e conversou por uma hora.
>
> Por fim, imaginei que um cúmplice oculto fazia a voz; assisti a duas sessões em que a sra. Marshall estava presente entre desconhecidos dela, numa casa desconhecida, e novamente John King estava tão animado como sempre.
>
> Para terminar, na noite de quinta-feira, 30 de dezembro de 1869, John King veio e conversou com onze pessoas do grupo da sra. C. Berry, na ausência do sr. e da sra. Marshall, sendo a médium a sra. Perrin.

Embora o sr. Harrison se convencesse assim de que nenhum ser humano presente produzia as vozes, ele não menciona – o que era o caso – que as vozes, muitas vezes, davam provas de identidade que nem o médium nem um cúmplice poderiam fornecer.

---

[4] *The Spiritualist*, Vol. I, p. 38.

O sr. Damiani, um pesquisador muito conhecido, em seu depoimento à Sociedade Dialética de Londres, declarou[5] que vozes que haviam falado com ele na presença de médiuns não remunerados haviam posteriormente conversado com ele em sessões privadas com a sra. Marshall e "haviam exibido as mesmas peculiaridades quanto ao tom, expressão, timbre, volume e pronúncia, como nas ocasiões anteriores". Essas vozes também conversavam com ele sobre assuntos de natureza tão específica que ninguém mais poderia conhecê-los. Às vezes, também previram acontecimentos que acabaram acontecendo.

É natural que os que têm um primeiro contato com fenômenos vocais suspeitem de ventriloquismo como uma possível explicação. D. D. Home, com quem essas vozes ocorriam com frequência, teve o cuidado de responder a essa objeção. O general Boldero, descrevendo a sessão realizada quando Home o visitou em Cupar, Fife, em 1870, escreve:[6]

> Então, ouviram-se vozes falando ao mesmo tempo na sala, duas pessoas diferentes, a julgar pela entonação. Não conseguíamos entender as palavras ditas, pois Home insistia em falar conosco o tempo todo. Reclamamos com ele, que logo nos respondeu: "Falei de propósito para que vocês se convençam de que as vozes não se devem a nenhum ventriloquismo de minha parte, pois este é impossível quando alguém fala com sua voz natural". A voz de Home era bem diferente das vozes ouvidas no ar.

O autor pode corroborar essa explicação baseado em sua experiência pessoal, pois ouviu vozes falando ao mesmo tempo dezenas de vezes. Exemplos são dados no capítulo "Alguns Grandes Médiuns Modernos".

O almirante Usborne Moore declara ter ouvido as vozes de três ou quatro espíritos falando simultaneamente com a sra. Wriedt, de Detroit. Em seu livro *The Voices* (1913), ele cita o testemunho de uma conhecida escritora, srta. Edith K. Harper, ex-secretária particular do sr. W. T. Stead. Ela escreve:[7]

> Depois de examinar os registros de umas duzentas sessões com a sra. Etta Wriedt durante suas três visitas à Inglaterra, das quais só as anotações das sessões gerais ocupariam um volume enorme se fossem escritas *in extenso*, tentarei reproduzir

---

[5] *Report of the London Dialectical Society* (1871), p. 201.
[6] *S.P.R. Journal*. Vol. IV, p. 127.
[7] *The Voices*, pp. 324-25.

resumidamente algumas experiências mais marcantes que minha mãe e eu tivemos o privilégio de ter através da mediunidade da sra. Wriedt. Examinando as minhas notas relativas à sua primeira visita em 1911, constatei que, entre as principais características das sessões, destacam-se os seguintes detalhes:

(1) A sra. Wriedt nunca entrou em transe, mas conversou livremente com os participantes, e nós a ouvimos falando, e mesmo discutindo, com um espírito de cujas opiniões ela discordava. Lembro-me de ver uma vez o sr. Stead se contorcendo de rir ao ouvir a sra. Wriedt censurando o falecido editor do *Progressive Thinker* por sua atitude em relação aos médiuns e o evidente embaraço do sr. Francis que, depois de tentar explicar, deixou cair a trombeta e aparentemente se retirou incomodado.

(2) Houve duas, três e até quatro vozes de espíritos falando simultaneamente com diferentes consulentes.

(3) Havia mensagens dadas em línguas estrangeiras – francês, alemão, italiano, espanhol, norueguês, holandês, árabe e outras – que a médium desconhecia. Uma senhora norueguesa, muito conhecida no mundo da literatura e da política, foi abordada em norueguês por uma voz masculina, dizendo-se irmão dela, e dando o nome P__. Ela conversou com ele e parecia tomada de alegria com as provas que ele apresentou de sua identidade. [...] Outra vez, uma voz começou a falar em espanhol fluente, dirigindo-se a uma senhora do grupo. Os presentes ignoravam que ela conhecesse esse idioma; ela então continuou a conversa com o espírito nessa língua, para evidente satisfação deste.

A sra. Mary Hollis (depois sra. Hollis-Billing) foi uma notável médium americana que visitou a Inglaterra em 1874 e novamente em 1880, quando representantes espíritas a recepcionaram em Londres com discursos de boas-vindas. Em seu livro *Startling Facts in Modern Spiritualism*, o dr. N. B. Wolfe faz um belo relato da variada mediunidade dessa médium. A sra. Hollis era uma dama refinada, e milhares de pessoas obtiveram provas e consolo por meio de seus poderes. Seus dois guias espirituais, "James Nolan" e um índio chamado "Ski", falavam livremente na Voz Direta. Numa de suas sessões, realizada na residência da sra. MacDougall Gregory, em Grosvenor Square, em 21 de janeiro de 1880, um clérigo da Igreja da Inglaterra[8] "teve o fio da conversa retomado por um espírito no ponto em que ele havia sido interrompido sete anos antes, e ele disse estar perfeitamente satisfeito

---

[8] *Spiritual Notes*, Vol. I, p. 264.

com a autenticidade da voz, que era muito peculiar e claramente audível para os que estavam sentados ao lado do clérigo a quem ele se dirigia".

O sr. Edward C. Randall faz um relato de outra boa médium de voz americana, a sra. Emily S. French, em seu livro *The Dead Have Never Died*. Ela morreu em sua casa em Rochester, Nova York, em 24 de junho de 1912. O sr. Randall investigou seus poderes durante vinte anos e estava convencido de que sua mediunidade era de um nível bem elevado.

A sra. Mercia M. Swain, falecida em 1900, também era uma médium de voz muito sensível. Por seu intermédio, um Círculo de Resgate na Califórnia pôde aproximar-se e fazer o bem a almas pouco evoluídas no além. Um relato dessas sessões extraordinárias, realizadas sob o controle do sr. Leander Fisher, de Buffalo, Nova York, durante vinte e cinco anos, de 1875 a 1900, encontra-se no livro do almirante Usborne Moore, *Glimpses of the Next State*.

A sra. Everitt, uma excelente médium não profissional, obteve vozes na Inglaterra em 1867 e durante muitos anos seguintes.

Os grandes médiuns de efeitos físicos, especialmente os de materialização, também produziram fenômenos de voz. Podemos citar, por exemplo, Eglinton, Spriggs, Husk, Duguid, Herne, sra. Guppy e Florence Cook.

A sra. Elizabeth Blake, de Ohio, falecida em 1920, foi uma das médiuns de voz mais impressionantes de que temos conhecimento, e talvez a mais incontestável, porque em sua presença produziam-se vozes regularmente em plena luz do dia. Era uma mulher pobre e analfabeta, moradora do vilarejo de Bradrick, às margens do rio Ohio, no lado oposto ao da cidade de Huntingdon, na Virgínia Ocidental. Era médium desde a infância. Muito religiosa, pertencia à Igreja Metodista, da qual, porém, como outros, foi expulsa devido à sua mediunidade.

Pouco se escreveu sobre ela; o único relato detalhado é uma valiosa monografia do prof. Hyslop.[9] Consta que teria sido testada inúmeras vezes por "cientistas, médicos e outros" bem como que se submeteu voluntariamente a todas as provas. Entretanto, como esses homens não conseguiram detectar nenhuma fraude, não se preocuparam em publicar as conclusões a que chegaram. Para investigar sua mediunidade, Hyslop viajou para Ohio em 1906, quando teve sua atenção e interesse atraídos pelas declarações de um conhecido e experiente ilusionista americano que se convencera dos poderes da médium.

---

[9] *Proceedings American SPR*, Vol. VII (1913), pp. 570-788.

O volumoso relatório de Hyslop descreve comunicações comprobatórias ocorridas.

Ele faz essa confissão muito comum de ignorância dos processos ectoplásmicos na produção dos fenômenos vocais. Assim se expressa:

> A altura dos sons em alguns casos exclui a suposição de que as vozes sejam transmitidas das cordas vocais para a trombeta. Ouvi os sons a seis metros de distância – e poderia tê-los ouvido a doze ou quinze metros – e os lábios da sra. Blake não se moviam.
>
> Ainda falta levantar uma hipótese clara para explicar esse aspecto dos fenômenos. Mesmo o uso do termo "espíritos" não satisfaria o cientista comum. Este quer conhecer os processos mecânicos envolvidos, assim como explicamos a capacidade de falar normal.
>
> Pode ser verdade que os espíritos sejam a primeira causa no processo, mas este comporta etapas que interferem desde o início até o resultado final. É isso que cria a perplexidade mais do que a suposição de que os espíritos estão de algum modo atrás de tudo... o homem de ciências não consegue admitir que espíritos possam causar um efeito mecânico sem ao mesmo tempo usar um instrumento mecânico.

Não só o homem de ciências, mas ninguém mais, aliás. A explicação, porém, tem sido dada incessantes vezes pelo Outro Lado. A falta de conhecimento do prof. Hyslop sobre a relação existente entre os sons e sua fonte surpreenderia menos não fosse o fato de que os próprios espíritos forneceram repetidamente a resposta às questões que ele levanta. Pela mediação de muitos médiuns, eles deram explicações quase idênticas.

O dr. L. V. Guthrie, superintendente do West Virginia Asylum em Huntingdon e conselheiro médico da sra. Blake, estava convencido dos poderes dela. Ele escreveu:[10]

> Tive sessões com ela em meu próprio consultório, na varanda, ao ar livre e, certa ocasião, numa carruagem quando seguíamos pela estrada. Ela se dispôs inúmeras vezes a me deixar participar de uma sessão e usar um tubo de candeeiro em vez de uma trombeta, e muitas vezes a vi produzir as vozes com a mão apoiada numa das extremidades da trombeta.

---

[10] *Op. cit.*, p. 581.

O dr. Guthrie apresenta os dois seguintes casos com a sra. Blake em que a informação dada era desconhecida tanto dos presentes quanto da médium.

Uma das minhas funcionárias, uma jovem cujo irmão se alistara no exército e fora destacado para as Filipinas, estava ansiosa para receber notícias dele, havia-lhe escrito várias cartas, endereçando-as aos cuidados da companhia a que ele pertencia, mas nunca recebera qualquer resposta. Ela procurou a sra. Blake e recebeu a informação do "espírito" de sua mãe, que falecera havia vários anos, que se ela endereçasse uma carta a esse irmão em C_____, ela conseguiria uma resposta. Ela fez isso e recebeu a resposta em dois ou três dias, pois ele havia retornado das Filipinas sem comunicar o fato a nenhum dos seus familiares.

O caso seguinte é ainda mais impressionante.

Uma conhecida minha, de família destacada neste extremo do Estado, cujo avô fora encontrado morto debaixo de uma ponte, procurou a sra. Blake alguns anos atrás, sem mesmo se lembrar do avô. Ela ficou muito surpresa ao ouvir o "espírito" do avô dizer-lhe que não havia caído da ponte por embriaguez, como então se presumira, mas que havia sido assassinado por dois homens que o encontraram, assaltaram-no e o jogaram da ponte. O "espírito" descreveu detalhadamente a aparência dos dois homens e deu outras informações que levaram à prisão e condenação de um ou ambos os indivíduos.

Vários participantes das sessões com a sra. Blake perceberam que, enquanto ela falava, ouviam-se ao mesmo tempo vozes de espíritos e, além disso, que esses espíritos preservaram a mesma personalidade e a mesma entonação de voz ao longo dos anos. Hyslop dá detalhes de um caso com essa médium em que a comunicação de voz revelou a combinação correta para abrir um cofre, então desconhecida do consulente.

Entre os médiuns de voz modernos na Inglaterra estão a sra. Roberts Johnson; a sra. Blanche Cooper; John C. Sloan; William Phoenix; as srtas. Dunsmore; Evan Powell, médium galês; e o sr. Potter.

O sr. H. Dennis Bradley fez um relato completo da mediunidade vocal de George Valiantine, conhecido médium americano. O próprio Bradley conseguiu obter vozes em seu círculo familiar sem a participação de nenhum médium profissional. Nunca se destacará em demasia os serviços que a ação dedicada e abnegada do sr. Bradley prestou à ciência psíquica. Se todo o nosso conhecimento dependesse das provas apresentadas nesses dois livros, ele seria suficientemente amplo para qualquer homem razoável.[11]

Podemos também dedicar umas poucas páginas a um resumo das provas objetivas e efetivamente convincentes oferecidas pelos moldes obtidos com os corpos de figuras ectoplásmicas – em outras palavras, de formas materializadas. O primeiro a explorar essa linha de pesquisa parece ter sido William Denton, autor de *Nature's Secrets*, livro sobre psicometria publicado em 1863. Em Boston (EUA), em 1875, trabalhando com a médium Mary M. Hardy, ele adotou métodos que se assemelham aos usados por Richet e Geley em seus experimentos mais recentes em Paris. Denton na verdade fez uma demonstração pública em Paine Hall, quando consta que o molde do rosto de um espírito foi produzido em parafina derretida. Entre outros médiuns com quem se obtiveram esses moldes podemos mencionar a sra. Firman, o dr. Monck, a srta. Fairlamb (depois sra. Mellon) e William Eglinton. Terem esses resultados sido corroborados pelas sessões posteriores de Paris é um forte argumento para sua validade. O sr. William Oxley, de Manchester, descreve como em 5 de fevereiro de 1876 obteve-se um belo molde da mão de uma senhora e como logo em seguida o molde da mão da sra. Firman, a médium, se mostrou bem diferente. Nessa ocasião, a sra. Firman estava imobilizada por um cordão que passava pela cabeça e chegava à cintura, prendendo suas mãos e braços. Em princípio, isso seria o fim de qualquer fraude por parte da médium, embora também esteja registrado que o molde de cera estava quente, ou seja, não poderia ter sido levado para a sala da sessão. É difícil discernir quais outras precauções poderiam ter sido tomadas para assegurar o resultado. Em uma segunda ocasião, obtiveram-se moldes do pé e da mão, sendo as aberturas do pulso e do tornozelo tão estreitas que o membro não poderia ser retirado. A única explicação plausível é que a mão e o pé haviam se desmaterializado.

Os resultados do dr. Monck também parecem resistir ao teste das críticas. Oxley realizou experimentos com ele em Manchester em 1876 e teve o mesmo sucesso alcançado com a sra. Firman. Nessa ocasião, foram obtidos moldes de duas figuras diferentes. Sobre essas experiências, Oxley diz: "A importância e o valor desses moldes de espíritos não podem ser superestimados, pois, embora a

---

[11] *Towards the Stars* e *The Wisdom of the Gods*.

relação dos fenômenos espirituais com outros de caráter duvidoso e cético seja valiosa, apenas com base na credibilidade, os moldes dessas mãos e pés são fatos permanentes e evidentes, e agora exigem dos cientistas, artistas e zombeteiros a solução do mistério de sua produção". Essa exigência continua válida. O famoso ilusionista Houdini e o grande anatomista *sir* Arthur Keith tentaram ambos moldar suas mãos, e os resultados laboriosamente produzidos serviram apenas para acentuar o caráter único daquilo que eles tentaram copiar.

No caso de Eglinton, o dr. Nichols, biógrafo dos Davenports, registrou que moldes de mãos foram obtidos e que uma senhora presente reconheceu uma peculiaridade – uma leve deformidade – característica da mão de sua filhinha que havia se afogado na África do Sul com a idade de cinco anos.

Talvez o mais definitivo e convincente de todos os moldes tenha sido o obtido por Epes Sergeant da médium sra. Hardy, já mencionada em relação aos experimentos de Denton. Vale a pena citar as conclusões na íntegra. O escritor diz:

Nossas conclusões são que:
1. Algum poder desconhecido dotado de inteligência e utilizando-se de ação manual produziu o molde de uma mão perfeita em tamanho natural numa caixa fechada.
2. As condições do experimento eram independentes de toda confiança no caráter e boa-fé da médium, embora a autenticidade de sua mediunidade tenha sido plenamente justificada pelo resultado.
3. Essas condições eram tão simples e tão rigorosas que excluíam completamente todas as oportunidades de fraude e todos os artifícios de ilusão, de modo que nossa percepção da conclusão do teste é perfeita.
4. Recebe confirmação deste duplo teste o fato, há muito conhecido dos pesquisadores, de que mãos evanescentes, materializadas, guiadas por uma inteligência e projetadas a partir de um organismo invisível, podem se tornar visíveis e tangíveis.
5. O experimento do molde, associado ao da chamada fotografia espírita, fornece uma prova objetiva da operação de uma força inteligente exterior a qualquer organismo visível e oferece uma base apropriada para a investigação científica.
6. A pergunta "Como esse molde foi produzido dentro dessa caixa?" leva a considerações que devem ter uma influência muito importante sobre a filosofia do futuro bem como sobre problemas de psicologia e de fisiologia; além disso, abre novos horizontes para os poderes latentes e para o elevado destino do homem.

Sete testemunhas respeitáveis assinam o relatório.

Se o leitor não está satisfeito com os vários exemplos da validade desses testes por moldagem, deve ler as conclusões a que chegou o grande pesquisador Geley no final de seus experimentos clássicos com Kluski, já brevemente referidos.

O dr. Geley realizou inúmeros experimentos notáveis com Kluski na composição de moldes de cera de mãos materializadas. Ele registrou os resultados de uma série de onze sessões bem-sucedidas com esse propósito.[12] À meia-luz, o prof. Richet segurou a mão direita do médium e o conde Potocki, a mão esquerda. Uma bacia contendo cera, mantida no ponto de fusão por água morna, foi colocada a sessenta centímetros na frente de Kluski, e, para fins de teste, a cera foi impregnada (sem que o médium soubesse) com colesterol químico para evitar a possibilidade de substituição. O dr. Geley escreve:

> A luz fraca não permitia ver os fenômenos; o som dos pingos no líquido nos alertou para o momento de imergir. A operação envolveu duas ou três imersões. A mão que atuava foi mergulhada na bacia, foi retirada e coberta com parafina morna, tocou as mãos dos controladores dos experimentos e, então, novamente mergulhada na cera. Depois da operação, a luva de parafina, ainda quente, mas solidificada, foi colocada entre as mãos de um dos controladores.

Desse modo, nove moldes foram tirados: sete de mãos, um de pé e um de queixo e lábios. A cera de que foram compostos ao ser testados apresentou a reação característica do colesterol. O dr. Geley mostra vinte e três fotografias dos moldes e de reproduções em gesso modeladas a partir deles. Deve-se mencionar que os moldes expõem as dobras da pele, as unhas e as veias, e essas marcas em nada se assemelham às do médium. Os esforços para fazer moldes semelhantes de mãos de seres humanos foram apenas parcialmente exitosos, e a diferença em relação aos obtidos nas sessões era óbvia. Escultores e modeladores de renome declararam não conhecer nenhum método de produção de moldes de cera como os obtidos nas sessões com Kluski.

Geley resume o resultado assim:[13]

> Vamos agora enumerar as provas que apresentamos da autenticidade dos moldes de membros materializados em nossos experimentos em Paris e Varsóvia.

---

[12] *Revue Métapsychique*, junho de 1921.
[13] *L'Ectoplasmie* etc., p. 278.

Mostramos que, além do controle do médium, cujas duas mãos mantínhamos sempre imobilizadas, não havia a menor possibilidade de fraude.

1. A teoria de fraude praticada com luvas de borracha é inadmissível, pois tal tentativa produz resultados grosseiros e absurdos que podem ser percebidos à primeira vista como imitações.
2. Não é possível produzir luvas de cera com um molde rígido já preparado. Um teste com esse material mostra de imediato essa impossibilidade.
3. O uso de um molde preparado numa substância passível de fusão e dissolução, coberto com uma película de parafina durante a sessão e depois dissolvida num recipiente com água, também não é possível com o procedimento adotado. Não tínhamos um recipiente com água.
4. A teoria de que foi usada uma mão viva (a do médium ou de um presente) é inadmissível. Isso não poderia ter sido feito, por várias razões, sendo uma delas que luvas assim obtidas são grossas e sólidas, enquanto as nossas são finas e delicadas, também que a posição dos dedos em nossos moldes impossibilita que possam ser retirados sem quebrar a luva. Somado a isso, temos que as luvas foram comparadas com as mãos do médium e dos presentes, constatando-se que não são iguais. Isso é demonstrado também por medições antropológicas.

Finalmente, há a hipótese de que as luvas foram trazidas pelo médium. Isso é refutado pelo fato de termos introduzido secretamente produtos químicos na cera derretida e que estes foram encontrados nas luvas.

O relatório dos modeladores especialistas sobre o assunto é categórico e definitivo.

Nada serve de prova para quem está tão empanturrado de preconceitos que não dispõe de espaço para a razão, mas é inconcebível que qualquer homem normalmente dotado de inteligência possa ler tudo o que precede e ainda assim duvidar da possibilidade de tirar moldes de figuras ectoplásmicas.

CAPÍTULO 21

ESPIRITISMO FRANCÊS, ALEMÃO E ITALIANO

O Espiritismo na França e nos países de origens latinas gira em torno de Allan Kardec e tem como característica predominante a crença na reencarnação.

O sr. Hippolyte Leon Denizard Rivail, que adotou o pseudônimo "Allan Kardec", nasceu em Lyon em 1804, onde seu pai era advogado. Em 1850, quando as manifestações espíritas nos Estados Unidos despertavam a atenção na Europa, Allan Kardec pesquisou o assunto por meio da mediunidade de duas filhas de um amigo.

Nas comunicações realizadas, ele foi informado de que "espíritos de ordem muito superior à dos que habitualmente se comunicavam através das duas jovens médiuns transmitiriam ensinamentos exclusivamente a ele para capacitá-lo a cumprir uma importante missão religiosa".

Ele testou essa informação elaborando uma série de perguntas relativas aos problemas da vida humana e submetendo-as às supostas inteligências operadoras. Por meio de batidas e da escrita em pranchetas, recebeu as respostas e sobre estas fundou seu sistema de espiritismo.

Depois de dois anos dessas comunicações, descobriu que suas ideias e convicções haviam mudado completamente. Ele disse:

"As instruções assim transmitidas constituem uma teoria inteiramente nova da vida humana, do dever e do destino que me parece perfeitamente racional e coerente, admiravelmente lúcida e consoladora, e intensamente interessante." Ocorreu-lhe a ideia de publicar o que havia recebido e, ao submetê-la às inteligências comunicantes, foi-lhe dito que o ensinamento havia sido expressamente programado para ser difundido e que a Providência confiara essa missão a ele. Elas também o instruíram a chamar a obra de *Le livre des Esprits* (*O Livro dos Espíritos*).

O livro assim produzido em 1856 alcançou grande sucesso. Mais de vinte edições foram publicadas, e a "Edição Revista", de 1857, tornou-se o livro-texto reconhecido de filosofia espírita na França. Em 1861, publicou *The Medium Book* (*O Livro dos Médiuns*); em 1864, *The Gospel as Explained by Spirits* (*O Evangelho Segundo o Espiritismo*); em 1865, *Heavens and Hell* (*O Céu e o Inferno*); e, em 1867, *Genesis* [Gênesis]. Além desses, que são suas obras principais, publicou dois pequenos tratados intitulados *What is Spiritism* (*O Que é o Espiritismo?*) e *Spiritism Reduced to Its Sinpliest Expression*.

A srta. Anna Blackwell, que traduziu as obras de Allan Kardec para o inglês, assim o descreve:

> Pessoalmente, Allan Kardec era de estatura um pouco mais baixa do que a média das pessoas. Compleição robusta, cabeça grande, redonda e sólida, feições bem marcadas e olhos cinza-claros, parecendo mais alemão que francês. Enérgico e perseverante, mas de temperamento calmo, cauteloso e de pouca imaginação, até quase à frieza, incrédulo por natureza e por educação, pensador lógico e rigoroso, e eminentemente prático no modo de pensar e de agir; igualmente estranho ao misticismo e ao entusiasmo. [...] Grave, lento no falar, de maneiras despretensiosas, mas com certa dignidade serena resultante da seriedade e da determinação que eram os traços distintivos do seu caráter. Não provocando nem evitando discussões, mas nunca tomando a iniciativa de comentar sobre o assunto a que dedicava sua vida, recebeu com afabilidade as centenas de visitantes de todas as partes do mundo que vinham conversar com ele a respeito dos temas de que era o expoente reconhecido, respondendo a perguntas e objeções, explicando dificuldades e dando informações a todos os consulentes sérios, com quem conversava com liberdade e entusiasmo. Seu rosto, às vezes, iluminava-se com um sorriso amável e prazeroso, embora tamanha fosse sua sobriedade habitual de conduta que nunca se soube que ele risse. Entre os milhares de pessoas por quem foi assim visitado, muitas pertenciam aos altos escalões nos mundos social, literário, artístico e científico. O imperador Napoleão III, cujo interesse pelos fenômenos espíritas não era nenhum mistério, mandou chamá-lo várias vezes e manteve longas conversas com ele nas Tulherias sobre as doutrinas expostas em *O Livro dos Espíritos*.

Kardec fundou a Sociedade de Estudos Psicológicos, que se reunia semanalmente em sua casa com o objetivo de obter comunicações por meio de médiuns psicógrafos. Ele também criou *La Revue Spirite*, um periódico mensal ainda existente, que editou até sua morte em 1869. Pouco antes disso, planejou a criação de uma organização que continuasse seu trabalho. Chamava-se "Sociedade para a continuação das obras de Allan Kardec", com poderes para comprar e vender, receber doações e legados bem como dar continuidade à publicação de *La Revue Spirite*. Após sua morte, seus seguidores executaram fielmente seus planos.

Para Kardec, as palavras "espiritual", "espiritualismo" e "espiritualista" já tinham um significado definido e preciso, por isso ele as substituiu por "espiritismo" e "espírita".

Essa filosofia espírita se distingue pela crença de que nossa evolução espiritual se realiza ao longo de uma série de encarnações.

> Como os espíritos devem passar por muitas encarnações, segue-se que todos nós tivemos muitas existências e que teremos outras, mais ou menos perfeitas, nesta Terra ou em outros mundos.
>
> A encarnação dos espíritos sempre ocorre na raça humana; seria um erro supor que a alma ou espírito pudesse encarnar no corpo de um animal.
>
> As sucessivas existências corpóreas de um espírito são sempre progressivas, nunca retrógradas; mas a rapidez do nosso progresso depende dos esforços que fazemos para chegar à perfeição.
>
> As qualidades da alma são as do espírito encarnado em nós; assim, um homem bom é a encarnação de um espírito bom, e um homem mau é a encarnação de um espírito não purificado.
>
> A alma possuía sua própria individualidade antes de sua encarnação; ela preserva essa individualidade após sua separação do corpo.
>
> Ao reintegrar-se ao mundo dos espíritos, a alma reencontra todos aqueles que conheceu na Terra, e todas as suas existências anteriores voltam à sua memória, com a lembrança de todo o bem e de todo o mal que praticou nelas.
>
> O espírito encarnado está sob a influência da matéria; o homem que supera essa influência, pela elevação e purificação de sua alma, eleva-se para mais perto dos espíritos superiores, entre os quais um dia estará. Aquele que se deixa dominar pelas más paixões e põe todo o seu prazer na satisfação dos apetites grosseiros, aproxima-se dos espíritos impuros, dando predominância à sua natureza animal.
>
> Os espíritos encarnados habitam as diversas esferas do universo.[1]

---

[1] Introdução a *O Livro dos Espíritos*.

Allan Kardec, reprodução de *O Livro dos Espíritos*, 1875.

Kardec realizava suas pesquisas através das inteligências comunicantes por meio de perguntas e respostas, obtendo assim o material para seus livros. Muitas informações foram divulgadas sobre a questão da reencarnação. À pergunta "Qual é o objetivo da encarnação dos espíritos?" a resposta foi:

> É uma necessidade que lhes foi imposta por Deus, como meio de alcançar a perfeição. Para alguns deles, é uma expiação; para outros, uma missão. Para alcançar a perfeição, é necessário que se submetam a todas as *vicissitudes da existência corporal*. É a experiência adquirida pela expiação que constitui sua utilidade. A encarnação tem também outra finalidade, qual seja, a de preparar o espírito para desempenhar sua parte na obra da criação; para isso, ele deve assumir um aparelho corpóreo em consonância com o estado material de cada mundo para onde é enviado e por meio do qual é capacitado a realizar o trabalho especial, com relação àquele mundo, que lhe foi atribuído pela ordem divina. Ele é assim levado a contribuir com sua cota para o bem-estar geral, ao mesmo tempo que avança em seu aprimoramento.

Os espíritas na Inglaterra não chegaram a uma decisão a respeito da reencarnação. Alguns acreditam nela, muitos não, e a atitude geral pode ser tomada como a de que, como a doutrina não pode ser provada, é melhor que seja omitida da política ativa do espiritismo. A srta. Anna Blackwell, explicando essa atitude, sugere que a mente continental, sendo mais receptiva às teorias, aceitou Allan Kardec, enquanto a mente inglesa "geralmente se recusa a considerar qualquer teoria até que se tenha assegurado dos fatos assumidos por tal teoria".

O sr. Thomas Brevior, um dos editores da *The Spiritual Magazine*, resume a visão predominante dos espíritas ingleses de sua época. Ele escreve:[2]

> Quando a Reencarnação assumir um aspecto mais científico, quando puder oferecer um corpo de fatos demonstráveis e passíveis de verificação como os do espiritismo Moderno, merecerá ampla e cuidadosa discussão. Enquanto isso, que os arquitetos da especulação se divirtam, se quiserem, construindo castelos no ar; a vida é muito curta, e há muito a fazer neste mundo agitado para deixar o lazer ou a inclinação e nos ocuparmos em demolir essas estruturas aéreas, ou em mostrar em que fundamentos frágeis elas foram erguidas. É muito melhor resolver os pontos

---

[2] *The Spiritual Magazine*, 1876, p. 33.

em que estamos de acordo do que discutir aqueles sobre os quais parecemos discordar com tão pouca esperança.

William Howitt, um dos adeptos do espiritismo primitivo na Inglaterra, é ainda mais enfático em sua condenação da reencarnação. Depois de citar a observação de Emma Hardinge Britten de que milhares no Outro Mundo protestam, através de médiuns ilustres, que não têm conhecimento ou provas de reencarnação, ele diz:[3]

> A questão atinge a raiz mesma de toda fé nas revelações do espiritismo. Se somos levados a duvidar dos espíritos que se comunicam sob a forma mais séria, sob as mais sérias afirmações, onde está o próprio espiritismo? [...] Se a reencarnação existir, lamentável e repulsiva que é, ao entrar no outro mundo, milhões de espíritos devem ter procurado seus parentes, filhos e amigos em vão. [...] Já teria chegado até nós um sussurro sequer dessa aflição dos milhares e dezenas de milhares de espíritos comunicantes? Nunca. Assim, apenas com esse simples raciocínio, podemos asseverar que o dogma da reencarnação é tão falso quanto o inferno que lhe deu origem.

O sr. Howitt, no entanto, em sua veemência, esquece que pode haver um limite de tempo antes que a próxima encarnação ocorra e que também pode haver um elemento voluntário no ato. Em interessante artigo, Alexandre Aksakof menciona os nomes e os respectivos relatos dos médiuns do círculo de Allan Kardec.[4] Observa também que a crença na reencarnação era muito bem aceita na França da época, como se pode ver pela obra de M. Pezzani, *The Plurality of Existences* e outras. Aksakof escreve:

> É claro que o fato de Kardec propagar essa doutrina era uma questão de grande predileção; desde o início, ele apresentou a reencarnação como dogma, não como objeto de estudo. Para sustentá-la, sempre recorreu a médiuns psicógrafos que, como se sabe, são facilmente suscetíveis à influência psicológica de ideias preconcebidas; e o espiritismo as gerou em profusão; ao passo que as comunicações com a intermediação de médiuns de efeitos físicos não são apenas mais objetivas, mas sempre contrárias à doutrina da reencarnação. Kardec adotou o plano de

---

[3] *The Spiritual Magazine*, 1876, p. 37.
[4] *The Spiritualist*, Vol. VII (1875), pp. 74-5.

sempre menosprezar esse tipo de mediunidade, alegando como pretexto sua inferioridade moral. Assim, o método experimental é totalmente desconhecido no espiritismo; durante vinte anos, não fez o menor progresso intrínseco e permaneceu absolutamente ignorado pelo espiritismo anglo-americano! Os poucos médiuns de efeitos físicos franceses que desenvolveram seus poderes a despeito de Kardec nunca foram mencionados por ele na *Revue*; permaneceram quase desconhecidos dos espíritas, e só porque seus espíritos não apoiavam a doutrina da reencarnação.

Aksakof acrescenta que seus comentários não afetam a questão da reencarnação em abstrato, mas apenas têm a ver com sua propagação sob o nome de espiritismo.

D. D. Home, ao comentar o artigo de Aksakof, faz uma investida contra uma fase da crença na reencarnação. Ele diz:[5]

Conheço muitos reencarnacionistas e tive o prazer de conhecer pelo menos doze que foram Maria Antonieta; seis ou sete, rainha Maria da Escócia; centenas de Luís e de outros reis; uns vinte Alexandre, o Grande, mas resta-me ainda encontrar um simples John Smith, e imploro a todos, se encontrarem um, prendam-no numa gaiola como uma curiosidade.

A srta. Anna Blackwell resume o conteúdo dos principais livros de Kardec da seguinte forma:

O Livro dos Espíritos demonstra a existência e os atributos do Poder Causal e a natureza da relação entre esse Poder e o universo, colocando-nos na trilha da operação divina.

O Livro dos Médiuns descreve os vários métodos de comunicação entre este mundo e o próximo.

O Céu e o Inferno expõe a justiça do governo Divino, explicando a natureza do Mal como resultado da ignorância e mostrando o processo pelo qual os homens se tornarão iluminados e purificados.

O Evangelho Segundo o Espiritismo é um comentário sobre os preceitos morais de Cristo, com um exame da Sua vida e uma comparação dos Seus atos com as atuais manifestações de poder do espírito.

---

[5] *The Spiritualist*, Vol. VII, p. 165.

Gênesis mostra a conformidade da filosofia espírita com as descobertas da ciência moderna e com os princípios gerais transmitidos por Moisés, conforme explicados pelos espíritos.

"Para a maioria dos espíritas continentais", diz ela, "essas obras constituem a base da filosofia religiosa do futuro – uma filosofia em harmonia com o avanço das descobertas científicas nos vários outros domínios do conhecimento humano e promulgada pelas hostes de espíritos iluminados agindo sob a direção do próprio Cristo."

De modo geral, o autor tem a impressão de que o conjunto equilibrado das provas mostra que a reencarnação é um fato, mas não necessariamente universal. Quanto à ignorância dos nossos amigos espíritos sobre o assunto, essa é uma questão que diz respeito ao próprio futuro deles; e, se não temos clareza sobre o nosso futuro, é possível que eles também tenham as mesmas limitações. Quando se pergunta: "Onde estávamos antes de nascer?", temos uma resposta definida no sistema de desenvolvimento lento através de sucessivas encarnações, entremeadas por longos intervalos de descanso do espírito, pois de outro modo não temos resposta, embora devamos admitir que é inconcebível que tenhamos nascido no tempo para toda a eternidade. Uma existência posterior parece pressupor uma existência anterior. Quanto à pergunta natural: "Por que, então, não nos lembramos dessas existências?", podemos responder que essas lembranças complicariam enormemente nossa vida atual e que tais existências podem muito bem formar um ciclo que se tornará claro para nós quando chegarmos ao fim, quando talvez pudermos ver toda uma corrente de vidas encadeadas numa única personalidade. A convergência de tantas linhas de pensamento teosófico e oriental para esta única conclusão e a explicação que a doutrina suplementar do Karma oferece, da aparente injustiça de uma só vida, são argumentos a favor da reencarnação, como talvez sejam também essas vagas sensações e lembranças que temos, às vezes demasiado precisas para ser consideradas simplesmente impressões atávicas. Certos experimentos hipnóticos, destacando-se entre eles os realizados pelo pesquisador francês coronel de Rochas, pareciam fornecer algumas provas definitivas, pois o sujeito em transe retrocedia no tempo através de várias supostas encarnações, mas as mais remotas eram difíceis de perscrutar, ao passo que as mais próximas caíram sob a suspeita de ser influenciadas pelo conhecimento normal do médium. Pode-se pelo menos admitir que, quando alguma tarefa especial deva ser concluída ou algum erro corrigido, a reencarnação pode ser uma possibilidade avidamente esperada pelo espírito envolvido.

Antes de deixar a história do espiritismo francês, não podemos omitir uma referência ao extraordinário grupo de escritores que a embelezaram. Além de Allan Kardec e do trabalho científico nas linhas de pesquisa de Geley, Maxwell, Flammarion e Richet, houve espíritas puros como Gabriel Delanne, Henri Regnault e Léon Denis que deixaram sua marca. O último de modo especial seria considerado um grande mestre da prosa francesa, qualquer que fosse seu tema.

Esta obra, que se limita aos principais momentos da história psíquica, dispõe de pouco espaço para seguir seus inúmeros meandros e regatos que fluem em todas as regiões do globo. Essas manifestações são invariavelmente repetições ou variantes muito próximas das já descritas, e pode-se afirmar brevemente que o culto é católico em seu sentido mais amplo, pois está presente em todos os países. Da Argentina à Islândia os mesmos resultados derivaram, da mesma maneira, das mesmas causas. Essa história exigiria um volume por si só. Algumas páginas especiais, todavia, devem ser reservadas à Alemanha.

Embora se tenha retardado para acompanhar o movimento organizado, pois apenas em 1865 o jornal espírita *Psique* começou a circular na Alemanha, esta superava todos os demais países em termos de uma tradição de especulação mística e experimentação mágica, o que se pode considerar uma preparação para a revelação definitiva. Paracelso, Cornélio Agrippa, Van Helmont e Jacob Boehme estão entre os pioneiros do espírito, abrindo seu caminho através da matéria, por mais vago que seja o objetivo que possam ter alcançado. Algo mais concreto obteve Mesmer, que desenvolveu a maior parte de suas atividades em Viena nos finais do século XVIII. Embora equivocado em algumas de suas conclusões, foi o primeiro a propor a separação entre alma e corpo, e um discípulo seu natural de Estrasburgo, Amand Marie Jacques de Chastenet de Puységur, levou seu trabalho um passo adiante desvendando as maravilhas da clarividência. Jung Stilling e o dr. Justinus Kerner são nomes que devem ser sempre associados ao desenvolvimento do conhecimento humano ao longo desse caminho nebuloso. O anúncio da comunicação com os espíritos foi recebido com um misto de interesse e ceticismo, e a demora foi longa até que uma voz digna de crédito se levantasse em sua defesa. Finalmente, o assunto alcançou proeminência quando Slade fez sua visita histórica em 1877. Depois de submeter-se a testes, obteve em Leipzig o reconhecimento da autenticidade de suas manifestações por parte de seis professores: Zöllner, Fechner e Scheibner, de Leipzig; Weber, de Göttingen; Fichte, de Stuttgart; e Ulrici, de Halle. Como esses testemunhos foram reforçados por uma declaração de Bellachini, o principal ilusionista da Alemanha, de que não havia possibilidade de trapaça, produziu-se um efeito considerável na mente do público, logo ampliado pela adesão de dois eminentes russos, Aksakof, estadista, e o professor Butlerof, da Universidade de São Petersburgo. Ao que parece, porém, o culto não encontrou terreno fértil nessa terra burocrática e militar. Exceção feita ao nome de Carl du Prel, é difícil lembrar de algum outro que esteja associado às fases de maior destaque do movimento.

O barão Carl du Prel, de Munique, começou sua carreira como estudante de misticismo e, em sua primeira obra,[6] aborda não o espiritismo, mas os poderes latentes do homem, os fenômenos do sonho, o transe e o sono hipnótico. Em outro tratado, contudo, *A Problem for Conjurers*, ele faz um relato bem fundamentado dos passos que o levaram a uma crença total na verdade do espiritismo. Nesse livro, embora admitindo que cientistas e filósofos possam não ser as melhores pessoas para detectar fraudes, ele lembra ao leitor que Bosco, Houdin, Bellachini e outros ilusionistas habilidosos declararam que os médiuns que investigaram não eram impostores. Ao contrário de muitos, du Prel não se contentou em colher provas de segunda mão, mas teve várias sessões com Eglinton e mais tarde com Eusápia Palladino. Dedicou atenção especial ao fenômeno da psicografia (escrita em prancheta) e assim se expressa a respeito dela:

> Uma coisa é clara: a Psicografia deve ser atribuída a uma origem transcendental. Constatamos que (1) a hipótese de pranchetas preparadas é inadmissível; (2) o local onde a escrita está é inacessível às mãos do médium. Em alguns casos, a prancheta dupla está acondicionada com toda a segurança, deixando apenas espaço para um pequeno pedaço de lápis; (3) a escrita é realmente feita no momento; (4) o médium não escreve; (5) a escrita deve ser feita com o lápis de ardósia ou comum; (6) a escrita é realizada por um ser inteligente, pois as respostas são exatamente pertinentes às perguntas; (7) esse ser sabe ler e escrever bem como compreende diferentes idiomas falados pelos seres humanos, em geral desconhecidos do médium; (8) ele se assemelha muito a um ser humano, tanto no grau de sua inteligência como nos erros às vezes cometidos. Assim, embora invisíveis, esses seres pertencem à natureza ou à espécie humana. É inútil contestar essa proposição; (9) quando falam, esses seres se expressam em linguagem humana. Caso se lhes pergunte quem são, respondem que

---

[6] *Philosophy of Mysticism*, 2 Vols. (1889). Trad. inglesa de C. C. Massey.

são seres que deixaram este mundo; (10) as partes em que essas aparições se tornam parcialmente visíveis (talvez apenas as mãos) são apresentadas como sendo de forma humana; (11) quando são totalmente visíveis, mostram formas e feições humanas. [...] O espiritismo deve ser investigado pela ciência. Eu me consideraria covarde se não expressasse minhas convicções abertamente.

Du Prel enfatiza o fato de que suas convicções não se baseiam em resultados obtidos com médiuns profissionais. Afirma conhecer três médiuns diletantes "em cuja presença a escrita direta se processa não só em pranchetas duplas, mas ainda em lugares inacessíveis".

E conclui, friamente: "Nessas circunstâncias, parece-me que a pergunta 'Médium ou Ilusionista?' levanta muito mais poeira do que merece", uma observação que alguns pesquisadores de psiquismo poderiam levar em consideração.

É interessante observar que Du Prel declara que, por sua experiência, é totalmente injustificada a afirmação de que as mensagens são simplesmente tolas e triviais, ao mesmo tempo que diz não ter encontrado vestígios de inteligência sobre-humana; é claro, porém, que, antes de se manifestar sobre essa questão, é preciso determinar como se identifica uma inteligência sobre-humana e até que ponto o nosso cérebro a compreenderia. Falando em materialização, Du Prel diz:

Quando essas aparições se tornam inteiramente visíveis na sala escura, situação em que o próprio médium se senta entre a corrente formada pelo círculo, elas mostram formas e feições humanas. É muito fácil dizer que, nesse caso, é o próprio médium que está se disfarçando. Mas, quando o médium fala de sua cadeira; quando os que estão ao seu lado à esquerda e à direita afirmam que seguraram suas mãos, e, ao mesmo tempo, eu vejo uma figura parada perto de mim; quando essa figura tem o rosto iluminado pelo tubo de mercúrio posto sobre a mesa – uma luz produzida por agitação que não impede os fenômenos – para que eu possa vê-la claramente, então as provas coletivas dos fatos que narrei me impõem a necessidade da existência de um ser transcendental, mesmo que com isso todas as conclusões a que cheguei durante vinte anos de trabalho e estudos caiam por terra. Como, porém, ao contrário, minhas opiniões (conforme expostas em meu *Philosophy of Mysticism*) tomaram outra direção e só se justificam por essas experiências, encontro poucos fundamentos tanto subjetivos quanto objetivos para combater esses fatos.

E acrescenta:

> Agora tenho a experiência empírica da existência desses seres transcendentais, da qual estou convencido pela comprovação dos meus sentidos da visão, da audição e do tato, bem como pelas próprias comunicações inteligentes deles. Nessas circunstâncias, sendo conduzido por dois métodos de investigação para o mesmo objetivo, devo realmente ser abandonado pelos deuses se não reconhecer o fato da imortalidade – ou melhor, digamos, já que as provas não vão além — da continuação da existência do homem após a morte.

Carl du Prel morreu em 1899. Sua contribuição para o tema é provavelmente a maior já feita por um alemão. Por outro lado, um opositor formidável lá militou na pessoa de Eduard von Hartmann, autor de *The Philosophy of the Unconscious*, que em 1885 escreveu um opúsculo intitulado "espiritismo". Comentando sobre ele, C. C. Massey escreveu:[7]

> Hoje, pela primeira vez, um homem de posição intelectual eminente se portou de forma digna como oponente. Ele se deu ao trabalho de levantar os fatos, se não completamente, pelo menos numa extensão que indiscutivelmente o qualifica para um exame crítico. E, embora se recusasse formalmente a aceitar sem reservas as evidências, chegou à conclusão de que a existência no organismo humano de mais forças e capacidades do que a ciência exata investigou está suficientemente comprovada pelo testemunho histórico e contemporâneo. Ele inclusive insta a realização de pesquisas empreendidas por comissões nomeadas e financiadas pelo Estado. Com toda a autoridade de um filósofo e homem de ciências, ele repudia a suposição de que os fatos são inacreditáveis *a priori* ou "contrários às leis da natureza". Ele expõe a irrelevância das denúncias e repudia o estúpido paralelo entre médiuns e ilusionistas. E se a aplicação que faz da psicologia do sonambulismo aos fenômenos resulta, a seu ver, em exclusão total dos espíritos, por outro lado contém informações ao público que são muito importantes para a proteção dos médiuns.

Massey diz ainda que, do ponto de vista da filosofia de Von Hartmann, a ação dos espíritos é inadmissível e que a imortalidade pessoal é uma ilusão. "A questão da filosofia psicológica está agora entre sua escola e a de du Prel e Hellenbach."

---

[7] *Light*, 1885, p. 404. Deve-se observar que Charles Carlton Massey, advogado, e Gerald Massey, poeta, são pessoas distintas, sem nada em comum, exceto que ambos eram espíritas.

Alexandre Aksakof retorquiu a Von Hartmann em seu jornal mensal *Psychische Studien*.

Aksakof afirma que Hartmann não tinha experiência prática nenhuma, que dava pouca atenção a fenômenos que não se coadunavam com suas explicações e que muitos fenômenos lhe eram totalmente desconhecidos.

Hartmann, por exemplo, não acreditava na objetividade dos fenômenos de materialização. Aksakof expõe com detalhes inúmeros casos que decididamente contestam as conclusões de Hartmann.

Aksakof refere-se ao barão Lazar Hellenbach, um espírita, como o primeiro pesquisador filosófico dos fenômenos na Alemanha, e diz: "A admissão por parte de Zöllner da realidade dos fenômenos mediúnicos produziu na Alemanha uma forte impressão". De muitos modos, parece que Von Hartmann escreveu com um conhecimento muito reduzido do assunto.

A Alemanha produziu poucos grandes médiuns, a menos que Frau Anna Rothe possa ser classificada como tal. É possível que essa mulher tenha recorrido à fraude quando suas forças psíquicas a abandonaram, mas que ela possuía esses poderes em alto grau é claramente demonstrado pelas provas apresentadas no julgamento depois de supostamente denunciada em 1902.

Encarcerada por doze meses e três semanas antes de ser levada a julgamento, a médium foi condenada a dezoito meses de prisão e multa de quinhentos marcos. No julgamento, muitas pessoas de posição testemunharam a favor dela, entre as quais Herr Stöcker, ex-capelão da Corte, e o juiz Sulzers, presidente da Suprema Corte de Apelação de Zurique. Sulzers declarou sob juramento que Frau Rothe o pôs em comunicação com os espíritos de sua esposa e de seu pai, que lhe disseram coisas que a médium não poderia ter inventado, pois tratavam de assuntos desconhecidos de qualquer mortal. Afirmou também que flores das espécies mais raras foram produzidas do ar numa sala repleta de luz. Seu depoimento provocou grande impressão.

O resultado do julgamento foi seguramente uma conclusão precipitada, na verdade uma repetição da posição do magistrado, sr. Flowers, no caso Slade. O dignitário alemão assim se expressou em seu discurso preliminar:

> A Corte não pode se permitir criticar a teoria espírita, pois é preciso reconhecer que a ciência, com a generalidade dos homens de cultura, declara impossíveis as manifestações sobrenaturais.

Diante disso, nenhuma prova poderia ter qualquer valor.

Nos últimos anos, dois nomes se destacam em relação ao assunto. Um deles é o dr. Schrenck Notzing, de Munique, cujo belo trabalho de laboratório já foi tratado no capítulo sobre o ectoplasma. O outro é o famoso dr. Hans Driesch, professor de filosofia da Universidade de Leipzig. Ele declarou recentemente que "a realidade dos fenômenos psíquicos é hoje posta em dúvida apenas pelo dogmático incorrigível". Ele fez essa declaração durante uma palestra na Universidade de Londres em 1924, depois publicada em *The Quest*.[8] E prossegue:

> Esses fenômenos, porém, tiveram de vencer grandes obstáculos para obter reconhecimento; e a principal razão disso é que se recusaram absolutamente a se associar à psicologia ortodoxa e à ciência natural como estas eram pelo menos até o final do século passado.

O professor Driesch destaca que as ciências naturais e a psicologia passaram por uma mudança radical desde o início do século atual e mostra como os fenômenos psíquicos se relacionam com as ciências naturais "normais". Ele observa que, se estas se recusassem a reconhecer seu parentesco com a primeira, isso não faria diferença para a verdade dos fenômenos psíquicos. Com várias ilustrações biológicas, ele mostra como a teoria mecanicista é superada. Expõe sua teoria vitalista "para estabelecer um contato mais próximo entre os fenômenos da biologia normal e os fenômenos físicos no domínio da pesquisa psíquica".

De certo modo, a Itália foi superior a todos os outros países europeus em sua forma de acolher o espiritismo, apesar da constante oposição da Igreja Católica Romana que de maneira incoerente estigmatiza como diabolismo nos outros o que demanda para si como marca especial de santidade. Os *Acta Sanctorum* são uma extensa crônica de fenômenos psíquicos com levitações, aportes, profecias e todos os outros sinais de poder mediúnico. Essa Igreja, contudo, sempre perseguiu o espiritismo. Poderosa como é, descobrirá com o tempo que encontrou algo mais forte do que ela.

Dos italianos modernos, o grande Mazzini foi espírita nos tempos em que o espiritismo mal se formulara e seu compatriota Garibaldi era presidente de uma sociedade psíquica. Em uma carta a um amigo em 1849, Mazzini esboçou seu

---

[8] Julho de 1924.

sistema filosófico-religioso que curiosamente prenunciava a visão espírita mais recente. Ele substituiu um inferno eterno por um purgatório temporário, postulou um vínculo de união entre este mundo e o próximo, definiu uma hierarquia de seres espirituais e previu uma progressão contínua em direção à perfeição suprema.

A Itália tem sido muito rica em médiuns, mas teve ainda mais sorte por contar com homens de ciência esclarecidos o suficiente para seguirem os fatos em qualquer direção que estes os levassem. Entre esses numerosos pesquisadores, todos convencidos da realidade dos fenômenos psíquicos, embora não se possa afirmar que todos aceitassem a visão espírita, encontram-se nomes como Ermacora, Schiaparelli, Lombroso, Bozzano, Morselli, Chiaia, Pictet, Foa, Porro, Brofferio, Bottazzi e muitos outros. Eles tiveram a vantagem de ter um maravilhoso objeto de estudo em Eusápia Palladino, como já foi descrito, mas houve uma sucessão de outros médiuns poderosos, entre os quais nomes como Politi, Carancini, Zuccarini, Lucia Sordi e especialmente Linda Gazzera. Aqui como em outros lugares, porém, o primeiro impulso veio dos países de língua inglesa. Foi a visita de D. D. Home a Florença, em 1855, e a posterior visita da sra. Guppy, em 1868, que abriram caminho. O sr. Giovanni Damiani foi o primeiro grande pesquisador e revelador das faculdades psíquicas de Palladino em 1872.

A influência de Damiani se fez sentir sobre o dr. G. B. Ermacora, fundador e coeditor com o dr. Finzi da *Rivista di Studi Psichici*. Ele morreu em Rovigo aos quarenta anos, vítima de assassinato – uma perda muito grande para a causa. Sua adesão e entusiasmo pelo espiritismo motivaram outros de igual posição. Assim, Porro, em seu brilhante obituário, escreveu:

> Lombroso encontrou-se em Milão com três jovens físicos, totalmente desprovidos de qualquer preconceito, Ermacora, Finzi e Gerosa, com dois pensadores profundos que já haviam esgotado o aspecto filosófico da questão, o alemão Du Prel e o russo Aksakof, com outro filósofo de mente aguda e vasto conhecimento, Brofferio; por fim, com um grande astrônomo, Schiaparelli, e um hábil fisiologista, Richet.

Ele acrescenta:

> Seria muito difícil reunir um grupo mais seleto de homens doutos que dessem as necessárias garantias de seriedade, de competência variada, de habilidade técnica na experimentação e de sagacidade e prudência nas conclusões.

E continua:

> Enquanto Brofferio, com seu importante livro *Per lo Spiritismo* (Milão, 1892), demoliu um a um os argumentos do lado oposto, recolhendo, coordenando e classificando com habilidade dialética incomparável as provas em favor de sua tese, Ermacora aplicou à sua demonstração todos os recursos de uma mente robusta exercitada no uso do método experimental; e sentiu tanto prazer nesse novo e fértil estudo que abandonou totalmente as pesquisas em eletricidade que já o haviam levado a ser considerado sucessor de Faraday e Maxwell.

O dr. Ercole Chiaia, falecido em 1905, também foi um fervoroso batalhador e propagador a quem muitos homens ilustres da Europa deveram seus primeiros conhecimentos de fenômenos psíquicos, entre outros, Lombroso; prof. Bianchi, da Universidade de Nápoles; Schiaparelli; Flournoy; prof. Porro, da Universidade de Gênova; e o coronel de Rochas. Lombroso escreveu sobre ele:

> Tendes razão em reverenciar a memória de Ercole Chiaia. Num país que tem tanto horror ao novo, foi necessária muita coragem e alma nobre para se tornar apóstolo de teorias que foram ridicularizadas e fazê-lo com aquela tenacidade, aquela energia que sempre caracterizou Chiaia. É a ele que muitos devem – eu mesmo entre outros – o privilégio de ver um mundo novo aberto à investigação psíquica – e isso pela única maneira que existe para convencer os homens de cultura, ou seja, pela observação direta.

Sardou, Richet e Morselli também prestaram tributos ao trabalho de Chiaia.[9] Chiaia realizou um trabalho de grande importância ao estimular Lombroso, o eminente alienista, a investigar o assunto. Após seus primeiros experimentos com Eusápia Palladino, em março de 1891, Lombroso escreveu:

> Estou envergonhado e entristecido por ter combatido com tanta tenacidade a possibilidade dos chamados fatos espíritas.

Inicialmente, ele apenas deu sua anuência aos fatos, mas ainda opondo-se à teoria a eles associada. Mesmo essa aceitação parcial, porém, causou grande

---

[9] *Annals of Psychical Science*, Vol, II. (1905), pp. 261-62.

efervescência na Itália e em todo o mundo. Aksakof escreveu ao dr. Chiaia: "Glória ao sr. Lombroso por suas nobres palavras! Glória a você por sua dedicação!".

Lombroso constitui um bom exemplo da conversão de um materialista convicto após um longo e minucioso exame dos fatos. Em 1900, ele escreveu ao professor Falcomer:

> Sou como uma pedrinha na praia. Ainda estou encoberto, mas sinto que cada onda me leva um pouco mais para perto do mar.

Como sabemos, ele acabou acreditando completamente, um espírita convicto, e publicou seu célebre livro, *After Death – What?*

Ernesto Bozzano, nascido em Gênova em 1862, dedicou trinta anos à pesquisa psíquica, publicando suas conclusões em trinta longas monografias. Ele será lembrado por suas críticas incisivas aos comentários insultuosos do sr. Podmore ao sr. Stainton Moses.[10] Intitula-se *A Defence of William Stainton Moses*. Bozzano, em companhia dos professores Morselli e Porro, realizou uma longa série de experimentos com Eusápia Palladino. Depois de analisar os fenômenos subjetivos e objetivos, foi levado "logicamente e por necessidade" a aderir plenamente à hipótese espírita.

Enrico Morselli, professor de psiquiatria em Gênova, foi por muitos anos, como ele mesmo diz, um cético ressentido com relação à realidade objetiva dos fenômenos psíquicos. A partir de 1901, participou de trinta sessões com Eusápia Palladino e convenceu-se totalmente dos fatos, se não da teoria espírita. Publicou suas observações em um livro que o professor Richet descreve como "um modelo de erudição" (*Psicologia e Espiritismo*, 2 Vols., Turim, 1908). Lombroso, numa resenha muito generosa desse livro, refere-se ao ceticismo do autor em relação a certos fenômenos que observou.[11]

> Sim. Morselli comete o mesmo equívoco de Flournoy com a srta. Smith,[12] o de torturar sua forte engenhosidade para descobrir que não são verdadeiras e dignas de crédito as manifestações que ele mesmo declara ter visto e que realmente ocorreram. Por exemplo, durante os primeiros dias após a aparição de sua mãe, ele me

---

[10] *Annals of Psychical Science*, Vol. I (1905), pp. 75-129.
[11] *Annals of Psychical Science*, Vol. VII (1908), p 376.
[12] Hélène Smith, a médium no livro de Flournoy, *From India to the Planet Mars*.

confidenciou que a vira e tivera uma boa conversa com ela por meio de gestos, quando, quase com amargura, ela apontou para seus óculos e sua cabeça parcialmente calva, e fez com que ele se lembrasse do tempo distante em que ela o deixara como um jovem atraente e corajoso.

Quando Morselli pediu à mãe uma prova de identidade, ela tocou sua testa com a mão, procurando ali uma verruga, mas, como tocou primeiro o lado direito e depois o esquerdo, onde realmente estava a verruga, Morselli não aceitou isso como prova da presença da mãe. Lombroso, com mais experiência, esclarece-lhe a estranheza dos espíritos que usam os instrumentos de um médium pela primeira vez. A verdade é que, curiosamente, Morselli tinha uma enorme repulsa pela aparição de sua mãe com a intermediação de um médium, contra sua vontade. Lombroso não consegue entender esse sentimento, e diz:

> Confesso que não só não o compartilho, mas, muito pelo contrário, quando vi minha mãe, senti uma das maiores alegrias da minha vida, um prazer semelhante a um espasmo, que despertou um sentimento, não de ressentimento, mas de gratidão à médium que depois de tantos anos lançou minha mãe novamente em meus braços, e esse grande acontecimento me fez esquecer, não uma, mas muitas vezes, a humilde posição de Eusápia, que havia feito por mim, mesmo que de modo puramente automático, o que nenhum gigante em poder e pensamento jamais poderia ter feito.

Morselli está na mesma posição que o professor Richet em relação à pesquisa psíquica e, à semelhança deste distinto cientista, influenciou de modo extraordinário a opinião pública para uma visão mais esclarecida do assunto.

Morselli fala com firmeza sobre a negligência da ciência. Escrevendo em 1907, ele diz:

> A questão do espiritismo é discutida há mais de cinquenta anos e, embora ninguém possa prever no momento quando será resolvida, todos estão de acordo em atribuir-lhe grande importância entre os problemas deixados como legado do século XIX ao XX. Entretanto, ninguém pode deixar de reconhecer que o espiritismo é uma forte corrente ou tendência no pensamento contemporâneo. Se por muitos anos a ciência acadêmica tem depreciado toda a categoria de fatos que o espiritismo, bem ou mal, acertada ou equivocadamente, absorveu e assimilou para compor os fundamentos de seu sistema doutrinário, tanto pior para a ciência! E pior ainda para os

cientistas que permaneceram surdos e cegos diante de todas as afirmações, não de sectários crédulos, mas de observadores sérios e dignos como Crookes, Lodge e Richet. Não me envergonho de dizer que eu mesmo, na medida do meu modesto poder, contribuí para esse ceticismo obstinado, até o dia em que fui capaz de quebrar as cadeias em que meus preconceitos absolutistas prenderam meu pensamento.[13]

Observe-se que a maioria dos professores italianos, embora aderindo aos fatos psíquicos, recusam-se a seguir as conclusões daqueles que chamam de espíritas. De Vesme deixa isso claro quando diz:

> É muito importante salientar que o ressurgimento do interesse por essas questões, bem demonstrado pelo público na Itália, não teria se produzido tão facilmente se os cientistas que acabaram de proclamar a autenticidade objetiva desses fenômenos mediúnicos não tivessem sido cuidadosos em acrescentar que o reconhecimento dos fatos não implica de modo algum a aceitação da hipótese espírita.

Houve, porém, uma vigorosa minoria que entendeu o pleno significado da revelação.

---

[13] *Annals of Psychical Science*, Vol. V (1907), p. 322.

CAPÍTULO 22

ALGUNS GRANDES MÉDIUNS MODERNOS

Há sempre certa monotonia ao se escrever sobre sinais físicos de inteligência externa, porque assumem formas estereotipadas limitadas em sua natureza. Eles são amplamente suficientes para seu propósito, que é demonstrar a presença de poderes invisíveis desconhecidos para a ciência material, mas tanto seus métodos de produção quanto os resultados levam a uma reiteração sem fim. Essa manifestação em si mesma, ocorrendo em todos os países do globo, deve convencer qualquer um que pense seriamente sobre o assunto de que está na presença de leis fixas, e que não é uma sucessão esporádica de milagres, mas uma verdadeira ciência que está sendo desenvolvida. É em seu desprezo ignorante e arrogante desse fato que os oponentes pecaram. *"Ils ne comprennent pas qu'il y a des lois"* ["Eles não entendem que existem leis"], escreveu madame Bisson, depois de tentativas presunçosas por parte de doutores da Sorbonne de produzir ectoplasma em condições que invalidavam seu próprio experimento. Como se constatou pelo que precede, todo grande médium de efeitos físicos pode produzir inúmeras manifestações: Voz Direta sem a mediação dos seus órgãos vocais; telecinese, ou movimento de objetos a distância; pancadas, ou batidas do ectoplasma; levitações; aportes, ou transporte de objetos distantes; materializações, seja de rostos, membros ou figuras inteiras; falas e escritas em transe; escritas em pranchetas fechadas e fenômenos luminosos de inúmeras variações. O autor testemunhou todas essas manifestações muitas vezes e, como foram produzidas pelos principais médiuns de sua época, ele se aventura a variar a forma dessa história falando dos sensitivos mais recentes a partir do seu conhecimento e observação pessoais.

Entende-se que alguns desenvolvem um dom e outros, aptidões diferentes. Entretanto, os que manifestam todas as formas de mediunidade em geral não são tão proficientes em nenhuma delas quanto o homem ou a mulher especializados em uma só. Tem-se muito poder psíquico a que recorrer e pode-se transformá-lo em um canal profundo ou dispersá-lo em vários canais superficiais. De quando em quando, aparece um "homem-maravilha", como D. D. Home, que reúne em si todas as modalidades de mediunidade, mas isso é raro.

A maior médium de transe que o autor conhece é a sra. Osborne Leonard. O grande mérito do seu dom é que, via de regra, ele é contínuo. Não é interrompido por longas pausas ou intervalos irrelevantes, mas flui exatamente como se a pessoa que supostamente está falando estivesse realmente presente. O procedimento habitual é que a sra. Leonard, uma mulher agradável, gentil, de meia-idade, elegante, cai no sono, quando então sua voz muda completamente, e quem se manifesta é sua pequena guia, Feda. Esta fala um inglês bastante truncado em voz alta, com muitas pequenas intimidades e gentilezas que dão a impressão de uma criança meiga, amável e inteligente. Ela atua como porta-voz do espírito Waiting, mas às vezes este também interfere, o que causa mudanças súbitas da primeira pessoa do singular para a terceira, como: "Estou aqui, Pai. Ele diz que quer falar. Estou muito bem e muito feliz. Ele diz que acha maravilhoso poder falar com você..." e assim por diante.

Na melhor das hipóteses, é uma experiência maravilhosa. Em certa ocasião, o autor recebeu inúmeras mensagens sobre o futuro destino do mundo por intermédio da mão e da voz de sua esposa no seu grupo doméstico. Quando ele visitou a sra. Leonard, nada disse a respeito disso e também não havia falado nada sobre o assunto em público. Não obstante, ele mal havia sentado e preparado o bloco de anotações para registrar o que aconteceria, quando seu filho anunciou sua presença e falou quase sem parar por uma hora. Durante esse longo monólogo, ele mostrou um conhecimento íntimo de tudo o que havia acontecido no grupo doméstico e também de pequenos detalhes da vida familiar, totalmente desconhecidos da médium. Em toda a entrevista, mesmo sendo mencionados muitos fatos, ele não se enganou sobre nenhum deles. Uma pequena amostra da parte menos pessoal pode ser citada como exemplo:

Há muito falso progresso no meio material e mecânico. Isso não é progresso. Se vocês fabricam um carro para percorrer mil quilômetros este ano, já montam outro para percorrer dois mil quilômetros no ano que vem. Ninguém é melhor por causa disso. Queremos progresso verdadeiro – compreender o poder da mente e do espírito e dar-nos conta do fato de que existe um mundo espiritual.

Muito poderíamos ajudar se as pessoas na Terra se dispusessem a aceitar, mas não podemos impor nossa ajuda a quem não está preparado para ela. Esse é o trabalho de vocês, preparar as pessoas para nós. Alguns são irremediavelmente ignorantes, mas mesmo assim semeiam a semente, ainda que não a vejam germinar.

O clero é muito limitado em suas ideias e muito preso a um sistema que já deveria ser considerado obsoleto. É como servir o jantar da semana passada em vez de preparar um novo. Queremos alimento espiritual fresco, não uma mixórdia de comida velha. Sabemos como Cristo é maravilhoso. Compreendemos Seu amor e Seu poder. Ele pode ajudar a nós e a vocês. Mas Ele ajudará acendendo novos fogos, não sempre remexendo cinzas velhas.

É isso que queremos – o fogo do entusiasmo nos dois altares da imaginação e do conhecimento. Alguns dispensariam a imaginação, mas muitas vezes ela é a porta para o conhecimento. As Igrejas têm os ensinamentos corretos, mas não os põem em prática.

A pessoa deve ser capaz de demonstrar seu conhecimento espiritual de forma prática. O plano em que vocês vivem é prático, por isso espera-se que coloquem seu conhecimento e sua crença em ação. Em nosso plano, conhecimento e fé são ação – a pessoa pensa uma coisa e imediatamente a põe em prática; na Terra, muitos dizem o que é certo, mas fazem o contrário. A Igreja ensina, mas não demonstra seu próprio ensinamento. O quadro-negro é útil às vezes. É disso que vocês precisam. Vocês devem ensinar e logo em seguida demonstrar no quadro-negro. Assim, os fenômenos físicos são realmente os mais importantes. Haverá alguns nesta reviravolta. É difícil para nós manifestar-nos fisicamente agora porque a maior parte do pensamento coletivo é contra nós e não a nosso favor. Mas, quando a reviravolta ocorrer, as pessoas serão estremecidas em sua atitude obstinada, ignorante e antagônica para conosco, o que abrirá imediatamente o caminho para uma demonstração mais completa do que até agora conseguimos dar.

Agora é como um muro contra o qual temos de investir, e perdemos noventa por cento de nosso poder batendo e tentando encontrar um ponto fraco nesse muro de ignorância através do qual possamos nos infiltrar e chegar até vocês. Mas muitos de vocês estão martelando e retalhando do vosso lado para nos deixar passar. Vocês não construíram o muro e estão nos ajudando a atravessá-lo. Em pouco tempo, o terão enfraquecido tanto que ele desabará e, em vez de nos arrastar com dificuldade, todos emergiremos juntos numa confraria gloriosa. Esse será o clímax – o encontro do espírito e da matéria.

Se a verdade do espiritismo dependesse apenas dos poderes da sra. Leonard, a situação seria impressionante, pois ela atendeu muitas centenas de clientes e raramente os deixou sair insatisfeitos. Há, porém, muitos clarividentes cujos poderes são pouco inferiores aos dela e que talvez a igualassem se mostrassem a mesma moderação em seu uso. Nenhuma remuneração jamais tentará a sra. Leonard a aceitar mais de dois clientes por dia, e é a isso, sem dúvida, que se deve a excelência constante dos seus resultados.

Entre os clarividentes londrinos que o autor consultou, o sr. Vout Peters tem direito a um patamar elevado. Certa ocasião, uma prova muito importante chegou através dele, como se narra em outro lugar.[1] Outra excelente médium de sua época é a sra. Annie Brittain. O autor tinha o hábito de enviar pessoas enlutadas a essa médium durante a guerra e arquivava as cartas em que narravam sua experiência. O resultado é impressionante. Dos primeiros cem casos, oitenta tiveram êxito em comunicar-se com seu ente querido. Em algumas ocasiões, o resultado foi extremamente evidente, e a quantidade de conforto dado aos consulentes dificilmente pode ser exagerada. A sensação de alívio quando o enlutado de repente descobre que a morte não é silenciosa, mas que uma voz suave e delicada, falando com entonações muito felizes, ainda pode voltar, é avassaladora. Uma senhora escreveu que estava decidida a tirar a própria vida, tão desolada e vazia era sua existência, mas que deixou a sala da sra. Brittain com esperança renovada em seu coração. Quando se ouve que uma médium assim foi levada a uma delegacia de polícia, maltratada por policiais ignorantes e condenada por um magistrado ainda mais inepto, pensa-se que se está realmente vivendo na idade das trevas da história do mundo.

Assim como a sra. Leonard, a sra. Brittain tem como guia o espírito de uma amável criança chamada Belle. Em suas extensas pesquisas, o autor conheceu muitas dessas pequenas criaturas em diferentes partes do mundo, tendo todas elas o mesmo caráter, a mesma voz e os mesmos modos agradáveis. Essa semelhança por si só parece demonstrar a existência de alguma lei geral em ação. Feda,

---

[1] *The New Revelation*, p. 53.

Belle, Iris, Harmony e muitas outras tagarelam com a voz alta de falsete, e o mundo se torna um pouco melhor com sua presença e assistência.

A srta. McCreadie é outra notável clarividente londrina pertencente à escola mais antiga e trazendo consigo uma atmosfera religiosa que às vezes faz falta. Existem muitas outras, mas nenhuma resenha seria completa sem uma alusão aos notáveis ensinamentos de ordem superior que procedem de Johannes e dos outros guias da sra. Hester Dowden, filha do famoso especialista em Shakespeare. Uma referência deve ser feita também ao capitão Bartlett, cujos maravilhosos escritos e desenhos possibilitaram ao sr. Bligh Bond expor as ruínas de duas capelas em Glastonbury as quais estavam tão soterradas que apenas uma sensibilidade clarividente poderia indicar sua localização exata. Os leitores de *The Gate of Remembrance* entenderão todo valor desse episódio notável.

Os fenômenos de Voz Direta são diferentes da mera clarividência e da comunicação em transe, pois os sons não parecem vir do médium, mas em geral se exteriorizam a uma distância de vários metros, continuam a soar quando a boca está cheia de água e até mesmo se dividem em duas ou três vozes ao mesmo tempo. Nessas ocasiões, uma trombeta de alumínio é usada para ampliar a voz e também, como alguns supõem, para formar uma pequena câmara escura na qual as cordas vocais reais usadas pelo espírito podem se materializar. Trata-se de um fato interessante e que tem causado muitas dúvidas àqueles cuja experiência é limitada, que os primeiros sons geralmente se assemelham à voz do médium. Isso logo passa e a voz se torna neutra ou pode se assemelhar muito à do falecido. É possível que a razão desse fenômeno seja que o ectoplasma do qual os fenômenos são produzidos seja extraído dele e carregue consigo algumas de suas peculiaridades até o momento em que a força externa assuma o comando. É bom que o cético seja paciente e espere os desdobramentos, pois conheci um pesquisador ignorante e pretensioso que da semelhança das vozes deduziu que havia fraude e, então, anarquizou a sessão com brincadeiras tolas, ao passo que, se tivesse esperado um pouco, todas as dúvidas teriam sido sanadas.

Com a sra. Wriedt, o autor teve a experiência de ouvir a Voz Direta, acompanhada de batidas na trombeta, em plena luz do dia, com a médium sentada a alguns metros de distância. Essa manifestação afasta a ideia de que no escuro a médium pode mudar de posição. É comum haver duas ou três vozes de espíritos falando ou cantando ao mesmo tempo, o que é fatal para a teoria do ventriloquismo. Também a trombeta, muitas vezes decorada com um pequeno borrão de tinta luminosa, pode ser vista disparando para além do alcance das mãos do médium. Certa ocasião, na casa do sr. Dennis Bradley, o autor viu a trombeta iluminada rodopiando e batendo no teto à semelhança de uma mariposa. O médium (Valiantine) foi depois solicitado a ficar de pé em sua cadeira, e constatou-se que, com a trombeta no braço estendido, ele não conseguia tocar o teto. Isso foi testemunhado por oito pessoas.

A sra. Wriedt nasceu em Detroit há cerca de cinquenta anos e talvez seja mais conhecida na Inglaterra do que qualquer médium americano. Pode-se avaliar melhor a realidade das suas faculdades por uma breve descrição dos resultados. Por ocasião de uma visita à casa do autor no campo, ela se reuniu com ele, sua esposa e sua secretária numa sala bem iluminada. Iniciou-se com o canto de um hino e, antes mesmo de terminar a primeira estrofe, uma quinta voz de excelente qualidade se juntou às nossas e continuou até o fim. De nossa parte, estávamos propensos a afirmar que a própria sra. Wriedt cantou o tempo todo. Na sessão da noite, um grupo de amigos se manifestou apresentando todos os sinais possíveis de identidade. Uma das presentes foi abordada por seu pai, falecido havia pouco, que começou com uma tosse seca e intermitente que aparecera em sua última doença. Ele tratou de um problema de herança de maneira perfeitamente racional. Um amigo do autor, um anglo-indiano bastante irritadiço, também se manifestou, na medida em que a voz lhe permitia, reproduzindo exatamente o modo de falar, dando o nome e aludindo a fatos de sua vida. Outro consulente recebeu a visita de alguém que dizia ser sua tia-avó. A relação foi negada, mas, ao pesquisar em casa, descobriu-se que ele realmente tinha uma tia com esse nome que havia morrido quando ele era pequeno. A telepatia precisa desenvolver-se muito para abranger casos assim.

Ao todo, o autor entrou em contato com pelo menos vinte médiuns de Voz Direta e ficou muito impressionado com a grande diferença de volume do som entre eles. Às vezes, é tão fraco que só com muito esforço se consegue entender a mensagem. Poucas experiências são mais tensas e dolorosas do que forçar os ouvidos e ouvir na escuridão as falas ofegantes, penosas e entrecortadas ao lado, que poderiam ter muito significado caso se pudesse entendê-las. Por outro lado, o autor sabe o que é ficar arrepiado quando, no quarto de um hotel lotado em Chicago, ecoou uma voz que só poderia ser comparada ao rugido de um leão. O médium nessa ocasião era um jovem americano magro, que não poderia ter produzido tal som com seus órgãos normais. Entre esses dois extremos, é possível encontrar todas as gradações de volume e vibração.

George Valiantine, já mencionado, possivelmente ocuparia o segundo lugar se o autor tivesse de fazer uma lista dos grandes médiuns de Voz Direta com os quais trabalhou. Ele foi examinado pelo comitê da *Scientific American* e contestou a alegação de que um aparelho elétrico mostrava que ele se levantava da cadeira sempre que a voz se fazia ouvir. O caso já referido pelo autor, em que a trombeta se movimentou além do alcance do médium, é prova de que seus resultados certamente não dependem de sua saída da cadeira, e seu efeito depende não só do modo como a voz se produz, mas mais do que ela diz. Os que leram *Towards the Stars*, de Dennis Bradley e seu livro seguinte descrevendo a longa série de sessões realizadas em Kingston Vale, perceberão que nenhuma explicação possível afetará a mediunidade de Valiantine, exceto o simples fato de que ele possui habilidades psíquicas excepcionais. Elas variam muito de acordo com as condições, mas, em situações nas quais todos os fatores são favoráveis, elas têm um desempenho muito elevado. Como a sra. Wriedt, ele não entra em transe, mas sua condição não pode ser considerada normal. Existem condições de semitranse que aguardam pesquisas do estudante do futuro.

O sr. Valiantine é microempresário numa pequena cidade na Pensilvânia. É um homem calmo, gentil e amável, e, como está no auge da vida, tem condições de desenvolver uma carreira de grande proveito.

Como médium de materialização, Jonson, de Toledo, mais tarde cidadão de Los Angeles, está sozinho, até onde alcança o conhecimento do autor. Talvez o nome de sua esposa deveria estar entre colchetes, uma vez que trabalham juntos. A peculiaridade do trabalho de Jonson é que ele fica à vista de todos os participantes, sentado no lado de fora do gabinete, enquanto a esposa fica perto do gabinete e supervisiona os procedimentos. Quem deseja uma descrição bem completa de uma sessão com Jonson pode encontrá-la no livro do autor *Our Second American Adventure*; sua mediunidade também é abordada minuciosamente pelo almirante Usborne Moore.[2] O almirante, considerado um dos maiores pesquisadores de psiquismo, participou de muitas sessões com Jonson e obteve a cooperação de um ex-chefe do Serviço Secreto dos Estados Unidos, que organizou um esquema de vigilância e não encontrou nada contra o médium. Quando lembramos que Toledo era na época uma cidade de recursos limitados e que, às vezes, até vinte personalidades diferentes se manifestavam numa única sessão, percebemos como a personificação apresenta dificuldades insuperáveis. Na sessão em que o autor

---

[2] *Glimpses of the Next State*, pp. 195, 322.

estava presente, uma longa sucessão de figuras saiu, uma por vez, de um pequeno gabinete. Eram velhos e jovens, homens, mulheres e crianças. A luz de uma lâmpada vermelha era suficiente para possibilitar que um consulente visse as figuras claramente, mas não distinguisse as características em detalhe. Algumas figuras permaneceram fora por não menos de vinte minutos e conversaram livremente com o grupo, respondendo a todas as perguntas que lhes foram feitas. Ninguém pode dar a outros um cheque em branco por honestidade e asseverar que ele não só é honesto, mas sempre será. O autor pode apenas dizer que nessa ocasião em particular ficou perfeitamente convencido da natureza genuína dos fenômenos e que não tem motivos para duvidar disso em qualquer outra ocasião.

Jonson é um homem de compleição robusta e, embora esteja hoje beirando a velhice, seus poderes psíquicos ainda estão intactos. Ele é orientador de um grupo em Pasadena, perto de Los Angeles, que se reúne toda semana para beneficiar-se de seus notáveis poderes. O falecido professor Larkin, o astrônomo, era um *habitué* do círculo, e assegurou ao autor sua crença absoluta na honestidade da mediunidade de Jonson.

A materialização pode ter sido mais comum no passado do que no presente. Os que leram livros como *Materialized Apparitions*, de Brackett, ou *There Is No Death*, da srta. Marryat, diriam isso. Mas hoje a materialização completa é muito rara. O autor esteve presente numa suposta materialização realizada por alguém de nome Thompson, em Nova York, mas os procedimentos não convenceram e, pouco depois, o homem foi preso por fraude em circunstâncias que não deixaram dúvidas quanto à sua culpa.

Existem certos médiuns que, sem se especializar em nenhuma modalidade em particular, podem exibir uma ampla variedade de manifestações preternaturais. De todos os que conheceu, o autor menciona em primeiro lugar, pela variedade e consistência, a srta. Ada Besinnet, de Toledo, nos Estados Unidos, e Evan Powell, antes Merthyr Tydvil, no País de Gales. Ambos são médiuns admiráveis e pessoas bondosas e amáveis, dignas dos maravilhosos dons que lhes foram confiados. No caso da srta. Besinnet, as manifestações incluem Voz Direta, duas ou mais soando por vezes ao mesmo tempo. Um controle masculino, chamado Dan, denota uma notável voz de barítono, e qualquer pessoa que a tenha ouvido certamente nunca duvidará de que ela é independente do organismo de Ada. Uma voz feminina às vezes se junta à de Dan para fazer um dueto mais melodioso. Outra característica dessa mediunidade é um assobio em que parece não haver pausa para a inspiração. Também típica é a produção de luzes muito brilhantes. Estas parecem ser diminutos objetos luminosos sólidos, pois o autor teve, em certa ocasião, a curiosa experiência de ter um em seu bigode. Se um grande vaga-lume tivesse pousado ali, o efeito teria sido muito parecido. As Vozes Diretas da srta. Besinnet, quando assumem a forma de mensagens – independentemente da ação dos controles – não são fortes e em geral são quase inaudíveis. O mais notável de todos os seus poderes, entretanto, é a aparição de rostos fantasmas que se podem ver numa mancha iluminada na frente do consulente. Eles parecem ser simples máscaras, pois não comportam a dimensão da profundidade. Na maioria dos casos, representam rostos sombrios, que, às vezes, se assemelham ao da médium quando a saúde dela ou a energia do grupo é baixa. Quando as condições são boas, eles são totalmente diferentes. Em duas ocasiões, o autor viu rostos que poderia jurar sem receio serem um de sua mãe e o outro do seu sobrinho, Oscar Hornung, um jovem oficial morto na guerra. Eles eram tão claros e visíveis como em vida. Por outro lado, houve noites em que nenhum reconhecimento claro foi obtido, embora entre os rostos houvesse alguns que só podiam ser descritos como angelicais em sua beleza e pureza.[3]

No mesmo nível da srta. Besinnet está o sr. Evan Powell, com a mesma variedade, mas nem sempre a mesma espécie de poderes. Os fenômenos luminosos de Powell são igualmente bons. Sua produção de voz é melhor. O autor ouviu vozes de espíritos tão altas quanto as da fala humana comum e lembra uma ocasião em que três deles falavam simultaneamente, um com *lady* Cowan, um com *sir* James Marchant e um com *sir* Robert McAlpine. Movimentos de objetos são comuns nas sessões de Powell, e em uma circunstância um móvel pesando 30 quilos ficou suspenso por algum tempo sobre a cabeça do autor. Evan Powell sempre insiste em estar muito bem amarrado durante suas sessões, pedido que faz, afirma, para sua própria proteção, já que não consegue ter controle sobre seus movimentos quando está em transe. Isso esclarece até certo ponto a possível natureza de alguns embustes. Há muitas provas, não só de que o médium pode inconscientemente, ou sob a influência da sugestão do público, assumir uma posição falsa, mas ainda de que as forças do mal, que são ardilosas ou se opõem ativamente ao bom trabalho realizado pelo espiritismo, podem obcecar o corpo em transe e levá-lo a tomar atitudes suspeitas para desacreditar o médium. Algumas

---

[3] Várias estimativas e experiências dessa mediunidade encontram-se no livro do autor *Our American Adventure*, pp. 124-132; no *Glimpses of the Next State*, pp. 226, 312, do almirante Moore; e no relatório *Psychic Science*, abril de 1922, do sr. Hewat McKenzie.

observações sensatas sobre esse assunto, baseadas em experiência pessoal, foram feitas pelo professor Haraldur Nielsson, da Islândia, ao comentar um caso em que um do grupo cometeu uma fraude totalmente sem sentido, e um espírito admitiu depois ter sido cometida por sua agência e instigação.[4] Em geral, pode-se dizer que Evan Powell é agraciado com uma ampla diversidade de dons espirituais mais do que qualquer médium atualmente na Inglaterra. Ele prega as doutrinas do espiritismo tanto em seu estado normal quanto sob controle e pode em si mesmo manifestar quase toda a multiplicidade de fenômenos. É uma lástima que suas atividades como comerciante de carvão em Devonshire impeçam sua presença constante em Londres.

A mediunidade de escrita em prancheta é uma manifestação notável. A sra. Pruden, de Cincinnati, que a possui em alto grau, visitou recentemente a Grã-Bretanha e demonstrou seus fantásticos poderes para um bom número de pessoas. O autor participou de sessões com ela várias vezes e descreveu seus métodos em detalhes em outra obra. Como a passagem é curta e pode esclarecer o assunto para os não iniciados, ela é transcrita aqui:

> Tivemos a sorte de entrar novamente em contato com uma grande médium, a sra. Pruden de Cincinnati, que viera a Chicago para minhas palestras. Tivemos uma sessão no Blackstone Hotel, por cortesia de seu anfitrião, o sr. Holmyard, e os resultados foram esplêndidos. Ela é uma mulher de idade, amável e de índole maternal. Seu dom peculiar é a escrita em prancheta.
>
> Eu tinha ouvido falar que havia pranchetas para truques, mas ela estava ansiosa para usar a minha e me deixou examinar detalhadamente a dela. Ela cria um espaço escuro cobrindo a mesa e segura a prancheta embaixo dela; a pessoa pode segurar o canto oposto. A outra mão dela fica livre e visível. A prancheta é dupla com um pedacinho de lápis entre uma e outra.
>
> Após uma espera de meia hora, a escrita começou. Foi muito estranha a sensação de segurar a prancheta e sentir a ação e a vibração do lápis enquanto ele escrevia. Cada um de nós havia escrito uma pergunta num pedaço de papel e o depositara no chão, bem dobrado, na sombra da cortina, para que as forças psíquicas pudessem ter condições de trabalho adequadas, sempre com interferência da luz.
>
> Em pouco tempo, todos nós recebemos a resposta à nossa pergunta na prancheta e também pudemos apanhar nossos papéis dobrados e verificar se não haviam

---

[4] *Psychic Science*, julho de 1925.

sido abertos. Posso dizer que a sala estava toda iluminada com a luz do dia e a médium não podia se abaixar sem que a víssemos.

Tive esta manhã alguns compromissos de natureza em parte espiritual, em parte material, com o dr. Gelbert, um inventor francês. A minha pergunta havia sido se ele era preparado. A resposta na prancheta foi: "Pode confiar no dr. Gelbert Kingsley". Eu não havia mencionado o nome do dr. Gelbert na minha pergunta, nem a sra. Pruden sabia o que quer que fosse sobre o assunto.

Minha esposa recebeu uma longa mensagem de uma querida amiga, assinada com o nome dela. O nome era uma verdadeira assinatura. Ao todo, foi uma demonstração absolutamente convincente. Batidas fortes e muito nítidas sobre a mesa juntaram-se continuamente à nossa conversa.[5]

O método geral e os resultados são os mesmos adotados pelo sr. Pierre Keeler, dos Estados Unidos. O autor não conseguiu marcar uma sessão com esse médium, mas um amigo que o fez obteve resultados que colocam a verdade dos fenômenos além de qualquer dúvida. No caso, ele recebeu respostas a perguntas colocadas dentro de envelopes fechados, de modo que a explicação favorita, de que o médium de alguma maneira vê os pedaços de papel, é descartada. Qualquer pessoa que tenha participado de uma sessão com a sra. Pruden saberá, no entanto, que ela nunca se abaixa e que os pedaços de papel ficam aos pés do consulente.

Uma forma notável de mediunidade é a cristalomancia, em que as imagens são realmente visíveis ao consulente. O autor se deparou com essa modalidade apenas uma vez pela mediunidade de uma senhora de Yorkshire. As imagens eram nítidas e definidas bem como se sucediam com um intervalo de neblina. Elas não pareciam ser relevantes para nenhum evento passado ou futuro, mas consistiam em pequenas visões, rostos imprecisos e outras percepções semelhantes.

Essas são algumas das diferentes formas de poder espiritual que nos foram dadas como antídoto para o materialismo. As formas mais elevadas de todas não são físicas, mas podem ser encontradas nos escritos inspirados de homens como Davis, Stainton Moses ou Vale Owen. Não é demais repetir que o mero fato de uma mensagem chegar até nós de maneira preternatural não é garantia de que seja elevada ou verdadeira. A pessoa autoiludida e presumida, o intelectual superficial e o embusteiro decidido, todos se situam no plano invisível da vida, e todos podem ter suas comunicações inúteis transmitidas por meio de agentes acríticos.

---

[5] *Our American Adventure*, pp. 144-45.

Cada um deve ser esquadrinhado e sopesado, e muito deve ser negligenciado, enquanto o resíduo é digno de nossa mais respeitosa atenção. Mas mesmo o melhor nunca pode ser definitivo e muitas vezes é corrigido, como no caso de Stainton Moses quando chegou ao Outro Lado. Esse grande professor admitiu através da sra. Piper que havia pontos sobre os quais estivera mal informado.

Os médiuns mencionados foram escolhidos como modelos das diversas capacidades psíquicas, mas há muitos outros que mereceriam ser lembrados e suas habilidades abordadas em detalhes se houvesse espaço. O autor reuniu-se várias vezes com Sloan e com Phoenix, de Glasgow; ambos possuem poderes notáveis que abrangem quase toda a amplitude dos dons espirituais bem como ambos são, ou foram, homens espiritualizados com um virtuoso descaso pelas coisas desta vida. A sra. Falconer, de Edimburgo, também é uma médium de transe de considerável poder. Da geração anterior, o autor testemunhou a mediunidade de Husk e Craddock, ambos com seus momentos altos e suas fases baixas. A sra. Susanna Harris também proporcionou boas evidências relacionadas com os efeitos físicos, assim como a sra. Wagner, de Los Angeles. Entre os amadores, John Ticknor, de Nova York, e o sr. Nugent, de Belfast, estão começando a desenvolver a mediunidade de transe.

Com relação a John Ticknor, o autor pode citar um experimento que realizou e relatou nos *Proceedings* da Sociedade Americana de Pesquisas Psíquicas, o de um corpo retido no passado quase como o do seu pai na Inglaterra. Nesse caso, o autor anotou a pulsação do sr. Ticknor em condições normais, quando era controlado pelo coronel Lee, um dos seus guias espirituais, e quando estava sob a influência de Black Hawk, um controle índio pele-vermelha. Os respectivos números foram 82, 100 e 118.

A sra. Roberts Johnson é outra médium que é inconstante em seus resultados, mas que, em seus melhores momentos, demonstra grande habilidade com a Voz Direta. O elemento religioso está ausente de suas sessões, e os engraçados jovens de North Country que aparecem através dela criam uma atmosfera que diverte os assistentes, mas que pode afugentar os que comparecem movidos por sentimentos mais fervorosos. A voz escocesa profunda do controle de Glasgow, David Duguid, ele próprio médium famoso em vida, é impossível de ser imitada pelas cordas vocais de uma mulher, mas os comentários dele são cheios de dignidade e sabedoria. O rev. dr. Lamond me garantiu que, numa dessas sessões, Duguid o lembrou de um incidente que havia ocorrido entre eles em vida – prova suficiente da realidade individual.

Não há fase mais curiosa e extrema do fenômeno psíquico do que o aporte. É tão surpreendente que é difícil persuadir o cético quanto à sua possibilidade, e mesmo o espírita dificilmente consegue dar-lhe crédito até deparar-se com um caso concreto. O primeiro contato do autor com o conhecimento oculto deveu-se em grande parte ao falecido general Drayson, que naquela época – quase quarenta anos atrás – recebia através de um médium amador um fluxo de aportes dos mais curiosos – lâmpadas indianas, amuletos, frutas frescas e outras coisas. Um fenômeno tão surpreendente e tão facilmente simulado era demais para um iniciante, e mais retardou do que ajudou seu progresso. Desde então, porém, o autor conheceu o editor de um conhecido jornal que consultava o mesmo médium após a morte do general Drayson e continuou, sob condições rígidas, a obter aportes semelhantes. Assim, o autor se viu obrigado a reconsiderar seu ponto de vista e a acreditar que havia subestimado tanto a honestidade do médium quanto a inteligência do seu consulente.

O sr. Bailey, de Melbourne, aparenta ser um médium de aporte muito singular, e o autor não acredita em sua suposta farsa em Grenoble. A explicação do próprio Bailey é de que foi vítima de uma conspiração religiosa, e, em vista de seu longo histórico de sucesso, é mais provável essa elucidação do que se ele, de alguma maneira misteriosa, tivesse introduzido um pássaro vivo numa sala de sessões em que ele sabia que seria despido e examinado. A explicação dos investigadores, de que o pássaro estava escondido em seus intestinos, é um exemplo extremo dos absurdos que a incredulidade pode produzir. O autor teve com Bailey a experiência de um aporte que certamente é impossível de explicar. Foi assim descrita:

Colocamos então o sr. Bailey no canto da sala, diminuímos as luzes sem apagá-las e esperamos. Quase de imediato ele respirou pesadamente, como quem está em transe, e logo disse algo numa língua estrangeira ininteligível para mim. Um de nossos amigos, sr. Cochrane, reconheceu-a como indiano e respondeu imediatamente, trocando algumas frases. Em inglês, a voz então disse que era um controle hindu usado para trazer aportes para o médium e que esperava poder trazer um para nós. "Aqui está", disse, um momento depois, e a mão do médium se estendeu com algo dentro. A luz foi totalmente aumentada e descobrimos que era um ninho de pássaro perfeito, muito bonito e construído com uma fibra bem fina misturada com musgo. Ele tinha cerca de cinco centímetros de altura, sem nenhum sinal de achatamento, o que indicaria que teria sido trazido escondido. O tamanho seria de quase oito centímetros de diâmetro. Havia nele um pequeno ovo, branco, com pequenas manchas de cor marrom. O médium, ou melhor, o controle hindu agindo por meio do médium, colocou o ovo na palma da mão e o quebrou, esguichando um fino albúmen. Não havia vestígios de gema. "Não nos é permitido interferir na vida", disse ele. "Se tivesse sido fertilizado, não poderíamos tê-lo apanhado." Essas palavras foram ditas antes que ele o quebrasse, de modo que ele estava ciente da condição do ovo, o que certamente parece extraordinário.

"De onde ele veio?", perguntei.

"Da Índia."

"Que pássaro é?"

"Eles o chamam de Pardal da Floresta."

O ninho ficou comigo e passei a manhã com o sr. Chubb, do museu local, para averiguar se era mesmo o ninho daquela ave. Parecia muito pequeno para um pardal indiano e, no entanto, não conseguimos encontrar nem o ninho nem o ovo entre as espécies australianas. Outros ninhos e ovos transportados pelo sr. Bailey foram identificados. Certamente é um argumento válido que, embora seja concebível que tais aves possam ser importadas e compradas aqui, é realmente um insulto à razão supor que ninhos com ovos frescos também possam estar no mercado. Assim, posso apenas concordar com a experiência muito mais extensa e os testes elaborados do dr. MacCarthy, de Sydney, e afirmar que acredito que o sr. Charles Bailey seja por vezes um verdadeiro médium, com um dom especial para aportes.

É justo afirmar que, quando retornei a Londres, levei uma das tabuinhas assírias de Bailey ao Museu Britânico, e que se comprovou ser uma falsificação. Após uma investigação mais aprofundada, provou-se que essas falsificações são feitas por certos judeus num subúrbio de Bagdá – e, até onde se sabe, apenas lá. Por isso, pouco se ouve falar sobre isso. Para a agência transportadora é pelo menos possível que a falsificação, impregnada de magnetismo humano recente, seja mais manejável do que a original retirada de um escombro. Bailey produziu pelo menos uma centena dessas coisas, e nenhum funcionário da alfândega esclareceu como elas poderiam ter entrado no país. Por outro lado, Bailey me disse claramente que as tabuletas haviam passado pelo Museu Britânico, de modo que temo não poder absolvê-lo de adulteração da verdade – e justamente aí reside a grande dificuldade de decidir sobre seu caso. Mas é preciso sempre lembrar que a mediunidade de efeitos físicos não tem nenhuma relação com o caráter do médium, do mesmo modo que o dom da poesia.[6]

---

[6] *The Wanderings of a Spiritualist*, pp. 103-05.

Os críticos que sempre mencionam o embuste de Bailey[7] esquecem que, imediatamente antes da experiência de Grenoble, ele havia se submetido a uma longa série de testes em Milão, durante os quais os pesquisadores adotaram o recurso extremo e injustificável de observar secretamente o médium em seu próprio quarto. O comitê, composto de nove empresários e médicos, não encontrou o menor deslize em dezessete sessões, mesmo quando o médium foi posto dentro de um saco. Essas sessões duraram de fevereiro a abril de 1904 e foram amplamente relatadas pelo professor Marzorati. Dado o sucesso alcançado, muito alvoroço produziu-se em torno das acusações posteriores na França. Se a mesma análise e ceticismo ocorressem com relação às "denúncias" como se mostram com relação aos fenômenos, a opinião pública seria esclarecida com mais justiça.

O fenômeno dos aportes é tão incompreensível à nossa inteligência que o autor perguntou certa vez a um controle se ele poderia dizer algo que esclarecesse a questão. A resposta foi: "Isso envolve alguns fatores que estão além da vossa ciência humana e que não podem ser esclarecidos para você. Ao mesmo tempo, você pode tomar como uma analogia grosseira o caso da água que se transforma em vapor. Então esse vapor, que é invisível, pode deslocar-se para outro lugar para voltar a condensar-se como água visível". Como foi dito, esta é mais uma analogia do que uma explicação, mas mesmo assim muito adequada. Como mencionado na citação, deve-se acrescentar que não apenas o sr. Stanford, de Melbourne, mas também o dr. MacCarthy, um dos renomados médicos de Sydney, realizaram uma longa série de experimentos com Bailey e estavam convencidos da autenticidade dos seus poderes.

Os médiuns citados não esgotam a lista daqueles com quem o autor teve oportunidade de realizar experimentos, e não pode finalizar o tema sem aludir ao ectoplasma de Eva, que segurou entre os dedos, ou às brilhantes luminosidades de Frau Silbert, que ele viu irradiar-se como uma coroa deslumbrante de sua cabeça. Ele espera que já tenha sido dito o suficiente para mostrar que a sucessão dos grandes médiuns não chegou ao fim para quem é diligente em sua busca, e também para assegurar ao leitor que estas páginas são escritas por alguém que não poupou esforços para adquirir conhecimento prático daquilo que estuda. Quanto à acusação de credulidade, que os de mentalidade tacanha invariavelmente dirigem contra quem quer que forme uma opinião positiva sobre o assunto, o autor pode solenemente afirmar que, no decorrer de sua longa carreira como pesquisador,

---

[7] *Annals of Psychical Science*, Vol. IX.

não se lembra de um único caso evidente em que tenha se equivocado sobre qualquer aspecto sério ou dado um atestado de honestidade a um desempenho que depois se revelou claramente desonesto. Um homem crédulo não passa vinte anos lendo e fazendo experimentos antes de chegar a conclusões definitivas.

Nenhum relato de mediunidade de efeitos físicos seria completo sem abordar os notáveis resultados obtidos por "Margery", nome adotado para fins públicos pela sra. Crandon, a bela e talentosa esposa de um dos primeiros cirurgiões de Boston. Essa senhora manifestou poderes psíquicos alguns anos atrás, e o autor foi fundamental para chamar a atenção do comitê da *Scientific American* para ela. Ao fazer isso, de forma totalmente involuntária, ele a expôs a muitos problemas e preocupações, que tanto ela como seu marido suportaram com extraordinária paciência. Difícil dizer o que era mais enervante: Houdini, o mágico, com suas teorias de fraude absurdas e ignorantes ou consulentes "cientistas", como o professor McDougall, de Harvard, que, depois de cinquenta sessões e assinando tantos papéis no final de cada sessão para endossar as maravilhas registradas, ainda era incapaz de fazer um julgamento definitivo, contentando-se com insinuações vagas. A questão não foi corrigida com a intervenção do sr. E. J. Dingwall, da SPP de Londres, que proclamou a verdade da mediunidade em entusiásticas cartas particulares, mas negou sua convicção em reuniões públicas. Esses chamados "especialistas" afastaram-se do tema com pouco crédito, mas mais de duzentos consulentes de bom senso tiveram inteligência e honestidade suficientes para testemunhar verdadeiramente o que ocorreu diante dos seus olhos. O autor pode acrescentar que ele próprio se reuniu com a sra. Crandon e se convenceu, até onde uma sessão poderia fazê-lo, quanto à verdade e à diversidade dos seus poderes.

Neste caso, o controle diz chamar-se Walter, irmão falecido da senhora, e revela uma individualidade marcante com um forte senso de humor e considerável domínio de uma linguagem atrevida. A produção da voz é direta, uma voz masculina, que parece operar alguns centímetros à frente da testa da médium. Os seus poderes se desenvolveram progressiva e continuamente até abranger no momento quase todo o espectro da mediunidade. O toque de campainhas elétricas sem contato produziu-se *ad nauseam*, podendo-se, inclusive, acreditar que ninguém, a não ser um surdo ou um perito, possa ter qualquer dúvida sobre isso. Movimento de objetos a distância, luzes, elevação de mesas, aportes e, finalmente, a produção de ectoplasma sob boa luz vermelha, sucederam-se um ao outro. O trabalho paciente do dr. e da sra. Crandon certamente será recompensado, e seus nomes estarão para sempre na história da ciência psíquica, assim como seus caluniadores, embora numa categoria muito diferente.

De todas as formas de mediunidade, a mais elevada e valiosa, quando confiável, é a chamada escrita automática, pois nela, se a forma for pura, temos um método direto para obter ensinamentos do Além. Infelizmente, é um método que se presta muito facilmente ao autoengano, pois a mente subconsciente do homem tem muitos poderes que ainda nos são totalmente desconhecidos. É impossível aceitar com total confiança e como absolutamente verídica qualquer escrita automática do Além. O vitral sempre descaracterizará a luz que o atravessa, e nosso organismo humano nunca será cristalino. A veracidade de qualquer manifestação específica dessa modalidade de comunicação deve sempre depender não da mera afirmação, mas de detalhes comprobatórios, da imparcialidade da mente do escritor e da identidade com a mente do suposto inspirador. No caso do falecido Oscar Wilde, por exemplo, quando se obtêm longas comunicações que, além das características do seu estilo, contêm alusões constantes a episódios obscuros de sua vida e que por fim são escritas com sua caligrafia, deve-se admitir que as provas são imperativamente sólidas. Existe atualmente em todos os países de língua inglesa uma enorme quantidade desses escritos, bons, maus e indiferentes; os bons contêm muito material que os identifica como inspirados. O cristão ou o judeu podem se perguntar por que partes do Antigo Testamento devem ter sido escritas dessa maneira e, todavia, exemplares modernos com as mesmas características são tratados com desprezo. "Chegou-lhe então um escrito do profeta Elias, que dizia..." (2 Crônicas 21,12) é uma das várias alusões que demonstram o antigo emprego dessa forma específica de comunicação dos espíritos.

De todos os exemplos dos anos recentes, não há nenhum que se compare em plenitude e dignidade com os escritos do rev. George Vale Owen, cuja grande obra, *The Life Beyond the Veil* (*A Vida Além do Véu*), pode ser uma influência tão permanente quanto a de Swedenborg. Um aspecto interessante, elaborado pelo dr. A. J. Wood, é que, mesmo nos pontos mais sutis e complexos, há uma estreita semelhança entre o trabalho desses dois videntes; no entanto, é certo que Vale Owen mal conhece os escritos do grande professor sueco. George Vale Owen é uma figura tão notável na história do espiritismo moderno que se faz oportuna aqui uma breve referência. Ele nasceu em Birmingham em 1869 e foi educado no Midland Institute e no Queen's College, em Birmingham. Depois de trabalhar nas paróquias de Seaforth, Fairfield e na baixa Scotland Road, distrito de Liverpool, onde teve uma grande experiência entre os pobres, foi nomeado vigário de

Orford, perto de Warrington, onde aplicou todas as suas forças na construção de uma nova igreja. Permaneceu nessa paróquia por vinte anos, com seu magistério sempre reconhecido e valorizado pelos fiéis. Algumas manifestações psíquicas começaram a surgir, até que se viu impelido a exercer seu poder latente de escrita inspirada, de início provavelmente ditada por sua mãe, mas depois continuada por certos espíritos elevados ou anjos. O todo constitui um relato da vida após a morte e um corpo de filosofia e de orientações de fontes invisíveis, que a este autor parece conter todos os sinais internos de origem elevada. A narrativa é digna e excelsa, expressa num inglês ligeiramente arcaico que lhe confere um curioso sabor peculiar.

Alguns excertos desses escritos apareceram em vários jornais, atraindo mais atenção por ser da autoria de um representante da Igreja. O manuscrito foi finalmente levado ao conhecimento do falecido lorde Northcliffe, que ficou muito impressionado com ele e também com a abnegação do escritor, que se recusou a aceitar qualquer remuneração por sua publicação. Esta continuou semanalmente no jornal de domingo de lorde Northcliffe, o *Weekly Dispatch*, e não se tem notícia de nenhum outro veículo que levasse os ensinamentos mais elevados do espiritismo tão diretamente às massas. A propósito, esse fato serviu para mostrar que a política da imprensa no passado não fora apenas ignorante e injusta, mas na verdade equivocada do ponto de vista do próprio interesse, pois a circulação do *Despatch* aumentou muito durante o ano em que publicou o manuscrito. Essas ações, porém, foram muito ofensivas a um bispo conservador, e o sr. Vale Owen, como todos os reformadores religiosos, acabou sendo pedra de tropeço, sofrendo perseguição velada de seus superiores eclesiásticos. Com o estímulo dessa força e com o incentivo de toda a comunidade espírita, com coragem renunciou às suas funções e pôs-se com sua família à mercê da vontade da Providência. Sua dedicada esposa o apoiou inteiramente numa decisão efetivamente difícil para um casal que já não era jovem. Após uma breve série de palestras nos Estados Unidos e outra na Inglaterra, o sr. Vale Owen preside atualmente uma congregação espírita em Londres, onde o magnetismo de sua presença atrai um público considerável. Em um excelente esboço descritivo, o sr. David Gow disse a respeito de Vale Owen:

> A figura alta e magra do ministro, seu rosto pálido e ascético iluminado por grandes olhos, luminosos de ternura e humor, seu porte modesto, suas palavras suaves carregadas de simpatia e magnetismo, tudo isso revelava plenamente o homem que ele é. Desvelam uma alma de rara devoção que um senso de humor delicado e amável

e uma visão prática do mundo mantêm saudável e branda. Parecia estar mais insuflado pelo espírito de Erasmo ou de Melanchthon do que pelo do rigoroso Lutero. Talvez a Igreja não precise de Luteros hoje.

Se o autor incluiu essas breves ponderações no contexto das experiências pessoais, é porque se sente honrado com a estreita amizade do sr. Vale Owen durante alguns anos e está em condições de avaliar e endossar a realidade de seus poderes psíquicos.

O autor gostaria de acrescentar que teve êxito em manifestar Voz Direta independente em sessão individual com sua esposa. A voz era profunda, masculina, originando-se alguns palmos acima da nossa cabeça e proferindo apenas uma saudação breve, mas audível. Esperamos obter resultados consistentes com maior desenvolvimento. Durante anos, em seu grupo doméstico, o autor recebeu mensagens inspiradas por intermédio da mão e da voz de sua esposa, mensagens das mais elevadas e muitas vezes de natureza comprobatória. Estas, porém, são muito pessoais e íntimas para serem abordadas em um apanhado geral do assunto.

CAPÍTULO 23

O ESPIRITISMO E A GUERRA

Muitas pessoas nunca tinham ouvido falar do espiritismo até o período que teve início em 1914, quando o Anjo da Morte entrou em milhões de lares de modo inesperado. Os adversários do espiritismo acharam conveniente considerar essa convulsão mundial a causa principal do crescente interesse pelas pesquisas psíquicas. Esses opositores inescrupulosos também propalaram que o fato de o autor, assim como seu ilustre amigo, *sir* Oliver Lodge, defenderem a causa se devia à circunstância de que ambos haviam perdido um filho na guerra; haviam concluído que a dor reduzira suas faculdades críticas e os levara a acreditar no que em tempos normais não teriam acreditado. O autor refutou inúmeras vezes essa mentira tosca, sempre relembrando que suas pesquisas remontavam a 1886. *Sir* Oliver Lodge, por sua vez, diz:[1]

> Não se deve supor que minha perspectiva tenha mudado consideravelmente desde o evento e as experiências particulares relatadas nas páginas anteriores; minha conclusão vem se formando gradualmente há anos, embora, sem dúvida, se baseie na experiência do mesmo tipo de coisa. Mas esse evento fortaleceu e libertou meu testemunho. Agora pode ser associado a uma experiência pessoal minha, e não às experiências particulares de outros. Enquanto eu dependia de provas relacionadas, mesmo que indiretamente, com o luto de outros, era preciso ser reticente e

---

[1] *Raymond*, p. 374.

cauteloso e, em alguns casos, silencioso. Somente com permissão especial qualquer parte dos fatos poderia ser reproduzida; e essa permissão pode, em casos importantes, ser negada. Minhas próprias deduções eram as mesmas de agora, mas os fatos agora são meus.

Embora seja verdade que o espiritismo contava com milhões de crentes antes da guerra, não há dúvida de que o mundo em geral não compreendia o assunto e praticamente não reconhecia sua existência. A guerra transformou tudo isso. As mortes que ocorreram em quase todas as famílias despertaram um interesse súbito e concentrado pela vida após a morte. As pessoas perguntavam: "Se um homem morrer, ele voltará a viver?". Mas até mais do que isso, talvez, procuravam avidamente saber se era possível comunicar-se com os entes queridos que haviam perdido. Elas buscavam "o toque de uma mão desaparecida e o som de uma voz silenciada". Não só milhares de pessoas pesquisaram por si mesmas, mas, como no início da história do movimento, a iniciativa foi muitas vezes tomada pelos que haviam falecido. A Imprensa não conseguiu resistir à pressão da opinião pública e deu grande publicidade a muitas histórias de soldados que voltavam e, quase sempre, à vida após a morte.

Neste capítulo, podemos fazer apenas uma breve referência às diferentes maneiras como o mundo espiritual se manifestou durante as várias fases das hostilidades. O conflito em si foi previsto inúmeras vezes; soldados mortos apareceram em suas antigas casas e também preveniram seus companheiros de perigos nos campos de batalha; imprimiram suas imagens nas chapas fotográficas; figuras solitárias e hostes lendárias, não deste mundo, foram vistas nas zonas de combate; com efeito, todo o cenário era de tempos em tempos tomado por uma forte atmosfera impregnada da presença e das atividades do Outro Mundo.

Com a generosa autorização para fazer um comentário de caráter pessoal, o autor afirma que, embora sua própria perda não tenha influenciado suas posições, a visão de um mundo devastado pela tristeza e suplicando ardentemente ajuda e conhecimento, seguramente afetou sua mente e o levou a entender que esses estudos psíquicos, que ele havia perseguido por tanto tempo, eram de imensa importância prática e não podiam mais ser considerados um mero passatempo intelectual ou a realização fascinante de uma nova pesquisa. As evidências da presença dos mortos se mostraram em sua própria casa, e o alívio proporcionado por mensagens póstumas ensinou-lhe que seria um grande consolo para um mundo torturado se pudesse compartilhar o conhecimento que se tornara claro para ele. Foi essa percepção que, desde o início de 1916, fez com que ele e sua esposa se dedicassem inteiramente ao movimento, proferissem palestras em muitos países e viajassem para a Austrália, Nova Zelândia, Estados Unidos e Canadá em missões de esclarecimento e divulgação. De fato, pode-se dizer que esta história que está aqui sendo narrada deriva do mesmo impulso que o levou no início a se envolver de todo o coração com a causa. Esta obra pode muito bem ocupar um espaço muito pequeno em qualquer história geral, mas torna-se pertinente num capítulo que trata da guerra, pois foi na atmosfera da guerra que foi concebida e se desenvolveu.

A profecia é um dos dons do Espírito, e qualquer prova clara de sua existência remete a poderes psíquicos fora do nosso conhecimento habitual. No caso da guerra, muitos podiam, é claro, por meios normais e pelo uso de sua própria razão, prever que a situação no mundo se tornara tão pesada com o militarismo que dificilmente se poderia manter o equilíbrio. Mas algumas profecias parecem ser tão claras e detalhadas que estão além do poder da mera razão e previsão.[2]

A realidade de uma grande catástrofe mundial, e a participação da Inglaterra nela, é assim descrita numa comunicação espiritual recebida pelo Oxley Circle em Manchester e publicada em 1885:[3]

> Durante catorze anos – a partir do período que já lhe mencionei – as influências que se fazem sentir contra a nação britânica serão vitoriosas; depois desse tempo, travar-se-á uma luta terrível e aterradora, uma horrenda carnificina – segundo as formas de expressão humanas, um perecimento de reis, uma derrubada de poderes, grande tumulto e perturbação; e ainda maior comoção entre as massas em relação à riqueza e sua posse. Ao usar essas palavras, falo de acordo com a apreensão humana.
>
> A questão mais importante é: a Grã-Bretanha se perderá para sempre? Vemos as profecias de muitos e a atitude de muitos representantes no plano externo; e vemos mais claramente do que muitos na Terra estão dispostos a acreditar que entre estes últimos há os que amam mais o ouro do que o princípio interior que esse ouro representa.
>
> A menos que na próxima crise a Grande Potência intervenha, isto é, a Grande Potência Operacional de que falei antes, e com serena dignidade emita e proclame

---

[2] Referências a algumas dessas profecias encontram-se nas seguintes publicações: *Prophecies and Omens of the Great War*, de Ralph Shirley, *The War and the Prophets*, de Herbert Thurston, e *War Prophecies*, de F. C. S. Schiller (S. P. R. *Journal,* junho de 1916).

[3] *Angelic Revelations*, Vol. V, pp. 170-71.

o mandato – Paz! Sosseguem! –, cumprir-se-á a profecia de alguns, a de que a Inglaterra submergirá nas profundezas para sempre. Como os átomos específicos da vida que compõem o Estado chamado Inglaterra, que devem afundar por algum tempo para depois poder reemergir, assim também a Nação deve afundar, e a uma grande profundidade, por um período; porque ela está imersa no amor do que é falso e ainda não adquiriu a inteligência que funcionará como uma poderosa alavanca para elevá-la à sua própria dignidade. Será que ela, como um homem submergindo pela terceira e última vez, desaparecerá e se perderá para sempre? Uma vez no grande todo Todo-Poderoso, ela deve continuar como parte integrante. Uma mão bondosa se estenderá para salvá-la e a resgatará dos vagalhões da individualidade, pois de outro modo ela seria sorvida pelo abismo. Com uma energia irreprimível, esse Poder diz – Inglaterra uma vez, Inglaterra para sempre! Mas essa continuidade não se dará no mesmo estado. Ela deve afundar e irá afundar menos, para então subir mais alto. O como, o porquê, de que modo e quais procedimentos adotaremos para trazer-lhe salvação e serenidade, dir-lhe-ei mais adiante; neste momento, afirmo que, para salvá-la, a Inglaterra precisa escorrer seu melhor sangue.

Para detalhes da famosa profecia de M. Sonrel em 1868 sobre a guerra de 1870, e sua profecia menos direta de 1914, o leitor pode consultar o livro do professor Richet, *Thirty Years of Psychical Research* (pp. 387-89). A parte essencial da última profecia é expressa da seguinte forma:

Espere agora, espere... passam-se anos. É uma guerra devastadora. Que carnificina! Meu Deus, que carnificina! Ó França, ó país meu, estás salva! Estás no Reno!

A profecia foi feita em 1868, mas o dr. Tardieu só a registrou em abril de 1914. O autor já se referiu[4] à profecia que a conhecida médium, sra. Foster Turner, fez em Sydney, Austrália, mas vale a pena repetir. Em uma reunião num domingo de fevereiro de 1914, no Little Theatre, Castlereagh Street, diante de uma plateia de quase mil pessoas, num discurso em transe, sob a influência do sr. W. T. Stead, ela disse, conforme relatam notas tomadas na ocasião:

Embora não haja no momento rumores de uma grande guerra europeia, ainda assim quero adverti-los de que, antes que este ano de 1914 chegue ao fim, a Europa

---

[4] *The Wanderings of a Spiritualist*, 1921, p. 360.

estará mergulhada em sangue. A Grã-Bretanha, nossa amada nação, será arrastada para a guerra mais terrível que o mundo já conheceu. A Alemanha será a grande antagonista e arrastará consigo outras nações. A Áustria cairá em ruínas. Reis e reinos cairão. Milhões de vidas preciosas serão ceifadas, mas a Grã-Bretanha finalmente triunfará e sairá vitoriosa.

A data do fim da Primeira Grande Guerra foi prevista corretamente em *Private Dowding*, de W. T. P. (Major W. Tudor Pole), cujo subtítulo é *A Plain Record of the After-Death Experiences of a Soldier killed in Battle*. Nesse livro, publicado pela primeira vez em Londres em 1917, encontramos a seguinte comunicação na página 99:

Mensageiro: Haverá na Europa três grandes federações de Estados. Essas federações se formarão naturalmente e sem derramamento de sangue, mas antes o Armagedom deve ser decidido.

W. T. P.: Quanto tempo isso vai levar?

Mensageiro: Não sou um ser muito elevado, por isso não me são revelados detalhes de todos esses acontecimentos maravilhosos. Até onde me é permitido ver, a paz será restabelecida em 1919, e as federações mundiais surgirão durante os sete anos seguintes. Embora este conflito termine em 1918, muitos anos serão necessários para que a paz e a estabilidade voltem a reinar.

A sra. Piper, a famosa médium de transe de Boston (EUA), merece constar da lista de profecias, embora alguns a considerem um tanto imprecisa. Suas previsões foram feitas por volta de 1898 numa sessão com o dr. Richard Hodgson, membro destacado das Sociedades Inglesa e Americana de Pesquisas Psíquicas.

Desde os dias de Melquisedec, nunca o mundo terrestre esteve tão suscetível à influência dos espíritos. No próximo século, essa influência será surpreendentemente perceptível à mente humana. Eu também farei uma declaração que você certamente constatará. Antes da revelação dos espíritos, haverá uma guerra terrível em várias partes do mundo. Esta precederá uma comunicação muito clara. O mundo inteiro precisa ser limpado e purificado antes que o homem mortal possa ver, através de sua visão espiritual, seus amigos deste lado, bastando apenas que isso aconteça para chegar a um estado de perfeição. Amigo, por favor, pense nisso.[5]

Nos *Proceedings* da Sociedade de Pesquisas Psíquicas (SPP),[6] J. G. Piddington disserta longamente sobre as previsões de guerra contidas em várias escritas automáticas, de modo especial nas da sra. Alfred Lyttelton. Em seu resumo, ele diz:

> As escritas em termos gerais previam a Guerra; assim como muitas pessoas. Cerca de meia dúzia de escritas obtidas entre 9 e 21 de julho de 1914 previam que a guerra estava próxima; assim também, e antes, *sir* Cecil Spring-Rice havia previsto. As escritas preveem que a Guerra acabará por levar a uma grande melhora nas relações internacionais e nas condições sociais; do mesmo modo, dezenas de milhares de cidadãos comuns em todo o Império Britânico acreditavam ou esperavam que a Grande Guerra seria, como dizia a frase, "uma guerra para acabar com todas as guerras".
>
> Mas este último paralelo entre as previsões nas escritas e as crenças ou aspirações que se declararam com tão estranha onipresença e intensidade quando a guerra estourou é, na verdade, apenas um paralelo superficial; pois, enquanto a onda de idealismo que varreu o Império continuou, ou na melhor das hipóteses entrou em sincronia, com o início da Guerra, durante muitos anos antes de agosto de 1914, as escritas haviam repetidamente combinado previsões de uma Utopia com previsões de guerra, e combinado de modo a implicar que uma seria o resultado da outra. Não conheço nenhum paralelo a isso. Os escritores, os soldados, os diplomatas e os políticos que nos advertiram sobre a guerra, pregaram seus perigos e horrores, mas não nos disseram que essa tragédia perigosa e horrível ainda provaria ser as contrações do nascimento de um mundo mais feliz. Nem os propagandistas das Conferências de Haia e outros esquemas para aplacar as rivalidades internacionais nos advertiram que uma guerra mundial deve preceder a realização de seus desejos. Todos igualmente previram ou temeram um caos vindouro; até onde eu sei, somente as escritas falavam de uma esperança para o mundo nas guerras posteriores e saudavam o caos que se aproximava como o prelúdio de um novo cosmos.
>
> As previsões da Guerra nas escritas não podem ser separadas das previsões de uma eventual Utopia. As escritas não dizem: "Haverá uma guerra"; pare nesse ponto e então recomece e diga: "Haverá uma Utopia". Elas implicam claramente que a

---

[5] Citado em *Light*, 1914, p. 349.
[6] S.P.R., Vol. XXXIII (março de 1923).

Utopia resultará da Guerra. Entretanto, não se pode dizer que as duas partes componentes de toda a profecia se mantêm ou caem juntas porque as previsões de guerra se cumpriram; mas o cumprimento ou o fracasso das previsões utópicas deve finalmente influenciar a opinião quanto à fonte das previsões de guerra. Se a Utopia prefigurada nas escritas se traduzisse em fato, seria muito difícil atribuir a previsão dela como resultado da guerra à presciência humana comum, e surgiria um forte argumento para admitir a afirmação feita nas escritas, e para dar o crédito da previsão aos seres desencarnados. E se as previsões utópicas fossem consideradas obra de mentes desencarnadas, com toda a probabilidade as previsões da Guerra, que estão tão intimamente ligadas a elas, seriam atribuídas à mesma fonte.

Muitas outras profecias oscilaram na escala de sucesso, com umas mais bem-sucedidas do que outras. Um exame atento dessa categoria, porém, leva o estudante a convencer-se de que o senso do tempo é o menos preciso dos detalhes espirituais. Muitas vezes, onde os fatos se confirmam, as datas são irremediavelmente defeituosas.

A mais exata de todas as profecias sobre a Guerra parece ter sido a de Sofia, uma jovem grega que, hipnotizada pelo dr. Antoniou, de Atenas, pronunciou seus oráculos em estado de transe. A data foi 6 de junho de 1914. Ela não só previu a Primeira Grande Guerra e as partes envolvidas, mas também especificou inúmeros detalhes, como a neutralidade da Itália no início, sua posterior aliança com a Entente, a ação da Grécia, o local da batalha final no Vardar, e assim por diante. É interessante observar, porém, que ela cometeu alguns erros que tendem a mostrar que a posição do fatalista não é segura, restando pelo menos uma larga margem de imprevisibilidade que a vontade e a energia humanas podem influenciar.[7]

Há muitos testemunhos sobre a ocorrência do que se pode chamar de intervenção dos espíritos durante a guerra. O capitão W. E. Newcome relatou o seguinte:[8]

> Em setembro de 1916 o 2º Regimento de Suffolks deixou Loos, dirigindo-se ao setor norte de Albert. Eu o acompanhei e, quando estávamos nas trincheiras da linha de frente desse setor, eu e outros testemunhamos uma das ocorrências mais impressionantes da guerra.

---

[7] *Revue Métaphsychique*, dezembro de 1925, pp. 380, 390.
[8] *Pearson's Magazine*, agosto de 1919, pp. 190-91.

Por volta do final de outubro até 5 de novembro, estávamos defendendo aquela área com muito poucas tropas. Em 1º de novembro, os alemães investiram com determinação, fazendo o máximo possível para romper a linha. Em dado momento, consegui descer à linha de reserva e, durante a minha ausência, os alemães deram início ao ataque.

Retornei de imediato à minha companhia, chegando a tempo para ajudar a repelir o inimigo, que nunca se aproximou de fato das nossas trincheiras. O ataque foi intenso e rápido, e então nos pusemos a observar, esperando uma nova investida.

Não tivemos de esperar muito; logo vimos alemães avançando pela "terra de ninguém" em ondas impetuosas; mas, antes que chegassem à nossa linha de alambrado farpado, uma figura branca de um soldado elevou-se de uma cratera de granada, ou do solo a cerca de cem metros à nossa esquerda, bem na frente do nosso alambrado e entre nós e a primeira linha alemã. A figura espectral caminhou lentamente ao longo de nossa linha por uma distância de uns mil metros. Sua silhueta sugeria-me a de um velho oficial de antes da guerra, pois parecia vestir um capote impermeável e ter a cabeça protegida por um capacete de campo. Ele olhou antes para os alemães que se aproximavam, depois virou a cabeça e começou a caminhar lentamente para fora do nosso alambrado ao longo do setor que estávamos defendendo.

Nosso sinal de SOS fora respondido por nossa artilharia. Granadas e balas assobiavam pela terra de ninguém [...] mas nada detinha o espectro em sua caminhada. Percorreu todo o nosso setor, esquerda até a extrema direita, onde se virou totalmente para nós. Parecia olhar para um lado e outro da nossa trincheira, e, sempre que um sinal de luz de Verey era disparado, ele se destacava com clareza ainda maior.

Depois de nos observar rapidamente, virou-se bruscamente para a direita e avançou em linha reta para as trincheiras alemãs. Os alemães recuaram, dispersando-se [...] e não foram mais vistos naquela noite.

A primeira ideia que acudiu à mente dos soldados foi que se tratava de um dos Anjos de Mons; depois, alguns diziam que parecia lorde Kitchener, e outros, que seu rosto, quando voltado para nós, se assemelhava ao de lorde Roberts. De minha parte, essa aparição produziu em mim um grande abalo e, por um bom tempo, foi o assunto da companhia.

Seu aparecimento pode ser confirmado por sargentos e homens do meu batalhão.

O mesmo artigo da *Pearson's Magazine* conta a história de William M. Speight, que havia perdido um irmão oficial e seu melhor amigo no Saliente de Ypres em dezembro de 1915. William viu esse irmão chegar ao seu abrigo na noite do mesmo dia em que fora morto. Na noite seguinte, William convidou outro oficial para ir ao abrigo e servir de testemunha caso a visão reaparecesse. O oficial morto de fato voltou e, depois de apontar para um ponto no chão do abrigo, desapareceu. Um buraco foi cavado no local indicado e, a uma profundidade de um metro, foi descoberto um túnel estreito escavado pelos alemães, com pavios e minas programadas para explodir treze horas depois. A descoberta dessa armadilha salvou muitas vidas.

A sra. E. A. Cannock, conhecida clarividente de Londres, descreveu numa reunião espírita como muitos soldados falecidos adotaram um método novo e convincente de dar a conhecer sua identidade.[9] Os soldados (como apareciam em sua visão clarividente) avançavam em fila indiana, guiados por um jovem tenente. Cada homem levava no peito o que parecia um grande cartaz no qual estava escrito seu nome e o lugar onde vivera na Terra. A sra. Cannock conseguiu ler esses nomes e descrições, e todos foram identificados por vários membros da plateia. Uma característica curiosa era que, à medida que cada nome era reconhecido, a forma do espírito desaparecia, abrindo assim espaço para o seguinte.

Como uma variante de outros relatos de natureza semelhante, podemos citar um caso do que se descreve como "Telepatia da Frente de Batalha". No dia 4 de novembro de 1914, a sra. Fussey, de Wimbledon, cujo filho "Tab" servia no 9º Lancers, na França, estava sentada em casa quando sentiu no braço a fisgada aguda de um ferimento. Ela pulou e gritou: "Ai, como arde!" e esfregou o ponto. O marido olhou o braço dela, mas não encontrou nada de errado. A sra. Fussey continuou a sentir dor e exclamou: "Tab está ferido no braço. Eu sei". Na segunda-feira seguinte, chegou uma carta do soldado Fussey, dizendo que havia sido baleado no braço e estava no hospital.[10] O caso coincide com as experiências registradas de muitos médiuns que, por alguma lei desconhecida de simpatia, sofreram choques simultâneos com acidentes ocorridos com amigos, e às vezes com estranhos, a distância.

Em vários casos, soldados mortos se manifestaram por meio de fotografia psíquica. Uma das ocorrências mais notáveis deu-se em Londres no Dia do Armistício, 11 de novembro de 1922. Durante os Dois Minutos de Silêncio da cerimônia realizada em Whitehall, nas proximidades do Cenotáfio, a médium, sra. Deane, tendo ao seu lado a srta. Estelle Stead, tirou uma fotografia da multidão. A

---

[9] *Light*, 1919, p. 213.
[10] *Light*, 1914, p. 395.

fotografia mostra um grande círculo de luz, destacando-se no centro cerca de trinta cabeças, muitas delas de soldados que foram depois reconhecidos. Essas fotos se repetiram nos anos seguintes, e, embora os mesmos ataques desdenhosos e irresponsáveis de sempre tenham sido reiterados também contra essa médium e seu trabalho, os que tiveram oportunidade de verificá-las não têm dúvida do caráter supranormal dessas imagens.

Devemos nos contentar com apenas mais um caso típico de muitas centenas de resultados. O sr. R. S. Hipwood, residente em Cleveland Road, 174, Sunderland, escreve:[11]

> Perdemos nosso único filho na França, em 27 de agosto de 1918. Sendo um bom fotógrafo amador, fiquei curioso com as fotos tiradas pelo Círculo de Crewe. Levamos nossa própria chapa, e eu mesmo a coloquei no chassi, com o meu nome nela. Expusemos duas chapas na câmera e obtivemos uma fotografia muito nítida. Até meu neto de 9 anos conseguiu identificar o extra sem ninguém dizer-lhe nada. Conhecendo bem a arte da fotografia, posso garantir a autenticidade da foto em todos os detalhes. Afirmo que a impressão que lhe envio é uma fotografia comum minha e da sra. Hipwood, com o extra do meu filho, R. W. Hipwood, 13º Regimento Galês, morto na França na grande incursão em agosto de 1918. Apresento aos nossos amigos em Crewe nossa ilimitada confiança em seu trabalho.

Dos muitos casos registrados de retorno de soldados mortos, destacamos o transcrito a seguir porque os detalhes provieram de duas fontes independentes. É relatado pelo sr. W. T. Waters, de Tunbridge Wells, que diz ser apenas um novato no estudo do espiritismo:[12]

> Em julho passado, tive uma sessão com o sr. J. J. Vango, durante a qual o controle de repente me disse que havia um jovem soldado ao meu lado, muito ansioso para que eu levasse uma mensagem para sua mãe e irmã que moram nesta cidade. Respondi que não conhecia nenhum soldado de minhas relações que tivesse morrido. No entanto, o rapaz não desistiu e, como meus amigos pareceram retrair-se para deixar que ele falasse, prometi me esforçar para realizar seus desejos.

---

[11] *The Case for Spirit Photography*, de *sir* A. Conan Doyle, p. 108.
[12] *Light* (20 de dezembro de 1919), p. 407.

Tive de imediato uma percepção muito clara que me permitiu reconhecer nesse jovem o filho de um conhecido da minha família. Ele me contou certas coisas pelas quais tive dupla certeza de que era ele mesmo e nenhum outro, e então me passou sua mensagem de conforto e segurança para sua mãe e irmã (o pai havia morrido quando ele era bebê), as quais, durante dois longos anos, alimentaram dúvidas quanto ao destino dele, pois havia sido considerado "desaparecido". Ele descreveu como fora gravemente ferido e capturado pelos alemães em uma retirada e que morrera cerca de uma semana depois, implorando-me para que dissesse a seus entes queridos que estava com frequência com eles e que o único obstáculo à sua felicidade completa era ver o grande sofrimento de sua mãe e sua incapacidade de se fazer reconhecido.

Eu pretendia manter a promessa feita; porém, sabendo que os familiares do rapaz eram seguidores da Igreja Alta e provavelmente seriam absolutamente céticos, fiquei sem saber como transmitir a mensagem, pois achava que apenas pensariam que minha própria perda afetara meu cérebro. Arrisquei aproximar-me da tia dele, mas o que lhe contei apenas suscitou o comentário: "Não pode ser", e assim decidi esperar uma oportunidade de falar diretamente com sua mãe.

Antes que essa oportunidade tão esperada chegasse, uma jovem dessa cidade, tendo perdido a mãe cerca de dois anos antes, e ouvindo de minha filha que eu estava investigando esses assuntos, visitou-me e eu lhe emprestei meus livros. Um desses livros é *Rupert Lives*, com o qual ela ficou particularmente impressionada e acabou marcando uma sessão com a srta. McCreadie, por meio de quem recebeu um testemunho tão convincente a ponto de ter dissipado todas as suas dúvidas. Nessa sessão, o soldado que veio a mim apresentou-se também a ela, repetindo a mesma mensagem, mas acrescentando seu nome – Charlie – e suplicando-lhe que transmitisse a mensagem à sua mãe e à sua irmã – a mesma mensagem que eu deixara de dar. Ele estava tão ansioso que, no fim da sessão, voltou novamente e rogou-lhe que não o decepcionasse.

Bem, esses eventos aconteceram em datas diferentes – julho e setembro –, sendo exatamente a mesma mensagem dada por intermédio de diferentes médiuns para pessoas diferentes, e ainda assim as pessoas dizem que é tudo um mito e que os médiuns simplesmente leem os nossos pensamentos.

Quando minha amiga me contou sua experiência, pedi-lhe imediatamente que fosse comigo à mãe do rapaz, e tenho a satisfação de afirmar que essa dupla mensagem convenceu tanto a mãe quanto a irmã, e que a tia está quase, se não de todo, convencida da verdade.

Sir William Barrett[13] registra essa comunicação comprobatória obtida em Dublin em consulta ao tabuleiro ouija com a sra. Travers Smith, filha do falecido professor Edward Dowden. A amiga dele, srta C, mencionada no relato, era filha de um médico. *Sir* William dá a essa comunicação o título de "The Pearl Tie-pin Case".

A srta. C., a consulente, tinha um primo, um oficial do nosso exército na França, morto em batalha um mês antes da sessão: isso ela sabia. Um dia depois que o nome do primo foi inesperadamente escrito no tabuleiro ouija e o nome dela dado em resposta à sua pergunta: "Você sabe quem eu sou?", a mensagem obtida foi a seguinte:

"Diga à mamãe que dê meu alfinete de pérola à garota com quem eu ia me casar. Penso que ela deve ficar com ele." Quando lhe foi perguntado qual era o nome e o endereço da jovem, ambos foram dados: o nome completo de batismo e o sobrenome, sendo este último muito incomum e *desconhecido de ambos os consulentes*. O endereço dado em Londres era fictício ou anotado incorretamente, pois uma carta enviada para lá foi devolvida e toda a mensagem foi considerada fictícia.

Seis meses depois, porém, descobriu-se que o oficial, pouco antes de partir para a frente de batalha, havia se comprometido com a mesma jovem cujo nome foi dado, sem comunicar o fato a ninguém. Nem sua prima nem ninguém de sua própria família na Irlanda estavam cientes do fato, e nunca tinham visto a jovem nem ouvido seu nome até que o Ministério da Guerra enviou os pertences do oficial falecido à família. Descobriram, então, que ele havia incluído o nome da jovem no seu testamento como sua parenta próxima, sendo tanto o nome de batismo quanto o sobrenome exatamente os mesmos dados na consulta; e o que é igualmente surpreendente, um *alfinete de pérola* para gravata foi encontrado entre os seus pertences.

As duas senhoras assinaram um documento que me enviaram, atestando a exatidão da declaração acima. A mensagem foi registrada na ocasião, e não escrita de memória após a comprovação dos acontecimentos. Os fatos não poderiam ser explicados aqui por memória subliminar, telepatia ou conchavo, e as evidências apontam inequivocamente para uma mensagem telepática do oficial falecido.

O rev. G. Vale Owen descreve[14] o retorno de George Leaf, um de seus alunos do Curso de Bíblia em Orford, Warrington, que se juntou à Força Aérea Real e foi morto na Primeira Grande Guerra.

---

[13] *On The Threshold of the Unseen*, p. 184.
[14] *Facts and the Future Life* (1922), pp. 53-4.

Algumas semanas depois, sua mãe arrumava a lareira na sala de estar. Estava de joelhos na frente da grade quando sentiu um impulso de se virar e olhar para a porta que dava para o *hall* de entrada. Ao fazer isso, viu seu filho vestido com roupas de trabalho, como ele costumava voltar para casa todas as noites quando estava vivo. Ele tirou o casaco e o pendurou na porta, um velho hábito seu. Então se virou para ela, acenou com a cabeça, sorriu e foi para a cozinha dos fundos, onde costumava se lavar antes de se sentar para o jantar. Foi tudo muito natural e bem real. Ela sabia que era seu filho morto que tinha vindo para lhe mostrar que ele estava vivo na terra dos espíritos e vivendo uma vida natural, bem, feliz e contente. Também aquele sorriso de amor lhe disse que o coração dele ainda estava com os pais e com as coisas da casa. Ela é uma mulher sensata e não duvidei da sua história nem por um momento. De fato, desde sua morte, ele foi visto na igreja de Orford, que costumava frequentar, e desde então tem sido visto em vários lugares.

Há muitos casos de visões de soldados envolvendo a morte. Em seu livro *Dreams and Visions of the War*, Rosa Stuart relata o seguinte caso:

Uma história muito comovente me foi contada por uma senhora de Bournemouth. Seu marido, um sargento do Regimento de Devonshire, foi para a França em 25 de julho de 1915. Ela recebia cartas dele regularmente, todas muito alegres e animadas, e assim começou a tranquilizar-se com relação a ele, sentindo-se segura de que qualquer perigo que ele tivesse de enfrentar seria superado com segurança.

Na noite de 25 de setembro de 1915, por volta das dez horas da noite, ela estava sentada em sua cama conversando com uma jovem que dividia o quarto com ela. A luz estava acesa, e nenhuma delas pensava em deitar-se para dormir, tão envolvidas estavam na conversa sobre os acontecimentos do dia e sobre a guerra.

De repente, fez-se silêncio. A esposa interrompeu a conversa bruscamente no meio de uma frase e ficou olhando para o nada: diante dela, uniformizado, estava seu marido! Por dois ou três minutos, ela ficou ali olhando para ele, abalada com a expressão de tristeza em seus olhos. Levantando-se rapidamente, ela correu para o ponto onde ele estava, mas, quando chegou, a visão havia desaparecido.

Naquela manhã, a esposa havia recebido uma carta dizendo que o marido estava seguro e bem; apesar disso, tinha certeza de que a visão era um mau presságio. Estava certa. Logo em seguida, ela recebeu uma carta do Ministério da Guerra, dizendo que ele havia sido morto na Batalha de Loos em 25 de setembro de 1915, a mesma data em que lhe parecera tê-lo visto junto à cama.

Um lado místico mais profundo das visões da Grande Guerra gira em torno dos "Anjos de Mons". O sr. Arthur Machen, conhecido jornalista londrino, escreveu uma história contando como arqueiros ingleses do campo de Agincourt intervieram durante a terrível retirada de Mons. Mas afirmou depois que havia inventado o incidente. Nesse caso, porém, como tantas vezes antes, a verdade provou que a ficção é um fato, ou pelo menos fatos de caráter semelhante foram relatados por várias testemunhas confiáveis. O sr. Harold Begbie publicou um pequeno livro, *On the Side of the Angels*, apresentando muitas provas, e o sr. Ralph Shirley, editor da *Occult Review* (Londres), escreveu na sequência *The Angel Warriors at Mons*, em que ampliou o testemunho do sr. Begbie.

Um oficial britânico, respondendo ao sr. Machen no *London Evening News* (14 de setembro de 1915), menciona que sua divisão lutava em Le Cateau em 26 de agosto de 1914, mas que teve de recuar, marchando durante toda a noite do dia 26 e o dia 27 inteiro. Ele diz:

Na noite do dia 27, eu acompanhava a coluna cavalgando com dois outros oficiais. Conversávamos e fazíamos todo o possível para não adormecer em nossos cavalos.

À medida que avançávamos, percebi que nos campos de ambos os lados da estrada marchava um numeroso corpo de cavaleiros, parecendo estar dividido em esquadrões e acompanhando o nosso ritmo na mesma direção que seguíamos.

A noite não estava muito escura e imaginei poder ver o esquadrão desses cavaleiros com bastante nitidez.

Eu não disse nada no início, observando-os por cerca de vinte minutos. Os outros dois oficiais estavam calados.

Por fim, um deles me perguntou se eu via alguma coisa nos campos. Então contei-lhes o que tinha visto. O terceiro oficial falou então que ele também estivera observando esses cavaleiros nos últimos vinte minutos.

Estávamos tão convencidos de que se tratava realmente de um corpo de cavalaria, que fizemos uma parada e um dos oficiais reuniu um destacamento para fazer um reconhecimento da área, mas não encontrou absolutamente ninguém. A noite tornou-se mais escura e não vimos mais nada.

O mesmo fenômeno foi visto por muitos homens em nossa coluna. É verdade que estávamos todos muito cansados e esgotados, mas é algo extraordinário que o mesmo fenômeno seja testemunhado por tantas pessoas.

Eu mesmo estou absolutamente convencido de que vi esses cavaleiros; e tenho certeza de que não existiam apenas na minha imaginação. Não tento explicar o mistério – apenas exponho fatos.

Essas provas parecem boas, mas devemos admitir que, na tensão e exaustão da grande retirada, a mente dos homens não estava nas melhores condições para ponderá-las. Por outro lado, é nesses momentos de dificuldade que as forças psíquicas do homem geralmente estão mais ativas.

Um aspecto profundo da Guerra Mundial está na reflexão de que as guerras na Terra não passam de uma réplica, por assim dizer, das batalhas invisíveis nos planos superiores, onde os poderes do Bem e do Mal se debatem em conflitos contínuos. O falecido sr. A. P. Sinnett, teosofista eminente, trata dessa questão em um artigo intitulado "Super-Physical Aspects of the War" ["Aspectos Metafísicos da Guerra"].[15] Não podemos entrar no assunto aqui, exceto para dizer que existem evidências de muitas fontes mostrando que as palavras do sr. Sinnett baseiam-se em fatos.

Um número considerável de livros e um número muito maior de manuscritos registram as supostas experiências dos que morreram na guerra, que naturalmente em nada diferem dos que morreram em qualquer outro momento, mas, dadas as circunstâncias históricas, se revestem de um tom mais dramático. O mais memorável desses livros é *Raymond*. *Sir* Oliver Lodge é um cientista tão famoso e um pensador tão profundo que sua confissão corajosa e franca produziu uma grande impressão no público. O livro apareceu mais tarde em forma condensada e é provável que se mantenha por muitos anos como um clássico do tema. Outros livros da mesma categoria, todos comprobatórios em seus detalhes principais, são *The Case of Lester Coltman*, *Claude's Book*, *Rupert Lives*, *Grenadier Rolf*, *Private Dowding* e outros. Todos eles retratam o tipo de existência após a morte que é descrita em capítulo subsequente.

---

[15] *The Occult Review*, dezembro de 1914, p. 346.

CAPÍTULO 24

O ASPECTO RELIGIOSO DO ESPIRITISMO

O Espiritismo é um sistema de pensamento e conhecimento que se harmoniza com todas as religiões. Seus princípios fundamentais são a continuidade da personalidade humana e a possibilidade dessa personalidade comunicar-se após a morte. Esses dois fatos básicos são tão importantes para um brâmane, um muçulmano ou um parse quanto para um cristão. Assim, o apelo do espiritismo é universal. Apenas com um modo de pensar ele é absolutamente irreconciliável: o do materialismo, que mantém o mundo preso em suas garras no presente e é a causa primeira de todos os nossos infortúnios. Desse modo, a compreensão e a aceitação do espiritismo são fatores essenciais para a salvação da humanidade, que de outra maneira submergirá cada vez mais fundo em uma perspectiva puramente utilitária e egoísta do universo. O estado materialista típico foi o da Alemanha no período anterior à Primeira Guerra Mundial, mas todos os demais estados modernos inserem-se na mesma categoria, quando não no mesmo grau.

Podemos perguntar: As antigas religiões não deveriam ser fortes o bastante para resgatar o mundo de sua degradação espiritual? A resposta é que todas elas tentaram e todas fracassaram. Todas as igrejas que as representam tornaram-se elas próprias formais, mundanas e apegadas à matéria até o mais alto grau. Perderam todo o contato com a vida do espírito e se contentam em remeter tudo aos tempos antigos, em falar da boca para fora e em prestar reverência externa a um sistema obsoleto tão emaranhado em teologias inverossímeis que as mentes honestas sentem náuseas só de pensar nisso tudo. Ninguém se mostrou tão cético e incrédulo em relação às manifestações espíritas modernas quanto os mesmos clérigos que acreditam piamente em ocorrências semelhantes nos tempos antigos; sua total recusa em aceitá-las hoje dá a medida da sinceridade de suas profissões. A fé se tornou tão banalizada a ponto de se transformar em uma impossibilidade para muitas mentes sinceras, que pedem provas e conhecimento. É isso que o espiritismo oferece. Ele alicerça a nossa crença na vida após a morte e na existência de mundos invisíveis, não sobre tradições antigas ou intuições vagas; suas bases são constituídas de fatos comprovados, para que se possa construir uma ciência da religião a partir delas e o homem tenha um caminho sólido em meio ao pântano dos credos.

Quando dizemos que o espiritismo se harmoniza com todas as religiões, não queremos dizer que todas elas têm o mesmo valor ou que os ensinamentos do espiritismo puro não sejam melhores do que o espiritismo mesclado com outras crenças. Para este autor, o espiritismo por si só supre tudo o que o homem precisa, mas ele conheceu muitos homens de alma elevada que não conseguiram renunciar às convicções de toda uma vida e, mesmo assim, aceitaram a nova verdade sem se desfazer da antiga profissão de fé. Um homem, porém, que tivesse apenas o espiritismo como seu guia não se veria em uma posição oposta aos ensinamentos essenciais do cristianismo; muito ao contrário, encontraria neles muitas explicações. Ambos os sistemas pregam a vida após a morte. Ambos reconhecem que a conduta na Terra influencia o progresso espiritual e a felicidade na vida após a morte. Ambos professam a crença na existência de um mundo de espíritos, bons e maus, a quem o cristão chama de anjos e demônios, e o espírita, de guias, controles e espíritos pouco desenvolvidos. De modo geral, ambos acreditam que as mesmas virtudes, altruísmo, bondade, pureza e honestidade são necessárias para um caráter elevado. Os espíritas, porém, veem o preconceito e a intolerância como ofensa grave, ao passo que a maioria das seitas cristãs incentiva essas atitudes. Para os espíritas, todo caminho que leva para o alto é recomendável e aceitam sem contestar que em todas as religiões encontram-se almas santas e altamente desenvolvidas que receberam por intuição tudo o que o espírita pode oferecer por conhecimento especial. A missão do espírita não se volta para essas almas, mas para aqueles que se declaram abertamente agnósticos ou para os mais perigosos que professam alguma forma de fé, e, no entanto, são imprudentes ou agnósticos irredutíveis.

Do ponto de vista do autor, o homem que recebeu o pleno benefício da nova revelação é o homem que procurou viver com sinceridade os ensinamentos dos vários credos e se deu conta de que todos deixavam algo a desejar. Ele então se percebe num vale de sombras, com a Morte esperando no final, sem outra religião prática a não ser o cumprimento dos seus deveres e obrigações. Essa condição produz muitos homens dignos, de cepa estoica, mas não conduz à felicidade pessoal. Sobrevém, então, a prova positiva da existência independente, às vezes de repente, às vezes por convencimento lento. A nuvem deslocou-se para além das suas perspectivas. Ele não está mais no vale, mas no topo da montanha além, com uma vista de cumes sucessivos, cada um mais belo que o outro. Tudo é resplendor onde antes trevas o envolviam. O dia dessa revelação tornou-se o dia da coroação gloriosa da sua vida.

Contemplando a excelsa hierarquia dos seres espirituais acima dele, o espírita percebe que um ou outro grande arcanjo pode, de tempos em tempos, visitar a humanidade com alguma missão de ensino e esperança. Mesmo a humilde Katie King, com sua mensagem de imortalidade transmitida a um grande cientista, foi um anjo do alto. Francisco de Assis, Joana d'Arc, Lutero, Maomé, Bab-ed-Din e todo verdadeiro líder religioso da história estão entre esses mensageiros. Mas acima de todos, de acordo com o nosso modo de pensar ocidental, está Jesus, a quem chamamos de "Cristo", filho de um artesão judeu. Não cabe ao nosso insignificante cérebro dizer que grau de divindade havia nele, mas podemos afirmar com toda certeza que Ele estava mais próximo de Deus do que nós e que o seu ensinamento, o qual o mundo ainda não assimilou e não pratica, é o mais altruísta, misericordioso e belo que conhecemos, a menos que como tal consideremos o de seu companheiro em santidade, Buda, também mensageiro de Deus, mas com um credo mais voltado para a mente oriental do que para a europeia.

Quando, porém, voltamos à mensagem do nosso inspirado Mestre, descobrimos que há pouca relação entre os Seus preceitos e os dogmas ou ações dos Seus discípulos atuais. Vemos também que muito do que Ele ensinou se perdeu e que, para encontrar essa porção perdida, não expressa nos Evangelhos, temos de examinar a prática da Igreja primitiva que foi guiada por aqueles que tiveram contato direto com Ele. Esse exame mostra que tudo o que chamamos de espiritismo moderno parece ter sido familiar ao círculo de Cristo, que os dons do Espírito exaltados por São Paulo são exatamente os dons que os nossos médiuns manifestam e que as maravilhas que trouxeram a convicção da realidade do outro mundo para as pessoas daqueles tempos revelam-se e devem ter efeitos semelhantes também nos dias atuais, quando os homens mais uma vez pedem garantias sobre esse assunto vital. Essa questão é tratada extensamente em outros livros, por isso basta resumi-la aqui dizendo que, longe de se ter desviado da ortodoxia, há boas razões para acreditar que o espírita humilde, livre de dogmatismos, com sua mensagem direta dos espíritos, com sua comunhão dos santos e sua relação com aquele elevado ensinamento chamado Espírito Santo, está mais próximo do cristianismo primitivo do que qualquer outra seita.

Quando lemos os primeiros documentos da Igreja, especialmente os escritos dos chamados "Padres", é surpreendente descobrir o conhecimento e a prática psíquicos que estavam em voga naquela época. Os primeiros cristãos viviam em contato íntimo e familiar com o invisível, e sua fé e constância absolutas baseavam-se no conhecimento pessoal positivo que cada um deles havia adquirido. Eles estavam cientes, não como uma especulação, mas como fato absoluto, de que a morte não significava mais do que uma transição para uma vida mais ampla, podendo ser mais apropriadamente chamada de nascimento. Por isso, não a temiam de modo algum e a consideravam mais ou menos como o dr. Hodgson quando clamou: "Mal consigo suportar a espera!". Essa atitude não afetou a conduta e o valor deles neste mundo, atestados até mesmo por seus inimigos. Atualmente, se os convertidos em terras distantes corrompem-se quando se tornam cristãos, é porque o cristianismo que abraçaram perdeu todo o poder de atração direta que tinha no passado.

Além dos primeiros Padres, temos evidências do sentimento cristão primitivo nas inscrições das catacumbas. Um livro interessante sobre os remanescentes dos primeiros cristãos em Roma, escrito pelo rev. Spence Jones, deão de Gloucester, aborda em parte esses registros estranhos e comoventes. Essas inscrições têm vantagem sobre as nossas provas documentais pelo fato de não terem sido forjadas nem apresentarem possibilidade de interpolação. Depois de ler centenas delas, o dr. Jones diz: "Os primeiros cristãos falam dos mortos como se ainda estivessem vivos. Eles falam com seus mortos". Esse é o ponto de vista dos espíritas de hoje – um ponto de vista que as Igrejas perderam há muito tempo. As sepulturas cristãs primitivas apresentam um estranho contraste com as dos pagãos que as cercam. Estes últimos sempre se referem à morte como um acontecimento derradeiro, terrível e irrevogável. A expressão que utilizam, "Fuisti. Vale!" ("Foste. Adeus!"), resume seus sentimentos. Os cristãos, por outro lado, referiam-se sempre à feliz continuação da vida. "Ágape, viverás para sempre", "Vitorina está em paz e em Cristo", "Que Deus renove teu espírito", "Vive em Deus". Essas inscrições por si só são suficientes para mostrar que uma visão nova e infinitamente consoladora da morte havia chegado à raça humana.

As catacumbas são também uma prova da simplicidade do cristianismo primitivo antes que se enredasse com toda sorte de definições e abstrações complexas derivadas da mente grega ou bizantina, causando um mal imenso ao mundo. O símbolo que predomina nas catacumbas é o do Bom Pastor – a afável imagem de um pastor levando nos ombros uma ovelhinha assustada. Ao se percorrer as catacumbas dos primeiros séculos, em nenhuma delas se encontrará qualquer vestígio de sacrifícios cruentos, de nascimentos virginais. Deparar-se-á, sim, com a imagem do Bom Pastor, com a âncora da esperança, com a palma do martírio e com o peixe, o ideograma ou anagrama do nome de Jesus. Tudo aponta para uma religião simples. O cristianismo viveu seus dias de maior pureza quando acolhido pelos mais humildes. Foram os ricos, os poderosos e os intelectuais que o degradaram, complicaram e arruinaram.

Não é possível, no entanto, fazer quaisquer inferências psíquicas das inscrições ou desenhos nas catacumbas. Para isso, devemos recorrer aos padres pré-nicenos. Neles, encontramos tantas referências que apenas com elas poderíamos facilmente compilar um pequeno volume. Precisamos, todavia, harmonizar nossos pensamentos e expressões com os deles para poder apreender seu significado integral. Profecia, por exemplo, é o que hoje chamamos mediunidade, e Anjo se tornou um espírito elevado ou um Guia. Tomemos ao acaso algumas citações típicas. Santo Agostinho, em seu *De cura pro Mortuis* (*O Cuidado Devido aos Mortos*), diz: "Os espíritos dos mortos podem ser enviados aos vivos e podem desvendar-lhes o futuro que eles mesmos aprenderam de outros espíritos ou de anjos" (isto é, guias espirituais) "ou por revelação divina". Isso é puro espiritismo, exatamente como o conhecemos e definimos. Agostinho não teria se expressado com tanta certeza e com definição tão precisa se não estivesse muito familiarizado com o tema, nada indicando que lhe fosse ilícito abordá-lo.

Ele volta ao assunto em seu *A Cidade de Deus*, no qual se refere a práticas que permitem que o corpo etéreo de uma pessoa se comunique com os espíritos e guias superiores e receba visões. Essas pessoas eram, é claro, médiuns – o nome significa simplesmente o intermediário entre o organismo encarnado e o desencarnado.

São Clemente de Alexandria faz alusões semelhantes, assim como São Jerônimo em sua controvérsia com Vigilâncio, o gaulês, mas já em data posterior – após o Concílio de Nicéia.

A Hermas, um personagem um tanto obscuro, tido como amigo de São Paulo e discípulo direto dos apóstolos, atribui-se a autoria de um livro intitulado *O Pastor*. Seja essa autoria apócrifa ou não, o livro certamente foi escrito por alguém nos primeiros séculos do cristianismo e assim representa as ideias que então prevaleciam. Ele diz: "O espírito não responde a todos os que perguntam nem a qualquer pessoa em particular, pois o espírito que procede de Deus não fala ao homem quando o homem quer, mas quando Deus permite. Desse modo, quando um homem tem um espírito de Deus" (ou seja, um controle) "e participa de uma assembleia de fiéis onde são oferecidas orações, o espírito inunda esse homem que então fala como Deus quer".

Essas palavras descrevem exatamente a nossa própria experiência psíquica quando as sessões são conduzidas adequadamente. Não invocamos espíritos, como afirmam continuamente os críticos ignorantes, e não sabemos o que há de vir. Mas oramos – quase sempre o "Pai-Nosso" – e aguardamos os acontecimentos. Então, o espírito escolhido e autorizado vem até nós e fala ou escreve por meio do médium. Hermas, como Agostinho, não teria falado com tanta precisão se não tivesse experiência pessoal do procedimento.

Orígenes faz muitas alusões ao conhecimento psíquico. É curioso comparar a ignorância crassa dos nossos líderes espirituais atuais com a sabedoria dos antigos. Centenas de citações poderiam ser transcritas, mas extraímos esta bem breve de sua controvérsia com Celso:

> Muitas pessoas abraçaram a fé cristã a despeito de si mesmas, pois tiveram seus corações subitamente transformados por algum espírito, seja em uma aparição, seja num sonho.

Exatamente assim, os líderes entre os materialistas, do dr. Elliotson em diante, foram reconduzidos à crença na vida futura e na sua relação com esta vida pelo estudo das evidências psíquicas.

Os primeiros Padres são os mais incisivos sobre este assunto, pois estavam mais próximos da grande fonte psíquica. Assim, Irineu e Tertuliano, que viveram por volta do final do século II, fazem dezenas de alusões a sinais psíquicos, enquanto Eusébio, escrevendo mais tarde, lamenta sua escassez e reclama que a Igreja havia se tornado indigna deles.

Irineu escreveu: "Ouvimos falar de muitos irmãos na Igreja que possuem dons proféticos" (isto é, mediúnicos) "e falam através do espírito nas mais variadas línguas, trazendo à luz para benefício geral as coisas ocultas aos homens e expondo os mistérios de Deus". Nenhuma passagem poderia descrever melhor as funções de um médium de grande habilidade.

Em sua controvérsia com Marcião, Tertuliano recorreu aos dons do Espírito para provar a verdade. Ele demonstrou que esses dons se manifestavam em maior profusão entre os seus seguidores, mencionando a comunicação em transe, a profecia e a revelação de fatos secretos. Assim, muitas convicções que clérigos hoje ridicularizam ou condenam eram no ano 200 as verdadeiras pedras de toque do cristianismo. Também em seu tratado *De Anima* (*Sobre a Alma*), Tertuliano afirma: "Temos hoje entre nós uma irmã dotada de dons ligados à natureza das revelações que ela recebe em espírito na igreja durante os ritos do Dia do Senhor, entrando em êxtase. Ela conversa com anjos" – isto é, espíritos elevados – "vê e ouve mistérios, lê o coração de certas pessoas e traz curas aos que pedem. 'Entre outras coisas', disse ela, 'vi uma alma em forma física, parecendo um espírito, mas não vazia nem feita de vacuidade. Ao contrário, parecia que podia ser tocada, e era macia, diáfana, da cor do ar e da forma humana em cada detalhe'".

Uma mina de informações sobre os pontos de vista dos cristãos primitivos encontra-se nas *Constituições Apostólicas*. É verdade que seus autores não são os apóstolos, mas Whiston, Krabbe e Bunsen concordam que pelo menos sete dos oito livros são documentos anteriores ao Concílio de Niceia, provavelmente do início do século III. Um estudo desses livros revela alguns fatos curiosos. Incenso e lamparinas eram usados em seus cultos, justificando as práticas católicas atuais. Por outro lado, bispos e padres podiam casar. Havia um elaborado sistema de boicote para quem transgredisse as regras da Igreja. Se um clérigo comprasse um benefício, era afastado, e o mesmo acontecia com qualquer homem que obtivesse sua posição eclesiástica com patrocínio mundano. Não havia um bispo acima dos outros, ou papa. O vegetarianismo e a abstinência total de vinho eram proibidos e punidos. Esta última lei, muito curiosa, foi provavelmente uma reação contra alguma heresia que impunha ambas as práticas. Um clérigo surpreendido numa taverna era suspenso. O clero devia comer carne incruenta, à semelhança da tradição judaica moderna. O jejum era frequente e rigoroso – um dia por semana (quinta-feira, ao que parece) e quarenta dias na Quaresma.

Entretanto, é ao discorrer sobre os "dons", ou diversas formas de mediunidade, que esses antigos documentos esclarecem os assuntos psíquicos. Na época, como hoje, a mediunidade assumia diferentes formas, como o dom das línguas, da cura, da profecia e afins. Harnack diz que em cada igreja cristã primitiva havia três mulheres sensatas e discretas, uma para cura e duas para profecia. Toda essa questão é discutida livremente nas *Constituições*. Parece que os agraciados com dons acabavam tornando-se arrogantes, sendo então severamente exortados a lembrar que um homem pode ter dons e, todavia, não ser virtuoso, o que caracterizaria alguém espiritualmente inferior a muitos desprovidos de dons.

As mesmas *Constituições* destacam que o objetivo dos fenômenos, como no espiritismo moderno, é a conversão dos incrédulos, não o entretenimento do crente. Os fenômenos não ocorrem "para proveito dos que os praticam, mas para convicção dos descrentes, para que aqueles a quem a palavra não convenceu, a força dos sinais envergonhe, pois os sinais não são para nós que cremos, mas para os que não creem, tanto judeus como gentios" (*Constituições*, Livro VIII, Sec. I).

Mais tarde, os diferentes dons, que correspondem aproximadamente às nossas diversas formas de mediunidade, são descritos como segue. "Assim, ninguém que opere sinais e prodígios julgue outro fiel a quem esse dom não foi concedido. Porque os dons de Deus concedidos por Cristo são vários: uns recebem um dom, outros, outro. Um talvez receba a palavra da sabedoria" (falar em transe), "e outro a palavra do conhecimento" (inspiração), "este, o discernimento dos espíritos" (clarividência), "aquele, a presciência de acontecimentos futuros, outro a palavra do ensino" (pregação), "outro ainda a paciência". Todos os nossos médiuns precisam deste último dom.

Com relação às Igrejas que se dizem ramos dessa raiz primitiva, podemos perguntar-nos: fora dos círculos espíritas, em que particularidades se encontram esses dons ou observâncias?

Presenças espirituais do Alto são constantemente mencionadas. Assim, na "Ordenação dos Bispos", encontramos: "Estando também presente o Espírito Santo, do mesmo modo que todos os demais santos espíritos e ministrantes". De modo geral, porém, julgo que temos hoje uma compreensão muito mais completa dos fatos psíquicos do que os autores das *Constituições* e que esses documentos provavelmente representam uma variação daquela íntima "Comunhão dos Santos" que existia no primeiro século. Há razões para acreditar que o poder psíquico não é algo fixo, mas que vem em ondas, fluindo e refluindo. No momento, estamos numa maré crescente, mas não temos garantia de que irá perdurar.

Podemos dizer com razão que, como nosso conhecimento dos eventos relacionados com a história da Igreja primitiva é muito limitado, deve ser possível entrar em contato com alguma Inteligência elevada que tenha participado desses eventos e, assim, complementar nossas escassas fontes de informação. Na verdade, isso se fez com vários escritos inspirados e, mesmo no momento em que as provas deste livro estavam sendo corrigidas, ocorreu um fato interessante que deve deixar claro a todos quão estreita pode ser a relação entre a comunicação do outro mundo e a religião. Dois longos escritos apareceram recentemente pela mão da médium semiconsciente, srta. Cummins, a um ritmo extraordinário de duas mil palavras por hora. O primeiro pretende ser um relato da missão de Cristo de autoria de Filipe, o evangelista, e o segundo é um complemento dos Atos dos Apóstolos, que diz ser de Cléofas, que jantou com Cristo ressuscitado em Emaús. O primeiro deles já foi publicado[1] e o segundo estará disponível ao público em breve.

Até onde alcança o conhecimento do autor, o relato de Filipe não passou por nenhuma análise crítica, mas uma leitura atenta o convenceu de que, em dignidade e intensidade, está à altura dos fatos que narra, explicando de forma clara e adequada muitos pontos que têm intrigado os comentadores. O caso da escrita de Cléofas é, no entanto, ainda mais notável, e o autor está inclinado a aceitá-la como o documento intelectual mais elevado e aquele com os sinais mais evidentes de origem sobrenatural em toda a história do movimento. Ela foi submetida ao dr. Oesterley, capelão examinador do bispo de Londres e uma das maiores autoridades em história e tradição da Igreja. Ele declarou que o documento, pela análise de todas as suas características, é obra de alguém que viveu naqueles dias e que estava intimamente ligado ao círculo apostólico. Observam-se nele muitos pontos de sutil erudição, a exemplo do uso do hebraico Hanan como nome do Sumo Sacerdote, que os leitores da maioria das línguas conhecem como Anás, equivalente grego. Esta é uma das inúmeras comprovações que estão muito além dos poderes possíveis de qualquer falsificador. Entre outros detalhes interessantes, Cléofas descreve a reunião de Pentecostes e diz que os apóstolos se sentaram em círculo, com as mãos entrelaçadas, como o mestre lhes havia ensinado. Seria, de fato, um evento maravilhoso se o verdadeiro significado interior do cristianismo, há tanto tempo perdido, fosse hoje redescoberto pelo culto ridicularizado e perseguido cuja história está aqui registrada.

Na opinião do autor, essas duas obras representam duas das provas mais convincentes de comunicação dos espíritos já oferecidas sob o aspecto mental. Parece impossível explicá-las.

Os espíritas da Grã-Bretanha bem como de outros países podem ser divididos entre os que ainda permanecem em suas respectivas Igrejas e os que criaram uma Igreja própria. Estes últimos têm na Grã-Bretanha cerca de quatrocentos locais de reunião sob a direção geral da União Nacional dos Espíritas. Os dogmas

---

[1] *The Gospel of Philip the Evangelist.*

são muito flexíveis e, embora a maioria das Igrejas seja unitária, uma importante minoria segue orientações cristãs. Pode-se dizer que até certo ponto estão unidas em torno de sete princípios centrais:

1. A Paternidade de Deus.
2. A Irmandade do Homem.
3. A Comunhão dos Santos e o Ministério dos Anjos.
4. A Sobrevivência humana à morte física.
5. A Responsabilidade Pessoal.
6. A Compensação ou retribuição por boas ou más ações.
7. O Progresso eterno de todas as almas.

Ver-se-á que todos esses princípios são compatíveis com o cristianismo comum, com exceção talvez do quinto. Os espíritas consideram a vida e a morte de Cristo na Terra como um exemplo, não uma redenção. Todo homem responde por seus próprios pecados e ninguém pode escapar dessa expiação apelando para algum sacrifício substituto. Não é possível ao tirano ou ao devasso, por algum truque espiritual do chamado arrependimento, escapar dos seus justos merecimentos. Um verdadeiro arrependimento pode ajudá-lo, mas ele paga sua dívida mesmo assim. Ao mesmo tempo, a misericórdia de Deus é maior do que o homem jamais concebeu, e todas as possíveis circunstâncias atenuantes de tentação, hereditariedade e ambiente são plenamente ponderadas antes que a punição seja aplicada. Essa é em resumo a posição geral dos grupos espíritas.

Em outro lugar,[2] o autor assinalou que, embora a pesquisa psíquica em si seja bem diferente da religião, as deduções que dela podemos fazer e as lições que podemos aprender "Ensinam-nos a respeito da vida contínua da alma, da natureza dessa vida e de como a nossa conduta nesta terra a influencia. Se isso é diferente de religião, confesso que não entendo a distinção. Para mim, é religião – a própria essência da religião". O autor também falou do espiritismo como uma grande força unificadora, o único elo comprovado que interliga todas as religiões, cristãs ou não cristãs. Embora seus ensinamentos modifiquem profundamente o cristianismo convencional, as alterações assumem mais um caráter explicativo e de progresso do que de antagonismo. Ele também se referiu à nova revelação como absolutamente fatal para o materialismo.

---

[2] *The New Revelation*, pp. 67-9.

Nesta era materialista, pode-se dizer que, sem uma crença na sobrevivência do homem após a morte, a mensagem do cristianismo cai em grande parte em ouvidos surdos. Em seu discurso presidencial para a Sociedade Americana de Pesquisas Psíquicas,[3] o dr. McDougall enfatiza a relação entre a decadência da religião e a disseminação do materialismo. Ele diz:

A menos que as pesquisas psíquicas [...] possam descobrir fatos incompatíveis com o materialismo, este continuará a se espalhar. Nenhum outro poder é capaz de detê-lo; a religião revelada e a filosofia metafísica são igualmente impotentes diante da maré que avança. E se essa maré continuar subindo e avançando como ocorre nestes tempos, todos os sinais indicam que será uma maré destruidora que devastará todas as conquistas duramente alcançadas pela humanidade, todas as tradições morais construídas pelos esforços de incontáveis gerações para a expansão da verdade, da justiça e da caridade.

É importante, então, procurar ver até que ponto o espiritismo e a pesquisa psíquica tendem a induzir ou a fortalecer as crenças religiosas.

Em primeiro lugar, constatamos que, pela via do espiritismo, muitos materialistas aderiram à crença no Além, como os professores Robert Hare e Mapes nos Estados Unidos; os drs. Alfred Russel Wallace, Elliotson, Sexton, Robert Blatchford, John Ruskin e Robert Owen na Inglaterra. Muitos outros poderiam ser citados.

Se o espiritismo fosse devidamente compreendido, não haveria dúvida sobre sua conformidade com a religião. A definição de espiritismo impressa em cada edição do semanário espírita londrino *Light* é a seguinte:

"Crença na existência e na vida do espírito separadas e independentes do organismo material, e na realidade e valor da comunicação inteligente entre espíritos encarnados e desencarnados".

Ambas as crenças expressas são artigos da fé cristã.

Se há uma classe que mais do que qualquer outra teria condições de falar com autoridade sobre as tendências religiosas do espiritismo, é a do clero. Dentre seus integrantes, dezenas dos mais progressistas expressaram seus pontos de vista sobre este assunto em termos inequívocos. Vejamos o que dizem.

---

[3] *Journal, SAPP*, janeiro de 1923.

O rev. H. R. Haweis, M.A., em discurso proferido na Aliança Espírita de Londres em 20 de abril de 1900, disse que comparecia para dizer que, no que acreditava ser o verdadeiro espiritismo, não via absolutamente nada contrário ao que acreditava ser o verdadeiro cristianismo. Com efeito, o espiritismo se harmonizou muito bem com o cristianismo, a ponto de parecer um desdobramento legítimo deste, não uma contradição, não um antagonista. [...] Se o clero conhecia seu ofício, sua dívida com o espiritismo era realmente muito grande. Em primeiro lugar, o espiritismo havia reabilitado a Bíblia. Não se podia negar por um momento sequer que a fé e o respeito pela Bíblia estavam morrendo, em consequência das dúvidas cada vez maiores das pessoas com relação aos relatos bíblicos milagrosos. Os apologistas empolgavam-se com a beleza da doutrina cristã – mas não conseguiam aceitar o elemento milagroso do Antigo ou do Novo Testamento. Insistia-se que deviam acreditar nos milagres bíblicos, mas ao mesmo tempo aprendiam que, fora dos registros bíblicos, nada de sobrenatural havia acontecido. Agora tudo se invertera. As pessoas passaram a acreditar na Bíblia por causa do espiritismo; elas não acreditavam no espiritismo por causa da Bíblia. E prosseguiu dizendo que, quando começou seu ministério, tentou se livrar dos milagres da Bíblia explicando-os, mas depois descobriu que não podia explicar as pesquisas de Crookes, Flammarion e Alfred Russel Wallace.

O rev. Arthur Chambers, ex-vigário de Brockenhurst, Hants, realizou um trabalho valioso ao estimular as pessoas a refletirem sobre a vida espiritual nesta Terra e sua existência no Além. Seu livro, *Our Life After Death*, teve mais de 120 edições. Em um discurso sobre "O espiritismo e a Luz que Lança sobre a Verdade Cristã", ele diz:

> Com sua persistente investigação dos fenômenos psíquicos, com sua insistência abertamente proclamada de que a intercomunicação entre os dois mundos é um fato atual, o espiritismo levou grandes massas de nossos semelhantes a perceberem que "Há mais coisas no céu e na terra do que antes haviam sonhado em sua filosofia"; e fez muitos deles, como homens e mulheres cristãos, entenderem uma verdade poderosa entrelaçada com a religião – uma verdade fundamental para uma compreensão correta de nosso lugar num imenso universo – uma verdade a que a humanidade em todas as épocas se apegou, apesar da resistência dos incrédulos e da desaprovação dos professores de religião. Como conclusão, vem-me à mente o pensamento do modo peculiar como os ensinamentos do espiritismo elevaram as ideias religiosas dos nossos dias. Ele nos ajudou a chegar a uma concepção mais verdadeira e grandiosa de Deus e do Seu propósito.

Em outra bela passagem ele diz:

> Sim, o espiritismo fez muito, muito, para uma melhor compreensão desses grandes fatos fundamentais que são inseparáveis do Evangelho de Jesus. Ajudou homens e mulheres a ver com mais clareza o Grande Espírito Pai – Deus, em quem vivemos, nos movemos e existimos, e aquele vasto universo do espírito do qual somos e sempre seremos parte. Como espírita cristã, alimento uma grande esperança – uma grande convicção do que será – ou seja, que o espiritismo, que tanto tem feito pelos ensinamentos cristãos e pelo mundo em geral, espantando o temor da morte e ajudando-nos a melhor compreender o que um Cristo glorioso realmente ensinou, reconhecerá plenamente o que esse Cristo é de fato à luz das verdades espirituais.

O sr. Chambers mencionou ainda as centenas de cartas que lhe chegaram de pessoas de todas as partes do mundo dizendo que haviam recebido alívio, conforto e plena confiança em Deus em decorrência da leitura de seu livro *Our Life After Death*.

O rev. F. Fielding-Ould, M.A., vigário da Christ Church, Regent's Park, Londres, é outro clérigo que proclama corajosamente a boa obra a ser feita pelo espiritismo. Em discurso dia 21 de abril de 1921 sobre "A Relação do Espiritismo com o Cristianismo", ele disse:

> O mundo precisa dos ensinamentos do espiritismo. O número de pessoas sem religião em Londres hoje é simplesmente espantoso. Em todas as classes sociais (e falo por experiência própria), pessoas em números incontáveis vivem totalmente sem religião. Elas não rezam, não frequentam as igrejas para o culto comum e em sua consciência e hábitos de pensamento a morte é o derradeiro fim. Não há nada além, a não ser uma névoa branca e espessa na qual sua imaginação está proibida de vagar. Podem dizer-se anglicanas, católicas romanas ou judias, mas são como garrafas vazias numa adega ainda exibindo rótulos de safras especiais.

E acrescenta:

> É muito comum o *espiritismo amparar* almas batalhadoras e atribuladas. Não conhecemos todos nós pessoas que desistiram de alguma religião e a ela retornaram por intermédio dele? Agnósticos que haviam perdido toda esperança em Deus e na imortalidade, a quem a religião parecia mera formalidade e "ossos secos"

(Ez 37,1-14), e que acabaram se voltando contra ela e atacando-a em todos os aspectos. [...] Então surgiu o espiritismo em suas vidas, como o amanhecer para um homem que passou a noite inteira febril e insone. [...] No início, mostraram-se desnorteados e incrédulos, mas, arrebatada sua atenção, logo ficaram profundamente tocados. Deus havia voltado para suas vidas e nada poderia expressar sua alegria e gratidão.

O rev. Charles Tweedale, vigário de Weston, Yorkshire, um homem que trabalhou bravamente nesta causa, refere-se às considerações que a Conferência dos Bispos, realizada no Palácio de Lambeth de 5 de julho a 7 de agosto de 1920, pronunciou sobre o espiritismo, e, abordando a questão das pesquisas psíquicas modernas, diz: [4]

Enquanto o mundo em geral está tomado por um vivo interesse de renovação, a Igreja, que se afirma guardiã da verdade religiosa e espiritual, por estranho que pareça, tem até bem recentemente feito ouvidos moucos a todas as evidências modernas relacionadas à realidade daquele mundo espiritual cujo testemunho é o principal objetivo da sua existência; e mesmo hoje emite apenas alguns sinais vagos de que percebe como esta questão está se tornando importante para ela. [...] Um sinal recente dos tempos foi a discussão dos fenômenos psíquicos na Conferência de Lambeth, na qual também o secretário, com o consentimento dos Arcebispos, presenteou o meu opúsculo "Fenômenos Espíritas Atuais e as Igrejas" a todos os bispos presentes. Outro sinal significativo dos tempos é a escolha de *sir* William Barrett para discursar no Congresso da Igreja sobre temas psíquicos.

O Relatório dos *Proceedings* da Conferência de Lambeth, já mencionado, alude da seguinte forma às pesquisas psíquicas:

É possível que estejamos no limiar de uma nova ciência que, por outros métodos de abordagem, nos confirmará a existência de um mundo atrás e além deste que vemos bem como de algo dentro de nós por cujo intermédio estamos em contato com ele. Jamais poderíamos pretender estabelecer um limite aos meios que Deus tem o poder de usar para levar o homem à realização da vida espiritual.

---

[4] *Light*, 30 de outubro de 1920.

Feita essa declaração preventiva, o relatório acrescenta a ressalva:

Não obstante, no culto erguido sobre essa ciência, não há nada que elucide; muito pelo contrário, há muito que obscurece o significado desse outro mundo e da nossa relação com ele, conforme revelam o Evangelho de Cristo e os ensinamentos da Igreja, e que desvaloriza os meios que nos foram dados para alcançar e permanecer em comunhão com esse mundo.

Sob o título "Espiritismo", o Relatório diz:

Embora reconhecendo que os resultados das pesquisas tenham estimulado muitas pessoas a encontrar um sentido e propósito espirituais na vida humana, e as tenham levado a acreditar na sobrevivência após a morte, veem-se graves perigos na tendência a transformar o espiritismo numa religião. A prática do espiritismo como culto implica a subordinação da inteligência e da vontade a forças ou personalidades desconhecidas e, nessa medida, uma abdicação do autocontrole.

Um conhecido colaborador do *Light*, com o pseudônimo "Gerson", comenta a passagem acima:

Há, sem dúvida, um grande perigo na "subordinação da inteligência e da vontade a forças ou personalidades desconhecidas", mas a prática da comunicação com os espíritos não necessariamente envolve essa subordinação, como os bispos parecem pensar. Outro perigo, na opinião deles, é "a tendência a transformar o espiritismo numa religião". *Light* e os que simpatizam com sua atitude nunca sentiram qualquer inclinação nesse sentido. A possibilidade de comunicação com espíritos é simplesmente um fato da Natureza, e não aprovamos a elevação de qualquer fato da Natureza à categoria de religião. Ao mesmo tempo, uma forma elevada de religião pode ser associada a um fato da Natureza. O reconhecimento da beleza e da ordem do universo não constitui em si religião, mas, na medida em que inspira reverência à Fonte dessa beleza e ordem, é uma ajuda ao espírito religioso.

No Congresso da Igreja Inglesa em 1920, o rev. M. A. Bayfield leu um artigo sobre "Psychic Sciene an Ally of Christianity" ["Ciência Psíquica – um Aliado do Cristianismo", no decorrer do qual disse:

Muitos clérigos encaram a ciência psíquica com suspeita, e alguns com antagonismo e alarme positivos. Sob seu nome popular, espiritismo, chegou a ser denunciada como anticristã. Dever-se-ia demonstrar que esse ramo de estudo é um aliado da nossa fé. Quem é espírita não é materialista, e o próprio cristianismo é essencialmente uma religião espiritualista.

Em seguida, passou a referir-se ao serviço que o espiritismo prestou ao cristianismo, contribuindo para a crença no elemento milagroso do Evangelho.

O dr. Elwood Worcester, em um sermão intitulado "Os Aliados da Religião",[5] proferido na Igreja de St. Stephen, Filadélfia, em 25 de fevereiro de 1923, falou da pesquisa psíquica como a verdadeira amiga da religião e aliada espiritual do homem. Ele disse:

> Ela também esclarece muitos eventos importantes na vida do Senhor e nos ajuda a entender e a aceitar ocorrências que de outro modo deveríamos rejeitar. Pessoalmente, penso nos fenômenos que acompanharam o batismo de Jesus, Sua aparição no Mar da Galileia, Sua transfiguração e acima de tudo Seu encontro com os discípulos depois da Ressurreição. Além disso, esta é a nossa única esperança real de resolver o problema da morte. É provável que nenhuma nova solução deste mistério eterno provenha de qualquer outra fonte.

O rev. G. Vale Owen nos lembra de que, embora muitos espíritas sejam convictamente cristãos, o espiritismo não se limita ao cristianismo. Por exemplo, existe uma Sociedade Espírita Judaica em Londres. Inicialmente, a Igreja tinha na Evolução uma adversária, mas acabou aceitando-a ao constatar sua conformidade com a fé cristã. Assim, ele conclui que:

> Assim como a aceitação da Evolução deu ao cristianismo uma concepção mais ampla e digna da Criação e do seu Criador, a aceitação das grandes verdades que a ciência psíquica defende deve transformar um agnóstico num crente em Deus, deve fazer de um judeu um judeu melhor, de um muçulmano, um muçulmano melhor, de um cristão, um cristão melhor e, sem dúvida, a todos mais felizes e alegres.[6]

---

[5] *Journal, SPP* americana, junho de 1923, p. 323.
[6] *Facts and the Future Life*, (1922), p. 170.

Os excertos precedentes deixam claro que muitos clérigos da Igreja da Inglaterra e de outras Igrejas concordam com a boa influência do espiritismo sobre a religião.

Outra importante fonte de informação a respeito das tendências religiosas do espiritismo procede do próprio mundo dos espíritos. Ela oferece material em abundância, mas precisamos nos contentar com algumas passagens. A primeira é deste conhecido livro, *Spirit Teachings* (*Ensinamentos dos Espíritos*), recebido através da mediunidade de Stainton Moses:

> Amigo, quando alguém lhe perguntar sobre a utilidade da nossa mensagem e os benefícios que ela pode proporcionar àqueles a quem o Pai a envia, diga-lhes que é um evangelho que revelará um Deus de ternura, piedade e amor, e não de uma criação mítica de aspereza, crueldade e paixões.
>
> Diga-lhes que esse evangelho os levará a conhecer Inteligências cuja vida inteira está consagrada ao amor, à misericórdia, à piedade e ao auxílio benéfico ao homem, como também à adoração ao Supremo.

Ou esta da mesma fonte:

> Aos poucos o homem veio construindo em torno dos ensinamentos de Jesus um muro de deduções, especulações e comentários terrenos semelhantes àquele com que os fariseus haviam cercado a lei mosaica. A tendência a fazer isso tem sido cada vez maior à medida que o homem vem perdendo de vista o mundo espiritual. E assim acontece que nos vemos diante de um materialismo rígido e frio, deduzido de ensinamentos cujo objetivo era transpirar espiritualidade e acabar com o ritual sensual.
>
> É tarefa nossa fazer pelo cristianismo o que Jesus fez pelo judaísmo. Precisamos tomar as velhas formas, espiritualizar seu significado e infundi-las com nova vida. O que desejamos é Ressurreição, não abolição. Repetimos que não eliminamos um único jota ou um til dos ensinamentos que Cristo transmitiu ao mundo. Apenas excluímos as explicações e os comentários terrenos do homem, ressaltando o significado espiritual oculto despercebido. [...] Nossa missão é dar continuidade àquele antigo ensinamento tão estranhamente alterado pelo homem; sua fonte é idêntica; seu curso é paralelo; seu objetivo é o mesmo.

E esta de *Letters from Julia*, de W. T. Stead:

> Você recebeu ensinamentos sobre a comunhão dos santos; você diz e proclama de todas as formas que os santos no céu e na terra compõem o exército do Deus Vivo,

mas, quando um de nós do Outro Lado procura fazer um esforço prático para capacitá-lo a perceber a unidade e a se sentir envolvido por uma imensa nuvem de testemunhas, então se ouve um clamor. Isso é contra a vontade de Deus! É mexer com demônios! É conjurar espíritos malignos! Meu amigo, meu amigo, não se deixe enganar por esses clamores ilusórios! Sou por acaso um demônio? Sou um espírito familiar? Faço o que é contra a vontade de Deus quando constantemente, incessantemente, procuro inspirá-lo com mais fé n'Ele, mais amor por Ele e por todas as Suas criaturas e, em suma, tento aproximá-lo cada vez mais de Deus? Você sabe que eu faço tudo isso. É a minha alegria e a lei do meu ser.

E, por fim, este extrato de *Messages from Meslom*:

É bom todo ensinamento que ajuda a humanidade a acreditar que existe outra vida e que a alma se fortalece com provações enfrentadas com firmeza e com fraquezas vencidas, pois encerra essa verdade fundamental. Quando, além disso, revela um Deus de amor, melhor ainda; e, se a humanidade pudesse compreender esse amor divino, todo sofrimento, mesmo na Terra, cessaria.

Essas passagens têm um tom elevado e certamente tendem a atrair a mente dos homens para coisas mais nobres e para a compreensão dos propósitos mais profundos da existência.

F. W. H. Myers recuperou através do espiritismo a fé que havia perdido no cristianismo. Em seu livro *Fragments of Prose and Poetry*, no capítulo intitulado "The Final Faith", ele diz:

Não posso, em nenhum sentido profundo, comparar as minhas crenças atuais com o cristianismo. Antes, considero-as um desenvolvimento científico da atitude e dos ensinamentos de Cristo.

Você me pergunta qual é a tendência moral de todos esses ensinamentos. Para nossa surpresa, a resposta é muito simples e concisa. Pode-se dizer que a tendência é o que deve inevitavelmente ser – o que a tendência de todo ensinamento moral vital sempre foi – a mais antiga e verdadeira tendência do próprio cristianismo. É uma reafirmação – ponderada agora com novas evidências – da própria insistência de Cristo na interioridade, na realidade; de Sua afirmação de que a letra mata, mas o espírito vivifica, de Sua síntese de que toda virtude está simplesmente no amor a Deus e ao próximo.

Muitos autores falam da luz que as pesquisas psíquicas modernas lançam sobre a narrativa bíblica, mas a melhor expressão dessa visão encontra-se em *Human Personality*, de F. W. H. Myers:

> Arrisco-me a fazer uma afirmação ousada, pois prevejo que, em consequência das novas evidências, todos os homens sensatos, daqui a um século, acreditarão na Ressurreição de Cristo, ao passo que, na ausência de tais evidências, nenhum homem sensato, daqui a um século, acreditaria nela. [...] E especialmente quanto a essa afirmação central, da continuidade da vida da alma após a morte do corpo, é óbvio que, por si só, a antiga tradição irá sustentá-la cada vez menos; que deve ser cada vez mais testada pela experiência e por pesquisas modernas. Vamos supor, por exemplo, que coletemos muitas dessas histórias, registradas com base em evidências de primeira mão em nossos tempos críticos; que todas essas narrativas sejam rejeitadas pela análise; que todas possam ser atribuídas a alucinações, descrições errôneas e outras fontes de erro persistentes. Podemos então esperar que homens razoáveis acreditem que esse fenômeno maravilhoso, sempre desaparecendo no nada quando esquadrinhado em um cenário inglês moderno, deve ainda estimular uma crença de adoração quando supostamente ocorreu num país oriental e numa época remota e supersticiosa? Em resumo, se os resultados das "Pesquisas Psíquicas" tivessem sido rigorosamente negativos, não teriam as evidências cristãs – não digo *emoções* cristãs, mas evidências cristãs – recebido um golpe devastador?

Muitos testemunhos de homens públicos eminentes podem ser citados. *Sir* Oliver Lodge escreve:

> Embora não seja minha fé religiosa que tenha me levado à posição atual, tudo o que aprendi tende a aumentar meu amor e reverência pela personalidade da figura central dos Evangelhos.

Lady Grey de Fallodon[7] presta uma eloquente homenagem ao espiritismo, descrevendo-o como algo que revitalizou a religião e trouxe conforto a milhares de pessoas. Falando dos espíritas, ela diz:

---

[7] *Fortnightly Review*, outubro de 1922.

Como um corpo de obreiros, eles estão mais próximos do espírito do Novo Testamento do que muitos seguidores da Igreja estão dispostos a acreditar. A Igreja da Inglaterra deveria considerar o espiritismo como um aliado valioso. Ele investe frontalmente contra o materialismo e não só identifica o muno material com o universo espiritual, mas ainda acumula uma provisão de conhecimentos e orientações da maior utilidade.

E acrescenta:

Encontro nele uma corrente revitalizadora que traz alento vivo a antigas crenças. [...] A Palavra que costumamos associar com as Sagradas Escrituras é, em essência, idêntica à mensagem que nos chega nesses escritos posteriores. Aqueles de nós que têm a Nova Revelação no coração sabem que o espiritismo faz uma leitura moderna da Bíblia e é por isso que – se as Igrejas lhe dessem atenção – ele deveria ser considerado o grande aliado da religião.

São palavras corajosas e verdadeiras.

O dr. Eugene Crowell[8] mostra que a Igreja Católica Romana sustenta que manifestações espirituais ocorrem constantemente sob a autoridade divina da Igreja; mas as Igrejas Protestantes, embora professem crer nas manifestações espirituais que ocorrem com Jesus e seus discípulos, repudiam todos os acontecimentos semelhantes nos dias atuais. Ele diz:

Assim, a Igreja Protestante, quando procurada pelos famintos espirituais – e milhões estão nessa condição – que fazem das profundezas de suas naturezas uma súplica pungente por alimento espiritual, não tem nada a oferecer – ou na melhor das hipóteses, nada além de migalhas...

O protestantismo hoje se encontra espremido entre as mós de cima e de baixo do materialismo e do catolicismo. Cada um desses poderes exerce sobre ele uma força crescente, e ele deve assimilar e incorporar em si um ou outro deles ou então ser reduzido a pó. Em sua condição atual, falta-lhe a energia e a vitalidade necessárias para resistir à ação dessas forças, e sua única esperança está no sangue fresco que só o espiritismo é capaz de infundir em suas veias cansadas. Acredito piamente

---

[8] *The Identity of Primitive Christianity and Modern Spiritualism.* 2 Vols., 2ª ed., Nova York, 1875.

que é parte da missão do espiritismo realizar essa tarefa, e essa crença fundamenta-se nas necessidades palpáveis do protestantismo e numa concepção clara da adaptabilidade do espiritismo à tarefa e de sua capacidade de realizá-la.

O dr. Crowell declara que a difusão do conhecimento não tornou o homem moderno menos atento às questões relativas à sua vida espiritual e à existência futura, mas hoje ele exige provas do que antes era aceito somente pela fé. A teologia é incapaz de fornecer essa prova, e milhões de mentes ávidas, diz ele, ficam à espera de provas satisfatórias. O espiritismo, afirma ele, foi enviado para fornecer essa evidência e nenhuma outra fonte pode supri-la.

Uma referência deve ser feita aos pontos de vista dos espíritas unitários. Seu competente e sincero líder é Ernest W. Oaten, editor de *The Two Worlds*. A visão de Oaten, seguida por todos, exceto um pequeno grupo de extremistas, é mais uma reconstrução do que uma destruição do ideal cristão. Depois de um reverente relato da vida de Cristo coerente com nossos conhecimentos psíquicos, ele continua:

> Os homens me dizem que desprezo Jesus de Nazaré. Eu confiarei em Seu julgamento e não no deles, mas creio que conheço Sua vida mais intimamente do que qualquer cristão. Não há alma na história por quem eu tenha maior estima. Detesto o lugar falso e enganoso em que Ele foi colocado por pessoas que não são mais capazes de entendê-lo do que de ler hieróglifos egípcios, mas eu amo o homem. Devo muito a Ele, e Ele tem muito a ensinar ao mundo, muito que o mundo nunca poderá aprender até que O tirem do pedestal de adoração e idolatria e passeiem com Ele no jardim.
>
> Pode-se dizer que minha leitura de Sua vida é "naturalista". Estou contente que seja assim. Não há nada mais divino do que as leis que governam a vida. O Deus que estabeleceu tais leis tornou-as suficientes para todos os Seus propósitos e não precisa substituí-las. O Deus que controla os processos terrenos é o mesmo que controla os processos da vida espiritual.[9]

Podemos terminar por aqui. Esta história procurou mostrar como os governantes invisíveis da Terra emitiram sinais materiais especiais para atender às exigências de provas materiais impostas pela mentalidade cada vez mais racional do

---

[9] *The Relation of Modern Spiritualism to Christianity*, p. 33.

homem. Mostrou também como esses sinais materiais foram acompanhados por mensagens espirituais e como essas mensagens retrocedem às grandes forças religiosas primitivas do mundo, o fogo central da inspiração que foi encoberto pelas cinzas mortas do que uma vez eram crenças candentes. O homem perdeu o contato com as vastas forças que o cercam, e seu conhecimento e aspirações ficaram limitados pelas vibrações lamentáveis que compõem seu espectro e as oitavas triviais que limitam seu alcance de audição. O espiritismo, o maior movimento em dois mil anos, resgata-o dessa condição, rompe a névoa rala que o envolveu e mostra-lhe novos poderes e panoramas ilimitados que se estendem além e ao redor dele. Os picos das montanhas já brilham. Em breve, mesmo nos vales, o sol da verdade brilhará.

CAPÍTULO 25

A VIDA APÓS A MORTE – PERSPECTIVA ESPÍRITA

O espírita tem uma grande vantagem sobre os seguidores das dispensações mais antigas. Quando estabelece comunicação com inteligências do Outro Lado que já ocuparam corpos terrenos, ele naturalmente as questiona ansiosamente sobre suas condições atuais e sobre o efeito que as ações aqui praticadas tiveram sobre seu destino posterior. As respostas à segunda pergunta justificam principalmente as crenças já sustentadas pela maioria das religiões e mostram que o caminho da virtude é também o caminho para a felicidade suprema. Apresenta-se à nossa consideração, entretanto, um sistema definido que esclarece as cosmogonias ambíguas do passado. Esse sistema está exposto em muitos livros que relatam a experiência dos que vivem a nova vida. Devemos lembrar que esses livros não são escritos por autores profissionais. Desse lado está o escritor dito "automático" que recebe a inspiração; do outro está a inteligência que a transmite. Nessa circunstância, porém, a Natureza não concedeu a nenhum dos dois a menor aptidão literária, e também nenhum deles teve qualquer experiência anterior com a arte da narrativa. Devemos ainda ter em mente que tudo o que acontece é resultado de um processo complexo que, na maioria dos casos, deve ser cansativo para o compositor. Se pudéssemos imaginar um escritor terreno que tivesse de usar um telefone interurbano em vez de uma caneta, teríamos uma analogia grosseira com as dificuldades do operador. E, todavia, apesar dessas graves deficiências, as narrativas são em muitos casos claras, intensas e muito interessantes. Dificilmente poderiam deixar de ter essas características, pois o caminho que descrevem hoje é o que seguiremos amanhã.

Já foi dito que essas narrativas variam muito e são contraditórias. O autor não as encontrou assim. Num longo período de leituras em que manuseou muitos volumes de supostas experiências póstumas e também um grande número de escritas obtidas privadamente em família e preservadas do público, ficou muito impressionado com a semelhança entre todas. Aqui e ali nos deparamos com alguma história perpassada de equívocos e enganos, e por vezes de sensacionalismo, mas em geral as descrições são sóbrias, sensatas e coincidem umas com as outras, mesmo quando diferem em detalhes. Descrições de nossa própria vida certamente se diferenciariam nos detalhes, e um crítico de Marte que recebesse relatos de um camponês hindu, de um caçador esquimó e de um professor de Oxford poderia muito bem se recusar a acreditar que tais experiências divergentes fossem encontradas no mesmo planeta. Essa dificuldade não surge no Outro Lado, e não há, tanto quanto sabemos, contrastes tão extremos na mesma esfera da vida – de fato, pode-se dizer que a característica desta vida atual é a mistura de vários tipos ou graus de experiência, enquanto a da próxima é uma subdivisão e separação dos elementos humanos. Lá o céu é diferente do inferno. Aqui o homem pode fazer deste nosso mundo um céu – e, às vezes, por um curto período de tempo, realmente o faz – , mas muitas vastidões dele não passam de imitações muito toleráveis do inferno, enquanto o purgatório pode muito bem ser considerado a condição normal.

Podemos em geral dividir em três as condições no Outro Lado. Há os espíritos presos à Terra que trocaram o corpo mortal pelo corpo etérico, mas permanecem na superfície deste mundo ou perto dela, dada a densidade de sua natureza ou a intensidade dos seus interesses mundanos. Tão grosseira pode ser a textura da sua forma ultraterrena que podem ser percebidos até pelos que carecem do dom especial da clarividência. Nessa classe errante infeliz, está a explicação de todos aqueles fantasmas, espectros, aparições e casas assombradas que atraem a atenção da humanidade em todos os tempos da história. Até onde podemos entender a situação, essas pessoas nem sequer começaram sua vida espiritual, seja para o bem, seja para o mal. Somente quando os fortes laços que as prendem à Terra forem rompidos é que sua nova existência terá início.

Os que já iniciaram essa nova existência encontram-se no plano que corresponde à sua condição espiritual. É castigo dos maus, dos egoístas, dos fanáticos e dos frívolos encontrarem-se na companhia dos de sua laia e em mundos cuja luminosidade, variando de bruma a escuridão, tipifica seu próprio desenvolvimento espiritual. Esse ambiente não é permanente. Os que não se esforçam para elevar-se, porém, podem nele permanecer por tempo indefinido, enquanto outros que seguem as orientações dos espíritos auxiliares, mesmo de círculos de resgate na Terra, logo aprendem a encaminhar-se para regiões mais resplandecentes. Em seu próprio grupo familiar, o autor vivenciou a experiência do contato com esses seres das trevas exteriores; nessa ocasião, teve a satisfação de receber seus agradecimentos por lhes esclarecer sua situação, mostrar-lhes as causas dela e indicar-lhes o modo de resolvê-la.[1]

Essa categoria de espíritos constitui uma ameaça constante para a humanidade, pois, se a aura protetora do indivíduo tiver algum defeito, eles podem se tornar parasitas, instalando-se nela e influenciando as ações do seu hospedeiro. É possível que a ciência do futuro atribua a essa causa muitos casos inexplicáveis de mania, de violência insensata ou de aquisição repentina de maus hábitos, podendo essa descoberta prover argumentos contra a pena de morte, uma vez que o incriminado não estaria agindo por sua livre e espontânea vontade. É preciso admitir que o tema ainda é muito obscuro, que a existência de formas-pensamento e de formas-memória o complica ainda mais e que, de qualquer modo, nem todos os espíritos presos à Terra são necessariamente maus. Por exemplo, parece que os devotos monges de algum venerável mosteiro como o de Glastonbury podem ser retidos em suas ruínas assombradas pela simples força de sua devoção.

O nosso conhecimento das condições exatas dos presos à Terra é muito limitado, mas o dos círculos de punição o é mais ainda. Muitos são os relatos que abordam esse assunto: *Gone West*, do sr. Ward, é um tanto sensacionalista; *Life Beyond the Veil*, do rev. Vale Owen, é mais moderado e verossímil; outros são comprobatórios, como as visões de Swedenborg e o livro *Spiritualism*, do juiz Edmonds, além de outras obras. Nossa falta de informações claras de primeira mão deve-se ao fato de não sermos Hamlets e de não termos contato direto com os que vivem nessas esferas inferiores. Ouvimos falar deles indiretamente através dos espíritos superiores que fazem trabalho missionário entre eles, trabalho que parece ser realizado com tantas dificuldades e perigos quanto os que rodeariam o homem que tentasse evangelizar as raças mais selvagens da Terra. Lemos a

---

[1] *Thirty Years Among the Dead*, do dr. Wickland e o Apêndice alusivo ao *Glimpses of the Next State*, do almirante Usborne Moore, apresentam o relato completo das condições dos espíritos presos à Terra.

respeito de episódios como a descida de espíritos elevados às esferas inferiores, seus combates com as forças do mal, os grandes príncipes do mal, formidáveis em seus reinos, e toda uma enorme cloaca de almas na qual escoa incessantemente todo o esgoto psíquico do mundo. Tudo, no entanto, deve ser considerado do ponto de vista corretivo e não do ponto de vista penal. Essas esferas são salas de espera cinzentas – hospitais para almas doentes – onde a experiência do castigo visa levar o sofredor de volta à saúde e à felicidade.

Recebemos informações mais completas das regiões mais venturosas que parecem graduadas em alegria e beleza, segundo o desenvolvimento espiritual dos que lá se encontram. Tudo fica mais claro se por "desenvolvimento espiritual" entendermos bondade e altruísmo, pois toda expansão da alma encontra-se nesse sentido. Trata-se de um aspecto totalmente isolado do intelecto, embora a união do intelecto com as qualidades espirituais produza naturalmente o ser mais perfeito.

As condições de vida no além normal – e seria uma reflexão sobre a justiça e a misericórdia da Inteligência Central se o além normal não fosse também o além feliz – são retratadas como extraordinariamente jubilosas. O ar, as paisagens, as casas, os arredores, as ocupações, tudo foi descrito com grande detalhe, e em geral com o comentário de que nenhuma palavra poderia fazer justiça à sua gloriosa realidade. Pode ser que essas descrições sejam adornadas com certas alegorias ou analogias, mas o autor tende a tomá-las como verdadeiras e a acreditar que "Summerland" (uma das várias esferas que giram em torno da Terra; espécie de paraíso; habitação dos bons espíritos), como Davis a denominou, é tão real e objetiva para seus habitantes como nosso mundo é para nós. É fácil objetar: "Por que, então, não a vemos?". Precisamos entender que uma vida etérica é expressa em termos etéricos e que, assim como nós – que por meio de cinco sentidos físicos nos sintonizamos com o mundo material –, eles também, com seus corpos etéricos, estão sintonizados com as visões e sons de um mundo etérico. A palavra "éter", obviamente, é usada apenas por conveniência para expressar algo muito mais sutil do que nossa atmosfera. Não temos nenhuma prova de que o éter dos físicos seja também o meio ambiente do mundo espiritual. Podem existir outras essências sutis muito mais delicadas que o éter como é o éter quando comparado com o ar.

O céu espiritual, então, seria uma reprodução sublimada e etérea da Terra e da vida terrena em condições mais elevadas e melhores. "Como embaixo, assim em cima", disse Paracelso, e tocou a tônica do Universo ao dizê-lo. O corpo continua, mantendo suas qualidades espirituais ou intelectuais inalteradas ao passar de um espaço a outro da grande mansão universal. Também sua forma permanece, exceto que os jovens e os velhos tendem para a expressão madura normal. Aceitando que assim seja, precisamos admitir a razoabilidade da dedução de que tudo o mais deve ser o mesmo e que as ocupações e o sistema geral da vida devem ser tais de modo a favorecer os talentos particulares do indivíduo. O artista sem arte ou o músico sem música seriam de fato uma figura trágica, e o que se aplica aos tipos extremos pode ser estendido a toda a raça humana. Existe, de fato, uma sociedade muito complexa em que cada pessoa encontra o trabalho para o qual está mais capacitada e que lhe dá satisfação ao executá-lo. Às vezes, há uma escolha. Assim, em *The Case of Lester Coltman*, o estudante morto escreve: "Por algum tempo depois de ter falecido, fiquei indeciso se a música ou a ciência seria meu *trabalho*. Depois de muito pensar, decidi que a música deveria ser meu *hobby*, e minha intenção mais sincera deve ser dirigida à ciência em todas as suas variantes".

Depois de uma declaração assim, certamente gostaríamos de conhecer alguns detalhes do trabalho científico e das condições em que é realizado. Lester Coltman é claro em cada ponto.

> O laboratório sob minha responsabilidade ocupa-se principalmente com o estudo dos vapores e fluidos que formam a barreira que, acreditamos, teremos condições de atravessar depois de estudos profundos e muitos experimentos. O resultado dessa pesquisa será o "Abre-te, sésamo!" para a porta de comunicação entre a Terra e estas esferas.[2]

Lester Coltman dá outra descrição do seu trabalho e do ambiente que podemos citar como característica de muitas outras. Ele diz:[3]

> Sem dúvida, é natural o interesse que os seres terrestres demonstram pelos aspectos peculiares das nossas residências e das construções onde executamos nossos trabalhos, mas não é muito fácil fazer uma descrição em termos terrenos. O meu modo de ser servirá de exemplo, podendo-se dele deduzir o modo de vida de outros, de acordo com o temperamento e a mentalidade de cada um.
>
> Meu trabalho continua aqui como começou na Terra, em canais científicos e, para prosseguir meus estudos, visito frequentemente um laboratório com instalações

---

[2] *The Case of Lester Coltman*, de Lilian Walbrook, p. 34.
[3] *Ibid*, pp. 32-3.

extraordinariamente completas para a realização de experimentos. Tenho uma casa própria, extremamente agradável, completa com uma biblioteca repleta de livros de referência – históricos, científicos, médicos – e, na verdade, com toda variedade de literatura. Para nós, esses livros são tão importantes quanto os que vocês usam na Terra. Tenho uma sala de música com todas as modalidades de expressão sonora. Tenho quadros de rara beleza e móveis de desenho requintado. Estou morando sozinho no momento, mas amigos me visitam com frequência, como faço com eles em suas casas, e, se às vezes uma leve tristeza se apodera de mim, visito aqueles que mais amei na Terra.

Das minhas janelas vejo uma paisagem ondulante de grande beleza, e a pouca distância está uma casa da comunidade onde muitas boas almas que trabalham no meu laboratório vivem em feliz harmonia. [...] Um velho e querido chinês, meu principal assistente, de grande ajuda em análises químicas, é o diretor, por assim dizer, dessa comunidade. É uma alma admirável, de enorme simpatia e imbuído de uma notável filosofia.

Eis outra descrição que aborda o mesmo assunto:[4]

É muito difícil falar sobre o trabalho no mundo espiritual. A cada um é atribuída uma tarefa, de acordo com o seu progresso. Se uma alma veio diretamente da Terra, ou de qualquer mundo material, ela deve aprender tudo o que negligenciou na existência anterior para desenvolver seu caráter até a perfeição. Do mesmo modo que causou sofrimento aos que estão na Terra, assim deve sofrer. Se tem um grande talento, ela o leva à perfeição aqui; pois como vocês têm melodias de grande beleza, ou qualquer outro talento, nós os temos muito mais aqui. A música é uma das grandes forças motrizes do nosso mundo; não obstante serem as artes e os talentos desenvolvidos ao máximo, a grande obra de todas as almas é aperfeiçoarem-se para a Vida Eterna.

Existem escolas excelentes para ensinar os espíritos infantis. Além de aprender tudo sobre o universo e outros mundos, sobre outros reinos sob o governo de Deus, eles aprendem lições de altruísmo, verdade e honra. Os que aprenderam primeiro como espíritos-crianças, se voltarem ao seu mundo, tornam-se pessoas do mais ilibado caráter. Os que passaram toda a sua existência terrena em trabalhos meramente físicos têm de aprender tudo quando chegam aqui. O trabalho é uma vida

---

[4] Thought Lectures, de *The Spiritualists' Reader*, p. 53.

maravilhosa, e aqueles que se tornam instrutores de almas aprendem muito por si mesmos. As almas literárias tornam-se grandes oradores, falam e ensinam em linguagem eloquente. Existem livros, mas de um tipo bem diferente dos de vocês. Quem estudou as leis terrenas de vocês vai para uma escola de espíritos como professor de justiça. Se tiver aprendido as lições da verdade e da honra, um soldado guiará e ajudará almas a lutar pela fé apropriada em Deus, em qualquer esfera ou mundo.

No grupo familiar do autor, um espírito feminino íntimo falou da sua vida no além em resposta à pergunta: "O que você faz?".

"Música e filhos, amor e maternidade, e muitas outras coisas além disso. Muito, muito mais aqui do que na velha terra cinzenta. Não há nada aqui que leve as pessoas a se desentenderem, o que contribui para que a felicidade seja maior e mais completa."

"Diga-nos alguma coisa sobre sua residência."

"É linda. Nunca vi nenhuma casa na Terra que se compare a ela. Tantas flores! – uma explosão de cores e de aromas inebriantes em toda parte, um diferente do outro, mas todos se harmonizando prazerosamente."

"Você vê outras casas?"

"Não, perturbaria a nossa paz se pudéssemos. Há momentos em que só se quer estar em contato com a natureza. Cada lar é um oásis, por assim dizer. Além disso, há paisagens maravilhosas e outros lares amáveis com pessoas estimadas, queridas e radiantes, sempre risonhas e alegres pelo simples fato de viver em um ambiente tão maravilhoso. Sim, é lindo. Nenhuma mente terrena pode conceber a luz e a maravilha de tudo isso. As cores são muito mais delicadas e todo o esquema da vida doméstica é muito mais estimulante."

Talvez se justifique outro trecho do grupo familiar do autor, pois essas mensagens foram misturadas com tanto material comprobatório que inspiram total confiança naqueles que estiveram em contato com os fatos:

"Pelo amor de Deus, sacuda essas pessoas, esses tolos que não querem acreditar. O mundo precisa muito desse conhecimento. Se eu tivesse sabido disso na Terra, a minha vida teria sido bem diferente – o sol teria brilhado no meu caminho sombrio se eu soubesse o que me esperava.

"Nada perturba e atrapalha aqui. Não existem forças antagônicas. Interesso-me por muitas coisas, principalmente por questões humanas, pelo progresso humano e sobretudo pela regeneração da dimensão terrestre. Sou um daqueles que trabalha pela causa neste lado em colaboração indissolúvel com vocês.

"Não tenham medo; a luz será muito maior do que as trevas que vocês já atravessaram. Ela chegará muito em breve, como Deus quer. Nada pode se opor a ela. Nenhum poder das trevas poderá resistir por um minuto sequer à Sua luz. Toda a multidão que trabalha contra isso será dispersa. Apoiem-se mais em nós, pois nosso poder de ajuda é muito grande.

[Onde você está?]

"É muito difícil explicar a vocês as condições daqui. Estou onde mais gostaria de estar, isto é, com meus entes queridos, onde posso manter contato próximo com todos vocês no plano terrestre.

[Você tem comida?]

"Não no sentido de vocês, mas muito melhor. Essas essências adoráveis, frutas maravilhosas e outras coisas mais que vocês não têm na Terra.

"Muitas coisas os esperam, coisas que muito os surpreenderão, tudo belo e elevado, tudo agradável e ensolarado. A vida foi uma preparação para esta esfera. Sem esse treinamento eu não teria sido capaz de entrar neste mundo glorioso e maravilhoso. É na Terra que aprendemos nossas lições, e este mundo é nossa grande recompensa, nosso verdadeiro lar e nossa verdadeira vida – o sol depois da chuva."

O assunto é tão vasto que só pode ser abordado em termos gerais num curto capítulo como este. Remetemos o leitor à maravilhosa literatura que se avolumou em torno do tema e que o mundo pouco conhece. Livros como *Raymond*, de Lodge; *Life Beyond the Veil*, de Vale Owen; *The Witness*, da sra. Platts; *The Case of Lester Coltman*, da srta. Walbrook e muitos outros títulos oferecem descrições muito claras e consistentes da vida além.

Ao ler os numerosos relatos da vida no além, naturalmente nos perguntamos até que ponto podemos confiar neles. É reconfortante descobrir o quanto eles coincidem, o que certamente é um argumento a favor da sua verdade. Poder-se-ia questionar se essa concordância se deve ao fato de que todos derivam, consciente ou inconscientemente, de alguma fonte comum, mas essa é uma suposição insustentável. Muitos procedem de pessoas que de forma alguma poderiam conhecer as opiniões de outras e, todavia, concordam mesmo em detalhes pequenos e bastante improváveis. Na Austrália, por exemplo, o autor examinou relatos escritos por homens que viviam em lugares remotos e que se mostraram sinceramente surpresos com o que eles mesmos haviam escrito. Um dos casos mais impressionantes é o do sr. Hubert Wales.[5] Esse senhor, possivelmente um cético, leu

---

[5] *The New Revelation*, p. 146.

um relato do autor sobre as condições da vida após a morte e então procurou uma escrita que ele mesmo havia produzido anos antes e que recebera com divertida incredulidade. Ele escreveu: "Depois de ler seu artigo, fiquei impressionado, quase assustado, com a circunstância de que as informações que supostamente me haviam sido dadas sobre as condições após a morte coincidiam – creio que quase nos mínimos detalhes – com aquelas que você registrou como resultado da sua coleta de material obtido de muitas fontes". As demais conclusões do sr. Wales encontram-se no Apêndice.

Se toda essa filosofia tivesse se voltado para o grande trono branco (Apocalipse 20,11) e para a adoração perpétua em torno dele, poderia ser considerada certo reflexo daquilo que todos nós aprendemos em nossa infância. Mas é muito diferente – e certamente muito mais razoável. Um campo aberto está previsto para o desenvolvimento de todas as capacidades de que fomos dotados. A ortodoxia permitiu a existência contínua de tronos, coroas, harpas e outros objetos celestiais. Não é mais sensato supor que, se algumas coisas podem sobreviver, todas as coisas podem sobreviver numa forma condizente com o meio ambiente? Ao examinarmos todas as especulações da humanidade, talvez os campos elísios dos antigos e os felizes campos de caça dos peles-vermelhas estejam mais próximos dos fatos reais do que qualquer representação fantástica do céu e do inferno que a visão extática dos teólogos tenha evocado.

Um céu tão habitual e despretensioso pode parecer material para muitas mentes, mas devemos lembrar que a evolução tem sido muito lenta no plano físico, e é lenta também no plano espiritual. Em nossa insignificante condição atual, não podemos esperar passar por todas as condições intermediárias de uma só vez e alcançar o que é celestial. Este é um trabalho de séculos – possivelmente de éons. Ainda não estamos preparados para uma vida puramente espiritual. Mas, à medida que nos aperfeiçoarmos sempre um pouco mais, nosso ambiente também se tornará mais aprimorado e, então, evoluiremos de céu em céu até que o destino da alma humana se perca num resplendor de glória que os olhos da imaginação não poderão acompanhar.

APÊNDICE

I
Nota ao Capítulo 4

Provas das Assombrações na Casa de Hydesville Antes da Ocupação da Família Fox

A sra. Ann Pulver atesta:

Eu conhecia o sr. e a sra. Bell; eles ocupavam a casa em 1844. Eu costumava visitá-los com frequência. Meu tear estava numa das salas deles e eu ia lá para fazer meu trabalho. Certa manhã, ao chegar, a sra. Bell me disse que se sentia muito mal; que quase não tinha conseguido dormir à noite. Quando perguntei o motivo, ela disse que não sabia; só sabia que estava muito agitada e que tinha a impressão de ter ouvido alguém andando de um quarto para outro e de ter feito o sr. Bell levantar para fechar todas as janelas. Disse ainda que se sentiu mais segura depois disso. Perguntei-lhe o que achava que era. Respondeu que *poderiam* ser ratos. Depois disso, ouvi-a falar em ter escutado ruídos, mas que não sabia explicar.

A srta. Lucretia Pulver testemunhou:

Eu morei nesta casa durante todo o inverno, com a família do sr. Bell. Eu trabalhava parte do tempo para eles e no outro período ia para a escola. Morei lá uns três meses. No último mês da minha permanência, ouvi batidas com frequência no quarto, embaixo do pé da cama. Ouvi isso diversas noites, uma vez que dormi no mesmo quarto durante todo o tempo em que fiquei lá. Certa noite, pensei ter ouvido um homem andando pela despensa. Essa peça fica perto do quarto, separados apenas por uma escada. A srta. Aurelia Losey ficou comigo aquela noite; ela também ouviu os ruídos; nós ficamos muito assustadas, levantamos e fechamos as janelas e a porta. Parecia que uma pessoa passava pela despensa, descia para o porão e o atravessava até o fundo, onde então o barulho desaparecia. Não havia mais ninguém na casa nessa hora, só meu irmãozinho, que dormia no mesmo quarto que nós. Isso foi por volta da meia-noite, acho. Só fomos para a cama depois das onze, e ainda não tínhamos dormido quando ouvimos os ruídos. O sr. e a sra. Bell tinham ido a Loch Berlin, onde ficariam até o dia seguinte.

Assim fica provado que sons estranhos foram ouvidos na casa em 1844. Outra família, de nome Weekman, morou lá em 1847 e todos passaram por uma experiência semelhante.

Depoimento da sra. Hannah Weekman

Soube dos ruídos misteriosos ouvidos na casa agora ocupada pelo sr. Fox. Nós moramos na mesma casa durante cerca de um ano e meio, quando mudamos para a residência que ocupamos agora. Um ano atrás, quando ainda morávamos lá, ouvimos alguém bater na porta, ou pelo menos imaginamos. Eu tinha acabado de me deitar, mas meu marido, não. Ao abrir a porta, viu que não havia ninguém. Pouco depois, ele se preparava para deitar quando ouvimos as batidas novamente. Ele foi até a porta, abriu-a, e novamente não viu ninguém, apesar de ter andado alguns metros para fora. Então voltou e se deitou, muito irritado, pensando que alguns moleques da vizinhança queriam nos perturbar. Ele chegou a dizer: "Podem continuar batendo quanto quiserem, mas não vão me fazer de bobo", ou coisa assim. Ouvimos as batidas novamente; depois de alguns minutos, ele se levantou, foi até a porta e saiu. Pedi-lhe que não saísse, porque talvez alguém quisesse tirá-lo de casa e agredi-lo. Ele voltou e disse que não viu nada. Ouvimos muito barulho durante a noite; mal podíamos dizer onde se localizava: às vezes, parecia como se alguém estivesse andando no porão. Mas a casa era velha e pensamos que poderia ser o barulho de tábuas soltas, ou alguma coisa parecida.

Algumas noites depois, uma das nossas filhas que dormia no quarto onde se ouvem os ruídos agora acordou a todos gritando muito alto. Meu marido, eu e a nossa empregada levantamos imediatamente para ver o que era. Ela estava sentada na cama, chorando e gritando, e demorou algum tempo até que pudéssemos descobrir o que estava acontecendo. Ela disse que alguma coisa se mexia na cabeça e no rosto dela – que essa coisa era fria, e ela não sabia o que era. Disse que sentia isso em todo o corpo, mas que estava mais assustada porque sentia mais no rosto. Estava com muito medo. Isso aconteceu entre a meia-noite e a uma da madrugada. Ela se levantou e foi para a cama conosco, e demorou muito até que conseguisse dormir. Passaram-se vários dias até que pudéssemos fazê-la dormir naquele quarto novamente. Ela tinha oito anos na época.

Nada mais aconteceu comigo durante o tempo em que moramos lá; mas meu marido me falou que uma noite ouviu alguém chamá-lo pelo nome, em algum lugar da casa – ele não sabia onde – mas nunca conseguiu descobrir onde ou o que era. Eu não estava em casa naquela noite, dando assistência a uma pessoa doente. Não achávamos que a casa fosse assombrada naquela época.

– Hannah Weekman.
11 de abril de 1848.

Depoimento de Michael Weekman

Sou marido de Hannah Weekman. Morávamos na casa hoje ocupada pelo sr. Fox, onde dizem que se ouvem ruídos estranhos. Moramos lá um ano e meio, mais ou menos. Uma noite, perto da hora de dormir, ouvi batidas. Supus tratar-se de alguém batendo na porta, talvez querendo entrar. Eu não disse "Entre", como costumo fazer, mas fui até a porta. Como não encontrei ninguém, voltei para o quarto. Quando estava me deitando, ouvi as batidas novamente, abri a porta rápido, mas de novo não vi ninguém. Dei um passo ou dois para fora, e nada; ninguém. Então voltei e me deitei. Pensei que era alguém que estava querendo brincar comigo. Depois de alguns minutos, ouvi batidas novamente, e depois de esperar um pouco e ainda ouvir, levantei e fui até a porta. Dessa vez, saí e olhei ao redor da casa, mas não achei ninguém. Retornei e fechei a porta, segurando o trinco, pensando que se houvesse alguém eu o pegaria. Um minuto ou dois depois, de novo as batidas. Minha mão estava na porta, e as batidas pareciam estar na porta. Eu podia senti-la vibrar com as batidas. Abri-a imediatamente e saltei para fora, mas não havia ninguém à vista. Então tornei a procurar ao redor casa, mas mais uma vez não encontrei ninguém. Minha esposa disse que era melhor eu não sair de casa, pois poderia ser alguém que quisesse me atacar. Eu não sabia o que pensar, tudo parecia muito estranho e inexplicável.

Uma noite depois disso, por volta da meia-noite, eu ainda estava acordado e ouvi meu nome ser chamado. O som parecia vir do lado sul do quarto. Sentei na cama e prestei atenção, mas não ouvi mais nada. Continuei na cama, esperando para ver se o chamado se repetiria. Minha esposa não estava em casa nessa noite. Contei-lhe o acontecido no dia seguinte, e ela disse que achava que eu tinha sonhado. Minha esposa se assustava com frequência ao ouvir barulhos estranhos dentro e fora da casa.

Ouvi muitos homens em quem confio falarem desses ruídos que agora são ouvidos. Associando esses relatos com o que ouvi, não consigo explicar, a menos que seja uma aparição sobrenatural. Estou pronto a fazer uma declaração juramentada sobre os fatos acima, se necessário.

– Michael Weekman.
11 de abril de 1848.

Síntese do Artigo de Horace Greeley no *New York Tribune*, com sua Opinião sobre as irmãs Fox e sua Mediunidade

As Batidas Misteriosas

A sra. Fox e suas três filhas deixaram nossa cidade ontem, retornando a Rochester, após uma estada de algumas semanas durante as quais submeteram a misteriosa influência que as acompanha a todos os testes razoáveis e ao escrutínio aguçado e crítico de centenas de pessoas que queriam consultá-las ou convidá-las a irem a suas casas. Os quartos que ocupavam no hotel foram revistados e esquadrinhados várias vezes; elas foram levadas sem aviso para casas onde nunca haviam entrado; todas foram colocadas inconscientes sobre uma superfície de vidro encoberta por um tapete para interromper vibrações elétricas; foram despidas por um comitê de senhoras indicadas nos instantes finais, com a recomendação explícita de que nenhuma delas devia sair da sala até que a investigação fosse concluída etc., etc. [...] Acreditamos que ninguém até este momento pode afirmar que surpreendeu qualquer uma delas produzindo ou causando as "batidas", e também pensamos que nenhum dos seus detratores tenha inventado uma teoria plausível para explicar a produção desses sons nem a inteligência singular que (certamente às vezes) parece manifestar-se por meio delas.

Dez ou doze dias atrás deixaram o hotel e passaram os demais dias de sua permanência visitando várias famílias, sempre convidadas por pessoas interessadas no assunto, e submetendo a influência singular a um exame mais minucioso e mais calmo do que poderia ser realizado num hotel e na presença de pessoas casuais e estranhos, reunidas mais por uma vaga curiosidade ou por uma hostilidade premeditada e incontida do que por um interesse racional sério. Nossa própria residência esteve entre as que elas visitaram; não só se submetendo, mas ainda expondo-se à mais completa e circunstanciada investigação a respeito das alegadas "manifestações" do mundo dos espíritos que as auxiliava.

Durante três dias, dedicamos a esse assunto o tempo que pudemos dispensar de nossos deveres, e seria muita covardia não dizer que estamos absolutamente convencidos da *perfeita integridade e boa-fé* das visitantes. Qualquer que seja a origem ou a causa das "batidas", as senhoras em cuja presença elas ocorrem não as produzem. Testamos isso minuciosamente e para nossa inteira satisfação.

Sua conduta e postura são totalmente opostas às dos charlatães e pensamos que ninguém que as conhece poderia acreditar que elas seriam capazes de se envolver numa fraude tão ousada, ímpia e vergonhosa como seria essa de produzir sons. E não é possível que tal embuste fosse praticado em público por tanto tempo. Um ilusionista executa um feito rapidamente e já passa para outro; ele não dedica semanas após semanas à mesma mágica repetidamente, deliberadamente, à vista de centenas de pessoas que estão ao lado dele ou o observam à plena luz do dia, não para se divertir, mas para detectar seu truque. Um enganador evita naturalmente conversar sobre o assunto de sua desonestidade, mas essas senhoras conversam livre e abertamente sobre a origem dessas "batidas" em suas casas anos atrás, as várias sensações que causavam, a agitação da vizinhança, os desdobramentos resultantes – o que elas viram, ouviram e experimentaram desde o início até o fim. Se tudo isso fosse falso, elas não poderiam deixar de se envolver antes disso em um labirinto de inevitáveis contradições, pois cada uma separadamente descreve situações as mais surpreendentes destes ou daqueles tempos. Pessoas tolas o suficiente para se entregar sem reservas ou cautela não teriam adiado por uma única semana uma exposição tão explícita de si mesmas.

Sem dúvida, as inúmeras pessoas que as visitaram formariam naturalmente as mais diversas opiniões sobre um assunto tão estranho, e presumimos que aqueles que apenas entraram no quarto delas por uma hora ou pouco mais, e ouviram, em meio a um aglomerado de estranhos, uma balbúrdia de perguntas – nem todas permitindo respostas proveitosas – feitas a certas inteligências invisíveis, e respondidas por "batidas", ou ruídos esquisitos no chão, na mesa etc., com o uso do alfabeto ou de outro meio, naturalmente iriam embora, talvez intrigados, provavelmente aborrecidos, raramente convencidos. É praticamente impossível que um assunto evidentemente tão grave possa ser apresentado em circunstâncias menos favoráveis ao convencimento. Mas daqueles que desfrutaram de oportunidades adequadas para uma investigação completa, acreditamos que três quartos estão totalmente convencidos, como nós, de que esses sons e manifestações singulares não são produzidos pela sra. Fox e suas filhas, nem por nenhum ser humano a elas relacionado.

Como eles *são* causados e de onde procedem são questões que abrem um campo de investigação muito mais amplo cujos limites desconhecemos. Quem presumir dogmaticamente que essas manifestações são naturais ou sobrenaturais deve estar bem familiarizado com os arcanos do universo. As senhoras dizem estar informadas de que este é apenas o começo de uma nova era, ou economia, em que espíritos revestidos de carne estarão mais intimamente ligados aos que se revestiram da imortalidade; de que as manifestações já ocorreram em muitas outras famílias e devem ser difundidas e esclarecidas até que todos os que quiserem possam comunicar-se livremente com seus amigos que "se livraram deste fardo mortal". Nada sabemos nem adivinharemos de tudo isso.

Mas se fôssemos simplesmente publicar (o que não faremos) as perguntas feitas e as respostas que recebemos durante uma conferência ininterrupta de duas horas com os responsáveis pelas batidas, seríamos imediatamente acusados de tê-lo feito expressamente para sustentar a teoria que considera essas manifestações como declarações de espíritos que partiram.

II
Notas ao Capítulo 6

Lake Harris Retratado por Laurence Oliphant

Houve uma notável alternância entre vivacidade e deliberação nos movimentos do sr. Masollam. Sua voz parecia afinada em dois tons diferentes, cujo efeito era, quando os mudava, fazer um parecer eco distante do outro – uma espécie de fenômeno ventríloquo calculado para provocar um impacto súbito e bastante desagradável nos nervos dos ouvintes. Quando falava com o que posso chamar de sua voz "próxima", era em geral rápido e vivaz; quando a trocava pela sua voz "distante", era solene e impressionante. Seu cabelo, no passado negro corvino, agora apresentava mechas grisalhas, mas continuava espesso e caía em ondas volumosas sobre as orelhas, quase até os ombros, dando-lhe um aspecto leonino. As sobrancelhas eram espessas e longas, e os olhos pareciam luzes girantes em duas cavernas escuras, emitindo jatos luminosos intermitentes e, em seguida, perdendo toda expressão. Como sua voz, estes também tinham uma expressão próxima e uma distante que poderia ser ajustada ao foco necessário como um telescópio, diminuindo cada vez mais como que num esforço para projetar a vista além dos limites da visão natural. Nesses momentos, eles estariam tão completamente desprovidos de qualquer apreciação dos objetos externos que produziriam quase a impressão de cegueira, quando de repente o foco mudaria, as pupilas aumentariam e os jatos saíssem deles como um raio de uma trovoada, dando um brilho inesperado e extraordinário a um rosto que parecia responder prontamente ao chamado. O aspecto geral do semblante, cuja parte superior, não fosse a profundidade das órbitas oculares, teria sido surpreendentemente bonito, era decididamente semita; e em repouso, o efeito geral era quase escultural em sua fixidez calma. A boca estava parcialmente encoberta por um bigode grosso e farto e uma longa barba grisalha; mas a transição do repouso à animação revelava uma flexibilidade extraordinária naqueles músculos que, em um momento antes, pareciam tão rígidos; além disso, o aspecto todo do semblante se alterava tão repentinamente quanto a expressão dos olhos. Talvez fosse investigar demais os segredos da Natureza ou, em todo caso, os segredos da natureza do sr. Masollam, indagar se essa claridade e obscuridade do semblante eram voluntárias ou não. Em menor grau, é um fenômeno comum a todos nós: o efeito de uma espécie de emoções é, falando vulgarmente, fazer um homem parecer negro, e de outra fazê-lo parecer brilhante. A peculiaridade do sr. Masollam era que ele podia parecer muito mais negro e mais brilhante do que a maioria das pessoas, bem como fazia a mudança de expressão com uma rapidez e intensidade tão extraordinárias que parecia uma espécie de prestidigitação facial, e sugeria a suspeita de que poderia ser uma faculdade adquirida. Houve também outra mudança na qual ele aparentemente teve o poder de trabalhar em seu semblante, que afeta outras pessoas involuntariamente e que, em geral, de modo especial no caso do belo sexo, ocorre muito contra sua vontade. [...] O sr. Masollam tinha a faculdade de parecer muito mais velho num momento do que no momento seguinte. Havia momentos em que um estudo cuidadoso de suas rugas e de seus olhos apagados e esmaecidos levaria o observador a dar-lhe 80 anos; já em outros, porém, nos quais seu olhar irradiante, narinas dilatadas, testa larga e lisa bem como boca inquieta fariam uma combinação rejuvenescedora que, por um instante, convenceria o observador de que estivera pelo menos 25 anos distante da sua primeira estimativa. [...] Esses contrastes rápidos eram calculados para prender a atenção do observador mais casual e para produzir uma sensação que não era de todo agradável nos primeiros contatos. Não era exatamente desconfiança – pois ambas as maneiras eram perfeitamente francas e naturais – mas perplexidade. Ele parecia ser dois personagens opostos reunidos num só e estar apresentando de improviso um curioso problema moral e fisiológico para solução, revestido de uma atratividade desagradável, pois quase imediatamente se sabia ser insolúvel e, no entanto, não nos deixaria descansar. Ele podia ser o melhor ou o pior dos homens.

III
Notas ao Capítulo 7

Testemunho do Professor de Morgan e Esposa

O professor De Morgan diz:

Relatei tudo isso a um amigo então vivo, um homem de *ologias* e ômetros, que não estava em absoluto disposto a pensar que se tratasse de outra coisa senão de uma ardilosa impostura. Disse ele: "Mas o que você me diz é muito singular: eu mesmo irei até a sra. Hayden; irei sozinho e não darei meu nome. Acredito que não vou ouvir nada de ninguém, mas, se ouvir, vou descobrir a artimanha. Acredite, vou descobrir". Dito e feito: cumpriu sua palavra e voltou para relatar o acontecido. Disse-me que dera um passo além de mim, pois insistira em levar seu alfabeto atrás de uma grande tela dobrável e fazer suas perguntas com o alfabeto e um lápis, além de receber as respostas. Apenas ele e a sra. Hayden estavam na sala. O "espírito" que se apresentou a ele foi aquele cuja morte infeliz foi minuciosamente descrita da forma habitual. Disse ainda que ficou estupefato, quase esquecendo todos os cuidados planejados.

As coisas que narrei foram o início de uma longa série de experiências, muitas tão impressionantes como a que apresentei; muitas de menor relevância, de pouco valor em si mesmas, mas muito valiosas em conjunto quando justapostas às provas mais decisivas da realidade. Muitas de tendência confirmatória como meros fatos, mas sem condições de sustentar a gravidade e a dignidade do mundo espiritual. A célebre aparição de Giles Scroggins é um episódio sério, e também lógico, em comparação com outros com que me deparei ao longo do tempo. Se essas coisas são espíritos, elas mostram que existem impostores, pretensiosos e mentirosos tanto no outro lado da sepultura como neste; e por que não?, como perguntou Meg Dods.

A questão toda pode receber atenção tão persistente a ponto de desenterrar a verdade real; ou pode extinguir-se, recebendo apenas um comentário casual, até que uma nova erupção de fenômenos reviva sua história. Mas parece que essa decantação não vai começar. Já se passaram doze ou treze anos desde que o assunto começou a ser comentado em toda parte, período em que houve muitos anúncios da extinção total da "espírito-mania". Mas em vários casos, como na fábula de Tom Moore, os extintores pegaram fogo. Fosse o absurdo que muitas vezes se diz, faria muito bem em chamar a atenção para as "manifestações" de outro absurdo, a filosofia das possibilidades e impossibilidades, a filosofia da *quarta corte*. Os extremos se encontram, mas o "encontro" é muitas vezes com o propósito de acusação mútua, como o de cavalheiros tolos na época dos duelos medievais. Isso com base na suposição de que o espiritismo seja todo ele impostura ou ilusão; seguramente, não pode ser mais um do que outro do que a filosofia que se lhe opõe. Não me relaciono com P nem com Q. Mas tenho certeza de que a convicção consolidada de todos os que conseguem ver os dois lados da questão deve ser a de que é mais provável que P tenha visto um fantasma do que Q *saber* que ele *não pode* ter visto um. Eu sei que Q *diz* que sabe.

A esse respeito, o que segue, extraído da *Publishers' Circular* sobre a publicação do livro da sra. De Morgan, mostra uma estimativa contemporânea da faculdade crítica do professor De Morgan:

Meros *littérateurs* e escritores de ficção podem ser perdoados por uma pequena tendência ao visionário e irreal, mas o fato de que o conhecido autor de obras modelares sobre Lógica Formal, Cálculo Diferencial e Teoria das Probabilidades figure com sua esposa ao lado dos que acreditam em batidas de espíritos e em mesas dançantes provavelmente surpreenderá a maioria das pessoas. Talvez não haja nenhum colaborador de nossas resenhas que esteja mais à vontade em demolir uma falácia ou em descartar com bom humor um pretendente ignorante na ciência do que o sr. De Morgan. Seu estilo claro, lógico, espirituoso e voluntarioso sempre é prontamente identificado pelos leitores de literatura em muitos artigos contundentes em nossos periódicos críticos. Ele é provavelmente o último homem que os céticos em tais mistérios esperariam encontrar ao lado do sr. Home e da sra. Newton Crosland. No entanto, devemos registrar o fato de que o sr. De Morgan se declara "perfeitamente convencido de que viu e ouviu, de uma maneira que tornaria a incredulidade impossível, coisas chamadas espirituais que não podem ser tomadas por um ser racional como possíveis de serem explicadas por impostura, coincidência ou erro".

Acrescentemos ao depoimento anterior o testemunho da sra. De Morgan:

Já se passaram dez anos desde que comecei a observar atentamente os fenômenos do "espiritismo". Minha primeira experiência ocorreu na presença da sra. Hayden, de Nova York. Nunca ouvi uma palavra que pudesse abalar minha forte convicção da honestidade da sra. Hayden; de fato, o resultado de nossa primeira entrevista, quando meu nome era totalmente *desconhecido* para ela, foi suficiente para provar que eu não era naquela ocasião vítima da sua impostura ou da minha própria credulidade.

Depois de descrever a visita à sra. Hayden, a quem nenhum dos nomes dos presentes foi mencionado, ela diz:

Ficamos sentados por, pelo menos, um quarto de hora e estávamos começando a recear um fracasso, quando ouvimos um som bem baixo de vibração ou de pancada, aparentemente no centro da mesa. Grande foi o nosso prazer quando a sra. Hayden, que antes parecia bastante ansiosa, disse: "Eles estão chegando". *Quem estava chegando?* Nem ela nem nós sabíamos. À medida que os sons ganhavam força – o que pareciam fazer com nossa necessária convicção de sua autenticidade, qualquer que fosse sua origem –, a sra. Hayden disse: *"Há um espírito que deseja falar com alguém aqui, mas como não sei os nomes dos senhores e senhoras, vou apontar um por um, pedindo ao espírito que bata assim que eu apontar para a pessoa que ele procura"*. Nosso companheiro invisível concordou com isso e bateu para confirmar. A sra. Hayden, dessa forma, apontou para cada um do grupo de cada vez. Para minha surpresa, e até aborrecimento (pois eu não queria isso, e muitos de meus amigos *queriam*), nada se ouviu até que apontou para mim, a última do círculo. Ela havia começado pela esquerda e eu estava sentada à sua direita. Fui, então, orientada a apontar para as letras de um alfabeto, e posso acrescentar que, não desejando obter o nome de nenhum amigo ou parente querido, não me demorei em nenhuma letra, como em geral se faz. No entanto, para meu espanto, foi soletrado o nome nada comum de um parente querido que havia deixado este mundo dezessete anos antes e cujo sobrenome era o da família do meu pai, não do meu marido. E em seguida a frase: *"Estou feliz, e com F. e G"* (nomes por extenso). Recebi, então, a promessa de uma comunicação futura com os três espíritos; os dois últimos haviam falecido vinte e doze anos antes, respectivamente. Outras pessoas presentes também receberam comunicações por batidas; destas, algumas eram tão singularmente verdadeiras e satisfatórias quanto as dadas para mim, enquanto outras eram falsas e até travessas.

A sra. De Morgan observa que, depois das sessões com a sra. Hayden, ela e suas amigas realizaram experimentos em particular, "e descobriu-se que inúmeras pessoas, tanto dentro como fora da minha família, possuíam a faculdade da mediunidade em maior ou menor grau".

IV
Notas ao Capítulo 10

OS DAVENPORTS ERAM ILUSIONISTAS OU ESPÍRITAS?

Como o sr. Houdini parece questionar se os próprios Davenports afirmaram ser espíritas, pode-se finalmente esclarecer o assunto citando o seguinte trecho de uma carta escrita por eles em 1868 para o *Banner of Light*, o principal jornal espírita dos Estados Unidos. Referindo-se à afirmação de que não eram espíritas, escreveram:

> É estranho que um indivíduo, cético ou espírita, possa acreditar em tais declarações após quatorze anos da mais amarga perseguição e oposição violenta, culminando nos tumultos de Liverpool, Huddersfield e Leeds, onde nossa vida foi colocada em perigo iminente pela fúria de turbas brutais, nossos bens destruídos bem como sofremos uma perda de setenta e cinco mil dólares, e tudo porque *não renunciamos ao espiritismo* e nos declaramos ilusionistas, quando ameaçados pela turba e instados a fazê-lo. Em conclusão, temos apenas que dizer que denunciamos todas essas declarações como falsidades difamatórias.

V
Notas ao Capítulo 16

A Mediunidade do Rev. W. Stainton Moses

Descrevendo uma experiência de levitação, Stainton Moses escreve:

Estando eu sentado num dos ângulos da sala, minha cadeira foi arrastada até o canto e, em seguida, levantada uns trinta centímetros do chão, ao que me pareceu, e depois voltou ao chão enquanto eu era mantido no alto. Descrevi meu movimento aparente ao dr. e à sra. S., e tirei do bolso um lápis de grafite com o qual, quando fiquei parado, fiz uma marca na parede oposta ao meu peito. Essa marca está a 1,80 metro do chão. Creio que a minha postura mudou e fui baixado muito suavemente até me encontrar novamente na minha cadeira. Minha sensação era a de ser mais leve que o ar. Nenhuma pressão em qualquer parte do corpo; nenhuma inconsciência nem transe. Pela posição da marca na parede fica claro que minha cabeça devia estar perto do teto. O dr. S. comentou depois que a minha voz soou estranha no canto, como se minha cabeça estivesse virada para a parede, não para a mesa, o que coincidia com a minha observação e a marca feita. A subida, da qual eu estava perfeitamente consciente, foi muito gradual e constante, não muito diferente de uma subida num elevador, mas sem qualquer sensação perceptível de movimento além daquela de me sentir mais leve que a atmosfera. Minha posição, como disse, não mudou. Fui simplesmente levantado e baixado para o meu lugar.

Sobre a passagem da matéria através da matéria, temos o seguinte relato:

Em 28 de agosto de 1872, sete objetos de diferentes salas foram trazidos para a sala de sessões; no dia 30, quatro, e entre eles uma campainha da sala de jantar contígua. Sempre deixávamos o gás ligado naquela sala e no corredor do lado de fora, de modo que, se as portas abrissem, mesmo que por um momento, um clarão de luz entraria na sala escura em que estávamos sentados. Como isso nunca aconteceu, temos plena garantia do que o dr. Carpenter considera a melhor autoridade, o Senso Comum, de que as portas permaneceram fechadas. Na sala de jantar, havia uma pequena campainha. Nós a ouvimos começar a tocar e pudemos acompanhá-la pelo som enquanto se aproximava da porta que nos separava dela. Qual não foi o nosso espanto quando descobrimos que, apesar da porta fechada, o som se aproximava de nós! Era evidentemente dentro da sala em que estávamos sentados, pois a campainha era levada pela sala, tocando alto o tempo inteiro. Depois de completar o circuito da sala, ela passou por baixo da mesa e chegou perto do meu cotovelo. Soou bem debaixo do meu nariz, deu a volta à minha cabeça e, em seguida, deslocou-se novamente ao redor do círculo, ressoando perto do rosto de todos. Finalmente foi colocada sobre a mesa. Não desejo levantar hipóteses, mas isso me parece excluir argumentos que proporiam a teoria de que passamos por uma espécie de avaliação psicológica, ou de que o objeto desce pela chaminé, como explicação dessa difícil questão.

O dr. Speer descreve assim a aparição de uma luz de natureza imateril e de uma mão materializada em 10 de agosto de 1873:

Um grande globo de luz se elevou do lado da mesa oposto a mim, subiu até o nível do nosso rosto e desapareceu. Vários outros globos luminosos vieram depois dele, todos subindo do lado oposto a mim; às vezes, à direita; às vezes, à esquerda do médium. A nosso pedido, (as forças invisíveis) colocaram lentamente o globo seguinte no centro da mesa. Era aparentemente grande como uma toranja e estava cercado de cortinas. Nesse momento, o médium estava em transe, e o espírito controlador me informou que se esforçaria para colocar a luz na mão do médium. Não o conseguindo, disse que iria bater na mesa na minha frente. Quase imediatamente uma luz veio e parou na mesa perto de mim. "Você vê; agora escute – eu vou bater." Muito lentamente, a luz subiu e desferiu três golpes nítidos na mesa. "Agora vou te mostrar minha mão." Uma luz grande e muito brilhante então surgiu, e dentro dela apareceu a mão materializada do espírito. Ele levou a mão até perto do meu rosto. A mão era nítida e perceptível.

Stainton Moses registra um exemplo de grande força física com estas palavras:

Certa ocasião, contrariando a orientação, nos arriscamos a incluir no nosso círculo um membro estranho. Alguns fenômenos triviais ocorreram, mas o espírito controlador de sempre não apareceu. Na sessão seguinte, ele se fez presente, e é provável que nenhum de nós esquecerá facilmente os golpes de marreta que desferiu sobre a mesa. O barulho era claramente audível na sala de baixo e dava a ideia de que a mesa seria despedaçada. Em vão nos afastamos da mesa, esperando diminuir a força. Os pesados golpes aumentaram de intensidade, estremecendo toda a sala, seguidos de ameaças dos castigos mais severos se novamente recaíssemos no mesmo erro. Não nos atrevemos a convidar outras pessoas e seguramente evitaremos de todos os modos ser repreendidos de forma semelhante.

VI
Notas ao Capítulo 25

Escrita Automática do sr. Wales

O sr. Wales escreve ao autor:

Não consigo imaginar a presença do que quer que seja em minha leitura anterior que possa explicar essa coincidência. Eu não tinha lido nada publicado por você sobre o assunto; evitei propositalmente *Raymond* e livros semelhantes para não viciar meus próprios resultados. E os Anais da SPP que eu havia lido na época não tocam, como você sabe, nas condições pós-morte. De qualquer modo, obtive em vários momentos afirmações (como mostram minhas anotações contemporâneas) no sentido de que, nesse estado persistente de existência, eles têm corpos que, embora imperceptíveis aos nossos sentidos, são tão sólidos para eles quanto os nossos para nós; que esses corpos são baseados nas características gerais de nossos corpos atuais, mas embelezados; que eles não têm idade, nem dor, nem são ricos nem pobres; que usam roupas e se alimentam; que não dormem (embora, às vezes, tenham falado em passar a um estado semiconsciente que chamaram de "adormecido" – uma condição, ocorre-me, que parece corresponder aproximadamente ao estado hipnótico); que, após um período em geral mais curto do que o tempo de vida médio aqui, passam para outro estado de existência; que pessoas de pensamentos, gostos e sentimentos semelhantes atraem-se e passam a realizar suas atividades em conjunto; que casais não necessariamente voltam a se juntar, mas o amor do homem e da mulher continua e está livre de elementos que conosco muitas vezes perturbam ou impedem sua realização perfeita; que, imediatamente após a morte, as pessoas passam a um estado de repouso semiconsciente que dura vários períodos; que são incapazes de sentir dor física, mas, às vezes, são suscetíveis a alguma ansiedade mental; que uma morte dolorosa é "absolutamente desconhecida"; que crenças religiosas não fazem qualquer diferença no Além; que toda sua vida é intensamente feliz e que ninguém jamais percebeu que poderia querer voltar para cá. Não consegui nenhuma referência a "trabalho" usando essa palavra, mas muitas com relação aos diversos interesses com que diziam ocupar-se. É provável que isso seja apenas outra forma de dizer a mesma coisa. "Trabalhar" para nós em geral significa "trabalhar para viver", e esse, pelas informações enfáticas que recebi, não era o caso deles – que todas as exigências da vida eram de alguma forma misteriosamente satisfeitas. Tampouco obtive qualquer referência a um "estado penal temporário" definido, mas deduzi que as pessoas começam lá no ponto de desenvolvimento intelectual e moral em que terminam aqui; e como seu estado de felicidade se baseava principalmente na simpatia, os que chegavam numa condição moral baixa não conseguiam inicialmente, por vários períodos de tempo, ter a capacidade de apreciá-lo e desfrutá-lo.

ÍNDICE REMISSIVO

A

"A Report of the Mysterious Noises heard in House of sr John. D. Fox", 78

Academia Francesa de Ciência, prêmios a *sir* W. Crookes pela, 197

Acta Sanctorum, 404

Adare, lorde, 154, 171

Adshead, W. P., 248, 249

Advento, Segundo, 115

Adyar, supostos milagres em, 315

Agassiz, cientista americano, 128

Agostinho, Sto., *De cura pro Mortuis*, 451; *A Cidade de Deus*, 451

Agrippa, Cornélio, 399

Aksakof, Hon. Alexander, 29, 99, 273, 289, 290, 292, 293, 396, 400, 403, 405, 407

Álcool, médiuns e, 92, 94, 101, 111

Alemanha, espiritismo na, 399-400

Alexandre, Czar, 167

Aliança Espírita de Londres, 307, 316, 458

Allen, sr., 226

Alma, a, e seus poderes, 61 ss

Alma, partida da, visão de A. J. Davis, 64; desenhada por criança médium, 65

Alquimistas, seu conhecimento do ectoplasma, 352

Anima Mundi, teoria dos espíritos, 161

Anjos, conceito de Swedenborg dos, 39

Annals of Psychical Science, 280, 336

Antoniou, dr., 437

Aporte, fenômenos de, 259, 283, 342, 404, 411, 423, 424, 426

Apparition Médianimique, 295

Argel, sessão com Eva C., 334, 336, 339

Armistício, Dia do (1922), fotografia de espírito tirada no, 372, 439

Arnold, *sir* Edwin, e Home, 180

Ashburner, dr., 137-38, 146

Associação Britânica, 157-58, 195, 210, 237, 311

Associação Científica Americana, e prof. Hare, 128

Atlantic Monthly, The, sobre sessões de Holmes, 224

Atos dos Apóstolos, "Comunicado" complemento aos, 455

Austrália, sessões dos Davenports na, 190; visita de Slade à, 242; palestras do autor na, 476-77

Automóvel, profecia de A. J. Davis, 66

Avonmore, lorde e *lady*, nas sessões de Eglinton, 297

B

"Bien Boa", 336-38

Bab-ed-Din, 449

Baggally; W. W., investiga fenômenos psíquicos, 278

Bailey, sr., de Melbourne, 423-24

Balfour, sr., Gerald, e correspondências cruzadas, 326-27, 329

Ballou, Adin, e manifestação de espíritos nos EUA, 145

Bancroft (historiador americano), e as irmãs Fox, 89

Banner of Light, 202, 229, 264, 360, 491

Barkas, T. P., e Madame d'Espérance, 288

Barlow, Fred, sessão de teste com Vearncombe, 372

Barrett, E. S., e Slade, 236

Barrett, *sir* William, 156-58, 169, 206, 236-37, 244, 251, 310-11, 329, 442, 460

Barry, Smith, testemunhas das levitações de Home, 171

Bartlett, capitão, e as ruínas de Glastonbury, 415

Bartlett, George C., biografia de C. H. Foster em *The Salem Seer*, 285

Bassett, sra., explicação da produção de voz dada pelos espíritos através da, 379

Bastian, tentativa de truque de, 207

Bastões psíquicos, Crawford sobre, 332, 348, 349,

Batidas (e pancadas), 72-77, 82-83, 85, 88, 94, 98, 101-5, 109, 111, 119, 124, 137-42, 161

Baviera, rei da, e Home, 167

Baxter, Robert, prediz a Segunda Vinda e o fim do mundo, 52, sua "Narrativa de Fatos" e por que foi publicada, 52

Bayfield, rev. M. A, sobre a ciência psíquica, 461

Bayley, R. Child, 370

Beard, dr., e os irmãos Eddy, 219

Beattie, John, investiga fotografia de espíritos, 370

Beaumont, conde e condessa, testemunham fenômenos de levitação, 167, 170

Begbie, Harold, *On the Side of the Angels*, 444

Bélgica, os Davenports na, 190

Bell, Robert, testemunha levitação realizada por Home, 156; atesta poderes de Home, 154

Bell, sr. e sra., ex-ocupantes de "Casa Assombrada", Hydesville, 80, 479

Bellachini, Samuel (ilusionista), 239, 400

Benedict, sra., mediunidade da, 82, 115, 127

Bennett, Edward T., 248, 312

Béraud. Marthe (Eva C.), 334, 336, 339-41, 344-45, 349, 351-52, 373

Bergson, M., e investigações de Eusápia Palladino, 266

Berlim, os Davenports em, 189; Slade em, 239

Berliner Fremdenblatt sobre o espiritismo, 239

Berry, Helen, sessão de materialização com, 332

Besant, sra., *H. P. Blavatsky and the Masters of Wisdom*, de, 315

Besinnet, srta, 199, 290, 418-19

Bianchi, prof., 406

Bíblia, 38, 92, 115, 442, 458, 466

Bíblica, Sociedade; declaração de um sensitivo sobre a, 51

Bigelow, sr. (do *Evening Post*, e as irmãs Fox), 89
Bird, Malcolm, e o espiritismo, 268; "Margery", de, 355
Bisson, Adolphe, 273, 339
Bisson, Madame, 110, 176, 214, 329, 336, 339, 342, 411
Black, sr., investiga fotografia do espírito de Mumler, 359
Blackburn, Charles, e Slade, 235
Blackburn, srta, em uma sessão com Slade, 235
Blackie, prof., 297
Blackwell, srta. Anna, descrição de Allan Kardec da, 392, / e reencarnação, 395, / resume livros de Kardec, 397-98
Blake, sra., 383-85
Blake, dr. Carter, 237 /em sessão de Slade, 212; /e Eglinton, 275
Blanchard, E. L., 180
Blatchford, Robert, 457
Blavatsky, Madame, 219, 223, 233, 315
Bloomfield, sr. (de Melbourne), clarividente, 60
Boehme, Jacob, 399
Boldero, general, sobre fenômenos de voz com Home, 381
Bond, F. Bligh, expõe ruínas em Glastonbury, 415, *The Gate of Remembrance*, 415
Bordeaux, investigações de fenômenos espíritas em, 170
Borthwick, lorde, 297
Bosco (ilusionista), 400
Boston Herald, sobre denúncias contra Slade, 244
Boston Journal, e Hydesville, 79
Boston, EUA, primeira fotografia de espíritos tirada em, 357
Bottazzi, prof., 277-78, e uma suposição de *sir* Oliver Lodge, 404
Boucicault, Dion, 185-86, 188
Boursnell, Richard, 357-58, 366-67, 372

Bowman, sr., e as fotografias psíquicas de Parkes, 363
Bozzano, prof. Ernesto, 345, 405, 407, *A Defence of William Stainton Moses*, de, 407
Brackett, E. A, e ectoplasma, 418; *Materialized Apparitions*, de, 332, 418
Bradlaugh, Charles, 254, 259
Bradley, H. Dennis, 385, 416-17
Brahe conversa com Swedenborg depois da morte, 44
Braid, e fenômenos de mesa, 146
Brevior, Thomas (Shorter), sobre reencarnação, 395
Brewster, general, 297
Brewster, *sir* David, 147, 168-69, 174, 281
Bright, John, e Home, 180
British Journal of Photography, 363
British National Association of Spiritualists, 152, 159, 296, 301
Brittain, sra. Annie, 414
Brittan, S. B., e os experimentos de Hare, 124
Britten, dr., nos Antípodas, 127
Britten, sra. Hardinge, 34, 57, 92, 127-30, 135-36, 146 (*Ver também* Hardinge e Hardinge Britten)
Brocton, colônia, Nova York, 116-17
Brofferio, prof. Angelo, 210, 405
Brougham, lorde, em sessão com Home, 168, 174; e fotografia de espíritos, 357
Browning, Robert, e D. D. Home, 174
Browning, sra., 174
Bryant (poeta americano), e as irmãs Fox, 89; investiga fenômenos de Home, 164
Buchanan, dr. James Rodes, e sra. Hayden, 136
Bucher, dr. Karl, sobre a saúde de Zöllner, 414
Buda e seu credo, 449
Buguet, M. Ed, fotógrafo de espíritos francês, 358, 364-65

Bulford, Staveley, fotografias psíquicas de, 373
Bunsen, e as *Constituições Apostólicas*, 453
Burton, *sir* Richard, e os Davenports, 192
Bury, visconde, 186
Bush, dr. George, e A. J. Davis, 62, e D. D. Home, 164
Bush, Henry, e a casa de Hydesville, 79
Butcher, prof. S. H., 329
Butlerof, prof., 99, 198, 290, 400
Butt, Baseden, e A. J. Davis, 70
Buxton, sra., e o "Círculo de Crewe", 371

C
Caithness, condessa de, 152
Calder, Alexander, 238, 310
Calmette, dr. 345
Culver, sra. Norman, suposta confissão de, 88
Cambridge University Society for Psychological Investigation, 158
Cambridge, Experimentos de, com Eusápia Palladino, 266
Camões, como espírito-guia de Foster, 286
Campbell, J. A., e a Cambridge University Society for Psychological Investigation, 158-59
Campbell, *lady* Archibald, 297
Campbell, sensitivo escocês, 34
Canadá, missão de instrução do autor no, 433
Cannock, sra. E. A., uma visão clarividente da, 439
Cano, sobre a veracidade de Swedenborg, 62
Capron, E. W., e a sra. Tamlin, 82, na primeira reunião espírita, 85; *Modern Spiritualism* de, 87, 125
Carancini (médium), 405
Carlos XII da Suécia, Swedenborg e, 38
Carlyle, Thomas; Edward Irving e, 47-48

Carpenter, dr., 146, 160, 171, 174, 206, 237, 257, 493
Carrington, dr. Hereward, 268, 277, 279, 281-82
Casa Assombrada", Hydesville, casa da família Fox em, 80; esqueleto, 79; conservada em Lilydale, 80
Casamento no estado futuro, 17
Casulo psíquico, evidências de, 375
Catacumbas, 450-51
Católicos Romanos, oposição ao Espiritismo, 160
Celso, controvérsia com Orígenes, 452
Cervantes, dom de Foster com relação a, 286
Céu, visão dos espíritas do, 470, 472, 477
Challis, prof., e Home, 172
Chalmers, dr., e Edward Irving, 48
Chambers, dr. Robert, 140, 170, 174, 180, 186, 256
Chambers, rev. Arthur, 458
Charpentier, prof., e Eusápia Palladino, 266
Chiaia, dr. Ercole, 272-73, 405-06
Child, dr., 224-26, 228
Chittenden (Vermont), materializações em, 214, 220
Choisy Yvrac, investigações sobre fenômenos psíquicos em, 273
Cristãos, primeiros, sua concepção de morte, 450
Christian Spiritualist, The, 126
Church, sra. Ross (Florence Marryat), 152, 205
Círculo Apostólico de Mountain Cove, 86, 115
Círculo de Crewe, 371-72, 440; autor e, 372
Círculos de resgate, 471
Claretie, Jules, 273
Clariaudiência, A. J. Davis e, 60
Clarividência, 40, 60, 216, 242, 289, 313, 344, 353, 399, 415, 454, 470

Clarividência, à distância, 40
Clarividentes, experiências do autor com, 414
Clark, bispo, sobre a missão de Home, 173
Clarke, dr., sessão com Parkes, 363
Claude's Book, 445
Clemente de Alexandria, São, 451
Cléofas, a escrita de, autor sobre, 455
Coates, James, sobre Buguet, 364; *Photographing the Invisible*, de, 370
Cochrane, sr., 423
Colburn, srta. Nettie, e o presidente Lincoln, 132 (*Ver também* Maynard, sra.)
Coleman, Benjamin, 95-96, 152, 190, 256
Colley, arquidiácono, 144, 247, 300-01, 371
Colquhoun, *lady*, 297
Colquhoun, *sir* Patrick, 297
Combermere, Lady, e sra. Hayden, 141
Compton, sra., Olcott e, 230
Condições de teste", nas sessões dos Eddys, 220, 222, 226
Constantino, Grande Duque, e o Espiritismo, 233
Constituições Apostólicas, 453
Cook, E. Wake, sobre A. J. Davis, 70
Cook, Florence, 152, 176, 195, 198, 200, 202, 204, 211, 289-90, 332, 383
Cook, Kate, poderes psíquicos de, 198
Cooper, Fenimore, e as irmãs Fox, 88
Cooper, Robert, 379
Cooper, *sir* Daniel, sobre os poderes de Home, 180
Cooper, sra. Blanche, médium de voz, 385
Corner, sra., 206, 211 (*ver também* Cook, Florence)
Cornhill Magazine, e D. D. Home, 180
Correspondências Cruzadas, pesquisas da SPP sobre, 312, 323

Cottell, sra., e Kate Fox, 103
Cotton, major, na sessão da sra. Hayden, 141
Courtier, M., 266
Coventry, dr. C. B., e as irmãs Fox, 87
Cowan, *lady*, 419
Cox, Serjeant, testemunha experimentos de Crookes, 208; visita Slade, 237; testemunha de defesa no julgamento de Slade, 237; Investigações Coletivas, dificuldades das, 228, 212; experiência com Stainton Moses, 303; *What am I*, de, 303; funda a Sociedade Psicológica da Grã-Bretanha, 310
Cox'x Hotel, Home se hospeda no, 167
Craddock, mediunidade de, 422
Crandon, dr, 268, 426
Crandon, sra., mediunidade de, 268, 426; autor e, 426; fenômenos de aporte de, 426; fenômenos luminosos de, 426; produção de ectoplasma por, 355; fenômenos de movimento de mesas, 426; fenômenos de telecinesia de, 426 *Ver também* "Margery"
Crawford, dr., 109, 110-11, 207, 214, 221-22, 300, 332, 346, 348, 353-54
Crawford, peso de cadeiras, 111
Criptestesia, teoria da, 161
Cristalomancia, 421
Critic, The, e sra. Hayden, 144
Crookes, sra., Florence Cook busca proteção da, 176, numa sessão com srta. Cook, 195
Crookes, tubo de, 197
Crosland, Newton, 152, 488
Crowe, sra., e Hayden, 144
Crowell, dr. Eugene, 466-67
Cummins, srta., 455
Curie, madame, 266, 339

Curtis, James, *Rustlings in the Golden City*, de, 242; sobre ectoplasma, 331

Cushman, dr., 367, 372-73

D

D'Arsonal, prof., e investigações de Eusápia Palladino, 266

D'Esperance, Madame, 176, 207, 285, 288-93, 332, 338

Dailey, juiz, em sessão de materialização, 247

Daily Mail, investigação sobre fotografia espírita, 370

Daily News, The, sobre os irmãos Davenport, 186; sobre o "erro" dos Davenports, 191; sobre o relatório da comissão da Sociedade Dialética, 258

Damiani, madame, descobre Eusápia Palladino, 272

Damiani, sr., e Eusápia Palladino, 272; sobre fenômenos vocais, 381

Damon, Foster, e o ectoplasma, 352

Daniels, dr., participa de sessão da sra. Hayden, 144

Darling, aparelho de testes para impedir manifestações dos irmãos Davenport, 183

Datilografia, máquina de, prevista por A. J. Davis, 66

Davenport, Elizabeth, mediunidade de, 182

Davenport, irmãos, 130, 151, 153, 160, 181-93, 216, 219, 221, 229, 246, 259, 287, 379, 387, 491

Davey, S. J., resultados obtidos por truque com escrita em prancheta, 299

Davies, rev. dr. Maurice, 152, 2997

Davis, Andrew Jackson, 14, 43, 47, 59, 112, 116, 359

De Beaumont, conde, e manifestações de Home, 167, 170

De Beauveau, princesa, e manifestações de Home, 167

De Burgh, srs., atesta poderes de Home, 180

De Fontenay, G., 273; fotografa mãos de espíritos, 279; e fenômenos psíquicos, 282

De Gramont, conde, 266, 345-46

De Komar, conde, testemunha manifestações de Home, 167

De Morgan, prof., prefácio a *From Matter to Spirit*, 65, 138; e sra. Hayden, 487-90

De Morgan, sra., 139; *From Matter to Spirit*, de, 65; depoimento à sra. Hayden, 487-90

De Puységur, M., e clarividência, 399

De Rochas, coronel, 273, 281, 398, 406

De Vesme, e espiritismo, 409

Deane, sra., frontispício, como fotógrafa espírita, 358; obtém "extras" em condições de teste, 372; testes do autor de, 372; fotografia espírita do Dia do Armistício tirada por, 439

Debierne, diretora, e Eusápia Palladino, 266

Delane, J. T., e atitude do *The Times*, 175

Delanne, Gabriel, 267, 273, 337-38, 399

Demônios, concepção de Swedenborg de, 42

Denis, Léon, como espírita, 399

Denton, William, *Nature's Secrets*, de, 386; trabalho de pesquisa de, 386-87

Desmaterialização, 205, 293, 338, 346

Dickens, Charles, e sra. Hayden, 136

Dickson, dr. Samuel, em sessão da sra. Hayden, 144

Dingwall, E. J., e "Margery", 426

E

"Escrita Espírita Direta", apresentação pública de, nos EUA, 244

Encarnação de espíritos, ideia espírita da, 393, 395-96

Escrita automática, 112, 182, 256, 306, 326, 427

Escritas automáticas, previsões de guerra nas, 436

Espintariscópio, invenção de Crookes, 197

Espírita, influxo, prenunciado, 37; Robert Baxter afetado pelo do Espírito, 52

Espíritas, hostilidade da Nova Igreja aos, 41; primeira reunião no Corinthian Hall, Rochester; 84; comparados aos primeiros cristãos, 135; e os Davenports, 191; apoio a Slade pelos, 236; e a reencarnação, 396, 398; e o cristianismo primitivo, 450-51; pontos principais do acordo entre, 457

Espíritas, unitários, visões dos, 467

Espiritismo anticristão, 159

Espiritismo, e reencarnação, 391 ss; preferência de Kardec pelo termo, 391 ss

Espiritismo, início do movimento, 11-12; catolicidade do, 47, 178; previsão de A. J. Davis referente ao, 41; propagação nos EUA, 60; possível resultado final do, 63; objeções ao significado religioso do, respondidas, 86; consistência do, 95; desenvolvimento na Inglaterra, 109ss; investigações coletivas do, 228ss; dois aspectos essenciais do, 300; fenômenos de voz no início do, 357; na França, 370ss.; na Alemanha, 378ss.; na Itália, 386ss.; e a Primeira Grande Guerra, 410ss.; aspecto religioso do, 426ss.; fatos básicos do, 426; visão do autor do, 427-28; natureza explicativa do, 427

Espírito pele-vermelha controla, 55, 218, 230, 477

Espíritos, comunicações proféticas de, 452ss

Espíritos, fotografias de, 357-58, 364, 367, 372; não por lente de câmeras, 372

Espíritos, intercâmbio com, juiz Edmonds sobre, 118-19

Espíritos, intervenção numa fase crítica da história do mundo, 132

Espíritos, maus, 45,448, 471

Espíritos, moldes de, 386

Espíritos, mundo dos, Swedenborg sobre comunicação com, 37; trabalho no, 469ss

Espíritos, perigo de seguir às cegas pretensas orientações de, 82

Espíritos, vontade dos, moldando o poder do ectoplasma, 218

Espiritual, comunicação, experiência do autor da, 44, objeções a, combatidas, 44

Estátuas, antigas, falavam, 378

Estigmas, fenômeno dos, 286

Estruturas psíquicas, 348

F

Faifofer, 283

Fairfax, *sir* William, 297

Fairlamb, srta. (sra. Mellon), moldes obtidos com, 386

Falcomer, prof., Lombroso e, 407

Falconer, sra., como médium de transe, 422

Faraday, 146-47, 160, 174, 341, 406

Farmer, J. S., relato de Eglinton, 293; *Twixt Two Worlds*, de, 293

Fay, William M., 184, 186-88, 192

Fechner, prof. G. T., 240, 399

Feda, como controle da sra. Leonard, 412, 414

Feilding, Everard, investigação de Eusápia Palladino por, 278

Fellger, dr. Adolphus, e o suposto espírito "Katie King", 227

Fenômenos espirituais, objetivo dos, 454

Fenômenos luminosos, 411, 419

Ferguson, rev. dr., acompanha irmãos Davenport à Inglaterra, 184, 189

Fichte, prof., 399

Fielding-Ould, rev. F., sobre Espiritismo e cristianismo, 459

Filosofia espírita, livro-texto de, na França, 392

Finzi, dr., 405

Firman, sra., moldes obtidos com, 386-87

Fish, sra., 82, 85, 106; uma resposta característica a três médicos, 87-88 (*Ver também* Fox, Leah, e Underhill, sra.)

Fishbough, rev. W., e transes magnéticos de A. J. Davis, 62

Fisher, Leander, 383

Físicos, efeitos, médiuns de, e moralidade, 95ss, e seus poderes, 396

Fitzgerald, sra., experiência com a sra. Hayden, 140

Flammarion, M. Camille, 256, 272-73, 281, 345, 399, 458

Flint, dr. Austin, 87

Flournoy, 406-07; *From India to the Planet Mars*, de, 407

Flowers, sr., e o caso Slade em Bow Street, 237-38

Foa, prof., 405

Forbes, sra., 324

Fortnightly Review, 465 (nota)

Foss, mediunidade física de, 132

Foster, Charles H., 285-87, 352

Fotografia espírita, 312, 349, 357-75, 387 (*Ver também* "Extras" *e* Espírita, fotografias)

Fotógrafos, profissionais, e Mumler, 358

Fournier d'Albe, E. E., *Life of Sir William Crookes*, de, 198

Fowler, Lottie, como médium, 152; sessões com Stainton Moses, 302

Fox, 89

Fox, coronel Lane, e artigo do prof. Barrett sobre o Espiritismo, 156

Fox, David, cava no porão em Hydesville, 79; manifestações na casa de, 80

Fox, família, 72, 82, 84, 88, 107, 115, 117, 182, 479

Fox, irmãs, 14, 31, 33, 57-58, 79-80, 84, 87-89, 91-113 (*Ver também* Fox, Kate; Fox, Leah; Fox, Margaret)

Fox, John D., 77-79

Fox, Kate, 73, 79, 92, 95-96, 98, 107, 126, 152, 176, 195, 208-09, 314 (*Ver também* Fox-Jencken, sra.)

Fox, Leah, 47, 58, 67, 76, 78, 82-3 (*Ver também* Fish, sra., e Underhill, sra.)

Fox, Margaret, 72, 82, 92, 101, 103, 106-07 (*Ver também* Fox-Kanc, sra.)

Fox, sra. (mãe das irmãs Fox), 73-74, 78-79, 82, 88, 93, 95, 98, 101

Fox-Jencken, sra., 98, 107 (*Ver também* Fox, Kate)

Fox-Kane, sra., 93, 101-02, 107, 260, 287, 323 (*Ver também* Fox, Margaret)

França, investigações sobre fenômenos psíquicos, 244, 273

Francis, dr. J. W., em sessão das irmãs Fox, 89

Francis, sr., e sra. Wriedt, 382

Francisco de Assis, São, 449

Franklin, Benjamin, 83, 86

French, sra. Emily S., médium de voz, 383

Fullerton, prof., secretário da Comissão Seybert, 260; oposição aos fenômenos psíquicos, 263; criticado no *Banner of Light*, 264

Funk, dr. I., e a questão da sanidade de Zöllner, 241; *The Psychic Riddle*, de, 332

Furness, dr., e a Comissão Seybert, 260; afirma que Slade admitiu fraude, 261

Fussey, sra., premonição da, comprovou-se correta, 439

G

Galaxy, artigo do general Lippitt sobre Holmes no, 224

Galeno, A. J. Davis diz ter encontrado, 61

Galeotti, prof., testemunha fenômeno de membro ectoplásmico, 277

Galla, sr., sra. Hayden e, 147

Gardner, dr., sobre fotografias espíritas de Mumler, 360

Garibaldi, 404

Gazzera, Linda (médium), 405

Geary, Grattan, provas diante da Sociedade Dialética, 257

Gelbert, dr., 451

Geley, dr., 214, 266, 329, 345-46, 349-50, 386, 388

Genebra, investigações sobre fenômenos psíquicos em, 273

Gerosa, prof., 273, 405

Gibson, sra. Milner, 144, 170, 174, 180

Giffard, vice-chanceler, visão sobre o espiritismo, 169, 170

Gladstone, W. E., sr., sessão com Eglinton, 299; ingressa na SPP, 299

Glanvil, rev. Joseph, *Saducismus Triumphatus*, de, 72

Glastonbury, ruínas descobertas em, 415

Gledstanes, sr., sessão com Buguet, 364

Glendinning, Andrew, *The Veil Lifted* de, 370

Goligher, os experimentos, 207, 222, 300, 348

Gomm, *lady*, e Home, 180

Gordon, sra. *Home Life of Sir David Brewster*, de, 168

Gow, David, descrição de Vale Owen por, 421

Granger, Lyman, 79, 118

Grattan, Colley, sessão com a sra. Hayden, 144

Grécia (Nova York), manifestações em, 118

Greeley, Horace, e as irmãs Fox, 88, 482

Gregory, sra. MacDougall, 152; sessão com sra. Fox-Jencken, 73; e Home, 180; sessões de Eglinton na casa de, 262; sessão com a sra. Hollis, 382

Grenadier Rolf, 445

Grenoble, suposta farsa de Bailey em, 423, 425

Grey of Fallodon, *lady*, tributo ao espiritismo por, 465

Griswold, rev. dr., e irmãs Fox, 88

Crookes, *sir* William, 9,6, 98, 123-24, 151, 154, 156-58, 169, 172, 174, 177, 195-211, 224, 229, 253, 275, 310, 332, 409, 458

Guay, William, investiga fotografia espírita, 359

Guerra Civil Americana, intervenção dos espíritos determina ação de Abraham Lincoln, 132

Gully, dr., 152; testemunha fenômenos de levitação, 170; atesta poderes de Home, 180

Guppy, sra., 152, 259, 307, 383, 405

Gurney, Jeremiah, e Mumler, 360

Guthrie, dr. L. V., e sra. Blake, 363-64

Guzik, Jean (médium), testado por dr. Geley, 346

H

Haia, sessões de Slade em, 238-39

Hail, diácono, 82, 118, 127

Hall, S. C., 96, 100, 179-80

Hall, sra. S. C., 170

Hamburgo, os Davenports em, 189

Hamilton (ilusionista) e os Davenports, 189

Hardinge Britten, sra. (*ver* Britten e Handinge)

Hardinge, sra., 34, 57, 92, 127-30, 135-36, 146, 152-53

Hardy, Mary M., moldes de figuras materializadas obtidas com, 386

Hare, prof. Robert, 118, 123-25, 127-28, 164, 266, 457

Harper, srta. Edith K., 381

Harries, Owen, e Eglinton, 300

Harris, rev. Thomas Lake, 115

Harris, sra. Susanna, mediunidade da, 355, 422

Harrison. W. H. editor do *The Spiritualist*, 96, 98, 235, 297, 364, 380

Hartmann, Eduard von, 381-82, 384

Harvard, Clube da Universidade, palestra do prof. Fullerton ao, citado, 263

Harvard, Universidade, denuncia prof. Hare, 128; expulsa Fred Willis por praticar mediunidade, 131; testes de profes para os irmãos Davenport, 182-92

Hatch, Cora, como médium, 125

Haweis, rev. H. R., sobre espiritismo e cristianismo, 458

Hawks. rev. dr., participa de sessão das irmãs Fox, 89

Hayden, sra., 118, 127, 135-149, 168, 184, 487, 489-90

Hazard, T. R., 259, 262-64

Heald, Rev. W., carta do prof. De Morgan para, 139

Heaphy, sr., e a teoria da impostura referente a Home, 180

Hegel, expressão de, 39

Hellenbach, barão, e Eglinton, 295; *Prejudices of Mankind*, de, 295; investiga fenômenos de materialização, 349

Henslow, dr., e reprodução de uma escrita grega, 374; *Proofs of the Truths of Spiritualism*, de, 374

Hermas, considerado autor de *O Pastor*, 451-52

Herne (médium), 152, 383

Herschell, dr. George, responde à sra. Sidgwick, 299

Hipócrates, afirmação de, 61

Hipwood, R. S., e fotografia espírita de filho falecido, 440

Hobson, Rev. A. W., artigo anônimo atribuído a, 144

Hodgetts, Brayley, 46

Hodgson, dr. Richard, 29, 65, 220, 273, 275, 310, 315-22, 435, 450

Holland, sra. (médium), 327

Hollis, sra. (médium), 382

Hollis-Billing (*ver* Hollis)

Holmes, sr. Nelson, 228

Holmes, sra. Nelson, 204, 220, 227-29

Holmyard, Roy, 420

Holy Wisdom, experiências dos Shakers registradas em, 55

Home, Daniel Dunglas, 92, 97, 101, 127, 130, 149, 151, 163-64, 166-81, 184, 195, 207, 216, 218, 256, 301, 332, 381, 405, 488

Home, sra., 175

Home-Lyon, o caso, 168, 179ss

Hope, William (médium), 330, 352, 358, 371, 373-75

Hopps, Rev. John Page, e Kate Fox, 96, 98

Hornung, Oscar, 419

Houdin, Robert (ilusionista), 189, 239, 400

Houdini (ilusionista), 366, 405; *A Magician Among the Spirits*, de, 193; e Ira Davenport, 193; como adversário do espiritismo, 240; questiona afirmação dos Davenports, 491

Houghton, srta. Georgiana, testemunho ao trabalho de Hudson, 361; *Chronicles of the Photographs of Spiritual Beings*, de, 361

Household Words, crítica da sra. Hayden em, 144

Howitt, sra., 174

Howitt, William, 34, 148, 152, 154, 159, 174, 180, 191, 256-57, 361, 396

Hudson, fotografias espíritas de, 152, 357-58, 361, 363

Huggins, dr., 158, 208

Human Nature, 363-64, 370

Humphreys, H. T., e as sessões de São Petersburgo, 174

Husk, Cecil, 383, 422

Hutchinson, J., e Home, 180

Huxley, prof., 254, 259

Hyde, William H., e o episódio de Hydesville, 80

Hydesville, o episódio de, 12, 71ss

Hyslop, prof., J. H., 28, 122, 310, 316-18, 321-22, 383-85

I

"Ideoplasma", 41, 355

Igreja, Congresso da (1920), artigo do rev. M. A. Bayfield sobre ciência psíquica no, 461

Ilusionistas, 183, 185, 251, 281, 400, 402

imagens de sombras", de Boursnell, 357-58, 366-67, 372

Individualidade, continuidade da, um aspecto essencial do espiritismo, 320

Inglefield, capitão, sessão com os Davenports, 186-87

Institut Général Psychologique, Paris, 253, 266

Institut Métapsychique, 266, 345

International Psychic Gazette, 211

Irineu, 452

Irish Times, editor do, testemunha uma sessão dos Davenports, 189

Irlanda, os Davenports na, 189

Irving, Edward, 47-50, 52-4

Isham, *sir* Charles, 137, 152

Itália, espiritismo na, 404-5, 407

J

James, prof. William, 310, 316

Jay, srta., médium americana, visita a Inglaterra, 147

Jeffrey, William, 374

Jencken, H. D., 97, 99, 152, 256

Jencken, sra. (*ver* Fox-Jencken)

Jenkinson, *lady*, 297

Jerônimo, São, 451

Jervis, rev. A. H., 82, 84, 106, 118, 127

Jesus e seus ensinamentos, 463

Jewel, sr. e sra., e manifestações em Hydesville, 76

Joana d'Arc, 59-60, 112, 134, 377-78, 449

Johnson, sra. Roberts (médium de voz), 385, 422

Johnson, srta. Alice, e "correspondências cruzadas" da S. P. P, 324

Jones, J. Enmore, relato das sessões de Slade, 234

Jones, Rev. (deão) Spence, e inscrições nas catacumbas, 450

Jonson (de Toledo), 417

Jonson, sessão de, descrita no *Our Second American Adventure* do autor, 417

K

Kane, dr. Elisha, cartas de amor para Margaret Fox, 92; e Kate Fox, 73, 79; mentalidade curiosa do, 92

Kane, sra. (*ver* Fox-Kane)

Kant investiga a história de Swedenborg do incêndio de Estocolmo, 40

Kardec, Allan (sr. Rivail), 370-74, 376, 378

Keeler, Pierre, como médium, 421

Keeler, W. M. (médium), 261

Keighley, manifestações psíquicas em, 149

Keith, *sir* Arthur, e moldes espíritas, 387

Kellar (ilusionista), 239, 262, 301
Kerner, dr. Justinus, 399
Kidd, dr., sobre fenômenos psíquicos, 257
King, John, 56, 204, 229-30, 272, 331, 379-80
King, Katie, 199-201, 203-06, 210, 224-230, 289-90, 332, 449
King, Robert, e fotografia espírita, 370
Kislingbury, srta., 239, 295
Kluski, Franek, 346-347, 387-88
Koenig, dr. George A., 263
Koons, Jonathan, 131-32, 214, 229, 378-79
Krabbe, e as *Constituições Apostólicas*, 453

L

Lambeth, Conferência de, discussão sobre fenômenos psíquicos na, 460
Lamond, rev. dr., 422
Lang, Andrew, seu *Historical Mysteries* citado, 171
Langworthy, dr., e o ventriloquismo como causa de manifestações, 85
Lankester, prof. Ray, 236-38, 245
Lape, sra., diz ter visto uma aparição em Hydesville, 81
Larkin, prof., e a mediunidade de Jonson (de Toledo), 418
Lawrence, W., sessão de materialização com, 331
Le Bocain, sr., 281
Leader, o, 138, 144
Leclainche, prof., 345
Lee, coronel, espírito-guia de John Tickknor, 401
Lee, dr. Charles A., tenta denunciar batidas de espíritos, 87
Lei da Reforma de 1832, oposição de Irving a, 47; os "Profetas de Albury" e, 49-50
Leipzig, sessão de Eglinton com Zöllner em, 295

Leonard, sra. Osborne, 412, 414
Levingston e A. J. Davis, 60, 62
Levitação, 156, 160, 170, 172, 216, 234, 271, 276, 348, 492
Lewes, George Henry, e sra. Hayden, 137; recusa-se a participar de comissão de investigação, 254
Lewis, George, e acusação a Slade, 237
Leymarie, sr., editor de *La Revue Spirite*, 393
Light, 103, 160, 176, 191, 202, 245, 251, 265, 267, 299, 301-02, 312, 314, 371, 457
Lillie, Arthur, *Modern Mystics and Modern Magic*, de, 306
Lilydale, espíritas americanos em, 80; casa de Fox levada para, 80
Lincoln, Abraham, recebe mensagem de um espírito em momento crítico, 132-33
Lincoln, sra., interesse no espiritismo, 132
Lindsay, lorde, vê levitações de Home, 171
Lindsay, Mestre de, e a Sociedade Dialética, 259
Línguas, falar em, 49
Linton, ferreiro e médium, 105, *The Healing of the Nations*, de, 130
Lippitt, general, 224, 227, 229
Livermore, Charles E., generosidade a Kate Fox, 95
Lodge (ilusionista e hipnotizador) exige que Monck seja revistado, 249; suposta confissão de Monck a, 251
Lodge, Alfred, sessão com a sra. Piper, 311
Lodge, *sir* Oliver, 158, 169, 249, 251, 273, 274-75, 277, 310, 315, 318, 326
Lombroso, prof., 253, 272-74, 284, 405-08
Lord, sra., Comissão Seybert sobre a, 261
Lyceus, sistema escolha de, concebido por A. J. Davis, 65
Lyman, general, e as irmãs Fox, 89

Lyndhurst, lorde, e Home, 180
Lyon, dr., e A. J. Davis, 62
Lyon, sra., e Home, 153-54 (*Ver também* caso Home-Lyon)
Lyttelton, sra. Alfred, escrita automática de, prevê Primeira Grande Guerra, 436
Lytton, lorde, 169-70, 174, 256-57, 285

M

"Margery", 207, 268, 355, 426 (*Ver também* sra. Crandon)
"Mercúrio", antigo nome para ectoplasma, 352
MacCarthy, dr., 424-25
MacDonald, sensitivo escocês, 49
Machen, Arthur, 444
Malcom, John, e primeira sessão da sra. Hayden na Inglaterra, 143
Manning, cardeal, e sra. Fox-Kane, 101
Maomé como anjo, 449
Mãos de espíritos, moldes etc., 386-89 (*Ver também* Moldes)
Mapes, prof. James, 118, 125, 164, 379, 457
Mapes, sra., 127
Mapes, srta., 127
Marchant, *sir* James, 419
Marcião, controvércia com Tertulliano, 453
Marcy, dr., em sessão das irmãs
Marryat, srta. Florence (sra. Ross Church), 152, 199, 205, 418
Marsh, dr. Leonard, *Apocatastasis; or Progress Backwards*, de, 378
Marshall, sra., 198, 257, 307, 380-81
Marzorati, prof., 425
Maskelyne, J. N., 160, 185, 190-91, 237, 246-47
Massey, C. C., 223, 239, 299, 400, 402
Massey, Gerald, 152, 402
Matéria através da matéria, fenômeno da, 25, 192

Materialismo, 44, 51, 89, 160, 172-73, 184, 208, 211, 346, 421, 447, 456-57, 463, 466
Materialização, 63, 99, 105, 198-99, 205-07, 214, 216-17, 219, 242, 244, 246-47, 283, 289-90, 293, 295-96, 298, 329, 332, 336, 338-39, 344, 346, 349-50, 354, 383, 401, 403, 417-18
Mather, Cotton, e julgamentos de Salém, 131, 215
Maxwell, dr. Joseph, sobre investigação dos fenômenos psíquicos, 240, 325
Maynard, sra. Nettie, seu livro sobre Abraham Lincoln, 132 (*Ver também* Colburn, srta. Nettie)
Mazzini, sistema filosófico-religioso de, 404
McAlpine, *sir* Robert, 419
McCabe, Joseph, 33, 172, 240, 242, 342
McCreadie, srta., 415, 441
McDougall, prof., 268, 426, 457
McKenzie, sr. Hewat, 330, 419
McKenzie, sra. Hewat, 330
Medium and Daybreak, 291, 300
Mediunidade fraudulenta, 128, 158
Médiuns, sua ignorância de como efeitos são produzidos, 91; físicos e moralidade, 111ss; mediunidade interna, elevada missão da, 112; desenvolvimento da em pessoas eminentes, 119; tentativa de denúncia de, 197; tratamento antigo de, por investigadores e céticos, 216; analogia dos seus dons com os louvados por São Paulo, 216
Melanchthon, 429
Mellon, sra., 307, 386 (*Ver também* Fairlamb, srta.)
Mente subconsciente, 427
Mente, e ectoplasma, 352
Mesas, movimentação, fenômenos de 146, 284-85; aumento de, na Inglaterra, 129;

teoria de Faraday da, 146, 160; Crawford, 348; provável causa, 348

Mesmer, 399

Mesmerismo e medicina, 60

Messages from Meslom, 464

Meyer, M. Jean, 345

Milão, Comissão de investigações de, 273-74; e Eusápia Palladino, 273-74; seu relatório, 254

Milnes, Monckton, e *sir* David Brewster, 147

Moldes de mãos e pés de espíritos, 377 *et seq.*

Mompesson, sr. (de Tedworth), batidas na casa de, 72, 79

Monck, dr., 233, 247-49, 251, 331, 386

Monk, sra., supostamente morta, revive, 65

Moore, almirante Usborne, *The Voices*, de, 377, 381; e Jonson (de Toledo), 417; *Glimpses of the Next State*, de, 383, 417, 419, 471

Morgan, Henry, governador da Jamaica, 55; quadro contemporâneo de, 230 (*Ver também* "King, John")

Morgan, Katie, nome terreno de "Katie King", 204

Morning Advertiser, carta de *sir* David Brewster sobre sessões de Home, 168

Morning Post, sobre os Davenports, 185; sobre relatório da comissão da Sociedade Dialética, 258

Morse, J.J. discurso em transe, 152; Crookes em sessões com, 198

Morselli, Prof., 273, 278-80, 405-408

Moses, rev. William Stainton, 151, 159, 234-36, 246, 251, 285, 301-07, 310, 314, 316, 322, 353, 363-64, 370, 407, 421-22, 463, 492-93

Mountain Cove, comunidade religiosa em, 115-16

Mount-Temple, lorde e *lady*, 297

Movimento Apostólico nos EUA, 115

Movimento espírita de 1848, 43

Mumler, W. H., 287, 357-42

Munique, Eglinton acusado de fraude em, 300

Munton, sr., defende Slade em Bow Street, 237

Música, caixa de, consertada por espíritos, 99

Música, instrumentos e fenômenos de, examinados por Crookes, 218

Música, vibrações da, relação com resultados psíquicos das, 218

Myers, F. W. H., 273, 275, 307, 310-11, 317, 323, 326, 377, 464-65

N

"navegação atmosférica", A. J. Davis sobre, 66

69, 72, 76, 92, 101, 105, 123, 125, 126, 129, 131, 133, 137, 154, 156, 159, 170, 173, 183, 193, 209, 232, 251, 255, 264-65, 267, 274, 281, 311, 360, 376, 385, 391

Napier, Groom, e artigo do prof. Barrett, 157

Napoleão III, 167, 392

Nápoles, sessões de teste com Eusápia Palladino em, 272

New Church, 41, 43, 70, 101

New York Courier, The, publicação das experiências do juiz Edmonds no, 117ss; sobre carta do juiz Edmonds, 118

New York Daily Graphic, relato dos Shakers, 56; sobre os fenômenos Eddy, 223

New York Herald, declaração da sra. Fox-Kane no, 101

New York Tribune, sobre as "impostoras de Rochester", 88; artigo sobre batidas misteriosas, 482-84

New York World, descrição dos Davenports, 183-84

Newcome, cap. W. E., sobre intervenção de espíritos durante a guerra, 437-38

Newton, dr. J. R., como médium de cura, 152

Nichols, dr. T. L., *A Biography of the Brothers Davenport*, de, 182; primeira impressão dos irmãos Davenport, 182; e moldes de mãos de espíritos, 386

Nicholson, *sir* Charles, em sessão com os Davenports, 186

Nielsson, prof. Haraldur, sobre as obras dos maus espíritos, 420

Noel, general, 339

Nonnus, sobre uma estátua em Delfos, 378

North American, carta de Hazard sobre e Comissão Seybert, 262

Northcliffe, lorde, publica escrita de Owen, 428

Notzing, dr. Schrenck, 110, 161, 206, 214, 279, 339, 341, 344, 351, 404

Nova York, Academia de Música de, batidas em reunião da, 102

Nova York, família Fox em, 78; albores do Espiritismo, 102

Nova Zelândia, missão do autor na, 433

O

O'Sullivan. J. L., sobre a retratação da sra. Fox-Kane, 106

Oaten, Ernest W., sobre o Espiritismo, 467; *The Relation of Modern Spiritualism to Christianity*, de, 467

Occult Review, 444-45

Ochorowicz, dr., 273-74; investigação de Eusápia Palladino por, 273; convence Eusápia a visitar Varsóvia, 274

Oesterley, dr., e a escrita de Cléofas, 455

Olcott, coronel, 56, 214-17, 219-31, 233, 354

Oliphant, *lady*, e Thomas Lake Harris, 116

Oliphant, Laurence, 41, 96, 116-17, 485

Oppenheim, manifestações em, 72

Oráculos, Nonnus sobre, 437; dr. Marsh sobre, 378

Orígenes, sua alusão ao conhecimento psíquico, 452

Orsini, condessa, e Home, 167

Otway, Lady, e Home, 180

Ouija, tabuleiro, comunicação probatória por meio de, 442

Owen, Hon. Robert Dale, 78, 223

Owen, Rev. G. Vale, 29, 45, 78, 96

Owen, Robert, 53, 145-46, 357-58, 457

Owen, srta. Rosamund Dale (depois sra. Laurence Oliphant), 96, 99

Oxley Circle, profecia sobre a Primeira Grande Guerra recebida pelo, 433

Oxley, William, 290-91, 386, 433

P

Padres pré-nicenos, escritos dos, 451

Paget, lorde e *lady*, 170

Palladino, Eusápia, 244, 266, 271-84, 323, 400, 405

Palmer, D., acompanha os Davenports para a Inglaterra, 184

Pancadas (*ver* Batidas)

Paracelso, 399, 472

Parafina, luvas de, expostas em Londres, 346

Parafina, molde de rosto de espírito, 386

Paris, investigações sobre fenômenos psíquicos em, 266

Parkes, F. M., espíritos "extras" obtidos por, 363

Parkes, sra., e Home, 170

Partridge, Charles, fenômenos de voz com os Koons, 379

Patterson, sra. (médium), a Comissão Seybert e a, 261

Pelham, George (controle da sra. Piper), 320

Pensamento livre, movimento, relação com o espiritismo no passado, 129
Pensamento, livre, e espiritismo, 155
Pepper, dr., e a Comissão Seybert, 262
Pérola, alfinete, caso do, relatado pelo prof. Barrett, 442
Perrin, sra., médium de voz, 380
Personalidade Complexa, hipótese da, 162
Personificação, teoria da, nas sessões dos Eddys, 220, 225
Peso, variação de, em médiuns, 348
Pesquisa Psíquica, condições para, 22, 34, 74, 157, 197, 215, 225, 314, 345, 353, 404, 407, 408; e materialismo, 346, 456, 457, 462
Peters, Vout, como clarividente, 414
Peterson, juiz, e o ectoplasma, 311
Pezzani, M., *The Plurality of Existences*, de, 396
Phelps, rev. dr., fenômenos de Poltergeist na casa de, 69
Philadelphia Press, 263
Philip, escrita de, autor sobre, 455
Philpott, A. J, descrição da sra. Piper por, 323
Phinuit, dr. (controle da sra. Piper), 317-20
Phoenix, William, médium de voz, 385, 422
Pickersgill, sr., e Home, 180
Pictet, prof., 405
Piddington, J. G., sobre previsões de guerra, 436
Pierce, prof., em um teste dos Davenports, 183
Piper, sra., 283, 312, 316, 317-20, 322, 324, 326-27, 422
Plasma (*ver* Ectoplasma)
Plasmologia, provável ciência do futuro, 353
Platts, sra., *The Witness*, de, 476
Poderes psíquicos, ação sobre o plano da matéria, 43, 60, 98, 163, 172, 178, 198, 215, 228, 245, 248, 283, 293, 371, 418, 426, 429, 433

Poe, Edgar Allan, visita A. J. Davis, 64
Pole, major W. Tudor, fim da Primeira Grande Guerra previsto, 435
Polônia, os Davenports na, 190
Poltergeist, fenômenos de, testemunhados por A. J. Davis, 69
Porro, prof., 405-7
Post, dr. Isaac, e primeiro uso do alfabeto para mensagens dos espíritos, 74, 83; trabalho para o Espiritismo, 107
Potocki, conde, e testes de Geley, 388
Potter, sr., médium de voz, 385
Powell, Evan (médium), 267, 385, 418-20
Prancheta, fenômenos de escrita em, Du Prel s/, 400-402, 405 (*Ver também* Escrita Direta)
Prancheta, médium de escrita em, Slade como, 233 ss; Monck como, 246 ss; sra. Patterson como, 261; Eglinton como, 262; sra. Pruden como, 420-21
Primeira Grande Guerra, 28, 320, 435, 437, 442
Prince, dr., e sra. Crandon, 268
Pritchard, sr., 222
Profecias da Primeira Grande Guerra, 437ss
Pruden, sra., médium de escrita em prancheta, 420; métodos escritos em *Our American Adventure*, 419, 421
Psicografia (*Ver* prancheta, escrita em) 298, 400
Psíquica, força, dentro da, e seus nexos, 40, 53, 71, 109, 210, 307
Psíquica, fotografia (*Ver* "Extras" e Fotografia, Espírito) 352, 364, 374, 375, 439
Psique (jornal espírita publicado na Alemanha), 399
Psychic College, fundação do, 330, 346, 373
Psychic Science, 34, 203, 418, 420 ; teste do sr. Warrick com a sra. Deane na, 373
Psychische Studien, 289

Psychological Review. Observações de W. Stainton Moses reproduzidas em, 159
Publishers' Circular, e prof. De Morgan, 488
Pulver, sra. Ann, prova de assombração em Hydesville, 479
Pulver, srta. Lucretia, 80-81, depoimento de, sobre episódio de Hydesville, 480
Pyle, Howard, *Buccaneers* de, 230

Q

Quarterly Journal of Science, 151, 197, 199,
Quest, The, publica palestra do dr. Driesch, 404

R

Racial, progresso, impedimento ao, como visto por A. J. Davis, 65
Radiômetro, invenção do, por Crookes, 197
Randall, Edward C., e sra. French, 383; *The Dead have Never Died*, de, 383
Randall, P. B., biografia dos Davenports de, 184; sobre hostilidade a manifestações espirituais, 192; defende os Davenports, 193
Rayleigh, lorde, 157, 158, 206, 310
Reade, Charles, e os Davenports, 186
Reasoner, The, carta do dr. Ashburner à sra. Hayden, 138
Redfield, sr., e Hydesville, 76
Reencarnação, crença dos espíritas, 13, 391, 395; visão dos espíritas ingleses sobre, 395, 396, 397; visão do autor sobre, 398
Reeves, sr., experimentos de Parkes com fotografia com, 363
Regent Square, pastorado de Irving em, 48
Regnault, Henri, como espírita, 399
Respiração profunda, exercícios psíquicos, cuidados ao usar, 41-42

Respiração, conhecimento e precaução necessárias, 41, 219, 231; sistema de respiração de Swedenborg, 41
Respiração, e o estado etérico, 41
Revue Métapsychique (La), 345, 388
Revue Spirite (La), 364, 393,
Rich, dr., 318-19
Richardson, dr. Mark, e sra. Crandon, 268
Richet, prof. Charles, 20, 22, 29, 109, 161, 221, 266, 273-74, 279, 325-26, 336-39, 345-46, 355, 386, 388, 399, 405-09, 434
Richmond, David (Shaker americano), visita Yorkshire, 149
Rideout, sr., e os Davenports, 188
Rivail, Hippolyte L. D. (*Ver* Kardec), 391
Rivista di Studi Psichici, 405
Roberts, sra., médium americana, visita a Inglaterra, 147, 385, 422
Robertson, dr. Lockhart, e Home, 180
Roche, Jules, 345
Rochester Democrat, The, 85
Rochester, 57, 69, 72, 74, 79, 82, 84-6, 88, 107, 118-19, 383, 482
Rochester, batidas em, início das, 57; juiz Edmonds sobre, 117ss.
Rogers, Edmund Dawson, 310, 332-33
Rolleston, capitão, e Eglinton, 296
Roma, investigações de Eusápia Palladino em, 272, 279
Rosma, Charles B., nome do mascate assassinado em Hydesville, 74, 81, 83
Ross-Church, sra. (*Ver* Marryat, Florence), 205
Rothe, Frau Anna (médium), 403
Royal Society, 20, 29, 151, 195, 206, 239,
Rudolph, príncipe herdeiro, e o médium Bastian, 207
Ruskin, John, 23-4; e Home 180

Rússia, imperador da, apadrinha casamento de Home, 167
Rússia, visita dos Davenports a, 190
Rymer, família, Home hospeda-se com, 169
Rymer, sr., presente de Home para, 175

S

SPP Americana. *Journal* e sessão do dr. Cushman com a sra. Deane, 372-73
SPP, 20, 28, 29, 160, 197, 248, 265, 275, 277-78, 299-300, 307, 310, 312-17, 323-25, 327-29, 367, 426, 436, 462, 495
Sage, sr., "sra. Piper e a SPP", de, 319-20
Salem, julgamentos de, 215
Sanger-Shepherd, E., 370
Santoliquido, prof., 345
São Paulo, dons do espírito exaltados por, 449
São Petersburgo, sessão, protesto dos clérigos contra publicação do relato da, 174
Sardou, Victorien, 273, 406
Saturday Review, The, crítica da primeira série de "Incidentes" etc. de Home, 167; sobre relatório da Comissão Seybert, 258
Scheibner, prof., 240-41, 399
Schiaparelli, prof., 273, 405-06
Schiller, F. C. S., *War Prophecies*, de, 433
Scientific American, e o caso da sra. Crandon, 268, 426 ; investiga fenômenos de Voz Direta, 417
Scott, James L., 115
Segundo Advento, líder espiritual do, 115
Senior, Nassau, e teoria da impostura de Home, 180
Senior, sra. Adelaide, e Home, 180
Senior, sra. Henry, e Home, 167
Sensitivos, e o dom das línguas, 49 (*Ver também* Médiuns)

Sergeant, Epes, moldes obtidos da sra. Hardy, 387
Sexton, dr., 152, 190, 363, 457
Seybert, Comissão, 234, 242, 245, 264-66
Seybert, Henry, cria curso de Filosofia na Universidade da Pensilvânia, 260
Shakers, 54-58
Shapley, dr., e sra. Crandon, 268
Shelley, *lady*, e Home, 178
Shields, Hon. James, apresenta petição ao Congresso americana para investigar o Espiritismo, 125-26,
Shirley, Ralph, *Prophecies and Omens of the Great War*, de, 433; *The Angel Warriors at Mons* de, 444
Shorter, Thomas, 257
Sidgwick, prof., 28, 299
Sidgwick, sra., 273, 282, 299-301, 314-15, 326
Sidney, profecia da Guerra Europeia em, não aparece
Simmons, J. (gerente de Slade), declaração de, 244
Sinclair, srta., Catherine, e Home, 180
Sinnett, A. P. 370, 445,
Sitwell, *sir* George, e sra. Corner, 206
Skeels, E. R. Serocold, 370
Slade, Henry, 233 ss
Slater, Thomas, 357-59, 361
Sloan, John C., mediunidade de voz de, 385, 422
Smedley, Alfred, e ectoplasma, 331
Smith, Adam, teorias antecipadas por Swedenborg, 38
Smith, Hélène (médium em livro de Flournoy, 407
Smith, sra. Travers, 442 (*Ver também* Dowden)
Sociedade de Estudos Psicológicos fundada, 372

Sociedade de Pesquisas Psíquicas (*Ver* SPP), 20-21, 28, 160, 197, 248, 265, 277, 299, 307, 309, 312, 314, 316, 351, 367, 436

Sociedade de Pesquisas Psíquicas (SPP) investiga Wyllie, 367

Sociedade Dialética de Londres, 253, 381

Sociedade Dialética, 151, 253-54, 259, 312, 381

Sociedade Espírita Judaica em Londres, 462

Sociedade Psicológica da Grã-Bretanha, 310

Sócrates, 377

Somes, sr., 133

Sonrel, sr., profecias de guerra de, 434

Sophie, oráculos em transe de, 437

Sordi, Lucia (médium), 405

Spectator, The, sobre artigo do prof. Barrett, 158; sobre o incidente Brewster,169; carta do dr. Wallace sobre Monck para, 248; sobre relatório da Sociedade Dialética, 257-8; discute correspondências cruzadas, 326

Speer, dr. Stanhope, 152; sessões com Stainton Moses, 305-6; descreve fenômenos psíquicos, 493

Speer, sra., 305-6

Speight, William H., intervenção de espírito constatada por, 438

Spicer, Henry, responde a críticos da sra. Hayden, 144

Spiritual Magazine, 95, 159, 190, 234, 257, 360, 379, 395-6

Spiritual Notes, 382

Spiritualism and Science", artigo no *The Times* sobre, 97, 154

Spiritualism, de J. W. Edmonds e G. T. Dexter, 117

SPP Americana. *Proceedings*, monografia sobre a sra. Blake, 383-85

Spriggs, George (médium), fenômenos de voz de, 383

Spring-Rice, *sir* Cecil, prediz Primeira Grande Guerra, 436

St. Cloud, palácio de, sessão dos Davenports no, 189

St. Germain, túmulo de Home em, 178

Stack, sr., 100

Standard, The, crítica ao Espiritismo no, 258

Stanford, sr., experimentos com Bailey, 425

Stanislawa, médium polonesa. Schrenck Notzing e, 344

Star, The, sobre "Fraudes Fantasmagóricas", 245

Stead, srta. Estelle, 439

Stead, W. T., e Richard Boursnell, 366-67; em sessão com a sra. Wriedt, 381-82; comunicação com espíritos de, 434; *Letters from Julia* de, 463

Stechen, Frank, 105

Stewart, dr. Balfour, 197

Stilling, Jung, 399

Stöcker, sr., 403

Stokes, sr. (secretário da Royal Society), recusa convite para investigar, 206

Stone, sr., e sra. Hayden, 135

Stout, Hon. Robert, 129

Stuart, Rosa, *Dreams and Visions of the War*, de, 443

Suécia, os Davenports na, 190

Sulzers, juiz, prova a favor da sra. Rothe pelo, 403

Summerland", A. J. nome de Davis para o Paraíso, 70, 472

Sutherland, duquesa de, e Home, 180

Swain, sra. Mercia M., médium de voz, 383

Swedenborg, Emanuel, 12, 14-15, 33, 37-47, 61-63, 67, 69-70, 101, 112, 285, 427, 471

Swedenborgiano, 164

T

Tálio", descoberto por *sir* W. Crookes, 197

Tallmadge, governador, 86, 118, 126, 131

Tamlin, sra. Sarah A., como médium, 82, 127

Tappan, sra. Cora L. V., discursos em transe de, 152

Tardieu, dr., 434

Taylor J. Traill, e fotos do espírito de Hudson, 363, sessões de teste com Duguid, 369

Telecinesia, fenômenos de, 221

Telepatia (ou transferência de pensamento), 311; da frente de batalha, 439

Telepatia, mensagem por, uma notável (Ver Pérola, alfinete), 319, 321, 323-25

Teosofia, madame Blavatsky e, 315

Teosofistas e Espiritismo, 161

Teresa, Santa, 57, 59

Tertuliano, "De Anima", de, 452-53

Thackeray e Home, 173

The Case for Spirit Photography, do autor, 440

The Gospel of Philip the Evangelist, 455

The Love Letters of dr. Elisha Kane, 92

The New Revelation, do autor, 414, 456, 476

The Pacific (navio-correio), desaparecimento anunciado por médium, 129

The Sacred Roll, experiências dos Shakers, 55

The Spiritualist, 96-7, 99-100, 140-41, 143, 156, 158, 201-02, 235-36, 295-97, 300, 332, 334, 357, 364, 380, 396-97, 474

The Spiritualists' Reader, do autor, 474

The Times, 96-7, 148, 154-55, 175, 186, 193, 236-37, 258, 303

The Two Worlds, fundação do, 130, 467

The Wanderings of a Spiritualist, do autor, 424, 434

Theobald, Morell, 310

Thompson (de Nova York), suposta materialização por, 418

Thompson, Henry, e sra. Hayden, 141

Thompson, prof. Robert E., e a Comissão Seybert, 263

Thompson, sr., e sessão com Piper, 318-19

Thompson, sra., 298-99, 324

Thomson, dr. G. S., investiga fotografia espírita, 370

Thurston, Herbert, *The War and the Prophets*, de, 433

Thurston, Howard (ilusionista), testemunha levitações de mesas, 281, 283

Ticknor, John, como médium de transe, 422; experimento do autor com, 422

Tissot, M., e sessão de materialização, 295; seu "Mezzotinto", "Apparition Médianimique", 295

Toulouse, arcebispo de, e Buguet, 364

Trabalho no mundo dos espíritos, 474

Trabalho psíquico, estágio preliminar e elementar no, autor sobre, 45, 161

Transcendental Physics relatos de sessões de Slade em, 177, 239

Transe, médium de, A. J. Davis, 61ss; sessões do presidente Lincoln com, 132ss

Transe, oráculos da Grande Guerra em, 437

Transfiguração, confundida com materialização, 206-7, 230

Treissier, dr., 345

Tremezzo, investigações sobre fenômenos psíquicos em, 273

Trethewy, A. W., *The 'Controls' of Stainton Moses*, de, 307

Trobridge, G., *Life* de Swedenborg, de, 46

Trollope, T. A., e Home, 169

Trombeta, médiums com, 415

Truesdell, suposta "confissão" de Slade a, 244; *Spiritualism, Bottom Facts*, de, 244
Tudal, rev. dr., e os Davenports,
Turner, sra. Foster, prevê Primeira Grande Guerra, 434
Turvey, Vincent, *The Beginnings of Seership*, de, 288, 332; e ectoplasma, 332
Tweedale, rev. Charles, sobre pesquisa psíquica, 460; *Present Day Spirit Phenomena and the Churches* de, 460
Tyndall, atitude não científica para com o Espiritismo, 174; hipótese de, 353
Tyrrell, Tom, como médium, 60

U

Ulrici, prof., 399
Underhill, sra., 101, 106; *The Missing Link in Modern Spiritualism*" de, 106 (*Ver também* Fox, Leah)
União Nacional dos Espíritas, 455
Univercoelum e A. J. Davis, 67
Universidade de Londres, palestra do dr. Driesch na, 404
Universidade Imperial de São Petersburgo e Henry Slade, 233
Universo, concepção do, de A. J. Davis, 67

V

Valiantine, George, médium de voz, 385; sessão do autor com, 416; examinado pela *Scientific American*, 417; poderes psíquicos excepcionais, 417
Van Helmont, 399
Vango, J. J., episódio em sessão com, 440
Varley, Cromwell F. experimentos elétricos com Kate Fox, 96; e pesquisas de Crookes, 206; e as investigações da Sociedade Dialética, 256

Varsóvia, investigações em, 273-74
Vassalo, prof., 273
Vaughan (filósofo antigo) e o ectoplasma, 352
Vearncombe, M. J., fotografia espírita de, 372
Veneza, como "viveiro do Espiritismo", 295
Ventriloquismo e fenômenos de voz, 381
Venzano, dr., 278, 280, 282
Verdade psíquica, efeito do relatório da Comissão Seybert sobre, 118, 195, 213, 254, 265
Verrall, dr., morte de, 320, 328
Verrall, sra., 324, 326-28
Vida após a morte, visão de A. J. Davis da, 65
Vigilâncio, o gaulês, 451
Villets, Georges, ousadia de, 107, como pioneiro do Espiritismo, 107
Virgílio, conversas de Foster com, 286
Vitória, rainha, 195
Volckman, e fraude da sra. Cook, 198
Vox Divina, dr. Marsh sobre, 378
Voz Direta, manifestações de, 161, 176, 182, 199, 261, 349, 382, 411, 415-18, 422
Voz, mediunidade de, 376ss; laringe ectoplásmica, uso de, 378; autor e, 380; em línguas estrangeiras, 382; Hyslop sobre, 383 (*Ver também* Voz Direta)

W

Wagner, sra., de Los Angeles, médium de transe, 422
Walbrook, srta. Lilian, *The Case of Lester Coltman*, de, 473, 476
Wales, Hubert, 476-77, 495
Wallace, dr. Alfred Russel, 152, 155-56. 158, 206, 236-37, 246-48, 250, 256, 310-11, 331, 357-58, 361, 363, 367, 370, 457-58
Ward, J. S. M., *Gone West*, de, 471

Warrick, sr., sessões de teste com a sra. Deane, 373
Wason, sr., e Home, 170
Waters, W. T., e sr. Vango, 440
Weatherhead, David, pioneiro do Espiritismo, 149
Weber, prof. W. E., 399; experimentos com Slade, 240-41
Webster, sra., e Home, 173
Wedgwood, Hensleigh, 102, 246, 247, 251, 310
Weekly Dispatch, escrita de Vale Owen no, 428
Weekman, sr. e sra., e as batidas em Hydesville, 480-82
Wells, prof., e Home, 164
Welsh, Jane, Edward Irving e, 48
Weston, Horace, e Mumler, 359
Whiston e as *Constituições Apostólicas*, 453
White, Eliza, fotografada como "Katie King", 225-29 (*Ver* Holmes)
Wickland, dr., *Thirty Years Among the Dead*, de, 471
Wild, Hannah, 320
Wilde, Oscar, comunicações do espírito de, 427
Wilkinson, dr. Garth, sobre comunicação com espíritos, 44, *Life* de Swedenborg, de, 46; e Home, 169, e a Sociedade Dialética, 256
Wilkinson, sr. (advogado de Home), e sra. Lyon, 179
Willett, sra., 324; escrita de correspondência cruzada da, 328
Guilherme I da Alemanha, e Home, 167
Williams, Charles, como médium, 152; sessões com Stainton Moses, 302; sessão de materialização com, 331

Willis (poeta Quaker) e as irmãs Fox, 89
Willis, Fred, expulso da Universidade Harvard, 131
Wilson, dr. Slade como, 242
Wolfe, dr. N. B., *Startling Facts in Modern Spiritualism*, de, 382
Wolseley, *sir* Garnet, e Lady, 297
Wolstenholme, Sr., 149
Wood, dr. A. J., e as escrituras de Vale Owen e Swedenborg, 427
Worcester, dr. Elwood, sobre os aliados da religião, 462
Wriedt, sra., 381-82, 415-17
Wurtemberg, rei de, e D. D. Home, 167
Wyke, *sir* Charles, e os Davenports, 186-87
Wyld, dr. George, 237, 310
Wyllie, coronel Robert, 367
Wyllie, Edward, 358, 367
Wynn, rev. Walter, *Rupert Lives*, 441
Wynne, capitão, e levitação por Home, 171

Y

Yoga e respiração, 41
Yorkshire Spiritual Telegraph, fundação do, 149
Yorkshire, desenvolvimento do Espiritismo em, 148-49
Yorkshireman, sobre o Espiritismo, 147
Young, rev. Julian, e sra. Hayden, 141-43

Z

Zoist e sra. Hayden, 144
Zöllner, prof., 177, 239-41, 245, 261, 293, 295, 399, 403
Zuccarini (médium), 405

SIR ARTHUR CONAN DOYLE, M.D., LL.D., (1859 – 1930) foi escritor britânico de origem escocesa com muitas facetas: médico, esportista, poeta, político, juiz, espiritualista, ativista, aventureiro e condecorado cavaleiro por duas vezes. Tornou-se mundialmente famoso por sua maior criação: o detetive Sherlock Holmes, para o qual escreveu 60 histórias. Arthur Conan Doyle escreveu também sua própria biografia: *Memories and Adventures*, em 1923-1924. Ele foi muito prolífico antes, durante e depois de criar Sherlock Holmes, e escreveu mais de 300 ficções (incluindo 24 romances) de todos os gêneros como história, fantasia, aventura, ficção científica, policiais, drama, guerras... e mais de 1.200 outras obras como ensaios, panfletos, artigos, cartas à imprensa, poemas, entrevistas, peças de teatro... sobre todos os assuntos como política, espiritualismo, guerra, crimes etc. Após as mortes de sua esposa Louisa, de seu filho, seu irmão, dois cunhados e dois netos, depois da Primeira Guerra Mundial, Conan Doyle, entrou numa profunda depressão e acabou por encontrar respostas em sua busca no Espiritismo e no espiritualismo. Escreveu alguns livros sobre o tema, sendo *História do Espiritismo* seu trabalho mais volumoso e rico em pesquisas.

Impresso por :

gráfica e editora
Tel.:11 2769-9056